최전성기(117년)의 로마
— 주요 속주와 도시들

로마 제국 쇠망사

로마 제국 쇠망사

에드워드 기번
데로 A. 손더스 발췌
황건 옮김

까치

The History of the Decline and Fall of the Roman Empire
by Edward Gibbon
Edited and abridged by Dero A. Saunders

역자 황건(黃建)
서울대학교 법과대학 졸업
주요 역서 / 제3세계 역사와 제국주의(스타브리아노스)
　　　　　강대국의 흥망(폴 케네디)
　　　　　권력 이동(엘빈 토플러)
　　　　　현대 리얼리즘론(게오르크 루카치)

© 1991 도서출판 까치

그림과 함께 읽는 로마 제국 쇠망사(발췌판)

저자 / 에드워드 기번
역자 / 황건
발행처 / 까치글방
발행인 / 박후영
주소 / 서울시 용산구 서빙고로 67, 파크타워 103동 1003호
전화 / 02 · 735 · 8998, 736 · 7768
팩시밀리 / 02 · 723 · 4591
홈페이지 / www.kachibooks.co.kr
전자우편 / kachibooks@gmail.com
등록번호 / 1-528
등록일 / 1977. 8. 5
초판 발행일 / 1991. 2. 25
2판 14쇄 발행일 / 2024. 5. 30

값 / 뒤표지에 쓰여 있음

ISBN 89-7291-201-8   03920

관직명 및 용어에 관하여

『로마 제국 쇠망사』의 실제 번역에 당하여 난감하기조차 했던 것은 무수하게 나오는 관직명과 용어들의 처리 문제였다. 우선 일본어 번역판을 참조하면서 우리나라의 사계의 저서나 로마사 관계 번역본 등의 도움을 받았다. 관직명과 용어에 관한 간단한 설명은 이 책을 읽는 데에 꼭 필요하므로 약간의 설명을 덧붙인다. 그러나 명칭이 불변하는 경우에도 제도의 내용과 실질은 시대와 상황에 따라서 언제나 가변한다는 것을 염두에 두어야 할 것이다. 특히 장구한 시대를 배경으로 하여 6명의 황제가 동시에 난립하기도 하고(p.177 참조), 그 정체(正體)까지 왕정, 공화정, 제정(원수정[元首政, principatus], 전제정[dominatus] 및 콘스탄티누스 대제의 체제)을 두루 경험하는 로마 제국의 경우는 더욱 그 불일치가 심각하다. 따라서 그 윤곽의 대강만을 설명한 것일 뿐, 절대적인 것은 결코 아니다.

1) 제국(帝國, empire) : empire, emperor, imperialism의 어원인 라틴어 imperium은 emperor를 전제로 한 것이 아니다. 그것은 7대에 걸친 로마 왕정의 군사지휘권에서 유래하는 공화정 시대의 최고 행정권, 즉 대권을 의미했고, 그로부터 '로마의 명령이 미치는 지역'을 의미하게 되었다. 따라서 Imperium Romanum은 '로마 지배', 즉 '로마 제국'이라는 의미를 가지게 되었다. 그렇다면 '로마 제국'이라는 말은 고전적 공화정 시대(278-133B.C.)에 이미 성립되었다고 해야 할 것이다. Imperator는 처음에는 로마 군 최고 사령관을 의미했으나, 제정 후기에는 세계의 군주, 최고 주권자를 의미하게 되었다.

2) 395년 테오도시우스 황제의 사거 이후, 두 아들에 의해서 로마는 '동로마'와 '서로마'로 분리통치된다. 그러나 국법으로는 하나의 '로마'일 뿐이었으며, 그 명칭도 '서부 지방들(Partes Occidentis)'과 '동부 지방들(Partes

Orientis'이었다. '서로마 제국'이나 '동로마 제국'은 후세의 편의에 의한 명칭이다. 동로마 제국의 경우는 그 수도 콘스탄티노플의 옛 이름 비잔티움을 따서 '비잔틴 제국'이라고 흔히 부른다. 그러나 영어식 이름 '비잔틴 제국'의 Byzantin은 Byzantium의 형용사형이므로, 차라리 우리나라에서는 '비잔티움 제국'이라고 하는 것이 더 합리적일 것 같다.

3) 시민(populus) : 귀족계급(patriciatus)과 기사계급(equitis) 및 평민(plebis)을 가리킨다. 귀족(patricius)은 그 뿌리를 로마 건국 당시의 가장(家長, paters)에 두고 있으며, 기사(eques)는 애초에는 군제상의 계급으로서 말을 기르고 기병으로 종군했다. 뒤에는 귀족계급에게 금지된 상업, 공업, 금융업에 종사함으로써, 로마의 경제와 상권을 장악하게 되었다. 평민은 귀족계급의 대칭적인 계급이다.

4) 원로원(senatus) : 의원 정원은 300명이었으며, 공석이 생기면 전 집정관이나 전 검찰관이 지명되었다. 의장이 되는 집정관 중 1인에 의하여 소집되며, 원로원의 결의는 행정권을 법적으로 구속하지는 않았다. 그러나 전쟁, 화평, 영토경영 등 국가의 모든 중대 문제에 관해서 원로원의 결의는 결정적인 역할을 했으며, 의원들은 전시에는 군단의 사령관이 되어 군대를 지휘했고, 국가 위기시에는 "원로원 최고결의"가 내려졌는데, 그중 하나가 독재관(dictator) 임명이다. 원로원의 위상은 "로마에는 왕이 없으나, 저 300명의 원로원 의원 한 사람 한 사람이 모두 왕이 될 수 있다"는 데에서 잘 드러나 있다.

5) 민회(concilium plebis) : 민회는 집정관 선거의 모태이며 집정관은 민회에 보고의 의무가 있었다. 민회에는 3종류가 있었다. 쿠리아(curia) 회의에는 귀족만이 참여했으며, 집정관 선출과 같은 중요한 기능을 했다. 그리고 백인대(centuria) 회의는 병역을 마친 시민의 집회로서 병역과 납세 면제자는 제외되었다. '백인'은 실제 수가 아니었으며, 수천 명으로 구성되기도 했다. 이에 대해서 무산계급이 독자적으로 만든 집회가 발전한 것이 부족(tribus : 지역적인 시민 구분 단위) 회의로서 무산계급의 장기적인 사회투쟁의 거점이 되었다.

6) 호민관(tribunus plebis) : 평민의 이익에 반하는 모든 법률, 법령에 대한 거부권(veto)이 있었으며, 집정관의 직무에도 간섭했다. 호민관의 직무와 위상을 전형적으로 보여주는 인물들이 그라쿠스 형제이다. 10명이 정원이었으며, 군사 호민관, 평민 호민관 등으로 나누어졌다.

7) 재무관, 조영관, 법무관, 감찰관 : 재무관(quaestor)은 복수선출을 원칙으로 했던 로마의 관직 가운데에서 임기 1년의 첫째 관문이다. 재무관은 국고지출의 감독과 범죄수사를 주요 임무로 했으며, 이 직책을 디딤돌로 하여 켄투리아 회의를 거쳐 조영관(造營官, aedilis)이 되는데, 그 임무는 극장, 경기장, 수도, 도로 등의 공공시설 건축 및 유지 감독과 시민의 복지사업에 관한 것이었다. 그 다음이 법무관(praetor)이며 관계 및 군부의 요직으로서 초기에는 군의 사령관을 겸임하기도 했으나, 뒤에는 법의 해석자이자 재판장 직무를 담당했다. 역시 임기 1년이다. 감찰관(censor)은 5년 간격으로 이루어지는 호구조사의 결과에 따라서 그 이후의 5년간의 각 시민의 납세액과 병역기간 등을 결정했으며, 이 5년간이 감찰관의 임기가 되었다. 감찰관은 공직 후보자의 신원이나 전력 조사 등은 물론 여성의 정절, 자녀교육, 노예의 처우문제 등도 감독했다. 그뿐만 아니라 원로원 의원까지 제명할 수 있는 강력한 권한을 가진 시기도 있었으나, 제정기가 되면서 점차 한직화되었고 도미티니아누스 황제 때에는 황제 스스로 종신 감찰관이 됨으로써, 그 의미가 완전히 상실되었다. 평민출신도 피선거권 자격이 있는 것이 특징이었다.

8) 집정관(consul) : 최고위 직책인 집정관은 원로원에서 선출된 원로원의 이른바 "세속권력"의 대리인으로서 imperium(최고행정권, 곧 대권)을 가졌으며, 정원 2명에 임기 1년이었다. 초기에는 민회에서 선출했다. 그 임무는 (1) 옛 국왕(rex)처럼 종교권력의 장으로서 중요한 제의를 주재하고 (2) 원로원과 민회의 의장이 되어 그 결정에 따라서 법률과 법령을 반포, 집행하고 (3) 전시에는 군 최고지휘관이 되어 전군을 2등분하여 각각 지휘했다. 그러나 제권이 강대해지게 되면서 유명무실해졌다. proconsul은 속주 총독이라고 번역했다.

9) praefectus praetorio : 아우구스투스가 만든 이 직책은 기사계급이 임명

된, 황제와 황실 경호를 위한 근위대의 장으로서 초기에는 근위대 대장이라는 번역이 적당했으나(이름이 '대장'이었을 뿐, 황제의 대리인으로서 전권을 농단한 자들도 있었다), 그후 2세기 말-3세기 말이 되면 점차로 사법, 재정 등의 문관 직무 기능도 겸하게 되었다. 특히 디오클레티아누스 황제 치세가 되면 사실상의 수상 비슷한 권한을 행사하게 된다. 그리하여 근위대 장관이라는 역어를 사용하게 되었다. 콘스탄티누스 대제의 관제개혁 이후에는 근위대가 폐지됨으로써, 그 직제와 명칭은 남아 있었으나, 군사권한은 없는, 단순한 최고의 행정관 직을 의미하게 되었다. 따라서 민정총독이라고 번역했다.

10) Augustus와 Caesar는 각각 황제와 부황제라고 번역했다. Augustus는 "존엄자"라는 뜻이며, Caesar는 Julia 씨족의 가족명으로서, 특히 유명한 인물은 Julius Caesar이다. 아우구스투스라는 명칭의 최초 사용자는 옥타비아누스이다.

로마인의 이름, 예를 들면 Marcus Tullius Cicero의 경우, Marcus는 개인 자신을, Tullius는 씨족명을, Cicero는 그 씨족 중 가족명을 가리키는데, 허물없는 사이에서는 Marcus가 사용된다.

11) 조선시대의 당상관에 해당될 성싶은 illustres, spectabiles, clarissimi 등의 로마 고관들의 관직과 명칭은 마땅한 번역어가 없어 그대로 사용했다.

12) comes, dux 등도 그대로 두었는데, 그것은 무리가 되레 억지가 될 것 같았기 때문이다. comes는 경호대 사령관이랄 수 있는 comes protectorum domesticorum의 경우에도, comes sacrarum largitionum(재무장관) 경우에도, 곧 문, 무관에 공히 사용되고 있다.

13) episcopus는 주교로, presbyter는 사제로, diaconus는 부제로 각기 번역했다.

14) 이제 군대에 관해서 살펴보자. 로마는 스파르타와 함께 전형적인 상무(尙武) 도시국가로서 출발, 성장했다. 따라서 군대는 조직보다는 군율과 정신에 토대를 두고 있었다. 로마 시민은 부유하면 부유할수록, 세금이 그만큼 많은 것은 물론이고 병역 복무기간 또한 길어졌다. 공직에 취임하려면

최저 10년간의 군복무 경험이 요구되었다. 이와 같이 피선거권은 물론 선거권 또한 병역과 연결되었다.

 기간부대인 군단(legio : 원로원 의원 지휘)의 병력은 중무장 보병 4,500-6,000명이었으며, 백인대(centuria) 60개로 이루어진 10개의 보병 대대(cohors)를 휘하에 두었다. 그리고 기병 대대가 배속되었는데, 그 규모는 1개 대대에는 66명(제1대대에는 132명), 군단 전체로는 726명 정도였다. 17세가 되면 입대했고, 연령의 상한은 60세였다.

 그리고 피정복민 중에서 징집된 특수 기능을 담당하는 500-1,000명 정도의 보조부대(auxilia)가 역시 군단에 배속되었다.

 이런 것들말고도 다양한 용어가 나오지만, 그때그때 앞 뒤 문맥과 그 직책의 내용을 감안하여 번역했다.

역자 씀

차례

관직명 및 용어에 관하여 / 5
머리말 / 13
편집자 서론 / 15

제1장(98-108년) / 31
　　두 안토니누스 황제들 시대의 제국 판도와 군사력

제2장 / 55
　　두 안토니누스 황제들 시대의 로마 제국 통일과 내치

제3장 / 89
　　두 안토니누스 황제들 시대의 로마 제국의 정치체제

제4장(180-248년) / 117
　　콤모두스의 잔혹성, 어리석음과 살육 ; 근위대에게 암살당한 그의 후계자 페르티낙스 ; 제위를 공개입찰한 율리아누스 ; 셉티미우스 세베루스의 승리 ; 카라칼라의 폭정과 엘라가발루스의 우둔함 ; 혼란 속의 빈번한 제위계승 ; 필리푸스의 찬탈과 건국축제

제5장(248-85년) / 135
　　데키우스, 갈루스, 에밀리아누스, 발레리아누스 및 갈리에누스 ; 야만족의 대규모 침입 ; 30인의 참주들 ; 클라우디우스 및 아우렐리우스의 통치와 승리 ; 타키투스, 프로부스, 카루스 부자의 통치

제6장(285-313년) / 177
　　디오클레티아누스와 그의 3명의 동료 막시미아누스, 갈레리우스 및 콘스탄티우스의 통치 ; 전반적인 질서와 평온의 회복 ; 페르시아 전쟁, 승리

및 개선 ; 새로운 통치방식 ; 디오클레티아누스와 막시미아누스의 퇴위 및 은퇴

제7장(305-24년) / 205

디오클레티아누스 퇴위 후의 혼란 ; 콘스탄티우스의 사망 ; 콘스탄티누스 및 막센티우스의 즉위 ; 6황제의 동시 옹립 ; 막시미아누스와 갈레리우스의 사망 ; 막센티우스 및 리키니우스에 대한 콘스탄티누스의 승리 ; 콘스탄티누스 치하의 제국통일

제8장 / 243

기독교의 발전과 초기 기독교인들의 사상, 풍습, 신도 수 및 상황 ; 초기 기독교인들에 대한 박해

제9장(300-500년) / 301

콘스탄티노풀의 창건 ; 콘스탄티누스 및 그 후계자들의 정치체제 ; 군율 ; 궁정 ; 재정 ; 콘스탄티누스의 아들과 조카들의 운명에 관한 개관과 기독교회의 합법적 성립의 결과

제10장(311-62년) / 347

이단파의 박해 ; 도나투스파의 분리 ; 아리우스파의 논쟁 ; 아타나시우스 ; 콘스탄티누스와 그 아들들 시대의 교회와 제국의 혼란상 ; 이교에 대한 관용

제11장(360-63년) / 389

갈리아 군단의 율리아누스 황제 선포 ; 율리아누스의 진군과 승리 ; 콘스탄티우스의 사망 ; 율리아누스의 행정 ; 율리아누스의 이교 부활 기도 ; 페르시아 전쟁 중의 율리아누스의 사망 ; 그의 후계자 요비아누스의 치욕적인 강화조약에 의한 로마 군 구출

제12장(363-84년) / 415

발렌티니아누스의 즉위와 그의 공동통치자인 동생 발렌스와의 동-서 제국의 분할 ; 프로코피우스의 반란 ; 문민행정과 교회행정 ; 게르마니아 ; 브

리타니아 ; 아프리카 ; 동방 ; 도나우 지방 ; 발렌티니아누스의 사망 ; 그의 두 아들 그라티아누스와 발렌티니아누스 2세의 서로마 제국 계승

제13장(365-98년) / 451

유목민족의 풍습 ; 중국에서 유럽으로의 훈족의 이동 ; 고트족의 패주 ; 고트족의 도나우 강 도강 ; 고트 전쟁 ; 발렌스의 패배와 사망 ; 그라티아누스가 테오도시우스에게 동로마 제국 이양 ; 테오도시우스의 성격과 성공 ; 고트족의 평화와 정착 ; 정통교회의 승리와 이교의 최종적 파멸 ; 내전과 테오도시우스의 사망 ; 로마 제국의 최종적 분할

제14장(398-408년) / 483

고트족의 반란 ; 고트족의 그리스 약탈 ; 알라리크와 로도가스트에 의한 두 차례의 이탈리아 침략 ; 스틸리코에 의한 그들의 격퇴 ; 게르만족의 갈리아 유린 ; 스틸리코의 오욕과 죽음

제15장(408-10년) / 511

알라리크의 이탈리아 침입 ; 로마 원로원과 시민의 실태 ; 고트족에게 세 번 포위당한 끝에 마침내 약탈당한 로마 ; 서로마 제국 몰락의 개관

제16장 원서 후반부의 발췌 / 549

6세기의 동로마 제국 ; 무하마드와 이슬람교의 출현 ; 콘스탄티노플의 함락과 동로마 제국의 멸망(1453년) ; 15세기 로마의 폐허 그리고 전체적 결론

개정 번역판 후기 / 602
제1판 역자 후기 / 603
연표 / 605

머리말

윈스턴 처칠의 장엄한 명구들이 적어도 부분적으로는 기번의 『로마 제국 쇠망사』를 숙독함으로써, 영감을 얻은 것이라는 점은 널리 알려져 있다. 그러나 또 한 사람의 영국 수상 클레멘트 R. 애틀리가 1949년의 그 중요한 여름(아일랜드 분리 독립 문제/역주)에 『쇠망사』를 두 번 읽었다는 사실은 별로 알려져 있지 않은 것 같다. 그 당시 『뉴욕 타임스』는 "그를 찬양하는 사람들은 그가 당시 이 책을 골랐다는 데에 어떤 의미를 부여해서는 안 된다고 말한다"고 보도했다.

어떻든간에 서구 민주주의를 이끈 이 두 사람의 위대한 지도자가 매우 두렵고도 유익한 이 옛 교훈에 몰두했음을 알게 될 때, 우리는 안도감과 함께 얼마간 스릴을 느끼게 된다. 로마의 역사는 요컨대 불멸의 성공을 거듭 쌓아올리는 듯하다가 세계를 정복한 후, 마침내 자신과 자신의 문명을 파국으로 몰아넣은 한 주목할 만한 도시국가(city-state)의 이야기이다. 그후 여러 역사가들이 이와 같은 파국을 초래한 원인이 무엇인가 하는 문제를 다루어왔지만, 그 누구도 기번만큼 설득력 있게 다룬 사람은 없다.

기번이 우리에게 주는 직접성과 중요성은 —— 그의 문필가로서의 장점과 가치는 별도로 치고 —— 주로 사건들로 가득 찬, 1,000년 이상의 역사를 오랫동안 다루면서 가다듬어진 통찰력과 균형 잡힌 시각에서 비롯된 것이다. 18세기의 역사가이자 철학자로서 그는 후세의 전문분야인 경제학이나 고고학보다는 인간의 사상, 창조성 그리고 정신적 타락에 깊은 관심을 가지고 있었다. 그러나 비록 그의 판단력이 공정성을 잃는 경우가 있다고 하더라도, 입수 가능한 자료에 대한 그의 탐구는 매우 철저한 것이었다. 기번은 정치, 전쟁, 종교에 큰 관심을 가졌다. 그는 "나는 야만과 종교의 승리를 설명했다"고 말한 적이 있다. 그리고 기분이 우울할 때면 "역사란 범죄와 어리석음 그리고 인류의 불행에 관한 기록에 불과하다"고 말하기도 했다.

그 동안 수많은 사람들이 이 풍성하고 흥미진진한 탐험여행에 선뜻 동참하기를 꺼린 것은 여러 세기에 걸친 기번의 당당한 행진이 그처럼 포괄적이었기 때문임은 의심의 여지가 없다. 이제 데로 A. 손더스가 세련된 서문을 쓰고 당혹스러울 정도로 풍부한 내용을 편집함으로써, 독자를 위해서 훌륭한 일을 했다. 그는 언론인다운 솜씨로 고대문명의 영광과 쇠퇴 그리고 최후의 숨막히는 비극에 관한 생동감 넘치는 설명을 해치지 않는 범위 안에서 기번의 원문을 적절하게 축약해놓았다. 손더스가 이 책의 대부분을 5세기 말까지로 끝나는 그 위대한 시기에 집중시킴으로써, 원문의 흐름을 그대로 유지하도록 배려했다는 사실은 더욱 적절한 조치였다고 할 것이다. 그것은 서로마 제국이 붕괴되기까지의 몇 세기 동안이 우리의 주된 관심사이며, 실제로 기번 저서의 절반을 구성하고 있기 때문이다.

그러면서도 손더스는 한걸음 더 나아가서 그후의 사건들, 특히 투르크에 의한 콘스탄티노플 함락이라는 중대한 사건도 우리에게 소개하고 있다. 요컨대 그는 우리 모두가 처칠이나 애틀리와 같은 이 시대의 인물들과 함께 그 위대한 역사적 사건을 기술한 감동적인 역작에 접할 수 있도록 배려한 것이다.

찰스 알렉산더 로빈슨 2세
브라운 대학 고전학 교수
1952년 4월 6일

편집자 서론

1

로마 제국을 다룬 이 역사가는 영국 서리 주(州) 퍼트니의 한 부유한 가문에서 1737년 4월에 태어났다……

기번은 기회가 있을 때마다 자기가 노예나 야만인이나 농부로 태어나지 않고 "과학과 철학의 시대에, 자유로운 문명국가에서, 명예로운 신분의 가문에서, 상당한 재산을 물려받고" 태어났다는 점을 감사하곤 했다. 그러나 신의 육체적 은총은 별로 넉넉하지 못했다. 그는 일곱 자녀의 맏아들이었지만, 유아기를 넘기고 살아남은 유일한 자식이었다. 몸이 약해 항상 건강이 좋지 않았던 그는 늘 절망 속에서 이 병원 저 병원으로 끌려다녔다. 의사가 치료를 잘못한 탓으로 그는 죽을 때까지 몸에 흉터만 남게 되었고, 이 때문에 그는 그 의료행위에 대해서 저항감을 가지게 되었다. 킹스턴-어펀-테임즈의 기숙학교에서 받은 최초의 정식 교육은 그의 어머니가 잦은 출산으로 인한 심신쇠약과 합병증으로 사망했기 때문에 10세도 되기 전에 중단되었다. 그는 어른이 되어 명성을 얻은 후에도 "어린 시절의 행복을 침이 마르도록 찬양하는 진부한 이야기"를 매도하면서, "나는 그와 같은 행복을 모른다. 그런 시절을 그리워하지도 않는다……"고 말하곤 했다.

……

그는 그후 여전히 병이 주기적으로 재발하는 가운데, 아내를 잃고 슬픔에 잠긴 아버지에게 이끌려 이곳저곳으로 가정교사와 의사를 찾아다니며 지냈다. 그러나 그러는 동안에도 그는 호라티우스, 베르길리우스, 테렌티우스, 오비디우스(기원전 로마의 시인들/역주) 등을 탐독했고, 그 당시 영어로 번역된 동양사를 모두 섭렵했고, 포코크의 『아불파라기우스(*Abulphragius*)』와 같은 방대한 라틴어 책을 독파했으며, 또한 고대의 지리와 연대에 대해서도 조예가 깊어 히브리의 구약성서에 나오는 연대와 그리스의 연대가 맞지 않으면 이를 일치시키기 위해서 며칠 밤이라도 뜬눈으로 새우곤 했다. 그는 1752년 4월에 옥스퍼드의 막달렌 대학을 찾아갔는데, 그 당시 그는 "박식하기는 박사를 쩔쩔매게 할 정도였고, 무식하기는 어린 학생조차 부끄럽게 생각할 정도였다."

막달렌에서 보낸 짧은 기간 동안 그는 어린 시절의 질병으로부터 해방되었다. 그러나 이 우연한 축복을 제외하면 옥스퍼드에서의 14개월은 그에게는 "전생애를 통해서 가장 따분하고 무익한 기간"이었다. 당시 이 대학은 극심한 쇠퇴기에 처해 있어 교수나 학생 중에 이 조숙한 어린 학생을 도와줄 뜻과 능력을 갖춘 사람이 단 한 명도 없었다. 종교서적을 많이 읽은 기번은 아마도 프랑스의 가톨릭 학자 보쉬에의 영향을 받은 탓인지 로마 가톨릭으로 개종하여 1753년 6월 초에 런던에서 비공개로 영세를 받았다.

그의 아버지는 이에 격노하여 아들을 당장 옥스퍼드에서 자퇴시키고 그를 개종시킨 자를 대라고 윽박질렀다. 누구든지 장본인이 밝혀지면 처형하겠다는 기세였다(그것이 당시의 분위기여서 실제로 그로부터 몇 년 후에는 로마 가톨릭 교회를 차별하는 형법규정을 완화하자는 제안에 격노한 런던의 폭도들이 시내 여러 구역을 불태운 끝에 무력으로 진압된 적이 있었다). 열흘도 채 지나지 않아 기번의 부친은 이 비뚤어진 아들을 교도하는 임무를 스위스 로잔에 있는 M. 파비야르라는 칼뱅파 목사에게 맡기기로 했다. 기번은 1753년 6월 말 로잔에 도착했다……

더욱 중요한 점은 얼마간의 학식과 안목을 갖추었던 파비야르가 이 젊은 학자에게 방법론을 가르치면서도 그의 관심사나 능력의 범위를 구속하지 않았다는 사실이다. 예컨대 1756년에 기번은 플라우투스와 살루스트에서 "로마 제국 및 언어의 쇠퇴"에 이르는 모든 라틴어 고전 —— 역사, 시, 웅변, 철학 —— 을 통독하기로 결심했다. 그리고 14개월 만에 실제로 그 일을 대충 해냈다. 그는 파비야르의 도움으로 그리스어를 배우기 시작했고, 『일리아스』의 절반과 헤로도토스와 크세노폰(그리스의 군인, 역사가, 431-352? B.C./역주)의 저서 대부분을 읽고 나서 나중에 완독하기로 하고 책을 놓았다. 그렇다고 해서 책을 건성으로 읽지는 않았다. 그는 "베끼는 것보다 두 번 읽는 것이 기억에 더 잘 남는다"는 존슨 박사의 말에 동의하면서도 두툼한 필기장들을 비치하고 있었다. 그는 새 책을 읽기 전에 "주제에 관한 나의 모든 지식, 믿음 또는 생각"을 면밀하게 평가해두었다가 책을 다 읽고 난 후에 자기 지식의 대차대조표를 만들어 손익을 계산해보곤 했다.

기번은 5년간의 로잔 생활 중에 고전만 읽은 것은 아니었다. 그는 프랑스어에 능통하게 되어 그의 첫 번째 저서를 프랑스어로 출판했으며, 임종시의 마지막 유언도 프랑스어로 할 정도였다(그는 프랑스어와 라틴어 두 가지를 모두 익히기 위해서 먼저 키케로를 프랑스어로 번역하여 한동안 놓아두었다가 나중에 이를 다시 라틴어로 번역하여 그 결과를 원문과 비교하곤 했다). 그는 그 시대의 가장 비범한 인간인 볼테르와 친교를 맺기 시작했다. 그는 또 프랑스 연극에 크게 심취하여, "우리가 어렸을 때부터 영국인의 독서의 첫째가는 의무라고 교육받았던 위대한 천재 셰익스피어에 대한 나의 숭배가 줄어드는 듯할 정도였다"고 말했다.

그는 또한 로잔에 있을 때 두 사람의 평생의 지기를 만났으니, 한 사람은 조르주 데베르당이라는 스위스 청년으로 나중에 그와 함께 로잔 독신자 기숙사를 세운 사람이었고, 또 한 사람은 그의 유저(遺著) 관리인이 된 J. B. 홀로이드〔셰필드 경〕였다.

또 그는 평생 처음이자 마지막인 열렬한 사랑에 빠졌다. 수잔 퀴르쇼는 가까운 프랑스 마을 크라시에 사는 칼뱅파 목사의 재색을 겸비한 딸이었다. 몇 달 만에 두 20대 남녀는 서로를 방문하면서 열렬한 편지를 주고받게 되었다. 그리고 그가 1758년 4월 로잔을 떠나 영국으로 귀국한 첫째 목적은 아버지에게서 결혼 승낙을 얻는 데에 있었다.

〔아버지의 반대로 퀴르쇼와의 결혼이 무산된 청년 기번은 『문헌연구에 관한 에세이(*Essai sur létude de la litterature*)』라는 프랑스어로 쓴 주목할 만한 소책자를 발표했다. 그리고 그에게 전혀 어울리지 않는 대위 계급장을 달고 햄프셔 민병대에 근무하게 되었다. 그때 영국은 전쟁 중이었고 침공당

할 위험도 있었다. 민병대 해산 후 그는 로잔에서 쿼르쇼를 다시 만났으나, 기번의 마음은 이미 냉담해져 있었다/역자 축약]

……수잔의 친구들은 기번이 냉담해진 데에 분개하여 루소에게 이 젊은 이를 설득해주도록 요청했다. 루소는 끼어들지 않으려고 했다. 기번이 너무 냉혈한이어서 두 사람의 결혼은 그의 취향이나 수잔의 행복에도 맞지 않는다는 이유에서였다. 루소의 생각은 어느 정도 맞기도 했다. 얼마 후 수잔 쿼르쇼는 네케르와 결혼했다. 삼부회(三部會)를 소집하여 프랑스 혁명의 계기를 마련한 프랑스 재상의 부인이 된 것이었다. 그리고 그녀의 딸이 바로 그 유명한 드 스탈 부인이었다. 결핍된 것은 기번의 용기가 아니라, 그의 취향이었던 것이다.[1]

그러나 이때쯤 기번에게는 다른 애인이 있었다. 그는 그리움이 주는 쾌감을 연장하거나 하려는 듯이 천천히 그리고 여러 가지 방법으로 이 애인에게 접근하고 있었다. 그는 로잔에서 거의 1년 동안 빈둥거리다가 이탈리아로 가서 1764년 가을 마침내 로마에 도착했다. 그의 자서전은 그 당시의 감동을 잘 나타내고 있다. "내가 처음으로 이 **영원한 도시**에 들어섰을 때 벅찬 감격이 치밀어올라왔으며……나는 며칠 동안 얼떨떨한 도취상태에서 헤매고 나서야 냉정을 되찾아 정밀한 조사를 할 수 있었다." 그러나 더욱 설득력 있는 것은 그 당시 그가 부친에게 보낸 서신의 내용이다. "……저는 정말 꿈을 꾸고 있는 기분입니다. 여러 책들이 우리에게 로마인의 위대성을 인식시켜 주었다고 하더라도, 로마의 폐허의 모습을 보여주는 것만으로서는 로마의 최전성기를 결코 설명할 수 없습니다. 저는 과거에 이와 같은 나라가 결코 존재한 적이 없다고 확신하며 또 인류의 행복을 위해서 앞으로 다시는 그러한 나라가 나타나지 않기를 바랍니다."

기번은 그 특유의 정밀성에서 그가 역사책을 쓸 생각을 품게 된 날짜를

---

1) 물론 기번에게 두 가지 모두 결핍된 경우도 있었다. 그로부터 몇 년 후 파리에서 네케르 부부를 방문하고 나서 기번은 친구 셰필드 경에게 이렇게 썼다. "그 여자는 나를 몹시 좋아하며, 그 남편은 특히 호의적이라네. 나를 이보다 더 잔인한 방법으로 모욕할 수 있을까? 나를 매일 저녁 식사에 초대한 후 자기는 침실로 가고 나를 자기 아내와 단 둘이 있도록 하다니 — 이 얼마나 오만한 자신감인가?"

정확히 적어놓고 있다. "그것은 1764년 10월 15일 로마에서였다. 내가 카피톨리누스 언덕의 폐허에 앉아 맨발의 탁발 수도사들이 유피테르 신전에서 드리는 저녁 기도 소리를 듣고 있던 중 처음으로 이 도시의 쇠망사를 집필해야겠다는 생각이 떠올랐다." 그러나 당초의 구상은 이 도시에 국한되어 있었으며 제국 전체를 포함시킬 생각을 하게 된 것은 후일의 일이었으니──『쇠망사』는 완성되기까지 여러 번 범위가 확대되었다고 썼다.

이것은 매우 정확한 표현이다. 에드워드 기번이 『쇠망사』를 쓴 것은 그가 우연히 1764년에 로마를 방문했기 때문이 아니었으며 또한 (그가 다른 곳에서 지적하듯이) 13년 전에 우연히 이처드(Eachard)의 『후기 로마 제국사(History of the Later Roman Empire)』를 접할 기회를 가졌던 탓도 아니었다. 돌이켜보면 그의 행동은 거의 모두가 변함없이 한 방향으로 이어져왔음을 알 수 있다. 그가 13세 때 쓴 최초의 편지에는 "우리가 교회에서 예배를 마치고 집으로 돌아올 때 옛 야영지의 유적을 보노라면 내 마음은 크게 기뻤다"고 적혀 있다. 그의 왕성한 독서도, 심지어 민병대에 근무하던 동안에도, 단 한 가지 목적을 위한 것이었던 것으로 보인다(그는 민병대 시절에도 호라티우스의 책 한 권을 "항상 주머니 속에 넣고, 가끔은 손에 들고" 다녔다. 그가 그리스어 학습의 초기 구상을 끝낸 것도 이때였다). D. M. 로우가 그의 뛰어난 기번 전기에서 적절히 지적한 바와 같이 하나를 보면 둘을 알 수 있으며, "불어나는 물은 이쪽 통로이건 저쪽 통로이건 어쨌든 물길을 찾아 넘쳐흘러 땅을 비옥하게" 만들기 마련이다.

기번은 1765년 여름, 이탈리아에서 귀국한 후 5년 동안은 런던과 퍼트니를 오가면서 별 목적이 없어 보이는 여러 가지 일을 하면서 지냈다. 스위스 공화국의 역사를 집필하다가 그만두는가 하면, 친구 데베르당을 도와 대륙에서 프랑스어로 출간할 영국 문학 개관서 2권을 편찬하기도 했다. 또 『아이네이스의 제6권에 관한 비판적 고찰(Critical Observations on the Sixth Book of the Aeneid)』이라는 논쟁적인 소책자를 익명으로 출판하기도 했다. 그러나 그는 여전히 부친에게 의존해야 한다는 것 때문에 안달하고 있었다. 1770년에 부친이 사망한 후에도 그는 곧바로 헤어나지 못했다. 2년이 지나서 복잡하게 얽힌 재산문제를 어느 정도 정리하고서야 런던의 벤팅크 가(街) 7번지에 있는 자신의 집에서 안정적으로 정착할 수 있었던 것이다.

개인적 독립이라는 활력소는 신속하게 『쇠망사』 제1권을 만들어냈다. 그러나 그 당시 바깥 세상이 본 것은 사교계의 한량이라는 기번의 새로운 모습뿐이었다. 그는 부자도 아니었고 자동적으로 신분이 보장되는 그런 가문 출신도 아니었으므로, 일종의 자수성가한 한량이었다. 그러면서도 그는 영국 역사상 가장 뛰어난 문학작품으로 손꼽히는 저술을 진척시켰던 것이다.

그의 사회적, 문학적인 위치는 『쇠망사』 제1권이 출판되기 1년여 전에 존슨 박사가 1765년에 설립한 유명한 '문학 클럽' 회원으로 선출되었다는 사실로 충분히 입증된다. 기번이 회원으로 활동한 기간 중에 이 클럽에는 존슨 외에도 기번과 원수지간인 보스웰, 화가인 조슈어 레이놀즈 경, 올리버 골드스미스, 에드먼드 버크, 배우인 데이비드 개릭, 거물급 야당 정치인인 찰스 폭스, 극작가 겸 정치가 리처드 셰리든 그리고 기번과 절친한 친구였던 애덤 스미스 등이 가입해 있었다. 기번의 사회적, 문학적 교제범위가 이 클럽의 범주보다 훨씬 넓었음은 두말할 필요도 없다.

한량이라면 누구나 국회의원 자리를 바랐다. 기번도 어떤 돈 많은 사촌의 도움으로 1774년에 한자리를 얻어 그의 생애에 가장 생산적이었던 8년 동안 의회 연설 한번 없이 의원 자리를 지켰다. 그는 대체로 정부를 지지했지만, 중요한 아메리카 문제에 관해서는 가끔씩 야당 쪽으로 기울기도 했다(1775년 초에 그는 "권리와 힘 양자가 모두 우리 편에 있다고 확신"했다. 그러나 1777년 말에는 "우리는 지금 아메리카에서 얼마나 한심한 짓을 하고 있는가!" 하고 말했다). 그러나 그의 반항기질은 결국 그가 무역식민부에 자리를 얻으면서부터 꺾이고 말았다. 그는 연봉 750파운드를 받고 3년 동안 이 한직을 지켰다.

......

기번은 제1권을 집필하던 기간 중에 그 내용에 관해서 이야기하기를 몹시 꺼려했던 것 같다. 그는 편지에서도 이 문제에 대해서 언급하지 않았고, 제1권을 식자공에게 넘길 때까지는 계모에게도 자기가 정확히 무슨 일을 하고 있는지 알려주지 않았다. 런던에 있는 친지들은 막연히 그가 어떤 역사책을 쓰고 있다고 짐작은 했겠지만, 그들 자신들이 모두 야심적인 집필에 바쁜 문필가들이었다. 따라서 사건이 터지기까지는 그 누구도 빨강머리에 목소리가 카랑카랑하고 이상한 옷을 입고 다니는, 괴상한 버릇의 이 작고 뚱뚱한 사나이가 인류 역사상 가장 위대한 역사책을 집필하고 있으리라고는 짐작도 할 수 없었다.

2

다소 미심쩍은 이야기이기는 하지만, 기번이 『쇠망사』 제2권을 글로스터 공작에게 증정했을 때 공작이 싱긋이 웃으며 "또 이 지독하게 두껍고 네모난 책인가! 항상 이렇게 쓰고 쓰고 또 쓰는군! 안 그런가, 기번 씨?"라고 말했다고 한다. 공작의 반응은 무심코 기번의 큰 강점을 지적하고 있으니, 그것은 이 저서의 엄청난 분량이다. 이 책의 범위는 초기의 로마와 "덕망 있는" 황제들로부터 서로마 제국의 소멸에 이르는 기간에만 국한되어 있지 않다. 즉 그후 1,000년 동안 더 존속한 동로마 제국, 제국과 접하고 있던 모든 문명국 및 야만국과 그 주민들, 이슬람교의 대두, 신성 로마 제국, 십자군 운동 등 —— 요컨대 서기 100년에서 1,500년에 이르는 서방의 역사(그리고 서방에 중요한 영향을 미친 동방의 역사)를 총괄하고 있다. 그것은 기번이 이 모든 것들이 하나의 커다란 상호 연관과정을 이루고 있다는 올바른 판단을 했던 결과이다. 그는 때로 "사소하고 피상적인 내용"으로 흐를 때가 있었다고 스스로 지적하기도 했지만, 1,400년 동안의 서방 역사를 3,000페이지에 수록한 노력으로 보아 이런 점은 너그럽게 보아주어야 할 것이다.

영어의 가장 큰 강점은 구어체에 있거니와, 기번의 문체도 영문학의 희곡과 시에서 가장 뛰어난 우수성을 발휘케 한 바로 그 원천에 기초하고 있다. 영국의회에서 8년 동안 "벙어리"로 앉아 있던 사람에게 이런 말을 하는 것은 이상하게 들릴지도 모른다. 그러나 비록 그 자신이 스스로 제1장은 세번, 제2장은 두 번 썼다고 고백하고 있기는 하지만, 그의 평상적인 집필방법은 "긴 단락을 하나의 틀에 넣어 귀로 음미해보고 기억 속에 넣어두되 마지막 손질을 하고 나서야 펜을 움직이는" 식이었다. 이 때문에 기번의 문장은 묵독을 하더라도 그 화려한 격조가 귀에 낭랑하게 울리는 것이었다.

기번 자신은 나름대로 당초 출판되었던 6권의 문장 중에서 어떤 문체상의 변화를 찾아내려고 했다. 그는 제1장은 "다소 거칠고 복잡"하며, 제2장과 제3장은 "쉽고 정확한 문장으로 원숙"해졌다고 판단했다. 그러나 주로 로잔에서 집필한 나머지 3개 장에 관해서는 "펜의 편의에 이끌려간 점이 있으며, 늘 이 언어로 말하고 저 언어로 글을 쓰던 습관 때문에 프랑스어 관용어가 약간 섞였을지도 모르겠다"고 우려했다.

꼼꼼한 독자라면 혹시 이 말에 동의할 수도 있을 것이다. 그러나 미세한 차이가 있지만, 책 전체에 걸쳐 시종일관 빛나는 문장, 단락, 페이지들이 이어져 있음을 발견할 수 있다. 그것은 단순히 문체상의 문제는 아니다. 그것은 기지, 섬세한 단어 선택, 조소 섞인 방백(傍白), 틈틈히 나오는 선정적인 표현에서 오는 것이다. 이러한 표현 때문에 필립 구에달라는 기번의 양기는 온통 각주(脚註)에만 올라 있는 모양이라고 말한 바 있다. 그리고 그것은 무엇보다도 그가 책의 주제에 철저하게 친숙하고 완전히 몰두했던 데서 비롯된 것이다. 기번이 "알프스 저쪽"이라고 말할 때, 그것은 항상 런던이나 로잔에서 본 알프스 저쪽이 아니라 로마나 콘스탄티노플에서 본 알프스 저쪽이었다.

그 밑바탕에 흐르는 충실성이 없이 시야와 문체만 가지고는 그처럼 여러 세대에 걸쳐 독자를 압도할 수 없었을 것이다. 그는 정열적인 묘사에 탐닉했으며 — 그의 인물들은 오만하고 대담하고 교활하고 어리석고 비겁한 그런 사람들이다 — 또한 강인한 신념과 편견의 소유자였다. 그는 예컨대 초기 교회의 몇몇 수상쩍은 인물의 결함을 들춰내기를 즐겼다. 그러나 그 밑바탕에는 침착한 역사가가 들어앉아 자기가 좋아하는 율리아누스 황제(재위 360-63년)를 철저하게 비판하는가 하면, 알렉산드리아의 성(聖) 아타나시우스(콘스탄티누스 황제 시대의 대주교/역주)에 대해서는 찬사를 아끼지 않는 면도 보이고 있다. 그 당시는 역사가의 주요 기능은 도덕적인 교훈을 찾아내는 데 있다는 생각이 일반적이었지만, 기번은 그런 노력은 전혀 하지 않았다. 더구나 겉으로 불편부당을 가장한 몇몇 역사가들과는 달리 그는 항상 솔직하게 편애를 드러냈다. 기번에게서는 숨바꼭질 같은 속임수를 찾아볼 수 없다.

기번처럼 반대파가 많은 작가도 드물어서, 여러 학자들이 여러 해 동안 『쇠망사』의 견고한 구조를 끈질기게 헐뜯어왔다. 세인트 폴 성당의 딘 밀만이 편집한 오래된 주해판은 이 책을 "기독교에 대한 뻔뻔스럽고 부정직한 공격"이라고 규정지었다. 아마도 미국에서 가장 많이 읽혔으리라고 생각되는 두번째 주해판은 빅토리아 시대의 명사 올리펀트 스미튼이란 사람이 편찬한 것인데, 그는 마치 연병장의 작고 부지런한 사냥개처럼 기번이 쓴 3,000페이지를 쫓아다니며 발꿈치를 물어뜯고 있다. 버베크 힐이라는 이름으로 기번의 회상록 한 권을 편찬한 또 한 명의 빅토리아 시대 인사는 "그의 점잖지 못한 필치"와 "냉혹하고 해박한 외설"에 큰 충격을 받았다고 쓰고 있다. 그리고 보들러리즘(bowdlerism: 책의 음란한 내용을 삭제, 정정하는 행위/역주)이라는 말을 만들어낸 장본인인 토머스 보들러도 종교적인 요소를 모두 삭제한 『쇠망사』의 특별판을 편찬했다.

기번의 현재의 모습을 가장 훌륭하게 판정한 사람은 아마도 케임브리지의 대학자 J. B. 베리라고 보아야 할 것이다. 그는 가장 훌륭한 『쇠망사』 주해판을 편찬한 외에도 직접 고전적인 『그리스 역사(*A History of Greece*)』를 집필한 사람이다. 베리 교수는 이제는 초기 기독교 신학과 그 제도에 관한 구체적인 설명에 관해서 "역사가이건 학자이건 수많은 유보를 달지 않고서는 『쇠망사』의 신학과 관련된 장절(章節)들에 의견을 같이하는 사람은 아무도 없을 것"이라고 경고하면서, 그러나 그후의 가장 포괄적인 후속 연구도 로마 제국의 파멸을 야만족과 기독교의 공동의 승리라고 보는 기번의 명제를 "뒤집거나 그 예봉을 꺾지 못했다"고 말한다. 독일의 위대한 역사학자 몸젠과 그의 학파가 초기 로마 제국에 관한 기번의 설명을 약간 더 진전시키긴 했지만, "다른 한편으로 원수정(元首政, principatus)에서 절대군주정

(dominatus) 또 디오클레티아누스에서 콘스탄티누스 체제로 이르는 변화과정에 관한 그의 탄복할 만한 설명은 아직껏 큰 가치를 지니고"있다. 베리는 또한 기번이 무하마드와 초기 이슬람교의 팽창과정을 설명할 때 "기독교 사회에서는" 신용하지 않는 자료에 크게 의존했음을 기뻐하는 모험까지도 서슴지 않으면서, 그것은 『쇠망사』 중 이 부분의 장절들이 "그것만으로도 영구적인 문학적 명성을 얻기에 충분하기" 때문이라고 말한다.

베리는 후기의 동로마 제국을 "나약하고 참담하고 따분한 이야기"라고 본 기번의 경멸적인 성격 규정을 보다 심각한 문제로 생각하면서, 그것은 사려 깊은 역사가가 입 밖에 낸 가장 진실하지 못한, 그러나 가장 영향을 많이 미친 판단의 하나로 손꼽힌다고 비난하고 있다. 또 기번은 동로마 제국 안팎의 여러 슬라브 민족들과 그 왕국들의 설명에서 "매우 현저하게 부적절했다"고도 지적되고 있다. 그러나 전체적으로 베리 교수는 다음과 같은 결론으로 기번의 입장을 두둔하고 있다. 기번이 여러 구체적인 사항에서 그리고 몇 가지 중요한 분야에서 시대에 뒤떨어져 있다고 하는 것은 우리 조상들이 지금까지 완전히 무능력한 세계에서 살아오지는 않았다는 것을 의미할 뿐이다. 그러나 대체적으로 그는 아직까지도 "시대"를 초월한 우리의 스승이다. 그가 역사학자들의 공통적인 운명을 극복할 수 있는 몇 가지 분명한 장점들 — 과감하고 정확한 평가기준, 바른 안목과 문제를 전체적으로 파악하는 기지, 판단의 현명한 유보와 적절한 회의, 자신의 독특한 표현방법에 대한 끊임없는 애착심 — 의 소유자라는 것은 두말 할 필요도 없다. 이처럼 뛰어난 장점을 가지고 있기 때문에, 그는 항상 지난날의 가치를 위협하는 후계자들의 활동에서 오는 위험을 견딜 수 있다.

3

기번은 1776년 2월에 『쇠망사』 제1권의 출판과 동시에 유명인사가 되었다. 그러나 그가 가장 인상적인 두 가지 찬사를 받은 것은 전체 작업이 최종적으로 완결된 후의 일이었다(제2권 및 3권은 1781년에, 나머지 3권은 1788년에 출판되었다). 그 당시 애덤 스미스(그의 『국부론』도 역시 1776년에 출판되었다)는 『쇠망사』에 대해서 "내가 사귀거나 편지를 주고받는 각계각층 사람들은 이구동성으로…… 당신을 현 유럽 전체 문단의 선두주자로 올려놓고 있습니다"라고 썼다.

『쇠망사』는 또한 기번에 대한 신학계의 커다란 증오를 불러일으켰는데, 특히 제1권의 마지막 부분인 유명한 제15장 및 16장이 문제가 되었다(기번은 1776년 말, 계모에게 자기가 몸 성히 잘 있다는 편지를 보내면서 "워싱턴에게나 퍼부음직한 치열한 연속 포격 속에서도 무사한 것 같습니다"라고 쓰고 있다). 그가 보인 유일한 공개적인 반응은 H. E. 데이비스라는 사람의 소책자에 대한 응답으로 『제15장 및 16장 중 일부 구절의 변호(*A Vindication of Some Passages in the Fifteenth and Sixteenth Chapters*)』를 출판한 것이었다. 그 이후로 그는 신중한 자세를 취해 대체로 침묵을 지켰다. 그러나 그는 자서전에서는 만일 "경건한 자, 소심한 자 및 신중한 자"에게 미칠 영향을 예상했더라면, 문제의 내용 등을 부드럽게 표현할 생각도 했을 것이라고 쓰고 있다.

그후의 기번의 생애는 간단히 요약하고자 한다. 1782년 봄에 노스 경의 정부가 무너지자 무역식민부가 폐지되고 이와 함께 기번의 런던 생활을 가능케 했던 연봉 750파운드도 사라지고 말았다. 다음해에 그는 로잔으로 되돌아갔다. 여기서 친구 데베르당과 함께 멋진 집에서 호사스러운 생활을 하면서 그는 더 뚱뚱해지고 통풍으로 점점 더 고생하게 되었다. 그는 누가 결혼해야 할 것인가 하는 문제를 놓고 데베르당과 다투었고(서로 상대방에게 결혼하라고 했다), 그러면서도 여전히 로잔 사교계의 총아였으며, 그 동안 더욱더 원숙하고 철학적인 인간으로 변해갔다. 그는 1785년에 친구인 셰필드 경에게 이렇게 썼다. "나는 결코 열렬한 애국자가 못 되며 날이 갈수록 점점 더 세계의 시민이 되어가고 있네. 웨스트민스터나 세인트 제임스에서 일어나고 있는 권력이나 이권 다툼보다 그리고 피트나 폭스 같은 이름보다도 나는 카이사르나 폼페이우스의 이름에 더 큰 관심을 가지고 있네."

위대한 작업을 마칠 때까지 그에게는 아직 할 일이 남아 있었다. "내 집 정원에 있는 정자에서 마지막 페이지의 마지막 문장을 끝낸 것은 1787년 6월 27일 밤 11시에서 12시 사이였다. 나는 펜을 놓은 후 정자 안을 몇번 왔다갔다 하기도 하고 마을과 호수와 산들이 바라보이는 아카시아 숲을 거닐기도 했다. 날씨는 온화하고 하늘은 맑아 은빛 달이 호수에 교교했고 산천 초목이 모두 조용했다. 나는 자유를 되찾고 명성을 얻게 되면서 느낀 이 최초의 환희의 감정을 숨길 생각이 없다. 그러나 얼마 후 자부심이 수그러들면서 온몸에 울적한 기분이 퍼져갔다. 그것은 이제 오랫동안 정들었던 친구를 영원히 떠나게 되었구나 하는 생각, 『쇠망사』의 장래가 어떻게 되든지간에 한 역사가의 생애는 참으로 짧고 허망하구나 하는 생각 때문이었다."

『쇠망사』의 완성과 함께 그의 생활은 공허해졌다. 한동안은 날로 심각해져가는 프랑스 혁명에 대한 경악이 그를 지탱하는 것처럼 보였다. 그는 셰필드 경에게 "혁신의 정신을 시초에 저지하지 않으면, 우리의 의회제도에 대한 사소한 명목상의 변화라도 받아들이면, 그때는 끝장이다"라고 썼다. 그리고 그는 버크의 『프랑스 혁명에 대한 고찰(*Reflections on the Revolution in France*)』이 출판되자 매우 의기양양해하며 이렇게 썼다. "나는 그의 힘찬 문장을 존경하며, 그의 정치론에 찬동하며, 그의 기사도 정신을 찬양하며, 이제는 그의 미신조차도 용서하는 바이다." 그러나 이 늙은 역사가는 여전히 사실을 공손하게 받아들이고 있었다. 1793년에 프로이센과 오스트리아 연합군이 프랑스 군을 포위하고 있던 마인츠 근처를 지날 때 그는 "프랑스 군은 보다 훌륭한 대의에 걸맞게 용감히 싸운다"고 말하면서, 프랑스 포병에 찬사를 보냈다.

그러나 대혁명조차 수수방관하는 가운데에서도 일상적 일을 중단할 수는 없었다. 따라서 그는 1793년에 셰필드 경에게 사람을 보내 자기가 헨리 8세 이후의 영국 저명인사들의 전기를 쓰는 문제를 생각하고 있다고 하면서 팰멜 집안의 어떤 출판업자에게 그러한 책을, 예컨대 기번식(式)의 문체로 집필하면 팔리지 않겠는지를 알아봐달라고 부탁했다. 기번은 계속해서 셰필드에게 만일 그 출판업자가 미끼에 걸려들면 다음과 같이 대답해달라고 당부했다. "니콜스 씨, 내 친구를 이처럼 큰 작업에 끌어들이기는 힘들 것 같소. 기번은 늙었고 돈이 많은 데다가 게으르니 말이요. 하지만 한번 시도해볼 수는 있겠지요. 당신이 로잔에 편지를 쓸 생각이 있다면(그가 언제 영국에 돌아올지 모르니까), 내가 그 신청서를 보내드리겠소."

기번이 이런 제안을 한 데에는 서글픈 속사정이 있었다. 그는 계속해서 이렇게 설명했다. "사실은 건강이 크게 나빠서 최근에는 그저 아침나절에나 심심파적으로 책을 들여다보는 꼴이 되었으니, 이러다가 점점 인생의 마지막에 이르게 되겠지. 바로 이런 이유 때문에, 체면을 손상시킬 일만 아니라면, 유리한 계약으로 나 자신을 속박해도 손해볼 것이 없다는 생각이라네." 이러한 사정은, 그 거대한 야심이 실패했든 성공했든, 의심할 바 없이 상당히 비극적인 것이었다.

기번은 1794년 1월 런던에서 56세의 나이에 사망했다. 그의 사망원인은 아마도 탈장으로 인한 음낭수종 악화 때문이었던 것 같다. 이 병 때문에 24세 때 의사를 찾아갔던 것으로 보아 이 증세는 성인이 된 후에도 그의 지병이 되었던 것 같다. 당시 의사가 다시 와서 치료를 받으라고 권했지만, 그는 말을 듣지 않았다.

4

이 『쇠망사』 축약판을 편집하면서 나는 가능한 한, 기번의 원문을 그대로 살려가면서 문맥을 연결시키도록 노력했다. 이 책의 본문은 양적으로 말하면 기번의 원문과 손더스의 글(약 4%)로 이루어져 있다. 그러나 독자들은 원문의 축약이 정확히 어떤 방법으로 이루어졌는지 알 권리가 있다. 다음의 네 가지 방법을 사용했다.

(1) 이 책의 마지막 장(제16장)을 제외한 모든 내용은 『쇠망사』의 전반부 —— 대략 안토니누스 시대로부터 서로마 제국의 멸망까지의 시기 —— 를 축약한 것이다(마지막 장은 이 책의 절반을 차지하는 후반부를 축약한 것인데,

그 까닭은 문학적인 측면과 일반적 관심을 고려한 결과이다). 이 시기는 일반적으로 로마 제국이라고 정의되는 시기와 일치하며, 실제로 기번은 여기서 그의 저서를 종결짓는 문제를 진지하게 고려했다. 그 범위를 넘어서면, 한 권의 페이퍼백으로서 이 축약판을 만드는 것도 불가능할 것이다.

(2) 한걸음 더 나아가서 기번의 서술 내용의 연결을 해치지 않는 범위 안에서 몇몇 장은 전체를 생략했다. 생략된 장들 중 일부(예컨대 페르시아와 게르마니아의 배경을 설명한 원문의 제8장 및 9장)는 기본 내용에서 중요한 부분이 아니며, 따라서 생략했다는 사실을 편집자 주에 밝혔고, 제외시켜도 무리가 없을 내용들이다. 다만 후속내용을 이해하는 데에 필수적인 자료를 담고 있는 장들은 작은 활자로 요약하여 수록했다. 물론 원문을 요약할 때에는 기번의 형식과 정신을 충실히 따르려고 애썼으며, 곳곳에 인용구를 많이 삽입하여 원문의 특색을 살리려고 노력했다.

(3) 전문을 수록해야 할 장들에도 한두 페이지 분량으로 몇 구절씩 필요없다고 생각되는 부분이 있었다(이 점은 기번 자신도 시인하여, 예컨대 원문의 제15장 및 16장은 "사실과 느낌을 손상시키지 않는 범위 안에서 더 압축할 수 있을 것이다"라고 말한 바 있다). 따라서 해당되는 장의 흐름을 해치지 않을 경우에는 간단한 문장은 생략하고, 이를 편집자 주에 밝히고 생략된 내용의 성격을 아울러 밝혀두었다. 그밖의 생략된 부분들은 모두 작은 활자로 요약, 수록했다.

(4) 『쇠망사』의 원문은 그 4분의 1이 각주로 구성되어 있는데 D. M. 로우는 적절하게도 이를 기번의 "잡담"이라고 부르고 있다. 그 대부분은 삭제할 수밖에 없었다. 그러나 기번을 아끼는 사람이라면, 이 각주를 삭제하기가 얼마나 고통스러운 일인가, 수록할 각주를 선정하기가 얼마나 힘든 일인가를 이해할 수 있을 것이다(이 책에 수록한 각주는 별도의 설명이 없는 한, 기번 자신의 각주이다). 수록된 각주를 선정하는 데에 어떤 엄격한 기준이 있었던 것은 아니다. 그 중 몇몇은 각주에서 언급된 본문부분을 이해하는 데에 필요하다고 생각되어 선정한 것이고, 그밖의 것들은 기번 자신이 자기가 자료 출처로 활용한 고대 역사가들의 편견, 무지, 어리석음을 불평한 내용들이다.

다만 토머스 보들러나 버베크 힐이 불쾌해했음직한 통렬한 내용들은 모두 살리려고 노력했다.

그리고 기번의 원문 전체에 걸쳐 감히 구두점을 고쳐 찍어 단락을 재편성했다. 오늘날의 기준에서 보면, 독자는 기번의 원문에 구두점이 너무 많고 문장이 길다고 불평할 것이 분명하기 때문이다.

마지막으로 덧붙일 것은 『로마 제국 쇠망사』에는 모든 사람들에게 교훈이 될 만한 내용이 담겨 있다는 점이다. 이 책은 나에게도 교훈을 주었다. 기번은 제2장의 마지막 부분에서 안토니누스 시대의 로마 문학과 학문에 관해서 논하는 가운데 "수많은 비평가, 편찬자, 주석가들이 학문의 체면을 더럽혔다"고 말하고 있다. 나는 이 축약판을 편찬하는 동안 이 말을 생각할 때마다 용기가 움츠러들곤 했다. 다만 이 책을 편찬하는 의도를 안다면, 기번도 나를 용서해주리라고 믿는다. 이 책은 기번을 약간 맛보이기 위해서 편찬한 것이다. 독자들께서는 한번 본격적으로 포식해보기 바란다.

데로 A. 손더스
1952년 3월

제1장
(98-180년)
두 안토니누스 황제들 시대의
제국 판도와 군사력

서기 2세기 로마 제국은 이 지구에서 가장 아름다운 땅과 인류의 가장 문명화된 부분을 차지하고 있었다. 이 광대한 군주국의 영역은 예로부터의 명성과 엄격하게 단련된 용맹에 의해서 지켜졌다. 관대하면서도 강력한 법률과 관습의 영향으로 여러 변방영토들의 결속이 점차적으로 강화되어갔으며, 그곳의 평화로운 주민들은 풍요와 사치를 마음껏 누리고 남용했다. 자유정치 체제라는 개념은 정중하게 보호되었으며, 로마 원로원은 주권의 소유자로서 정부의 모든 행정권한을 황제에게 위임하고 있다고 간주되었다. 80년이 넘는 태평성대에는 네르바 황제(재위 96-98년), 트라야누스 황제(재위 98-117년), 하드리아누스 황제(재위 119-38년) 그리고 두 명의 안토니누스 황제(15대 황제 티투스 안토니누스 피우스, 재위 138-61년, 16대 황제 마르쿠스 아우렐리우스 안토니누스, 재위 161-80년)의 덕망과 능력에 의해서 행정이 베풀어졌다. 이 장과 다음에 이어지는 두 개의 장에서는 이들이 통치한 제국의 번영상을 기술하고, 마르쿠스 안토니누스 황제의 사망 이후 이 제국의 쇠퇴와 멸망 과정, 즉 영원히 기억될 그리고 지금까지도 지구상의 모든 나라들이 실감하고 있는 혁명과정의 중요한 상황들을 나는 더듬어보고자 한다.

로마의 주요 정복은 공화정 시대에 이룩되었으며, 제정시대가 되면 대개의 경우 황제들은 원로원의 정책과 집정관들의 적극적 경쟁의식, 백성들의 호전적 열광으로 획득된 이 영토들을 보존하는 데 만족했다. 처음 7세기 동안은 연이은 개선으로 점철되었으나, 아우구스투스 시대(재위 B.C. 27-A.D. 14년)에 와서는 전세계를 정복하다는 야심적 계획을 포기하고 민회(public council)에 중용의 정신을 도입하기에 이르렀다. 그의 성품과 당시의 상황 때문에 평화를 바랐던 아우구스투스 황제는 로마가 그 당시의 기고만장한 상황에서 전쟁을 함으로써 얻을 것보다는 잃을 것이 훨씬 더 많다는 것 그리고 먼 변방에서 전쟁수행이 날로 더 어려워지고, 더 한층 불확실해지고, 영토의 점유가 더욱 위태로워지고, 이익도 적어지고 있다는 것을 쉽게 깨달을 수 있었다. 아우구스투스의 경험은 이처럼 건전한 반성을 더욱 부추겼으며, 실제로 그는 분별력 있는 자문관들의 도움에 의해서, 로마가 안전과 위엄을 지키는 데에 막강한 야만인들에게서 양보를 얻어내는 것은 쉬운 일이라는 확신을 가지게 되었다. 그는 파르티아인들의 화살에 자신과 로마 군단을 노출시키지 않고서도, 명예로운 조약에 의해서 앞서 크라수스(제1차 삼두정치의 1인/역주)의 패배로 빼앗겼던 군기와 포로들을 돌려받는 데 성공했다.

아우구스투스 황제의 치세 초기에 그의 장군들은 에티오피아와 아라비아 펠릭스[예멘]의 정복을 시도했다. 그들은 북회귀선 남쪽으로 1,000마일 가까이 행군했으나, 얼마 지나지 않아 이 외딴 지역의 뜨거운 기후가 침략군을 격퇴하여 비호전적인 이곳 원주민들을 보호해주었다. 유럽의 북쪽 나라들은 비용과 노력을 들여 정복할 만한 가치가 거의 없었다. 게르마니아의 삼림과 늪 지대는 강건한 야만족으로 가득 차 있었는데, 이들은 자유를 빼앗기면 생명을 돌보지 않았으며, 따라서 비록 최초의 공격에서는 로마군의 힘에 눌려 굴복하는 듯했으나 곧 몸을 사르는 투쟁으로 독립을 되찾음으로써 아우구스투스에게 흥망성쇠의 무상함을 일깨워주었던 것이다.[1] 황제가 사망한 후 원로원에서 그의 유언장이 공개적으로 낭독되었다. 그는 후계자에게 주는 유산으로 값진 충고를 남겼는데, 그것은 제국의 국경선을 자연이 영구적인 방벽으로 정해준 범위 내로, 즉 서쪽으로는 대서양, 북쪽으로는 라인 강과 도나우 강, 동쪽으로는 유프라테스 강 그리고 남쪽으로는 아

---

1) 바루스와 그의 3개 군단이 학살당한 사건을 말한다. 이 울적한 소식을 접한 아우구스투스 황제는 원래의 그의 성격과는 달리 화를 내지 않았다.

라비아와 아프리카의 사막까지로 한정시키라는 충고였다.

아우구스투스 황제가 지혜롭게 충고한 이 중용적 체제는 그의 바로 뒤를 이은 겁 많고 사악한 후계자들에 의해서 인류의 평화를 위해서 기꺼이 채택되었다. 쾌락의 추구와 압제정치에 여념이 없던 초기의 황제들은 군대나 속주(프로빈키아)에 나타나는 일이 거의 없었고, 한편 그들이 게을러 방치해 둔 승리의 업적을 용맹한 군인들이 가로채도록 내버

아우구스투스(재위 27 B.C.–A.D. 14년)

려두고 싶은 생각도 없었다. 신하가 군사적 명성을 얻는 것은 황제의 특권에 대한 오만불손한 침해로 간주되었고, 따라서 로마의 모든 장군에게는 자기에게 맡겨진 변경지역을 보호하되 더 이상의 정복은 삼가는 것이 이로울 뿐 아니라 의무이기도 했다. 이러한 정복은 정복당한 야만인들보다도 그 자신에게 더욱 큰 피해를 미칠 수도 있기 때문이었다.

서기 1세기 중에 로마 제국이 얻은 유일한 영토는 브리타니아 속주뿐이었다. 이 한 가지 사례에서만은 카이사르와 아우구스투스의 후계자들은 아우구스투스의 가르침을 따르지 않고 카이사르의 모범을 따랐다. 갈리아 지방의 연안에 근접해 있던 브리타니아는 로마군의 침략의욕을 자극했으며, 진위가 의심스럽기는 하지만, 진주 채취에 관한 풍문이 로마군의 탐욕을 부채질했다.[2) 또한 브리타니아는 별개의 고립된 세계로 간주되었기 때문에 이것

율리우스 카이사르
(100-44 B.C.)

을 정복해도 대륙의 일반적인 영토제한 체제에 어긋나지 않는다고 생각되었다. 모든 황제들 중에서 가장 어리석은 자에 의해서 착수되고 가장 방종한 자에 의해서 계속되고 가장 소심한 자에 의해서 종결된 약 40년 간의 전쟁 끝에 마침내 이 섬의 거의 전부가 로마의 지배하에 놓이게 되었다.[3] 브리튼족의 여러 부족들은 용맹하기는 했으나 지도자가 없었고, 자유를 사랑했으나 단결정신이 없었다. 그들은 사나운 기세로 싸움에 나섰다가도 금방 항복하거나 자기들끼리 제멋대로 싸웠으며 또 단독으로 싸웠기 때문에 계속 진압당하기만 했다. 카락타쿠스(브리튼 부족의 왕자/역주)의 용기로도, 보아디케아(브리튼 부족의 왕비/역주)의 자포자기로도, 드루이드교(고대 켈트족의 토속종교/역주) 교도들의 광신적 열기로도 이 나라의 노예화를 막을 수 없었으며, 로마 장군들의 꾸준한 전진을 저지할 수 없었다. 로마 장군들은 제국의 위엄이 이 가장 열등하고 가장 사악한 인간들에 의해서 손상될 때마다 나라의 영광을 지켰던 것이다. 도미티아누스 황제(재위 81-96년)가 자초한 공포 때문에 황궁에 틀어박혀 있는 동안에 로마 군단들은 덕망 높은 아그리콜라(?-93)의 지휘하에 그람피아 산맥 기슭에서 칼레도니아인(스코틀랜드인)의 연합군을 패퇴시켰으며, 그의 함대는 미지의 위험한 항해를 감행하여 이 섬 둘레의 곳곳에서 로마 군의 위세를 과시했다. 일단 브리타니아가 정복되었다고 생각한 아그리콜라는 손쉽게 아일랜드까지 정복하여 자신의 성공을 마무리지을 계획이었다. 그는 아일랜드 정복에는 1개 군단과 소수의 보조병력만 있으면 충분하다고 생각했다. 이 서쪽의 섬을 값진 영토로 개량하면 브리튼족은 사방에서 자유의 전망과 실례를 목격할 수 없게 되어 마지못해 속박을 받아들이게 되

---

2) 카이사르 자신은 이와 같은 젊잖지 못한 동기를 숨겼지만, 수에토니우스가 이 말을 했다. 그러나 브리타니아의 진주는 색이 검고 창백하여 별 가치가 없는 것으로 밝혀졌다.
3) 클라우디우스, 네로, 도미티아누스.

리라는 생각이었다.

그러나 아그리콜라는 자신의 뛰어난 공적 때문에 브리타니아의 초대 지사 직위에서 파면되었으며 따라서 합리적이면서도 방대한 그의 정복계획은 영영 빛을 보지 못하게 되었다. 이 세심한 장군은 퇴임하기에 앞서 이미 안보와 통치를 위한 대비책을 강구했다. 그는 이 섬이 오늘날 스코틀랜드 만이라고 불리는 협만을 사이에 두고 사실상 크기가 다른 두 개의 부분으로 나뉘어 있다는 데 주목했다. 그는 약 40마일에 이르는 좁은 지대에 걸쳐 군대 주둔지의 선을 그었는데, 이 방어선은 나중에 안토니누스 피우스 황제의 치세 중에 돌을 쌓고 그 위에 뗏장을 입힌 성벽을 세워 요새화되었다. 요즘의 글래스고와 에든버러를 잇는 선에서 멀지 않은 곳에 세워진 이 안토니누스 방벽이 로마 속주의 경계선으로 정해졌다. 그 북쪽의 미개한 칼레도니아 원주민들은 독립을 보존했는데, 그것은 용맹 때문이라기보다는 그들의 빈곤 덕분이었다. 그들은 여러 차례 침입, 격퇴당하고 응징을 받았지만, 그들의 영토는 정복당하지 않았다. 지구에서 가장 살기 좋고 부유한 땅으로부터 온 로마인들은 겨울철에 세찬 바람이 몰아치는 쓸쓸한 산악지대, 창백한 안개로 뒤덮인 호수지방 그리고 발가벗은 야만인들이 사슴사냥을 한다고 뛰어다니는 이 춥고 고독한 황야를 거들떠보지 않았다.

로마 국경지방의 이와 같은 상황은 아우구스투스의 사망에서 트라야누스의 즉위에 이르기까지 계속되었다. 덕망 있고 적극적인 트라야누스는 무인의 교육을 받아 장군의 재능을 갖추고 있었다. 선대의 평화체제는 전쟁과 정복에 의해서 중단되었다. 그리고 군단들은 오랜만에 군인황제를 모시게 되었다. 트라야누스 황제가 이룩한 최초의 공적은 다키아(루마니아 부근에 있던 고대왕국/역주) 원정이었다. 도나우 강 건너편에 살았던 호전적인 다키아인들은 도미티아누스 황제의 치세 중에 로마의 권위를 모욕했으나 징벌받지는 않았었다. 그들은 야만족 특유의 강인함과 사나움에 아울러 목숨을 가볍게 여기는 풍조가 있었는데, 그것은 영혼불멸과 환생(還生)에 대한 확신에서 오는 것이었다. 다키아의 데케발루스 왕(처음부터 로마 군에 저항했으며 끝내 패하자 자살했음/역주)은 트라야누스 장군에게 결코 만만치 않은 경쟁

안토니누스 피우스(재위 138–61년)

자임을 입증했으며, 그리고 용맹과 정책적 수단이 소진될 때까지 자기 자신과 백성의 운명을 포기하지 않았다. 이 기억할 만한 전쟁은 잠시 중단된 시기를 제외하면 5년 동안 계속되었다. 황제는 그 당시 국가의 무력을 무제한 사용할 수 있었으므로 이 전쟁은 야만인들의 무조건 항복으로 종결되었다. 아우구스투스 황제의 훈계를 어긴 두 번째 예외가 된 이 새로운 다키아 속주는 주 경계선이 1,300마일이나 되었다. 다키아의 자연적 경계는 드네스트르 강, 타이스 강, 즉 티비스쿠스 강,[4] 도나우 강 하류 및 흑해를 잇는 선이었다. 지금도 도나우 강의 강둑에서 투르크와 러시아 제국의 실제 경계선으로서 근대 역사에서도 유명한 장소인 인근의 벤더에 이르기까지 그 당시 군사도로의 흔적을 찾아볼 수 있다.

트라야누스는 명예욕이 강한 사람이었는데, 사람들이 은혜를 베푸는 사람보다 파괴자에게 더욱 아낌없는 갈채를 보내는 상태가 계속되는 한, 우쭐대기를 좋아하는 자는 언제나 군사적 영예를 갈구하게 될 것이다. 많은 시인과 역사가들이 전한 알렉산더 대왕에 대한 찬양은 트라야누스의 마음속에 위험한 경쟁의식을 불질렀다. 트라야누스 황제도 알렉산더처럼 동방 원정에 착수했으나, 이미 나이가 들어 필리포스의 아들에 필적할 만큼 명성을 얻을 가망

---

[4] 카르파티아 산맥에서 발원하여 도나우 강으로 흘러들어가는 강. 현재는 티샤 강으로 불린다.

안토니누스 방벽

이 없음을 탄식할 수밖에 없었다. 그래도 트라야누스의 전과는 신속하고도 그럴 듯했다. 타락한 파르티아인들은 내부불화로 와해되어 그의 무력 앞에 패주했다. 그는 아르메니아의 산악지대에서 티그리스 강을 따라 승승장구, 페르시아 만까지 내려갔다. 그는 이 머나먼 바다를 항해한 처음이자 마지막 로마 장군이 되는 영예를 누렸다. 그의 함대는 아라비아 연안을 약탈했고 트라야누스는 인도 국경선까지 진격하겠다고 허풍을 떨었다. 로마에는 그의 통치를 받아들인 새로운 지명과 새로운 나라의 이름이 매일처럼 전해져 원로원을 놀라게 했다. 원로원은 보스포루스, 콜키스, 이베리아, 알바니아, 오스로에네(모두 고대 아시아의 왕국들/역주)의 국왕들은 물론이고 파르티아 국왕 자신도 트라야누스 황제에게서 왕관을 받게 되었다는 통보를 받았으며, 메디아와 카르두키아 산맥의 독립 부족들도 그의 보호를 간청해왔으며, 아르메니아와 메소포타미아 및 아시리아의 부유한 나라들도 로마의 속주로 전락하고 말았다는 보고를 받았다. 그러나 트라야누스가 사망하게 되자 그의 장대한 사업에는 먹구름이 드리워졌으며, 철권으로 지배되었던 이 머나먼 지역의 여러 나라들은 익숙하지 않은 속박을 떨쳐버리려 할 것이라고 우려하게 되었다.

옛 전설에 따르면 로마의 왕들이 카피톨리누스 언덕에 유피테르 신전을 세웠을 때 여러 하급 신들 중에서 유독 테르미누스 신(경계선을 지배하는 신으로서 그 당시에는 거석으로 상징되었다)만이 유피테르 신에게 자리를 양보하지 않으려고 했다고 한다. 로마의 복점관(卜占官)들은 그의 이와 같은 고집을 로마의 국경선은 결코 축소되지 않으리라는 예언을 말해주는 것이라고 해석했다. 이 예언은 여러 시대에 걸쳐 그대로 이루어졌다. 그러나 테르미누스 신은 유피테르의 권위에는 저항했지만, 하드리아누스 황제의 권위에는 굴복하고 말았다. 하드리아누스 황제가 치세 중에 취한 최초의 조치는 트라야누스의 모든 동방 정복 사업을 포기한 것이었다. 그는 파르티아인들에게 독자적인 군주를 선출할 권리를 되돌려주었고, 아르메니아, 메소포타미아 및 아시리아의 속주에서 로마 주둔군을 철수시켰으며, 아우구스투스 황제의 가르침에 따라 유프라테스 강을 로마의 경계선으로 환원시켰다. 하드리아누스 황제에 대한 비난은 그의 신중함과 중용적 행동에 대한 질투와 선망에서 나온 것이었다고 할 수 있다. 황제의 변덕스러운 성격도 그와 같은 의심에 어느 정도 영향을 주었을 것이다. 그러나 그는 트라야누스의 정복지를 방어하는 과제를 감당할 수 없다고 자인함으로써 선황의 우월성을 더욱 부각시켜줄 수밖에 없었다.

트라야누스 황제의 군사적인 야심은 하드리아누스의 온건함과 뚜렷한 대조를 이루었다. 또 하드리아누스의 침착치 못한 행동은 안토니누스 피우스 황제의 은근한 침착성과도 비교가 되었다. 하드리아누스는 전 생애를 통해서 끊임없이 여행을 즐겼다. 그는 군인, 정치가, 학자로서의 다방면의 재능을 소유한 사람이었고, 직무수행을 통해서 자신의 호기심을 충족시켰다. 그는 계절과 풍토의 차이에 개의치 않고 도보로 모자도 쓰지 않은 채 눈 덮인 칼레도니아와 찌는 듯이 무더운 이집트의 사막을 행군했다. 제국의 속주 중에는 그가 찾아가지 않은 곳이 없었다. 그러나 안토니누스 피우스 황제는 이탈리아의 한복판에서 조용한 생활을 보냈으며 그가 행정을 장악한 23년 동안 가졌던 가장 긴 여행은 로마의 궁전에서 라누비움(로마 시의 서쪽에 위치한 지방/역주)의 별장까지의 거리를 오간 것이었다.

그러나 이와 같은 개인적 행동의 차이에도 불구하고, 하드리아누스와 두 명의 안토니누스 황제는 모두 똑같이 아우구스투스의 일반적 체제를 그대로 채택하고 추구했다. 그들은 모두 국경선의 확대보다는 제국의 위엄을 유지하려는 계획에 집착했다. 그들은 마땅한 기회가 있을 때마다 야만인들에게 우호관계를 청했고 인류에 대해서 로마의 권세는 질서와 정의에 대한 사랑에 의해서만이 유지된다는 점을 납득시키려고 노력했다. 그들의 고결한 노력은 43년 동안 성공을 거두었으며, 국경지방의 군단들이 참가한 몇몇 사소한 전쟁을 제외하면 하드리아누스와 안토니누스 피우스의 치세는 세계평화의 전망을 밝게 해주었다. 로마라는 이름은 먼 나라들에서도 존경의 대상이었다. 사나운 야만인들도 자기들간에 분쟁이 일어나면 황제의 중재를 청하는 경우가 많았다. 그리고 그 당시의 어떤 역사가가 전하는 바에 따르면, 야만족 사절들이 찾아와서 신민의 자리에 끼워달라고 간청했으나, 이런 영예를 거절당하는 경우가 많았다고 한다.

로마 군의 테러는 황제들의 유화정책에 무게와 위엄을 더해주었다. 로마의 황제들은 끊임없이 전쟁준비를 함으로써 평화를 보존했으며, 또한 정의에 따라서 행동하면서도 경계선 안의 여러 나라에 대해서 로마는 위해를 가하지도 감내하지도 않으리라는 점을 분명히 밝혔다. 하드리아누스와 안토니누스가 과시하기만 했던 로마의 군사력을 마르쿠스 아우렐리우스 안토니누스 황제는 파르티아인과 게르만인들에 대해서 사용했다. 야만인들의 적대행위는 이 철인(哲人) 황제를 격분시켰는데, 마르쿠스와 그의 장군들은 단순한 방어전을 수행하는 과정에서 유프라테스 강과 도나우 강 두 곳에서 모두 대승리를 거두었다. 다음에는 이렇게 해서 로마의 평화와 성공을 보장해준 로마 제국의 군사체제에 대해서 살펴보기로 한다.

보다 순수한 공화정 시대에는 군대의 사용은 일반 시민들의 권리였다. 시민들은 사랑해야 할 나라와 지켜야 할 재산을 가지고 있었으며, 그들 중 일

트라야누스(재위 98-117년)

부는 법률제정에 참여했는데, 그것은 그들이 지켜야 할 의무이기도 했고 이해관계이기도 했다. 그러나 정복이 확대되고 시민의 자유가 상실되어가자 전쟁은 점차 하나의 전문기술로 발전해갔고 장사로 타락해갔다. 군인들은 먼 변경의 속주에서 징집되는 경우에도 로마 시민으로 간주되었다. 이러한 특권은 일반적으로 군인에 대한 응분의 보상 또는 법적인 자격 부여라고 인정되었으나, 보다 중요시한 것은 연령과 체력 그리고 군사적 능력이었다. 모든 징집에서는 남쪽 지방보다 북쪽 지방이 우대를 받았고 도시보다는 시골에서 싸울 줄 아는 사람을 찾았으며, 또 당연한 얘기지만 앉아서 일하는 사람들보다는 대장장이, 목수, 사냥꾼 등 힘든 일에 종사하는 사람들이 보다 큰 용맹과 결단력을 지니고 있으리라고 생각되었다. 로마 황제의 군대는 대체로 교육받은 자유민 출신인 장교들에 의해서 관장되었으나, 일반 군인들은 현대 유럽의 용병들처럼 천민 중에서 뽑았으며 그중에는 방탕한 자들도 많았다.

고대인들이 애국심이라고 불렀던 시민의 덕성은 자신이 구성원으로 있는 자유정부의 보존과 번영에 강력한 이해관계를 느끼는 데에서 비롯되는 것이다. 공화정 당시의 군대를 불패의 군대로 만들었던 이러한 정서가 전제군주의 용병들에게서는 별반 찾아볼 수 없었으며, 따라서 이러한 결함을 보다 덜 강제적인 다른 동기부여 —— 명예와 종교 —— 를 통해서 보충할 필요가

하드리아누스(재위 117-38년)

판테온/하드리아누스 황제에 의해서 130년경에 완성됨(18세기 화가 G. P. 판니니의 유화)

생겼다. 농민이나 직공 출신 군인들은 스스로 출세하여 보다 위엄 있는 직업을 가지게 되었고, 자신의 지위와 명망은 자신의 용맹 여하에 따라서 좌우된다는 생각을 쉽게 받아들였으며, 자기 자신의 행동이 자기 부대나 군단 또는 심지어 자신의 명예와 관련된 전체 군대에 대해서도 영예나 수치를 가져다줄 수 있다는 생각을 받아들였다. 군인의 입대선서는 매우 엄숙한 분위기에서 거행되었다(선서식은 매년 1월 1일 거행되었다/역주). 군인은 군기(軍旗)를 지킬 것과 지휘관의 명령에 절대복종할 것 그리고 황제와 제국의 안전을 위해서 목숨을 바칠 것을 서약했다. 로마 군인들의 군기에 대한 애착심은 종교와 명예심에 의해서 고취되었다. 군단의 맨 앞에서 펄럭이는 황금 독수리 기장은 군인들의 맹목적 헌신의 대상이었으며, 위기에 처했더라도 이 신성한 기장을 포기하는 것은 수치스럽고 불경한 행동으로 간주되었다. 인간의 상상력에 호소하는 이와 같은 동기부여는 보다 실제적인 공포심과 기대심리에 의해서 강화되었다. 정기 봉급과 수시로 지급되는 하사금 그리고 정해진 복무기간 후의 보상약속은 군대생활의 괴로움을 잊게 해주었으며,5) 반면에 비겁하거나 명령에 불복하는 자는 가혹한 처벌을 면치 못했다. 백인 대장(centurio)은 체형 등의 징벌권한을 가지고 있었고, 장군에게는 사형선고권이 있었다. 그리고 로마 군인은 적군보다도 상관을 더 두려워해야 한다는 엄격한 규율이 있었다. 이러한 철칙에 의해서 제국의 군대는 사납고 난폭한 야만인들이 흉내낼 수 없는 고도의 엄격성과 복종심을 키울 수 있었던 것이다.

또한 로마인들은 기술과 기량이 없는 용맹만으로는 불완전하다는 것을 깨달았기 때문에 훈련을 매우 중요시했다. 군사훈련은 끊임없이 실시되었다. 신병은 아침저녁으로 훈련받았고, 고참병들도 연령과 지식수준에 상관없이 그들이 숙달한 내용을 매일 반복해서 훈련받아야 했다. 군대의 겨울철 주둔지대에는 대형 헛간을 지어 혹한에도 훈련에 지장을 받지 않도록 했으며, 특기할 것은 모의전쟁에 사용되는 무기는 실전에 사용되는 무기보다 두 배나 무거웠다는 점이다. 로마 군의 훈련상황을 상세히 기술하는 것은 이 책의 범위를 벗어나는 것이다. 여기서 밝혀두고자 하는 것은 그들이 신체를 단련하고 동작을 다듬는 방법을 제대로 이해하고 있었다는 점이다. 군인들은 행군, 구보, 도약, 수영, 짐 운반 등을 부지런히 수련했으며, 원거리 교전과 근접 공격에 대비한 각종 공격용 및 방어용 무기의 취급방법, 전개방법 그리고 피리 소리에 맞추어 전무(戰舞)를 추며 이동하는 방법 등을 수련했다. 로마 군은 평화시에도 전쟁연습을 했는데, 그를 상대로 싸워본 경험이 있는 고대 역사가(요세푸스)가 전투장과 훈련장 간의 유일한 차이는 유혈 여부뿐이라고 지적한 것은 주목할 만하다. 유능한 장군들은 물론이고 심지어 황제 자신도 직접 훈련장에 나가 시범을 보임으로써 사기를 진작시켰는데,

---

5) 도미티아누스 황제는 군단 병사의 연봉을 황금 12개로 인상했는데, 이것은 요즈음의 10기니에 해당한다. 20년 근속한 퇴역군인은 3,000데나리(약 1만 파운드)를 받거나 아니면 이에 상응하는 토지를 받았다. 근위병이 받는 급여나 혜택은 일반적으로 군단 병사의 약 배가 되었다.

트라야누스와 하드리아누스 같은 황제는 몸소 미숙한 군인들을 가르치고 우수한 자에게 상을 주는 경우가 많았으며, 때로는 군인들과 상을 걸고 힘이나 무예를 겨루기도 했다고 전해진다. 이 두 황제의 치세시에는 전술학이 크게 발달되었으며, 이들의 군사교련은 로마 군 규율의 가장 완전한 모델로 존중되었다.[6]

지금까지 하드리아누스와 두 안토니누스 황제의 권세를 뒷받침한 정신과 군사력에 관해서 설명했다. 이제는 한때 그들의 통치하에 있었으나, 지금은 수많은 독립국으로 분할되어 적대하고 있는 여러 속주들에 관해서 상세히 설명하고자 한다.

로마 제국과 유럽의 서쪽 끝 그리고 고대세계의 서쪽 끝에 위치한 에스파냐는 피레네 산맥과 지중해와 대서양이라는 천혜의 경계로 둘러싸여 있는 곳이다. 현재 크기가 매우 다른 두 개의 국가로 나뉘어져 있는 이 커다란 반도를 아우구스투스 황제는 루시타니아, 바에티카, 타라코넨시스 등 3개의 속주로 분할했다. 현재의 포르투갈은 호전적이었던 루시타니아가 있었던 지역이며, 지금의 그라나다와 안달루시아는 옛날의 바에티카에 해당한다. 에스파냐의 그밖의 지역들인 갈리키아와 아스투리아스, 비스케이와 나바르, 레온과 두 개의 카스티야, 무르키아, 발렌키아, 카탈루냐, 아라곤 등이 모두 합해서 가장 큰 세번째의 속주를 형성했는데, 이 속주의 이름은 그 수도의 이름을 따서 타라고나, 곧 타라코넨시스라고 명명되었다. 원주민 중에서 가장 세력이 큰 것은 켈트 이베리아인들이었고 가장 완강한 원주민은 칸타브리아인과 아스투리아인들이었다. 이 두 부족은 험준한 산악지대에 살면서 로마에 맨 마지막으로 굴복했고, 나중에는 아랍인들의 속박을 가장 먼저 뿌리칠 수 있었다.

옛 갈리아는 현재의 프랑스보다 훨씬 더 커서 피레네 산맥, 알프스 산맥, 라인 강 및 대서양을 연결하는 전체 지역을 포함하고 있었다. 그 범위는 최근 알자스와 로렌을 취득한 프랑스의 영토에 사부아 공국, 스위스의 여러

---

[6] 이어지는 로마 군의 구성, 무장, 전술에 관한 저자의 상세한 설명을 생략했다./편집자 주.

마르쿠스 아우렐리우스 안토니누스(재위 161-80년)

주들, 라인 지방의 4선제후국(選諸侯國) 그리고 리에주, 룩셈부르크, 에노, 플랑드르 및 브라반트 등을 모두 합친 것이라고 할 수 있다. 아우구스투스는 카이사르의 정복지를 통치할 때 군단의 지역 장악력, 강의 흐름 및 주요 민족의 특성 등을 감안하여 갈리아를 분할했는데, 100여 개의 소독립국들이 포함되었다. 지중해 연안의 랑그독, 프로방스 및 도피네는 이 지방 식민지의 이름을 따서 나르보넨시스라고 했다. 아퀴타니아는 피레네 산맥과 루아르 강 사이에 있었다. 루아르 강과 센 강 사이의 좁은 지역은 처음에는 켈트 갈리아라고 불렸으나, 얼마 후 남쪽의 식민지 루그두눔, 즉 리옹의 이름을 따서 루그두넨시스라는 새로운 이름으로 불렸다. 센 강 건너편은 벨기움(벨기에)이었다. 벨기움은 당초 라인 강을 경계로 삼았는데, 카이사르 시대 직전에 게르만족이 쳐들어와 영토의 상당 부분을 점령했다. 로마 정복자들은 이 바람직한 상황을 기꺼이 받아들여 라인 강 상류의 바젤에서 하류의 레이덴

아프리카 속주의 생활상

에 이르는 갈리아의 변경지방을 상(上)게르마니아와 하(下)게르마니아로 나누었다. 이렇게 해서 안토니누스 시대의 갈리아에는 나르보넨시스, 아퀴타니아, 루그두넨시스, 벨기움 및 상-하 게르마니아 등 6개 속주가 있었다.

로마의 브리타니아 정복과 그 경계선의 책정에 관해서는 이미 살펴보았다. 이 경계선 안에는 잉글랜드 전체와 웨일스 그리고 현재의 에든버러와 덤버튼까지의 스코틀랜드 저지대가 포함되었다. 브리타니아는 자유를 잃기 전에는 30개의 야만인 부족들간에 마구잡이로 분할되어 있었는데, 이 부족들 중 대표적인 것은 서쪽의 벨게족, 북쪽의 브리간테족, 남쪽 웨일스 지방의 실루레족 그리고 노포크와 서포크 지방의 이케누스족 등이었다. 풍습과 언어의 유사성을 추적해볼 때, 에스파냐, 갈리아 및 브리타니아에는 모두 동일한 인종에 속하는 야만인들이 살았던 것 같다. 그들은 모두 로마 군에 항복하기 전에 서로 영토분쟁을 일으켰다. 그러나 항복한 후에는 헤르쿨레스

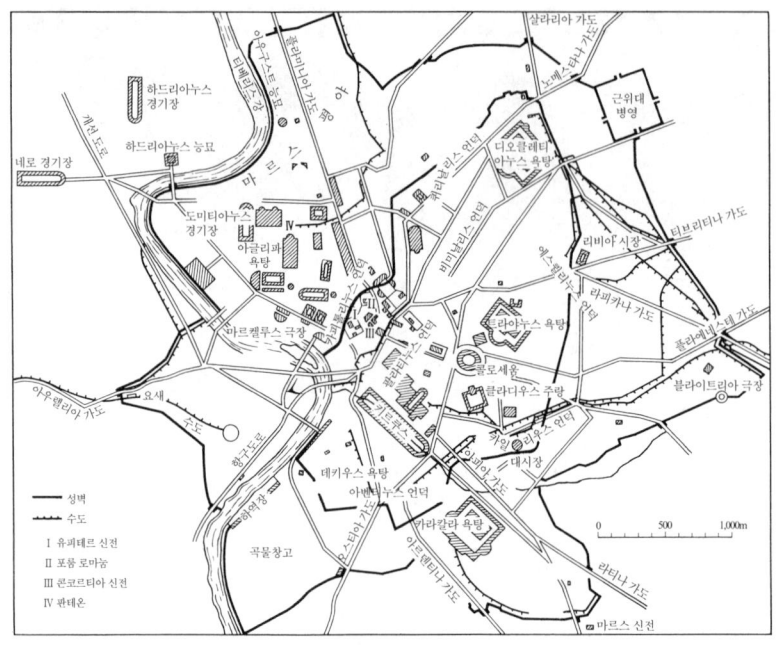

로마 시(제정시대)

의 기둥(지브롤터 해협/역주)에서 안토니누스 방벽 그리고 타구스 강 어귀에서 라인 강과 도나우 강의 수원지를 잇는 유럽 속주들의 서쪽 지방을 형성하게 되었다.

현재 롬바르디아라고 불리는 지역은 로마에 정복되기 전에는 이탈리아의 일부로 간주되지 않았다. 이 지역은 갈리아인의 강력한 식민지로 포 강 양안을 따라서 피에몬테(포 강 상류지역)에서 로마냐(포 강 하류지역)에 걸쳐 갈리아인이 정착하면서 멀리 알프스에서 아펜니노 산맥에 이르는 지역에 이름을 떨쳤다. 리구리아인들은 현재 제노아 공화국에 해당하는 바위투성이 해안지방에 거주했다. 베네치아라는 도시는 아직 생기지 않았으나, 아디제 강의 동쪽 지방에는 베네치아인들이 살고 있었다. 현재 토스카나 공국과 교황령이 자리잡고 있는 반도의 중부지방은 이탈리아에 최초의 문명생활을 가져다준 에트루리아인과 움브리아인의 고장이었다. 로마의 일곱 언덕을 감돌아 사비니족, 라틴족 및 볼스키족의 고장을 흐르는 티베리스〔테베레〕 강에서 나폴리 지방 접경에 이르는 지역이 로마가 초기의 승리를 거둔 무대였다. 이 축복받은 땅에서 초기의 집정관(consul)들은 많은 전승을 거두었고, 그 후계자들이 화려한 별장을 지었으며, 후손들이 수도원을 세웠던 것이다. 카푸아와 캄파니아는 나폴리에 바로 인접한 영토를 차지했다. 그리고 나머지 지역들에는 마르시족, 삼니테스족, 아폴로루스족, 루카니족 등 여러 호전적인 민족이 살았으며, 해안지방에는 그리스인의 식민도시들이 번영하고 있었다. 그리고 아우구스투스 황제가 이탈리아를 11개 지역으로 분할할 때 히스트리아라는 조그만 주가 로마 직할령이 되었다.

로마의 유럽 속주들은 라인 강과 도나우 강 줄기에 의해서 보호되었다. 도나우 강은 라인 강에서 30마일밖에 떨어지지 않은 곳에서 발원하여 주로 동남쪽 방향으로 1,300마일이 넘는 거리를 흘러가면서 항해가 가능한 60개의 강물을 합류한 끝에 6개의 하구를 통해서 흑해로 흘러들어간다. 도나우 강을 낀 속주들은 얼마 지나지 않아 일리리쿰의, 즉 일리리아의 변경이라고 불리게 되었다. 로마 제국에서 가장 호전적인 이 속주들에는 라이티아, 노리쿰, 판노니아, 달라티아, 다키아, 모이시아, 트라키아, 마케도니아 및 그리스가 포함되었다.

라이티아는 알프스 산맥의 정상으로부터 도나우 강 수원지이며 인 강의 합류점에까지 이르는 평야지역에 걸쳐 있었는데, 그 위치는 현재의 바이에른 선제후국의 영토와 대체로 일치한다. 아우구스부르그 시는 신성 로마 제국의 보호하에 있고 그리손족은 산악지대에서 안전하게 살고 있고, 티롤 지방은 합스부르크 가문에 속해 있다.

인 강, 도나우 강 및 사바 강의 사이에 위치한 현재의 오스트리아, 스티리아, 가렌티아, 카르니올라, 저(低)헝가리 및 슬라보니아는 고대인들에게는 노리쿰 및 판노니아라는 이름으로 알려졌던 곳이다. 이곳의 흉포한 주민들은 앞서 독립해서 살 때에는 서로 밀접한 관계를 맺고 있었다. 그들은 로마 통치하에서도 종종 통일을 이루었으며, 지금까지도 단일 왕가의 전통을 유지하고 있다. 현재 이 지역에는 신성 로마 제국 황제를 자칭하면서 오스트리아 세력의 중심을 이루고 있는 독일 군주의 거주지가 있다. 그밖에 현재

한 로마 속주의 상류계급의 가족. 그들의 복장은 로마적이라기보다는 오히려 아랍적이다.

의 보헤미아, 모라비아, 오스트리아 북쪽 지방, 타이스 강과 도나우 강 사이의 헝가리 일부 지방 등의 오스트리아 영토가 모두 그 당시에는 로마 제국의 영토에 속했다.

일리리쿰에 속한다고 볼 수도 있는 달마티아는 사바 강과 아드리아 해 사이의 좁은 지역이었다. 아직 옛 이름을 그대로 간직하고 있는 이곳 해안지방에는 현재 베네치아 공화국의 한 영토가 있고 또 라구사라는 조그만 공화국도 있다. 내륙지방에는 슬라보니아어(슬라브어)로 크로아티아와 보스니아라고 불리는 두 지방이 있는데, 현재 전자는 오스트리아 총독에게, 후자는 투르크의 파샤에게 복종하고 있다. 그러나 이 나라 전체에는 아직도 야만 부족들이 발호하여 기독교와 이슬람교 세력의 한계를 드러내고 있다.

도나우 강은 타이스 강과 사바 강을 합류시키면서부터는 그리스어로 이스테르 강이라고 불렸다. 이스테르 강이 모이시아와 다키아의 경계선을 이루었는데, 전술한 바와 같이 트라야누스가 정복했던 다키아는 이 강 건너편에 있는 로마의 유일한 속주였다. 이 지역의 현재의 상태를 살펴보면, 도나우 강 왼쪽에서는 테메스바르와 트란실바니아가 여러 차례 변화를 겪은 끝에 현재 헝가리 왕국에 합병되었고, 몰다비아와 왈라키아 등의 공국들은 오스만 투르크에 복속되었다. 도나우 강 오른쪽의 모이시아는 중세에 세르비아와 불가리아라는 두 야만족 왕국으로 분열되었으나, 지금은 다시 통일되어 투르크의 속국이 되었다.

투르크인들이 지금도 루메리아라고 부르는 트라키아, 마케도니아, 그리스의 넓은 지역은 로마 제국의 통치를 받았던 흔적을 아직도 간직하고 있다. 하이모스와 로도페의 두 산맥에서 보스포루스 해협과 헬레스폰투스 해협〔다르다넬스 해협〕까지에 걸쳐 있는 군사지대인 트라키아 지역은 일찍이 두 안토니누스 황제들 당시에 하나의 속주를 형성하고 있었다. 그동안 여러 차례 통치자와 종교가 바뀌었지만, 콘스탄티누스 황제가 보스포루스 해협 연안에 창건한 로마의 새 도시는 지금까지도 변함없이 이 거대한 왕국의 수도로 되어 있다. 알렉산더 치세에 아시아를 경략했던 마케도니아 왕국은 두 명의 필리포스 왕 당시에 융성해져 그 속국인 테살리아와 에피로스와 함께 에게 해에서 이오니아 해로 진출했다. 테베, 아르고스, 스파르타, 아테네 등의 쟁쟁한 이름들을 회상해볼 때, 그리스의 수많은 불후의 공화국들이 로마 제국의 1개 주로 편입되었다는 것은 납득하기가 어렵다. 이 속주에는 아카이아 동맹(기원전 5-기원전 2세기의 펠레폰네소스 반도의 그리스 도시국가들의 동맹/역주)의 영향이 강하게 남아 있으며 보통 아카이아 속주라고 불린다.

이상이 로마 통치하의 유럽의 현상이었다. 아시아의 속주들은 트라야누스 황제가 일시적으로 정복했던 지역들까지도 모두 예외없이 현재는 투르크의 세력권에 속해 있다. 그러나 전제주의와 무지가 만들어낸 자의적인 구분에 따르기보다는 변치 않는 자연적 특성을 관찰하는 것이 보다 안전하고 설득력이 있을 것이다. 소아시아(Asia Minor)라는 지명은 유프라테스 강에서 유럽 쪽으로 흑해와 지중해 사이에 위치해 있는 반도를 가리키는 것이다. 로마인들은 그중에서도 가장 넓고 번영했던 지역인 타우루스 산과 할리스 강[7] 서쪽 지역을 특히 아시아라고 불렀다. 이 속주의 관할권은 트로이, 리디아, 프리기아 등의 옛 왕국은 물론이고 팜필리아인, 리키아인, 카리아인 등의 호전적 나라들 그리고 예술과 무력에서 여전히 종전의 영광을 누리고 있던 이오니아의 그리스인 식민지들에까지 미치고 있었다. 반도의 북쪽 지방 콘스탄티노플〔콘스탄티노폴리스〕에서 트레비존드에 이르는 지역에는 비티니아 왕국과 폰투스 왕국이 있었다. 남쪽 해안지방에는 시리아의 산악지대를 경계로 한 킬리키아가 있었다. 로마령 아시아와는 할리스 강으로 접경하고 아르메니아와는 유프라테스 강으로 접경하고 있는 반도의 내륙지방에는 한때 카파도키아라는 독립국이 있었다. 여기에서 지적해둘 것은 유럽에서는 도나우 강 북쪽 지방 그리고 아시아에서는 트레비존드 북쪽 지방에 해당하는 흑해의 북쪽 해안지방도 역시 로마의 통치권을 인정하여 왕의 자리를 하사받거나 로마 주둔군을 받아들였다는 점이다. 오늘날에 부드사크, 크림 타르타리, 사카시아, 밍그렐리아라고 불리는 것이 그것이다.

알렉산더의 후계자들 치하에서 시리아에는 셀레우코스 왕조가 자리잡고 상(上)아시아를 지배했으나, 나중에는 파르티아인들에게 밀려 그 영토가 유프라테스 강과 지중해 사이의 좁은 지역으로 축소되었다. 시리아는 나중에 로마에 복속하여 로마 제국의 동쪽 변경을 형성했으나, 이때에도 그 영토의 범위가 북쪽으로는 카파도키아 산맥, 남쪽으로는 이집트와의 국경선과 홍해를 넘어서지 못했다. 페니키아와 팔레스티나는 때로 시리아에 합병되기도 했고 다시 분리되기도 했다. 페니키아는 좁은 바위투성이 해안에 위치했고, 팔레스티나도 땅의 비옥도나 크기에서 웨일스 지방보다 나을 것이 없었다. 그러나 유럽과 아메리카가 그중 한 나라에서는 문자를, 다른 한 나라에서는 종교를 받아들임으로써 이 두 나라는 인류역사에 영원히 기억되었다. 유프라테스 강과 홍해를 잇는 시리아 접경지대를 따라 사막이 펼쳐져 있다. 이

---

7) 터키 중부지방에서 발원하여 흑해로 흘러들어가는 강으로서 지금은 키질리르마크 강이라고 한다/편집자 주.

곳 아랍인들의 방랑생활은 그들의 독립유지와 불가분의 관계에 있었다. 이들은 다소라도 비옥한 땅에 머물러 정착하기만 하면 곧 로마 제국의 속민이 되곤 했다.

고대 지리학자들은 이집트의 경계선을 긋는 데에 애로를 겪을 때가 많았다. 이 왕국은 위치상으로는 광활한 아프리카에 속해 있지만, 다른 한편 아시아와 연결되어 있어서 이집트는 역사상 거의 언제나 아시아에서 일어난 혁명적 변화들을 겸허하게 받아들였다. 전에는 로마의 장관이 프톨레마이오스 왕가의 보위에 올랐으며, 지금은 투르크의 파샤가 맘루크의 표장(表章)이었던 쇠붙이 홀(笏)도 장악하고 있다. 이 나라에는 북회귀선에서 발원한 나일 강이 지중해에 이르기까지 500마일을 흘러내리면서 범람하여 그 유역에 비옥한 땅을 만들어놓았다. 이곳 지중해 해안 서쪽에 위치했던 키레네(리비아의 일부)는 처음에는 그리스의 식민지였고, 나중에는 이집트의 속주였으나 지금은 바르카 사막 속에 파묻혀 있다.

키레네에서 대서양까지 1,500마일 이상 펼쳐져 있는 아프리카 해안지방은 지중해와 사하라, 곧 사막(사하라는 아라비아어로 사막이라는 뜻/역주) 사이에 짓눌려 그 폭이 80-100마일을 넘지 못한다. 로마인들은 그중 동쪽 해안지방을 아프리카 속주로 적합하다고 생각했다. 이 비옥한 땅에는 페니키아인들이 오기 전까지는 극히 야만적인 리비아인들이 살고 있었다. 카르타고의 직접 관할하에 이 지역은 상업 중심지로서 번영했으나, 지금 카르타고는 트리폴리와 튀니스라는 허약한 나라로 전락하고 말았다. 지금 알제리의 호전적인 정부가 억압하고 있는 광활한 누미디아는 한때 마시니사 및 유구르타라는 이름으로 통일되어 있었으나, 아우구스투스 황제 당시에는 누미디아의 범위가 축소되었고, 이 나라의 3분의 2 이상이 '카이사르의(Caesariensis)'라는 형용어가 붙는 마우리타니아라고 불리게 되었다. 무어인 나라로서 고대도시 틴기(탄지르)의 이름을 따서 틴기타나라고도 불리는 마우리타니아에 지금은 페즈 왕국이 자리잡고 있다. 로마인들은 오래 전부터 해적의 약탈로 악명 높은 대서양 해안의 살레(모로코의 항구 도시/역주)를 자기들의 통치력이 미치는 한계점이며 지리상의 끝에 해당한다고 생각했

트라야누스의 다키아 정복 전쟁 초기 단계를 묘사한 부조

다. 지금도 메크네스 시 부근에서 도시의 흔적을 찾아볼 수 있는데, 그곳은 우리가 지금 짐짓 모로코 황제라고 불러주고 있는 야만인이 거처하던 곳이었다. 그러나 실제로는 이보다 남쪽에 위치한 모로코 자체와 세겔메사는 로마의 속주에 속하지 않았던 것 같다. 아프리카의 서쪽 지방에는 아틀라스 산맥의 지맥들이 펼쳐져 있는데, 시인들의 공상에 의해서 별볼일 없이 유명해진 아틀라스라는 이 이름은 지금은 구대륙과 신대륙 사이의 바다 위에서 빛나고 있다.

 지금까지 로마 제국을 한 바퀴 돌아보았다. 아프리카는 에스파냐와 약 12마일의 좁은 해협을 사이에 두고 있는데, 이 해협을 통해서 대서양이 지중해와 연결되어 있다. 고대인들 사이에 유명했던 헤르쿨레스의 기둥은 지각변동에 의해서 두 개의 산으로 갈라진 것으로 생각되는데, 지금은 유럽쪽의 산기슭에 지브롤터 요새가 자리잡고 있다. 지중해와 그 해안지방 그리고 섬들은 모두 로마의 영토에 들어 있었다. 발레아레스 제도의 섬들 중에서 가장 큰 마조르카 섬은 스페인령이고 보다 작은 미노르카 섬은 영국령으로 되

어 있다. 지금 코르시카 섬이 처해 있는 운명은 참으로 설명하기도 서글프다. 사르디니아와 시칠리아 섬의 두 명의 이탈리아 군주가 코르시카의 왕권을 참칭하고 있다. 크레타 섬, 즉 칸디아 섬과 키프로스 섬은 그리스와 아시아의 대부분의 작은 섬들과 함께 지금은 모두 투르크에 속해 있으며, 다만 콜타라는 작은 바위섬만이 군사정부하에 투르크의 통치를 거부하며 명성과 풍요를 누리고 있다.

지금까지 장황하게 살펴본 로마의 여러 속주들이 그후 여러 강력한 왕국들을 형성해왔음을 생각할 때, 우리는 고대인들의 허영심과 무지를 용서할 수밖에 없다. 고대인들은 로마의 방대한 영토, 막강한 힘 그리고 역대 황제들의 진실된 또는 위장된 관용정책에 현혹되어 야만족들이 독립을 누리도록 허용된 변두리의 여러 나라들을 멸시하거나 때로는 경멸할 수도 있었으며 또한 점차로 로마 제국을 이 세계와 혼동하는 만용을 부리게 되었던 것이다. 그러나 현대의 역사가는 그 성품과 지식으로 인해서 보다 정직하고 정확한 언어를 요구한다. 현대의 역사가는 우선 로마 제국의 크기에 감명받게 된다. 로마 제국은 세로 폭이 안토니누스 방벽과 다키아의 북쪽 끝에서부터 아틀라스 산과 북회귀선에 이르기까지 2,000마일이 넘었고, 가로 폭은 대서양에서 유프라테스 강에 이르기까지 3,000마일이 넘었으며, 지리적으로는 온대지방의 가장 살기 좋은 장소인 북위 24도와 56도 사이에 위치해 있었으며, 총면적은 160만 제곱마일(410만제곱킬로미터)이 넘을 것으로 추정되는 로마 제국의 영토는 대부분이 비옥한 농경지였다.

| 제2장 |

두 안토니누스 황제들 시대의
로마 제국 통일과 내치

　로마가 위대하다는 것은 정복의 속도나 범위 때문만은 아니다. 러시아의 군주국은 지금 더 넓은 땅을 차지하고 있다. 알렉산더 대왕은 헬레스폰투스〔다르다넬스〕해협을 통과한 후, 일곱 번째 여름에 히파시스〔베아스〕강둑에 마케도니아 승전비를 세웠다. 칭기즈 칸과 그의 후손들인 몽골의 군주들은 잔인한 약탈을 시작한 지 1세기도 못 되어 중국의 해안에서 이집트와 게르마니아에까지 밀어닥쳤다. 그러나 로마의 확고한 권력체제는 시대적 지혜에 의해서 이룩되고 유지되었다. 트라야누스와 두 안토니누스 황제들에게 복종한 속주들은 법에 의해서 통일되고 예술품으로 장식되었다. 부분적으로 위임받은 권한이 남용되는 경우도 있었으나, 보편적 통치원리는 현명하고 간단하고 자애로웠다. 속주의 주민들은 조상 전래의 종교를 유지했으며 정복자들과 동일한 시민의 명예와 혜택을 누릴 수 있었다.

　황제와 원로원의 종교정책은 진보적인 백성과 미신을 좇는 백성들의 지지를 받았다. 로마 세계에서 행해지는 각종 종교형식을 백성들은 모두 똑같이 옳다고 생각했고, 철학자들은 똑같이 옳지 않다고 생각했으며, 행정관들은 똑같이 이용가치가 있다고 생각했다. 이와 같은 종교적 관용은 상호간의 면죄와 심지어 종교적 조화까지도 가능케 했다.

　백성들의 미신은 신화적 적개심을 불러일으키지 않았으며 어떤 이론체계의 속박도 받지 않았다. 독실한 다신교도들은 자기 민족의 종교의식을 준수하면서도 여러 다른 종교의 신앙을 묵인했다. 공포심, 감사, 호기심, 꿈이나

로마의 철학자들(모자이크 그림)

예감, 특이 질병, 먼 여행 등으로 인해서 그들의 신앙의 대상은 계속 늘어만 갔고 수호신의 수도 늘어났다. 이교도들의 빈약한 신화에 잡다하면서도 조화를 이루는 소재들이 엮어졌다. 나라를 위해서 죽은 현인이나 영웅은 불후의 위대한 인물로 떠받들려졌고 모든 인류의 존경을 받아야 할 인물로 추앙받게 되었다. 수많은 숲과 강물의 신들이 각기 그 지방에 친화력 속에서 영향력을 마치고 있다고 생각되었다. 따라서 티베리스 강의 분노를 면하게 해달라고 비는 로마인들은 나일 강 수호신에게 제물을 바치는 이집트인을 비웃을 수 없었다. 일월성신(日月星辰), 지수화풍(地水火風) 등의 눈에 보이는 자연의 힘은 우주 전체를 통하여 동일한 것이었다. 눈에 보이지 않는 정신세계의 통치자들은 필연적으로 비슷한 틀의 줄거리와 우의(愚意)를 가지게

이교 숭배 : 이시스 신의 저녁의 물의 정화 의식

되었다. 모든 미덕과 심지어 악덕조차도 이를 다스리는 신이 있다고 생각되었고, 모든 기예와 직업은 그 수호신을 가지게 되었는데, 이 수호신의 특징은 한결같이 그를 따르는 신도들의 성격을 나타내고 있었다. 이처럼 기질과 관심사가 상이한 여러 신들이 모이게 되면 그들을 다스리는 최고통치자가 있어야 했는데, 인간의 지식과 아첨술이 발달함으로써 이러한 최고 통치자에게는 점차 '영원한 어버이', '전지전능한 왕'(호메로스의 『일리아스』에 나오는 구절/역주)에 지고지선의 인격이 부여되었다. 옛 사람들의 이와 같은 온화한 성품 때문에 각 민족은 종교의 차이점보다는 유사성에 관심을 가졌다. 그리스인, 로마인, 야만인들은 각기 독자적인 제사를 지내면서도, 비록 신의 이름과 종교의식은 다르지만, 그들이 결국은 같은 신을 섬기고 있다는 생각에 쉽사리 이르를 수 있었다. 호메로스의 격조 높은 신화는 고대세계의 다신교에 아름답고 정형에 가까운 틀을 제공했다.[1]

그리스 철학자들은 신의 성품보다는 인간의 성품에서 도덕을 찾았다. 그러나 그들은 큰 호기심을 가지고 '신성(Divine Nature)'에 관해서 사색했는데, 이 탐구과정에서 인간 이성의 강점과 약점을 드러내었다. 4개의 대표적인 학파 중에서 스토아 학파와 플라톤 학파는 이성과 신앙심을 조화시키려고 노력했다. 그들은 제1원인의 존재와 완전성을 훌륭하게 입증했으나, 물질의 창조를 이해할 수 없었다. 따라서 스토아 학파의 철학은 조물주를 피조물과 제대로 구별하지 못했고, 반면에 플라톤과 그 제자들이 말하는 초자연적인 신은 신이라기보다는 차라리 이데아를 닮은 것이었다. 플라톤 학파와 에피쿠로스 학파의 견해는 종교적 색채가 덜했다. 그러나 플라톤 학파는 겸허하게 과학적인 지식에 의해서 '최고통치자'의 섭리를 의심하는 데에 그쳤으나, 에피쿠로스 학파는 독단적인 무지로 이러한 섭리를 부인했다. 탐구정신과 자유로운 경쟁심리로 인해서 철학자들이 여러 분파로 나뉘어 다투기는 했지만, 도처에서 아테네나 로마 제국의 학문의 중심지로 모인 순수한 젊은이들은 학파의 구별 없이 한결같이 대중의 종교를 경멸하고 배척하도록 가르침을 받았다. 사실 철학자라면 어떻게 시인이 꾸며낸 한가한 이야기나 조리에 맞지 않는 전설을 종교적 진리라고 받아들일 수 있단 말인가! 또 그 불완전한 존재들을 인간으로서 경멸할지언정 어떻게 신으로 섬긴단 말인가! 이 무가치한 적들에 대해서 키케로(106-43년 B.C.)가 몸소 이성과 웅변의 무기를 휘둘렀지만, 이때는 루키아노스(로마 재정시의 풍자 시인/역주)의 풍자시가 훨씬 더 유효적절한 무기였다. 한가지 확실한 것은 세상사에 정통한 작가라면 자기 나라의 신들이 이미 사회의 교양 있는 식자층간에서 은밀한 멸시의 대상이 되지 않은 경우라면, 감히 이런 신들을 대중의 조롱거리로 만들려고 하지 않으리라는 점이다.

두 안토니누스 황제의 시대에도 이와 같은 반(反)종교적 풍조가 유행했으

---

[1] 갈리아인도 1-2세기에는 그들의 신을 메리쿠리우스, 마르스, 아폴로 등으로 불렀다.

나, 그래도 성직자들의 이해관계와 백성들의 경박한 신앙심은 충분히 존중되었다. 고대 철학자들은 저술과 대화를 통해서 이성이 가지는 독자적 존엄성을 주장했지만, 그러면서도 행동은 법과 관습을 따랐다. 그들은 세속인들의 잘못된 행동을 동정과 관용의 미소로 바라보면서도 조상 전래의 의식을 부지런히 행하고 잡신을 모신 사원을 열심히 출입했다. 또 그들은 무신론적 감정을 성직자의 제복 속에 감춘 채 몸소 미신의 푸닥거리에 나가서 그들에게 주어진 역할을 맡는 경우도 많았다. 이와 같은 합리적 절충론자들은 신앙이나 예배의 양식이야 어떻든 왈가왈부하지 않았다. 그들은 어리석은 대중이 어떤 형태를 선택하든 상관하지 않았다. 그들은 이처럼 겉으로는 존경하는 척하면서도 속으로는 경멸하는 마음을 지닌 채 리비아인들의 제단, 올림포스 신전, 카피톨리누스 언덕의 유피테르 신전에 나갔던 것이다

어떠한 동기에서 로마의 여러 회의장에 박애정신이 등장하게 되었는지를 상상해본다는 것은 쉬운 일이 아니다. 행정관들은 스스로가 철학자였기 때문에 고지식하고 맹목적인 고집으로 처신할 수 없었으며, 원로원은 아테네의 여러 학파의 정신에 의해서 장악되어 있었다. 또한 세속적 권한과 종교적 권한이 통합되어 있었기 때문에, 그들은 야심이나 탐욕으로 움직일 수도 없었다. 제사장(pontifex)은 가장 저명한 원로원 의원들 중에서 선출되었으며, 대제사장(pontifex maximus)은 늘 황제 자신이 겸임했다. 그들은 신민을 다스리는 데에 종교가 이점이 많다는 것을 잘 알고 있었으며, 백성들을 교화하기 위해서 공공의 축제를 장려했다. 그리고 점술을 편리한 정책도구로 활용했으며, 또한 거짓말을 하면 이승이나 저승에서 복수의 신에게 반드시 벌을 받고야 만다는 믿음을 존중했다. 그러나 종교가 가지는 일반적 이익을 인식하면서도, 그들은 여러 가지 예배양식들이 모두 똑같이 건전한 목적을 가지고 있으며, 각 나라의 미신 형태는 각기 그 나라의 풍토와 주민에게 가장 적합한 것이라는 확신하에서 공인했다. 피정복 민족은 정복자의 탐욕과 취미 때문에 우아한 신상과 호화로운 신전의 장식품들을 빼앗기는 경우가 매우 많았지만, 조상 전래의 종교의식을 거행하는 데에는 언제나 로마 정복자들의 관용을 경험했고 심지어 보호까지 받게 되었다. 갈리아는 이 보편적

티베리스 강가에 남아 있는 고대의 신전(기원전 1세기 후반 건축)

관용에서 제외되는 것처럼 보였지만, 사실은 그렇지도 않았다. 티베리우스(재위 14-37년)와 클라우디우스(재위 41-54년)는 인신공양을 폐지한다는 그럴 듯한 구실로 위험한 드루이드교를 억압했지만, 이 종교의 성직자와 신상, 제단은 우상숭배가 최종적으로 금지될 때까지 아무 탈 없이 보호, 보존되었다.

제국의 수도 로마에는 언제나 세계 각지에서 온 속주민과 이방인이 들끓었는데, 이들은 각기 자기 나라의 미신을 가지고 들어왔다. 제국의 모든 도시에서는 조상 전래의 의식을 순결하게 유지하는 것이 허용되었지만, 로마 원로원은 때로는 그 특권을 이용하여 외래 종교의식의 범람을 막으려고 간섭하기도 했다. 그중에서도 가장 혐오감을 불러일으키는 이집트의 미신은 금지될 때가 많았고, 세라피스 신과 이시스 신의 신전은 파괴되었으며, 이 미신을 믿는 사람들은 로마와 이탈리아에서 추방당했다. 그러나 이처럼 미온적인 정책으로는 광신의 열기를 식힐 수 없었다. 추방되었던 자들이 돌아와서 개종자들이 늘어나고 신전은 더욱 화려하게 복원되었으며, 마침내 이시스 신과 세라피스 신도 로마의 여러 신들 중에 자리를 차지하게 되었다.

그리고 이와 같은 관용정책은 예로부터의 통치방침에 어긋나는 것도 아니었다. 순수한 공화정 시대에는 정식 사절단이 퀴벨레 신(프리기아 신화에 기원을 둔 소아시아 지역의 농업의 여신/역주)과 아스클라피오스 신(그리스 신화의 의술의 신/역주)을 함께 초청했으며, 어떤 도시를 포위하면 그 도시의 수호신을 유혹하기 위해서 그 도시에서는 얻을 수 없는 높은 명예를 약속하는 것이 관례였다. 이렇게 해서 로마는 점차 모든 신민들에게 공동의 신전처럼 되었으며, 인류의 모든 신들에게 시민권이 허용되었다.

로마 시민의 순수한 혈통을 유지하고 이국인의 혼혈을 막으려는 편협한 정책 때문에 아테네와 스파르타의 폐허화가 촉진되었다. 로마의 야심만만한 수호신이 허세를 버리고 큰 뜻을 품게 되자, 노예의 것이든, 이방인의 것이든, 적의 것이든, 야만인의 것이든 로마에 덕목과 미덕이 된다면 채택하는 것이 떳떳하고 명예로운 정책이라고 생각되었다. 아테네 공화국은 그 전성 시기에 시민의 수가 3만 명에서 2만1,000명으로 점차 감소했다. 이에 반해서 로마의 경우는 끊임없는 전쟁과 식민지 개척에도 불구하고, 세르비우스 툴리우스 왕(기원전 6세기의 로마 제6대 왕/역주) 시대의 최초의 인구조사 당시 8만3,000여 명에 불과했던 시민의 수가 사회적 내전(기원전 130년경부터 시작되어 약 1세기 동안 계속된 공화정 말기의 계급전쟁/역주)이 시작되기 전이 되면 군복무가 가능한 장정의 수만 해도 46만3,000명에 달하게 되었다. 로마의 동맹국들이 동등한 명예와 특권을 요구하고 나섰을 때, 로마 원로원은 수치스러운 양보보다는 전쟁을 택했다. 그 결과 삼니움인과 루카니아인은 가혹한 징벌을 받았지만, 이탈리아의 나머지 다른 나라들은 충실히 의무를 다했기 때문에 공화국의 품안에 받아들여졌고, 이 때문에 곧 자유체제가 붕괴되었다. 민주정하에서는 시민이 주권을 행사하지만, 주권이 대중에게 맡겨지면 처음에는 그 권리를 남용하다가 나중에는 완전히 상실하게 되는 법이다. 그러나 황제의 정책이 민회들을 억압하기 시작했을 때 정복자들은 가장 명예로운 1급 시민으로서 피정복자들과 구별되었으며, 그 수가 아무리 빨리 늘어난다고 해도 위험할 것이 없었다. 그러나 아우구스투스의 가르침을 받아들인 현명한 군주들은 로마인의 이름이 가지는 위엄을 엄격히 보호하면서 외국인에 대한 시민권 부여를 신중히 했다.

로마 시민의 특권이 점차 제국의 모든 주민들에게까지 확대되기 전까지는 이탈리아와 속주들 간에 뚜렷한 차이가 유지되었다. 이탈리아는 국가통일의 중심이며 체제의 확고한 기초로 간주되었다. 황제와 원로원 의원은 반드시 이탈리아에서 출생하거나 아니면 적어도 이탈리아에 거주해야만 한다고 요구되었다. 이탈리아인의 재산은 면세였고, 이탈리아인이 거느리는 사람들은 총독의 임의재판 관할에서도 면제되었다. 로마의 모델을 그대로 딴 각지의 이탈리아인 자치체는 최고권력자의 직접 감시하에 사법권을 가지고 있었다. 알프스 산맥의 기슭에서 남쪽 끝의 칼라브리아에 이르기까지 이탈리아에서 태어난 사람은 모두 로마 시민이었다. 부분적인 차이는 무시되었고, 모두가 하나로 합쳐져서 언어, 풍속, 법률, 제도에 의해서 통일되었으며, 강력한 제국을 만드는 데 똑같이 참여했다. 공화국은 관대한 정책을 자랑했고, 그 결과로 새로 그 아들이 된 자들의 보답을 받게 되었다. 로마인의 자격을 로마 성벽 안에 사는 옛 가문들에만 국한시켰더라면, 그 불후의 명성이 오늘과 같지는 않았을 것이다. 베르길리우스는 만토바 태생이었고, 호라티우스는 자기를 아풀리아인이라고 해야 할지 루카니아인이라고 해야 할지 잘 모르겠다고 했다. 로마의 장엄한 승리를 기록한 역사가〔리비우스〕는 파두바 태생이었다. 애국자 카토의 가문은 투스쿨룸에서 일어났으며, 아르피눔이라는 조그만 도시는 마리우스와 키케로를 배출했다. 마리우스는 로물루스와 카밀루스(기원전 로마 공화정 초기의 장군/역주)에 이어 로마의 '세번째 국부'라고 불리는 인물이며, 키케로는 로마를 카틸리나(기원전 1세기 로마의 야심적인 정치가. 반역을 기도했다/역주)의 음모로부터 구출한 후, 그 도시를 아테네와 웅변술을 겨룰 수 있도록 만든 인물이었다

제국의 여러 속주들에게는 공권력과 법적인 자유가 없었다. 원로원은 에트루리아에서, 그리스에서, 갈리아에서 그 지역의 위험한 동맹관계를 해체하는 조치를 취했는데, 그것은 로마의 술책은 상대를 분열시켜 이기는 것이므로 단결하면 저항을 자극하게 된다는 것을 인류에게 가르쳐주었다. 짐짓 호의와 관대함을 가장하여 잠시 동안 간신히 왕위를 누릴 수 있었던 군주들

은 피정복 민족에게 멍에를 씌우는 과업을 끝내는 즉시 왕위에서 쫓겨났다. 로마의 대의를 받아들인 자유국가와 자유도시들은 맹목적인 동맹의 혜택을 받는 대신에 진짜 노예상태로 전락해버리고 말았다. 각지의 공권력은 원로원과 황제의 대행관(legatus)에 의해서 집행되었는데, 이 권한은 무제한적이고 절대적이었다. 그러나 이탈리아를 평정하는 데에 사용된 건전한 통치방침은 머나먼 정복지들에까지도 그대로 연장되었다. 속주에 식민지를 건설하면서도 가장 충성스럽고 공을 세운 현지 주민에게 로마 시민으로서의 자유권을 인정하는 이중의 편법을 통해서 점차 여러 속주에 로마인의 국가를 건설해나갔던 것이다.

"로마인은 어디든지 정복하면 그곳에서 산다"고 한 세네카(4? B.C.-A.D. 65년)의 말은 역사와 경험에 의해서 확인되었다. 이탈리아인들은 승리의 결실을 누려 쾌락과 이익을 얻고자 서둘러 현지로 나갔으며, 그 결과로 아시아가 정복된 지 40년 후에는 미트라다테스(소아시아의 폰투스 국왕 미트라다테스 6세/역주)의 잔인한 명령으로 하루 동안 로마인 8만 명이 학살당하는 사태가 발생했다(기원전 88년). 이 자발적인 탈출자들은 대부분 상업과 농업, 세금징수 업무에 종사했다. 그러나 황제가 군단을 상비군화한 후로는 각 속주에 군인들이 들끓게 되었고, 퇴역군인들은 토지 또는 화폐로 퇴직금을 받고서 가족과 함께 그들이 명예스럽게 청춘을 보낸 나라에 정착하는 것이 보통이었다. 제국 전체가 그랬지만, 특히 서부지방에서는 비옥하고 교통이 편리한 지역에 우선적으로 식민도시가 건설되었는데, 그중에는 비군사적 성격의 식민지도 있었지만 대부분은 군사적 성격의 것이었다.

이 식민도시들은 관습과 내부정책에서 본국을 완전히 그대로 모방했다. 이들은 우호관계와 동맹관계를 통해서 원주민들과 친해지게 되면서 로마에 대한 존경심과 함께 로마의 영예와 혜택에 동참하고자 하는 욕망을 널리 퍼뜨리게 되었다. 자유도시도 서서히 식민도시와 맞먹는 지위와 화려함을 누리게 되었기 때문에, 하드리아누스 치세에는 어느 상태가 더욱 이로운가를 둘러싸고 논쟁이 벌어졌다. 라틴 시민권(라티움은 원래 로마 동남쪽에 있었던 라티니족이 살았던 지방. 기원전 5세기경부터 로마와 동맹, 우호 관계를

베르길리우스(70-19년 B.C.)는 만토바 출신의 지방민이었으나, 뒤에 로마 시민이 되었으며, 『아이네이스』를 집필함으로써 로마 국민시인이 되었다.

맺었음. 시민권을 부여받아 로마 시민과 같은 특권 이른바 ius Latini를 누렸음/역주)이라는 것을 부여받은 도시들은 보다 큰 혜택을 받았다. 그러나 실제로는 관리들만이 임기가 끝난 후 로마 시민의 자격을 얻었다. 그래도 임기가 1년이었기 때문에 몇년이 지나면 주요 가문들은 직책들을 한 바퀴 돌게 마련이었다. 속주민 중에서 군단병으로 종사한 사람과 공직에서 일한 사람들 —— 다시 말하면 공무를 수행했거나 어떤 개인적 재능을 발휘한 사람들은 모두 그 보답으로 특전을 받았으되, 황제의 인심이 후해짐에 따라서 그 가치는 떨어졌다. 그러나 시민권을 부여받은 신민의 수가 크게 늘어난 안토니누스 황제들 시대에 와서도 시민권에는 여전히 매우 실질적인 혜택이 수반되었다. 이 권리를 얻은 사람들은 특히 결혼, 유언, 상속 등의 중요한

율리우스 가문의 무덤 부조(프랑스 남부 지방). 율리우스 가문은 율리우스 카이사르에게서 시민권을 부여받았던 부유한 갈리아인이었을 것으로 추정된다.

부문에서 로마 법의 혜택을 입었다. 공적을 내세워 권리주장을 뒷받침할 수 있는 사람들에게는 행운의 길이 열렸다. 이렇게 해서 알레시아(프랑스 디종 시 부근의 소읍/역주)에서 율리우스 카이사르를 포위했던 갈리아인들의 후손들이 이제는 군단을 지휘하고 속주를 통치하고 나아가서는 로마의 원로원에까지 진출하게 되었다. 그들의 야심은 나라의 평온을 해치기는커녕 나라의 안전과 위대함에 크게 기여하게 되었다.

로마인들은 언어가 민족의 풍습에 미치는 영향을 잘 알고 있었기 때문에 무력의 신장과 함께 라틴어의 보급에도 진지한 노력을 기울였다. 이탈리아의 고대어, 사비니어, 에트루리아어, 베네치아어 등은 모두 사라졌다. 그러나 동쪽의 속주들은 서쪽의 속주들과는 달리 정복자의 언어를 순순히 받아들이지 않았다. 두 지역 간의 이와 같은 차이는 로마 제국에 밤의 그림자가 드리워지면서 더욱 뚜렷이 나타나게 되었다. 서방의 나라들은 정복자들에 의해서 교화되었다. 야만인들은 일단 복종하고 나서는 새로운 지식이나 예절을 기꺼이 받아들였다. 어쩔 수 없이 다소 전와(轉訛)되기는 했지만, 베르길리우스와 키케로의 언어가 그대로 아프리카, 에스파냐, 갈리아, 브리타니아 및 판노니아에 보급되었으며, 카르타고어나 켈트어 사투리는 산악지대와 농민들 사이에서나 찾아볼 수 있게 되었다. 이런 나라의 원주민들은 교육과 학문을 통해서 점차 로마인의 의식을 가지게 되었다. 이처럼 이탈리아는 이 라틴계 속주민들에게 법률뿐 아니라 생활방식까지도 전해주었다. 그들은 시민권과 영예를 열심히 간청하여 손쉽게 얻었으며, 문과 무 양면에 걸쳐[2] 나라의 위엄을 뒷받침한 끝에, 마침내 스키피오 가문이 동족으로서 받아들일 수 없다고 말한 트라야누스 같은 황제까지도 배출하기에 이르렀다.

 그리스의 상황은 야만인들의 상황과 크게 달랐다. 그리스인들은 오래 전부터 개화된 반면에 부패해 있었다. 그들은 그리스어를 포기하려고 하지 않았고, 자존심 때문에 외국의 제도를 받아들이지 않으려고 했다. 그들은 조상의 미덕을 상실한 후에도 여전히 편견에 사로잡혀, 로마인들의 뛰어난 지혜와 힘을 존경하면서도 겉으로는 그들의 세련되지 않은 행동을 멸시하는 척 했다.[3] 그리스의 언어와 정서가 그리스라는 좁은 지역에만 영향을 미친 것은 아니었다. 그리스의 영향은 식민도시와 정복을 통해서 아드리아 해에서 유프라테스 강, 나일 강에까지 널리 확산되었다. 아시아에는 도처에 그리스 도시들이 있었으며, 마케도니아 왕들의 오랜 치세 중에 시리아와 이집트에도 조용한 혁명이 일어났다. 이곳 군주들은 화려한 궁정에서 아테네의 우아함과 동방의 사치를 결합시켰으며, 고위 신하들도 이를 곧 모방했다. 이렇게 해서 로마 제국은 라틴어권과 그리스어권으로 나뉘어졌다. 여기에 세번째

---

[2] 에스파냐에서만 해도 콜루멜라, 세네카 가문, 루카누스, 마르티알리스, 퀸틸리아누스 등이 배출되었다.
[3] 내가 알기로는 디오니소스에서 리바니우스에 이르기까지 단 한명의 그리스 비평가도 베르길리우스나 호라티우스에 관해서 언급한 적이 없다. 그들은 로마에 훌륭한 저술가가 있었다는 것을 몰랐던 것 같다.

문화권으로 시리아, 특히 이집트 원주민들의 언어를 추가할 수 있을 것이다. 이 야만인들은 예로부터의 방언을 사용하여 스스로를 인류의 지적 교섭으로부터 격리시킴으로써, 미발전의 결과를 초래했다. 시리아인의 나태와 유약함은 로마인의 경멸을 받았고, 거꾸로 이집트인의 음험한 흉포함은 로마인의 혐오감을 자극했다. 이 나라들은 로마의 힘에 굴복하기는 했지만, 시민권 획득은 바라지도 않았고 소중하게 생각하지도 않았다. 따라서 이집트인이 로마 원로원에 처음으로 진출한 것은 프톨레마이오스 왕조가 망한 지 230년 이상이 지나서였다.

  전쟁에 이긴 로마가 그리스의 예술에 정복당했다는 것은 진부하기는 하지만 옳은 말이다. 지금도 유럽인들이 감복해 마지않는 불후의 그리스인 저술들은 그 당시 이탈리아와 서부 속주들에서도 연구와 모방의 대상이 되었다. 그러나 로마인들은 세련미를 즐기면서도 그것이 건전한 정책방향을 방해하도록 내버려두지는 않았다. 그들은 그리스 문화의 매력은 인정하면서도 라틴어의 존엄성을 고수하여 군사통치에서뿐 아니라 민간행정에서도 라틴어만을 사용했다.[4] 따라서 두 언어는 제국 전체를 통해서 별개의 분야에서 병용되었으니, 그리스어는 학문용어로, 라틴어는 행정상의 공식용어로 사용되었던 것이다. 실무와 학문이 연결된 분야에서는 두 언어에 모두 정통해야 했다. 그리고 어떤 속주에 거주하든 교양 있는 로마 신민은 그리스어와 라틴어를 거의 알았다.

  이러한 제도를 통해서 제국의 여러 민족은 점차 로마인으로 동화되어갔다. 그러나 각 속주와 각 가족의 한복판에는 이러한 혜택을 누리지 못한 채 여전히 사회의 중압을 참고 사는 불행한 사람들이 있었다. 고대의 자유국가에서는 노예들이 심한 학대를 받았다. 고대 자유국가들에서 가내노예는 가혹한 전제적 지배에 시달렸다. 대부분의 노예는 포로로 잡혀온 야만인들이었는데, 이들은 전쟁 중에 수천 명씩 잡혀오거나 싼값으로 팔려왔지만,[5] 원

---

4) 클라우디우스 황제는 라틴어를 모른다는 이유로 어떤 저명한 그리스인의 공민권을 박탈했다.
5) 루쿨루스의 주둔지에서는 황소 한 마리의 값이 1드라크마, 노예 한 명의 값이 4드라크마(약 3실링)였다.

해방노예 부부의 부조(이름 앞의 'L'은 그들이 해방된 자유민이라는 것을 표시한다)

래 자유로운 생활에 익숙해 있던 사람들이었으므로 기회만 있으면 탈출하여 복수하려고 했다. 필사적인 노예반란 때문에 로마가 파멸의 위기에 처한 적이 한두 번이 아니었지만, 이러한 내부의 적에 대해서는 자기보호라는 위대한 자연법칙에 의해서 매우 가혹한 규제와 잔인한 취급이 정당화되었다. 그러나 유럽, 아시아 및 아프리카의 여러 나라들이 하나의 주권하에 통일되고 난 후로는 노예의 해외 공급원이 줄어들어 로마인들은 보다 온건하면서도 지루한 노예증식 방법을 강구할 수밖에 없게 되었다. 즉 가정, 특히 시골 농장에서 노예들의 결혼을 권장했던 것이다. 인간의 감성, 교육의 일상화, 재산의 제한적인 소유 등에 의해서 노예생활의 고생은 다소 완화되었다. 노예는 귀중한 재산이었고, 따라서 주인은 자신의 형편과 관용에 따른 제한적일망정 자기 자신의 이익을 위해서라도 노예를 인간적으로 대하게 되었다. 이러한 관습의 발전은 황제의 덕행이나 정책에 의해서 더욱 가속화되었다. 그리고 하드리아누스 및 두 안토니누스의 칙령들로 법의 보호는 대부분의 천민들에게 확대되었다. 오랫동안 남용되어온 노예에 대한 생살여탈권을 개인의 손에서 빼앗아 행정관만이 행사할 수 있도록 했다. 지하감옥은 폐지되었고, 감내하기 어려운 대우에 대한 정당한 호소일 때에는 학대받는 노예라도 관청에 고소하여 석방되거나 덜 잔인한 주인에게로 갈 수 있었다.

로마의 노예는 핍박받는 자에게 가장 큰 위안인 희망을 가질 수 있었다. 즉 주인에게 잘 보인 노예는 몇년 동안 근면, 성실하게 일하면 당연히 그 보상으로 자유라는 값진 선물을 받을 수 있다는 기대를 가지게 되었던 것이다. 주인의 자비심은 천박한 허영심이나 탐욕만으로도 쉽게 유발되는 경우가 많았기 때문에 법은 이처럼 무절제한 선심을 장려하기보다는 오히려 제한할 필요에 직면하게 되었다. 고대의 법의 정신에 따르면, 노예는 소속국가가 없기 때문에 해방과 함께 자기 주인이 속한 정치사회의 일원이 되었다. 그렇게 되면 로마 시민의 특권은 천박하고 난잡한 대중의 권리로 타락할 수밖에 없었다. 그러므로 예외규정이 마련되었다. 즉 정당한 이유로 행정관의 허가를 얻어 정식으로 적법한 절차를 받은 자만이 이러한 특권을 누릴 수 있도록 한 것이다. 이렇게 해서 노예에서 해방된 사람들에게는 사적인 권리만 주어졌을 뿐, 문관이나 무관이 되는 것은 엄격히 제한되었다. 그들의 아들이 아무리 큰 공적을 세우거나 재산이 많더라도 그들 역시 원로원 의원이 될 수 없었으며, 노예의 기록은 3대, 4대에 가서야 완전히 말소되었다. 그러나 오만과 편견 때문에 인간 이하의 경멸을 받았던 사람들도 계급과 신분을 없애지 않고서 자유와 명예를 누릴 수 있는 희미한 가능성이 주어졌다.

한때 노예에게 특별한 의복을 입혀 신분을 구별하자는 제안이 있었다. 그러나 그렇게 하면 노예들에게 자기 패거리를 쉽게 알려줄 위험이 있다는 점이 지적되었다. 그들의 수효를 무수하다든지, 몇만이라든지로 엄격하게 계산하지 않더라도, 당시에는 재산적 가치가 있는 노예의 수가 비용만 나가는 하인의 수보다 많았다고 단정할 수 있다. 천재적 소질이 있는 젊은이에게는 예술과 학문을 가르쳤는데, 이런 노예의 값은 그 기술과 재능에 따라서 결정되었다. 부유한 원로원 의원의 집에는 학예분야이건 기능분야이건 거의 모든 분야의 전문직 노예를 찾아볼 수 있었다.[6] 사치와 관능적인 생활을 위한 하인들의 수효는 오늘날의 사치관념으로는 계산할 수 없을 정도로 많았

---

6) 로마의 의사들은 대부분이 노예였다.

다. 상인이나 제조업자에게는 일꾼을 고용하는 것보다 노예를 사는 편이 이익이었으며, 농촌에서는 노예가 가장 값싸고 일 잘하는 농기구였다. 이를 입증해줄 여러 가지 사례가 있다. 로마의 어떤 저택에서는 400명의 노예를 부렸음이 밝혀진 바 있다.[7] 전혀 공적인 위치에 있지 않았던 한 아프리카인 미망인이 자기 아들에게 자신의 장원에서 부리는 400명의 노예를 양도한 사례도 있는데, 그녀에게는 더 많은 노예들이 남아 있었다. 아우구스투스 황제 치세에 어떤 해방노예는 내전 중에 재산상의 큰 손실을 입고서도 유산으로 3,600마리의 소와 25만 마리의 작은 가축, 4,116명의 노예를 남겼다.

로마 법에 예속된 신민의 수가 얼마나 되었는지, 그리고 시민, 속주민, 노예의 수가 얼마나 되었는지 정확하게 알 수는 없다. 알려진 바로는 클라우디우스 황제가 실시한 인구조사에서는 로마 시민의 수효가 694만 5,000명으로 집계되었는데, 여기에 여자와 어린이를 합하면 전체 인구는 약 2,000만 명에 달했을 것으로 보인다. 하층민의 수는 불확실하고 변동이 많았다. 그러나 여러 가지 사정을 감안해볼 때, 클라우디우스 당시에는 속주민의 수가 로마 시민의 약 배가 되고 노예의 수는 적어도 자유민의 수와 같았을 것으로 생각된다. 이렇게 대충 계산해보면, 당시의 총인구는 약 1억 2,000만 명에 이르러 현대 유럽의 전체 인구보다 많으며, 또한 동일한 행정체제에 속하는 인구로서도 유사 이래 가장 인구가 많은 사회를 형성했던 것 같다.

국내 평화와 통일은 로마의 온화한 포용정책이 가져온 당연한 결과였다. 아시아의 왕국들에로 눈을 돌려보면, 중앙에서는 전제정치를 실시해도 변경에 이르면 취약성을 목격하게 된다. 세금징수와 법의 집행은 군대에 의해서 강제되었고, 나라의 심장부에는 적대적인 야만인들이 자리잡았고, 세습 태수(太守)들이 변경의 영토를 침탈하여, 백성들은 반란을 일으킬 조짐을 보였다. 그러나 로마 세계는 한결같이 자발적인 복종을 실현했다. 여러 피정복민들이 뒤섞여 한 국가를 이룬 가운데 독립을 회복하려는 희망을 포기했으며, 스스로의 존재를 로마의 존재와 구별하는 일이 거의 없었다. 확립된 황제의

---

[7] 이 노예들은 주인의 암살을 막지 못한 죄로 모두 처형되었다.

권위는 힘들이지 않고 로마의 영토에 광범하게 침투하여 템스 강이나 나일 강 유역에서도 티베리스 강에서와 마찬가지로 잘 집행되었다. 군단 병력은 국가의 적을 상대로만 싸웠고, 민정장관이 군대의 도움을 청하는 일은 거의 없었다. 이와 같은 태평성대에서 군주와 백성은 모두 로마 제국을 발전시키는 데에만 전념할 수 있었다.

로마인들이 세운 무수한 기념비적 건축물 중에서 시간과 야만족에게 파괴되지 않고 지금까지 남아 있는 것은 극소수에 불과하다. 또한 역사의 관심에서 벗어난 것은 얼마나 많은가! 그렇지만 이탈리아와 속주들에 아직 남아 있는 장엄한 유적만 보더라도 우아하고 강력한 제국의 면모를 엿볼 수 있다. 이 건축물들은 규모와 아름다움만으로도 주목을 끌지만, 예술과 실용을 잘 조화시켰다는 데에서 더 큰 의미를 찾을 수 있다. 그것들은 대부분 사비(私費)로 세워졌지만, 거의 모두가 공공의 이익을 위한 것이었다.

물론 로마 건축물들의 대다수는 인력과 자금을 무제한 동원할 수 있었던 황제들의 손으로 건립된 것이라고 보아야 할 것이다. 아우구스투스 황제는 벽돌로 지은 로마를 인수하여 대리석으로 지은 로마를 남겼다고 자랑하곤 했다. 베스파시아누스 황제(재위 69-79년)는 엄격한 경제정책을 통해서 장엄한 건축물의 비용을 조달했다. 트라야누스 황제의 건축물에서는 그의 천재성을 엿볼 수 있다. 하드리아누스 황제가 제국의 모든 주에 세운 건조물들은 황제의 명령과 감독하에서 건설되었다. 하드리아누스 황제는 그 자신이 예술가였으며, 예술이 로마의 영광을 나타내는 데 도움이 된다고 생각했다. 예술이 인간의 행복에 기여한다고 생각한 두 안토니누스 황제도 예술을 권장했다. 그러나 황제들만이 로마 영토 내에 건축물을 지은 것은 아니었다. 황제들이 모범을 보이자 고위 신하들도 여러 가지 고상한 사업을 벌였다. 그들은 가장 고귀한 사업을 구상하는 정신과 그것을 실천할 수 있는 부를 가진 것을 세상에 자랑하는 것을 거리끼지 않았다. 로마에 콜로세움이 자랑스러운 위용을 드러내자마자 카푸아와 베로나에서도 비록 규모는 작지만 동일한 설계와 재료를 사용한 원형투기장들이 시 재정으로 건설되었다. 에스파냐 서부의 타호 강에 걸려 있는 알칸타라의 장대한 다리의 비문은 이 다리가 루시타니아인들의 기부금으로 건설되었음을 증언해주고 있다. 소(小) 플리니우스가 별로 부유하지도 중요하지도 않은 비티니아와 폰투스의 총독으로 부임했을 때, 관할지역 내의 여러 도시들은 이방인의 호기심을 자극하고 시민들의 감사하는 마음을 전달하기 위해서 유용하고 장식적인 건축사업에 경쟁적으로 큰 열성을 보이고 있었다. 총독으로서 그가 해야 할 일은 부족한 경비를 보조하고 미적 감각을 지도하고 때때로 생기기도 하는 격렬한 경쟁을 조정하는 것이었다. 로마와 속주 출신의 부유한 원로원 의원들은 자기 시대와 자기 나라를 화려하게 꾸미는 일이 자신의 영예이며 의무라는 생각을 가지고 있었다. 그러한 시대적 영향은 부족한 미적 감각과 관대함을 흔히 보충할 수 있었다. 수많은 민간인 후원자들 중에서 대표적인 인물로 안토니누스 황제 시대에 살았던 아테네 시민 헤로데스 아티코스(당대의 유명한 학자/역주)를 들 수 있다. 이러한 행동의 동기가 무엇이었건간에 그가 보인 장대한 기개는 황제의 그것에 못지 않았다.

  그의 가문은, 적어도 부에 의해서 융성해진 후의 얘기가 되겠지만, 키몬, 밀티아데스, 테세우스, 케크롭스, 아이아코스, 제우스 등 쟁쟁한 신들과 영웅들의 직계후손이었다고 한다. 그러나 나중에는 가문이 몰락하여 그의 조부는 법의 심판을 받았으며, 그의 아버지 율리우스 아티코스도 마지막 유산으로 남은 낡은 집 침대 밑에서 엄청난 보물을 발견하지 않았더라면, 비참하게 생을 마쳤을 것이다. 당시의 법을 적용하면, 당연히 황제가 이 보물을 차지했겠지만, 현명한 아티코스는 이를 솔직히 고백함으로써 몰수를 면했다. 공명정대한 네르바 황제는 1드라크마도 받기를 사양하고 그에게 재산을 마음대로 사용하라고 명령했다. 그러나 이 신중한 아테네인은 보물이 일개 신하에게는 너무 거액이어서 어떻게 사용해야할지 모르겠노라고 고집했다. 마음씨 착한 황제는 역정을 내며 그렇다면 닥치는 대로 사용하라, 그것은 너의 재산이니까 하고 응수했다. 아티코스는 황제의 이 마지막 지시를 충실히 수행했으니, 결혼을 통해서 크게 불어난 재산까지 합쳐서 그의 재산 중 대부분을 공공의 이익을 위해서 사용했던 것이다. 그는 자기 아들 헤로데스에게 아시아의 한 자유도시에서 장관직을 얻게 해주었는데, 이 젊은 행정관

트라야누스 원주(2세기 초 다키아 원정 기념)의 부조 일부   트라야누스 원주

은 트로아스 지방의 물 공급이 원활하지 않음을 알게 되자 하드리아누스 황제에게서 300만 드라크마(약 10만 파운드)의 자금을 얻어 수도건설에 착수했다. 그러나 공사 중에 비용이 배로 늘어나 세금징수원들이 불평하기 시작하자, 배포가 큰 아티코스는 추가비용 전액을 자기가 부담하겠다고 나섬으로써 불만을 가라앉혔다.

아티코스는 젊은 헤로데스를 교육시키기 위해서 후한 사례를 주고 그리스와 아시아에서 가장 훌륭한 교사들을 초빙해왔다. 이들의 가르침을 받은 헤로데스는 곧 당대의 유명한 웅변가가 되었으나, 학교에서나 가르치고 일상에서는 무용한 수사학의 한계를 깨닫게 되어 포럼이나 원로원에 나가는 것을 떳떳하지 않게 여겼다. 그는 나중에 로마의 집정관이 되었으나, 생애의 대부분을 아테네와 그 부근의 별장에 은거하면서 철학을 연구했다. 그는 항상 학자들에게 둘러싸여 지냈는데, 학자들도 이 돈 많고 너그러운 토론상대가 뛰어난 인물임을 인정하는 데 인색하지 않았다. 그의 비상한 재능을 보여주는 기념비는 남아 있지 않지만, 그의 취향을 엿볼 수 있는 유적은 아직도 많이 남아 있는데, 아테네에는 그가 건설한 경기장의 유적이 지금도 남아 있다. 당시의 시민 전부가 들어갈 수 있는, 전체가 흰 대리석으로 된 길이 600피트의 이 경기장은 헤로데스가 아테네 경기대회 회장으로 있던 4년 동안에 완성되었다. 그는 죽은 아내 레길라를 기념하여 제국 내에서 으뜸가는 극장을 지었는데, 이 극장에는 매우 정교하게 조각한 삼나무만을 사용했다. 페리클레스가 음악공연과 새 비극의 무대연습을 위해서 설계했던 오데움〔음악당〕은 주로 페르시아 선박의 돛대를 가지고 지었으므로, 야만인의 웅장함에 대한 예술의 승리를 보여준 기념비적 건물이라고 할 수 있었다. 그러나 카파도키아의 어떤 왕이 수리했음에도 불구하고, 이 옛 건물은 낡아서 무너졌다. 헤로데스가 이를 수리하여 아름답고 장대한 옛 모습을 되살렸다. 이 훌륭한 시민의 선행은 아테네에만 국한된 것이 아니었다. 그는 코린토스 지협에 있는 넵투누스 신전, 코린토스 극장, 델포이의 경기장, 테르모필라이의 목욕탕 그리고 이탈리아의 카누시움에 있는 수도교를 화려하게 장식하고도 재산이 남았다. 에피루스, 테살리아, 에우보이아, 보이오티아, 펠로폰네소스 등 각지의 주민들이 그에게서 혜택을 입었으며, 그밖에도 그리스와 아시아의 여러 도시에는 헤로데스 아티코스를 후원자 및 기부자로 밝힌 비문들이 많이 남아 있다.

   아테네와 로마의 공화정 시대에는 웅장한 공공건물들이 있기는 했지만, 민가는 매우 검소하여 평등과 자유를 보여주었다. 반면에 인민주권은 공공의 용도에 바쳐진 장대한 건축물에 나타나 있는데(그러한 건축물에는 으레

SPQR〔senatus populus que Romanus, 원로원과 로마 인민〕이라는 문자가 새겨져 있다/역주〕이와 같은 공화주의적 정신은 부와 군주제가 자리잡은 후에도 완전히 없어지지는 않았다. 덕망 높은 황제들이 장엄함을 과시한 것은 나라의 명예와 복지를 위한 것이었다. 네로(재위 54-68년)의 황금 궁전은 응당 분노를 불러일으켰지만, 그 뒤를 이은 황제들은 네로가 개인적인 사치를 위해서 빼앗았던 이 넓은 터에 콜로세움, 티투스의 공중목욕탕, 클라우디우스의 주랑(柱廊), 평화의 여신과 로마의 수호신을 위한 신전을 짓는 등 보다 고상한 용도로 사용했다. 로마인의 공동재산인 이 기념비적 건축물들은 그리스의 아름다운 그림과 조각품들로 장식되었고, 평화의 신전의 도서관에는 희귀 도서가 수집되어 학자들에게 공개되었다. 도서관과 가까운 거리에 트라야누스의 포룸이 있었다. 이 건물은 사각형의 형태로 높은 주랑이 둘러싸고 있었고 4개의 개선문이 넓다란 출입구를 이루었으며, 중앙에는 높이가 110피트나 되는 대리석 기둥이 솟아 고대의 아름다움을 전하고 있다. 아직도 그대로 남아 있는 이 기둥은 건립자(트라야누스)의 다키아 원정을 기념하기 위해서 세워진 것이다(p.73 그림). 퇴역병사들은 자신들의 출정 이야기를 가슴에 품고 있었고 평화를 누린 시민들은 공허한 국가의 안이한 환상에 의해서 승리의 영예에 잠겨 있었다.

로마 시와 모든 속주에는 도처에 이처럼 자유의 정신을 보여주는 웅장한 공공건축물들이 많았다. 이 건조물들은 원형경기장, 극장, 신전, 주랑, 개선문, 공중목욕탕, 수도교(水道橋) 등으로 모두가 평범한 시민들의 건강과 신앙심, 그리고 쾌락을 위한 것이었다. 그중에서도 수도교는 특기할 만한 건조물이다. 수도교는 그 대담한 착상, 견고한 제작 그리고 그 용도로 인해서 로마인의 천재적 능력을 보여주는 가장 고귀한 기념비적 건조물로 손꼽힌다. 로마 시내의 수도교의 뛰어남은 말할 것도 없고, 역사에 관한 지식이 없는 여행자라도 스폴레토, 메스, 세고비아 등지의 수도교를 보면 이 옛 속주의 도시들이 전에 유력한 군주가 살던 곳임을 쉽게 알 수 있다. 아시아와 아프리카의 황야에도 곳곳에 연중 맑은 물을 흘려보내는 이와 같은 인공 구조물들이 남아 있어 이전에 인구가 많은 번영한 도시들이 있었음을 말해주고 있다.

도시의 경관을 묘사한 벽화(79년의 베수비오 화산 폭발시에 매몰된 한 도시의 저택에서 발견됨)

로마 제국의 수도(水道) 유적(팔레스티나의 카이사리아 소재)

카라칼라 황제의 대욕탕(1 도서관, 2 체육관, 3 경기장, 4 매점과 사무실, 5 냉수탕, 6 저온탕, 7 고온탕)

오랑주의 원형극장(프랑스 남동부 지방, 50년?)

    지금까지 로마 제국의 인구를 추산해보고 토목사업에 관해서 살펴보았다. 로마의 도시 수와 그 크기를 살펴보면 이 두 가지를 확인할 수 있게 될 것이다. 여기서 이와 관련된 몇 가지 개별적인 사례들을 수집해보는 것도 불유쾌한 일은 아닐 것이다. 다만 한 가지 염두에 둘 것은 여러 민족의 허영심과 언어의 빈곤으로 인해서 로마와 라우렌툼(라티움의 항구도시/역주)에도 막연히 도시라는 명칭이 무차별적으로 부여되었다는 점이다. 고대 이탈리아에는 1,197개의 도시가 있었던 것으로 전해지고 있다. 여기서 고대라는 것이 어느 시기를 말하는 것인지는 불확실하지만, 어쨌든 안토니누스 시대의 인구가 로물루스 시대보다 적었다고 볼 이유는 없다. 라티움(로마 시 동남쪽에 있는 라티니족의 나라. p.63의 '라틴 시민권' 참조/역주)의 여러 작은 도시국가들이 제국의 수도에 편입되었던 것은 수도가 이 지역에 미치는 절대적인 영향력 때문이었다. 지금까지 성직자와 총독의 폭정하에 오랫동안 시달려온 북부 이탈리아 지역은 그전에도 치명적인 전쟁의 참화를 입지는 않았다. 그리고 이 지역에 최초로 나타난 쇠퇴의 징조도 키살피나 갈리아(이탈리아 북부지방)의 급속한 발전에 의해서 충분히 상쇄되었다. 베로나의 화려

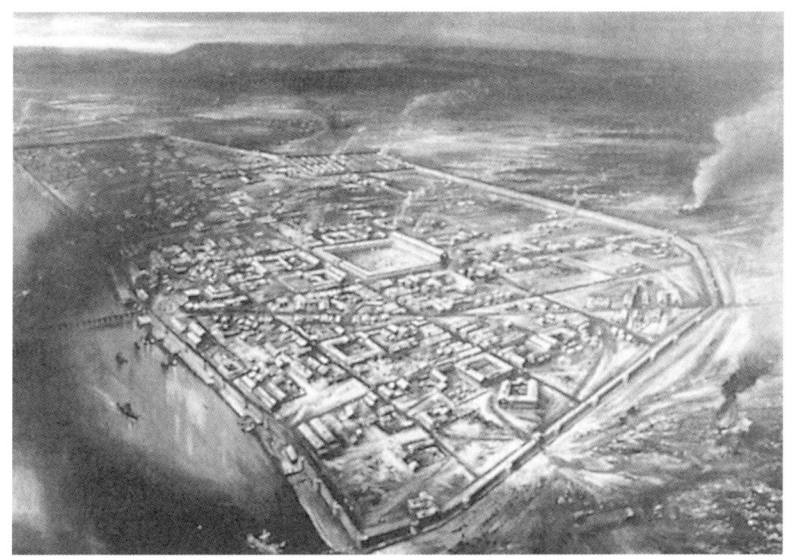
고대의 런던(론디니움). 테오도시우스에 의해서 야만족의 공격에서 벗어났다.

함은 그 유적을 통해서 엿볼 수 있지만, 아퀼레이아나 파두아, 밀라노나 라벤나는 이보다 더욱 화려했다.

이와 같은 발전의 기운은 알프스 산맥을 넘어 브리타니아의 삼림지대에까지 파급되었다. 그 결과 나무를 베어낸 자리에는 넓고 편리한 거주공간이 마련되었다. 요크는 총독부의 소재지였고, 런던은 이미 부유한 상업도시였으며, 바스는 약효가 좋은 온천수로 유명했다. 갈리아에는 도시가 1,200개나 되었으나, 북부지방의 도시들은 파리까지를 포함하여 모두가 신흥민족의 이름만의 초라한 도시였다. 다만 남부지방의 속주들은 이탈리아의 부와 우아함을 모방하고 있었다. 갈리아의 많은 도시들 —— 마르세유, 아를, 님, 나르본, 툴루즈, 보르도, 오퇑, 빈, 리옹, 랑그르, 트레베스〔트리어〕—— 의 당시 상태는 현재의 상태와 같거나 아니면 더 나았다. 스페인의 경우는 속주로 있을 때에는 번영하다가 왕국이 되면서 쇠퇴했다. 아메리카 문제로 그리고 미신 때문에 힘을 낭비한 오늘날의 스페인이 만일 베스파시아누스 황제 치하에서 플리니우스가 밝힌 것처럼 360개의 도시를 가지고 있었다면, 아마도 나라의 위신은 더 크게 흔들렸을지도 모를 것이다.

아프리카에서는 과거 300개의 도시가 카르타고의 권위를 승인한 바 있었는데, 이 수는 로마 치하에서도 감소하지 않았던 것으로 보인다. 카르타고 자체도 잿더미로부터 화려하게 부흥하여 그 수도 카푸아 및 코린토스와 함께 독립국가의 주권 이외에는 모든 권리를 다시 누리게 되었다. 동방의 속주들에서는 로마의 장엄함과 투르크의 야만성 간의 대비가 그대로 나타난다. 지금 경작되지 않는 들판의 여기저기에 흩어져 있는 옛 폐허들은 무지 때문에 마력이 씌워져 있다고 생각되며, 억압받는 농민이나 아랍 유랑민들에게 거처를 거의 마련해주지 못하고 있다. 그러나 카이사르의 치세에는 아시아 본토(터키 일대)에만 해도 500개의 큰 도시가 있었다. 자연의 은혜를 누린 이 도시들은 세련된 미술품으로 장식되어 있었다. 아시아의 11개 도시가 티베리우스 황제에게 신전을 봉헌하려고 서로 다투자 원로원이 해당 도시의 장점을 심사한 적이 있었다. 그때 4개 도시는 부담능력이 없다고 해서 즉시 기각되었다. 그중에는 라오디케아라는 도시도 포함되어 있었는데, 이 도시의 화려함은 유적으로 지금까지 남아 있다. 라오디케아는 관내의 목양업자에게서 거액의 세금을 받았을 뿐 아니라, 양모의 질은 세계적이었으며 그 경쟁이 있기 직전에는 어떤 마음씨 후한 시민으로부터 40만 파운드가 넘는 유산을 넘겨받았다. 이러한 라오디케아가 가난한 도시로 취급받았을 정도라면, 그 당시 신전건축을 다투었던 도시들, 특히 오랫동안 아시아의 명목상의 수장권(首長權)을 다투었던 페르가몬, 스미르나, 에페소스 등이 얼마나 부유한 도시였는지는 가히 짐작할 수 있을 것이다. 더구나 시리아와 이집트의 수도인 안티오크와 알렉산드리아는 여전히 로마 제국 내에서 우월한 위치에 있었고, 다른 독립 도시들을 경멸의 눈으로 내려다보면서 로마의 권위에 마지못해 복종하고 있던 터였다.

이 모든 도시들은 서로간에는 물론이고 로마와도 공도(公道)로 연결되어 있었다. 로마의 포룸에서 시작된 이 도로는 이탈리아를 가로지르고 속주들을 통과하여 제국의 국경지방에까지 뻗어 있었다. 안토니누스 방벽에서 로마까지 그리고 로마에서 다시 예루살렘까지 이르는 거리를 세밀하게 추적해보면 그 당시 제국의 서북쪽 끝에서 동남쪽 끝까지 이르는 거대한 교통망의

아피아 가도

길이가 4,080 로마 마일[8]에 달했음을 알 수 있다. 이 도로망은 이정표로 정확하게 구분되었으며, 지형지물이나 사유재산에 별로 구애받지 않고 도시에서 도시로 일직선으로 뻗어 있었다. 산에는 터널을 뚫고 넓은 강과 급류에는 아치형 다리를 놓았다. 도로는 모래, 자갈, 시멘트를 몇층으로 깔았으며, 그 위에 커다란 돌을 깔았는데 로마 근처에서는 화강암을 깔기도 했다.

로마의 도로는 이처럼 견고하게 건설되었기 때문에 15세기 동안 사용한 지금도 완전히 파괴되지 않았다. 이 도로망은 가장 먼 속주민들까지도 교통 편의에 도움을 주어 서로 연결시켰지만, 도로건설의 주된 목적은 군단 병력의 행군 편의를 위한 것이었다. 어떤 지역이든지 군대와 정복자의 권위가 우뚝 서야만 완전히 정복되었다고 볼 수 있다. 또 로마 황제들은 빠른 시일 내에 정보를 입수하고 명령을 신속히 전달하기 위해서 광활한 영토의 전역에 걸쳐 역참제도(驛站制度)를 시행했다. 불과 5, 6마일의 거리를 두고 도처

---

[8] 약 3,740영국 마일. 1마일은 1.61km/편집자 주.

에 역사를 지어 항상 역마 40필을 대기시킴으로써, 역마를 갈아타고 하루 100마일을 달릴 수 있도록 했다. 역참은 원래 황제의 명령을 받은 자만이 이용할 수 있었으나, 때로는 민간인의 편의나 상업을 위해서도 사용되었다. 로마 제국의 교통은 해상에서도 육상교통 못지 않게 자유롭게 이루어졌다. 지중해는 속주들로 둘러싸여 있었고, 이 커다란 호수 모양의 바다 한가운데로 이탈리아 반도가 튀어나와 있었다. 이탈리아의 연안에는 이렇다 할 항구가 별로 없었으나, 인간의 노력으로 자연의 결함을 극복했다. 특히 클라우디우스 황제가 티베리스 강 어귀에 건설한 오스티아 항은 로마의 위대함을 보여주는 실용적인 기념비적 항구였다. 수도에서 불과 16마일 떨어진 이 항구에서 출항한 배는 순풍을 타면 7일 후 지브롤터 해협에 그리고 9, 10일이면 이집트의 알렉산드리아에 도착할 수 있었다.

이 광대한 제국은 이치를 따져 변론하게 되면 좋지 않은 점도 있었지만, 로마의 세력은 인류에게 몇 가지 이로운 결과를 남겼다. 교통의 개선은 악덕을 확산시키기도 했지만, 사회생활의 발전도 가져왔다. 고대세계는 불평등하게 동서로 양분되어 있었다. 동방은 옛날부터 예술과 사치를 독점했고, 서방은 농업을 경멸하거나 전혀 모르는 거칠고 호전적인 야만인들이 사는 곳이었다. 유럽의 서방국가들에도 안정된 정부의 보호하에 점차 온대지방의 생산물과 문명국의 산업이 도입되었다. 그리고 이곳의 원주민들은 개방되고 수지맞는 상업을 통해서 생산과 산업을 개선하고 늘려나가도록 고무되었다. 그 당시 아시아에서 유럽으로 수입된 동, 식물을 모두 열거한다는 것은 불가능하다. 그중 중요한 것 몇 가지를 언급하는 것은 실제로는 별로 쓸모없는 일이지만, 역사서의 권위를 생각하면 꼭 그렇다고만은 할 수 없다.

(1) 현재 유럽에서 재배되고 있는 거의 모든 화초류, 약초류, 과실류가 외래식물이라는 것은 그 식물의 이름에서도 잘 나타나 있다. 사과는 이탈리아가 원산지였다. 그러나 로마인들은 보다 맛좋은 살구, 배, 석류, 레몬, 오렌지 등을 맛보게 되자 이 모든 새 과실들에 사과라는 일반 명칭을 붙이고 그 원산지 이름을 형용사로 덧붙여 부르게 되었다.

(2) 호메로스의 시대에 포도는 시칠리아 섬에서 야생했으니, 인접한 대륙

에서도 야생했을 가능성이 크다. 그러나 야만인들은 포도재배 기술을 발전시키지 못했고 따라서 맛있는 술을 만들 줄도 몰랐다. 그러나 그로부터 1,000년 후 이탈리아는 80종의 훌륭한 포도주를 자랑하게 되었는데, 그중 3분의 2 이상은 이탈리아에서 재배된 포도로 만든 것이었다. 이 맛있는 포도주가 곧 갈리아의 나르보넨시스 지방(프랑스 남부지방)으로 전해졌다. 세벤 산맥의 북쪽은 너무 추웠기 때문에 스트라보(그리스의 지리학자/역주)의 시대에는 이 지역에서 포도를 성숙시킨다는 것이 불가능했다. 그러나 이 난관은 점차 해결되어 두 안토니누스 황제 시대에는 이미 부르고뉴에도 포도밭이 있었던 것으로 생각된다. 서양세계에서는 올리브가 평화의 상징으로 간주되었다. 이 유용한 과실은 로마 건국 후 200년이 지나서야 이탈리아와 아프리카에 이식되었고, 마침내 에스파냐와 갈리아의 심장부에까지 전해졌다. 포도나무는 일정한 온도가 필요하고 해안 가까이에서만 잘 자란다고 하는 소심한 오류는 경험과 사업적 안목에 의해서 철저히 타파될 수 있었다. 아마의 재배는 이집트로부터 갈리아에 전해졌다. 이 작물은 재배하는 농토를 메마르게 만들었지만, 나라는 부유하게 만들었다.

(3) 이탈리아와 그 속주의 농민들은 여러 가지 개량종 목초를 알고 있었는데, 특히 자주개자리는 메디아 그 이름의 고향이었고 원산지였다. 겨울철에도 목초공급이 풍부하게 확보되자 마소와 양의 수가 늘어났고 이에 따라서 땅도 더욱 비옥하게 되었다. 여기서 또 한 가지 덧붙일 것은 광업과 어업이 근면한 일꾼들을 많이 고용함으로써, 부자에게는 쾌락을, 빈자에게는 생계에 도움을 주었다는 점이다. 콜루멜라의 보고서는 티베리우스 황제 당시 에스파냐의 농업발전에 관해서 기술하고 있다(콜루멜라의 저서 『농업론』을 말함/역주). 이 책의 내용으로 미루어 초창기 공화정 당시에 자주 일어났던 기근 사태가 로마 제국의 드넓은 판도에서는 거의 일어나지 않았다고 말할 수 있을 것이다. 설사 어떤 지방에 식량부족 사태가 생기더라도 식량이 풍족한 다른 지방에서 즉시 도움을 받을 수 있었다.

농업은 제조업의 기초이다. 자연의 생산물이 인공의 재료가 되기 때문이다. 로마 제국에서는 근면하고 재능 있는 인간의 노동이 갖가지로 끊임없이 부유층을 위해서 동원되었다. 운명의 총애를 받은 이들은 자기들의 자존심을 만족시키고 관능을 충족시키기 위해서 온갖 편리하고 우아하고 화려한 것을 다 동원하여 자신들의 의상, 식탁, 주택, 가구 등을 꾸몄다. 모든 시대의 도덕가들은 이와 같은 정교한 물건들에 사치라는 가증스러운 이름을 붙여 이를 혹독하게 매도했다. 아마도 모두가 필수품만 소유하고 아무도 사치품을 소유하지 않는다면, 인류의 미덕과 행복에 보다 도움이 된다고 말할 수 있을 것이다. 그러나 사치라는 것은 비록 악과 어리석음의 산물이라고 하더라도, 지금과 같은 불완전한 사회적 상황에서는 불평등한 부의 분배를 시정할 수 있는 유일한 방법이 아닐까 생각된다. 땅을 한뼘도 가지지 못한 부지런한 장인과 솜씨 좋은 예술가가 땅의 소유자들로부터 일종의 자발적인 세금을 받는 것이기 때문이다. 토지 소유자들은 이익의 관점에서 그 생산물이 그들의 쾌락을 증진시켜줄 토지개량에 열을 올렸다. 오늘날 모든 사회에서 그 결과를 찾아보게 되는 이러한 경영방식이 로마 세계에서는 훨씬 더 광범한 에너지로 작용했다. 사치품의 제조와 거래가 로마의 무력과 권위를 빌려 강탈한 이익을 점차 근면한 백성들에게 되돌려주지 않았더라면, 로마의 여러 속주들은 얼마 가지 않아서 그 부를 고갈시키고 말았을 것이다. 이 순환을 제국의 영역 내에 국한시키는 한, 그것은 정치기구가 새로운 활동을 하도록 영향을 미쳤을 것이며, 그 결과는 결코 나쁘지 않고 때로는 좋은 결과를 가져올 수도 있었을 것이다.

그러나 사치를 제국의 영역 내에만 국한시킨다는 것은 쉬운 일이 아니다. 로마는 사치스러운 생활을 보장하기 위해서 고대세계의 가장 먼 변두리 나라들까지도 약탈했다. 스키타이의 숲에서는 얼마간의 값진 모피가 생산되었다. 호박은 발트 해 연안에서 육로를 통해서 도나우 강으로 가져왔는데, 야만인들은 이 쓸모없는 물건을 주고 큰 돈을 받을 수 있음을 알자 크게 놀랐다. 바빌로니아산 양탄자와 그밖의 동방 공예품들에 대해서도 상당한 수요가 있었다. 그러나 가장 중요하면서도 불평등한 대외무역은 아라비아 및 인도와의 무역이었다. 매년 하지 무렵이 되면 홍해 연안에 있는 이집트의 미오스-호르모스 항구에서 120척의 선박이 출항했다. 이들은 몬순 계절풍을

로마의 상선

타고 약 40일 동안 바다를 항해했다. 항해의 목적지는 대개 말라바르 연안이나 실론 섬이었는데, 그곳 시장에서는 보다 먼 아시아에서 온 상인들이 그들을 기다리고 있었다. 이 이집트 선박들은 12월이나 1월경에 귀국했다. 이들이 가지고 온 많은 물건들은 낙타 등에 실려 홍해에서 나일 강으로 운반되고 다시 강을 따라 알렉산드리아로 가서 지체 없이 제국의 수도로 운송되었다.

동방무역의 주요 상품은 호화롭고 값진 물건들이었다. 그중 비단은 무게로 따져서 동일한 무게의 금과 교환되었고, 또 각종 귀금속이 있었는데, 진주는 다이아몬드 다음 가는 고가품이었다. 여러 가지 향료들은 종교의식이나 장례식용으로 사용되었다. 이 항해의 위험과 공로는 엄청난 이윤으로 보상받았지만, 그 이윤은 로마 신민들의 구매에 의한 것이며, 이들을 희생하여 소수의 개인들이 부자가 되었다. 아라비아인과 인도인들은 자기 나라의 여러 가지 산물과 제품으로 만족스러워했지만, 로마인들에게는 은(유일한 것은 아니었지만) 외에는 이렇다 할 통상품목이 없었다. 그러므로 원로원에서 여자의 장식품을 구입하기 위해서 나라의 부를 외국과 적국으로 내보낸다는 불평이 일어난 것은 당연한 일이었다. 고증을 좋아하고 비판적인 저자(플리니우스)가 계산한 바에 따르면, 이로 인한 연간 손실은 80만 파운드가 넘었다.

이러한 종류의 불평은 나라가 빈곤해지리라는 가정에서 나온 것이었다. 그러나 플리니우스 당대의 금과 은의 교환 비율을 콘스탄티누스 당대와 비교해보면, 이 기간 중에 그 비율이 크게 높아졌음을 발견하게 된다. 그 동안에 금이 더욱 희귀해졌다고 여길 만한 이유는 조금도 없으므로, 이것은 결국 은이 흔해졌음을 보여주는 것이라고 하겠다. 요컨대 인도와 아라비아의 수출액이 아무리 많았더라도, 그것이 로마의 부를 고갈시킨 것은 결코 아니며, 은이 풍부하게 생산되어 상품거래의 수요를 충족시킬 수 있었음을 알 수 있다.

인간은 원래 과거를 찬양하고 현재를 경시하는 성향이 있지만, 로마가 평온 속에서 번영을 누렸다는 것은 그 당시 로마인뿐 아니라 속주민들도 진심으로 느끼고 솔직히 시인한 바였다. "그들은 아테네의 현인들이 처음 도입한 사회생활, 법률, 농업 및 학문의 참다운 원리들이 지금은 로마의 힘에 의해서 확고히 자리잡았으며, 사나운 야만인들도 로마의 상서(祥瑞)로운 영향 하에 지금은 평등한 통치와 공통의 언어에 의해서 통일되어 있다는 것을 인정했다. 그들은 기술향상에 따라서 인구가 눈에 띄게 늘어났음을 시인했으며, 날로 훌륭해져가는 도시의 경관 그리고 넓은 정원처럼 경작되고 꾸며진 시골의 아름다운 모습을 찬양하고 있다. 장기간의 평화를 기리며 수많은 민족들이 옛날의 원한을 잊고 장래의 위험에 대한 두려움으로부터 해방되어 이 모든 것을 향유하고 있다." 이 장황한 설명에는 다소 과장되어 의심이 가는 점도 있지만, 설명의 골자는 역사적 진실에 완전히 부합된다.

동시대인의 눈에는 이와 같은 대중적 행복 속에 잠재한 쇠퇴와 부패의 원인들이 발견되기 어려울 것이다. 이 오랫동안의 평화와 로마의 획일적 통치는 제국의 중추부문에 서서히 그리고 은밀하게 독을 퍼뜨렸다. 사람들의 정신은 점차 평준화되고 번뜩이는 천재성은 소멸되고 심지어 상무정신도 사라져갔다. 유럽 원주민들은 본디 용감하고 강건했다. 에스파냐, 갈리아, 브리타니아 및 일리리쿰(일리리아, 곧 알바니아)은 로마 군단에 우수한 군인들을 공급하여 제국의 실질적 힘을 형성했다. 그들은 여전히 용감하기는 했지만, 독립심, 민족적 명예의식, 모험심, 명령복종 등의 습관에 의해서 함양되는 공적인 용기는 이제 찾아볼 수 없었다. 시민들은 군주의 의지에 따라서 법과 총독을 받아들이고 자기 자신의 보호를 용병에게 맡겼다. 용감했던 지도자의 후손들도 이제는 평범한 시민과 백성의 지위에 만족했다. 대망을 품은 자들도 황실과 황제의 군기에 의지하게 되었고, 속주들은 정치력과 단결력을 상실한 채 점차 개인생활의 무관심 속에서 벗어나지 못하게 되었다.

스스로가 학자였고 탐구심이 강했던 하드리아누스와 두 안토니누스 황제 당대의 백성들간에는 평화시의 품위 있는 생활과 불가분의 관계에 있는 학문의 열기가 대단했다. 학문의 열기는 제국의 전역에 확산되어 최북단의 브리타니아 부족들도 수사학의 멋을 알았고, 라인 강과 도나우 강 유역에서도 호메로스와 베르길리우스가 전사(轉寫)되어 읽혔으며, 조금이라도 문학적 천분이 있는 사람에게는 후한 보수가 주어졌다.[9] 의학과 천문학은 그리스인들에 의해서 크게 발전되었다. 지금도 많은 사람들이 프톨레마이오스(2세기 그리스의 천문학자/역주)의 관측결과와 갈레노스(갈렌:2세기 그리스의 의사/역주)의 저서를 연구하여 그 이론을 더욱 발전시키고 오류를 시정하고 있다. 그러나 이 침체된 시기에는 루키아노스(그리스의 풍자시인/역주)를 제외하고는 단 한명의 독창적인 천재작가도, 걸출한 문사도 배출하지 못했다. 학계는 여전히 플라톤과 아리스토텔레스, 제논과 에피쿠로스의 권위가 지배했고, 이들의 학문체계는 제자들간에 맹목적인 존경심으로 대를 이어 전해져 내려오면서 인간정신의 힘을 발휘하고 그 한계를 넓히려고 하는 온갖 폭넓은 노력을 가로막았다. 이전 시대의 훌륭한 시와 웅변은 독창적인 정열을 타오르게 하지 못하고 냉담하고 비굴한 모방을 부채질하는 데 그쳤으며, 이 모델에서 벗어나려고 하는 사람은 분별력과 예절을 벗어난 사람으로 취급받았다. 학문의 부흥에서 오랫동안 잠들었던 활력에 찬 상상력, 민족감정, 새로운 종교, 새로운 언어는 유럽적인 천재를 요구했다. 그러나 획일적이며 인위적인 이국의 교육을 받은 로마의 속주민들은 이미 참다운 감정을 모국어로 표현하여 각 분야의 명예를 독차지하고 있던 유명한 고대인들과 매우 불

---

[9] 헤로데스 아티코스(pp.72-74 참조)는 소피스트 학자 폴레모의 단 세 번 연설에 무려 8,000파운드 이상을 지급했다. 두 안토니누스 황제가 아테네에 세운 학교에서는 국비로 문법, 수사학, 정치학 및 4대 철학 분야의 학자들을 두고 젊은이들을 가르쳤다. 철학자의 급여는 연간 1만 드라크마(약 4,000파운드)였다. 제국의 다른 대도시들에도 이와 유사한 기관이 설치되었다.

평등한 경쟁을 벌여야만 했다. 시인의 이름은 거의 잊혀졌고 웅변가의 명성은 궤변학자들이 독차지하고 있었다. 수많은 비평가, 편찬가, 주석가들이 나타나서 학문의 얼굴에 먹칠을 했으며, 고상한 정신의 쇠퇴는 곧 취미의 타락으로 이어졌다.

나중에 시칠리아 여왕(제노비아)의 왕실에서 옛 아테네의 정신을 수호한 롱기노스(3세기 그리스의 철학자, 수사학자. 『숭고론』의 저자/역주)는 정서가 저열해지고 박력이 없어지고 재능이 억압받은 타락한 당대의 사람들을 탄식하면서 이렇게 말하고 있다. "마치 어린 시절 팔다리가 꽉 조여 있어 평생 난쟁이가 된 사람과 마찬가지로, 우리의 연약한 정신은 지금 노예의 습관과 편견에 속박되어 스스로를 펼 수 없으며, 민주정부하에 살면서 자유롭게 글을 쓴 옛 사람들에게서 찾아볼 수 있었던 균형 잡힌 위대함도 이룩할 수 없다."[10] 인간의 이와 같은 왜소한 체구는 비유컨대 옛 표준 이하로 매일처럼 내려가는 상태라고 말할 수 있거니와 실제로 그 당시 로마에는 왜소한 인종이 살고 있었으며, 북쪽의 사나운 거인들이 밀고 내려와서 왜소한 사람들의 면목을 일신시켰던 것이다. 그들은 씩씩한 자유의 정신을 회복시켰으며, 그 결과 10세기 동안에 걸친 혁명 이후 자유는 취미와 학문의 행복한 어버이가 되었다.

---

10) 여기서 우리는 롱기노스에게 "스스로의 예가 모든 법칙을 강화한다"는 말을 적용할 수 있을 것이다. 그는 씩씩하게 자기의 생각을 드러내는 법이 없이 자기 생각을 극히 조심스럽고 넌지시 친구의 입을 빌려 말하고서는 자기는 그런 생각에 반대하는 척했다.

제3장

두 안토니누스 황제들 시대의
로마 제국의 정치체제

　군주국은 한 개인이 그가 무엇이라고 불리건간에 그에게 법의 집행과 세금의 관리 그리고 군대의 지휘를 위임하는 국가를 말한다고 할 수 있다. 그러나 국민의 자유가 용기가 있고 빈틈없는 감시인들에 의해서 보호되지 않으면, 막강한 행정수장의 권위는 곧 독재정치로 타락할 것이다. 미신적인 시대에는 인간의 권리를 주장하는 데에 성직자의 영향력을 잘 활용할 수도 있을 것이다. 그러나 실제로는 왕권과 교권의 관계가 매우 밀접하기 때문에 교회의 깃발이 시민의 편에 서는 일은 좀처럼 찾아보기 힘들다. 용감한 귀족과 완고한 평민들이 군대를 장악하고, 재산을 보유하고, 입헌회의를 조직할 때에만이 야심 있는 군주의 모험에 대항하여 자유체제를 보존할 수 있는 균형을 이룩할 수 있다.

　로마 자유체제의 방벽은 독재자의 야심에 의해서 무너졌으며, 그 모든 울타리는 3두 정치가 중의 1인(triumvir)의 잔인한 손에 의해서 제거되었다. 악티움 해전의 승리 이후 로마 세계의 운명은 옥타비아누스의 뜻에 좌우되었다. 카이사르의 조카로서 양자가 되어 그의 이름을 상속한 옥타비아누스는 나중에 원로원의 아첨으로 아우구스투스(존엄자)라는 칭호를 받았다. 44개 군단(정설은 25개 군단/역주)을 거느렸던 이 정복자는 자신의 힘의 강대함과 로마 정치체제의 취약성을 잘 알고 있었으므로, 20년에 걸친 내전기간 중에 걸핏하면 피바람을 일으켰고 폭력을 휘둘렀다. 또한 그의 군단은 그에게만 충성했고 그에게서만 후한 보수를 받았다. 오랫동안 공화정의 행정관들에게 억압되었던 속주들은 이 소(小)폭군들의 공범자가 아니라 그들의 주인인 한 인물이 나타나서 다스려주기를 고대했다. 로마의 평민들은 귀족들의 굴욕을 내심으로 즐거워하면서 오직 빵과 구경거리만을 요구했는데, 아우구스투스 황제는 이 두 가지를 모두 제공했다. 에피쿠로스 철학을 거의 전적으로 받아들이고 있던 이탈리아의 부유층은 당시의 태평성대를 마음껏 즐겼다. 원로원은 위엄을 상실했고 대부분의 귀족가문이 소멸되었다. 용감하고 능력 있는 공화주의자들은 전쟁터에서 죽거나 추방당했다. 원로원 회의장은 고의적으로 1,000명이 넘는 잡다한 사람들에게 공개되었는데, 이들은 회의를 참관함으로써 명예를 얻기는커녕 자신의 신분을 더럽히는 실정이었다.

아우구스투스가 참주(僭主, tyrannus)를 물리치고 스스로 국부로 등장하는 과정에서 취한 첫번째 조치 중 하나가 원로원의 개혁이었다. 그는 감찰관(censor)으로 선임된 후 그에게 충성하는 아그리파의 협력을 얻어 원로원 의원의 명단을 심사했다. 그중 여론의 심판을 받아야 할 몇몇은 추방하고, 약 200명에게는 스스로 물러남으로써 축출당하는 수치를 면하도록 설득했다. 또한 원로원 의원의 자격을 약 1만 파운드의 재산으로 인상했고, 수많은 귀족가문을 새로 만들었다. 그는 또한 '선임 원로원 의원(princeps senatus)'이라는 칭호를 수여받았는데, 이것은 종전에는 감찰관들이 공적이 뛰어난 시민에게 수여하던 칭호였다. 이렇게 해서 위엄을 갖추게 된 그는 원로원의 독립성을 붕괴시켰다. 또한 행정권이 입법권자를 임명토록 함으로써 공화정의 원리가 결정적으로 상실되었다.

그는 이렇게 사전에 개조된 원로원 앞에 나가서 준비된 연설을 통해서 야심은 숨기고 애국심을 과시했다. "그는 자신의 과거 행동을 한탄조로 변명했다. 그는 효도를 다하기 위해서 아버지(율리우스 카이사르)의 암살을 복수해야만 했기 때문에 때로는 본래의 인간성을 버리고 엄격한 필연의 법칙에 따라서 두 명의 비열한 동료와 손을 잡을 수밖에 없었다고 했다. 또 아우구스투스가 살아 있는 한, 그는 공화국을 이 타락한 로마인(안토니우스)과 야만인 여왕(클레오파트라)에게 맡길 수 없었다고 했다. 이제 그는 자신의 의무나 의향에 따라서 일할 수 있게 되었으며, 따라서 원로원과 시민에게 예로부터 내려온 모든 권리를 엄숙히 회복시켜주는 바이며, 또한 이제 바라는 것은 오직 동료 시민들과 어울려 그가 나라를 위해서 획득한 축복을 함께 나누는 것뿐이라고 말했다."

그 당시 원로원의 복잡 다양한 감정 —— 억압된 분위기와 감동받은 척하는 분위기 —— 을 제대로 설명하려면, 타키투스의 필력이 필요할 것이다. 아우구스투스의 진실성을 믿는다는 것은 위험했고, 불신한다는 것은 더욱 위험했다. 군주제와 공화제의 각각의 장점에 관해서는 학자들 사이에서 의견이 나뉘어져 있다. 로마 국가의 방대함 그리고 풍습의 타락과 군인들의 방종은 군주제 옹호자들에게 새로운 논거를 제공했으며, 이러한 정치관은 개개인의 희망과 공포심에 의해서 더 한층 왜곡되었다. 이처럼 국민감정이 혼란되어 있는 가운데, 원로원은 만장일치로 결정적 조치를 취했다. 즉 원로원은 아우구스투스의 사임 수락을 거부하고, 아우구스투스에게 그가 구출한 공화국을 저버리지 말 것을 탄원했다. 이 교활한 참주는 짐짓 사양하는 척하다가 마침내 그 유명한 프로콘술(proconsul, 속주 총독)과 임페라토르(대장군)라는 이름하에 속주의 통치권과 로마 군의 총지휘권을 맡기를 수락했다. 그러나 그는 이 권한을 10년 동안만 맡겠다고 했다. 또한 이 임기가 끝나기 전에라도 내전의 상처가 완전히 아물고 공화국이 원래의 건강과 활력을 되찾음으로써 이처럼 특별한 행정관의 위험한 개입을 필요로 하지 않게 되기를 바란다고 말했다. 아우구스투스가 생전에 여러 차례 반복한 이와 같은 희극적 장면을 기념하기 위해서 로마 제국의 말년에 이르기까지도 황제의 통치권을 10년마다 엄숙히 다짐하는 독특한 의식이 관례화되었다.

이 로마 군 총사령관은 공화정의 원리를 침해하지 않고서도, 군대, 적, 공화국 시민들에 대한 독재적인 권한을 얼마든지 위임받아 행사할 수 있었다. 군대에 관해서 말하자면, 초기부터 정복욕구와 단순한 군사적 규율에 대한 인식이 자유에의 선망을 압도했다. 집정관 또는 독재관(dictator)은 로마의 젊은이들에게 군 복무를 명하고, 반항자와 비겁자는 범법자로 취급하여 시민권을 박탈하고, 재산을 몰수하고, 그 신병을 노예로 판매하는 등 극히 가혹하고 수치스러운 처벌을 내릴 권한을 가지고 있었다. 포르키우스 법(기원전 2세기경 제정된 법. 행정관이 로마 시 밖에서 로마 시민을 죽이거나 태형하는 것을 금하는 법/역주)과 셈프로니우스 법(확인 불가능/역주)에 의해서 뒷받침된 가장 신성한 자유권은 군 입대와 함께 정지되었다. 병영 안에서는 장군이 절대적인 생살여탈권을 행사했다. 장군의 관할권은 그 어떠한 재판 형식이나 절차에도 구애받지 않았고, 판결은 즉시 집행되었으며 상소할 수 없었다. 로마의 적은 정기적으로 입법기관에 의해서 선정되었다. 가장 중요한 전쟁과 평화에 관한 결정은 원로원에서 진지하게 토론한 후 시민들에게서 엄숙하게 추인받았다. 그러나 군단 병력이 이탈리아에서 먼 지방으로 이동되었을 때에는 장군들이 어떤 민족과 싸울 것인가 그리고 국가에 가장 이로운 것이 무엇인가를 판단하는 데에 재량권을 행사했다. 개선의 영예를 누리려면 정의에 다소 어긋나더라도, 우선 전쟁에서 이겨야 하기 때문이다. 특히 군대가 원로원 감독관의 통제를 벗어난 후로는 장군들은 승리 후 무한정한 전횡을 휘둘렀다. 폼페이우스는 동방에서 사령관으로 있을 때 휘하 군인과 동맹군에게 상을 내리고, 왕들을 폐위시키고, 왕국을 분할하고, 식민도시를 세우고, 미트리다테스 국왕의 보물을 분배했다. 그는 로마에 돌아와서 원로원과 민회의 단 한 번의 승인으로 이 모든 일을 추인받았다. 이상이 공화국 장군들이 군인과 로마의 적에 대해서 행사한 권한이었다. 장군들은 또한 피정복 속주의 총독(차라리 군주)이었고, 민간인들을 군대식으로 통합시켰고, 재정은 물론이고 사법권도 행사했으며, 행정권과 입법권을 행사했다.

이 책의 제1장에서 살펴본 바로 미루어볼 때, 아우구스투스의 독재권에 위임된 군대와 속주가 어떻게 되었으리라는 것은 짐작할 만하다. 그러나 그 수많은 국경지방의 군대를 직접 지휘한다는 것은 불가능했기 때문에 그는 폼페이우스가 그랬던 것처럼 그의 방대한 권한을 원로원의 승인을 받아 여러 명의 대행관(legatus)에게 위임했다. 이들은 지위와 권한에서 종전의 속주 총독에 못지 않았으나, 지위는 불안정했고 종속적이었다. 그들은 오직 한 사람의 뜻에 따라서 움직였으며, 그들의 공로는 그 상관의 은덕으로 돌려졌다. 그들은 황제의 대리인이었다. 오직 아우구스투스만이 공화국의 장군이었으며, 군인과 민간인에 대한 그의 관할권은 로마의 정복지 전역으로 확대되었다. 그러나 원로원 입장에서 보면, 아우구스투스가 항상 그의 권한을 원로원 의원들에게 위임한다는 것은 그나마 다행한 일이었다. 대행관들은 집정관(consul) 또는 법무관(praetor)의 직급이었고, 군단의 지휘관은 원로원 의원이었다. 이집트의 속주 지사직(praefectura)만이 유일하게 로마 기사에게 위임되었다.

아우구스투스는 이 방대한 권한을 마지못해 수락한 지 6일 만에 가벼운 희생으로 원로원의 자존심을 충족시켜주었다. 그는 원로원이 그 당시의 암울한 상황이 요구하는 것보다 더 많은 권한을 주었다고 설명했다. 또 원로원이 그에게 속주 통치와 군대 지휘 등의 힘든 일을 거부하지 못하도록 했다고 하면서, 그러나 평화와 안전이 확보된 속주들을 문관의 통치로 되돌릴 수 있도록 허락해달라고 요청했다. 속주들을 구분하는 데에 아우구스투스는 자신의 권한과 공화국의 권위를 고려했다. 원로원 관할의 속주 총독, 특히 아시아, 그리스 및 아프리카의 속주 총독들은 갈리아나 시리아를 지휘하는 황제의 대행관들에 비해서 보다 큰 영예를 누리도록 했다. 속주 총독이 릭토르(lictor : 집정관 수행 관원)를 거느리는 데 반해서 대행관들은 군인들이 수행하도록 했다. 또한 황제가 순행할 때에는 그의 특별 명령이 총독의 관할권에 우선하도록 하는 법률이 제정되었고, 새로 정복한 땅은 황제의 직할지로 하는 관례가 도입되었다. 이렇게 해서 아우구스투스가 좋아하는 형용어, 곧 원수(princeps)의 권위는 제국의 방방곡곡에 미치게 되었다.

아우구스투스는 이처럼 허울좋은 양보의 대가로 중요한 특권을 얻어 로마와 이탈리아의 주인으로 부상했다. 그는 예로부터 내려온 관습을 깨고 군통수권을 계속 장악했으며, 평화시에도 수도 한복판에서 수많은 근위병을 거느렸다. 사실 그의 지휘권은 군복무를 서약하고 입대한 군인들에게 국한되어 있었지만, 로마인들의 노예근성 때문에 행정관, 원로원 의원, 기사단 등이 자발적으로 서약을 하게 되었고, 당초의 입에 발린 그의 국가에 대한 충성서약은 점차 연례적인 엄숙한 충성심의 천명으로 변질되어갔다.

아우구스투스는 군사력이 가장 확고한 통치기반임을 알고 있으면서도, 짐짓 군사력은 가증스러운 통치수단이라면서 이를 배척했다. 존경스러운 옛 행정관의 이름으로 통치하면서 분산되어 있는 문민통치권을 자기 손에 집중시키는 것이 그의 성품과 정책에 더욱 어울리는 방법이었다. 그는 이를 위해서 원로원으로 하여금 자기에게 종신토록 집정관 겸 호민관(tribunus plebis)의 직책을 수여하도록 했는데, 이러한 직책은 그의 후계자들에게도 그대로 이어졌다. 집정관은 로마의 왕위를 물려받아 국가의 권위를 대표했다. 그리고 종교의식을 관장하고, 군단 병력을 모집, 지휘했고, 외교사절을 접견했으며, 원로원과 민회를 주재했다. 또 재정을 전반적으로 관리했으며, 비록 법을 직접 집행할 만큼 한가하지는 않았지만, 법과 형평 그리고 공안의 최고 수호자로 간주되었다. 그들의 일상적 관할권은 이와 같았으나, 원로원이 공화국의 안보를 지킬 권한을 부여하는 경우에는 언제든지 법을 초월하여 자유를 수호하기 위해서 일시적인 독재를 행했다.

  호민관은 모든 점에서 집정관과 그 성격이 달랐다. 호민관들의 외양은 검소하고 겸손했으나, 인격은 신성하고 범접하기 어려웠다. 그들의 힘은 행동으로 보이기 위한 것이라기보다는 반대하기 위한 것이었다. 그들은 억눌린 자들을 보호하고, 그들의 위법행위를 용서하고, 평민의 적을 심문하고, 또한 필요하다고 생각할 때에는 단 한마디로 전체 통치기구를 정지시키기 위해서 임명된 사람들이었다. 공화국이 존속하는 한, 집정관이나 호민관이 권한을 남용할 가능성은 몇 가지 중요한 제한에 의해서 축소되었다. 집정관과 호민관은 모두 선임된 그해 안으로 임기가 끝나도록 되어 있었고, 집정관은 2명 그리고 호민관은 10명이 각각 권한을 분담했다. 또한 양자는 공사간에 서로 견제했으므로, 그들간의 상호 분쟁은 대개의 경우 공화정의 균형을 파괴하기보다는 오히려 강화하는 데 기여했다. 그러나 양자의 권한이 통합될 때, 그 권한이 한 사람에게 종신토록 귀속될 때 그리고 군대의 장군이 원로원 의장과 시민의 대표직을 겸임할 때, 그의 왕권적 특권의 행사에 저항하는 것은 불가능했고 그 한계를 정하기도 쉽지 않았다.

  아우구스투스는 이들 고위직에 대제사장(pontifex maximus) 및 감찰관(censor)이라는 화려하고도 중요한 직책을 추가했다. 그는 대제사장의 자격으로는 종교의 통제권을 획득했고, 감찰관이라는 직책으로는 로마 시민의 풍습과 재산에 관한 법적인 감독권을 획득했다. 별개의 독립적 권한들이 반드시 서로 통합된 것은 아니었지만, 고분고분한 원로원의 특별 양보를 통해서 이러한 결함을 얼마든지 보완할 수 있었다. 황제는 공화국의 수석행정관으로서 여러 가지 불편한 법령상의 의무나 벌칙으로부터 면제되었고, 또한 원로원을 소집하고 바로 소집 당일 제안들을 발의하고, 국가의 고위직 후보자를 추천하고, 수도의 범위를 확대하고, 조세수입을 임의로 사용하고, 전쟁과 평화를 선포하며, 조약을 비준할 권한을 보유했다. 황제는 또한 극히 포괄적인 법률조항에 따라서 제국의 이익에 부합되거나 공사(公私)의 문제든 성속(聖俗)의 문제든 제위의 존엄성에 관한 모든 사항을 집행할 권한을 보유했다.

　행정의 모든 권한이 임페라토르(imperator : 대장군. 초기에는 군 통수권 보유/역주)에게 위임됨으로써 공화국의 일반 행정관들은 의욕을 잃고 할 일도 잊은 채 무명의 존재로 전락하고 말았다. 아우구스투스는 예로부터 내려오는 행정부서의 명칭과 형태를 애써 알뜰하게 보존했다. 정해진 수의 집정관, 법무관, 호민관이 해마다 서임되어 몇 가지 형식적인 기능을 수행했다. 이들 명예는 아직도 로마인들의 허영심을 충족시켜주기에 충분했기 때문에, 심지어 종신 집정관직을 누리고 있는 황제들조차도 이 임기 1년의 직책을 탐낸 나머지 상류층 동료 시민들과 함께 이 명예를 나누어 가지는 경우가 많았다. 아우구스투스 황제의 치세에는 민회가 이러한 행정관들을 선출할 때, 방종한 민주주의의 온갖 폐단을 노출시켜도 제지하는 일이 없었다. 그 교활한 황제는 짜증스러운 기색을 전혀 드러내지 않고 자기 자신과 자기의 동료들에게 투표해달라고 간청하면서 일반 후보자로서의 모든 의무를 다했다. 그러나 우리는 이들 선거권이 모두 원로원에 이관된 것은 그 다음의 황제 때였으나, 1단계 조치를 취한 것은 아우구스투스라고 말할 수 있다. 이로써 민회는 영원히 폐지되었으며, 자유는 회복될 길을 잃었으며, 황제들은 기존 체제를 교란하거나 위태롭게 할 수 있는 대중으로부터 해방되었다.

　마리우스와 카이사르는 스스로 평민의 보호자로 자처함으로써, 공화정체를 문란시켰다. 원로원은 기가 꺾여 무력하게 되었다. 그러나 500-600명으로 구성되는 원로원이 오히려 훨씬 더 유순하고 이용하기에 편리한 통치수단으로 부각되었다. 아우구스투스와 그의 후계자들은 원로원의 권위를 이용하여 새로운 제국을 건설했다. 그들은 이제 기회가 있을 때마다 짐짓 귀족계급(patriciatus)의 언어와 원칙을 받아들였다. 그들은 통치권을 행사할 때 원로원의 자문을 구했으며, 전쟁과 평화에 관한 중요한 사항은 원로원의 결정에 따르는 **척했다**. 로마, 이탈리아 및 국내의 속주들은 원로원의 직접 관할하에 두었다. 원로원은 민사문제에 관한 최고재판소였으나, 형사 문제에 관해서는 별도의 재판소를 구성하여 지위의 고하를 막론하고 모든 범법자들을 재판했다. 사법권의 행사가 원로원의 가장 빈번하고 중요한 일거리가 되었고, 원로원에 제기된 소송사건이 고대 웅변가들에게 주어진 마지막 위안거리가 되었다. 원로원은 국가 자문회의로서 그리고 법원으로서 매우 큰 특권을 가지고 있었지만, 원로원의 가장 중요한 권한은 입법권이었다. 원로원은 이를 통해서 사실상 시민의 대표기관으로 간주되었고 국가의 주권도 원로원에 있다고 인정되었던 것이다. 모든 권력은 원로원에서 나왔고 모든 법률은 원로원의 승인을 받았다. 원로원의 정기회의는 매달 정해진 3일 동안, 즉 제1일, 제5일 또는 제7일, 제13일 또는 15일에 개최되었다. 토의는 자유롭게 진행되었으며, 황제도 원로원 의원 자격으로 참석하여 동료 의원들과 함께 투표했다.

    요약하면, 아우구스투스가 만들고 그의 후계자들에 의해서 유지된, 그들 자신과 신민의 이해관계와 직결된 제국의 정체는 공화제의 탈을 쓴 절대왕정이었다고 할 수 있다. 로마의 황제들은 옥좌를 어둠으로 가린 채 자신들의 막강한 힘을 감추고, 표면상으로는 원로원으로부터 위임받은 권능을 행사하는 행정관으로서 그 법령을 집행, 복종할 뿐이라는 겸손한 자세를 취했던 것이다.

    궁정의 겉모습도 이와 같은 통치방식과 일치했다. 자연과 문명의 모든 법칙을 방자하게 위반한 폭군들을 제외하면, 황제들은 백성들을 분노케 할 뿐 자신의 실질적 권력에는 아무런 보탬도 되지 않는 허세와 화려한 의식을 애써 멀리하려고 했다. 그들은 일상적인 공직생활을 통해서 짐짓 신하들과 뒤섞여 지냈고 서로 방문하며 식사에 초대했다. 황제의 의상, 궁전, 식탁은 그저 돈 많은 원로원 의원의 신분에나 어울릴 정도였다. 황실 가문은 아무리 세도가 당당해도 가내노예와 해방노예만을 부렸다.[1] 아우구스투스나 트라야누스 황제는, 비록 비천한 로마인이라고 할지라도 —— 영국의 가장 당당한 귀족들은 입헌군주의 궁정이나 침실에서도 그래야 한다고 열렬히 간원하고 있지만 —— 그 보잘것없는 자신들의 집무실에서 그들을 부리려고 하지 않았다.

황제의 신격화는 그들이 신중함과 절제의 관행에서 탈선했음을 보여주는 한 가지 사례에 불과하다. 이 비굴하고 사악한 아첨술을 처음으로 발명한 사람들은 아시아에 진출한 그리스인들이었으며, 그 최초의 대상자는 알렉산더의 후계자들이었다. 이것이 왕들로부터 손쉽게 아시아의 총독들에게 옮겨져서, 이곳의 로마 행정관들은 화려한 제단과 신전, 축제와 제사에 둘러싸여 속주의 신으로 숭배받는 경우가 많았다. 속주 총독들이 받아들인 것을 황제가 마다할 리 없었다. 사실 속주들로부터 황제와 총독들이 신의 영예를 받아들인 것은 로마의 노예적 상황보다는 전제주의를 말해주는 것이었다. 그러나 정복자들은 곧 피정복자들의 아첨술을 모방하기 시작했다. 이렇게 해서 오만한 첫 카이사르는 생전에 로마 수호신의 반열에 오르기를 기꺼이 수락했다.

성품이 보다 부드러운 그의 후계자(아우구스투스 황제/역주)는 이 위험한 야심을 사양했으며, 그후로도 미치광이 같은 칼리굴라(작은 군화라는 뜻. 3대 황제 가이우스의 별명/역주)와 도미티아누스 황제를 제외하고는 이 문제를 거론하지 않았다. 사실 아우구스투스는 황제 숭배를 로마 숭배와 결부시켜야 한다는 조건으로 일부 속주의 도시에 자기를 위한 신전을 세우도록 허락했다. 자신을 숭배대상으로 삼는 사사로운 미신을 용납했던 것이다. 그러나 그는 원로원과 백성들에게 인간으로서 존경받는 데 만족했으며, 자신의

---

[1] 허약한 군주는 항상 하인들에게 지배당하기 마련이다. 노예의 세력이 커지면서 로마인들의 수치심이 더 커졌으니, 원로원 의원들은 팔라스(그리스의 신. 지혜와 공예의 여신/역주)나 나르키소스처럼 생긴 미남, 미녀에게 아첨했던 것이다. 요즘 같으면 총애를 받는 사람이 신사일 수도 있을 것이다.

신격화 문제는 현명하게도 그의 후계자에게 일임했다. 즉 원로원은 폭군으로 군림하지 않았던 모든 황제들을 엄숙한 선포를 통해서 신의 반열에 추대하도록 하는 공식 관습을 도입했던 것이다. 이에 따라서 황제의 장례식은 신격(apotheosis) 의식을 치르게 되었다. 이 합법적인 그러나 천박한 신성모독 행위는 요즈음 같으면 혐오의 대상이 되겠지만, 그 당시의 너그러운 다신주의에서는 별 이의 없이 받아들여졌다. 그것은 다만 종교적인 관습이라기보다는 정치적인 관습으로 여겨진 것이다. 안토니누스 황제들의 덕망을 헤르클레스나 유피테르의 온갖 비행과 비교한다는 것 자체가 치욕일 것이다. 심지어 카이사르나 아우구스투스조차도 여러 대중적인 신들보다는 인격이 훨씬 뛰어났다. 그러나 카이사르와 아우구스투스는 불운하게도 문명시대에 살았으며 이들의 행동은 낱낱이 기록되었으므로, 세속인의 숭배대상이 되기가 어려웠다. 그들의 신격화는 법에 의해서 확립되었으나, 곧 망각되어 그들 자신의 명성에도 후계자의 권위에도 도움이 되지 않았다.

　로마 제국의 정체를 고찰할 때, 우리는 흔히 로마의 제정(帝政)이 아우구스투스라는 유명한 칭호를 가진 인물에 의해서 창시되었다고 말한다. 그러나 그가 이 칭호를 받은 것은 제정의 체계가 거의 완성된 후의 일이었다. 옥타비아누스라는 그의 평범한 이름은 아리키아의 어느 조그만 도시의 미천한 가문에서 유래한 것이었다. 이 이름은 추방의 내력으로 얼룩져 있었기 때문에, 그는 가능하면 이 기억을 모두 지워버리고 싶어했다. 그는 카이사르의 양자가 되어 훌륭한 성을 얻었지만, 이 특출한 인물과 혼동되거나 비교되는 것도 바람직하지 않다고 여겼다. 그에게 새로운 이름을 수여하는 문제가 원로원에 제기되었다. 매우 신중한 토론을 거친 끝에 여러 이름들 중에서 아우구스투스(존엄자)라는 이름이 선정되었는데, 이것이 그가 애써 부각시키려고 했던 평화와 존엄의 이미지에 가장 잘 어울리는 이름이었다. 그러므로 아우구스투스는 그 개인의 이름이었고, 그 가문의 성은 카이사르였다. 따라서 아우구스투스라는 이름은 당연히 그의 당대에 한하는 것이었다. 그리고 카이사르라는 이름은 입양과 혼인에 의해서 확대되었는데, 율리우스 카이사르의 가계를 계승했다고 주장할 자격이 있는 마지막 군주는 네로였다. 그러나 그가 사망할 당시에는 한 세기 동안 계속된 관행으로 인해서 이 두 가지 칭호가 황실의 존엄성과 불가분의 관계를 지니게 되었으며, 이 호칭은 그후 로마, 그리스, 프랑크, 게르만 태생의 여러 대의 황제를 거치면서, 공화정의 몰락 이후에도 계속 보존되었다. 그러나 곧 칭호에 구별이 생겼다. 아우구스투스라는 신성한 호칭은 군주만이 사용한 반면에 카이사르라는 이름은 군주의 친척들에게도 보다 자유롭게 붙여졌다. 그리고 적어도 하드리아누스 황제의 치세 이후로는 카이사르라는 호칭은 국가의 제2인자, 즉 제국의 후계자(부황제)로 간주되는 자의 전유물이 되었다.

아우구스투스가 자유정체를 파괴해놓고서도 존경을 받는 이유는 이 교활한 독재자의 성격을 세심하게 검토해보아야만 설명이 가능하다. 천성이 침착, 냉정하고 겁쟁이인 그는 19세 때부터 위선의 가면을 쓰기 시작해서 죽을 때까지 한번도 이 가면을 벗은 적이 없었다. 그는 똑같은 손으로 그리고 아마도 똑같이 침착한 마음으로 키케로의 추방 명령과 킨나(아우구스투스에 대해서 반란을 기도했으나, 사면되었던 인물/역주)의 사면 명령에 서명한 사람이었다. 그의 덕망은 물론이고 그의 사악함조차도 인위적인 것이었다. 그리고 그는 자신의 이해관계에 따라서 처음에는 로마 세계의 적이었으나 마침내 로마의 아버지가 되었다. 그가 제국의 체제를 편성할 때에 중용의 입장을 취한 것은 순전히 두려움 때문이었다. 그는 자유시민의 이미지로 시민을 속이고 문민정부의 이미지로 군대를 속이고자 했다.

카이사르의 죽음이 계속 그의 눈앞에 어른거렸다. 그는 자기 지지자들에게 아낌없이 부와 명예를 베풀었으나, 그의 삼촌(카이사르)에게서 혜택을 받은 친구들은 음모자가 되어 있었다. 충성스러운 군단들이 공공연한 반란으로부터 그의 권위를 지켜주기는 했지만, 단호한 공화주의자의 단검으로부터 그의 신변을 보장해주기에는 미흡했으며, 실제로 브루투스[2]의 행동을 존경하고 있던 로마인들은 그의 덕망을 모방하는 자에게 박수갈채를 보낼 것이 분명했다. 카이사르가 파멸을 불러들인 것은 그의 권력 자체 때문이라기보

---

[2] 제정 확립 2세기 후에 마르쿠스 안토니누스 황제는 브루투스를 로마 정신의 완벽한 모범으로 천거하고 있다.

다는 권력의 허세를 부렸기 때문이었다. 집정관직이나 호민관직에 머물렀더 라면 평화롭게 통치할 수 있었겠지만, 왕이라는 칭호를 바랐기 때문에 로마 인들이 무장하여 항거한 것이었다. 아우구스투스는 인간은 이름(직책)으로 다스려진다는 것을 잘 알고 있었으며 또한 과거와 같은 자유를 보장해주기 만 하면 원로원과 민회가 노예상태를 받아들이리라고 잘못 판단하고 있지도 않았다. 허약한 원로원과 무력한 민회는 아우구스투스의 후계자들이 덕망이 나 분별력을 보여주는 한, 이러한 환상을 기분좋게 받아들였다. 칼리굴라, 네로, 도미티아누스에 대해서 음모를 꾸민 자들의 동기는 자유의 원리가 아 니라 자기 보존이었다. 그들은 황제의 권위에 대해서가 아니라 폭군이라는 개인에 대해서 공격했던 것이다.

사실 원로원이 70년 동안 인내하던 끝에 오랫동안 잃었던 권리를 되찾으 려고 시도했다가 실패한 획기적인 사건이 한 번 있었다. 칼리굴라의 암살로 궐위가 생기자 집정관들은 유피테르 신전에서 회의를 소집하여 역대 황제들 을 비판하고, 겁약(怯弱)하게 군기를 지키고 있던 소수의 군대에게 자유라는 표어(標語)를 주었고, 48시간 동안 자유공화정의 독립적 지도자들로서 행동 했다. 그러나 이들이 회의를 하는 동안 근위대가 일어섰다. 게르마니쿠스(티 베리우스의 조카. 후에 그의 양자가 됨/역주)의 동생인 어리석은 클라우디우 스는 벌써 근위대 병영 안에서 황제의 자주빛 옷이 입혀졌고 무력에 의해서 그의 선출은 기정사실화되고 있었다. 자유의 꿈은 끝장이 났고 원로원은 불 가피하게 굴종의 공포에 떨게 되었다. 백성들에게 버림받고 군대의 협박을 받은 원로원은 근위대의 황제 선출을 인준할 수밖에 없었다. 그 대가로 원 로원은 클라우디우스 황제가 베풀어준 사면의 은전을 받아들이게 되었다.

군대의 방자함은 아우구스투스에게 본질적으로 더한층 놀라운 공포의 대 상이었다. 시민들이 절망상태에서나 할 수 있는 일을 군인들은 언제든지 감 행할 수 있는 것이 분명했다. 그에게서 모든 사회적 임무를 저버리도록 배 웠던 자들에 대한 아우구스투스 자신의 권위는 얼마나 불안정한 것이었던 가! 그들의 난동을 선동하는 외침소리를 들었던 아우구스투스는 그들이 조 용한 반성의 시간을 가지는 것이 두려웠다. 첫번째 쿠데타도 엄청난 돈으로 매수했지만, 두번째 쿠데타에는 그 두 배의 돈이 필요할 가능성이 있었다. 군대는 카이사르 가문에 맹목에 가까운 충성을 표방했지만, 대중의 충성은 일시적이고 불안정했다. 아우구스투스는 로마인의 흉포한 마음속에 남아 있는 모든 편견을 자기에게 유리하도록 활용했으니, 법의 제재로 엄격한 규율을 집행했으며, 원로원의 권위를 황제와 군대 사이에 위치시키고 공화국의 원수로서 대담하게 그들의 충성을 요구했다.[3]

이 교묘한 체제가 확립된 후, 콤모두스 황제(재위 180-92년)에 이르기까지 220년이라는 긴 시간 동안 군사정권에 내재한 위험은 크게 억제될 수 있었다. 군인들은 엄청난 군대의 힘에 거의 눈뜨지 못했고, 과거는 물론 장래에 끔찍한 재난을 불러일으킬 문민정부의 취약성에도 눈뜨지 못했다. 칼리굴라와 도미티아누스 황제는 궁전 안에서 자신들의 부하에게 암살되었으며, 칼리굴라의 사망으로 야기된 동요는 아직 로마 시내에만 국한되었다. 그러나 네로의 사망은 제국 전체를 파멸로 몰아넣었다. 불과 18개월 동안에 4명의 황제가 살해되었고 로마 세계 전체가 군대끼리의 싸움에 휘말려들었다. 이 짧은 기간 동안의 격렬한 군대의 방자함을 제외하면, 아우구스투스에서 콤모두스에 이르는 2세기 동안은 유혈내전과 혁명의 동요 없이 지나갔다. 황제는 원로원의 권위와 군대의 승인에 의해서 선출되었다. 군단들은 충성서약을 준수했다. 로마 연대기를 세밀히 검토해보면 3건의 소규모 반란이 있었음을 발견하게 되는데, 그나마 이 반란들도 모두 불과 몇달 안에 진압되어 전쟁의 위험 같은 것은 전혀 없었다.

선거제 군주국가에서는 궐위가 생기면 큰 위험과 혼란이 따르게 마련이다. 로마 황제들은 군대에게 제위의 공백기간을 남겨 변칙적 선택의 유혹을 받지 않도록 하려는 생각에서 후계자로 지명된 자에게 감당하기 어려울 정도의 큰 권한을 맡겨 제국이 권력이양의 영향을 받지 않도록 배려했다. 아우구스투스 황제도 그의 후계자들이 불시에 죽음으로써 앞길을 낙관할 수

---

[3] 아우구스투스는 고대의 엄격한 규율을 회복시켰다. 내전이 끝난 후 그는 군인들을 군인 동지들이라는 정다운 호칭으로 부르지 않고 그저 군인들이라고 불렀다.

티베리우스(재위 14-37년)

없게 되자, 그의 양자 티베리우스에게 최후의 희망을 걸고 그에게 감찰관 겸 호민관의 권한을 주는 한편 장래의 황제에게 속주 및 군대에 관해서 자신과 똑같은 권한을 부여한다는 법을 제정했다. 또 베스파시아누스 황제(재위 69-79년)는 장남 티투스(재위 79-81년)의 자유분방한 정신을 잘 다스릴 수 있었다. 티투스는 동방의 군단들을 지휘하여 유대를 정복한 직후여서 자기 휘하 군단들에서 존경을 받고 있었다. 그의 세력은 공포의 대상이었고 또 젊은 혈기로 인해서 덕망이 가려져 있었기 때문에, 그는 음모를 꿈꾸고 있다는 의심을 받고 있었다. 그러나 현명한 베스파시아누스는 이러한 풍문에 귀를 기울이지 않고 티투스에게 황제의 전권을 주었으며, 이에 고마움을 느낀 아들은 자신이 관대한 아버지의 겸손하고 충실한 대리자임을 입증했다.

베스파시아누스의 뛰어난 계산은 티투스에게 자신의 불안정한 승진을 지켜줄 모든 조치를 받아들이게 만들었다. 군대의 충성과 서약은 100년 동안의 관습에 의해서 카이사르의 가문에 바쳐져왔다. 비록 이 가문이 제도적 입양의식에 의해서 이어져내려오기는 했지만, 로마인들은 아직도 게르마니쿠스의 외손자이며 아우구스투스의 직계 후계자인 네로를 존경하고 있었다. 근위대는 마지못해 폭군에 대한 지지를 포기하도록 설득당했다. 갈바, 오토, 비텔리우스(제6, 7, 8대 황제, 재위기간이 도합 1년이 안 됨/역주) 등 여러 황제들이 연이어 급속하게 몰락하자, 군대는 황제를 그들이 마음대로 만들고 그들의 뜻대로 다룰 수 있는 괴뢰라고 생각하도록 배웠다. 베스파시아누스는 비천한 집안 출신이었다. 그의 할아버지는 사병이었고 아버지는 하급 세무관리였다. 그는 나이가

베스파시아누스(재위 69-79년)

들면서 자수성가했지만, 그의 공적은 찬란하다기보다는 그저 평범했으며, 지독하고 야비하며 인색했기 때문에 그의 덕망도 손상을 입었다. 그는 그의 참다운 이익을 지키기 위해서 아들과 공동 통치했던 것이다. 보다 탁월하고 활달한 이 아들은 대중의 관심을 플라비아누스 집안의 모호한 근본에서부터 미래의 영광으로 돌릴 수 있는 인물이었다. 티투스 황제의 관대한 통치하에서 로마 세계는 일시적인 태평성대를 누렸으며, 자애로운 티투스에 대한 기억 때문에 사악한 그의 동생 도미티아누스가 15년 이상이나 보호받을 수 있었다.

   네르바 황제(재위 96-98년)는 도미티아누스의 암살자들로부터 가까스로 제위를 지키게 된 늙은 자신으로서는 선임자의 오랜 폭정으로 악화된 사회적 혼란을 수습할 수 없다는 것을 절감했다. 일반 사람들은 그의 온후한 성품을 존경했지만, 타락한 로마인들에게는 죄인을 엄하게 다스릴 보다 강력한 인물이 필요했다. 그는 친척이 몇명 있었지만, 혈연이 아닌 트라야누스를

티투스(재위 79-81년)

네르바(재위 96-98년)

후계자로 지목했다. 그는 당시 40세 전후의 용감한, 하(下)게르마니아 주둔군 사령관이었던 트라야누스를 양자로 삼은 후 즉시 원로원 포고에 의해서 그를 자신의 공동 통치자이자 제국의 계승자로 선포했다. 네로의 죄상과 우행에 관한 불쾌한 기록은 진절머리가 날 정도로 많지만, 지금 트라야누스의 행적을 그에 관한 의심스러운 찬사를 통해서 짐작할 수밖에 없다는 것은 애석한 노릇이다. 그러나 단순한 아첨이 아니라고 생각되는 한 가지 찬사가 전해져오고 있다. 트라야누스가 죽은 지 250년이 지난 후 원로원은 황제의 즉위식에 즈음한 관례적인 찬사에서 새 황제가 아우구스투스의 행복과 트라야누스의 덕망을 능가하기 바란다고 천명했던 것이다.

트라야누스는 성격이 불안정한 그의 친척 하드리아누스에게 자리를 물려주기를 주저했으리라고 생각된다. 그의 임종시에 교활한 황후 플로티나가 우유부단한 트라야누스를 움직였는지 혹은 대담하게도 허구의 양자권을 가정했는지는 그 진실을 쉽게 논쟁할 수는 없지만, 아무튼 하드리아누스를 입양시킴으로써 그를 법적인 상속자로 만들었다. 전술한 바와 같이 로마는 그

루키우스 베루스(재위 161-69년)

의 치세중에 태평성대를 누렸다. 그는 예술을 장려하고 법령을 개혁했으며 군대의 규율을 바로잡고 여러 속주들을 직접 순시했다. 그러나 그의 주된 관심사는 호기심과 허영심에서 나온 것이었다. 이 때문에 하드리아누스는 뛰어난 군주이면서 동시에 엉뚱한 궤변론자였고 또한 질투심 많은 폭군이었다. 그의 행위는 공정하고 온당하다는 점에서 대체로 찬양받을 만했다. 그러나 그는 등극 초기에 그의 정적인 집정관급 원로원 의원 4명을 죽였으며, 나중에는 오랜 투병 생활 끝에 성격이 사납고 잔인해졌다. 원로원은 그를 신으로 선포해야 할지 폭군으로 선포해야 할지 망설였는데, 그에게 추서된 여러 가지 영예는 경건한 황제 안토니누스의 요청에 따라서 수여된 것이었다.

하드리아누스의 변덕은 후계자 선정시에도 나타났다. 그는 자신이 높이 평가하면서도 증오했던 훌륭한 사람들을 마음속으로 저울질하다가 결국은 바람둥이이고 음탕한 아엘리우스 베루스라는 귀족을 택했다. 베루스는 그 비범한 용모 때문에 안티노우스(아름다운 용모로 황제의 총애를 받은 그리스인/역주)의 애인에게 천거되었던 자였다.[4] 그러나 하드리아누스가 자화자찬과 막대한 하사품으로 매수한 군대의 승인의 환호 속에서 희희낙락하고 있을 동안, 이 새로운 부황제는 비명에 죽었기 때문에 황제가 되지는 못했다. 베루스는 아들 하나만을 남겼는데, 하드리아누스는 이 소년을 안토니누스 집안에 맡겼다. 그는 안토니누스 피우스의 양자가 되었으며 나중에 마르쿠스 아우렐리우스가 즉위할 때 그와 함께 로마의 공동 통치자가 되었다. 이 아들, 즉 루키우스 베루스는 수많은 결점 중에도 한 가지 장점을 가지고 있었으니, 그것은 자기보다 현명한 공동 황제를 존경하여 중요한 문제는 그에게 기꺼이 맡겼다는 점이었다. 철학을 신봉하는 마르쿠스 아우렐리우스 황제는 의동생의 어리석은 행동을 눈감아주었고 또한 그의 요절을 슬퍼했다.

 하드리아누스 황제는 그의 정열이 충족될 것인가 좌절될 것인가 고심하다가 제위를 가장 훌륭한 인물에게 넘김으로써 후대의 찬양에 값하려고 결심했다. 분별력 있는 그는 곧 두 사람의 후보자를 발견했는데, 한 사람은 공직생활에서 아무런 흠도 없는 약 50세의 원로원 의원(안토니누스 피우스/역주)이었고, 또 한 사람은 무한한 가능성을 가진 17세의 청년(마르쿠스 아우렐리우스/역주)이었다. 피우스는 즉시 마르쿠스를 자신의 양자로 삼을 것을 조건으로 하드리아누스의 아들로 입양되어 후계자로 선포되었다. 이 두 명의 안토니누스 황제는 도합 42년 동안 덕망과 지혜로 로마 세계를 다스렸다. 피우스에게는 두 아들이 있었지만, 그는 가문보다는 로마의 복지를 중요시하여 그의 딸 파우스티나를 젊은 마르쿠스와 결혼시켜 마르쿠스를 후계자로 삼았던 것이다. 또한 마르쿠스도 피우스를 아버지로서 존경하여 그가 죽은 후에는 아버지를 모범으로 삼아 나라를 통치했다. 이 두 사람의 통치기

---

4) 화폐, 조각상, 신전, 도시, 신탁, 별자리 등에 의한 안티노우스의 신격화는 잘 알려져 있는데, 그것은 하드리아누스의 불명예이다. 로마 초기의 황제 15명 중에서 애정관계가 전적으로 정상적이었던 사람은 클라우디우스 황제 한 명뿐이었다.

간은 아마도 백성의 행복만을 통치의 목적으로 삼았던 역사상 유일한 기간이었다고 말할 수 있을 것이다.

티투스 안토니누스 피우스를 제2의 누마 왕(로마 제2대 왕으로 알려진 전설적 명군/역주)이라고 일컫는 것은 정당하다. 이 두 군주는 모두 종교와 정의 그리고 평화를 사랑했기 때문이다. 그러나 안토니누스 피우스 당대의 상황은 이러한 덕망을 발휘할 분야가 훨씬 더 넓었다. 누마 왕은 고작 몇몇 부락들이 추수기에 서로 약탈하지 못하도록 방지하는 데에 그쳤지만, 안토니누스는 지구상의 넓은 지역에 질서와 평화를 베풀었던 것이다. 그의 치세는 인간의 범죄와 오류와 불행이 거의 기록되지 않은 참으로 희귀한 역사를 제공한 시대로 뚜렷한 선을 긋고 있다. 그는 사생활에서도 온후하고 선량한 사람이었다. 천성이 소박한 그는 허영이나 사치를 몰랐다. 그는 자신의 유복한 처지와 사심 없는 사회적 쾌락은 적당히 즐겼다.[5] 그리고 자비로운 마음으로 즐겁고 평온한 생활을 영위했다.

마르쿠스 아우렐리우스 안토니누스의 미덕은 소박, 근면하다는 데에 있었다. 그것은 수많은 학자들과 만나고, 부지런히 강의를 듣고, 오랫동안 형설의 공을 쌓아 얻은 것이었다. 열두 살의 나이에 경도되었던 엄격한 스토아 철학은 그에게 육신을 정신에, 열정을 이성에 복종시키도록 가르쳤으며 또한 덕망을 유일한 선으로, 사악함을 유일한 악으로 생각하고, 외형적인 것에 관심을 가지지 말도록 가르쳤다. 그가 야영지에서 쓴 『명상록』이 지금도 남아 있거니와 그는 한 걸음 더 나아가서 친히 철학에 관한 강의도 했다. 그의 생활 자체가 제논의 가르침의 해설서였다. 그는 자기 자신에게 엄격하고 다른 사람의 과오에 관대했으며 모든 백성에게 정의와 자애를 베풀었다. 그는 시리아에서 반란을 일으켰던 집정관 아비디우스 카시우스가 스스로 목숨을 끊음으로써 적을 친구로 만들 기회가 사라지게 된 것을 섭섭하게 생각했으며, 실제로 이 반역자의 지지자들에 대한 원로원의 분노를 누그러뜨림으로써 그의 이와 같은 감정이 진실이었음을 보여주었다. 그는 전쟁을 인간성의

---

[5] 그는 연극을 좋아했으며, 여성의 매력에 관해서도 무관심하지 않았다.

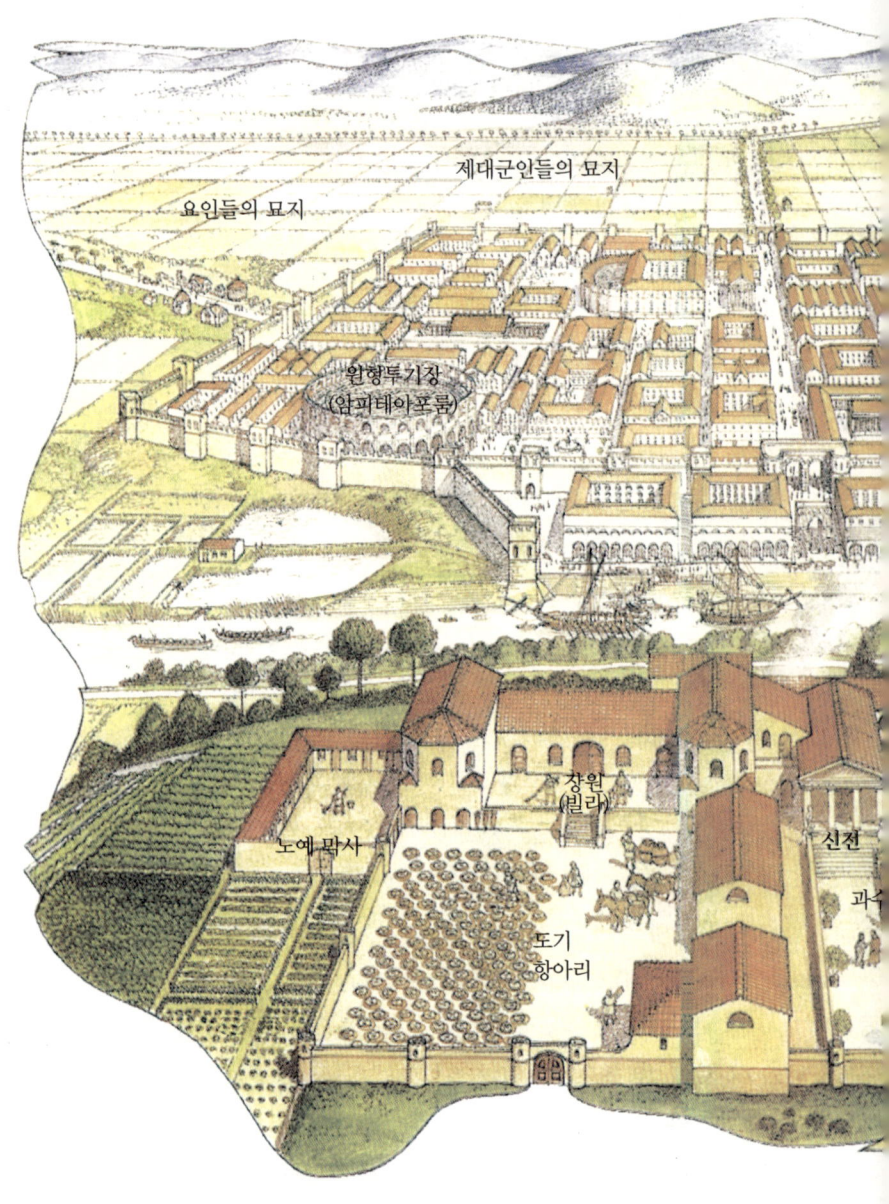

전형적인 로마 제국의 생활 모습

수치이며 파멸이라고 생각하고 혐오했지만, 일단 정의의 방어를 위해서 출전할 필요가 생기자 기꺼이 얼어붙은 도나우 강으로 향하여 그곳에서 몸소 8차례의 동계작전을 수행했다. 그러나 이곳의 혹독한 기후는 연약한 그의 체질에 치명적이었다. 그의 이러한 일들은 후세에 큰 존경을 받았으며, 그의 사후 1세기쯤 지나서는 많은 사람들이 마르쿠스 아우렐리우스 안토니누스의 초상을 집안에 수호신으로서 모시게 되었다.

역사상 인류가 가장 큰 행복과 번영을 누린 시기를 말하라면, 누구나 서슴지 않고 도미티아누스가 사망한 뒤 콤모두스가 즉위하기까지의 기간이라고 대답할 것이다. 로마 제국의 광대한 영토는 덕망과 지혜의 인도하에 절대권력의 통치를 받았다. 군대는 단호하면서도 온후한 5명의 황제들이 장악하고 있었다. 네르바, 트라야누스, 하드리아누스 및 2명의 안토니누스 황제는 조심스럽게 문민통치를 유지하면서 자유의 이미지를 확립했고 스스로를 법에 의해서 책임을 지는 행정관이라고 생각했다. 당대의 로마인들이 이성적 자유를 누릴 역량만 있었더라도, 이들은 공화정 회복의 영예를 가질 수 있었을 것이다.

이 군주들은 그들이 이룩한 성공에 따른 보상, 곧 미덕의 순수한 자랑스러움 그리고 그들 자신이 제공한 보편적인 행복을 바라봄으로써 얻는 지극한 즐거움에 의해서 큰 보상을 받았다. 그러나 정당하면서도 우울한 반성이 인간의 가장 숭고한 쾌락을 실망시켰다. 태평성대가 한 개인에게 지나치게 의존하고 있다는 반성이 일어났던 것이다. 어떤 방종한 청년 황제나 질투심 많은 폭군이 나타나서 지금껏 백성을 위해서 행사하던 절대권력을 남용하게 될지도 모른다는 우려가 생겨났다. 그 경우 관념적으로는 원로원과 법률이 억제력을 발휘하겠지만, 황제의 사악함을 바로잡는다는 것은 불가능할 것이다. 군대는 맹목적이면서도 저항할 수 없는 폭력도구였으며, 로마인들의 타락한 풍속은 언제든지 아첨꾼들을 배출하고 황제의 탐욕과 잔인성에 기꺼이 봉사할 관리들을 배출할 우려가 있었다.

이와 같은 우울한 우려는 이미 로마인들의 경험에 의해서 사실로 드러나고 있었다. 로마 황제들의 연대기는 현대사에서는 찾아보기 힘든 모호하고 복잡한 인간상을, 실로 강렬하고 다양한 인간성을 보여주고 있다. 우리는 이 군주들의 행동에서 극단적인 덕망과 사악함을, 인간의 가장 완전한 형태와 가장 비천한 타락상을 찾아볼 수 있다. 트라야누스와 안토니누스의 황금시대에 앞서 타락한 완벽한 철권시대가 있었다. 아우구스투스 이후의 무가치한 후계자들은 살펴볼 필요조차도 없다. 그러나 그들의 유례가 없는 사악함과 그들이 연기했던 화려한 무대로 인해서 그들은 지금도 망각되지 않고 있다. 음험하고 가혹한 티베리우스, 광포한 칼리굴라, 나약한 클라우디우스, 음탕하고 잔인한 네로, 짐승 같은 비텔리우스[6] 그리고 소심하고 비인간적인 도미티아누스는 모두 변함없는 지탄의 대상이 되고 있다. 이 80년 동안(잠시 동안의 그러나 의문스러운 베스파시아누스의 [10년간의] 치세를 제외하고) 로마는 끊임없이 학정에 시달렸다. 이 학정은 공화국의 옛 가문들을 몰락시켰으며, 이 불행한 시대에 살았던 덕망과 재능을 갖춘 모든 사람들을 파멸시켰다.

이 극악무도한 괴물들이 통치하는 동안 로마인들의 노예상태는 두 가지 특수한 상황을 수반했다. 한 가지는 그들의 이전의 자유상태에 의한 것이었고, 또 한 가지는 로마의 광대한 지역적 정복에 의한 것이었다. 이 때문에 그들은 어느 시대 어느 나라의 백성들보다도 더욱 참담한 상태에 놓여 있었다. 이러한 이유로 (1) 피압박자들의 감정이 더한층 처절해지고, (2) 압제자의 지배에서 탈출한다는 것이 불가능하게 되었다.

1 페르시아가 세피(일명 사피. 14세기 초 이란의 신비주의 성자/역주)의 후예들에 의해서 통치될 때, 그 군주들은 몹시 잔인하여 궁정의 장의자, 식탁, 침대가 총신들의 피로 얼룩지는 경우가 많았기 때문에 기록에 의하면 루스탄이라는 젊은 귀족은 술탄의 앞에서 물러날 때마다 자기 목이 아직 붙어 있음을 확인하고는 안심했다고 한다. 매일매일의 경험에서 루스탄이 걱

---

6) 비텔리우스는 약 7개월 동안 먹는 데에만 600만 파운드 상당의 금액을 낭비했다. 그의 사악함은 점잖은 말로는 도저히 표현할 수 없을 정도였다. 타키투스가 그를 돼지라고 부른 것은 이해할 만하다.

전형적인 로마 제국의 일상 생활

정했던 것은 당연하다. 그러나 외가닥 실에 묶여 그의 몸 위에 내려뜨려진 죽음의 칼도 이 페르시아 청년의 평온을 흐트러뜨리지 못했던 것 같다. 그는 왕이 한번 얼굴을 찡그리면 그의 목숨이 위험하다는 것을 잘 알고 있었다. 그러나 사람은 벼락을 맞거나 중풍에 걸려 죽기도 하는 법이다. 그러므로 현명한 사람은 자기가 피할 수 없는 재난은 아예 잊어버리고 덧없는 인생을 즐기기도 한다. 그는 왕의 충복으로서 높은 명예를 누리고 있었다. 그는 아마도 미지의 나라에 살던 어떤 비천한 부모에게서 팔려와서 어렸을 때부터 궁정에서 엄격한 교육을 받은 사람이었는지도 모른다. 그의 이름과 재산 그리고 명예도 모두 왕에게서 받은 것이었으며, 왕은 이것들을 언제든지 회수할 수 있는 처지였다. 루스탄이 어떤 지식을 가지고 있었다면, 그것은 그의 습성을 확인해주는 것뿐이었다. 그의 어휘는 절대왕정 이외의 어떠한 정부 형태에 관해서도 사용되지 않았다. 동방의 역사와 종교는 그에게 절대왕정만이 인류사회의 정상적인 상태라고 가르쳐주었다. 「코란」은 그에게 술탄이 예언자의 후손이라고 가르쳤고, 인내야말로 이슬람 교도의 으뜸가는 미덕이라고 가르쳤으며, 무조건 복종이야말로 신하의 가장 큰 의무라고 가르쳤다.

 그러나 로마인의 정신은 결코 노예생활을 받아들일 상태는 아니었다. 스스로의 부패와 군대의 폭력에 짓눌려 살면서도 그들은 자유민이었던 조상들의 기질을 오랫동안 간직하고 있었다. 헬비디우스와 트라세아(둘 다 스토아 철학자/역주), 그리고 타키투스와 플리니우스가 받은 교육은 카토나 키케로의 그것과 동일한 것이었다. 그들은 그리스 철학으로부터 인간의 존엄성과 시민사회의 기원에 관한 가장 정의롭고 자유로운 생각을 받아들였다. 로마의 역사는 그들에게 자유롭고 도덕적이고 상승일로(常勝一路)의 국가를 존경하고, 카이사르와 아우구스투스의 범죄행위를 증오하고, 그러나 그들 폭군에게 면종복배하도록 가르쳤다. 그들은 정무관이나 원로원 의원으로 이전에는 법령을 반포했으나, 현재는 그 이름으로 군주의 행위를 인준해주는 역할을 하고 있으며, 그들의 권위는 폭군의 야비한 목적을 위해서 이용당할 때가 너무나 많았다. 티베리우스와 그의 처세술을 계승한 여러 황제들은 그들의 살인행위를 법의 형식을 빌려 합리화하려고 시도했으며, 이 과정에서 원로원을 피해자인 동시에 공범자로 만들면서 속으로 기뻐했다. 원로원은 죄 없는 사람들과 덕망 있는 사람들을 유죄판결했다. 원로원의 국사범 고소인들은 애국적인 언사를 구사하면서 이른바 불령 시민을 재판에 회부했으며, 그 대가로 부와 명예를 누렸다. 비굴한 재판관들은 공화정의 권위를 지킨다고 공언하면서도 황제를 대신해서 이를 어겼고, 황제의 냉혹, 잔인함 앞에 떨면서 그의 자비로움을 찬양했다.[7] 폭군은 원로원의 비굴함을 경멸하면서 그들의 은밀한 반감에 대해서는 원로원 전체에 대한 노골적이고 공공연한 증오로 맞섰다.

2 유럽이 종교, 언어, 풍습에서 대체적인 유사성에 의해서 결합되어 있으면서도 여러 독립국가로 분할되어 있다는 사실은 인간의 자유에 매우 이로운 결과를 가져다주었다. 현대의 폭군은 비록 자신의 양심이나 자기 백성의 저항을 받지 않는 경우라고 할지라도, 얼마 가지 않아서 다른 군주들의 모범이라든가 동맹국들로부터의 충고, 적국에 대한 두려움 등으로 인해서 어느 정도 자제할 수밖에 없게 된다. 폭군의 미움을 받는 사람은 그의 좁은 영토에서 탈출하게 되면 보다 좋은 곳에서 망명처를 얻고 그의 적성에 맞는 새로운 일을 하고 자유롭게 불평하면서 심지어 복수할 기회를 노릴 수도 있다. 그러나 로마 제국은 전세계를 지배하고 있었기 때문에, 한 사람이 제국을 장악하고 나면 그의 적들에게는 전세계가 끔찍한 감옥이 될 수밖에 없었다. 폭군의 노예는 로마에서 또 원로원에서 번쩍이는 사슬을 끄는 선고를 받든, 세리푸스 섬(에게 해의 작은 섬. 오비디우스의 유배지/역주)의 황량한 바위나 얼어붙은 도나우 강 유역에서 유배생활을 하는 선고를 받든 모두 묵묵히 절망적인 운명을 받아들일 수밖에 없었다. 반항한다는 것은 죽음을 의미했고 도주는 불가능했다. 사방이 광활한 바다와 육지로 둘러싸여 설사 도

---

7) 덕망 높은 게르마니쿠스의 미망인을 처형한 후, 티베리우스는 원로원으로부터 그의 자비로움에 대한 찬사를 들었다. 그녀는 비공개로 처형되었고, 시신도 일반 사형수를 내다버리는 게모니에 계단(로마의 아벤타누스 언덕에서 티베리스 강으로 내려가는 계단/역주)에 버리지 않았다.

망가더라도, 발각되고 체포되어 성난 주인에게 되돌려 보내지기 마련이었다. 국경선 바깥에는, 보이는 것이라고는 바다와 황량한 사막, 흉포하고 말이 통하지 않는 적대적인 야만인 부족들, 또는 황제의 보호를 받기 위해서 기꺼이 도망자를 잡아다가 로마에 되돌려 보내는 속국의 왕들뿐이었다. 키게로는 추방당한 마르켈루스에게 이렇게 말했다 "어디 있든지 언제나 정복자의 권력 안에 있다는 점을 잊지 말게."

제4장

(180-248년)

콤모두스의 잔혹성, 어리석음과 살육
근위대에게 암살당한 그의 후계자 페르티낙스
제위를 공개입찰한 율리아누스
셉티미우스 세베루스의 승리
카라칼라의 폭정과 엘라가발루스의 우둔함
혼란 속의 빈번한 제위 계승
필리푸스의 찬탈과 건국 축제[1]

스토아 철학의 엄격한 규율로도 어쩔 수 없었던 마르쿠스 아우렐리우스의 온화한 성품은 그의 장점인 동시에 유일한 단점이기도 했다. 그의 뛰어난 이해심도 남을 의심하지 않는 착한 마음씨 때문에 기만당하는 경우가 많았다. 군주의 마음은 살피면서 자신의 속마음은 감추는 교활한 무리가 고결한 철학자의 가면을 쓰고 그에게 접근하여 부와 명예를 경멸하는 척하면서 차지했다. 동생, 아내, 아들에 대한 그의 관용은 개인적인 도덕의 한계를 넘었기 때문에, 그들의 사악한 행동이 공적인 권리를 침해하기도 했다.

피우스의 딸이며 마르쿠스의 아내인 파우스티나는 미모뿐 아니라 염문으로도 유명했다. 철학자의 근검성실만으로는 그녀의 경박한 관심을 끌 수 없었으며, 비천한 사람에게서나 자주 발견되는, 다양성을 추구하려는 그녀의 끝없는 정열은 천방지축이었다. 고대의 큐피드는 보통 극히 관능적인 신이었으며, 황후쯤 되면 정사를 벌일 때에도 여자 쪽에서 더욱 대담했기 때문

---

[1] 원문의 제4-7장에 해당한다. 이 축약판에서는 페르시아와 게르마니아의 역사적 배경을 설명한 제8장과 9장은 생략했다. 이 두 나라는 후일 로마 제국의 역사에서 중요한 위치를 차지하게 된다/편집자 주.

소(小)파우스티나(125?-76년?)

에 정서적인 우아함 같은 것은 찾아볼 수 없었다. 마르쿠스는 로마 제국 안에서 그녀의 불륜행각을 모르거나 무관심하게 흘려보낸 유일한 사람이었을 것이다. 그녀의 음행은, 어떤 시대에나 편견이 있기 마련이지만, 피해자인 남편의 불명예를 상징하기에 모자람이 없었다. 그는 파우스티나의 여러 애인들을 높은 자리로 승진시켰으며, 30년의 결혼기간 중 그녀를 변함없이 신뢰하고 존경했다. 그는 「명상록」에서 자기에게 그처럼 성실하고 부드럽고 검소한 아내를 내려주신 신에게 감사한다고 썼다. 아첨 잘하는 원로원은 그의 간절한 요청으로 그녀를 여신으로 선포했다. 그녀는 유노, 비너스, 케레스 여신들의 속성을 지닌 여신으로 신전에 모셔졌으며, 모든 남녀는 결혼식 때 이 정숙한 여수호신의 제단 앞에서 서약해야 한다는 명령이 내려졌다.[2]

무도한 아들 콤모두스의 사악함도 마르쿠스의 무구한 덕망에 누를 끼쳤다. 마르쿠스가 못된 아들을 맹목적으로 편애하여 백성의 행복을 희생시키지 말아야 한다는 반론이 있었고, 후계자를 공화국 안에서 고르지 않고 자기 가족 중에서 고르는 데에 대해서도 반대가 있었다. 이 자상한 아버지는 학식과 덕망을 갖춘 학자들을 불러들여 후계자로 지명된 어린 콤모두스의 식견을 넓히고 사악한 마음을 바로잡아 황제가 되기에 손색이 없는 인물로 만들기 위해서 온갖 노력을 기울였다. 그러나 이러한 가르침도 별 효과가 없었다. 근엄한 철학자가 들려준 깐깐한 강의내용도 방탕한 총신이 한마디만 속삭이면 금방 잊혀져버렸다. 마르쿠스 자신도 아들이 14, 15세가 되자 황제의 권한행사에 전면적으로 참여하도록 허용함으로써, 애쓴 교육의 성과를 헛되이 날려보내고 말았다. 그후 마르쿠스는 4년 동안 더 살면서 자기의 경솔한 조치를 두고두고 후회해야만 했다.

---

2) 그녀는 남편을 따라서 북방 원정(170-74년)과 동방 원정(175년)에 참여했으며, 진중에서 죽었다. "군영의 어머니"라고 불렸다고 하니, 그녀의 또다른 일면이다/역주.

사회의 평온을 교란시키는 대부분의 범죄는 많은 사람이 탐내는 재산을 소수에게 한정시키는 불평등한 재산법상의 제약 때문에 야기되는 것이다. 인간의 모든 열정과 욕구 중에서 권력욕이 가장 절박하고 비사회적인 이유는 한 사람의 자존심이 다수의 복종을 요구하기 때문이다. 사회적인 혼란이 일어나면, 사회의 법은 힘을 잃고 인간성의 법도 도움이 안 된다. 격렬한 경쟁심, 승리의 자만심, 성공에의 절망, 과거의 상처받은 기억, 미래의 위험에 대한 공포 등 이 모든 것이 인심을 선동하고 동정의 목소리를 잠재웠다. 이 모든 것이 동기가 되어 역사는 시민들의 피로 얼룩져왔다. 그러나 콤모두스의 잔혹성은 이러한 것과는 전혀 관계가 없었으니, 무엇이든지 다 가진 그는 더 이상 바랄 것이 없었기 때문이다. 콤모두스는 원로원과 군대의 환호 속에서 제위에 올라 아버지의 뒤를 이었다(180년). 이 행복하기만 한 청년이 황제의 자리에 오를 때에는 주위에 제거해야 할 경쟁자나 처벌해야 할 정적도 없었다. 이처럼 평온한 상황에서 집권한 그가 마땅히 백성을 증오하기보다는 사랑하고, 네로나 도미티아누스의 악명보다는 그의 선임자인 5현제(賢弟)의 영광을 추구했어야 한다는 것은 너무나 당연하다.

콤모두스는 피에 굶주린 사자로 태어난 것도 아니었고, 어렸을 때부터 비인간적인 행동에 익숙해진 인물도 아니었다. 그는 천성이 악독하다기보다는 오히려 나약한 편이었다. 단순하고 소심한 그는 신하들의 노예가 되어 점차 정신이 타락하게 되었다. 그의 잔인성도 처음에는 다른 사람들이 시키는 대로 따르는 정도였으나, 나중에는 체질화하여 그의 영혼을 지배했다.

선제(先帝)가 사망하자(180년 도나우 강변의 진중에서 급사함/역주), 콤모두스는 대군의 지휘를 떠맡아 도나우 강 건너의 콰디족과 마르코만니족을 상대로 어려운 전쟁을 벌여야만 했다. 선제가 추방했던 비굴하고 방탕한 젊은이들이 곧 재임용되어 황제에게 영향력을 미치기 시작했다. 그들은 도나우 강 전선의 고달픔과 위험성을 과장하면서, 이 나태한 황제에게 판노니아 지방의 야만인들쯤은 황제와 그 장군들의 이름만 들어도 겁에 질려 항복하고 말 것이라고 다짐했다. 그들은 또한 황제의 세속적 욕구에 교묘히 호소하면서 로마는 평온, 화려함과 세련된 쾌락을 갖춘 곳이지만, 판노니아의 주둔지에는 즐거움도, 사치를 누릴 물건도 없다는 점을 강조했다. 콤모두스는 이 솔깃한 충고가 마음에 들었다. 그러나 그가 결정을 못 내리고 망설이고 있는 동안 어느덧 여름이 지나갔기 때문에, 그의 로마 개선은 가을로 늦추어졌다. 그의 우아한 용모와 대중연설은 시민들의 인기를 끌었고, 그가 야만인들에게 허용한 평화는 온 세상에 기쁨을 주었고, 그가 로마로 서둘러 돌아온 것은 애국심의 발로로 인정되어 호평을 받았으며, 그의 방탕한 행동은 19세의 젊은 나이가 감안되어 사람들에게 별로 비난받지 않았다.

콤모두스가 즉위한 후 처음 3년 동안은 마르쿠스가 천거했던 충실한 자문관들에 의해서 선제의 시책이 그대로 유지되었다. 콤모두스는 이들의 지혜와 성실성을 마지못해 존중하고 있었다. 젊은 황제와 그의 총신들은 통치권을 마음대로 휘두르며 즐겼으나, 아직 유혈사태까지는 벌이지 않았다. 그는 심지어 관대한 마음씨를 과시하여 덕망가처럼 행동하기도 했다. 그러던 중 마침내 결정적인 사건이 일어났다.

어느 날 저녁 콤모두스 황제가 원형투기장의 어둠침침한 주랑을 돌아 궁전으로 돌아가고 있을 때 자객 한 명이 길목을 지키고 있다가 뛰쳐나와 칼을 뽑으면서 "너에게 보내는 원로원의 칼이다"하고 외쳤다(183년). 근위병들이 곧 자객을 체포하여 배후를 밝혀냈다. 그 음모는 궁중 안에서 꾸민 것이었다. 황제의 누이이며 루키우스 베루스의 미망인인 루킬라는 제국 제3위의 지위에 만족하지 못하고 황후에 대한 질투심 때문에 동생인 황제를 죽이려고 암살자를 고용했던 것이다. 그녀는 이 음모를 유능하고 충성스러운 원로원 의원인 두번째 남편 클라우디우스 폼페이아누스에게는 알리지 않았다. 그러나 루킬라의 수많은 애인들(그녀는 파우스티나의 행실을 흉내내었다) 중에는 그녀의 광기와 애정에 봉사하기 위해서는 물불을 가리지 않는 야심에 찬 남자들이 많았다. 결국 음모자들은 법의 심판을 받았고, 파렴치한 공주는 처음에는 추방되었다가 끝내 죽임을 당했다.

그러나 자객이 외친 말은 콤모두스의 마음속에 깊이 새겨져 원로원 전체에 대한 지울 수 없는 공포심과 증오심을 남겼다. 자기를 귀찮게 만들던 고관들이 이제는 정적으로 간주되었다. 선대에는 할 일이 없어 거의 사라지다

콤모두스(재위 176-92년)

시피 했던 밀고자(delator)들이 다시 득세하여 황제의 뜻에 따라서 원로원 안의 불평분자와 모반자들을 색출했다. 로마의 가장 탁월한 인물들로 구성되어 마르쿠스도 위대한 국가자문회의라고 불렀던 원로원이었지만, 이제는 그 탁월한 인물들이 모두 죄인이 되었다. 부자들은 밀고자들의 구미를 돋우었고, 엄격한 덕망가는 콤모두스의 방종을 은근히 비판하는 자로 간주되었고, 훌륭한 공적을 남긴 자는 위험인물로 취급되었고, 선제의 친구는 항상 그 아들의 미움을 샀다. 혐의는 증거였고 재판은 유죄였다. 유력한 원로원 의원 한 명을 처형할 때에는 그의 죽음을 슬퍼하거나 복수할 만한 사람들을 모두 함께 죽였다. 한번 피맛을 들인 콤모두스는 더욱 무자비해져갔다.

무고한 희생자들 중에서도 가장 애석한 사람은 퀸틸리아누스 집안의 두 형제 막시무스와 콘디아누스였다. 그들은 지극한 형제애 때문에 후세에까지 그 이름이 전해 내려오고 있다. 두 사람은 학문도, 직업도, 관심도, 심지어 취미까지도 모두 같았다. 막대한 재산이 있었으나, 이해관계로 서로 다투지도 않았다. 두 사람이 공동으로 집필한 논문의 단편이 지금도 남아 있다. 형제는 평생 동안 일심동체로 살았다. 두 안토니누스 황제는 그들의 덕망을 높이 평가하여 형제를 같은 해에 집정관으로 승진시켰으며, 나중에 마르쿠스는 두 사람이 공동으로 그리스의 민정을 맡도록 하는 한편 군사지휘권도 주어, 이들은 게르마니아에서 대승리를 거두었다. 잔혹한 콤모두스는 이러한 형제를 함께 죽이고 말았던 것이다.

 콤모두스는 원로원을 유혈숙청한 후 더욱 잔인해져갔다. 그는 자신은 살인과 사치에 몰두하면서 일상적인 국사는 총신인 페렌니스에게 맡겨놓고 있었다. 전임자를 죽이고 자리를 차지한 비굴하고 야심많은 페렌니스는 상당한 활동력과 능력을 갖춘 인물이었다. 그는 귀족들의 재산을 마음대로 몰수하여 엄청난 재산을 모았다. 근위대는 그의 직접 지휘하에 있었고 일찍이 군사적 재능을 발휘한 그의 아들은 일리리쿰 지방의 군단 사령관이 되었다. 페렌니스는 대망을 품었다. 그것이 콤모두스의 눈에는 대역죄로 비쳤다. 그는 결국 기습을 받아 죽고 말았다(186년). 로마 전체의 역사에서 고관 한 사람의 죽음쯤은 사소한 사건에 불과했다. 그러나 이 사건은 그 당시 기강이 얼마나 문란해졌는가를 잘 보여준 사건이었다. 브리타니아의 군단들은 페렌니스의 행정에 불만을 품고 그들의 불만을 직접 황제에게 전달하기 위해서 장병 1,500명을 대표로 선발하여 로마로 진군시켰다. 이 청원단은 군인들의 단호한 행동을 보여주었을 뿐만 아니라, 근위대에 분열을 일으키고, 브리타니아 주둔군의 세력을 과시하여 콤모두스 황제를 공포에 휩싸이게 함으로써 군인들의 불만을 달래기 위해서 페렌니스를 죽이지 않을 수 없도록 만들었다. 변경지방 군대의 이 대담한 행동으로 정부의 취약성이 드러난 것은 끔찍한 격변을 예고하는 것이었다.

 행정상의 이와 같은 실책은 곧 새로운 혼란을 불러일으켰는데, 이 혼란은 사소한 문제로부터 시작되었다. 군인들 사이에 탈주병이 쏟아져나오기 시작한 것이다. 그런데 이 탈주병들은 종전처럼 안전한 곳에 숨어 있지 않고 공공연하게 여기저기 떼지어 돌아다녔다. 마테르누스라는 용감한 사병이 이 도둑떼들을 모아 소규모 군대를 편성하여 감옥을 열고, 노예를 해방시키고, 갈리아와 에스파냐 지방의 부유하지만 방비가 취약한 도시들을 약탈했다. 속주의 게으른 총독들은 오랫동안 이러한 약탈을 방관하거나 방조하다가 황제의 엄명을 받고서야 제정신을 차렸다. 마테르누스는 포위되어 진압당할 위기에 처하자 최후의 안간힘을 썼다. 그는 부하들에게 소부대로 분산하여 알프스 산맥을 넘어 퀴벨레 축제의 소란을 틈타 로마에 집결하도록 명령했다. 콤모두스를 살해하고 황제의 자리에 오르는 것이 이 도둑의 야망이었다. 그는 매우 능숙하게 작전을 지휘했기 때문에, 변장한 그의 군대는 이미 로마의 길거리를 메웠다. 그러나 이 기발한 음모는 어떤 공모자의 질투 때문에 거사 직전 발각되어 실패하고 말았다.

의심암귀의 군주들은 흔히 비천한 출신들을 등용하는데, 그것은 자신들의 총애 이외에는 기댈 언덕이 없는 자들이야말로 은인인 자신들 이외에는 갈 곳이 없으리라는 공허한 확신 때문이었다. 페렌니스의 뒤를 이은 클레안데르는 프리기아(소아시아에 있던 나라/역주) 출신으로서 당초 노예의 신분으로 로마에 보내졌다. 그는 궁중에 들어간 후 주인의 열정에 봉사함으로써, 빠른 속도로 승진하여 신하가 누릴 수 있는 가장 높은 자리에까지 올라갔다. 그는 전임자보다 콤모두스의 마음을 더한층 사로잡았는데, 그것은 그가 황제의 질투나 불신을 불러일으킬 만한 능력과 덕망을 갖추지 못했기 때문이었다. 그의 영혼을 점령한 탐욕이야말로 그의 행정원리였다. 집정관, 호민관, 원로원 의원 자리가 공공연히 판매되었으며, 이 허울좋고 치욕스러운 직위에 거액의 돈을 지불하는 것을 거절하는 사람은 불평분자로 낙인찍혔다.[3] 그는 수지맞는 속주의 경영에서도 총독들과 백성의 고혈을 나누어 가졌다. 법의 집행은 타락할 대로 타락했다. 죄인이라도 돈만 있으면 정당한 판결일 경우에도 뒤엎을 수 있었을 뿐 아니라, 더 나아가서 고소인, 증인, 재판관을

---

3) 이처럼 많은 돈을 주고 산 승진 사례의 하나가 바로 율리우스 솔론이 원로원으로 추방되었다는 당대의 익살을 만들어냈다.

콜로세움 조감도(80년 완성. 수용인원 5만. 최대 지름 188m, 높이 48.5m)

콜로세움의 외관

마음대로 처벌하게 할 수도 있었다.

 이렇게 해서 클레안데르는 3년 동안에 해방노예로서는 상상할 수도 없는 엄청난 재산을 모았다. 콤모두스는 이 간교한 신하가 때맞춰 갖다바치는 훌륭한 선물에 크게 만족해했다. 클레안데르는 여론의 시선을 피하기 위해서 평민들이 이용할 수 있는 욕탕, 주랑, 운동장 등을 황제의 이름으로 지었다. 그는 백성들에게 이러한 선심을 베풀면, 매일 벌어지는 유혈사태에 로마인들이 별 관심을 가지지 않으리라고 생각했다. 또한 백성들이 선제가 딸까지 내주었던 훌륭한 원로원 의원 뷔르루스의 죽음도 잊어버리고, 안토니누스 가문을 대표한 마지막 인물인 덕망 높은 아르리우스 안토니누스의 처형도

검투사들

용서하리라고 계산했다. 신중하다기보다 정직했던 뷔르루스는 처남인 황제에게 클레안데르의 본성을 깨닫게 하려고 시도한 사람이었다. 아르리우스가 이 쓸모없는 총신에게 공정한 판결을 내리게 되었으나, 그때 아시아의 속주 총독이 이 총신에 대해서 반란을 꾀함으로써 결국 그것이 아르리우스의 생명을 앗아가게 되었다. 페렌니스가 몰락한 직후에는 콤모두스 황제도 잠시 동안 덕망을 되찾는 듯했다. 그는 그가 내린 가증스러운 법률들을 철회했고, 대중의 원한에 대해서 괴로워했으며, 미숙한 청년시절의 모든 과오를 간악한 장관의 악의에 찬 자문 탓으로 돌렸다. 그러나 그의 참회는 불과 30일 만에 그쳤으며 따라서 클레안데르의 폭정 아래에서는 오히려 페렌니스의 통치를 아쉬워하는 사람들이 많았다

로마는 갖가지 재난에 이어 설상가상으로 흑사병과 기근이 찾아왔다. 흑사병은 신들의 정당한 분노에 기인한 것이라고 말할 수 있었지만, 기근의 경우(189년 로마에서만 매일 2,000명의 아사자가 발생했음/역주)는 그 직접적 원인이 부유층과 고관의 권력을 배경으로 한 곡물의 독점 탓이라고 생각되었다. 오랫동안 귓속말로 돌아다니던 대중의 불만이 마침내 사람들이 모인 경기장에서 폭발했다. 사람들은 보다 짜릿한 복수의 쾌감을 누리고자 걸신들린 유흥을 포기하고 떼를 지어 교외에 있는 황제의 별궁으로 몰려가서

시민의 적의 머리를 내놓으라고 사납게 요구했다. 근위대 대장인 클레안데르는 기병대에게 돌격을 명해 폭도들을 해산시키도록 했다. 군중은 우르르 시내를 향해서 도주했으나, 그중 몇명은 칼에 찔려 죽고 많은 사람들이 말발굽에 밟혀 죽었다. 그러나 시내에 들어간 기병대는 집집마다 지붕과 창문에서 소나기처럼 쏟아지는 돌멩이와 단창 때문에 더 이상 추격할 수 없었다. 근위 기병대의 특권과 오만함을 오랫동안 질투해온 로마 경비 보병대가 평민 편으로 돌아섰다. 소란은 정식 교전으로 바뀌어 대량학살이 임박한 상황이 되었다. 마침내 근위대가 중과부적으로 후퇴하고, 노도와 같은 민중의 물결은 더욱 거세게 별궁의 대문으로 밀려갔다. 별궁에서는 콤모두스가 내전이 일어난 것도 모른 채 향락에 빠져 누워 있었다. 그에게 좋지 않은 소식을 전하려던 사람이 죽임을 당했기 때문이었다. 그는 두 여인이 아니었다면, 이 나태한 방심 중에 몰락하고 말았을 것이다. 즉 그의 손위 누이 파딜라와 애첩 마르키아가 위험을 무릅쓰고 그의 면전에 나갔던 것이다. 두 여인은 머리를 헝클어뜨리고 눈물을 흘리며 황제의 발 아래 엎드려 공포에 질린 음성으로 깜짝 놀란 황제에게 총신의 죄상과 백성들의 분노를 아뢰고 또한 별궁과 황제의 신변에 파멸이 임박했다고 아뢰었다. 콤모두스는 쾌락의 꿈에서 깨어나서 백성들에게 클레안데르의 머리를 던져주라고 명령했다. 백성들이 바라던 광경이 이루어지자 소란은 즉각 가라앉았으며, 마르쿠스의 아들은 한걸음 더 나아가서 분노한 백성의 애정과 신뢰를 되찾을 수 있었다.

그러나 콤모두스의 마음속에서는 이미 덕망과 인간성 같은 것은 전혀 찾아볼 수 없었다. 그는 이처럼 제국의 통치를 변변치 못한 총신들에게 내맡겨놓고 자신은 황제의 권력 중에서 오직 육욕에 빠질 수 있는 무제한적인 특권만을 중요시했다. 그는 하루 종일 모든 속주에서 뽑아 올린 300명의 미녀들과 같은 수의 미소년들을 안고 후궁에서 지냈다. 그리고 이 금수와 같은 구애자는 말로 해서 듣지 않으면 폭력을 휘둘렀다. 고대 역사가들은 인간 본성의 절제나 정숙을 비웃는 이 방종한 탐음의 장면을 상세히 기술하고 있으나, 그들의 지나치게 충실한 기술내용을 품위 있는 현대어로 옮기기는 쉬운 일이 아니다. 육욕의 막간은 극히 저속한 유흥으로 채워졌다. 점잖은 세대의 영향도 공들인 교육의 노고도 그의 거칠고 야수적인 마음속에 최소한의 학문적 기미조차 불어넣을 수 없었다. 그는 로마의 황제들 중에서 학문의 즐거움을 전적으로 멀리한 최초의 황제였다. 네로조차도 음악과 시 등의 우아한 예술에 뛰어났거나 뛰어난 것처럼 행동했으며, 따라서 그가 만일 한가한 시간 중의 오락과 여흥을 본격적인 업무나 일생의 야심으로 삼지만 않았더라도, 우리는 그의 그런 행위를 경멸하지 않았을 것이다. 그러나 콤모두스는 어렸을 때부터 합리적인 것과 교양을 쌓는 것을 싫어했으며 오직 대중적인 오락 —— 콜로세움(원형투기장)이나 키르쿠스(원형경기장)의 스포츠, 검투사들의 격투, 들짐승 사냥 등 —— 만을 즐겼다. 선제 마르쿠스가 초빙한 각계의 학자들은 냉대를 받았으나, 반면에 그에게 투창술이나 궁술을 가르쳐준 무어인과 파르티아인들은 매우 열심히 배우는 제자를 두게 되었으며, 얼마 후 그 제자는 정확한 겨냥이나 손놀림에서 가장 숙달된 사범과 맞먹는 솜씨를 자랑하게 되었다.

사악한 황제에게 운명을 걸고 사는 노예상태의 군중은 이와 같은 저속한 도락에 갈채를 보냈다. 이 불성실한 아첨 소리를 들은 콤모두스는 그리스의 영웅 헤르쿨레스도 이와 같은 공적에 의해서, 즉 네메아의 사자를 물리치고 에리만토스의 멧돼지를 살육함으로써 신의 반열에 올라 사람들에게 영원히 기억되고 있다는 사실을 떠올렸다. 사람들이 미처 생각하지 못한 한 가지 사실이 있다. 맹수들이 사람들과 무주지(無主地)를 다투는 경우가 많았던 고대 원시사회에서는 이러한 야수들과 싸워서 이기는 것이 영웅의 가장 순수하고 보람있는 일이라는 사실이었다. 문명화된 로마 제국에서 맹수들은 이미 오래 전부터 인구가 집중된 도시의 주변에서 사라지고 없었다. 맹수들을 외딴 서식지에서 노획하여 로마로 운반하고는 황제가 직접 죽이도록 하는 행사는 황제로서는 우스꽝스럽고 백성들에게는 진력나는 일이었다. 콤모두스는 이러한 차이점을 깨닫지 못한 채 이 영광스러운 일을 열심히 흉내내면서 스스로 로마의 헤르쿨레스라고 자처했던 것이다(그 당시의 메달에도 그렇게 적혀 있다). 그의 옥좌 옆에는 갖가지 황제의 휘장과 함께 몽둥이와 사자 가죽이 놓여 있었으며, 콤모두스를 신들의 성격과 속성을 지닌 인물로

원형경기장에서의 전차 경주

표현하는 석상들이 세워졌으니, 그는 날마다 잔인한 오락을 통해서 이와 같은 신들의 용맹과 솜씨를 흉내내려고 노력했던 것이다.

  이러한 찬사에 우쭐해져 점차 수치심을 잃게 된 콤모두스는 지금까지는 궁중 안의 몇몇 총신들 앞에서만 행하던 이 행사를 로마 백성들 앞에서 공개적으로 거행하기로 결심했다. 정해진 날에 아첨과 공포심, 호기심 등의 온갖 동기에 끌려 수많은 구경꾼들이 콜로세움에 모여들어 연기자인 황제의 비범한 솜씨에 합당한 박수갈채를 보냈다. 황제가 짐승의 머리를 노렸건 심장을 노렸건간에 그 상처는 모두 확실하고 치명적이었다. 콤모두스는 끝을 초승달처럼 뾰족하게 깎은 화살로 질주하는 타조를 맞혀 그 기다랗고 앙상한 목을 잘랐으며, 표범 한 마리를 풀어놓아 떨고 있는 죄수에게 달려들기를 기다렸다가 활을 쏘기도 했다. 그러면 화살이 날아가자마자 짐승은 머리를 떨구고 죄수는 위기를 모면했다. 콜로세움의 우리에서 100마리의 사자가 한꺼번에 쏟아져나와 경기장 안을 포효하며 돌아다니면, 콤모두스가 100개의 단창으로 사자들을 명중시켜 죽였다. 코끼리의 거대한 몸집도, 코뿔소의 두꺼운 갑옷도 그의 일격에는 속수무책이었다. 에티오피아와 인도는 극히 희귀한 산물들을 보내왔는데, 콜로세움에서 살육당한 몇몇 짐승들은 가히 예술품의 의장(意匠), 아니 환상의 그림이라고 할 만했다. 이 모든 공연과정에는 엄격한 보안조치가 취해졌다. 그것은 혹시라도 황제의 위엄이나 신의 존엄성을 몰라보고 결사적으로 달려들지도 모를 맹수로부터 이 로마의 헤르쿨레스를 보호하기 위해서였다.

그러나 평민들은 자신들의 황제가 검투사의 명부에 올라 로마의 법률과 관습이 불명예의 낙인을 찍어놓은 비천한 직업을 자랑하는 모습을 보고 수치심과 분노를 느꼈다. 황제는 세쿠토르(검투사)의 복장과 무장을 했는데, 이 세쿠토르와 레티아리우스(검투사의 상대역) 간의 싸움은 원형경기장의 모든 살벌한 경기 중에서도 가장 실감나는 장면이었다. 세쿠토르는 투구를 쓰고 칼과 원형방패로 무장했으며, 그의 상대는 벌거벗은 채 커다란 그물과 삼지창만을 사용하여 그물로 상대방을 얽어 삼지창으로 찔러 죽이려고 했다. 첫번째 투망이 실패하면 그는 두번째 투망을 준비하기 위해서 세쿠토르의 추격을 피해 도망가야만 했다. 황제는 세쿠토르가 되어 735회나 싸웠다. 이 영광스러운 업적이 제국의 공식 행사 기록으로 정중히 게재되었다. 그리고 수치스러운 행동을 마다하지 않은 그는 검투사들의 공동기금에서 수당을 받았는데, 그 금액이 상당한 거액이어서 로마 백성들에게 또 하나의 새로운 세금을 부과하는 결과를 가져왔던 것이다. 이러한 시합에서 황제가 항상 이겼으리라는 것은 쉽게 상상할 수 있다. 원형투기장에서는 그의 승리가 유혈살인을 수반하지 않는 경우가 많았다. 그러나 황제가 검투사 양성소나 궁정 안에서 솜씨를 자랑할 때에는 불쌍한 그의 상대자들은 콤모두스의 손에 명예로운 치명상을 입고 피로써 아첨해야 하는 경우가 많았다.[4] 그는 이제 헤르쿨레스라는 호칭조차도 마음에 차지 않았다. 당시 유명한 세쿠토르였던 파울루스의 이름만이 마음에 들었다. 이 이름은 그의 거대한 석상에도 새겨졌고, 또한 처량하게 박수만 치는 원로원의 과장된 찬사에서도 이 이름이

---

[4] 빅토르에 의하면 콤모두스는 상대에게는 납으로 만든 무기만 사용하도록 했는데, 그것은 아마도 상대방이 자포자기되어 덤빌 것을 두려워한 탓일 것이다.

셉티미우스 세베루스(재위 193-211년)

거듭 반복되었다. 루킬라의 덕망 높은 남편 클라우디우스 폼페이아누스는 그의 신분에 합당한 명예를 지킨 유일한 원로원 의원이었다. 아버지로서 그는 그의 아들들에게는 원형투기장의 공연을 참관하여 안전을 도모하도록 허락했다. 그러나 한 사람의 로마인으로서 그는, 자신의 목숨은 황제의 손 안에 있으나, 마르쿠스 황제의 아들이 그 고귀한 몸과 위엄을 타락시키는 것은 결코 묵과할 수 없다고 선언했다. 그의 남자다운 결의에도 불구하고 폼페이아누스는 폭군의 진노를 면해 명예롭게 그의 목숨을 보존했다.

콤모두스의 악덕과 비행은 이제 그 절정에 달했다. 그는 아첨하는 신하들에게 둘러싸여 있었으나, 자기가 제국의 모든 학식 있고 덕망 높은 사람들에게서 경멸과 증오의 대상이 된다는 사실을 스스로 속일 수 없었다. 이와 같은 증오에 대한 의식, 모든 종류의 덕망에 대한 질투심, 위험에 대한 당연한 우려 그리고 그가 일상적으로 즐긴 살육의 습관으로 인해서 그의 포악한 마음은 더욱 거칠어져갔다. 역사의 기록에는 그의 터무니없는 의심으로 희생된 수많은 집정관급 원로원 의원들의 명단이 남아 있다. 그는 이 불운한 사람들이 조금이라도 안토니누스 가문과 관련이 있으면 유별나게 불안해하며 잡아들였는데, 이때는 설사 자신의 범죄와 쾌락을 위해서 일한 사람들이라도 용서하지 않았다. 콤모두스의 잔인성은 마침내 그에게 종말을 가져왔다. 그는 로마의 귀족들을 죽이고서도 아무 탈이 없었지만, 자기 가신들에게 공포의 대상이 되면서 곧 파멸하고 말았다. 그의 애첩 마르키아와 시종장 에클렉투스, 근위대 대장 라에투스는 자신들의 동료나 전임자들의 운명에 놀란 나머지 미치광이 폭군이 변덕을 부리거나 백성들의 급작스러운 분노가 폭발하여 그들이 당할지도 모를 파멸을 예방하기로 결심했다. 마르키아는 그가 맹수 사냥을 마치고 피곤해진 때를 틈타 그에게 포도주 한 잔을 올렸다. 콤모두스는 잠을 자려고 침실로 갔다. 그러나 그가 독약과 술 기운으로 괴로워하고 있을 때 레슬링을 직업으로 하는 건장한 청년이 침실에 들어가서 아무 저항 없이 그를 목졸라 죽였다. 그의 시신은 감쪽같이 궁전 밖으로 운반되었기 때문에 시민들은 물론이고 궁정 안에서조차도 황제의 죽음을 눈치채지 못했다. 이것이 마르쿠스의 아들의 마지막이었다. 13년 동안 개인적인 힘이나 능력에서 자기보다 못하지 않은 수많은 신민들을 인위적인 권세로 억압했던 원한의 표적은 이처럼 쉽게 몰락했다.

    원문에서의 이 장의 나머지 부분과 그 뒤의 3개 장은 군대, 특히 로마 주변에 주둔하는 유일하게 효과적인 군사력이었던 근위대들간의 군사적인 소요를 기술한 따분한 기록이다. 콤모두스가 암살당하자 제위는 마르쿠스 아우렐리우스 밑에서 오랫동안 관직에 있었던 페르티낙스에게 넘어갔다. 그러나 그는 "부패한 나라를 너무 성급하게 개혁하려고" 하다가 즉위한 지 불과 86일 만에 근위대에 의해서 암살당했다(193년). 로마의 정치사가 최악의 상태로 떨어진 시기가 언제였는지 단정하기는 힘들다. 그러나 그 최악의 상태들 중의 하나는 페르티낙스의 피살 후에 근위대가 디디우스 율리아누스라고 하는 돈 많고 우둔한 원로원 의원에게 제국을 팔아넘겼을 때 시작되었던 것이 확실하다. 그 결과 브리타니아와 도나우 지방 그리고 동방에서 3명의 장군이 반란을 일으켜 율리아누스의 통치는 겨우 66일 만에 끝나고 말았다.

    최종적으로 승리한 셉티미우스 세베루스 장군은 제국에 거의 18년 동안이나 평화를 가져다주었으나, 엄청난 대가를 치러야만 했다. "로마 제국을 그의 개인재산으로 간주했던" 이 "오만하고 융통성 없는" 사나이는 원로원을 정치도구로 삼는 따위의 일을 경멸했으며, "자신의 요구가 효과있게 실현되는 방향으로" 명령을 내렸다. 그리고 그는 페르티낙스를 살해하고 율리아누스와 비열한 거래를 한 죄를 물어 근위대를 로마에서 추방했으나, 곧 그 유용성을 깨닫고 이전의 4배 규모로 재편성했다. 그가 이처럼 자치의 형식마저도 팽개치고 로마 시를 군인들에게 내맡겼기 때문에, 기번은 셉티미우스 세베루스를 "로마 제국을 멸망시킨 장본인"이라고 부르고 있다.

카라칼라(재위 198-217년)

그가 죽자(211년) 두 아들 카라칼라와 게타가 공동으로 제위를 계승했다. 그러나 두 형제는 심하게 반목한 끝에, 선제가 죽은 지 1년도 채 안 되어 카라칼라가 게타를 살해했다. 카라칼라는 이로 인한 죄의식 때문인지 몹시 잔인하고 무절제해져서 결국 "인류 공동의 적"이 되고 말았다. 그는 오필리우스 마크리누스라는 고위관리의 음모로 살해되었다(217년). 마크리누스는 황제가 되자 곧장 그의 집권기반이 된 부패한 군대를 개혁하는 어려운 일에 착수했다. 그는 1년여 만에 일어난 군대의 반란으로 몰락하고, 엘라가발루스(헬리오가발루스가 본명임. 재위 218-22년/역주)라는 괴상한 이름을 가진 인물이 집권하게 되었다.

엘라가발루스라는 이름은 시리아의 태양신의 이름에서 따온 것으로서 그는 "무절제한 격정으로 가장 추잡한 쾌락에" 스스로를 내맡겼다. 그러나

엘라가발루스(재위 218-22년) 알렉산데르 세베루스(재위 222-35년) 막시미누스(재위 235-38년)

"온갖 여인과 포도주와 음식"도 그의 마음에 차지 않았다. 그는 또한 "여성의 옷과 몸짓을 즐겨 흉내냈으며……또한 제국의 주요 관직들을 그의 수많은 애인들에게 나누어주어 관직의 이름을 더럽혔다. 그중 한 여인에게는 황제의 칭호와 권위를 공식적으로 부여하고, 자기 자신은 여제의 남편이라고 불리기를" 좋아했다. 엘라가발루스는 어리석게도 사촌동생에 대한 근위대의 편애를 응징하려고 덤볐다가 살해되었고(222년), 사촌동생 알렉산데르 세베루스가 그의 뒤를 이었다.

알렉산데르 세베루스 황제는 어느 정도의 번영을 구가한 13년 동안의 치세(222-35년) 중에 상당한 재능을 발휘하여 제국의 전역에서 일어난 군대의 반란과 끊임없이 싸웠다. 그중 한 반란 기간 중에 그의 절친한 친구이자 자문관이며 유명한 법률가였던 울피아누스는 근위대를 모욕했다는 이유로 궁성 안에까지 쫓겨 들어와 황제의 발 밑에서 살해당했다. 알렉산데르는 그 후 막시미아누스에 의해서 살해되었다. 트라키아의 야만족 농민출신으로서 키가 8척이나 되고 힘이 장사인 막시미아누스는 처음에는 셉티미우스 세베루스 황제의 눈에 띄어 군대에서 출세한 인물이었다.

기번은 막시미아누스가 오직 군대에만 충성했다고 쓰고 있다. 그가 두려워한 것은 오직 모욕뿐이었다. 이 때문에 그는 자기가 비천한 신분으로 있을 때 그를 경멸한 사람들이나 도와준 사람들에게 똑같이 잔인한 행동을 취했다. 막시미아누스는 군대의 비용을 염출하기 위해서 237년에 제국의 도시가 징수하는 독립세입을 몰수하려고 시도했으며, 이 때문에 각지에서 소규모 반란이 일어났다. 그중 아프리카에서 반란을 일으킨 사람들은 유력한 명문출신으로서 그 당시 아프리카 총독으로 있던 80세의 로마인 고르디아누스와 그의 아들을 황제로 추대했다.[5] 막시미아누스가 도나우 강 전선에 나가 있는 동안 원로원은 대담하게도 고르디아누스 부자의 황제 취임을 승인했다. 고르디아누스 부자가 막시미아누스를 지지하는 아프리카의 한 고위장교에게 살해당한 후에도 원로원의 독립성은 훼손되지 않았다. 원로원은 두 명의 원로원 의원, 즉 행정관인 발비누스와 군인인 막시무스를 공동 황제로 선포했고, 여기에 아프리카 총독의 13세 된 손자 고르디아누스 3세를 부황제로 추가했다.

세 사람은 공동 전략을 펴서 막시미아누스를 제거했는데(238년), 그가 로마로 귀환하다가 요새화한 도시 아퀼레이아를 포위공격했을 때 그의 군대는 이미 충성심을 버린 뒤였다. 그러나 그들의 공동 전략도 근위대를 막아낼 수는 없었다. 근위대는 석달 후 사람들이 카피톨리누스 축제에 정신이 팔려 있는 동안 황궁에 침입하여 막시무스와 발비누스 두 황제를 죽이고 고르디아누스 3세를 인질 삼아 병영으로 끌고 갔다. 젊은 고르디아누스 3세는 재위 6년 동안 탁월한 근위대장 미시테우스의 지원에 힘입어 큰 가능성을 보였다. 그러나 미시테우스가 죽은 후(243년), 그 다음 해에 19세 난 고르디아누스도 아랍인 근위대장 필리푸스에게 살해되었다.

필리푸스(재위 244-49년)가 역사상 주목을 받게 된 주요 업적은 로마의 건국 1,000년을 맞이하여 제5회 건국 축제인 1,000년 축제(248년)를 성대하게 거행한 것이었다. 그러나 제국의 정치 불안은 더 이상 수습할 수 없는 지경에 이르러 축제가 끝나자마자 곧 암울한 사건들이 이어진다.

---

5) 기번은 이 아들에 대해서 이렇게 쓰고 있다. "22명의 첩과 6만2,000권의 장서는 그의 기호가 다방면이었음을 입증해주었다. 그리고 그의 자식들로 미루어볼 때 장서뿐 아니라 첩들도 단순한 과시를 위한 것이 아니라 실제 거느리기 위한 것이었던 것 같다."/편집자 주.

제5장
(248-85년)

데키우스, 갈루스, 에밀리아누스,
발레리아누스, 갈리에누스
야만족의 대규모 침입
30인의 참주들
클라우디우스 및 아우렐리우스의 통치와 승리
타키투스, 프로부스, 카루스 부자의 통치[1]

필리푸스 황제가 거행한 건국 축제(1000년제)로부터 갈리에누스 황제(재위 253-68년)의 사망에 이르는 20년(248-68년) 동안은 수치와 불운의 시기였다. 이 재난의 기간 중에 로마 세계의 각 속주는 줄곧 야만족의 침입과 군출신 폭군들에 의해서 피폐한 제국이 와해되는 마지막 순간에 접어드는 양상을 보였다. 시대의 혼란과 신빙성 있는 자료의 부족으로 명확하고 일관성 있는 역사기술의 실마리를 찾으려는 역사가들의 시도는 험난하기만 하다. 불완전하고 간략하며 더구나 모호하고 서로 모순되는 단편적 자료들에 둘러싸인 역사가들로서는 이런 것들을 수집, 비교하여 추측하는 수밖에 도리가 없다. 그러나 설사 이런 추측을 사실의 수준에 올려놓지는 못하더라도, 때로는 인간성을 이해하고 또한 그 강렬하고 무제한적인 정열의 확실한 작용을 이해함으로써 자료의 부족을 메울 수 있는 경우가 있다.

예컨대 황제들(6명)이 연속 살해됨으로써, 군주와 신하들간의 군신유의가 해이해졌으리라는 점은 쉽게 추측할 수 있다. 또한 필리푸스의 장군들도

---
1) 원문의 제10-12장/편집자 주.

필리푸스(재위 244-49년)

모두 주군의 예를 모방하고 싶어했으리라는 점 그리고 빈번한 쿠데타 중에 오랫동안 습관화된 군대의 변칙적 작태로 말미암아 무명 하급병사일지라도, 언제든지 옥좌가 가능하다는 유혹에 사로잡혀 있었으리라는 점도 쉽게 추측할 수 있다. 이와 같은 역사적 상황을 배경으로 하여, 249년 여름에는 모이시아(도나우 강 하류 지역/역주)의 군단들이 필리푸스 황제에게 반란을 일으켜 마리누스라는 하급장교를 황제로 옹립했다. 필리푸스는 경악했다. 그는 모이시아 군의 모반이 대규모 내란의 도화선이 되리라는 점을 우려했다. 그는 자신의 죄상과 자신이 처한 위험을 의식한 나머지 이 정보를 원로원에 알렸다. 공포심에서인지 모반심에서인지 알 수 없는 불길한 침묵이 흘렀다. 마침내 원로원의 데키우스가 명문가 출신다운 용기를 발휘하여 황제도 갖추지 못한 대담성을 보여주었다. 그는 이 반란사건을 경솔하고 대수롭지 않은 소요사태로 가볍게 일축하면서, 황제를 참칭하는 그 필리푸스의 경쟁자는 자기를 옹립한 바로 그 모반풍토 때문에 며칠이 못 가서 몰락하게 될 것이라고 예언했다.

며칠 후 이 예언이 적중하자 감탄한 필리푸스는 이 유능한 충고자를 존경하게 되었으며, 이렇게 해서 황제는 데키우스야말로 마리누스의 피살 후에도 즉각 진정되지 않은 반란군의 모반풍토에 평온과 규율을 회복시킬 수 있는 역량을 갖춘 유일한 인물이라고 생각했다. 데키우스는 몇 차례 자신의 부임을 사양했는데, 이때 그는 불안해하는 군대에 유능한 지도자를 파견한다는 것은 위험한 일이라고 완곡하게 황제를 설득한 것 같다. 그의 이 예언은 또다시 적중했다. 모이시아 군단은 249년 이 현명한 인물을 공범으로 끌어들였다. 그들은 그에게 죽음과 황제 중에서 한 가지를 선택하도록 강요했다. 이 단호한 강요 이후의 그의 행동은 피할 수 없는 것이었다. 그는 군대를 지휘하여, 아니 군대를 따라 이탈리아 경계선까지 갔으며, 여기서 전군을 규합하여 막강한 경쟁자를 격퇴하러 나온 필리푸스와 맞부딪쳤다. 황제의 군대가 수적으로는 우세했지만, 반란군은 역전의 용사들로 구성된 데다가 유능하고 경험 많은 지도자가 지휘하고 있었다. 필리푸스는 여기서 전사했거나, 며칠 후 베로나에서 처형된 것으로 보인다. 그의 아들과 측근은 로마에서 근위대에게 학살당했다. 전쟁에 승리한 데키우스는 그 당시로서는 바라기 어려울 정도의 유리한 상황 속에서 원로원과 속주들에 의해서 거국적으로 제위를 승인받았다. 알려진 바에 따르면 데키우스는 마지못해 아우구스투스의 칭호를 수락한 즉시 필리푸스에게 친서를 보내 자신의 무죄와 충성심을 다짐하면서 이탈리아에 도착하는 대로 제위를 내놓고 본래의 충직한 신하로 돌아가겠다고 엄숙히 맹세했다고 한다. 그의 이와 같은 맹세는 진정이었을 것이다. 그러나 그는 자신이 처한 운명적인 상황 속에서 이미 누구를 용서할 수도 용서받을 수도 없는 처지였다.

데키우스 황제(재위 249–51년)는 수개월 동안 평화와 정의의 실현을 위하여 노력하다가 고트족이 침입한 도나우 지방으로 불려갔다(250년). 이것은 나중에 로마 세력을 깨뜨리고 카피톨리누스를 약탈하고 갈리아, 에스파냐, 이탈리아를 통치하게 되는 이 위대한 민족이 역사에 등장한 최초의 중대한 사건이었다. 그들은 서로마 제국 전복에 매우 기억에 남을 만한 역할을 했기 때문에, 고트족이라는 이름은 다소 부적절하기는 하지만, 지금도 거칠고 호전적인 야만족을 가리키는 대명사처럼 사용되는 경우가 많다.

이탈리아를 정복한 6세기 초에 이르면 고트족은 이미 현재와 같은 위대함을 발휘했기 때문에 당연히 과거와 미래의 영광을 자랑스럽게 생각할 수 있게 되었다. 그들은 조상들의 업적을 길이 보존하고 자신들의 업적을 후세에

데키우스(재위 249-51년)

전하려고 했다. 라벤나 궁정의 수석장관이었던 학자 카시오도루스(6세기 중엽의 사가/역주)는 12권으로 된 고트족 역사책에서 정복민들의 이와 같은 관심을 찬양한 바 있는데, 이 책은 지금은 요르다네스(카시오도루스와 동시대의 고트족 사가/역주)의 불완전한 축약판으로 남아 있다. 이 책의 저자들은 고트족의 불행은 극히 간략하게 줄여버리면서도, 그 성공적인 용맹성을 찬양했으며, 스키타이인들에게서 수많은 전리품을 빼앗은 아시아에서의 승리를 찬양했다. 야만족들에 관한 불확실하지만 유일한 역사 기록물인 옛 노래들을 토대로 이들은 고트족의 최초의 발상지가 광활한 스칸디나비아 섬(또는 반도)이었으리라고 추측하고 있다. 이탈리아의 정복자들도 북쪽 끝에 있는 이 나라를 모르지는 않았다. 더구나 예로부터의 혈연관계는 최근의 우호관계 속에서 더욱 강화되어 있었으며 따라서 스칸디나비아 왕은 그의 자리를 기꺼이 버리고 여생을 라벤나의 평화롭고 우아한 궁정에서 보내고 싶다고 말했던 것이다. 여러 유적들은 고트족의 옛 거주지가 발트 해 북쪽 지방이었음을 말해주고 있다. 스웨덴의 남부지방은 지리학자 프톨레마이오스 당시부터 지금까지도 이 민족 중에서 비교적 모험심이 적은 잔류인들이 점거해온 것으로 생각되며, 이 광활한 지역은 오늘날에도 동, 서고틀란드로 나뉘어져 있다. 기독교가 느린 속도로 북쪽으로 전파되고 있던 중세(9세기에서 12세기까지)에는 고트족과 스웨덴족이 동일 왕국 내에서 서로 다른 두 개의 적대적 집단을 이루었다. 그중 스웨덴이라는 이름이 지금까지 우세를 유지하지만, 고트라는 이름이 사라진 것은 아니다. 스웨덴인들은 그들의 군사적 명성만으로도 자랑스러울텐데, 항상 고트족의 유사한 영광도 자신들의 것이라고 주장해오고 있다. 카를 12세(북방전쟁을 일으킴. 재위 1699-1718년/역주)는 로마 교황과 반목할 당시, 자신의 상승군은 용감한 조상들이 일찍이 세계의 지배자 로마를 정복했을 당시보다 약하지 않았다고 말했다.[2)]

고트족이 여러 세대를 내려오는 동안 그들의 발상지인 스칸디나비아의 전설을 희미하게 간직할 수 있었다고 하더라도, 문자가 없었던 이 야만족에게서 이주 시기와 경위를 분명히 밝힌 기록을 기대할 수는 없다. 발트 해를 건너기는 쉬웠을 것이다. 스웨덴 주민들은 노 젓는 큰 배들을 많이 가지고 있었고, 또한 카를스크로네에서 포메라니아와 프로이센의 가까운 항구까지는 거리가 100마일 정도에 불과하기 때문이었다. 여기서 마침내 우리는 확실한 역사적 근거에 도달하게 된다. 기독교 시대가 시작될 무렵, 아니면 적어도 두 안토니누스 황제 시대부터 고트족은 비스툴라 강(비슬라 강) 어귀에 자리를 잡고 있었으며, 그후 이 비옥한 지방에 토른, 엘빙, 쾨니히스베르크, 단치히 등의 상업도시들을 세웠다. 고트족의 서쪽 지방에는 반달족의 수많은 부족들이 메클렌부르크와 포메라니아의 해안 지방과 오데르 강 유역에 퍼져 있었다. 반달족과 고트족은 풍속, 피부색, 종교, 언어 등이 놀랄 만큼 비슷하여 원래 하나의 민족이었음을 말해준다. 고트족은 오스트로고트(동고트), 비시고트(서고트) 및 게피데로 삼분되어 있었던 것 같다. 반달족은 헤룰리인, 부르군트인, 랑고바르드인(롬바르디아인) 등의 보다 뚜렷한 독자적 부족들로 구분되어 있었으며, 그리고 잡다한 작은 나라들이 있었는데 그중 여러 나라는 나중에 강대한 왕국으로 팽창하게 된다.

두 안토니누스 황제들 시대에는 고트족이 아직 프로이센 지방에 자리잡고 있었다. 알렉산데르 세베루스 황제 치세에는 로마의 속주 다키아가 벌써

---

2) 이하 고트족의 기원에 관한 신화를 다룬 원문의 몇 구절은 생략한다/편집자 주.

고트족의 빈번한 침입에 시달리고 있었다. 그러므로 이 중간의 약 70년 동안에 발트 해에서 흑해에 이르는 고트족의 제2차 이동이 있었다고 보아야 한다. 그러나 이 이동을 일으킨 원인은 비정착 야만족의 행동을 자극한 여러 동기들 속에 숨겨져 있을 것이다. 전염병이나 기근, 전쟁의 승리나 패배, 신들의 예언이나 어떤 용감한 지도자의 웅변 같은 것이 고트족이 보다 따뜻한 남쪽 지방으로 밀고 내려오도록 만들었을 것이다. 호전적인 종교의 영향이 없었더라도, 고트족은 인구가 많고 사기가 높아 위험한 모험을 충분히 감당할 수 있었을 것이다. 원형방패와 단검을 사용하는 고트족은 접근전에 강했다. 세습 국왕에 대한 그들의 신실한 복종은 민회(民會)에 흔치 않은 단결과 안정을 보장해주었다. 그 시대의 영웅으로서 이탈리아 왕 테오도리크의 10대조인 유명한 아말라는 고트족의 반신반인의 영웅 안세스의 후손이라는 출생의 특권을 최대한으로 이용했다.

이 위대한 모험이 널리 알려지게 되자 게르마니아에 있던 모든 반달족 나라들의 용사들이 자극을 받아 몇 년 후에는 그중 대다수가 고트족의 기치하에 싸움에 참가하게 된다. 이 이주민들의 첫번째 무리들이 프리펙 강(프리펫 강)에 도달하게 되는데, 고대인들은 이 강이 보리스테네스 강(드네프르 강)의 남쪽 지류라고 생각하고 있었다. 그들은 폴란드와 러시아의 평원을 굽이치며 관통하는 이 큰 강 줄기를 따라 행군하면서 그들의 무수한 가축떼에게 물과 목초를 계속 제공할 수 있었다. 그들은 자신의 용기만 믿고 미지의 강을 따라 내려가면서 도중에 어떠한 적이 나타나건 개의치 않았다. 처음으로 나타난 것은 바스타르나에족과 베네디족이었는데, 이 두 민족의 씩씩한 젊은이들이 자발적이었는지 강요당했었는지 알 수 없으나 고트족 군대에 가담했다. 바스타르나이족은 카르파티아 산맥의 북쪽 지방에 살았다. 바스타르나이족과 핀란드의 야만족 간에 가로놓인 광활한 땅에 베네디족이 살고 있었다. 그리고 바스타르나이족은 마케도니아 전쟁에서 용맹을 떨친 후 나중에 페우키니, 보라니, 카르피 등 막강한 부족들로 분열되었는데, 이들은 원래 게르만족이었다고 한다. 그리고 중세에 유명해진 베네디족은 사르마탸이족(스텝족이라는 뜻/역주)에서 유래했다고 볼 수도 있다. 그러나 이 외딴 변경지방에서는 혈통과 풍속이 마구 뒤섞였기 때문에 정확한 실상 파악은 매우 어렵다. 고트족은 흑해 부근으로 진출하면서 사르마타이족의 보다 순수한 종족인 야지그스족, 알라니족, 록솔라니족 등을 만나게 되었는데, 이들은 아마도 보리스테네스 강과 타나이스 강〔돈 강〕을 발견한 최초의 게르만족들이었을 것이다. 게르만족과 사르마타에족의 특징을 살펴보면, 우리는 이 두 민족이 정착가옥이냐 이동식 천막이냐, 꼭 맞는 옷이냐 헐렁한 옷이냐, 일부일처제이냐 일부다처제이냐, 군사력의 주축이 보병이냐 기병이냐 그리고 무엇보다도 튜튼어를 사용하느냐 슬라브어를 사용하느냐에 따라서 구별됨을 알 수 있다. 특히 슬라브어는 그후 정복에 의해서 이탈리아 접경에서 멀리 일본의 주변국에 이르기까지 널리 보급되었다.

이제 고트족은 우크라이나 지방을 점유하고 있었다. 이 지방은 매우 넓고 비옥했으며, 주운이 가능한 강들이 교차하면서 모두 보리스테네스 강으로 흘러들어갔고, 곳곳에 울창한 떡갈나무 숲들이 산재했다. 사냥감과 물고기가 풍부하고 고목과 바위 틈에는 무수한 벌집이 있었으며(이 야만시대에도 꿀은 중요한 상거래 품목이었다), 살진 가축이 많고 기후가 온화하고 땅에는 무슨 곡물이든지 잘 자라고 각종 식물이 풍성하여, 이 모든 것이 자연의 관대함을 드러내며 사람의 손길을 기다리고 있었다. 그러나 고트족은 이 모든 유혹을 뿌리치고 여전히 나태와 빈곤과 약탈생활을 고집했다.

고트족의 이 새 정착지의 동쪽 변두리에 있던 스키타이 유목민들은 그들이 무력을 사용할 만한 가치가 없었으며 이겨봐야 별 이익도 없을 상대였다. 그러나 서방의 로마 영토는 훨씬 더 매력적이었다. 다키아 평야에는 근면한 주민들이 애써 가꾸어놓은 농작물이 널려 있어 이 호전적인 민족이 거두어들이기만을 기다리고 있었다. 트라야누스 황제의 이 정복지는 그 후계자들에 의해서 다스려지고 있었지만, 그것은 어떤 실리보다는 국위를 과시하기 위한 것이었기 때문에 이 지방을 취약하게 만든 원인이 되었을 가능성이 있다. 다키아라는 이 새로운 속주는 탐욕스러운 야만족에 저항할 정도로 강하지도 못했고 그들을 먹여살릴 만큼 풍요하지도 못했다. 로마 제국은 머나먼 보리스테네스 강 유역을 국경선으로 간주했기 때문에 도나우 강 하류

지역의 요새들은 보다 방만하게 방어되고 있었으며, 모이시아 주민들은 야만족의 침입 같은 것은 걱정하지 않고 나태한 생활을 하고 있었다. 필리푸스 황제의 치세 중에 고트족이 침입하여 그들의 과오를 깨우쳐주었다. 이 야만족의 왕(또는 지도자)은 다키아 주를 가로질러 드네스트르 강과 도나우 강을 건너는 동안에 그들의 전진을 지연시킬 만한 저항에 부딪쳐본 적이 없었다. 군율이 해이해진 로마 군대는 가장 중요한 주둔지들을 버림으로써 처벌을 두려워하여 대거 고트족 군기 아래로 투항했다. 마침내 여러 야만족 무리들이 마르키아노폴리스(흑해 서안)의 성벽 밑에 나타났는데, 트라야누스 황제가 자기 누이의 이름을 붙여 건설한 이 도시는 그 당시 하(下)모이시아의 수도였다. 주민들은 생명과 재산을 구하기 위해서 거액의 배상금을 지불했고, 이에 따라 침입자들은 부유하지만 허약한 나라를 상대로 한 첫번째 승전에 만족하기보다는 오히려 더욱 고무되어 사막으로 되돌아갔다. 얼마 후 데키우스 황제에게 고트족의 왕 크니바가 더욱 큰 병력을 거느리고 두번째로 도나우 강을 건넜다는 정보가 전달되었다. 그리고 그의 무수한 파견대들이 모이시아 주 전역을 약탈하고 있으며, 게르만족과 사르마타이족으로 구성된 7만의 주력부대는 가공할 성과를 거둘 수 있는 막강한 병력이기 때문에 황제가 친히 와서 군사력을 장악할 것이 요구된다는 정보도 전해졌다.

데키우스가 도착해보니(250년), 고트족은 트라야누스 황제의 전승 유적지인 야트루스의 니코폴리스를 포위하고 있었다. 황제가 접근하자 고트족은 포위망을 풀었으나, 그것은 단지 알렉산더 대왕의 아버지가 트라키아의 하이모스 산 기슭에 세웠던 더욱 중요한 도시 필리포폴리스를 정복하러 가기 위한 것이었다. 데키우스는 험난한 지방을 강행군하여 그들을 추적했으나, 그가 고트족의 후미에서 상당한 거리를 두고 떨어져 있다고 안심하고 있을 때 크니바가 갑자기 되돌아서서 추격군을 맹렬하게 공격해왔다. 로마 군영은 기습을 받아 유린당했으며, 황제는 무장도 변변치 않은 야만인들에게 쫓겨 처음으로 허둥지둥 도주했다. 필리포폴리스는 오랫동안 저항했으나, 원군이 없어 결국 강습당하고 말았다. 이 대도시가 함락될 때 10만 명이 학살당했다고 한다. 수많은 포로들은 값진 약탈물로 잡혀갔다. 그리고 선제 필리푸스의 형제인 프리스쿠스는 로마의 적인 야만족의 감시하에 제위에 오르는 수모를 겪었다. 그러나 그 지루한 포위시간이 지나감으로써, 데키우스는 용기를 되찾고 군율을 회복하고 신병을 모집하여 군대를 증강할 수 있었다. 황제는 동족과 승리를 나누려고 서둘러 달려오던 카르피족과 게르만족의 몇몇 부대를 차단하고, 산악지방의 통로는 용감하고 충성스러운 장교들에게 맡겨놓고, 도나우 강의 요새들을 보수, 강화한 후, 자신은 고트족의 전진을 저지하고 또는 퇴로를 차단하는 데에 주력했다. 정세의 호전에 용기를 얻은 데키우스는 결정타를 가해 자신과 로마군의 영광을 되찾을 기회만을 끈질기게 기다렸다.

데키우스는 격렬한 싸움을 벌이는 한편 전란 중임에도 냉정하고 신중하게 안토니우스 시대 이래로 로마의 쇠퇴를 촉진시켜온 여러 원인들에 관해서 심사숙고했다. 그는 이윽고 인민의 미덕을 회복하고 예로부터 내려온 원칙과 풍속 그리고 짓눌려 있는 법의 위엄을 회복하지 않고서는 로마의 위대함을 영속적으로 재현시킨다는 것이 불가능하다는 것을 깨달았다. 이 숭고하면서도 힘든 일을 수행하기 위해서 그는 우선 종전의 감찰관(censor) 제도를 부활시키기로 작정했다. 이 직책은 원래는 훌륭하게 존속되었으나, 역대 황제들이 그 권리를 침해하여 점차 등한시되어왔다. 군주가 임의로 권력을 부여할 수도 있지만, 권위를 가지려면 시민의 존경을 받아야만 한다는 것을 인식한 데키우스는 감찰관의 선정을 원로원의 공정한 표결에 부쳤다. 그 결과 원로원은 이 존귀한 직책의 최적임자로 발레리아누스를 선정, 발표했다(251년 10월 27일). 나중에 황제가 되는 발레리아누스는 당시 데키우스 군대의 고위직에 있었다. 황제는 원로원으로부터 이 결정을 통보받은 즉시 병영에서 대회의를 소집하여 감찰관 선출자에게 직함을 부여하기에 앞서 이 고위직의 어려움과 중요성에 관해서 그에게 다음과 같이 일러주었다.

"축하하오, 발레리아누스. 원로원과 로마 공화국의 거국적 천거를 얻었음을 축하하오! 전체 인류의 감찰관직을 수락하여 우리의 풍습을 심판하도록 하오. 경은 원로원 의원직에 남아 있을 만한 사람을 가려내고, 기사단을 옛날처럼 훌륭하게 부활시키고, 국가의 세입을 늘리되 백성의 부담을 줄이도록 하오. 또한 잡다한 수많은 시민들의 계층을 정리하여 서로 분리하고, 로마의 군사력, 부, 덕성 및 자원을 정확히 조사하도록 하오. 경의 결정사항은 법의 뒷받침을 받을 것이오. 군대, 궁정, 재판관들, 제국의 고관들이 모두 경의 직권의 대상이 될 것이오. 예외는 없으며, 다만 일반 집정관들과 수도의 시장, 대신관, 수석 무녀(처녀의 순결을 잃지 않는 한)만이 제외될 것이오. 이 소수의 열외자들조차도, 비록 로마 감찰관의 처벌은 두려워하지 않더라도, 경의 올바른 평가를 받고자 노력할 것이오."

이처럼 광범한 권한을 가진 관리라면, 단순한 행정관이라기보다는 황제의 동료라고 보아야 할 것이다. 발레리아누스가 이처럼 선망과 의혹의 대상이 될 만한 지위에 오르기를 두려워한 것은 당연한 일이었다. 그는 이 직책은 책임이 막중하다는 점과 자기 능력이 부족하다는 점 그리고 당시의 부패상이 치유 불가능하다는 점을 겸손하게 역설했다. 그는 감찰관의 직책은 황제의 위엄과 분리할 수 없다는 점과 하잘것없는 신하의 힘으로는 그처럼 큰 임무와 권한의 중책을 감당할 수 없다는 점을 슬며시 암시했다. 전쟁이 임박한 탓으로 이 허울 좋고 실현 불가능한 계획은 실현되지 못했으며, 따라서 발레리아누스는 위기를 면했고, 데키우스 황제도 자칫 생길 수도 있었던 후환을 면할 수 있게 되었다. 감찰관은 국가의 기강을 유지할 수 있을지는 몰라도 그것을 회복시킬 수는 없었다. 국가의 미풍양속을 위하여 싸우려는 강한 일편단심이랄까, 여론에 대한 온당한 존중이랄까, 시민의 예리한 도덕적 감각이랄까 이런 것이 없다면, 감찰관은 그의 권위를 유익하게 세울 수도 더구나 효과적으로 세울 수도 없는 그런 직책이었다. 이러한 원칙이 거부되는 시대에는 감찰관이라는 사정 직책은 허세나 괴로운 압제의 편파적인 도구로 전락할 것이다. 따라서 국가의 악덕을 근절시키기보다는 차라리 고트족을 정복하는 편이 더 쉬운 일이었다. 그러나 데키우스는 이 쉬운 일을 하다가 그의 군대와 자신의 생명을 잃고 말았다.

고트족은 로마 군에 의해서 사면에서 포위, 추격당하고 있었다. 고트족의 정예부대는 장기간의 필리포폴리스 공략 중에 궤멸되었고, 인근 지방은 피폐하여 천방지축인 야만족 잔존 부대를 더 이상 먹여살릴 수 없었다. 궁지에 몰린 고트족은 무사히 퇴각할 수 있도록 해주기만 하면 전리품과 포로를 모두 기꺼이 내놓고 싶은 처지에 놓였다. 그러나 승리를 확신한 황제는 이 침략군을 응징하여 북방민족들에게 따끔한 교훈을 주어야겠다는 생각에서 화해조건에 전혀 귀를 기울이지 않았다.

 기세를 올린 야만인들은 노예가 되기보다는 죽음을 택하고자 했다. 모이시아의 벽지에 있는 포럼 테레브로니라는 소도시가 결전의 장소였다. 고트군은 3중의 방어선을 치고 있었는데, 계획적이었는지 우연이었는지 제3선의 전방은 늪지대로 엄호되어 있었다. 전투가 시작되자마자 데키우스의 젊은 아들이 화살에 맞아 전사했다. 전도유망한 이 청년은 벌써부터 황제의 권한을 일부 행사하고 있던 터였다. 아들의 전사를 목격한 황제는 처절한 고통 중에서도 불굴의 용기를 발휘하여 비탄에 잠겨 있는 부대원에게 군인 한 명의 죽음쯤은 공화국에 대수로운 일이 아니라고 훈시했다. 전투는 치열했다. 그것은 슬픔과 분노를 상대로 한 필사적인 싸움이었다. 마침내 고트 군의 제1선이 무너졌고, 이를 지원하려던 제2선도 무너졌다. 오직 제3선만이 남아서 늪지대의 통로를 놓고 서로 다투었다. 로마 군이 경솔하게도 늪지대의 통과를 시도했기 때문이었다. "여기서 그날의 운명이 뒤바뀌어 모든 것이 로마 군에 불리하게 되었다. 그 장소는 개흙이 깊어, 서 있자니 빠져들어갔고 앞으로 나아가자니 미끄러졌다. 갑옷은 무겁고 물은 깊어 이런 불안정한 상황에서는 무거운 단창을 휘두를 수도 없었다. 반면에 야만족들은 늪의 전투에 익숙한 데다가 키가 크고 창이 길어 멀리서도 적에게 상처를 입힐 수 있었다." 이 늪지대에서 로마 군은 졸전을 벌인 끝에 회복 불능의 참패를 당했으며 황제의 시신도 찾지 못했다. 이것이 데키우스의 최후였으니, 향년 50세였다. 전시에는 적극적이었고 평화시에는 온후했던 이 유능한 군주는 생사의 기로에서 그의 아들과 함께 고대의 가장 훌륭한 덕망가의 반열에 오를 만한 인물이었다.

 이 치명타로 로마 군단의 오만한 콧대가 꺾였으나, 그것은 잠시뿐이었다. 그들은 제위 계승에 관한 원로원의 결정을 참을성 있게 기다렸다가 순순히 복종한 것으로 보인다. 데키우스를 추도하는 뜻에서 황제의 칭호는 살아남은 그의 외아들 호스틸리아누스에게 부여되었으나(251년 12월), 더욱 큰 실권을 가진 동일한 칭호가 갈루스에게도 주어졌다. 갈루스는 경험이 많고 유능한 인물이어서 연소한 군주와 비탄에 빠진 제국을 보호하는 대임을 맡기에 적임자라고 생각되었기 때문이었다. 새 황제가 해야 할 첫번째 일은 일리리쿰의 여러 지방을 연전연승의 고트 군의 중압으로부터 구하는 일이었다. 그는 침략군이 풍성한 전리품을 과실로 가져가도록 허용했으며(252년), 수치스럽게도 수많은 훌륭하고 유능한 인사들을 포로로 잡아가도록 방치할 수밖에 없었다. 황제는 야만족의 분노를 달래고 그들의 조속한 귀국을 위해서 모든 편의를 제공했고, 심지어 다시는 로마 영토를 침범하지 않는다는 조건으로 매년 거액의 황금을 지불하겠다고까지 약속했다.

스키피오 부자 당대에는 세계의 부유한 국왕들이 로마의 보호를 갈구했기 때문에, 그들에게 베풀어주는 것이라면 사소한 선물이라도 감사히 받았으니, 예컨대 상아 의자라든가 자주색의 거친 의상, 하찮은 접시조각, 약간의 동전만 주어도 고맙게 여겼다. 세계의 부가 로마에 집중된 후에는 로마 황제들은 로마의 위대함과 그 정책을 과시하기 위해서 동맹국들에게 정기적으로 은혜를 베풀어왔다. 로마 황제들은 야만족들의 궁핍을 덜어주었고 그들에게 상훈을 베풀었으며 그들의 충성에 성의를 표시했다. 이 자발적인 하사품은 두려움에서 주는 것이 아니라 순전히 로마의 관대함 또는 고마움의 뜻을 보여주는 것이라고 이해되었다. 이와 같은 선물과 하사금은 우호적인 나라들과 간청하는 나라들에게 아낌없이 분배되었으며, 이를 부채로 여기는 것은 단호하게 거부되었다. 그러나 승리한 적군에게 주는 이 연금지급 조항은 어김없이 수치스러운 조공 조항처럼 보일 수밖에 없었다. 로마인들은 야만족의 이와 같은 불평등한 약정을 받아들이려고 하지 않았으며, 따라서 필요한 양보를 통해서 나라를 구한 갈루스 황제는 거국적인 경멸과 혐오의 대상이 되었다. 마침 호스틸리아누스가 전염병의 창궐 중에 사망했는데, 이 역시 갈루스의 범죄행위라고 해석되었다. 그리고 심지어 선제의 사망조차도 이 가증스러운 후계자의 배반 때문이었다는 의혹의 소문이 무성해졌다. 그의 재위 첫해 중에 제국이 누렸던 평온은 국민의 불만을 달래기는커녕 더욱 부채질하는 결과를 가져왔다. 전쟁 걱정이 없어지자 강화조약의 수치가 더욱 절실히 느껴지게 되었던 것이다.

그러나 로마인들은 그와 같은 불명예를 무릅쓰고서도 평화가 회복되지 못했음을 알고나서는 더한층 분개하게 되었다. 제국의 부강함과 허약함에 관한 위험한 비밀이 만천하에 공개되었던 것이다. 동족의 승리에 고무된 새로운 야만족 무리들이 기존의 조약적 의무에 구속받지 않고 밀고 내려와서 (253년), 일리리쿰 지방을 약탈하여 그 공포가 멀리 로마의 관문에까지 미치게 되었다. 무기력한 황제가 포기하다시피 한 제국의 방위임무는 아이밀리아누스가 떠맡았다. 판노니아와 모이시아 총독인 아이밀리아누스는 흩어진 군대를 규합하여 쓰러져가는 사기를 북돋았다. 야만족들은 뜻밖의 공격을 받고 추격당한 끝에 도나우 강 건너편으로 격퇴되었다. 이 승전 장군은 조공을 위해서 모아두었던 돈을 군인들에게 분배했으며, 이렇게 해서 군인들은 전선에서 환호하며 그를 황제로 추대하게 되었다. 국민의 복지에는 관심이 없이 오직 이탈리아에서 환락에만 몰두하고 있었던 갈루스 황제는 야심만만한 대리인이 반란에 성공했다는 소식과 그가 신속하게 진군해오고 있다는 소식을 거의 동시에 보고받았다. 갈루스는 멀리 스폴레티움 평야(이탈리아 반도 중부/역주)에까지 나가 반란군을 맞았다. 두 군대가 서로 육안으로 볼 수 있는 거리에까지 접근했을 때, 갈루스 군대의 병사들은 자기들 황제의 수치스러운 행동과 그 적대자의 영예스러운 행동을 비교해보게 되었다. 아이밀리아누스의 용맹을 존경하고 있던 군인들은 도망병에게 봉급을 대폭 인상해주겠다는 그의 관대한 제의에 더욱 매력을 느꼈다. 갈루스와 그의 아들 볼루시아누스가 살해당함으로써 내란이 종식되었고(253년 5월), 원로원은 정복자의 권리를 법적으로 승인했다. 아이밀리아누스가 원로원에 보낸 편지는 겸손과 자부심이 뒤섞인 것이었다. 그는 민정 부문은 현명한 원로원에 일임한다고 확언하고 자신은 원로원의 장군 자격에 만족하면서 짧은 기간 내에 로마의 영광을 되찾고 동쪽과 북쪽의 야만인들을 모두 제국에서 쫓아내겠다고 다짐했다. 원로원은 박수갈채로 그의 자만심을 부추겨주었으니, 그를 헤르쿨레스 및 정복자 그리고 복수의 신 마르스의 속성을 지닌 인물로

갈루스(재위 251-53년)

새겨놓은 메달들이 지금도 남아 있다.

　새 황제가 아무리 유능한 인물이라고 하더라도, 이와 같은 화려한 공약을 이행하려면 시간이 필요했다. 그러나 그는 승리한 지 4개월 만에 몰락하고 말았다. 그는 갈루스를 패망시켰으나, 갈루스보다 더욱 막강한 경쟁자에게 눌려 침몰한 것이다. 불운한 갈루스 황제는 갈리아와 게르마니아의 군단들을 원병으로 불러오기 위해서 이미 감찰관이라는 고위직에 있던 발레리아누스를 파견했다. 그는 충실하고 열심히 이 임무를 다했다. 그러나 너무 늦게 도착하여 주인을 구할 수 없게 되자 복수를 결심했다. 그때까지도 스폴레티움 평야에 주둔하고 있던 아이밀리아누스의 군대는 그의 고결한 인격은 물론이고 그의 우세한 병력 앞에 두려움을 느꼈다. 법적 원칙준수가 항상 몸에 배어 있던 그들은 이제 인간적 애착심까지 버리게 되었던 것이다. 따라서 그들은 바로 얼마 전에 그들 자신이 옹립했던 황제를 서슴지않고 살해했다(253년 8월). 죄는 군인들이 지었으나, 그 이익은 발레리아누스에게 돌아갔다. 발레리아누스는 실제로 내전을 통해서 제위를 차지했으면서도 쿠데타가 빈번했던 그 당시로서는 보기 드물게 결백을 주장할 수 있었으니, 그것은 그가 전임자에 대해서 보은관계나 군신관계에 있지 않았기 때문이었다.

　발레리아누스는 약 60세(70세라는 설도 있음/역주)의 나이에 황제(재위 253-60년)가 되었는데, 그것은 백성들의 변심이나 군대의 추대에 의한 것이 아니라 로마 세계의 거국적 지지에 의한 것이었다. 그는 국가의 고위직으로 서서히 승진해가는 동안 덕망 있는 군주의 총애를 받을 만했고 스스로를 폭군의 적이라고 자처하고 있었다. 그는 귀족출신인 데다가 성품이 온화하고 사생활에 흠이 없고 학식과 분별력과 경험을 두루 갖춘 인물이었기 때문에 원로원과 백성들의 존경을 받았다. 따라서 (어떤 고대 사가가 기술한 바에 따르면) 그 당시 사람들이 자유롭게 군주를 선택할 수 있었더라도, 그들의 선택은 발레리아누스에게 떨어졌을 것이 틀림없었을 것이다. 혹시 그의 진가는 그의 명성에 미치지 못했을지도 모른다. 아마도 노령으로 인한 무기력과 냉담이 그의 능력, 아니 적어도 그의 정신에 영향을 미쳤을 것이다. 그는 자신의 노쇠를 의식했기 때문에 황제의 권리를 보다 젊고 활동적인 공동 황제와 분담하겠다고 약속했다. 그 당시의 비상시국은 군주보다도 장군을 요구하고 있었고, 또한 그는 감찰관을 지낸 사람이기 때문에 무공에 대한 보상으로서 누구에게 황제의 자리를 주어야 할지 잘 알고 있었을 것이다. 그러나 발레리아누스는 그의 통치를 확고히 하고 그의 이름을 후세에 빛낼 수 있는 현명한 선택을 하지 못하고 오직 사사로운 애정과 허영심에 끌려 즉시 자기 아들 갈리에누스에게 이 최고의 영예를 부여했다. 이 아들은 나이가 어려 그 나약함의 악덕이 아직 겉으로 드러나지 않은 상태였다. 이 부자간의 공동 통치는 약 7년간 지속되었고, 갈리에누스의 단독 통치는 약 8년간 계속되었다. 그러나 이 전체 기간은 혼란과 재난으로 점철된 시기였다. 그 당시 로마 제국은 항상 동시에 그리고 사면팔방에서 내우외환에 시달리고 있었기 때문에 이러한 사실들을 모호한 연대순으로 살펴보기보다는 제목별로 정리하여 밝히는 것이 좋을 것이다. 발레리아누스와 갈리에누스 치세 중의 가장 위험한 로마의 적은 (1) 프랑크족, (2) 알레만니족, (3) 고트족 (4) 페르시아인이었다. 모호하고 이름이 생소한 그밖의 군소 부족들의 모험을 일일이 열거하는 것은 독자들의 기억을 어렵게 하고 주의력을 산만하게 할 뿐이므로 위의 큰 제목에 포함시켜 살펴보려고 한다.

1 프랑크족/ 프랑크족 후손들은 지금 유럽의 가장 크고 선진문명화된 나라들 중의 하나를 이루고 있기 때문에 문자가 없었던 그 선조들에 관한 연구가 많이 이루어져 있다. 황당무계한 전승 설화들에 이어 여러 가지 체계적인 공상적 신화도 생겼다. 그들은 그들의 기원에 관한 희미한 흔적이나마 밝혀보려고 모든 지형과 장소를 면밀히 조사했다. 이 훌륭한 전사들을 배출한 지역으로는 판노니아, 갈리아 또는 북부 게르마니아라는 가설이 나왔다. 마침내 합리적인 비평가들은 이 이상화된 정복민들의 허구적 이주설을 배격하고 보다 설득력 있는 소박한 생각을 받아들이게 되었다. 이들의 가정에 따르면 240년경에 라인 강 하류지방과 베제르 강의 옛 주민들이 프랑크족이라는 이름하에 새로운 연맹체를 구성했다. 현재의 베스트팔렌 일원과 헤센 백작령 그리고 브룬스비크와 루네부르크 공국들은 근접하기 어려운 늪지대

에 살면서 로마군에 대적한 카우키족, 아르미니우스(16세기의 네덜란드 신학자/역주)로 유명한 케루스키족, 막강한 보병을 가진 카티족 그리고 그밖의 몇몇 군소 부족들의 옛 거주지였다. 이 게르만족들은 자유를 무엇보다도 소중하게 생각했다. 그들은 프랑크족(Franke), 즉 자유인(Freeman)이라는 명예로운 이름을 가질 만한 사람들이었다. 이 동맹의 첫번째 조약들은 암묵적인 승낙과 상호 이익에 관한 것들이었으며, 관습과 경험을 통해서 점차 공고해져갔다. 프랑크 동맹은 각 가맹 주(칸톤)가 독립주권을 유지하되, 최고 수뇌나 대표기관의 권위를 인정하지 않은 채 공동의 관심사에 관해서 서로 협의하는 스위스의 헬베티아 동맹과 비슷한 점이 있었다. 그러나 이 두 동맹체의 근본 원리는 전혀 달랐다. 스위스의 현명하고 올바른 정책은 200년 동안의 평화를 가져다주었다. 그러나 프랑크족의 경우는 무질정한 정신, 약탈욕구, 존엄한 조약의 무시 등으로 그 이름이 더럽혀졌다.

로마인들은 오래 전부터 하(下)게르마니아 주민들의 용맹을 익히 알고 있었다. 그들의 동맹으로 인해서 갈리아 지방이 보다 가공할 침략의 위협을 받게 되자 황제의 상속권자이며 공동 통치자인 갈리에누스의 출정이 요구되었다. 이 군주와 그의 어린 아들 살로니누스가 트레베스〔트리어〕의 궁정에서 제국의 위엄을 과시하고 있는 동안에 그 휘하의 군대는 유능한 장군 포스투무스의 지휘를 받고 있었다. 이 장군은 나중에 발레리아누스를 배반하지만, 언제나 로마의 대의에 충실한 사람이었다. 각종 형식적 찬사와 메달에 적혀 있는 믿을 수 없는 문장들은 그의 수많은 승전사실을 전해주며, 전승 기념비나 갖가지 칭호는 그를 '게르만족의 정복자', '갈리아의 구원자' 등으로 부르고 있어 그의 명성을 뒷받침한다.

그러나 우리가 지금 어느 정도 분명히 알고 있는 한 가지 사실 때문에 허세와 아첨으로 가득 찬 이 기념물들의 가치는 크게 손상되고 있다. 라인 강은 비록 여러 속주의 방벽이라고 불리기는 했지만, 실제로는 프랑크족이 보인 대담한 모험심 앞에서는 불안전한 방벽에 불과했다. 프랑크족은 라인 강에서 피레네 산맥에 이르는 지역을 신속하게 유린했다. 게르만족의 침략 앞에 에스파냐는 속수무책이었다. 갈리에누스 황제 치세의 대부분에 해당하는

데키우스, 갈루스, 에밀리아누스, 발레리아누스, 갈리에누스, …… 151

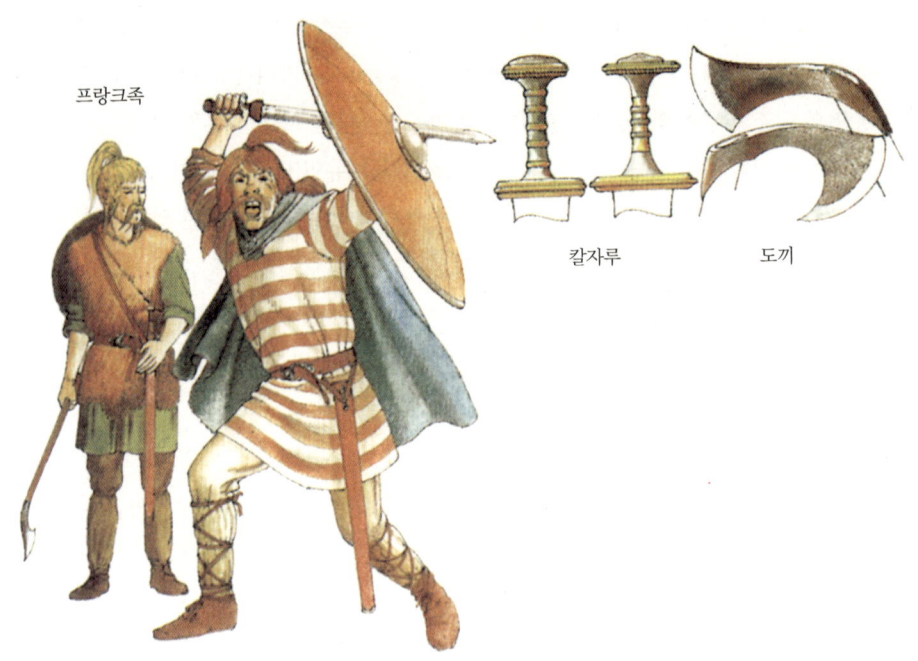

프랑크족

칼자루   도끼

12년 동안 이 풍요한 나라는 승산이 없는 파괴적 전투의 무대가 되었다. 이 부유하고 평화로운 속주의 수도인 타라고나(바르셀로나의 서쪽, 지중해 연안/역주)는 유린당해 대부분 파괴되었기 때문에, 5세기의 저술가 오로시우스(에스파냐 출신의 신부 사학자/역주) 당대에도 이 장대한 도시의 폐허 속에 무너진 오두막집들이 산재하여 야만족의 횡포가 어느 정도 심각했는지 말해주었을 정도였다. 이 지방이 피폐하여 더 이상 약탈할 만한 물건이 없자 프랑크족은 에스파냐의 항구에서 배를 몇 척 빼앗아 모리타니아로 타고 갔다. 이 아프리카의 외딴 속주는 별세계에서 내려온 듯한 이 낯설고 사나운 야만인들을 보고 경악을 금치 못했다.

2 알레만니족/ 현재 루자체 후작령이라고 불리는 엘베 강 동안(東岸)의 상(上)작센 지방에는 성스러운 숲속에 수에비족 미신의 본고장이 자리잡고 있었다. 그 누구도 경건한 자세로 이곳 터주의 신의 재림을 고백하지 않고서는 이 성역에 출입할 수 없었다. 애국심과 신앙심이 하나가 되어 조넨발트,

즉 셈노네스의 숲을 신성시하게 되었다. 이 민족은 이 성역에서 처음으로 생겼다고 널리 믿어지고 있었다. 수에비족의 혈통을 이어받은 수많은 부족들이 정해진 기간 동안 그곳에 대표를 보내 야만적인 의식과 인신공양을 통해서 그들이 한 조상에서 나왔음을 기념했다. 수에비(Suevi)라는 이름은 오데르 강 유역에서 도나우 강 유역에 이르는 게르마니아 내륙지방에 널리 회자되고 있었다. 수에비족은 긴 머리를 묶어 상투를 트는 특이한 풍속에 의해서 다른 게르만족과 구별되었다. 그들은 또한 높은 신분을 나타내고 적에게 겁을 주기 위해서 장신구를 즐겨 사용했다. 게르만족은 군사적 명성을 떨쳤지만, 수에비족의 뛰어난 용맹성만은 인정하고 있었다. 그리고 대군을 동원하여 독재자 카이사르와 싸운 바 있는 우시페테스 부족과 텐크테리 부족은 불멸의 신들조차도 상대가 되지 못할 정도의 무력을 갖춘 사람들에게 져서 도망가는 것은 수치로 간주하지 않는다고 말했다.

카라칼라 황제의 치세에 수많은 수에비족은 식량을 구하기 위해서 약탈을 일삼았고, 공명을 얻기 위해서 마인 강 유역과 그 부근의 로마 영토에 자주 출현했다. 지원자들로 구성된 이 속성(速成) 군대들이 점차 통합되어 하나의 대규모 민족을 형성하게 되었다. 이들은 수많은 상이한 부족들로 구성되었기 때문에 알레만니(Alemanni), 즉 만인(萬人, All-men)이라고 불리게 되었는데, 이것은 그들이 가지고 있는 여러 혈통과 공통적인 용맹성을 뜻했다. 로마인들은 곧 그들의 여러 차례에 걸친 적대적 침략을 통해서 알레만니족의 용감성을 직접 체험하게 되었다. 알레만니족은 주로 말을 타고 싸웠다. 그러나 그들의 기병대는 혼성 경보병대(輕步兵隊)에 의해서 더욱 막강한 힘을 발휘했는데, 가장 용감하고 씩씩한 청년들 중에서 선발한 이 경보병대는 계속되는 훈련을 통해서 기병대와 함께 장거리 행군을 하고, 신속하게 돌격하고, 재빨리 후퇴할 수 있도록 단련되어 있었다.

이 호전적인 알레만니족도 알렉산데르 세베루스의 방대한 군비에는 경악했으며, 용맹성과 잔인성에서 그들과 맞먹는 [트라키아의] 야만족 출신인 그의 후계자(막시미누스)의 무력 앞에서 당황하기도 했다. 그러나 그들은 여전히 제국의 변경지방에 출몰하다가 데키우스 황제의 사망 후에 일어난 전반적인 혼란을 더욱 가중시켰다. 그들은 갈리아의 부유한 속주들에 심각한 피해를 입힘으로써, 처음으로 허약한 이탈리아의 위엄을 가리고 있던 가면을 벗겼다. 수많은 알레만니족 부대들이 도나우 강을 건너고 알페스 라이티아(티롤, 바바리아, 스위스에 연한 알프스 산맥의 중앙 부분/역주)를 넘어 롬바르디아 평원에 침투한 끝에 라벤나에까지 진출함으로써, 바로 로마 시의 문전에서 야만족의 승전기가 휘날리게 되었다. 이와 같은 모욕과 위험에 직면하자 원로원에서는 옛날의 미덕이 어느 정도 되살아나게 되었다. 두 황제가 모두 먼 전쟁터에 나가 있었으니, 발레리아누스는 동방에, 갈리에누스는 라인 강에 출전했던 것이다. 로마인들의 모든 희망과 의지는 원로원에 달려 있었다. 이와 같은 비상시에 대처하기 위해서 원로원은 공화국의 방위를 위해서 수도 방어를 맡고 있던 근위대를 재정비했으며, 강건한 평민들 중에서 지원병을 모집하여 근위대를 보강했다. 알레만니족은 수적으로 우세한 군대가 갑자기 출현한 데 놀라 전리품을 싣고 게르마니아로 퇴각했는데, 전쟁을 싫어하게 된 로마인들은 이 퇴각을 자기들의 승리로 간주했다.

수도가 야만족의 손에서 구출되었다는 보고에 접한 갈리에누스는 이와 같은 원로원의 용기에 기뻐하기보다는 경계심을 나타냈다. 그것은 원로원이 언젠가는 외부의 침략뿐 아니라 내부의 폭군의 손에서도 나라를 구출하리라는 것을 의미하는 것이었기 때문이다. 겁에 질린 갈리에누스는 신민들에게 칙령을 발표하여 원로원 의원은 어떠한 군사행동도 하지 못하고 심지어 군단의 병영에도 접근하지 못하도록 금지시켰다. 그러나 그것은 공연한 걱정이었다. 부유하고 사치스러운 귀족들은 자기들을 군무에서 제외시킨 이 수치스러운 조치를 특혜로 받아들였다. 더구나 귀족들은 목욕탕과 극장과 별장에서의 향락에 빠진 채 제국을 돌보는 위험한 일은 기꺼이 농민과 군인들의 거친 손에 넘겨주었다.

알레만니족의 보다 대규모적이고 더욱 무시무시한 또 한 차례의 침입사건에 관해서는 동로마 제국의 한 역사가(조시무스)가 기록하고 있다. 밀라노 근처의 전투에서 이 호전적인 민족 30만 명이 갈리에누스가 친히 이끈 불과 1만 명의 로마 군에게 참패당했다고 전해지고 있다. 그러나 이 믿기 어려운 승전기록은 그 역사가의 경솔함 탓이거나 아니면 로마 장군들의 과장된 전과보고 탓일 가능성이 크다. 갈리에누스는 이탈리아를 광포한 게르만족으로부터 구출하기 위해서 종전과는 전혀 다른 성격의 무기를 사용했다. 그는 수에비족인 마르코만니 부족의 공주인 피파를 아내로 맞이했다. 이 부족은 전쟁이나 정복 방식에서 종종 알레만니족과 혼동되어온 부족이었다. 갈리에누스는 공주의 아버지에게는 동맹의 대가로 판노니아 지방의 넓은 정착지를 주었다. 이 변덕스러운 황제는 세련되지 않은 미인의 꾸밈없는 매력에 애정을 느꼈던지 그 정책은 사랑의 굴레로 더욱 강하게 결합되었다. 그러나 로마는 아직 그 오만한 편견 때문에 로마 시민과 야만인의 결합을 결혼이라고 부르기를 거부했으며, 따라서 이 게르만족의 공주를 갈리에누스의 애첩이라는 모멸적인 칭호로 낙인찍었다.

3 고트족/ 우리는 고트족이 스칸디나비아 또는 프로이센 지방에서 보리스테네스 강 어귀로 이주해왔다는 것을 이미 살펴보았고, 이들의 보리스테네스 강에서 도나우 강에 이르는 승전의 기록도 살펴보았다. 발레리아누스와 갈리에누스의 치세 중에 도나우 강의 변경지방은 끊임없이 게르만족과 사르마타이족에게 침략당했지만, 로마는 그 어느 때보다도 확고하게 그리고 성공적으로 이 지역을 방어하고 있었다. 로마는 전쟁터가 된 이 속주들에서 강인한 군인들을 얼마든지 모집할 수 있었으며, 일리리쿰의 농민출신으로 장군의 지위에 올라 능력을 발휘한 사람도 한두 명이 아니었다. 도나우 강 유역에 끊임없이 출몰하는 야만족 유격대들이 가끔 이탈리아와 마케도니아의 경계선을 침투했지만, 제국 군대가 그들의 전진을 저지하거나 퇴각로를 차단하는 것이 보통이었다. 그러나 타지방 고트족 침입군의 본류는 전혀 다른 방면으로 방향을 바꾸었다. 우크라이나 지방에 새로 정착한 고트족은 곧 흑해 북부 연안을 장악하게 되었는데, 이 내해의 남부 연안에 위치한 소아시아의 기온이 온화하고 부유한 속주들은 야만족 정복자를 유혹할 만한 모든 것을 갖추었으면서도 이에 저항할 어떤 수단도 갖추지 못한 상태였다.

보리스테네스 강 유역은 고대인이 케르소네소스 타우리카라고 부른 크림

고트족
훈족

　타르타리 반도의 좁은 입구에서 불과 60마일 떨어진 곳이었다. 에우리피데스는 옛 이야기들을 정교한 기교로 재구성하면서 바로 이 황량한 해안을 그의 감동적인 비극의 무대로 잡았다. 아르테미스 여신의 피비린내 나는 제사, 오레스데스와 필라데스의 도착(倒錯), 야만적 흉포성에 대한 덕망과 종교의 승리 등의 여러 장면은 이 반도의 원주민인 타우리족이 해안지방에 정착한 그리스인 식민지들과의 점진적 교류에 의해서 야만적 풍속을 어느 정도 탈피했다는 역사적 사실을 보여주고 있다.
　마에오티스 호수로부터 흑해로 통하는 해협에 수도를 둔 소왕국 보스포루스(크림 반도 일대에 있던 나라/역주)는 타락한 그리스인과 반쯤 개화된 야만인들로 구성되어 있었다. 이 나라는 펠로폰네소스 전쟁 당시부터 독립국이었으나, 마침내 야심 많은 미트리다테스 6세에 의해서 합병되었다가 그의 다른 영토들과 함께 로마 군의 무력 앞에 굴복했다. 보스포루스의 역대 왕들은 아우구스투스 황제의 치세 이래로 비록 미약하나마 로마의 쓸모있는 동맹자들이었다. 뇌물과 병력에 의해서 그리고 지협을 가로지른 빈약한 방벽에 의해서 그들은 사르마타이족을 효과적으로 방어하고 있었는데, 사르마타이족은 그 특이한 위치와 편리한 항구들로 흑해와 소아시아를 장악하고 있는 이 나라를 유랑하고 있었다. 국왕의 정통적 계승이 이루어지는 한, 이 중요한 임무는 열심히 그리고 성공적으로 수행되었다. 그러나 국내에 내분이 생기고 사리사욕에 빠진 비천한 신분의 찬탈자들이 공석이 된 왕위를 차지하게 되자 고트족을 보스포루스의 심장부에 끌어들이게 되었다. 이 정복자들은 남아도는 비옥한 땅을 차지했고 동시에 군대를 아시아의 해안지방에 실어나를 수 있는 해군력을 장악하기에 이르렀다.

흑해의 항해에 사용된 배들은 매우 특이하게 건조된 것이었다. 홀쭉한 평저선(平底船)인 이 배들은 쇠는 조금도 쓰지 않고 나무로만 만들었는데, 폭풍에 대비하여 지붕을 덮는 경우도 있었다. 고트족은 이 떠다니는 집을 타고 기술과 충성심이 모두 의심스러운 뱃사람들을 강제로 부리면서 겁 없이 미지의 바다에 나섰던 것이다. 그러나 그들은 약탈할 수 있다는 기대 때문에 모든 두려움을 떨쳐버렸고, 타고난 대담성은 그들의 마음속에 더한층 합리적인 확신을 심어주었는데, 그것은 지식과 경험에서 나온 것이었다. 이처럼 대담한 기백을 가진 전사들은 겁 많은 항해안내인들을 불만스럽게 생각했음이 틀림없다. 안내인들은 바다가 평온하다는 확신이 서지 않으면, 출항의 모험을 하지 않으려 했고 결코 육지에서 멀리 나가지 않으려고 했기 때문이다. 이 점은 항해술에서 옛 보스포루스 주민들에게 뒤지지 않는 현대 투르크인들의 경우도 마찬가지이다

고트족 함대는 키르카시아의 해안을 왼쪽에 두고 처음으로 피티오스 앞바다에 나타났다. 로마 속주의 경계선에 위치한 피티오스 시는 훌륭한 항만 시설을 갖추고 견고한 성벽으로 요새화된 도시였다. 고트족은 여기서 변경

요새의 수비대로부터 예기치 않은 완강한 저항을 받았다. 그들은 격퇴되었고, 이 뜻밖의 결과 때문에 고트족에 대한 공포심이 줄어들었을 것으로 생각된다. 우수한 고위장교인 수케시아누스가 변경을 지키고 있는 한, 고트족의 노력은 허사였다. 그러나 발레리아누스 황제가 그를 이름뿐인 한직에 전보하자마자 고트족은 다시 피티오스 시를 공격, 이 도시를 파괴함으로써 지난 날의 치욕을 씻었다.

흑해의 동쪽 끝을 돌아 피티오스에서 트레비존드까지 항해하는 거리는 300마일쯤 된다. 고트족은 이 항로를 따라 옛 그리스의 아르고 호(號)의 원정으로 유명해진 콜키스의 나라에 나타났으며, 비록 성공하지는 못했지만, 심지어 파시스 강〔리온 강〕 어귀에 있는 부유한 사원을 약탈하려고 시도한 적도 있었다. 옛 그리스 식민도시로서 '1만 명'의 은신처로 유명했던 트레비존드는 하드리아누스 황제의 은혜로 부와 번영을 누렸다. 하드리아누스는 안전한 항구가 없는 이 해안지방에 인공항구를 건설했다. 인구가 많은 이 대도시는 이중의 성벽으로 둘러싸여 고트족의 횡포쯤은 두려워하지 않았으며, 더구나 병력은 평상시의 수비대 외에 1만 명의 증원군에 의해서 강화되었다. 그러나 규율과 경계심의 부족은 그 무엇을 가지고도 보완할 수 없었다. 트레비존드의 수많은 수비대원들은 방탕과 사치에 빠져 이 난공불락의 요새를 지키려고 하지 않았다. 고트족은 이내 수비군의 나태와 태만을 알아채고 야음을 타서 나뭇단을 높이 쌓은 다음 성벽을 기어올라 가서 손에 칼을 들고 무방비 상태의 시내로 들어갔다. 겁에 질린 군인들은 반대편 성문을 통해서 도주하고 대대적인 양민 학살이 뒤따랐다. 신성한 신전과 화려한 건조물들이 무차별 파괴되었다. 고트족이 손에 넣은 전리품은 엄청난 것이었으니, 인근 지방의 재산들이 모두 안전한 피난처를 찾아 트레비존드에 쌓여 있었기 때문이었다. 승리한 야만인들이 아무 저항도 받지 않고 넓은 폰투스 지방을 휩쓸고 다녔기 때문에 포로의 수도 엄청났다. 트레비존드에서 빼앗은 약탈물은 이 항구에 정박해 있던 수많은 배에 가득 실렸다. 해안지방의 건장한 청년들은 사슬에 묶여 노를 저었다. 이렇게 해서 첫번째 해양원정에 성공한 고트족은 크게 만족하여 보스포루스 왕국에 건설한 새로운 본거지로 개선했다.

고트족의 제2차 원정에는 보다 많은 인원과 선박이 동원되었으나, 이번에는 피폐한 폰투스 지방은 거들떠보지도 않고 흑해의 서해안 쪽으로 방향을 돌려 보리스테네스 강[드네프르 강], 드네스트르 강 및 도나우 강의 넓은 하구 앞을 통과했다. 다수의 어선들을 나포하여 함대의 규모를 늘린 고트족은 흑해와 지중해를 연결하면서 유럽과 아시아 두 대륙을 갈라놓는 좁은 해협으로 접근해갔다. 칼케돈의 수비대는 이곳의 유피테르 우리우스 신전 근처에서 이 해협의 입구를 굽어보는 곳[岬] 위에 주둔하고 있었다. 그리고 고트족 침입군은 소규모였기 때문에 병력 수에서는 이 수비대가 고트족을 능가했다. 그러나 수비대가 앞선 것은 병력 수뿐이었다. 그들은 황급하게 그들의 유리한 요충지를 버렸고 무기와 돈이 잔뜩 비축되어 있는 칼케돈 시를 정복자들에게 내주고 말았다. 고트족이 여기서 다음 전쟁터로 바다를 택할까 육지를 택할까 또 유럽으로 갈까 아시아로 갈까 망설이고 있을 때, 어떤 변절한 도망자가 한때 비티니아 왕국의 수도였던 니코메디아를 손가락으로 가리키며 그곳이 풍요하고 정복하기도 쉽다고 말했다. 그는 칼케돈 주둔지에서 불과 60마일 떨어진 그곳까지 행군을 선도하고 공격을 지휘한 후 약탈물을 분배받았다. 고트족은 배반자를 극도로 혐오하면서도 보상을 주는 정책을 터득하고 있었던 것이다. 한때 니코메디아와 번영을 겨루었던 니케아, 프루사, 아파메아, 키오스 등의 여러 도시들도 똑같은 재난을 당했고, 불과 몇 주일 만에 이 재난은 비티니아 주 전체로 걷잡을 수 없이 확대되었다. 이 유순한 아시아의 주민들은 300년 동안 평화를 누리면서 전쟁을 잊은 채 위험에 대한 두려움을 모르고 살아왔다. 옛 성벽들은 모두 헐어버렸고, 부유한 도시들의 세입은 모두 목욕탕, 신전, 극장의 건설비로 충당되었다.

키지코스 시는 미트리다테스의 전력을 다한 공격을 견디어낼 당시에는 사려 깊은 법률과 갤리 선 200척으로 구성된 해군력 그리고 무기, 전쟁용 기기, 곡물을 저장하는 3개의 창고를 자랑하고 있었다. 이 도시는 여전히 부와 사치의 고장이었으나, 옛날의 군사력은 모두 없어졌고 단지 아시아 대륙과 2개의 다리만으로 연결되는 프로폰티스 해[마르마라 해]의 작은 섬에 위치해 있다는 지리적 이점만 그대로 남아 있었다. 고트족은 막 프루사의 약탈을 마치고 이 도시를 파괴하고자 18마일 떨어진 곳까지 진격해 왔으나, 키지코스 시는 운좋게 파멸을 면할 수 있었다. 때마침 우기에 접어들어 올림포스 산(그리스의 올림포스 산과 이름이 같음/역주)의 모든 계곡물이 흘러드는 아폴로 니아테스 호수의 수위가 매우 높아졌고, 그 결과 이 호수에서 시작되는 린다쿠스라는 작은 강이 크게 범람하여 고트족의 진로를 가로막았던 것이다. 고트족은 니케아와 니코메디아에 마구 불을 지르고 나서 비티니아의 약탈물을 실은 수레들을 끌고 그들의 함대가 기다리고 있을 해안도시 헤라클레아(터키의 에레글리/역주)로 퇴각했다. 그들이 퇴각할 수밖에 없도록 만든 어떤 전투가 있었다는 기록도 있으나, 근거가 희박하다. 그러나 고트족이 완전히 승리했다고 하더라도, 그것은 잠시 동안일 수밖에 없었다. 마침 추분이 가까워진 탓으로 그들은 서둘러 돌아가야만 했기 때문이다. 9월과 5월 사이에 흑해를 항해한다는 것은 현대의 투르크인들조차도 매우 경솔하고 어리석은 짓으로 간주하고 있다.

고트족이 보스포루스에서 준비한 제3차 원정대는 500척의 선박으로 구성되었다고 전해지고 있으므로, 우리는 이 막강한 함대의 규모를 쉽게 상상할 수 있다. 그러나 현명한 스트라보(대〔大〕폼페이우스의 아버지/역주)에 의하면, 폰투스와 소(小)스키타이의 야만족들이 사용하던 해적선은 1척에 25-30명을 태울 수 있었으므로, 이 대원정대에 참가한 전사는 1만5,000명 정도였다고 보는 것이 무난할 것이다. 그들은 흑해를 답답하게 느끼며 킴메리아 보스포루스(아조프 해의 출구, 케르치 해협/역주)에서 트라키아 보스포루스(불가리아에서 이스탄불에 이르는 흑해의 서남 해안지방/역주)로 항해했다. 그들은 해협의 중간쯤을 통과하던 중 갑자기 해협 입구로 밀려났으나, 다음 날은 순풍을 타고 몇 시간 만에 호수처럼 잔잔한 프로폰티스 해에 들어섰다. 그들은 키지코스라는 작은 섬에 상륙하자마자 고대의 장려한 도시를 완전히 폐허로 만들었다. 고트족은 여기서 다시 좁은 헬레스폰투스 해협〔다르다넬스 해협〕을 통과하여 바람부는 대로 다도해, 즉 에게 해에 널려 있는 수많은 섬들을 누비고 다녔다. 그들이 배를 타고 그리스 해안과 아시아 해안

곳곳을 노략질하는 데에는 의당 포로와 도망병들의 도움이 크게 필요했을 것이다. 고트족 함대는 마침내 방어준비에 여념이 없는, 아테네에서 5마일 떨어진 페이라이에우스에 상륙했다. 황제의 명령으로 고트족에 대항하여 해안도시들의 요새화 작업에 종사하고 있던 클레오다모스라는 기술자는 실라 시대 이후로 폐허화한 옛 성벽들을 보수하던 중이었다. 그러나 그의 노력도 헛되어 야만족들은 마침내 이 시와 예술의 발상지의 주인이 되고 말았다. 정복자들이 정신 없이 약탈과 방종에 몰두해 있는 동안에 페이라이에우스 항에 빈약한 수비대와 함께 정박해 있던 그들의 함대가 뜻밖에도 용감한 덱시포스의 공격을 받았다. 그는 기술자 클레오다모스와 함께 아테네에서 도망나온 후, 군인과 농민 등의 의용대를 규합하여 자기 나라가 당한 재난을 어느 정도 복수하는 데 성공했다.

그러나 이 전공은 쇠퇴해가는 아테네 시대에 한가닥 체면을 세워주었는지는 몰라도 담대한 북방 침입자들의 기를 꺾어놓기는커녕 오히려 더욱 화를 돋구었다. 그리스 곳곳에서 일제히 거대한 불길이 치솟았다. 전에는 그처럼 서로 큰 전쟁을 벌였던 테베와 아르고스, 코린토스와 스파르타였건만, 이제는 싸움터에 군대를 보내기는커녕 폐허화한 자신들의 요새도 지키기 어려운 지경에 있었다. 전쟁은 육지와 바다에 걸쳐 수니움 곶의 동쪽 끝에서 에페이로스(알바니아 일대/역주)의 서쪽 해안에까지 파급되었다. 나태한 갈리에누스 황제가 이 절박한 위기를 당해 환락의 꿈에서 깨어났을 때, 고트족은 이미 이탈리아를 육안으로 바라볼 수 있는 곳까지 진출했다. 황제가 몸소 무장을 하고 나타나자 적의 기세가 꺾이고 전력이 분열되었던 것 같다. 헤룰리족의 추장 나울로바투스가 유리한 항복조건을 받아들여 수많은 동족을 이끌고 로마 군에 입대한 후 집정관의 직위를 하사받았다. 이 직위가 야만인의 손에 의해서 더럽혀진 것은 그것이 처음이었다. 대다수의 고트족은 험난하고 지루한 항해에 신물이 난 터였으므로, 도나우 강을 건너 자신들의 우크라이나 정착지로 되돌아갈 생각으로 모이시아 지방을 침입했다. 로마 군의 장군들간에 불화가 생겨 야만족들에게 퇴각로를 열어주지만 않았더라도, 이 무모한 계획은 파멸을 면치 못했을 것이다. 이 파괴적 무리의 나머지 소수 부대는 배를 타고 헬레스폰투스 해협과 보스포루스 해협을 거쳐 되돌아갔다. 귀로에 트로이 해안을 약탈한 고트족 정복자들은 호메로스에 의해서 불후의 명성을 얻은 그 토로이를 약탈한 것을 오래 잊지 못했을 것이다. 그들은 안전한 흑해의 내해에 들어서자 곧 하이모스 산 밑에 있는 트라키아의 안키알루스에 상륙하여 쾌적한 온천수에 목욕을 하면서 오랫동안 쌓인 피로를 풀었다. 이제 남은 것이라고는 짧고 쉬운 항해뿐이었다. 이것이 고트족의 해상원정 중에서 가장 규모가 큰 제3차 원정의 자초지종이다.

이 대담한 모험에서 당초 1만5,000명으로 구성되었던 부대가 어느 정도의 손실과 분열을 겪었는지는 짐작하기 어렵다. 그러나 이들 병사의 수는 전투, 난파, 혹서 등의 영향으로 점차 감소했다고 하더라도, 다른 한편 약탈의 기치하에 모여든 도둑떼와 탈주병들 그리고 자유와 복수의 기회를 노리는 게르만족과 사르마타이족 출신의 도망 노예들에 의해서 꾸준히 보충되었다. 이 세 차례의 원정을 통해서 고트족은 명예롭고 위협적인 존재임을 드러냈다. 그러나 고트족의 깃발 아래 싸운 부족들은 이름이 밝혀진 것도 있지만, 그 당시의 불완전한 역사 기록 때문에 혼동된 경우가 많았으며, 특히 야만족 함대들이 타나이스 강[돈 강] 하구에서 출항한 것으로 생각되기 때문에 이 혼성(混成) 원정대에는 막연히 스키타이인이라는 귀에 익은 이름이 붙여지는 경우가 많았다.

인류의 대재해를 이야기할 때에는 아무리 고귀하고 유명한 존재라도 개인의 사망이나 건축물의 파괴 같은 것은 무심히 넘겨버리는 경우가 많다. 그러나 우리는 에페소스에 있던 아르테미스 신전을 잊을 수가 없다. 일곱 차례의 거듭된 재난을 겪으면서도 더욱 화려하게 복구되곤 했던 이 신전이 마침내 고트족의 제3차 원정 때 불타버리고 말았던 것이다. 이 장대한 신전은 그리스의 예술과 아시아의 부가 합작하여 세운 것이었다. 그 건축양식은 이오니아식으로 신전은 127개의 대리석 기둥이 받치고 있었다. 하나하나가 독실한 군주들이 헌납한 이 기둥들의 높이는 모두 60피트에 달했다. 제단은 프락시텔레스의 걸작 조각품들로 장식되어 있었는데, 조각의 내용은 그 지역에서 사랑받는 신화에서 고른 것으로서 아마도 레토 신의 출산, 외눈박이 거인 키클롭스를 죽인 뒤의 아폴로 신의 은둔, 정복당한 아마존족에 대한 디오니소스 신의 관용 같은 내용이었을 것이다. 그러나 이 에페소스 신전의 길이는 불과 425피트로서 로마의 성 베드로 성당의 3분의 2 정도밖에 안 되었으며, 그밖에도 근대 건축물의 걸작에 비해서 더욱 뒤떨어지는 것이었다. 옆으로 팔을 벌린 기독교의 십자가는 직사각형의 이교도 신전보다 훨씬 더 큰 폭을 요구한다. 고대에는 아무리 대담한 예술가일지라도, 로마의 판테온처럼 큰 돔을 세우라고 하면 놀라 뒤로 자빠졌을 것이다. 그러나 에페소스의 이 아르테미스 신전은 세계의 불가사의의 하나로 감탄의 대상이 되었다. 페르시아, 마케도니아, 로마 등 여러 제국들은 이 성소를 존중하여 그 장려함을 찬양했다. 그러나 발트 해에서 온 이 막된 야만인들은 우아한 예술을 감상할 줄 몰랐고, 이국의 미신이 주는 관념적 공포심을 경멸했다.

최근의 어떤 궤변가가 꾸며낸 이야기라는 의심이 가기는 하지만, 고트족의 침입과 관련하여 또 한 가지 주목할 만한 상황이 전해지고 있다. 즉 고트족은 아테네를 약탈하던 중에 도서관의 책들을 모두 모아 이 아테네 학문의 업적에 불을 지르려고 했으나, 때마침 그들 중에서 식견이 있는 어떤 족장이 나서서 그리스인들이 책 읽는 일에 몰두하는 동안은 결코 군사훈련을 할 수 없을 것이라는 의미 있는 말로 그들을 설득했다고 하는 이야기이다. 강대한 문명국가들에서는 각 분야의 천재가 모두 비슷한 시기에 나타났으며, 학문의 시대는 군사적 덕망과 승리의 시대와 일치하는 것이 일반적이다.

4 페르시아인/ 페르시아에서는 새로운 군주 아르데시르(재위 226?-41년)와 그의 아들 샤푸르 1세(재위 241-72년)가 아르사케스 왕가와 싸워 이겼다. 이 고대 왕가의 군주들 중에서 생명과 독립을 유지한 것은 오직 아르메니아 왕 코스로에스뿐이었다. 그는 자기 나라의 유리한 입지조건과 끊임없이 찾아오는 도망병과 불평분자들, 로마와의 동맹관계 그리고 무엇보다도 자신의 용기에 의지하여 자신을 방어했다. 그는 30년간의 항쟁기간 중에도 막강한 무력을 유지하고 있었지만, 결국은 페르시아의 샤푸르가 보낸 밀사에게 암살되고 말았다. 왕국의 자유와 위엄을 고수하려는 아르메니아의 애

국적인 태수들은 법적인 후계자 티리다테스를 위해서 로마에 보호를 간청했다. 그러나 티리다테스는 아직 어렸고 동맹군은 멀리 떨어져 있었으며 페르시아 왕은 막강한 군대를 거느리고 국경을 향해서 진격해 오고 있었다. 나라의 장래 희망인 어린 티리다테스는 다행히 어떤 충성스러운 종복에 의해서 구출되었고 이렇게 해서 아르메니아는 어쩔 수 없이 페르시아 왕국의 한 속령으로 27년간 존속하게 되었다. 이 손쉬운 정복에 기고만장한 샤푸르는 로마인들의 재난과 타락을 틈타 카르라에와 니시비스의 강력한 수비대들을 굴복시키고 파괴와 위협을 유프라테스 강 양쪽으로 확산시켰다.

중요한 변방의 상실과 충성스러운 동맹국의 몰락 그리고 야심만만한 샤푸르의 급속한 성공에 직면하여 로마는 위험을 느낀 것은 물론이고 뼈아픈 모욕감을 느꼈다. 발레리아누스 황제는 빈틈없는 그의 막료들이 라인 강과 도나우 강의 안전을 충분히 지켜줄 것이라고 자위했지만, 유프라테스 강의 방위를 위해서는 고령에도 불구하고 친정해야겠다고 결심했다. 그가 소아시아를 통해서 진군하는 동안은 고트족의 해상원정도 주춤하여 피폐한 이곳 속주는 겉으로는 일시적인 평온을 누렸다. 그는 이윽고 유프라테스 강을 건너 에데사 성벽 근처에서 페르시아 왕과 조우한 끝에 싸움에 져서 샤푸르에게 포로로 잡혔다(260년).

이 굴욕적인 대사건에 관한 구체적인 기록은 애매하고 불완전하지만, 우리는 로마 황제가 수차례 경솔한 과오를 저질러 화를 자초했으리라고 어렴풋이 짐작할 수 있다. 그는 근위대 대장 마크리아누스를 맹신하고 있었다. 그러나 이 무능한 신하는 주인인 황제를 오직 백성들을 억압하는 일에만 강하고 로마의 적에게는 경멸받을 만한 인물로 만들었던 것이다. 그의 엉터리 진언에 따라 황제의 군대는 용맹도 기술도 아무 소용이 없는 처지에 빠지고 말았다. 로마 군은 무모하게 페르시아 군의 정면을 돌파하려고 시도했으나, 대량 살육을 당한 채 격퇴되었고, 샤푸르는 우세한 병력으로 로마 군 진영을 포위한 채 기아와 질병이 기승을 부려 자신의 승리를 확인해줄 때까지 참을성 있게 기다렸다. 로마 군단 내에 이와 같은 재앙이 모두 발레리아누스 때문이라는 불평의 소리가 일어났고 난동자들이 즉각적인 투항을 요구하

발레리아누스의 항복을 받아들이는 샤푸르 1세

고 나섰다. 로마 군은 치욕적인 퇴각을 승인받기 위해서 거액의 금을 주겠다고 제의했다. 그러나 자신의 우세를 확신한 페르시아 왕은 이 제의를 단호히 거부하고 사신들을 억류한 후 로마 군의 성벽 바로 밑까지 전투대형으로 전진하여 로마 황제와의 직접 담판을 요구했다. 발레리아누스는 자신의 목숨과 위엄을 적의 신의에 내맡겨야만 하는 처지로 전락하고 말았다. 회담은 예상했던 대로 끝났다. 황제는 포로가 되고 겁에 질린 그의 군대는 무장해제를 당했다. 이 승리의 순간에 현명한 샤푸르는 자기 마음대로 조종할 수 있는 후계자를 공석이 된 로마 황제 자리에 앉히도록 촉구했다. 모든 악덕을 고루 갖춘 안티오크의 비천한 도망자 키리아데스가 로마 황제의 옥좌를 더럽힐 인물로 선택되었다. 포로가 된 로마 군대는 승자인 페르시아 왕의 이 뜻을 마지못해 환호로써 비준할 수밖에 없었다.

　노예 황제(발레리아누스)는 주인의 환심을 사기 위해서 자기 나라에 대한 반역행위를 열심히 했다. 그의 안내로 샤푸르는 유프라테스 강을 건넌 후 칼키스를 거쳐 동방의 대도시(안티오크)로 향했다. 페르시아 기병대의 이동이 매우 신속했기 때문에, 어떤 명철한 역사가의 말을 그대로 믿는다면, 안티오크 시민들은 한가하게 극장공연을 구경하고 있다가 기습을 당했을 정도였다. 안티오크의 화려한 건물들은 개인가옥이건 공공건물이건 모두 약탈, 파괴되었고 수많은 주민들이 칼에 찔려 죽거나 포로로 끌려갔다. 이와 같은 약탈은 에메사 신전의 대제사장의 용단 덕분에 잠시 중단되었다. 그는 성직자의 법의를 차려입고 투석기(投石器)만으로 무장한 채 광신적인 농민들의 선두에 서서 조로아스터 교도들의 더러운 손으로부터 자신의 신과 재산을 지켰다. 그러나 타르소스 등 여러 도시들의 폐허를 보면, 페르시아 군은 시리아와 킬리키아를 정복하는 동안에 애석하게도 이 한 차례의 사건만 제외하고는 거의 방해받지 않았음을 말해주고 있다. 타우루스 산의 좁은 통로는 기병대를 주축으로 하는 침입군이 통과하려면 불리한 전투를 해야만 하는 곳인데도, 이러한 지형적 이점도 활용하지 못했다. 따라서 샤푸르는 카이사리아를 포위할 수 있었다. 카파도키아의 수도인 카이사리아에는 (비록 2급 도시이기는 했지만) 약 40만 명의 주민이 살고 있었던 것으로 추정된다. 이곳을 다스리던 장교 데모스테네스가 황제의 명령 때문이라기보다는 자발적인 국토방위를 위해서 이곳을 지휘했다. 그는 오랫동안 도시의 함락을 저지시켰으나, 한 의사가 배신함으로써 마침내 카이사리아가 넘어가자 그는 자신을 생포하려고 최대의 경계를 하고 있는 페르시아 군을 뚫고 탈출했다. 잡혔더라면 불굴의 용맹 때문에 영예를 얻거나 그렇지 않으면 엄벌에 처해졌을 이 영웅적인 지휘자는 탈출하는 데에는 성공했지만, 수많은 그의 동포 시민들은 대량 학살을 당하게 되었다. 더구나 샤푸르는 그날 잡힌 포로들을 무자비하게 학살했다는 비난을 받고 있다. 의심할 바 없이 여기에는 민족적 원한이 크게 작용했을 것이고 또 상처받은 자존심과 약자의 복수심 같은 것이 작용했을 것이지만, 어쨌든 전체적으로 볼 때 아르메니아에서 관대한 입법자임을 과시했던 샤푸르가 로마인들에게는 엄격한 정복자의 모습을 드러냈던 것이다. 그는 로마 제국 안에 어떠한 영구적 시설도 지을 생각을 하지 않았고, 오직 황량한 사막만을 남겨놓고자 이 지방의 사람과 재화를 모두 페르시아로 이동시켰다.

동방의 속주가 모두 샤푸르의 이름만 들어도 떨고 있을 무렵, 그에게 대

왕이 받기에 부끄럽지 않은 선물이 도착했다. 그것은 가장 진기하고 값진 물건을 가득 실은 기다란 낙타 행렬이었다. 이 풍성한 공물에는 팔미라(시리아의 내륙 오아시스 도시/역주)의 귀족이며 부유한 원로원 의원인 오데나투스가 보내온 정중하면서도 비굴하지 않은 편지가 첨부되어 있었다. "오데나투스란 자는 누군가?" 오만한 승리자는 다음과 같이 말하면서 그 선물들을 유프라테스 강에 내버리도록 명령했다. "자기 주인에게 이처럼 무엄하게 편지를 보내온 오데나투스란 자는 누군가? 처벌을 가볍게 해주기를 바라거든 두 손을 뒤로 묶고 짐의 옥좌 앞에 엎드려 빌라고 일러라. 만일 주저한다면 그의 머리와 그의 온 종족과 그의 나라에 지체 없이 파멸을 내리겠노라." 절망적인 궁지에 몰린 이 팔미라인은 죽음을 무릅쓰고 행동으로 나설 수밖에 없었다. 그는 결국 샤푸르를 만나게 되는데, 그것은 무장을 한 채로였다. 그는 시리아의 부락들과 사막의 천막촌에서 모은 소규모 군대에다 자신의 기백을 불어넣은 후 페르시아 군대 주변에 출몰하면서 그들의 퇴각을 방해하고 보물의 일부를 약탈했으며 그리고 보물보다 더 값진 대왕의 애첩 몇명까지도 앗아갔다. 마침내 샤푸르는 어느 정도 낭패한 모습으로 서둘러 유프라테스 강을 건너 되돌아갈 수밖에 없었다. 오데나투스는 이 전공을 토대로 하여 나중에 큰 명성과 행운을 얻게 되었다. 한 페르시아인에 의해서 짓밟혔던 로마의 영광이 팔미라의 한 시리아인, 곧 아랍인에 의해서 보호되었던 것이다.

  원래가 증오나 아첨의 소리에 불과한 경우가 많은 역사의 평가는 샤푸르가 정복자의 권리를 거만하게 남용했다고 비난하고 있다. 기록에 의하면 발레리아누스는 황제의 자주색 옷을 그대로 입은 채 사슬에 묶여 군중 앞에 웃음거리로 내세워졌으며, 또 페르시아 왕은 말을 탈 때마다 이 로마 황제의 목을 밟고 올랐다고 한다. 샤푸르는 그의 동맹국들이 그에게 운명의 변화무쌍함을 상기하라고 거듭 충고하고 또한 로마가 다시 강해질 것을 두려워하여 그의 고귀한 포로를 평화의 인질로 삼되 모욕의 대상으로 삼지 말라고 거듭 충고했지만, 이러한 충고에 끄떡도 하지 않았다. 발레리아누스가 수치심과 고통에 못 이겨 사망하자 샤푸르는 그의 몸 속에 짚을 넣어 사람의 형상처럼 만든 다음 이것을 페르시아의 가장 유명한 신전에 대대로 보존토록 했다. 이는 허영심 많은 로마인들이 청동과 대리석으로 만든 가공의 전승기념물보다 더한층 실감나는 기념물이었다는 것이다. 이 이야기는 교훈적이면서도 감상적이지만, 그 진위는 매우 의문시된다. 동방의 군주들이 샤푸르에게 보냈다고 하는 현존하는 편지들은 분명히 위작들이다. 또한 아무리 질투심이 강한 군주라고 하더라도 그리고 적대자의 유해에 대해서라고 하더라도, 국왕의 존엄을 그처럼 공개적으로 능욕했으리라고는 생각되지 않는다. 불운한 발레리아누스가 실제로 페르시아에서 어떠한 대우를 받았건간에 한 가지 확실한 것은 그가 적에게 사로잡혀 절망적인 포로생활로 일생을 마친 유일한 로마 황제였다는 사실이다.

오랫동안 공동 통치자인 아버지의 잔소리에 짜증이 나 있던 갈리에누스 황제는 아버지가 당한 불행을 보고받고 속으로는 기뻐하면서 겉으로는 냉정함을 나타냈다. 그는 이렇게 말했다. "나는 내 아버지도 언젠가 죽을 수밖에 없는 하나의 인간임을 알고 있었다. 다만 그분이 용기 있는 사람답게 행동했으니, 나는 만족한다." 온 로마가 군주의 죽음을 한탄하고 있을 때, 궁정의 비굴한 신하들은 그 아들의 이와 같은 잔인한 냉담을 영웅적이고 스토아 철학적인 의연한 태도라고 극찬하고 있었다.

갈리에누스가 단독 황제가 된 직후에 보여준 부박하고 변덕스럽고 일관성 없는 성격을 일일이 묘사하기는 어렵다. 그는 그가 시도한 모든 분야에서 천재성을 발휘했다. 그러나 그의 천재성은 판단력을 결하고 있었으므로, 그는 전쟁과 통치라는 중요한 분야에서만은 천재성을 발휘하려고 하지 않았다. 그는 몇 가지 진기하면서도 쓸모없는 학문에 통달했고, 즉석 웅변가에 우아한 시인이었고, 솜씨 좋은 정원사, 우수한 요리사였으되, 극히 보잘 것 없는 군주였다. 그가 친히 돌봐야 할 국가적인 비상사태가 일어났을 때에도, 그는 철학자 플로티노스와 대화를 나누면서 사소하고 방자한 쾌락으로 시간을 헛되이 보내거나, 그리스의 비교(秘敎)에 입문할 준비를 하거나, 아니면 아테네의 아레오파고스 언덕(고대 아테네의 최고 법정/역주)에 자기 자리를 마련해달라고 간청했다. 그는 사치스럽고 화려한 생활로 일반인들의 빈곤을 모욕했으며, 자신의 업적을 짐짓 조롱하여 백성들이 더한층 수치심을 느끼도록 만들었다. 그는 거듭되는 침입, 패전, 반란의 보고를 미소로 받아들였고, 빼앗긴 영토의 특정한 산물을 대수롭지 않은 듯 열거해가며 이집트의 아마 포나 갈리아의 아라스 천이 공급되지 않는다고 로마가 망하겠느냐고 경솔한 질문을 던지곤 했다. 그러나 갈리에누스의 일생에도 잠시 동안 어떤 모욕을 참지 못해 갑자기 용맹스러운 군인이나 잔인한 폭군으로 변신할 때가 몇 차례 있었다.

갈리에누스(재위 253-68년)

그러나 피를 충분히 보거나 저항에 심신이 피로해지게 되면, 어느 틈엔가 갈리에누스는 다시 원래의 우유부단하고 나태한 자신의 성격으로 되돌아가는 것이었다.

이처럼 방만한 사람이 통치의 고삐를 쥐고 있었으니, 로마의 각 속주에서 수많은 찬탈자들이 일어나서 발레리아누스의 아들에게 대항했다는 것은 놀라운 일이 아니다. 아테네의 30인 참주(僭主)를 로마에 그대로 적용하는 것이 그럴 듯하다고 생각했던지 로마 황제들의 역사를 쓴 집필자들은 이 30이라는 유명한 숫자를 그대로 택했고, 이 때문에 점차 이 숫자가 일반에게 통용되기에 이르렀다. 그러나 아무리 보아도 이와 같은 비교는 근거 없는 탈선이다. 한 도시를 공동으로 억압한 30인 회의(기원전 400년경 아테네는 30인의 참주들이 공동으로 공포정치를 폈다/역주)와 방대한 제국 곳곳에서 제멋대로 흥망을 거듭한 개별 경쟁자들의 불확실한 명단 사이에 도대체 어떤 유사성을 발견할 수 있단 말인가? 더구나 황제의 칭호를 받은 아녀자들까지 모두 포함시키지 않으면, 결코 30이라는 숫자는 나오지 않는다. 갈리에누스 황제의 통치기간은, 비록 산만하기는 했지만, 황제 참칭자를 19명밖에 산출

데키우스, 갈루스, 에밀리아누스, 발레리아누스, 갈리에누스, ······ 169

하지 못했다. 즉 동방의 속주에는 키리아데스, 마크리아누스, 발리스타, 오데나투스 및 제노비아, 갈리아와 서부 속주들의 포스투무스, 롤리아누스, 빅토리누스와 그의 어머니 빅토리아, 마리우스 및 테트리쿠스, 일리리쿰과 도나우 강 유역의 인게누우스, 레길리아누스 및 아우레올루스, 폰투스의 사투르니누스, 이사우리아의 트레벨리아누스, 테살리아의 피소, 아카이아의 발렌스, 이집트의 아이밀리아누스, 아프리카의 켈수스 등이었다. 이들 각 개인의 생사에 관한 옛 기록을 살펴보는 것은 참으로 고된 일이다. 따라서 여기에서는 시대 상황과 인간의 성품, 주장, 동기, 운명 및 그들의 찬탈이 가져온 파괴적 결과 등을 가장 잘 보여주는 몇 가지 일반적인 특성만을 살펴보기로 한다.

고대인들이 참주(tyrannus)라는 가증스러운 호칭을 사용할 때, 그것은 최고 권력의 불법적 장악을 가리키기 위한 것이며 그 권력의 남용을 가리킨 것이 아니라는 점은 잘 알려져 있다. 실제로 갈리에누스 황제에 대항하여 반기를 든 몇몇 참주들은 모범적인 덕망가들이었으며, 또 그 대부분은 상당한 용맹성과 능력을 가진 사람들이었다. 그렇기 때문에 그들은 발레리아누스의 총애를 받아 점차로 로마 제국의 중요한 지휘관으로 승진한 사람들이었다. 아우구스투스라는 칭호를 사용한 장군들은 각기 재능 있는 행동과 엄격한 규율로 인해서 자신의 군대로부터 존경을 받거나, 그 용맹성과 승전으로 인해서 찬양을 받거나 또는 그 솔직함과 관대함으로 인해서 사랑을 받은 사람들이었다. 그들은 전쟁에 승리한 바로 그 현장에서 황제로 선출된 경우가 많았으며, 심지어 이 모든 황제 후보자들 중에서도 가장 경멸할 만한 인물이었던 대장장이 마리우스조차도 대담한 용기, 비할 데 없는 체력 그리고 꾸밈없는 정직성으로 두각을 나타낸 사람이었다. 그가 가지고 있던 비천한 직업이 그의 황제 등극을 웃음거리로 만든 것은 사실이지만, 그의 혈통은 농민으로 태어나서 사병으로 군대에 입대한 대부분의 그의 경쟁자들에 비해서 결코 뒤떨어지는 것이 아니었다. 혼란한 시대의 활동적인 천재들은 신이 정해준 자리를 찾아나서게 되는 법이다. 일단 전쟁상태가 되면, 군사적 능력을 가진 사람이 영광과 고귀함을 차지하게 된다. 19명의 참주들 중에 원로원 의원은 테트리쿠스 한 명뿐이었고, 귀족도 피소 한 명뿐이었다. 칼푸르니우스 피소는 누마의 28대 손이며, 모계로는 크라수스와 대(大)폼페이우스의 조각상을 집안에 진열할 권리를 주장할 수 있는 처지였다. 그의 선조들은 공화국이 수여할 수 있는 모든 영예를 두루 누렸으며, 로마의 모든 옛 명문들 중에 황제들의 폭정에서 살아남은 것은 칼푸르니우스의 가문뿐이었다. 피소의 개인적 성품은 그의 가문을 더욱 빛나게 했다. 자신의 명령으로 피소를 살해한 찬탈자 발렌스도 깊은 한탄 속에서 피소의 고결함은 비록 적이라고 하더라도 존경하지 않을 수 없었다고 고백한 바 있다. 피소는 갈리에누스에 대항하여 싸우다가 죽었지만, 원로원은 관대한 황제의 허락을 받아 이 덕망 높은 반역자에게 승리의 훈장을 추서했다.

발레리아누스의 막료들은 그에게 감사하고 또 그를 존경했다. 그러나 그들은 사치스럽고 나태한 그의 부끄러운 아들(갈리에누스)은 섬길 가치가 없다고 생각했다. 로마 세계의 황제는 충성심의 뒷받침을 받지 못하게 되었고 따라서 그러한 황제에 대한 반역은 국가에 대한 애국심으로 생각되기 십상이었다. 이 찬탈자들의 행동을 공평하게 검토해보면 그들이 반란을 일으킨 것은 야심 때문이라기보다는 공포심 때문인 경우가 훨씬 더 많았다는 것을 알 수 있다. 그들은 잔인한 갈리에누스 황제의 의심을 두려워했으며 이에 못지 않게 변덕스러운 휘하 군인들의 폭력도 두려워했다. 위험스럽게도 경솔한 군인들에 의해서 일단 제위에 오를 만한 사람이라고 추천을 받게 되면 그는 어차피 죽을 수밖에 없는 운명이기 때문에, 설사 신중한 자라고 할지라도, 잠시나마 제권을 획득하고자 했을 것이며 그리고 사형집행인의 손을 기다리기보다는 차라리 목숨을 걸고 싸워보려고 했을 것이다. 군인들의 간청에 의해서 마지못해 제위에 오르게 된 희생자들은 남몰래 자기에게 닥쳐올 운명을 한탄하는 경우도 많았다. 사투르니누스는 황제로 등극한 날 신하들에게 이렇게 말하고 있다. "그대들은 유능한 지휘관을 잃었다. 그리고 매우 비참한 황제를 만들었다."

사투르니누스의 우려는 거듭된 쿠데타의 경험에 의해서 실증되었다. 갈리에누스의 치세 중에 출현한 19명의 참주들 중에서 평화로운 삶을 누린 자나 제 명에 죽은 자는 한 사람도 없었다. 그들은 피묻은 황제의 자주색 옷을 입는 그 순간부터 자기의 지지자들에게 자기가 반란을 일으켰을 때와 똑같은 공포심과 야망을 불러일으키게 되었다. 내부의 음모와 군대의 반란 그리고 내란에 둘러싸여 있던 그들은 한동안 절벽 끝에 선 기분으로 불안에 떨다가 결국은 패배하기 마련이었다. 그러나 이 불안정한 황제들은 각기 자기 군대나 속주들로부터 온갖 영예와 아첨을 받았다. 다만 그들의 주장이 반역에 기초한 것이기 때문에 법률이나 역사의 인정을 받을 수는 없었다. 이탈리아와 로마 시 그리고 원로원은 항상 갈리에누스의 대의를 지지했고 오직 그만을 황제로 인정했다. 갈리에누스는 실제로 오데나투스의 무공을 인정했는데, 그것은 그가 발레리아누스의 아들인 자기에게 항상 정중히 대함으로써, 이런 영예를 받을 만했기 때문이었다. 원로원은 갈리에누스의 승인을 얻어 로마인들의 거국적인 박수갈채 속에 이 용감한 팔미라인에게 아우구스투스의 칭호를 수여했다. 그리고 원로원은 오데나투스에게 동방의 통치권도 위임했던 것 같은데, 사실은 그는 이 통치권을 이미 독자적으로 보유하고 있었으며 나중에는 마치 사적인 상속물처럼 아내인 유명한 제노비아에게 물려주었다.

    인류의 커다란 재난 속에서도 냉담함을 유지할 수 있는 철학자가 있다면, 그러한 철학자는 오두막집에서 옥좌로 그리고 옥좌에서 무덤으로 이어지는 이 급속하고 끊임없는 변천과정을 재미있게 생각할 수 있을 것이다. 그러나 이처럼 불안정한 황제들의 선출과 권력 그리고 죽음은 모두 그들의 신하와 지지자들에게 똑같이 파멸을 가져다주었다. 그들은 즉위하는 즉시 목숨을 걸고 자신을 황제로 뽑았던 군대에 거액의 하사금을 내렸는데, 그것은 피폐한 시민으로부터 거두어들인 것이었다. 그들은 아무리 덕망 높은 인격의 소유자라고 하더라도, 아무리 순수한 의도를 가진 사람이라고 하더라도 결국은 자기들이 찬탈한 지위를 지탱하기 위해서 빈번하게 약탈과 잔혹행위를 자행할 수밖에 없다는 냉혹한 현실을 외면할 수 없었다. 그들이 몰락하면 휘하의 군대와 속주들도 함께 몰락했다. 일리리쿰에서 황제를 참칭한 인게누우스를 진압한 후 갈리에누스가 그의 어느 막료에게 보낸 극히 잔인한 내용의 명령서가 지금도 남아 있다. 느슨하면서도 실상은 냉혹한 이 군주는 이렇게 쓰고 있다. "무기를 들고 나타난 자들만 몰살한다는 것은 충분치 않다. 전투의 가능성도 근절시켜야 한다. 나이를 불문하고 모든 남자를 멸종시켜야 한다. 단지 어린이와 노인을 처형할 때에는 짐의 명망을 해치지 않는 방법을 적절히 강구해도 좋다. 짐, 발레리아누스의 아들이며 모든 군주의 아버지요 형인 짐에 대해서 적대적인 말을 입에 담았거나 그러한 생각을 품었던 자들도 모두 죽이도록 하라. 인게누우스가 황제를 칭했던 자임을 잊지 말고 그를 찢어 죽여서 토막을 내도록 하라. 짐이 경에게 친필로 이 글을 쓰는 것은 짐의 감정을 경이 마음으로 느끼도록 하기 위함이다." 국가의 군대가 사적인 싸움을 위해서 힘을 소모하고 있는 동안에 무방비 상태의 속주들은 온갖 침입자들에게 노출되었다. 용감한 찬탈자라고 해도 자신이 궁지에 몰려 공동의 적과 굴욕적인 조약을 맺지 않을 수 없었으며, 힘에 겨운 공물을 바치고 야만족의 중립이나 도움을 구하고, 나아가서는 로마 제국의 심장부에 적대적인 독립 민족들을 끌어들이지 않을 수 없었다.[3] 인간은 우주의 질서를 인간의 운명과 결부시켜 생각하는 습관이 있거니와 역사적으로 우울했던 이 시기에도 홍수, 지진, 이상기후, 불가사의한 암흑 등의 여러 가지 이변이 일어났다고 전해진다. 그러나 이 시기의 보다 심각한 재난은 장기간에 걸친 흉작과 대기근이었다. 그것은 당장의 수확물과 장래의 수확 가능성을 앗아간 약탈과 억압의 필연적 결과였다. 기근이 들면 부족하고 불결한 음식 때문에 거의 언제나 전염병이 뒤따랐다. 그러나 250년에서 265년에 걸쳐 로마 제국의 모든 속주와 도시 그리고 거의 모든 가정을 휩쓸었던 맹렬한 역병에는 또 다른 어떤 이유가 있었을 것이다. 로마 시에서만도 한동안 매일 5,000명씩 죽었으며, 야만족의 침입을 면한 도시들에서도 인구가 전멸한 경우가 많았다.

　인류의 재난에 관한 우울한 계산방법에 도움이 될 만한 한 가지 진기한 상황이 알려져 있다. 알렉산드리아에는 곡물배급을 받을 자격이 있는 전체

---

3) 원문은 시칠리아, 알렉산드리아, 소아시아의 이사우리아 주에서 일어난 3가지 전형적인 내란을 간단히 설명했으나, 여기서는 생략한다/편집자 주.

시민의 명단을 기재한 대장이 비치되어 있었다. 명단을 보면 40세에서 70세에 이르는 인구는 갈리에누스 치세가 끝난 후까지 살아남은 14세에서 80세까지의 배급 신청자의 수와 동일했음을 알 수 있다. 근거가 확실한 이 사실을 정확한 사망률표에 적용해보면, 알렉산드리아 주민의 절반 이상이 사망했음을 분명히 입증할 수 있게 된다. 한걸음 더 나아가서 이 유추를 다른 지방에까지 연장해보면, 전쟁, 질병 및 기근으로 인해서 불과 몇년 동안에 인류의 절반이 사망했다는 추측도 가능하다.

로마 제국은 놀라운 힘과 생명력이 발휘되어, 원문의 다음 2개 장에서 기술된 클라우디우스 황제[4] 이후의 여러 통치자들의 치세에서는 뚜렷이 회복 국면을 맞이했다. 갈리에누스가 몰락한 후 —— 휘하 군인들의 손에 의해서 몰락했음은 말할 필요도 없다 —— 그의 후계자(클라우디우스 2세. 재위 268-70년/역주)가 이룩한 첫번째 공적은 흑해를 중심으로 지중해의 유럽 및 아시아 쪽 해안지방을 휩쓴 대규모 고트족 무리로부터 로마 제국을 구출한 것이었다. 고트족이 전쟁, 질병 및 기아로 인해서 거의 완전히 몰락하게 되자, 그 지역에 정착할 생각을 어느 정도 가지게 되었던 로마 병사는 수많은 포로들 중에서 각기 2, 3명의 여자노예를 배정받았다. 그러나 고트족을 휩쓸었던 전염병이 클라우디우스의 목숨까지도 앗아가자(270년), 제위는 아우렐리아누스라는 탁월한 장군에게 넘어가게 되었다.
아우렐리아누스(재위 270-75년)가 해야 할 첫번째 과제는 클라우디우스의 사망 후에 더욱 많은 병력을 끌고 되돌아온 고트족 문제를 최종적으로 타결짓는 것이었다. 한 차례 결말 없는 무력시도가 있은 후에 이 문제는 협상에 의해서 타결되었다. 그 결과 로마는 도나우 강 건너편의 다키아 지방을 고트족 정착민에게 내주었고, 다키아에 잔류하는 로마인들은 고트족을 개화시키는 보람 있는 일을 떠맡게 되었다. 아우렐리아누스는 이어 이탈리아에 대한 알레만니족의 대대적인 침략에 대처해야만 했다. 알레만니족은

---

[4] 로버트 그레이브스가 역사소설로 다룬 앞의 무능한 클라우디우스 황제와 혼동하지 말 것(여기서 언급한 유능한 황제는 흔히 클라우디우스 2세라고 부른다/역주)/편집자 주.

몇 차례 석연치 않은 교전을 벌인 끝에 패주했으나, 그들이 퍼뜨린 공포심 때문에 수세기 만에 처음으로 로마 시를 요새화하려는 진지한 노력이 이루어지게 되었다.

고트족에 대한 클라우디우스의 최초의 승리는 빈약한 자원에 의해서 이루어진 것이었으므로 더욱 값진 것이었다. 그에 앞서 갈리아, 에스파냐 및 브리타니아의 실권은 몇년 동안 테트리쿠스라는 찬탈자가 장악하고 있었고, 이집트와 소아시아의 로마 속주들은 오데나투스의 미망인인 —— 주목할 만한 여자인 —— 제노비아가 통치하고 있었다. 아우렐리아누스는 이 조각난 제국의 영토들을 회수하는 일에 착수했다. 테트리쿠스는 자신의 패배를 감수했으나, 제노비아는 오랫동안 저항하다가 마침내 패배하고 포로로 잡혔다. 제노비아는 만인의 주목을 받으며 (그 여자는 보석의 무게에 짓눌려 몸을 가누지 못할 정도였다) 로마로 압송되었는데, 이것은 아마도 역대 로마 황제가 이룩한 개선 중에서 가장 훌륭한 것이었을 것이다. 제노비아와 테트리쿠스는 모두 풍요하고 편안한 생활을 하다가 제 명에 죽을 수 있도록 허용되었으나, 아우렐리아누스 자신은 간악한 비서관의 계교 때문에 살해되었다. 금품강요죄로 고소당한 이 비서관은 이른바 처형대상자 명단을 위조하여 군인들을 선동했는데, 이 명단에 오른 일단의 장교들이 275년 아우렐리아누스를 살해했던 것이다.

아우렐리아누스의 사망 후에는 "인류 역사상 가장 분명히 입증되면서도 믿어지지 않는 사건"이 벌어졌다. 군대는 "마치 권력행사에 싫증이 난 것처럼" 원로원에 새 황제의 선출을 끈질기게 간청했고 원로원은 군대 쪽에서 황제를 선출하도록 고집했던 것이다. 이렇게 해서 "군주도 없고 찬탈자도 없고 반란도 없는" 8개월이 지나간 끝에 마침내 원로원이 위대한 역사가의 후손으로서 연로하고 탁월한 원로원 의원인 타키투스를 황제로 선출했다 (275년 9월). 그러나 타키투스는 과로로 인해서 즉위한 지 불과 6개월 만에 사망했다. 그후 잠시 동안 그의 동생이 공위(空位) 기간을 메우다가 서기 276년 프로부스 장군이 뒤를 이었다.

프로부스 황제(재위 276-82년)는 6년이라는 짧은 재위 기간 동안에 일련

데키우스, 갈루스, 에밀리아누스, 발레리아누스, 갈리에누스, …… 175

타키투스(재위 275-76년)

의 야만족 침입을 격퇴하고 몇 차례의 군대반란을 진압했으며, 심지어 로마 제국에 어느 정도 평화를 되찾아주기도 했다. 그러나 열성이 지나쳐 군인들을 토목공사(황제의 출생지 부근 늪지의 배수공사)에 동원한 것이 화근이 되어 갑자기 반란이 발생하여 암살당하고 말았다. 그의 후계자인 카루스 황제(재위 282-83년)는 페르시아를 상대로 성공적인 전쟁을 벌이던 중에 사망했는데, 아마도 벼락을 맞은 것 같다. 고대인들은 벼락을 두려워하는 미신이 있었기 때문에 그의 사후 로마 군은 즉시 페르시아 원정을 중단하고 철수했다.

로마 군이 티그리스 강 유역에서 귀국하는 데에는 여러 달이 걸렸는데, 그동안 카루스의 큰 아들인 카리누스는 로마 시민의 환심을 사기 위해서 대규모 축제를 벌이는 한편 자신은 난잡한 환락에 빠져 지냈다. 로마에 귀환한 군대는 디오클레티아누스(재위 284-305년)라는 장군을 황제로 선출했다. 그후 계속된 싸움에서 카리누스의 군대가 승리하는 듯했으나, "그에게 아내를 농락당한 어떤 호민관이 복수의 기회를 포착하여 이 간음자를 일격에 쓰러뜨림으로써" 내란에 종지부를 찍었다. 이렇게 해서 후기 로마 황제들 중에서 가장 야심 많고 성공적인 개혁가인 디오클레티아누스가 집권하게 되었다(284년).

제6장
(285-313년)

디오클레티아누스와 그의 3명의 동료 막시미아누스,
갈레리우스 및 콘스탄티우스의 통치
전반적인 질서와 평온의 회복
페르시아 전쟁, 승리 및 개선
새로운 통치방식
디오클레티아누스와 막시미아누스의 퇴위 및 은퇴[1]

디오클레티아누스는 출신이 모호하고 비천했지만, 그의 통치는 그 어떤 전임자들보다도 더 빛났다. 종전에는 귀족이라는 인간의 관념적 특권보다는 재능이나 힘에 대한 강력한 요구가 우선하는 경우가 많았다. 그러나 자유인과 노예 간에는 분명한 선이 그어져왔다. 디오클레티아누스의 부모는 로마의 원로원 의원인 아눌리누스의 집에서 노예로 일했다. 디오클레티아누스 자신도 어머니의 출신 지역인 달마티아(유고슬라비아 서해안 지방/역주)의 작은 도시에서 따온 그의 이름말고는 다른 이름을 가지고 있지 않았다(도시 이름은 드클레아. 그의 본래 이름은 디오클레스였으나, 로마식으로 부르기 위해서 디오클레티아누스로 개명했음/역주). 그러나 그의 아버지가 가족의 자유를 획득했고 곧이어 자기 신분의 사람들의 전례를 밟아 서기 직책을 얻게 되었던 것 같다. 이 야심만만한 아들은 신탁(神託)을 받아서였는지, 아니면 자신의 뛰어난 능력을 믿어서였는지, 군대에 들어가서 장래의 운명을 개척하게 되었다. 그가 책략과 우발적 사건들에 의해서 점차로 이 신탁 내용

---
[1] 원문의 제13장에 해당한다/편집자 주.

을 실현하여 자신의 능력을 세계에 과시하게 되는 과정을 살펴보는 것은 매우 흥미있는 일이다. 디오클레티아누스는 모에시아 총독, 집정관, 황실 근위대의 주요 지휘관으로 계속 승진했다. 그는 페르시아 전쟁에서 자신의 능력을 유감없이 발휘했으며, 누메리아누스(카리누스 황제의 동생/역주)가 죽은 후에는 그의 경쟁자들의 승인과 판단에 의해서 최적격자로서 제위에 오르게 되었다.

악의적인 종교적 열정을 가진 사람들은 그의 동료 황제인 막시미아누스의 야만적 잔혹성을 비난하면서, 디오클레티아누스 황제에게는 짐짓 그 개인적 용기에 의문을 던지고 있다. 그러나 일개 겁쟁이 군인이 단지 운이 좋아서 로마 군대의 존경을 받고 수많은 호전적 거물들의 지지를 받게 되었다는 얘기는 설득력이 없다. 그러나 남의 가장 큰 약점을 찾아 공격하기는 쉽다. 디오클레티아누스의 용기는 그의 직책을 수행하거나 중요한 일에 대처하는 데에는 결코 부족함이 없었다. 그러나 그는 모험과 명망을 구하고, 책략을 겁내지 않고, 동료들의 충성심을 과감하게 시험해보는 등의 영웅으로서 갖춰야 할 대담하고 너그러운 정신을 소유하지는 못했던 것 같다. 그의 능력은 화려하다기보다는 실용적이었다. 즉 그는 경험과 인간을 연구함으로써 향상된 왕성한 정신력, 일을 처리하는 솜씨와 응용력, 관용, 절제, 온화함과 엄격함을 갖춘 분별력, 군인다운 솔직함 속에 감춰진 심오한 감정억제, 목표를 추구하는 일관성, 방법을 바꿀 줄 아는 융통성 그리고 무엇보다도 그의 야심을 달성하고 그 야심을 정의와 공익이라는 허울 좋은 구실로 각색하기 위해서 자신과 다른 사람들의 감정을 억제할 줄 아는 위대한 기량이 있었다. 아우구스투스와 마찬가지로 디오클레티아누스도 새로운 제국의 창설자라고 일컬을 만한 인물이다(전자는 원수정(元首政 : principatus)을, 후자는 전제군주정(dominatus)을 정착시켰다/역주). 카이사르의 양자(아우구스투스)처럼 그 역시 무인이라기보다는 뛰어난 정치가였으며, 정치를 통해서 목적을 달성할 수 있을 때에는 결코 무력을 사용하지 않았다.

디오클레티아누스의 승리는 그 독특한 온건함 때문에 더욱 주목할 만하다. 정복자가 사형, 추방, 재산몰수 등의 통상적인 처벌을 내릴 때에 다소간의 자제와 공평성만 보여도 관대한 정복자라고 찬양하는 데에 익숙해 있던 로마인은 내전의 불길이 꺼져 더 이상 확대되지 않는 것을 보고 쾌재를 불렀다. 디오클레티아누스는 카루스 황제의 재상이었던 아리스토불루스를 그대로 신임했고, 정적들의 목숨과 재산, 지위를 존중했으며, 심지어 카리누스 황제의 수많은 신하들에게도 각자 원래의 지위를 유지할 수 있도록 했던 것이다. 책략이 풍부한 이 달마티아인이 보여준 이와 같은 인도주의는 타산적인 동기에서 나온 것이라고 볼 수도 있다. 실제로 구제된 신하들 중의 상당수는 은밀한 배신으로 그의 은총을 산 사람들이었다. 물론 그가 불운한 전 주인에 대한 의리를 높이 사서 구제해준 경우도 있었다. 또한 선별력이 뛰어난 아우렐리아누스, 프로부스 및 카루스 등의 전임자들이 국가와 군대의 여러 부서에 앉혀놓은 유능한 인재들을 제거하는 것은 국가의 경영을 해칠 뿐 후계자의 이익을 도모하는 데에도 도움이 되지 않았을 것이다. 그러나 그의 이러한 행동은 새로운 치세가 공정하리라는 전망을 로마 세계에 과시하게 되었다. 또한 그는 역대 황제들 중에서 자기야말로 마르쿠스 아우렐리우스의 자비로운 철학을 가장 열렬히 따르려고 하는 사람이라고 선언함으로써, 짐짓 이와 같은 호인다운 인상을 더욱 굳혀주었다.

그의 치세 중에 단행한 첫번째 중요한 조치는 그의 이러한 중용과 성실성을 잘 보여주었다. 그는 마르쿠스의 모범을 따라서 막시미아누스를 공동 통치자로 선정하여, 처음에는 카이사르(부황제), 나중에는 아우구스투스(황제)라는 칭호를 주었다. 그러나 그의 선택대상은 말할 것도 없고 선택의 동기도 그가 존경했던 선제의 경우와는 성격이 크게 달랐다. 마르쿠스는 방자한 젊은이(베루스)에게 공동 황제의 자리를 줌으로써, 사실은 국가의 복리를 희생시켜가며 개인적인 은혜의 빚을 갚았다. 그러나 디오클레티아누스는 친구이자 군대 동료인 막시미아누스를 공동 통치자로 끌어들여 국가적 위기에 처한 동방과 서방의 방어에 대비했던 것이다.

막시미아누스는 아우렐리아누스처럼 농민출신으로서 시르미움 지방에서 태어났다. 글을 모르는 그는 법률에 신경을 쓰지 않았으며, 그의 촌스러운 용모와 거동은 즉위 후에도 비천한 출신임을 드러내주었다. 그의 유일한 기

디오클레티아누스(재위 284-305년)

술은 전쟁이었다. 그는 오랜 군복무 기간 중 제국의 여러 변경지방에서 무훈을 세웠다. 비록 그의 군사적 재능은 지휘보다는 복종에 적합한 것이었고, 뛰어난 지휘관 솜씨를 터득하는 데까지는 이르지 못했던 것으로 보이지만, 그래도 그는 자신의 용맹성, 지조, 경험으로 매우 힘든 일을 수행할 능력을 갖추고 있었다. 막시미아누스의 결점은 디오클레티아누스에겐 매우 편리한 것이었다. 결과에 대해서 연민이나 두려움을 느낄 줄 모르는 그는 책략가인 디오클레티아누스가 정책을 제시하거나 부인하기만 하면, 이를 언제든지 잔인한 행동으로 옮길 수 있는 편리한 하수인이었다. 예방 또는 복수를 위한 피의 숙청이 이루어지면, 디오클레티아누스는 즉시 적절한 중재에 나서 원래 처벌할 대상이 아니었던 소수의 잔존자들을 구제했고 그의 엄격한 공동 통치자의 가혹함을 은근히 꾸짖음으로써 세상 사람들이 두 사람의 통치방식을 황금시대와 철권시대로 대비할 수 있도록 만들었다. 두 사람은 이와 같은 성격 차이에도 불구하고 병사시절에 맺은 우정을 옥좌에 앉아서도 그대로 유지했다. 막시미아누스는 그 오만하고 사나운 성격 때문에 후일 자기 자신과 국가의 평화에 화를 불러들일 정도였으면서도 디오클레티아누스의 천재성을 존경했으며, 야수적 폭력에 대한 이성의 우위를 인정했다. 두 황제는 자존심 또는 미신 때문에 각기 요비우스(유피테르)와 헤르쿨리우스(헤르쿨레스)라는 칭호를 가졌다. 세상의 운행은 (매수된 웅변가들에 따르면) 전지전능한 유피테

네 황제(디오클레티아누스, 막시미아누스, 갈레리우스, 콘스탄티우스)의 4인 공동통치체제(tetrarchy)를 기념하는 조각상

르가 관장하고, 헤르쿨레스는 그 무적의 힘으로 이 땅에서 괴물과 폭군을 추방한다는 의미였다.

그러나 전지전능한 요비우스와 헤르쿨리우스의 힘으로도 국가행정의 짐을 감당하기에는 역부족이었다. 신중한 디오클레티아누스는 사방에서 야만족의 공격을 받고 있는 로마 제국의 여러 곳에 대규모 군대와 황제를 둘 필요가 있다고 판단했다. 그는 이러한 생각에서 그의 주체하기 힘든 권력을 다시 한번 분할하기로 결심하고 두 사람의 유능한 장군에게 한 단계 낮은 카이사르라는 칭호를 주어 주권을 똑같이 나누어가졌다. 부황제의 자리에 임명된 두 사람은, 원래 목자였기 때문에 아르멘타리우스(외양간)라는 별명을 가진 갈레리우스(재위 305-11년)와 창백한 얼굴색 때문에 클로루스(연한 녹색)라는 별명을 가진 콘스탄티우스(재위 305-06년)였다. 갈레리우스의 출

신지방, 혈통, 거동은 헤르쿨리우스를 설명할 때 이미 묘사한 것과 다르지 않다. 사실 그는 부적절하게도 막시미아누스의 동생이라고 불리는 경우가 많지만, 실제로는 막시미아누스보다 덕망과 능력에서 명백히 뛰어난 점이 많았다. 콘스탄티우스는 그의 동료 통치자들에 비해서 출신성분이 비천하지 않았다. 그의 아버지인 에우트로피우스는 다르다니아(트로이 지방/역주)의 가장 지체 높은 귀족이었으며, 어머니는 클라우디우스 황제의 조카였다. 콘스탄티우스는 젊은 시절을 군대에서 보내기는 했지만, 성품이 온화하고 관대하여 오래 전부터 제위에 오를 만한 사람이라는 세평을 들었다. 2명의 황제는 정치적 결속과 가족적 결속을 다지기 위해서 각기 부황제의 양부가 되었으니, 즉 디오클레티아누스는 갈레리우스의 양부가 되었고, 막시미아누스는 콘스탄티우스의 양부가 되었다. 그리고 두 황제는 두 부황제에게 아내를 버리도록 강요하고 각자의 딸들을 양자들과 결혼시켰다.

　이 4명의 군주가 광대한 로마 제국의 영토를 분할통치했다(테트라키). 콘스탄티우스는 갈리아, 에스파냐 및 브리타니아의 방위를 맡았다. 갈레리우스는 일리리쿰 속주들을 보호하기 위해서 도나우 강 유역에 상주했다. 이탈리아 및 아프리카는 막시미아누스의 관할구역으로 간주되었다. 그리고 디오클레티아누스 자신은 트라키아와 이집트 그리고 풍요한 아시아의 여러 나라들을 차지했다. 각자는 자기 관할구역 안에서 주권자였으나, 이들의 통합적 권능은 제국 전체에 미쳤으며 각자는 항상 서로 자문을 하거나 직접 찾아가서 동료 통치자들을 지원할 태세를 갖추고 있었다. 두 부황제는 높은 지위에 있으면서도 두 황제의 권위를 존중했고 감사와 복종의 마음으로 변함없이 그들에게 행운을 가져다준 공동의 아버지를 존경했다. 그들간에는 의심과 질투 같은 것들이 있을 수 없었다. 이처럼 특이한 그들의 결합관계는 마치 합창과도 같아서 그 화음이 지휘자(디오클레티아누스)의 솜씨에 의해서 조정되고 유지되었다.[2]

　디오클레티아누스의 이와 같은 정책에도 불구하고 20년간의 치세 중에

---

[2] 이하 원문 중 막시미아누스의 초기 공훈들, 특히 갈리아 지방의 농민반란을 진압하고 카라우시우스로부터 브리타니아를 구출하는 데 성공한 과정을 설명한 부분을 생략한다/편집자 주.

수백 마일에 달하는 변경에 걸쳐 한결같은 평온을 유지한다는 것은 불가능했다. 때로는 야만족들이 자기들의 내분을 멈추기도 했고, 또 수비대의 경계가 흐트러져 야만족의 세력과 기민성을 키워주는 경우도 있었다. 속주들이 침입을 받을 때마다 디오클레티아누스는 언제나 침착한 위엄을 보이며 처신하여 그가 간섭할 가치가 있는 경우에만 출정했다. 결코 그의 용자(容姿)나 명망을 불필요한 위험에 노출시키지 않았고, 온갖 신중한 수단을 동원하여 그의 성공을 확보했으며 그리고 그의 승리의 결과를 화려하게 과시하곤 했다. 그는 싸우기가 힘들거나 결과가 의심스러운 전쟁에는 거칠고 용맹스러운 막시미아누스를 활용했다. 그러면 이 충실한 군인은 자신의 승리를 자기 은인의 현명한 지모와 위광 덕분이라고 돌리면서 만족해하곤 했다. 이들 두 사람은 2명의 부황제를 입양한 후에는 보다 한가로운 자리로 물러났고, 도나우 강과 라인 강의 방어는 두 양자에게 일임했다.

빈틈없는 갈레리우스는 로마 영토 안에서 야만족 군대를 정복해야 하는 상황에는 한번도 빠진 적이 없었다. 용감하고 적극적인 콘스탄티우스는 알레만니족의 맹렬한 침략으로부터 갈리아를 구출했으며, 랑그르(프랑스의 동부 도시/역주)와 빈도니사(스위스의 북부 마을/역주)에서 이룩한 그의 승리는 매우 위험한 작전 끝에 얻은 전공이었던 것으로 보인다. 그는 소규모 근위대를 거느리고 들판을 지나가다가 갑자기 우세한 적군에 의해서 포위당했다. 그는 간신히 랑그르로 퇴각했으나, 큰 혼란 속에 빠진 시민들은 성문을 열어주기를 거부했기 때문에 부상당한 콘스탄티우스는 밧줄로 몸을 묶어 성벽으로 달아올려져야만 했다. 그러나 그가 곤경에 처했다는 소식을 들은 로마 군대들이 각지에서 서둘러 달려와서 그는 그날 해가 지기 전에 알레만니족 6,000명을 살육하여 그의 명예를 지키고 복수할 수 있었다. 그 당시의 여러 기념비들을 보면, 사르마티아와 게르마니아의 야만족들에 대해서도 몇 차례 승리를 거두었다는 모호한 기록을 엿볼 수 있지만, 더 이상 지루하게 살펴보는 것은 재미도 없고 교훈도 되지 않을 것이다.

디오클레티아누스와 그의 공동 통치자들은 피정복민들을 처리하는 데에는 프로부스 황제가 취했던 행동을 모방했다. 죽음을 면하고 노예로 잡힌 야만인들은 속주민들에게 분배되어 전쟁의 참화로 인구가 감소한 지방들(갈리아 지방에서는 아미앵, 보베, 캉브레, 트레베스[트리어], 랑그르 및 트루아에 등이 특히 명기되어 있다)로 보내졌다. 이 노예들은 양치기나 농부로 유용하게 사용되었으나, 그들을 군대에 입대시킬 필요가 있을 때를 제외하고는 무기를 사용하지 못하도록 했다. 또한 황제들은 로마의 보호를 간청해 온 야만인들에게 노예와 같은 조건을 붙여서만 토지보유를 허용했다. 카르피족, 바스타르나에족 및 사르마타이족에게는 몇 군데 정착지를 허용했으며, 다소 위험할 정도로 관용을 베풀어 어느 정도까지 각 민족의 풍습과 독립성을 유지하도록 허용하기도 했다. 속주민들에게는 얼마 전까지만 해도 공포의 대상이었던 야만족들이 이제는 자기들을 위해서 밭을 갈고 가까운 시장으로 가축을 몰고 가는 등 공동체의 번영을 위해서 노동력을 제공하는 것은 매우 기분 좋은 일이었다. 속주민들은 강력한 신하와 군인들을 보내준 황제들에게 감사했다. 그러나 이와 같은 은혜를 배반하거나 아니면 억압 때문에 자포자기한 수많은 적들이 로마 제국의 심장부에 은밀하게 파고들어왔다는 사실은 미처 생각하지 못하고 있었다.[3]

　이미 살펴본 바와 마찬가지로 발레리아누스의 치세 중에 아르메니아는 페르시아의 배신과 무력에 의해서 정복되었으며, 코스로에스 왕이 암살된 후 이 왕국의 어린 후계자인 그의 아들 티리다테스는 그의 충성스러운 신하들에 의해서 구출되어 로마 황제들의 보호하에 교육을 받았다. 이렇게 해서 티리다테스는 망명생활 중에 아르메니아에서는 결코 얻을 수 없었을 여러 가지 혜택을 얻었으니, 즉 일찍부터 역경과 인간에 대해서 그리고 로마의 규율을 알게 되었다.
　그는 젊었을 때부터 온갖 무술시합은 말할 것도 없고, 별로 명예롭지 못한 올림피아 경기에서까지도 용맹성을 드러내어 비할 데 없는 힘과 솜씨를 보였다. 그는 이러한 자질을 그의 은인인 리키니우스의 구출을 위해서 영웅

---

3) 원문 중 막시미아누스가 무어족의 북아프리카 침략을 남쪽으로 격퇴한 이야기와 디오클레티아누스가 알렉산드리아를 중심으로 한 이집트인의 반란을 진압한 부분은 생략한다/편집자 주.

적으로 발휘했다. 리키니우스는 프로부스 황제의 사망 후에 일어난 난동 중 매우 급박한 위험에 빠지게 되어 광기 어린 병사들이 그의 천막에 밀어닥쳤을 때, 이 아르메니아의 왕자가 단신으로 그들을 막고 나섰던 것이다. 티리다테스는 이 공으로 얼마 후 왕위에 복귀하게 되었다. 리키니우스는 갈레리우스가 어떤 위치에 있든 그의 친구이자 동지였으며, 갈레리우스는 카이사르에 오르기 훨씬 이전부터 디오클레티아누스로부터 그 재능을 인정받고 있는 터였다. 티리다테스는 이 황제가 등극한 지 3년 만에 아르메니아의 국왕이 되었다. 이 조치는 정의를 위해서라기보다는 편의를 위해서 취해진 것이었다. 네로 황제의 치세 아래로 항상 로마 제국의 보호하에 아르사케스 왕가의 지파에 주어졌던 이 중요한 영토를 페르시아로부터 구출할 때가 되었던 것이다.

티리다테스는 아르메니아 국경에 이르렀을 때 진심으로부터 우러나오는 환영과 충성으로 영접받았다. 이 나라는 26년 동안 외국의 속박하에서 물심양면으로 고통을 겪었다. 페르시아의 역대 군주들은 새 정복지를 웅장한 건축물들로 장식했지만, 기념비적 건축물들은 시민의 부담으로 건립된 것이기 때문에 노예적 지위의 표지로서 증오의 대상이 되었다. 반란이 두려워 극히 가혹한 예방조치가 취해졌고, 모욕 때문에 탄압이 가중되었고, 대중의 증오심을 의식하게 되자 대응책을 더욱 강화시키는 온갖 조치가 취해졌다. 마니교(摩尼敎: 조로아스터교)의 편협성에 관해서는 이미 살펴본 바 있다. 정복자들은 신격화된 아르메니아 역대 국왕의 조각상들과 해와 달의 성상(聖像)들을 부수어버렸고, 바가반 산꼭대기에 세워진 제단 위에는 영원히 꺼지지 않는 신(神) 오르마즈드[아후라 마즈다]의 불을 피워 보존했다.

이처럼 심한 학대를 받은 시민은 당연히 자신들의 독립과 종교 그리고 세습군주를 위해서 열광적으로 무기를 들고 일어섰다. 세찬 물결은 모든 장애를 무너뜨렸고 페르시아 수비대들은 이 격류에 밀려 퇴각했다. 아르메니아의 귀족들은 모두 티리다테스의 깃발 아래 모여들어 각기 과거의 공로를 내세우고 장래의 충성을 다짐하면서 새로운 국왕에게 그들이 외국인 통치하에서 누리지 못했던 영예와 보수를 달라고 청했다. 군사령관직은 아르타바스데스에게 주어졌는데, 어린 티리다테스를 구출했던 탓으로 일족이 학살당한 충신의 아들이었다. 아르타바스데스의 동생은 한 주의 태수 자리를 얻었다. 태수 오타스도 군대의 고위직책에 임명되었는데, 그는 자제력과 인내심이 강한 고귀한 인물로서 오랫동안 외딴 요새에 숨겨놓고 보호해왔던 그의 누이동생과 상당한 재물을 국왕에게 바친 사람이었다.

아르메니아 귀족사회에 주목할 만한 협력자가 한 사람 등장했다. 스키타이 출신인 그의 이름은 맘고였다. 그의 권위를 인정하는 유목민들이 그 당시 영토를 소그디아나[4] 부근까지 확장했던 중국의 변두리 지방에서 몇년 동안 야영을 하고 있었다(당시의 중국은 삼국시대-서진시대〔西晉時代〕였는데, 그 세력이 중앙 아시아까지 미치지는 못했을 것이다/역주). 맘고는 중국 천자의 노여움을 샀기 때문에 일행과 함께 옥소스 강(아랄 해로 들어감/역주) 유역으로 물러나서 샤푸르 1세에게 보호를 간청했다. 중국의 천자(西晉의 武帝?)는 도망자의 인도를 요구하면서 통치주권을 주장했다. 샤푸르는 손님 대접의 풍습을 내세우면서 맘고를 서방세계의 변두리로 추방하겠다고 약속함으로써 간신히 전쟁을 면했다. 샤푸르는 이 처벌이 사실상 사형이나 다름없다고 설명했다. 이렇게 해서 아르메니아가 유배지로 선정되었고, 이 스키타이 유목민들은 넓은 구역을 배정받아 계절에 따라 야영지를 이리저리 옮기면서 양떼를 먹일 수 있게 되었다. 이들이 티리다테스의 침입을 저지하도록 동원되었다. 그러나 이들의 지도자는 페르시아 왕에게서 받은 이 임무와 손해를 저울질해본 끝에 그의 편을 들지 않기로 결정했다. 그리하여 맘고의 능력과 세력을 잘 알고 있던 아르메니아 왕은 그를 극진하게 예우하고 신임함으로써, 그의 복위에 매우 큰 공헌을 하게 된 한 사람의 용감하고 성실한 신하를 얻게 되었다.

한동안 운명은 진취적이고 용맹한 티리다테스의 편인 것처럼 보였다. 그는 아르메니아 전역에서 자기 왕실과 국가의 적을 쫓아냈을 뿐 아니라, 복수 과정에서 아시리아 심장부에까지 군대를 들이밀었다. 티리다테스라는 이

---

[4] 페르시아 왕국의 키루스 대왕에게 처음으로 정복된 외딴 지방으로서 그 수도는 사마르칸트이다/편집자 주.

름을 망각으로부터 구해 보존한 역사가는 일종의 민족적 정열로써 그의 용맹성을 높이 찬양하면서 참다운 동방적 낭만정신을 발휘하여 그의 무적의 군대 앞에 쓰러진 거인과 코끼리에 관해서 기술하고 있다. 또 다른 기록을 보면, 그 당시 페르시아 왕국의 상황은 어수선하여 아르메니아 왕이 어부지리를 얻었음을 알 수 있다. 페르시아에서는 야심가인 두 형제가 왕위를 다투고 있었는데, 아우 호르무스는 자기 힘으로는 성공을 거두지 못하게 되자 위험하게도 카스피 해 연안에 사는 야만족들에게 지원을 호소했다. 그러나 이 내전은 어느 한쪽의 승리에 의해서였든지 아니면 화해에 의해서였든지 곧 종식되고 형 나르세스(재위 293-302년)가 거국적으로 페르시아 왕으로 인정받아 외적을 퇴치하는 데에 그의 온 군사력을 동원했다. 그후로는 용맹한 티리다테스도 페르시아 세력에 대항할 수가 없었다. 티리다테스는 또 다시 아르메니아 왕위에서 쫓겨나서 두번째로 로마 황실에 피난처를 구하게 되었다. 나르세스는 반란을 일으켰던 이 지역에서 즉시 자신의 권위를 재확립한 후, 반역자와 도망자들을 보호해준 로마를 강력하게 꾸짖으면서 서방 정복의 열의를 다졌다.

로마 황제들은 이해관계를 위해서나 명예를 위해서나 아르메니아 왕의 대의명분을 저버릴 수 없었기 때문에 제국 군대를 페르시아 전쟁에 투입하기로 결정했다. 디오클레티아누스는 언제나처럼 침착한 위엄을 보이며 안티오크의 주둔지에 자리잡은 채 군사작전을 준비하고 지휘했다. 이 중요한 일을 위해서 용맹무쌍한 갈레리우스가 도나우 강 유역에서 유프라테스 강 유역으로 옮겨와서 지휘를 맡았다. 양쪽 군대는 이윽고 메소포타미아 평원에서 두 차례 맞부딪쳤으나, 그 승패는 확실치 않았다. 그러나 결정적인 세번째 싸움에서는 로마 군이 참패했는데, 그것은 성급한 갈레리우스가 소수의 군대를 이끌고 페르시아의 대부대를 공격함으로써 빚어진 결과였다.

그러나 이 전투지역의 지형을 살펴보면, 그의 패배에는 다른 요인도 작용했으리라는 것을 알 수 있다. 갈레리우스가 패배한 그 지역은 크라수스가 전사하고 10개 군단이 궤멸했던 바로 그 장소였다. 카르라이의 산악지대에서 유프라테스 강에 이르기까지 60마일 이상 전개되는 이 평원은 언덕 하나

없는 평탄한 불모의 사막으로서 나무나 샘물도 전혀 없는 곳이었다. 강건한 로마 보병도 뜨거운 열기와 갈증 때문에 기진맥진하여 설사 대오를 유지했더라도 승리할 가망이 없었는데, 하물며 대오까지 흩어졌으니 당장 위험한 처지에 빠지고 말았다. 이러한 상황에서 로마 군은 점차 우세한 병력의 적군에게 포위되고, 야만족 기병대의 신속한 전개로 시달림을 받다가 마침내 적의 화살 공격을 받아 궤멸되었다. 아르메니아 왕은 이 전쟁에서 용맹성을 발휘하여 국가적 불행 속에서도 개인적 영광을 얻었다. 그는 유프라테스 강까지 도주했으나, 말이 부상당해 더 이상 적으로부터 도망갈 길이 없었다. 이와 같은 위기에서 그는 말을 버리고 강물에 뛰어들었다. 갑옷은 무겁고 강은 수심이 깊은 데다가 폭이 반 마일이나 되었다. 그러나 강인하고 민첩한 티리다테스는 안전하게 강을 건널 수 있었다. 로마 군 사령관인 갈레리우스가 어떻게 도주했는지에 관해서는 알려진 바가 없다. 그러나 그가 안티오크에 돌아왔을 때, 디오클레티아누스는 그를 공동 통치자로서 맞이하지 않고 분노한 군주의 자세로 대했다. 아직 황제의 옷차림을 한, 평소에는 오만했던 이 인간은 자기가 저지른 잘못과 패배에 대한 자책감 때문에 모든 신하들의 면전에서 황제의 전차를 1마일이나 걸어서 따라가는 굴욕을 감수해야만 했다.

   디오클레티아누스는 자기의 개인적 분노를 마음껏 터뜨려 최고권력자의 위엄을 세우고 난 후, 곧 이 카이사르의 탄원을 받아들여 그 자신과 로마 군의 명예를 회복시켜주었다. 제1차 원정에 참가했던 나약한 아시아 군인들에 대신하여 제2차 원정군은 일리리쿰 변경지방에서 뽑은 고참병과 신병들로 구성했으며 상당수의 고트족 보조부대도 황군에 편입시켰다. 갈레리우스는 2만 5,000명의 정예군을 거느리고 다시 한번 유프라테스 강을 건넜다. 그러나 그는 이번에는 군대를 광활한 메소포타미아 평원에 내보내지 않고 아르메니아 산악지방을 통해서 진군시켰는데, 이곳에서는 주민들이 호의적이었을 뿐 아니라 지세도 보병의 작전과 기병대의 이동에 모두 유리했다. 로마 군은 패전 후 군기가 확립되어 있었으나, 페르시아 군은 승리에 도취하여 군기가 흐트러져 있다가 전혀 예상치 못한 상태에서 갈레리우스의 기습을 받았다. 그는 미리 기병 두 명만을 거느리고 은밀하게 적진의 상황을 살펴두었던 것이다.

기습공격, 특히 야간의 기습공격은 페르시아 군에 치명적 타격을 주는 경우가 많았다. "페르시아 군은 말을 도망가지 못하도록 하기 위해서 묶어놓거나 쇠고랑을 채워두는 것이 보통이었다. 비상사태가 일어나는 경우 그들은 말에 오르기 전에 침구를 정리하고 말고삐를 채우고 갑옷을 입어야만 했다."(크세노폰의 『페르시아 침입사』에서 인용/역주) 갈레리우스의 맹공격이 이번에는 페르시아 군 진영에 혼란과 경악을 불러일으켰다. 약간의 저항 끝에 처참한 살육이 벌어졌고 페르시아 왕은 대혼란 속에 부상을 입고(페르시아 군은 나르세스가 친히 지휘하고 있었다) 메디아 사막을 향해서 도주했다. 정복자들은 왕과 태수들의 호화로운 천막에서 엄청난 전리품을 얻었다. 그 당시 로마 군인들이 이 호사에 접하여 얼마나 촌스러운 무지를 드러냈는가를 보여주는 한 가지 일화가 있다. 어떤 병사가 진주가 가득 든 조그만 가죽 주머니를 차지하게 되었다. 그는 반들반들한 가죽주머니만 간직하고 그 내용물은 내버렸다. 쓸모없는 물건은 값도 안 나가리라고 판단했던 것이다. 나르세스가 입은 손실은 매우 비통한 성질의 것이었다. 군대를 따라왔던 그의 처첩 여러 명과 자매들, 자녀들이 이 패전에서 포로로 잡혔다. 그러나 갈레리우스는, 비록 그 성품은 알렉산더 대왕과 닮은 점이 별로 없었으면서도, 싸움에 이긴 후에는 다리우스의 가족에게 보여주었던 알렉산더의 관대한 행동을 그대로 모방했다. 나르세스의 처자들을 폭행이나 약탈을 당하지 않도록 안전한 장소로 옮겨놓고, 각자의 연령과 성별, 페르시아 왕실의 신분에 맞추어 정중하게 대우하도록 했던 것이다.

동방세계가 이 대전투의 결과를 초조하게 기다리고 있는 동안 디오클레티아누스 황제는 시리아에 강력한 감시군을 집결시켜놓고 멀리서 로마 군의 위세를 과시하면서 언제든지 전쟁에 직접 뛰어들 태세를 갖추고 있었다. 승전보에 접하자 그는 직접 조언을 하고 갈레리우스의 오만함을 억눌러야겠다는 생각으로 친히 군대를 이끌고 변경지방으로 나갔다. 니시비스에서 있었던 두 황제의 회견에서는 상호 존경과 존중의 말이 오고갔다. 얼마 후 두 황제는 이 도시에서 페르시아 대왕의 사신을 접견했다. 나르세스는 이번 패전에서 그 세력이, 적어도 그 기세가 크게 꺾여 있었으며, 로마 군의 진격을 막으려면 즉시 강화를 맺는 수밖에 없다고 생각하고 있었다. 그는 신임하는 신하 아파르반을 파견하면서 강화를 교섭하거나 아니면 정복자가 요구하는 것은 어떤 조건이든지 수락하도록 일임했다. 아파르만은 회담 첫머리에 왕실 가족에 대한 관대한 처우에 감사한다는 왕의 뜻을 전하면서 이들 왕족 포로들의 석방을 간청했다. 그는 나르세스의 명망을 떨어뜨리지 않는 범위 안에서 갈레리우스의 용맹에 찬사를 보내면서, 자기 종족의 모든 군주들 중에서 가장 뛰어난 페르시아 왕에게 승리한 갈레리우스의 우월성을 인정한다는 것은 수치가 아니라고 생각한다고 말했다. 그는 또 대의는 페르시아 쪽에 있지만, 자기는 이번 분쟁을 두 황제의 결정에 일임하도록 권한을 위임받았다고 했고, 그러나 영광의 절정에 있는 황제들께서는 운명의 무상한 변천을 살펴주시리라고 확신한다고 말했다. 아파르반은 그의 발언을 마치면서 동방의 우화를 예로 들어 로마와 페르시아는 세계의 두 눈과 같아서 어느 한 쪽을 빼어버리면 세계는 불구자가 되고 말 것이라고 했다.

갈레리우스는 격분하여 온몸을 부르르 떨면서 이렇게 말했다. "운명의 변천을 장황하게 논하면서 짐에게 유유히 중용의 미덕을 강론하다니 과연 페르시아인이다. 저 불행한 발레리아누스 황제께 그들이 어떠한 관대함을 보였는지 상기해보라. 그분은 그들에게 속아 패배했고, 모욕을 당했다. 그들은 그분이 생을 마칠 때까지 수치스러운 유폐생활을 하도록 억류했다가 그분이 죽은 후에는 그 시신을 중인환시리에 전시하여 영원한 치욕을 주었다." 그러나 갈레리우스는 여기서 언성을 낮추면서 항복한 적을 짓밟는 것은 로마의 관습에 어긋나며 지금은 페르시아의 공로보다는 로마측의 위엄을 생각할 때라고 그 사신에게 일렀다. 그는 아파르반을 돌려보내면서 나르세스는 조만간 황제의 자비로 항구적인 평화와 처자의 송환을 실현시킬 수 있는 조건을 통보받게 될 것이라고 약속했다 이 회담에서 우리는 갈레리우스의 격렬한 성품과 함께 그가 디오클레티아누스의 뛰어난 지혜와 권위를 존경하고 있었음을 엿볼 수 있다. 야심 많은 갈레리우스는 동방을 장악하여 페르시아를 속주로 만들려고 했다. 그러나 신중한 디오클레티아누스는 아우구스투스와 두 안토니누스 황제들의 중용정책을 계승하여 이 기회를 틈타 명예롭고 유리한 강화를 맺음으로써 전쟁을 성공적으로 종결시키려고 했다.

두 황제는 곧 약속대로 비서관 시코리우스 프로부스에게 로마의 최종 결정안을 주어 페르시아 왕실로 보냈다. 프로부스는 강화사절로서 온갖 정중하고 우호적인 예우를 받았으나, 페르시아 쪽은 그가 장기간의 여행 후에 휴식이 필요하다는 구실로 프로부스의 접견을 하루하루 연기해갔다. 그는 오랫동안 페르시아 왕의 조치를 기다리다가 마침내 메디아의 아스프루두스 강 근처에서 국왕을 알현하게 되었다. 나르세스 왕이 이처럼 접견을 늦춘 속셈은, 비록 강화를 진심으로 원하기는 하지만, 그 동안에 군대를 모아 보다 큰 세력과 위엄을 보이며 협상하기 위해서였다. 이 중요한 협상에는 대신 아파르반과 근위대장 그리고 아르메니아 변경의 군사령관이었던 장군 한 명 등 세 사람만이 배석했다. 사신이 전한 첫번째 강화조건은 니시비스 시를 두 제국간의 주요 산물 교역장소로 정하자고 하는, 지금으로서는 매우 이해하기 힘든 성격의 조건이었다. 통상에 대한 약간의 규제로 국가의 세입을 늘리려고 하는 로마 황제들의 의도를 짐작하기는 어렵지 않다. 그러나 니시비스는 로마의 영토 안에 위치하여 로마가 이미 이 도시의 수출입을 장악하고 있었기 때문에, 이러한 규제는 외국과의 조약이 아니라 국내법으로 규정해야 할 사항이었다. 이 규제의 유효성을 보장하기 위해서 아마도 페르시아 왕에게서 몇 가지 약속을 얻어내려고 한 모양이지만, 그 내용은 나르세스의 이익과 위엄을 크게 해치는 것이었기 때문에 그로서는 받아들일 수 없는 조건이었다. 나르세스가 받아들이기를 거부한 것은 오직 이 한 조항뿐이었으므로, 로마는 더 이상 고집하지 않았다. 이렇게 해서 로마 황제들은 자연스러운 통로를 거쳐 통상이 이루어지도록 놓아두거나 또는 스스로의 권능에 의해서 정할 수 있는 규제조치로 만족할 수밖에 없었다.

이 장애가 제거되는 즉시 두 나라간에는 엄숙한 강화조약이 체결되고 비준되었다.[5] 이렇게 해서 동방은 40년 동안 평온을 누리게 되었으며, 두 경쟁

---

[5] 강화조약의 지리적 경계선 등 그밖의 조건에 관한 설명은 생략한다/편집자 주.

국간의 강화조약은 티리다테스가 죽을 때까지 준수되었다. 그가 사망할 쯤에는 생각과 기질이 다른 새로운 세대가 통치권을 물려받아 나르세스의 손자가 콘스탄티우스 황실의 군주들을 상대로 장기간의 전쟁을 벌이게 되었다.
　피폐한 제국을 참주와 야만족들로부터 구출하는 힘든 작업은 이제 일리리쿰 농민출신 황제들에 의해서 완성되었다. 디오클레티아누스는 즉위한 지 20년째가 되는 연초에 로마에서 성대한 개선식을 거행하여 그의 군사적 성공과 함께 이 기억에 남을 시대를 경축했다. 이날 그 영광을 같이 한 사람은 그와 동등한 자격의 공동 통치자인 막시미아누스 한 사람뿐이었다. 실제로 싸움을 하고 승리한 사람은 2명의 카이사르였지만, 이전부터의 엄격한 훈령에 따라 그들의 공적은 각자의 아버지인 황제들의 후광 덕분인 것으로 돌려졌다. 디오클레티아누스와 막시미아누스의 개선식은 아마도 아우렐리아누스와 프로부스의 경우에 비해서 그 성대함은 덜했지만, 지고의 명성과 행운을 보여준 몇 가지 사례로 인해서 큰 위엄을 갖출 수 있었다. 아프리카와 브리타니아, 라인 강, 도나우 강 및 나일 강이 각기 전리품을 보태주었으나, 가장 눈부신 전과는 보다 진기한 페르시아 전쟁의 승리와 그에 뒤이은 중요한 정복이었다. 여러 강과 산 그리고 속주들을 상징하는 그림들이 황제의 마차보다 먼저 지나갔다. 포로로 잡힌 페르시아 왕의 처자와 자매들의 그림은 백성들의 허영심을 충족시켜주는 새로운 구경거리가 되었다. 후세 사람들이 볼 때는 이 개선식은 한 가지 별로 명예롭지 못한 선을 긋는 행사였다. 그것은 로마 시민이 구경한 최후의 개선식이었던 것이다. 이 시기 이후로 로마 황제들은 정복을 중단했고, 제국의 수도로서의 로마 시대는 끝나고 말았다.
　로마 시가 탄생되었던 장소는 예로부터 전해오는 의식과 가공적인 여러 가지 기적들에 의해서 신성시되었다. 여기에 산다는 신이나 영웅에 관한 회상이 이 도시의 곳곳에 활력을 불러일으켰고, 세계제국의 수도가 카피톨리누스 언덕의 유피테르 신전에 약속되어 있었다. 로마의 주민들은 이 그럴듯한 환상을 강력하게 느끼고 또 믿었다. 조상 대대로 내려온 이러한 환상은 어린 시절부터 몸에 배었고 또한 어느 정도까지는 정치적인 효용 때문에 보호되어왔다. 통치의 형식과 그 장소는 서로 밀접하게 연관되어 그 어느 한쪽을 바꾸려면 다른 한쪽을 파괴하지 않을 수 없다고 생각되었다. 그러나 수도가 가진 이와 같은 종주권은 정복지가 확장됨에 따라서 점차 사라졌고, 여러 속주들이 동등한 지위로 떠올랐으며, 피정복 민족들은 이러한 편파적인 생각을 받아들이지 않고서도 로마인이라는 이름과 특권을 얻을 수 있었다.

그러나 로마 시는 예로부터 내려오는 정치체제와 관습의 영향 때문에 그래도 오랫동안 그 위엄을 보존할 수 있었다. 역대 황제들은 아프리카 출신이건 일리리쿰 출신이건 이 제2의 고향을 통치의 장소로서 그리고 광활한 영토의 중심지로서 존중해왔다. 역대 황제들은 전에도 전쟁이 일어나면 친히 변경지방으로 출정해야 하는 경우가 매우 잦았으나, 디오클레티아누스와 막시미아누스는 평화시에도 고정적으로 속주에 상주한 최초의 로마 황제들이었다. 두 황제의 이와 같은 행동은 비록 사적인 동기에서 나왔을 가능성도 있지만, 매우 그럴 듯한 정책적 고려에 그 명분을 두고 있었다. 서로마의 황실은 주로 밀라노에 거처를 두었는데, 그것은 알프스 산 기슭에 위치한 이 도시가 게르마니아 야만족들의 움직임을 살피는 중요한 일에 로마보다 훨씬 더 편리했기 때문이었다. 밀라노는 이윽고 황도로서의 위엄을 갖추게 되었다. 기록에 의하면 가옥들의 수도 늘어나고 집들도 잘 지어졌으며 시민들의 풍속도 세련되고 교양이 있었다. 건설자인 막시미아누스의 이름을 붙인 원형경기장, 극장, 조폐국, 궁전, 목욕탕, 온갖 석상으로 장식된 주랑들 그리고 이중 성벽 등이 이 새 수도의 아름다움을 더해주어 로마에 비해서도 결코 손색이 없었다.

로마의 화려함과 경쟁하는 것은 여가시간을 내어 동로마의 니코메디아를 화려하게 꾸민 디오클레티아누스의 야심이기도 했다. 유럽과 아시아의 접경에 위치하고 있었던 이 도시는 도나우 강과 유프라테스 강 사이의 중간쯤에 자리잡고 있었다. 황제의 취향에 따라서 시민의 부담으로 꾸며진 니코메디아는 오랜 기간에 걸쳐서만 완성할 수 있는 위용을 불과 몇년 동안에 이룩했으며, 그 크기와 인구에서도 로마, 알렉산드리아, 안티오크에 버금갈 정도었다. 디오클레티아누스와 막스미아누스의 일생은 전쟁으로 일관되어 그 대부분을 야영이나 장기간의 행군으로 보냈지만, 국사 중에 잠시라도 한가한 시간이 생기면 언제든지 그들이 좋아하는 니코메디아와 밀라노의 거처에 은거하며 여가를 즐겼던 것으로 보인다. 디오클레티아누스는 즉위 20년 만에 로마에서 개선식을 거행할 때까지, 단 한번이라도 제국의 이 옛 수도를 방문한 적이 있었는지조차 극히 의문시된다. 이 기념할 만한 행사 때조차도 그의 로마 체재 기간은 두 달을 넘지 않았다. 이곳의 방종한 시민들에게 염증을 느낀 그는 원로원에 출두하여 집정관직을 수여받기로 된 날짜(304년 1월 1일)를 13일 앞두고 급거 로마를 떠나고 말았다.

　디오클레티아누스가 로마 시와 로마인의 자유로운 분위기에 대해서 표시한 이와 같은 불쾌감은 일시적인 기분에서 나온 것이 아니라 매우 심오한 정책적 배려의 결과였다. 책략이 풍부한 이 황제는 나중에 콘스탄티누스 가문에 의해서 완성되는 새로운 제국의 통치체제를 이미 구상해놓고 있었는데, 구체제는 그 종교적 이미지를 원로원에 두고 있었기 때문에 그는 원로원의 얼마 남지 않은 권력과 중요성마저도 박탈해버리고자 했던 것이다. 돌이켜보면, 디오클레티아누스가 등극하기 약 8년 전까지만 해도 로마 원로원은 일시적이지만 권위와 야망이 있었다. 이와 같은 열망이 지배하는 동안 수많은 귀족들이 자유에 열렬했으나, 프로부스의 후계자들이 공화파를 지지하지 않게 된 후로 원로원 의원들은 무기력한 분노를 삼킬 수밖에 없었다. 막시미아누스는 이탈리아의 통치자로서 위험하다기보다는 귀찮은 이와 같은 풍조를 근절시키는 일을 떠맡게 되었는데, 이 과제는 잔인한 그의 기질에 꼭 들어맞는 것이었다. 디오클레티아누스가 늘 존경하는 척했던 원로원의 최고 지도자들이 그의 공동 통치자가 조작한 음모에 가담한 혐의로 연루되었다. 그리고 고급 별장이나 좋은 농장을 소유하고 있다는 사실만으로도 유죄의 확실한 증거로 해석되었다. 오랫동안 억눌려온 근위대가 드디어 로마의 권위를 보호하기 위해서 나섰다. 이 오만한 군대가 자기들의 세력이 쇠퇴하고 있음을 의식한 나머지 그들의 힘을 원로원의 권위와 결합시키려고 한 것은 당연한 일이었다. 그러나 디오클레티아누스의 빈틈없는 조치에 의해서 근위대의 규모는 점차 축소되었고 그들의 특권도 폐지되었으며, 그 자리는 요비우스와 헤르쿨리우스라는 새로운 칭호(p.187 참조) 아래 황실 근위대의 업무를 수행하도록 지명된 일리리쿰의 충성스러운 2개 군단에 의해서 채워졌다.

그러나 원로원이 디오클레티아누스와 막시미아누스에게서 받은 가장 치명적이면서도 은밀한 상처는 두 황제의 부재에서 오는 필연적 결과에 의한 것이었다. 황제가 로마에 거주하는 동안은 원로원이, 비록 탄압을 받기는 해도, 무시당하는 일은 거의 없었다. 아우구스투스 황제의 후계자들은 무슨 법률이든지 마음대로 집행할 수 있는 권한을 행사했으나, 그래도 이러한 법률은 원로원에 의해서 추인을 받았다. 원로원의 심의 및 판결 과정에는 예로부터 내려온 자유의 모범이 보존되어 있었으며, 로마 시민의 의사를 존중하는 현명한 황제들은 어느 정도까지는 공화국의 장군이나 수석행정관에 적합한 어휘나 태도를 취할 수밖에 없었다. 그들은 군대나 속주들에서는 군주의 위엄을 과시했으며, 수도로부터 멀리 떨어진 곳에 거처를 정했을 때에는 아우구스투스가 후계자들에게 권했던 점잖은 척하는 태도마저 아예 내팽개치고 있었다. 이 통치자들은 입법권과 행정권을 행사할 때에도 원로원과 협의하는 대신 장관들과 상의했다. 원로원이라는 이름은 로마 제국의 마지막 기간까지도 명예로운 이름으로 언급되었고 원로원 의원들에게는 그 허영심을 채워줄 만한 온갖 영예가 주어졌다. 그러나 그 오랜 기간 동안 권력의 원천이었고 수단이었던 원로원은 체면만 유지한 채 점차 망각 속으로 사라져갔다. 로마 원로원은 황실 및 현실적인 국정 운영에 대해서 모든 관계를 상실한 채, 존경받으면서도 쓸모없는 카피톨리누스 언덕 위의 골동품적 기념비로 전락하고 말았다.

로마 황제들은 원로원과 옛 수도의 모습을 보지 않게 되자, 그들이 장악한 합법적 권력의 기원과 성격을 쉽사리 망각하게 되었다. 그들이 가지고 있던 집정관, 총독, 감찰관, 호민관 등의 여러 문관 직명들은 모두 합법적 권력의 공화제적 기원을 주민에게 보여주는 것이었다. 이제 그 겸손한 칭호들은 폐기되었다. 그들은 아직 임페라토르(Imperator, 대장군)라는 칭호로 그들의 높은 신분을 나타내고 있었으나, 이 칭호는 새롭고 보다 존귀한 의미를 가지는 것으로 이해되어, 이제는 단순히 로마 군 최고사령관을 가리키는 단어가 아니라 로마 세계의 군주, 최고주권자를 가리키는 단어가 되었다. 당초 군사적 성격을 지녔던 임페라토르라는 칭호에 이제는 한층 굴종적인 의미가 가미되었다. 도미누스(Dominus), 즉 주인이라는 칭호도 원래는 신하에 대한 군주의 권위나 병사들에 대한 지휘관의 권위를 나타내는 것이 아니라 집안 노예에 대한 주인의 전제적 권한을 나타내는 것이었다. 이 칭호를 이처럼 가증스러운 의미로 이해했기 때문에 초기 황제들은 이를 배척했다. 그러나 이 칭호에서 느끼는 저항감이 점차 희박해져 마침내 나중에는 우리의 주인이시며 황제라는 칭호가 단순히 아첨을 위해서만 쓰이는 것이 아니라 정식으로 법률이나 국가적 기념비에도 사용되기에 이르렀다.

이와 같은 존귀한 칭호는 그 어떤 과도한 허영심이라도 충족시키기에 충분했다. 따라서 디오클레티아누스의 후계자들이 여전히 '렉스(rex : 왕)'라는 칭호를 사양한 것은 겸손 때문이라기보다는 그들의 미묘한 심리상태 때문이었다고 할 수 있다. 라틴 어가 사용되는 모든 지역에서(라틴 어는 제국 전역에 걸쳐 공용어로 통용되었다) '임페라토르'라는 칭호는 다소 낯설기는 했지만, 국왕이라는 이름보다 한층 더 존귀한 느낌을 전달할 수 있었다. 왕이라는 칭호는 수백 명의 야만족 추장들도 사용하고 있었을 뿐 아니라, 그 기원도 기껏해야 로물루스나 타르퀴니우스(기원전 6세기에 로마에 이주한 에트루리아계 왕가/역주)에서나 찾을 수 있는 칭호였다. 그러나 동방 사람들의 느낌은 서방의 경우와 매우 달랐다. 아시아의 군주들은 유사 아래로 그리스 어로 바실레우스(basileus), 즉 국왕이라는 호칭으로 불리고 있었는데, 그것은 사람 중에서 가장 높은 사람이라고 인정되었기 때문이며 따라서 동방의 로마 속주들은 로마 군주를 호칭할 때 이 단어를 사용했다. 디오클레티아누스와 막시미아누스는 심지어 '신'이라는 속성 또는 호칭까지도 참칭하여 이를 나중에 기독교 교황들에게 물려주었다. 그러나 이처럼 과도한 경칭은 얼마 지나지 않아 원래의 의미를 상실하면서 그 불경성도 없어졌고, 따라서 차츰 귀에 익숙해진 다음에는 다소 지나친 감은 있었지만 그저 존경을 나타내는 표현 정도로 대수롭지 않게 받아들여졌다.

아우구스투스 시대로부터 디오클레티아누스 시대에 이르기까지 로마의 역대 군주들은 동포 시민들과 친밀하게 대화할 때 통상적으로 원로원 의원이나 행정관들과 동일한 수준의 경칭으로 불렸다. 중요한 차이점은 군주는 군을 상징하는 자주색 옷을 입는 데 반해, 원로원 의원은 상의에 영예로운 자주색의 폭이 넓은 띠가 그리고 기사계급은 상의에 같은 색의 폭이 좁은 띠가 있었다는 점이었다. 자존심이 강한, 아니 그보다는 책략이 풍부한 디오클레티아누스는 페르시아 궁정의 장엄한 의식을 도입했다. 그는 과감하게 디아뎀을 썼는데, 로마인들은 디아뎀을 사용한 것은 미치광이 칼리굴라 황제의 행동 중에서도 가장 가증스러운 행동이라고 생각해왔다. 디아뎀이란 진주를 박은 흰색의 폭넓은 머리띠에 불과했다. 디오클레티아누스와 그 후계자들의 호사한 겉옷은 비단과 금으로 만든 것이었으며, 그들의 신발에는 값진 보석이 박혀 있었다. 또한 각종 새로운 형식과 의식이 제정되어 이 신성한 인물에게 접근하기가 날로 더 어려워져갔다. 황궁 입구에는 가신들의 이른바 경호대가 삼엄한 경비를 펴게 되었다. 황실 내부의 경비는 시의심 많은 환관들에게 맡겨졌다. 이 환관의 수가 날로 늘어나고 영향력도 더욱 커졌는데, 이것은 전제주의의 성장을 보여주는 가장 뚜렷한 징조였다. 신하가 마침내 황제의 알현을 허락받게 되면, 그는 지위 여하를 불문하고 바닥에 엎드려 동방의 풍습대로 주군(主君)의 신성에 대한 존경을 나타내어야만 했다.

디오클레티아누스는 분별있는 사람이었으므로 공사의 생활을 통해서 자기 자신과 세상 사람들을 올바르게 평가하는 편이었다. 그런 그가 로마의 풍습을 페르시아의 풍습으로 대체하면서 왜 그처럼 저속한 허영심에 빠지게 되었는지는 잘 이해가 되지 않는다. 그는 자신이 나름대로 화려하고 호사스러운 허세를 부리면 대중의 마음을 사로잡을 것이라고 생각했고, 또 군주가 일반 대중 앞에 나타나지 않으면 시민과 병사들이 버릇없는 방종에 휘말리는 일도 줄어들 것이며, 복종이 습관화되면 점차 존경심을 불러일으키게 될 것이라고 생각했다. 아우구스투스가 겸손함을 가장했던 것과 마찬가지로,

디오클레티아누스는 일부러 장엄한 의식을 도입했다. 그러나 여기서 한 가지 인정해야 할 것은 이 두 가지 희극 중에서 전자가 그래도 후자에 비해서 훨씬 더 도량이 넓고 남자다운 면모를 지니고 있었다는 점이다. 황제가 로마 세계에 대해서 소유하고 있는 무제한적인 권력을 한 사람은 짐짓 감추려고 했고, 다른 한 사람은 마음껏 과시하려고 했던 것이다.

디오클레티아누스가 만든 새 체제의 첫번째 원리는 화려한 겉치장이었고, 두번째 원리는 분할통치였다. 그는 제국을 분할했고 각 속주와 민정 및 군정의 각 부서도 분할했다. 그리고 통치기구의 수를 늘려 완만하지만 보다 확실한 운영을 기하도록 했다. 이와 같은 여러 가지 혁신에 수반되는 장단점은 모두 그 최초의 창안자 탓으로 돌려야 하겠지만, 새로운 정치체제는 그 후계자들에 의해서 점차적으로 개선, 완성되어갈 수밖에 없었으므로 공과를 따지는 것은 그것이 충분히 성숙, 완성될 때까지 기다리는 것이 온당할 것이다. 그러므로 새 제국에 관한 보다 정확한 설명은 콘스탄티누스의 치세까지 유보하기로 하고, 여기서는 다만 디오클레티아누스 자신이 그렸던 중요한 윤곽만을 살펴보기로 한다. 그는 3인의 공동 통치자를 끌어들여 함께 최고권력을 행사했다. 그는 한 사람의 능력만으로는 국가를 방어하기에 불충분하다고 확신했기 때문에, 이 4인 군주의 공동 통치는 일시적인 방편이 아니라 체제의 기본 원리라고 생각했다. 디오클레티아누스의 의도는, 2명의 원로 군주는 디아뎀의 사용과 아우구스투스라는 칭호로써 구별하되, 그들 두 사람은 호의나 평가에 따른 직접 선택에 의해서 2명의 하위 공동 통치자들로 하여금 정기적으로 자기들을 보좌하도록 하며, 이 카이사르들이 순차적으로 최고의 지위에 오름으로써 제위의 계승이 중단 없이 이루어지도록 한다는 것이었다. 제국은 4개 지역으로 분할되었다. 동부와 이탈리아가 가장 명예로운 지역이었고, 도나우 및 라인 지방은 가장 고통스러운 곳이었다. 앞의 두 지방은 2명의 아우구스투스(황제)가 친히 다스렸고, 나머지 두 지방은 2명의 카이사르(부황제)에게 통치가 위임되었다(이것이 소위 293년의 테트라키〔tetrarchy〕이다). 군대는 4명의 공동 주권자가 장악하고 있었기 때문에 아무리 야심 많은 장군이더라도, 이 4명의 막강한 적을 순차적으로 제압한다는 것은 거의 불가능한 일이었다. 민정 분야에서는 4명의 황제가 공동으로 주권을 행사한다고 간주되었기 때문에, 그들이 공동으로 서명한 칙령들은 모든 속주들에서 공동의 회의와 권한에 의해서 공포되는 것으로 받아들여졌다. 이와 같은 세심한 조치에도 불구하고 로마 세계의 정치적 통일은 점차 와해되고 분할의 원리가 도입되어 불과 몇년 만에 동로마 제국과 서로마 제국의 항구적인 분리가 이루어지게 되었다.

디오클레티아누스의 체제에는 오늘날에 와서도 결코 간과할 수 없는 또 한 가지 매우 구체적인 결함이 있었으니, 그것은 체제유지 비용이 증가함으로써 세금이 늘어나고 신민의 압박이 가중되었다는 점이다. 소박한 아우구스투스와 트라야누스 황제가 노예와 해방노예들이 봉사하는 검소한 황실을 유지했던 데 반해, 이제는 로마의 각지에 3-4개의 웅장한 궁궐이 세워지고, 같은 수의 로마 왕들이 서로 앞을 다투어 그리고 페르시아 왕을 상대로 하여 누가 더 화려하고 사치스러운가를 경쟁하기에 이르렀다. 장관, 행정관, 문무관리 등 국정의 각 부서에서 일하는 공직자들의 수가 전에는 상상할 수도 없었던 수준으로 늘어났으며, (그 당시의 어떤 사람의 심한 표현을 빌리면) "세금을 받는 사람이 세금을 내는 사람보다 많아서, 각 지방은 공납의 무거운 짐에 시달리게 되었다." 이 시기로부터 제국이 멸망할 때까지 불평과 불만의 소리가 그치지 않았으리라는 것은 쉽게 추측할 수 있다. 역사가들은 각자의 종교나 입장에 따라서 디오클레티아누스나 콘스탄티누스 또는 발렌스나 테오도시우스를 비난의 대상으로 삼고 있지만, 이들은 모두 인민의 조세부담, 특히 토지세와 인두세가 각 시대의 견디기 어려운 고통이었다는 데에 의견을 같이했다. 이와 같은 일치된 견해로 미루어볼 때, 찬사뿐 아니라 풍자에서도 진실을 찾아야만 하는 공평한 역사가가 있다면, 그러한 역사가는 4명의 군주들이 똑같이 비난받아야 하며, 그들의 가렴주구는 각자의 악덕 탓이라기보다는 획일적인 통치체제의 탓이었다고 말할 것이다. 사실 디오클레티아누스는 이 체제의 창안자였다. 그러나 그의 치세 중에는 악정이 중용과 절제의 범위 안에 제한되어 있었고 따라서 그는 나쁜 선례를 만들었다는 비난을 받을지언정 그가 실제로 억압을 행했다고 비난할 수는 없다. 또 한 가지 덧붙일 것은 그가 거둬들인 세금은 현명한 절약정책에 의해서 관리되었으므로, 모든 경비를 지출하고 난 후에도 황실 국고에는 적절한 은급을 지급하거나 국가의 비상사태에 대비할 충분한 예비비가 남아 있었다는 점이다.

디오클레티아누스가 역사적인 퇴위결정을 실천에 옮긴 것은 그의 치세 21년째(305년)의 일이었다. 이러한 행동은 최고권력을 장악하거나 행사하는 일에 아직 철학의 가르침을 실천해본 적이 없는 군주에게서보다는 오히려 두 안토니누스 황제 중의 어느 한 사람에게서나 기대해봄직한 행동이었다. 디오클레티아누스는 세계역사상 처음으로 황제직을 퇴위하는 선례를 남겼거니와 그후의 군주들은 아직까지도 이 선례를 별로 모방하고 있지 않다. 그러나 우리는 이와 비슷한 사례로 당연히 〔신성 로마 제국의〕 카를 5세(1500-58년. 스페인 국왕 카를로스 1세. 1556년에 이미 양위하고 수도원에서 생을 마쳤음/역주)를 마음속에 떠올리게 된다. 그것은 단순히 어떤 현대의 역사가가 웅변을 통해서 그의 이름을 영국의 독자들에게 친숙하게 만들었기 때문만이 아니라 이 두 군주의 성격이 매우 흡사하기 때문이다. 두 사람 모두 군사적 재능보다 정치적 능력이 뛰어났으며, 겉으로 나타난 미덕은 타고난 성품에서 나온 것이 아니라 인위적인 것이었다. 카를 5세의 퇴위는 운명의 변천에 의해서 촉진되었던 것으로 보인다. 그가 애착을 가지고 추진하던 계획이 좌절되자 자신의 야심을 달성할 수 없음을 느끼고 권력을 포기하게 되었던 것이다. 그러나 디오클레티아누스의 치세는 변함없는 성공의 연속이었다. 그리고 그가 퇴위 문제를 진지하게 생각하게 된 것은 그의 모든 적을 제압하고, 또 자신의 모든 계획을 이미 성취한 후의 일이었다. 또 카를 5세나 디오클레티아누스는 모두 나이가 별로 많은 편도 아니어서, 한 사람은 55세였고 또 한 사람은 59세에 불과했다. 그러나 두 군주는 모두 전쟁과 원정, 신하들의 관리 등의 국사로 인해서 건강을 해쳐 나이에 비해 일찍 노쇠했던 것이다.

디오클레티아누스는 그의 개선식을 마치는 즉시 혹한의 비가 내리는 겨울임에도 불구하고, 이탈리아를 둘러본 뒤에 일리리쿰의 여러 주를 순행하러 동방으로 떠났다. 그는 일기불순과 여행 중의 피로로 인해서 곧 지병을 얻게 되었다. 그는 넓은 길로 가마를 타고 갔는데도 불구하고, 늦은 여름에 니코메디아에 도착하기도 전에 병세가 악화되었다. 그는 겨울 내내 궁중에서만 지냈다. 그의 병환은 일반 시민들에게 걱정을 불러일으켰다. 그러나 사람들은 그의 용태의 변화를 시종들의 안색이나 거동에 나타나는 희비를 통해서 짐작할 수밖에 없었다. 한동안 그가 사망했다는 소문이 널리 퍼졌는데, 그의 사망 사실을 감추는 것은 부황제 갈레리우스의 부재 중에 일어날지도 모르는 혼란을 예방하기 위한 것이라고 추측되었다. 그러나 디오클레티아누스는 마침내 3월 1일(305년)에 다시 한번 공개석상에 나타났다. 다만 안색이 매우 창백하고 수척하여 가까이 지내던 측근들조차도 잘 알아보기 힘들 정도였다. 이제는 건강회복이냐 존엄성의 유지냐의 기로에 서서 1년여 동안 끈질기게 계속되어온 고통스러운 투병을 끝마칠 때가 되었다. 건강을 회복하려면 편안한 휴식이 필요했고, 존엄성을 유지하려면 병상에서도 대제국을 통치해야만 했다. 그는 나머지 생애를 명예로운 휴식 속에서 보내고 그의 영광을 운명의 손이 미치지 않는 곳으로 높이기 위해서 세계의 무대를 젊고 보다 활동력 있는 그의 공동 통치자들에게 물려주기로 결심했다.

양위식은 니코메디아에서 3마일쯤 떨어져 있는 넓은 들에서 거행되었다. 황제가 높은 옥좌에서 이성과 위엄을 갖춘 연설을 통해서 이 특이한 행사에 참석한 인민과 군인들에게 그의 의도를 선포했다. 그는 곤룡포를 벗는 즉시 그의 모습을 응시하는 군중들로부터 모습을 감추었다. 그리고는 지붕을 덮은 전차를 타고 시내를 가로질러 지체 없이 그의 고향인 달마티아에 정해놓았던 은거처로 떠나갔다. 같은 날, 즉 5월 1일에 미리 협의해놓은 대로 막시미아누스도 밀라노에서 퇴위했다. 디오클레티아누스는 로마의 화려한 개선식 당시에 이미 그의 퇴위 계획을 구상해두었던 것이다. 그는 막시미아누스도 이에 따르기를 바랐기 때문에 그에게서 통보와 시범이 있는 경우 그도 황제 자리에서 물러나겠다는 구체적인 약속을 받아두었다. 이 약속은 카피톨리누스의 유피테르 신전 제단에서 엄숙한 선서로 확인해두었지만, 권력을 사랑하고 현재의 평온이나 미래의 명망 같은 것은 바라지도 않는 막시미아누스의 격렬한 기질을 붙들어놓기에는 미약한 것이었다. 그러나 그는 어쩔 수 없이 자기보다 우월하고 현명한 공동 통치자에게 굴복하여 퇴위했으며, 그 즉시 루카니아의 별장에서 은거생활을 시작했다. 그곳은 성급한 인물이 지속적인 평온을 찾기에는 도저히 불가능한 장소였다.

비천한 신분에서 황제의 자리에까지 올라갔던 디오클레티아누스는 생애의 마지막 9년 동안을 평범한 시민으로 보냈다. 그는 이성이 명하는 바에 따라서 만족한 마음으로 은퇴했으며, 그에게서 세계의 소유권을 물려받은 군주들로부터 존경을 받았다. 오랫동안 일에 단련된 사람은 혼자서 지내는 습관을 붙이기가 힘들며 권력을 상실한 후에는 대개 할 일이 없어 허전해하기 마련이다. 디오클레티아누스는 고독한 생활에 큰 소일거리가 되는 독서나 신앙의 위안에 관심을 가질 줄 몰랐다. 그러나 극히 단순하고 꾸밈없는 즐거움을 찾는 취미를 가지고 있었거나 아니면 적어도 이러한 취미를 곧 회복하여 집을 짓고 나무를 심고 정원을 가꾸면서 한가한 시간을 보냈다. 막시미아누스의 요구에 대한 그의 대답은 찬양할 만하다. 이 성미 급한 노인은 그에게 통치권과 제위를 다시 장악하자고 간청했는데, 그는 연민의 미소를 지으며 이 유혹을 뿌리쳤던 것이다. 그는 자기가 살로나에서 직접 재배한 양배추를 막시미아누스에게 보여줄 수 있다면, 막시미아누스도 그에게 권력 추구를 위해서 이 행복을 버리라고 촉구하지 않을 것이라고 차분하게 말했다.

그는 친지들과 대화를 나누는 가운데 종종 모든 기술 중에서 가장 힘든 것은 퇴임하는 기술이라고 시인하면서, 즐겨 거론되는 이 화제에 관해서 오직 경험한 사람만이 가질 수 있는 진지한 태도로 자신의 견해를 표명하곤 했다. 그는 이렇게 말하곤 했다. "너댓 명의 고관이 작당하여 자기들 군주를 속이는 일이 얼마나 많은가! 높은 지위에 올라 사람들로부터 격리되면 진실이 감춰져 군주가 알지 못하게 된다. 군주는 오직 신하들의 눈을 통해서만 볼 수 있고, 그들이 조작한 내용만 들을 수 있게 된다. 그는 중요한 직책을 악하고 나약한 자들에게만 주고, 덕망 높고 유능한 신하들을 물러나게 만든다. 이처럼 파렴치한 농간 때문에 아무리 훌륭하고 현명한 군주일지라도, 타락한 신하들에게 속아넘어가게 되는 것이다."

위대함이 무엇인지를 올바르게 평가하고 불후의 명성을 확신하게 되면,

은퇴의 즐거움을 누리고자 하는 의욕이 커지게 마련이다. 그러나 이 로마 황제는 이 세상에서 너무나 중요한 일을 맡았던 사람이었기 때문에 안락한 은둔생활을 마음껏 즐기고 있을 수만은 없었다. 그는 자신의 양위 후에 로마 제국에 닥쳐온 여러 가지 난관을 모른 척하고만 있을 수 없었다. 그 결과에 무관심할 수도 없었다. 때로는 두려움, 슬픔, 불만 같은 것이 살로나의 벽지에까지 그를 찾아와서 엄습했다. 그의 낙천적인 마음과 자존심은 그의 아내와 딸이 당한 불행 때문에 큰 상처를 입었다. 디오클레티아누스는 말년에는 이러저러한 모욕을 받고 매우 괴로워했다. 다만 리키니우스와 콘스탄티우스는 여러 황제의 아버지로서 자기들에게 길을 열어준 그에게 무례한 짓은 삼갔을 것으로 생각된다. 신빙성이 매우 의심스럽기는 하지만, 디오클레티아누스는 그들의 권력에서 멀어지기 위해서 스스로 목숨을 끊었다는 이야기가 지금까지 전해질 정도로 신중했다.[6]

  제국 안의 문민의 불화, 군대의 방종, 야만족의 침입, 전제주의의 대두 등이 천재는 물론이고 학식 있는 사람에게조차도 매우 불리한 상황을 조성했으리라는 것은 말할 필요도 없다. 일리리쿰 출신 황제들이 제위를 계승함으로써 제국은 부흥되었으나, 학문을 부활시키지는 못했다. 그들이 받은 군사교육은 학문에 대한 사랑을 고취하기 위한 것이 아니었기 때문에, 심지어 정치에 정력적이고 능력 있는 디오클레티아누스조차도 연구나 사색 같은 것은 전혀 해본 적이 없었다. 법률이나 의술 등의 직업은 실용적이기도 하고 이익도 확실하기 때문에, 상당한 능력과 지식을 가진 종사자들을 언제나 충분히 확보할 수 있었다. 그러나 이 두 분야의 학자들은 그 당시에 활약했던 고명한 지도자들에게 매력을 끌지는 못했던 것 같다. 시인의 목소리는 침잠되어갔다. 역사는 무미건조하고 갈피를 잡을 수 없는 요약문으로 전락하여 재미도 없고 교훈도 되지 않았다. 지루하게 억지로 꾸민 웅변은 아직 돈벌이가 되어 황제들에게 애용되었다. 황제들은 자존심을 충족시켜주거나 권력의 옹호에 도움이 되는 학예만을 권장했다.

---

6) 본문 중 디오클레티아누스의 은거장소에 관한 상세한 설명은 생략한다/편집자 주.

그러나 학문과 인간정신이 쇠락한 이 시대는 신플라톤 학파의 대두와 급속한 성장에 의해서 특징지어진다. 알렉산드리아 학파가 아테네 학파를 침묵시켰으며, 구학파의 사람들은 보다 시류를 좇는 스승들 밑에 모여들었는데, 이 스승들은 참신한 방법론과 엄격한 행동 양식을 학문체계로 내세운 사람들이었다. 이 스승들 중의 몇 사람 —— 암모니우스, 플로티노스, 아멜리우스, 포르피리우스 —— 은 사상이 심오하고 실천력도 뛰어났지만, 이들은 철학의 참 목적을 잘못 이해했기 때문에 노력한 보람도 없이 인간 이성의 학문을 발전시키기보다는 오히려 타락시키는 데 기여했을 뿐이다. 신플라톤 학파는 인간의 상황과 능력에 적합한 학문, 즉 윤리학, 자연과학, 수학 등을 모두 무시해버렸다. 그들은 오히려 형이상학을 둘러싼 입씨름에나 정력을 낭비하고, 눈에 보이지 않는 세계의 비밀을 탐구하려고 시도하면서, 아리스토텔레스와 플라톤도 일반 사람들과 마찬가지로 전혀 이해하지 못했던 문제들에 관해서 이 두 철학자의 학설을 화해시켜보려고 애썼다. 그들은 이처럼 심오하면서도 실체가 없는 사유를 위해서 이성을 헛되이 소모하면서 공연한 환상에 매달렸다. 그들은 나름대로 영혼을 육신의 감옥으로부터 해방시키는 비법을 가지고 있다고 자부하면서 악마와 영혼 간의 교제가 가능하다고 주장하는 등의 매우 기이한 혁명적 방법에 의해서 철학의 연구를 마법의 연구로 전락시켰다. 옛 현인들은 세속의 미신을 비웃었지만, 플로티노스와 포르피리우스의 제자들은 그들의 터무니없는 생각을 빤히 들여다보이는 비유를 들어 호도하면서 미신을 열렬히 옹호하고 나섰다. 그들은 기독교도들과는 신앙상의 몇몇 신비적 요소에 관해서 의견의 일치를 보였으나, 기독교의 나머지 신학체계에 대해서는 내전을 불사할 정도로 격렬하게 공격했다. 신플라톤 학파는 학문의 역사에는 거의 기여한 바가 없지만, 기독교사에서는 이 학파가 자주 언급되고 있다.

제7장
(305-24년)

디오클레티아누스 퇴위 후의 혼란
콘스탄티우스의 사망
콘스탄티누스 및 막센티우스의 즉위
6황제의 동시 옹립
막시미아누스와 갈레리우스의 사망
막센티우스 및 리키니우스에 대한 콘스탄티누스의 승리
콘스탄티누스 치하의 제국통일[1]

 디오클레티아누스가 확립한 세력균형은 그 창안자가 확고하고 뛰어난 수완을 유지하는 동안까지만 지속되었다. 이 균형을 유지하기 위해서는 두번 다시 찾아보기 어려운 여러 가지 성품과 능력 —— 두 황제가 서로 질시하지 않고, 두 부황제에게 야심이 없으며 또한 4명의 군주들이 변함없이 전체의 이익을 추구하는 등 —— 이 동시에 구비되는 조건이 전제되어야만 했다. 디오클레티아누스와 막시미아누스의 양위에 뒤이어 18년 동안은 불화와 혼란이 계속되었다. 로마 제국은 그동안 5차례의 내전을 겪었으며, 내전이 없을 때에도 적대적인 군주들간의 분쟁이 잠시 중단된 것일 뿐 평온한 상태는 아니었다. 여러 군주들은 서로 증오하고 두려워하면서 각자의 세력을 키우기 위해서 백성들을 희생시켰다.
 디오클레티아누스와 막시미아누스가 퇴위한 즉시 그 자리는 새로운 체제에 따라서 2명의 카이사르, 즉 콘스탄티우스와 갈레리우스가 차지하여 아우

---

[1] 원문의 제 14장에 해당한다/편집자 주.

구스투스의 칭호를 가지게 되었다. 두 황제 중 콘스탄티우스에게 선임자 및 상급자의 영예가 돌아갔으며, 그는 이 새로운 칭호에 의해서 종전과 같이 갈리아, 에스파냐 및 브리타니아 지방을 계속 통치했다. 이 풍요한 속주들을 다스리는 것만으로도 그의 재능을 발휘하고 야심을 충족시키기에 충분했다. 콘스탄티우스 황제는 관대하고 절제가 있고 온건한 성품이어서 운좋은 그의 신하들은 이 군주의 여러 가지 덕망을 막시미아누스의 열정과 심지어 디오클레티아누스의 책략과도 비교해볼 기회가 많았다. 콘스탄티우스는 동방의 허세와 화려함을 모방하지 않고, 로마 군주로서의 겸손함을 지켰다. 그는 꾸밈없는 진심으로써 자신의 가장 값진 보물은 시민의 마음속에 있다고 선언했고, 그것은 황제의 위엄을 지키거나 국가의 위기에 대처하기 위해서 특별한 지출이 필요할 때 자신이 확신을 가지고 시민의 호의와 관대함에 의존할 수 있기 때문이라고 말했다. 갈리아, 에스파냐 및 브리타니아의 주민들은 그의 훌륭한 인품에 감복하고 자신들의 행복에 감사하고 있었기 때문에 콘스탄티우스 황제가 막시미아누스의 딸과의 두번째 결혼에서 낳은 어린 자녀들을 남겨둔 채 건강이 쇠약해지자 크게 불안해했다.

 갈레리우스의 엄격한 성품은 이와 정반대였다. 그는 백성들의 존경을 요구할지언정 좀처럼 그들의 애정을 몸소 간청하는 일은 없었다. 그는 자신의 무공, 특히 페르시아 전쟁의 승리로 인해서 매우 오만해져 있었기 때문에 자연히 자기보다 우월한 자는 물론이고 동등한 자까지도 용납하지 못했다. 어떤 지각 없는 역사가의 편파적인 증언을 그대로 믿는다면, 디오클레티아누스의 퇴위는 갈레리우스의 협박 때문이었으며 또한 두 군주들간의 사적인 대화에서 후자가 배은망덕하고 오만한 태도로 전자를 무기력한 사람이라고 매도한 사건과 관련이 있었던 것으로 보인다. 그러나 이 불확실한 일화는 디오클레티아누스의 성품과 행동을 공정하게 평가해보면 충분히 논박할 수 있다. 그의 의도가 어떠했든지 디오클레티아누스는 지각있는 사람이었기 때문에 설사 사나운 갈레리우스에게서 어떤 위협을 느꼈다고 하더라도 불명예스러운 다툼을 예방할 수 있었을 것이며, 영광스럽게 제위를 차지했던 것처럼 체면 손상 없이 그 자리를 물러날 수 있었으리라는 것이다.

콘스탄티우스와 갈레리우스는 아우구스투스의 반열에 등극하고 난 후, 제국의 통치체제를 갖추기 위해서 2명의 새로운 부황제를 임명할 필요가 있었다. 디오클레티아누스는 진심으로 은퇴하기를 열망했으며, 자신의 딸과 결혼한 갈레리우스가 자기 가족과 로마 제국을 확고하게 뒷받침하리라고 생각했기 때문에, 주저 없이 이 후계자가 부황제를 임명하고 중요한 일의 권한과 책임을 모두 맡아야 한다는 데에 동의했다. 이 문제는 서로마 제국 군주들(막시

콘스탄티우스 1세
(재위 305-06년)

미아누스 및 콘스탄티우스/역주)의 이해관계와 의향을 물어보지 않고 결정되었다. 이들 두 군주는 각기 결혼 적령기에 도달한 아들을 한 명씩 두고 있었으므로, 이 아들들이 공석을 메울 가장 자연스러운 후보자로 간주되었다. 그러나 막시미아누스가 아무리 화를 내더라도 그는 이제 두려워해야 할 존재가 아니었고, 온화한 콘스탄티우스는 위험을 겁낼 사람은 아니었지만 자비로운 마음씨 때문에 내전이 가져올 재난을 걱정하고 있었다. 결국 갈레리우스가 카이사르의 반열에 올려놓은 두 사람은 그의 야심을 이루는 데 매우 적합한 인물들이었다. 두 사람이 추천된 주된 이유는 그들이 어떠한 장점이나 개인적인 영향력도 가지지 못했기 때문인 것으로 보인다. 그 한 사람은 뒤에 막시미누스(재위 309-13년)라고 불리게 된 다자인데, 그의 어머니는 갈레리우스의 누이동생이었다. 이 경험 없는 젊은이의 행동과 언어가 아직 촌티를 벗어나지 못하고 있던 중에 그는 자기 자신은 물론이고 온 세상이 놀라는 가운데 디오클레티아누스에 의해서 카이사르라는 높은 지위에 발탁되어 이집트와 시리아의 통치권을 위임받았다. 이와 동시에 쾌락에 빠져 있기는 했으나, 업무능력이 없지는 않았던 충실한 신하〔플라비우스 발레리우스〕세베루스(재위 306-07년)는 밀라노로 파견되어 자리를 내놓기 싫어하는 막시미아누스로부터 카이사르의 칭호를 받고 이탈리아와 아프리카의 소유권을 인계받았다. 통치체제의 형식에 따라서 세베루스는 서부 황제의 우월권을 인정하면서도 자기의 은인인 갈레리우스의 명령에 절대적으로 복종했

콘스탄티누스 1세(재위 312-37년)

콘스탄티누스 1세
의 개선문

다. 갈레리우스는 이탈리아 경계선으로부터 시리아 경계선에 이르는 중간지역을 자신을 위해서 유보해놓고 로마 제국의 4분의 3에 이르는 지역에 걸쳐 자신의 권력을 확립하게 되었다. 조만간 콘스탄티우스가 죽으면 자기가 로마 제국의 단독 군주가 되리라고 확신했던 그는 장래 군주들의 장기간의 세습을 마음속으로 그리면서 자신은 앞으로 20년 동안 영광스러운 통치를 완수한 후 공직에서 물러날 생각을 하고 있었던 것이 확실하다.

그러나 18개월도 채 못 되어 두 가지 뜻밖의 변혁이 일어나서 갈레리우스의 야심적인 계획을 뒤집어놓았다. 서부 속주들을 통합하려던 그의 계획은 콘스탄티누스의 등극에 의해서 좌절되었고, 막센티우스의 반란에 의해서 이탈리아와 아프리카도 상실했다.

[1] 콘스탄티누스의 즉위/ 콘스탄티누스는 그 명성 때문에 후세 사람들에게 그의 생애와 업적의 극히 상세한 부분까지도 관심의 대상이 되고 있다. 그

의 출생지와 어머니 헬레나의 신분에 관한 문제는 문학의 소재가 될 뿐 아니라 민족간의 논쟁거리가 되어왔다. 그의 외조부가 브리타니아의 왕이었다는 설이 있기는 하지만, 헬레나는 역시 여관집 주인의 딸이었다고 볼 수밖에 없다. 다른 한편 그녀가 콘스탄티우스의 애첩이었다고 주장하는 사람들도 있지만, 그녀가 합법적인 결혼을 했다는 사실은 인정해야 할 것이다. 콘스탄티누스 대제는 다키아 지방의 나이수스〔유고슬라바이아의 남동부 지방〕에서 태어났을 가능성이 높다. 그렇다면 유명한 사람이라고는 군인밖에 없는 가문과 지방에서 자라난 이 젊은이가 지식을 습득하여 그의 품성을 닦는 데에 별 관심이 없었다는 것은 놀라운 일이 아니다. 그의 아버지가 카이사르의 직위에 올랐을 때 콘스탄티누스는 18세 정도였다. 그러나 이와 같은 경사에 뒤이어 그의 어머니 헬레나가 이혼당함으로써 그는 비운의 나락으로 떨어지게 되었다. 하지만 그는 콘스탄티우스를 따라 서부로 가지 않고 디오클레티아누스의 휘하에 남아 이집트와 페르시아 전쟁에서 용맹을 발휘함으로써 점차 승진하여 선임지휘관(tribunus)의 자리에 오르게 되었다.

  콘스탄티누스는 키가 크고 체격이 우람했다. 그는 모든 무술에 숙달하여 싸움터에서는 대담무쌍하고 평화시에는 온후했다. 그의 모든 행동에는 젊은이다운 적극성과 후천적으로 습득한 분별력이 조화를 이루고 있었다. 또한 그의 가슴속은 야심으로 가득 차 있었음에도, 쾌락의 유혹에는 냉담하고 무관심했다. 그가 시민과 군인들의 지지를 받아 카이사르 후보로 지명된 것은 갈레리우스의 질투심만 부채질하는 결과를 가져왔다. 갈레리우스는 여러 가지를 고려하여 공공연한 폭력행사를 자제했겠지만, 절대군주치고 확실하면서도 은밀한 복수방법을 몰라 쩔쩔매는 사람은 없는 법이다. 콘스탄티누스에게 시시각각 위험이 닥쳐오자 불안해진 그의 아버지 콘스탄티우스는 여러 차례 편지를 보내 아들을 만나보고 싶다는 따뜻한 마음을 표시했다(부자가 동서로 너무 멀리 떨어져 있었다/역주). 얼마 동안은 갈레리우스도 머리를 짜내 시간을 끌면서 이유를 내세웠으나, 공동 통치자의 너무나도 당연한 요구를 오랫동안 거절한다는 것은 불가능했으며 결국 계속 거절하려면 무력을 행사할 수밖에 없었다. 여행허가가 마지못해 내려졌다. 여러 가지 이유로 그의 귀환을 두려워했던 갈레리우스는 백방으로 조치를 취했지만, 주도면밀한 콘스탄티누스는 이와 같은 기도를 효과적으로 저지했다. 그는 니코메디아 궁전을 밤중에 출발하여 시민의 환호를 받으면서 비티니아, 트라키아, 다키아, 판노니아, 이탈리아를 거쳐 여행한 끝에 그의 아버지가 브리타니아 출정을 준비하고 있던 그 바로 순간에 불로뉴 항구(프랑스 북부 지방의 영국 도항 항구/역주)에 도착했다.

이 브리타니아 원정과 칼레도니아 야만족에 대한 손쉬운 승리는 콘스탄티우스 치세에 이룩된 마지막 전공들이었다. 그는 요크에 있는 황궁에서 생애를 마쳤는데, 그것은 그가 아우구스투스 칭호를 받은 지 15개월 그리고 카이사르의 반열에 오른 지 약 14년 반이 지났을 때였다(306년). 그가 사망하자 콘스탄티누스가 즉각 그의 뒤를 이었다. 상속과 계승이란 개념은 매우 보편화되어 있었기 때문에 일반인들은 그것이 어떤 합리적인 근거에 바탕을 둔 것이라기보다는 인간 본성에 바탕을 둔 것이라고 생각하게 된다. 인간의 상상력은 이 원리를 사적 소유권 개념에서 공적 통치권의 개념으로 쉽사리 전환시키게 된다. 따라서 덕망 있는 아버지가 시민의 존경이나 기대를 받을 만한 유능한 아들을 남겨놓는 경우에는 이와 같은 선입관과 애정이 상승작용하여 거역할 수 없는 무게를 가지는 것이다. 그 당시 서부 로마 군의 정예부대는 콘스탄티우스를 따라 브리타니아에 건너갔는데, 여러 민족으로 구성된 부대들은 알레만니족 군대에 의해서 강화되었다. 이 군대는 알레만니족 세습 추장의 한 사람인 크로쿠스의 명령에 복종하고 있었다.[2] 콘스탄티우스 지지자들은 군단 병사들에게 그들이 중요한 존재임을 역설하면서, 그들이 황제를 지명하면 브리타니아, 갈리아 및 에스파냐가 묵인해줄 것이라고 열심히 권고했다. 병사들은 자애로운 황제의 아들을 그들의 우두머리로 추대할 것인가, 아니면 아시아의 군주로부터 서방의 군대와 속주들을 다스리도록 임명받은 어떤 비천하고 낯선 자가 도착하기를 온순하게 기다리는 치욕을 당할 것인가를 지체 없이 결정하도록 요청받았다. 그들은 콘스탄티누스

---

[2] 이것은 아마도 야만족 왕이 자기 신민들로 구성된 독립부대를 이끌고 로마 군을 지원한 최초의 사례일 것이다. 이 관행은 그후 더욱 일반화되다가 마침내 로마에 화를 불러들였다.

가 여러 가지 덕성 중에서도 의리와 관대함이 뛰어난 사람이라고 은근히 설득당했다. 그리고 책략이 뛰어난 콘스탄티누스는 병사들이 그에게 아우구스투스, 곧 황제의 칭호를 바칠 태세를 갖춘 다음에야 비로소 병사들 앞에 나타났다. 그가 바라는 것은 황제의 자리였다. 그리고 야심을 위해서 가볍게 움직이지 않는 콘스탄티누스는 그것이 자신의 안전을 도모하는 유일한 수단이라고 생각했다. 그는 갈레리우스의 성격과 정서를 잘 알고 있었기 때문에, 자기가 살 수 있는 길은 통치자가 되는 길뿐이라는 것을 충분히 인식하고 있었다. 그가 짐짓 점잖고도 완강하게 천거를 일단 거절한 것은 자신의 찬탈을 정당화하기 위한 계략이었다. 그는 군대의 천거를 수락하는 즉시 편지를 써서 동부의 황제에게 발송했다. 이 편지에서 콘스탄티누스는 자기 아버지가 사망했다는 비보를 알리면서 자신의 세습권을 완곡하게 주장하고 그리고 자기 휘하 군대의 격렬한 애정 표시 때문에 합법적인 방법으로 황제의 자리를 정식으로 청원할 수 없었음을 송구스럽게 생각한다고 썼다.

　갈레리우스가 보인 첫번째의 감정적 반응은 놀람, 실망, 분노였다. 그는 감정을 억제할 줄 모르는 사람이었기에 편지와 편지를 가져온 사자를 함께 불태워버리겠다고 호통쳤다. 그러나 분노가 점차 가라앉자, 전쟁에 이길 가능성이 희박하다는 데에 생각이 미쳤고 또 자기 경쟁자의 성품과 실력을 저울질해보고 나서 결국 사려 깊은 콘스탄티누스가 제시한 명예로운 타협안을 받아들이기로 했다. 갈레리우스는 브리타니아 군대의 군주 옹립을 매도하지도 승인하지도 않은 채, 작고한 그의 공동 통치자의 아들을 알프스 이북 속주들의 군주로 받아들였다. 그러나 그는 콘스탄티누스에게는 로마 군주들 중 서열 4위인 카이사르의 칭호만 주었고, 공석중인 아우구스투스의 자리는 그가 총애하는 [플라비우스 발레리우스] 세베루스에게 수여했다. 외견상 제국의 평온은 여전히 유지되었으며, 콘스탄티누스는 이미 실속을 차지한 이상 최고권력의 영예를 얻으려고 초조해할 필요가 없었다.

　콘스탄티우스는 두번째 결혼에서 아들 딸을 3명씩 모두 6명의 자녀를 두었는데, 이들은 황실의 혈통이었기 때문에 비천한 신분을 지닌 헬레나의 아들 콘스탄티누스에 대해서 우선권을 요구할 수도 있었다. 그러나 이들 중 가장 연장자의 나이가 13세에 불과했던 데 반해, 콘스탄티누스의 나이는 32세에 이르러 심신이 한창 왕성할 때였다. 따라서 황제는 임종시에 그의 우선권을 허용하고 승인했던 것이다. 콘스탄티우스는 임종을 앞두고 그의 맏아들에게 가문의 안전과 존엄성을 지켜주도록 유언했으며, 테오도라의 소산인 자녀들을 아버지의 권위와 애정을 가지고 돌봐달라고 부탁했던 것이다. 그 자녀들이 훌륭한 교육을 받고 좋은 가문의 배필과 결혼하고 황족으로서의 생활을 보장받고 국가의 가장 높은 영예를 수여받았다는 것은 콘스탄티누스의 형제적 우애를 입증하는 것이다. 그리고 이 동생들은 온화하고 의리 있는 성격을 지니고 있었기 때문에, 그의 뛰어난 재능과 행운에 주저 없이 복종했다.

2 **막센티우스의 반란/** 야심만만한 갈레리우스는 갈리아 속주들에 대한 기대의 좌절을 달게 받아들일 수 없었으며, 뜻밖에도 이탈리아까지 상실하게 되자 그의 권력과 자존심에 뼈아픈 상처를 입었다. 황제들이 장기간 자리를 비운 사이에 로마 시에는 불만과 분노가 팽배해졌으며, 사람들은 점차로 니코메디아(동로마 황제의 거주지/역주)와 밀라노(서로마 황제의 거주지/역주)의 우위는 디오클레티아누스의 개인적 취향에서가 아니라, 그가 만든 항구적인 정치체제 탓이었음을 깨닫게 되었다. 그가 퇴위한 지 몇달 후에 그의 후계자들이 그의 이름으로 화려한 목욕탕들을 짓게 되었으나(이 목욕탕들의 폐허에는 지금도 수많은 교회당과 수도원들이 그 자재들을 이용하기도 하여 세워지고 있다), 로마 시민들의 불만을 달랠 수는 없었다. 이들의 성급한 불만 때문에 사치스럽고 우아한 휴식장소들은 평온을 상실했으며, 더구나 점차로 이 건축물들의 건설 비용이 곧 로마 시민의 부담으로 전가될 것이라는 소문이 나돌게 되었다. 이즈음에 갈레리우스는 탐욕 때문이었는지 아니면 국가의 긴급한 사정 때문이었는지 토지세와 인두세의 세수 증대를 위해서 시민의 재산에 대해서 매우 엄격하고 가혹한 조사를 실시했다. 이때 그들의 부동산에 대해서 매우 정밀한 조사가 실시되었던 듯하다. 조금이라도 재산을 숨긴 혐의가 있으면 정직한 재산신고를 할 때까지 재량껏 고문을 행했

막센티우스(재위 306-12년)의 화폐의 표면과 이면

다. 이탈리아가 속주들보다 우월한 지위에서 누렸던 특권은 이제 없어졌으며, 세리들은 이미 로마 시민의 인구조사에 착수하여 새로운 세율을 결정하고 있었다.

옛 자유의 정신이 완전히 소멸된 시기에조차도 온순한 시민들은 재산권에 대한 미증유의 침해에 감히 저항한 경우가 종종 있었다. 더구나 이번 경우에는 이와 같은 상처가 모욕에 의해서 더욱 악화되었고, 개인적 이익을 옹호하려는 감정은 민족적 명예심 때문에 더욱 촉진되었다. 전술한 바와 같이 로마 시민들은 마케도니아 정복 이후에 인두세의 부담으로부터 면제되었다. 그들은 온갖 형태의 전제정치를 겪으면서도 거의 500년 동안 이와 같은 면세특권을 누려왔다. 따라서 그들은 일리리쿰 농민출신인 황제가 멀리 아시아(니코메디아)에 거처하면서 로마 시를 제국의 다른 공납도시들과 동등하게 취급하는 불손함을 참고 견딜 수 없었다. 로마 시민들의 분노는 원로원의 권위에 의해서, 아니면 적어도 그 묵인에 의해서 더욱 촉진되었으며, 더구나 해산될 위기에 처해 있던 허약한 근위대의 잔류 병사들은 이를 구실로 삼아 압박받는 조국을 위해서 칼을 뽑을 용의가 있음을 선언했다. 로마 시민들의 한결같은 희망은 외국인 폭군들을 이탈리아에서 축출한 후, 로마에 거주하면서 로마의 통치정책을 집행하는 군주, 다시 한번 로마 황제의 칭호를 받을 만한 군주를 스스로 선출하는 데 있었다. 결국 막센티우스라는 이름과 그의 조건이 시민들의 열광을 끌어들이게 되었다.

막센티우스는 막시미아누스 황제의 아들로서 갈레리우스의 사위였다. 그

막센티우스의 바실리카

는 가문으로 보아 로마 제국의 가장 유망한 후계자였다고 할 수 있다. 그러나 콘스탄티누스가 위험할 정도로 장점이 빼어나 황제, 곧 아우구스투스의 지위에서 제외되었다면, 막센티우스는 그의 악덕과 무능 때문에 카이사르의 지위에서 배제되었다. 갈레리우스의 정책은 은인인 자기 자신의 선정을 욕되게 하지 않고 그의 명령을 무조건 따를 만한 공동 통치자를 선호했다. 그렇기 때문에 비천하고 낯선 인물(세베루스)을 이탈리아의 군주로 앉히고, 작고한 서부 황제의 아들(막센티우스)은 수도에서 몇 마일 떨어진 별장에서 사치스러운 은거생활을 하도록 내버려두었던 것이다. 그때 막센티우스는 콘스탄티누스가 성공했다는 소식을 접하자 질투심으로 치를 떨었고 우울증, 수치심, 고민, 분노에 휩싸였으나, 신민들이 불만을 나타내자 희망을 되살려 그의 개인적 상처와 욕구를 로마 시민의 대의와 일치시키도록 쉽게 설득당할 수 있었다. 근위대 지휘관 두 명과 병참장교 한 명이 음모의 실행을 맡았다. 그리고 모든 병사들이 한 마음으로 움직였기 때문에 그후의 사태는 의심의 여지도 어려움도 없었다. 세베루스에게 충성을 바쳤던 로마 시장과 몇몇 고관들이 근위병들에게 학살당했다. 이렇게 해서 제위에 오른 막센티우스는 원로원과 민회에 의해서 로마의 자유 및 존엄성의 수호자로 인정받았

갈레리우스(재위 305-11년)

다(306년 10월 28일). 그의 아버지 막시미아누스가 이 음모를 사전에 알고 있었는지는 확실하지 않다. 그러나 이 늙은 선제는 로마 시민들이 반란의 기치를 올리자 곧 디오클레티아누스의 권위에 눌려 외롭고 울적한 생활을 보내던 은둔처에서 뛰쳐나와 자애로운 아버지의 가면을 쓰고 야망을 드러내기 시작했다. 그는 자기 아들과 원로원의 요청에 따라서 다시 제위에 올랐다. 기왕의 그의 위엄과 경험 그리고 명성은 막센티우스 일파의 세력과 평판에 큰 힘을 보태게 되었다.

세베루스 황제는 그의 동료인 갈레리우스 황제의 권고였든, 명령이었든 어떻든 급거 로마로 귀환했다. 그는 의표를 찌른 이 신속한 공격으로 방자한 젊은이가 지휘하는 오합지졸들의 반란쯤은 쉽게 진압할 수 있다고 확신하고 있었다. 그러나 막상 로마에 도착해보니, 성문은 굳게 닫혀 있고 성벽에는 유능한 장군(막시미아누스)이 지휘하는 반란군 병사들이 가득 차 있었으며 자기 자신의 군대는 사기와 충성심이 떨어져 있었다. 무어족의 대부대가 거액의 하사금 약속에 유혹되어 적군 쪽으로 탈출했는데, 만일 그들이 아프리카 전쟁 때 막시미아누스에 의해서 징집된 군대였다는 말이 사실이라면 그들은 자기들을 붙들어매었던 인위적인 충성심보다는 이 자연스러운 금전적인 고마움에 더 끌렸으리라고 생각된다. 근위대 장관 아눌리누스도 막센티우스 지지를 선언하고 그의 명령에 복종하는 대부대를 이끌고 그에게 투항했다. 어떤 웅변가의 표현대로 로마는 다시 원래의 로마 군대를 불러들였던 것이다. 결국 불운한 세베루스는 군대와 신하를 잃은 채 급히 라벤나로 후퇴, 도주하고 말았다.

여기서 그는 한동안 안전하게 지낼 수도 있었을 것이다. 라벤나의 요새는 이탈리아 군의 공격에 견딜 만했고, 이 도시를 둘러싼 늪은 이탈리아 군의 접근을 막기에 충분했다. 세베루스가 강력한 함대를 지휘하고 있던 바다는 그에게 무제한적인 군수품 공급을 보장했고, 봄이 오면 일리리쿰과 동방에서 그를 지원하러 올 군단들에게 자유로운 통로를 열어줄 수 있었다. 직접 포위 작전에 나섰던 막시미아누스는 얼마 후 자기가 무익한 작전을 위해서 시간과 병력을 낭비하고 있으며, 무력이나 식량 차단을 통해서도 이길 가망이 없다는 것을 깨달았다. 그는 차라리 디오클레티아누스에게나 어울릴 책략을 써서 라벤나 성벽을 공격하기보다는 세베루스의 심리상태를 주로 공격했다. 반역행위를 경험한 바 있는 이 불행한 황제는 가장 진실한 친구나 지지자들조차도 불신했다. 막시미아누스가 보낸 밀사는 쉽사리 그를 설득하여 이 도시를 바치려는 음모가 진행중인 것처럼 믿게 만들었고 또한 그의 공포심을 이용하여 정복자를 화나게 만들지 말고 일단 신뢰한 뒤에 명예로운 항복조건을 받아들이라고 설득했다. 그는 처음에는 인간적인 취급을 받았으며 나중에는 정중한 대우를 받았다. 막시미아누스는 이 포로 황제를 로마로 안내하여 황제의 자리에서 물러나면 생명과 안전을 보장하겠다고 엄숙히 다짐했다. 그러나 세베루스는 안락한 죽음과 황제로서의 장례식을 허용받는 길을 택했다. 그에게 사형선고가 내려질 때 사형집행 방법은 그가 스스로 선택하도록 위임되었다. 그는 옛사람들이 즐겨 사용하던 혈관절개 방법을 선택했다. 그가 숨을 거두는 즉시 그의 시신은 갈리에누스 가문의 가족묘지로 운구되었다.

　콘스탄티누스와 막센티우스는 서로 성격은 판이했지만, 두 사람이 처한 상황과 이해관계가 동일했기 때문에 힘을 합쳐 공동의 적과 싸워야 할 필요를 느꼈던 것 같다. 불굴의 막시미아누스는 자신이 나이도 많고 지위도 높았음에도 불구하고, 스스로 알프스 산맥을 넘어 갈리아의 군주(콘스탄티누스)와의 직접 회견을 요구하면서 함께 데리고 온 딸 파우스타를 새로운 동맹의 인질로 내놓았다(307년 봄). 이 결혼식은 아를에서 매우 화려하게 거행되었다. 이렇게 해서 과거 디오클레티아누스의 동료 황제였던 막시미아누스는 그의 사위인 동맹자에게 아우구스투스의 칭호를 수여했다. 콘스탄티누스는 이 영예를 막시미아누스로부터 수여받기로 승락함으로써 로마와 원로원의 지지를 받게 되었으나, 그의 언동은 여전히 모호했고 그의 원조도 지지부진했던 것으로 보인다. 그는 앞으로 일어날 이탈리아 군주들과 동부 황제 간의 싸움을 예의 주시하면서 전쟁이 일어날 경우 자기 자신의 안전과 야망을 도모할 작정이었다.

사태가 긴박해지자 갈레리우스가 직접 와서 능력을 발휘할 것이 요구되었다. 그는 일리리쿰과 동방에서 모집한 강력한 군대를 이끌고 이탈리아에 진입했다. 그는 세베루스의 죽음을 복수하고 로마 시의 반역자들을 응징할 작정이었으며, 그가 야만인 출신다운 화난 목소리로 그의 의도를 표명한 것처럼 무력으로 원로원을 제거하고 시민들을 응징할 결심이었다. 그러나 노회한 막시미아누스는 이미 충분한 방어책을 강구하고 있었다. 침입군은 가는 곳마다 적대적이고 요새화된 도시에 접근하기가 어려웠다. 그는 로마에서 60마일 떨어진 나르니아까지 강행군했으나, 이탈리아 안의 그의 영역은 자기 진영 주변의 좁은 지역에 국한되었다. 오만한 갈레리우스는 이 작전이 점점 더 어렵게 되어가고 있음을 감지하자 화해 가능성을 탐색하는 첫번째 노력으로 2명의 고위 장군들을 보내 강화회의를 제의했다. 그리고 장인으로서 막센티우스에게 안부를 물으면서 그가 승산 없는 전쟁에서 기대하는 것보다 더 많은 혜택을 얻도록 하겠다고 제의함으로써 로마의 군주를 유혹해 보았다. 갈레리우스의 제의는 단호히 거부되었고 그의 거짓 우의도 일거에 거절당했다. 그는 즉시 후퇴하여 안전을 도모하지 않으면 자신도 세베루스와 같은 운명에 처하게 될 것임을 깨닫게 되었다. 로마 시민들은 폭군의 탐욕으로부터 수호한 재산을 폭군의 타도를 위해서 기꺼이 내놓았다. 막시미아누스의 명성과 그 아들(막센티우스)의 대중적 인기조작, 은밀한 거액의 금전 살포 그리고 더욱 많은 포상금의 약속 등이 주효하여 일리리쿰 군단들의 사기를 꺾고 충성심을 잠식했다. 마침내 갈레리우스가 퇴각명령을 내릴 쯤에는 이미 승리와 영예의 역사가 깃든 군기를 버리고 도망가는 고참병사들을 만류하기조차도 힘들 정도였다.[3]

갈레리우스의 원정부대는 퇴각 도중에 약탈을 자행하는 매우 한심한 작태를 보였다. 그들은 살인, 강간, 약탈을 일삼고 이탈리아인들의 가축과 양

---

[3] 원문에서 기번은 갈레리우스 군대가 로마 시의 장엄함에 겁을 먹고 퇴각했다는 어떤 역사가의 신빙성 없는 주장을 소개하고 있으나, 이 부분은 생략한다/편집자 주.

떼를 몰고 갔다. 그들은 가는 곳마다 촌락을 불살랐고, 그들에게 복종하지 않는 지방을 파괴했다. 그들이 퇴각하는 동안 막센티우스는 배후를 추격하기만 할 뿐, 현명하게도 이 용맹스럽고 필사적인 역전의 용사들과의 전면전을 회피했다. 한편 막시미아누스는 두번째로 갈리아로 여행하여, 이미 변경 지방에 군대를 집결시켜놓았던 콘스탄티누스를 설득하여 갈레리우스 군대를 공동으로 추격, 승리를 완결지으려고 했다. 그러나 콘스탄티누스는 이성에 따라서 행동하는 사람이었다. 그는 분할된 제국의 세력균형을 유지해야 한다는 생각을 고수하면서, 이미 공포의 대상에서 제외된 갈레리우스를 증오하지 않았다.

갈레리우스는 흥분하기 쉬운 성격의 소유자였으나, 진실하고 영원한 우정을 모르는 사람은 아니었다. 리키니우스(재위 308-24년)는 성격과 행동이 판이하면서도 그의 애정과 존경을 받았던 것으로 보인다. 두 사람의 친교는 아직 이름이 알려지지 않았던 행복한 젊은 시절부터 시작되었을 것이다. 이 우정은 자유롭고 위험한 군대생활 중에 더욱 굳어졌으며, 두 사람은 군복무 중에 거의 같은 속도로 승진했다. 그리고 갈레리우스는 제위에 오르자마자 동료를 자신과 동일한 지위로 승진시킬 생각을 했던 것 같다. 갈레리우스는 그의 짧은 전성기 중 리키니우스의 나이와 능력에 카이사르라는 지위는 미흡하다고 생각하고, 그에게 콘스탄티우스를 대신하여 훗날 서로마 제국을 맡기려고 생각했다. 갈레리우스는 이탈리아 전쟁을 수행하는 동안 그의 친구에게 도나우 강의 방어를 위임했는데, 이 불운했던 원정에서 귀환하는 즉시 리키니우스를 세베루스 황제의 후임으로 앉히고 그에게 일리리쿰 지방의 통치권을 주었다(308년).

리키니우스가 아우구스투스가 되었다는 소식이 동방에 전해지자 당시 이집트와 시리아를 강압적으로 통치하고 있던 막시미누스는 질투와 불만에 못이겨 카이사르라는 열등한 칭호를 경멸하게 되었다. 그는 갈레리우스의 간청과 설득을 뿌리치고 폭력적인 방법으로 자신도 아우구스투스라는 칭호를 사용했다. 이렇게 해서 로마 제국은 6명의 황제들(막시미아누스, 갈레리우스, 리키니우스, 콘스탄티누스, 막시미누스, 막센티우스)이 난립하는 전무후 무한 상황에 돌입하게 되었다. 서부에서는 콘스탄티누스와 막센티우스가 막시미아누스를 존경하는 척했다. 동부에서는 리키니우스와 막시미누스가 그들의 은인인 갈레리우스에게 보다 실질적인 경의를 표했다. 이처럼 로마 제국은 각자의 이해관계와 전쟁의 상흔 때문에 두 개의 적대적인 진영으로 분열되기에 이르렀다. 그러나 막시미아누스와 갈레리우스 두 연장자가 사망하여(전자는 310년, 후자는 311년) 남은 자들의 견해와 감정상태에 새로운 국면이 전개되기 전까지는 상호간의 두려움 때문에 겉으로는 평온이 유지되었고, 심지어 화해의 기미까지도 보였다.

 막시미아누스가 처음 타의에 의해서 제위에서 물러났을 때, 돈에 매수된 웅변가들은 그의 철학적인 중용을 찬양했다. 그의 야심으로 인해서 내전이 일어났을 때, 그의 관대한 애국심 덕분에 다시 고용된 이 웅변가들은 그가 편안한 은둔생활을 위해서 공직에서 물러났다고 짐짓 비난하는 체했다. 그러나 막시미아누스와 그의 아들 막센티우스 같은 사람이 권력을 나누지 않고 오랫동안 원만하게 공유한다는 것은 애당초 불가능한 일이었다. 막센티우스는 자신이 원로원과 인민에 의해서 선출된 이탈리아의 합법적인 군주라고 생각했다. 그는 또 자기의 권한과 능력으로 경솔한 아들을 옥좌에 앉혀 놓았다고 자랑하고 다니는 아버지의 간섭도 참을 수가 없었다. 막센티우스가 자기 입장을 엄숙하게 근위대에 개진하자, 노황제의 엄격함에 두려움을 느끼고 있던 근위대 병사들은 기꺼이 막센티우스 지지파로 돌아섰다. 그러나 막시미아누스의 생명과 자유는 존중되었으니, 그는 이탈리아를 떠나 일리리쿰에서 은거생활을 하면서 겉으로는 지난날의 행동을 개탄하는 척했으나 은밀히 새로운 음모를 꾸몄다. 그러나 그의 성품을 잘 알고 있던 갈레리우스가 그를 자기 영토에서 내쫓았기 때문에 막시미아누스는 할 수 없이 그의 사위인 콘스탄티누스의 궁정에 마지막 피신처를 구하는 수밖에 없었다. 이 책략에 뛰어난 황제와 황후 파우스타는 존경과 효성으로 그를 맞이했다. 막시미아누스는 이에 모든 의혹을 떨쳐버리고 두번째로 제위에서 물러나면서 마침내 권력과 야망의 무상함을 깨달았노라고 천명했다.

 이 결심을 끝까지 유지했더라면, 막시미아누스는 비록 첫번째 은퇴 때보다는 위엄이 다소 손상되었더라도, 그래도 편안하게 명망을 누리면서 생애를 마칠 수 있었을 것이다. 그러나 옥좌를 차지할 전망이 눈앞에 다가오자 몰락하기 전의 기억이 되살아났기 때문에 다시 한번 황제의 자리에 도전하기로 결심했다. 프랑크족의 침입에 맞서 콘스탄티누스가 군대를 이끌고 라인 강 지역으로 출정하게 되었다. 그 군대의 일부는 갈리아의 남부지방에 그대로 남아 있었는데, 이탈리아 황제(막센티우스)는 이곳을 도모코자 했다. 더구나 이곳 아를에는 많은 보물이 쌓여 있었다. 막시미아누스는 콘스탄티누스가 사망했다는 소문을 교묘하게 날조했거나, 아니면 그런 거짓 보고를 성급하게 믿은 나머지 지체 없이 다시 제위에 올라 그 보물을 차지했다. 그는 다시 낭비벽을 발휘하여 보물을 병사들에게 나누어줌으로써 병사들의 기억 속에서 자신의 옛 위엄과 무공을 일깨우려고 했다. 그러나 그가 미처 권위를 확립하기도 전에 그리고 그의 아들 막센티우스와의 협상이 채 끝나기도 전에, 콘스탄티누스의 민첩한 행동은 그의 꿈을 완전히 무산시키고 말았다. 콘스탄티누스는 막시미아누스의 배은망덕에 관한 소식을 접하는 즉시 라인 강에서 손 강으로 귀환했다. 그는 손 강의 샬롱에서 배를 타고 내려가다가 리옹에서부터는 론 강의 급류를 타고 아를의 성문에 이르렀다. 막시미아누스는 이 군대와 대적해보지도 못하고 간신히 가까운 마르세유로 도망갔다. 마르세유를 대륙과 잇는 좁은 지협은 포위시에 잘 견디도록 요새화되어 있었다. 반면에 바다 쪽은 열려 있어서 막시미아누스가 도망갈 수도 있었고, 그의 아들 막센티우스가 아버지를 구한다는 그럴듯한 구실로 원군을 보내 갈리아 지방을 침입하는 통로로 이용할 수도 있었다.

시간을 지연하면 치명적인 결과가 초래될 수 있음을 우려한 콘스탄티누스는 즉각 공격을 명령했다. 그러나 공성용(攻城用) 사다리는 높은 성벽을 오르기에는 너무 짧았기 때문에, 마르세유는 전에 카이사르의 군대와 싸울 때처럼 오랫동안 포위공격에 견딜 수 있을 것처럼 보였다. 그러나 이곳 수비대는 자기들의 열세를 의식했든지 아니면 어떤 다른 위험을 느꼈든지 막시미아누스의 신병과 함께 성을 내주고 용서를 구했다. 찬탈자에게는 비밀리에 사형선고가 내려졌다. 그는 세베루스가 누렸던 것과 동일한 약간의 은

전만 얻을 수 있었다. 그리고 대외적으로는 그가 자신의 거듭된 범죄를 후회한 나머지 스스로 자기 목을 졸라 자살했다고 발표되었다(310년). 그가 디오클레티아누스의 지원을 상실하고 그의 온건한 충고를 거역한 후에 있었던 그의 이 두번째 집권기간은 국가적 재난과 개인적 치욕이 점철된 끝에 약 3년 만에 그의 수치스러운 죽음으로 끝나고 말았다. 그의 죽음은 자업자득이었다. 그러나 콘스탄티누스가 자기 아버지의 은인이며 자신의 장인인 이 노인의 생명을 앗지 않았더라면, 그는 좀더 우리의 칭송을 받았을 것이다. 이 비극적인 사건의 전(全)기간을 통해서 파우스타는 자신의 육친의 정을 희생하고 부부로서의 의무에 충실했던 것 같다.

갈레리우스의 말년은 이에 비하면 수치와 불행이 덜했다. 그는 비록 상위직인 아우구스투스로 있을 때보다 하위직인 카이사르로 있을 때 더 많은 영광을 드날리기는 했지만, 그래도 죽는 순간까지 로마 제국의 여러 군주들 중에서 가장 높은 자리를 유지했다. 그는 이탈리아에서 퇴각한 후에도 약 4년 동안 생존했는데, 이 시기에는 현명하게도 범세계적인 제국을 만든다는 생각을 버리고, 나머지 여생은 쾌락을 즐기고 몇몇 공공사업을 추진하는 데에만 전념했다. 그가 이룩한 토목사업 중에서 대표적인 것으로는 펠소 호수의 남아도는 물을 도나우 강으로 끌어들이는 관개공사와 그 주변의 광활한 삼림을 개간한 사업을 들 수 있다. 이 토목공사는 판노니아 백성들에게 광대한 농토를 마련해줌으로써, 군주가 추진해볼 만한 가치 있는 사업이었다. 그는 심각한 고통을 수반한 지병 때문에 죽었다. 그의 신체는 무절제한 생활 때문에 매우 볼품없이 뚱뚱해졌고, 온몸을 덮은 종양은 온갖 종류의 무수한 벌레떼가 파먹었다. 그의 병은 업병(業病)이라고 불렸으니, 갈레리우스는 백성들 중에서 가장 극성스럽고 강력한 파당(기독교도들을 말함/역주)의 분노를 샀기 때문에, 백성들은 그의 이 고생을 동정하기는커녕 오히려 하느님의 뜻이 실현된 것이라고 좋아했다.[4]

---

4) 여전히 박해자들의 기적과 같은 사망기록을 읽고 즐거워하는 사람이 있다면(고[故] Jortin 박사처럼), 에스파냐의 펠리페 2세의 마지막 질병에 관해서 기술한 그로티우스의 훌륭한 글을 읽어보는 것이 좋을 것이다.

그가 니코메디아의 궁전에서 숨을 채 거두기도 전에 그의 후원으로 등극한 2명의 황제가 그가 남긴 주인 없는 영토의 주권을 놓고 다투거나 또는 분할할 목적으로 군대를 모으기 시작했다. 그러나 그들은 영토분쟁 대신에 타협했다. 아시아의 속주들은 막시미누스의 차지가 되었고 유럽의 속주들은 리키니우스의 몫으로 돌아갔다. 헬레스폰투스 해협과 트라키아 보스포루스 해협이 그들간의 경계선으로 확정되었고, 로마 제국의 중간을 관통하는 이 해협의 양쪽 해안은 군대와 무기 그리고 수많은 요새들로 뒤덮혔다. 막시미아누스와 갈레리우스의 사망으로 황제의 수는 4명으로 줄어들었다. 각자의 이해관계에 따라서 곧 리키니우스와 콘스탄티누스가 결합되었고, 막시미누스와 막센티우스 간에 비밀동맹이 맺어졌다. 그동안 갈레리우스에 대한 공포심이나 존경심 때문에 억제되어왔던 4명의 황제들간의 분쟁이 불가피해지자 이제 백성들은 두려움에 떨며 유혈사태를 면치 못하게 되었다.[5]

콘스탄티누스의 덕망은 막센티우스의 악덕 때문에 더욱 돋보였다. 갈리아의 속주들은 그 당시의 상황에서 누릴 수 있었던 최대의 행복을 누렸으며, 반면에 이탈리아와 아프리카는 가증스럽고 경멸할 만한 폭군의 통치하에서 신음하고 있었다. 극성스러운 아첨과 당파심 때문에 패배자의 명성을 헐뜯고 승리자의 영광만 드러내는 경우가 너무나도 많았던 것이 사실이다. 그러나 콘스탄티누스의 결점을 끝없이 폭로한 역사가들조차도 모두 막센티우스가 잔인하고 탐욕스럽고 방탕한 인물이었음을 인정하고 있다. 막센티우스는 운좋게 아프리카에서 일어난 소규모 반란을 진압할 수 있었다. 그곳 지사와 그의 몇몇 지지자들이 유죄판결을 받았고, 그들의 범죄 때문에 아프리카 지방은 큰 고통을 겪었다. 번성한 도시 키르타와 카르타고 그리고 그 주변의 비옥한 국토가 모두 칼과 화재에 의해서 폐허화되었다. 승리의 남용에 이어 법과 정의의 악용이 뒤따랐다. 추종자와 밀고자들이 대거 아프리카에 들어왔고 부자와 귀족들은 무턱대고 반란가담 혐의로 유죄판결을 받았다. 그중 황제가 자비를 베푼 사람들도 결국은 재산을 몰수당하는 처벌을 받았다. 막

---

5) 원문 중에서 갈리아 지방의 오툉 시에 대한 콘스탄티누스 황제의 편파적인 면세 조치에 관한 간단한 기술은 생략한다/편집자 주.

센티우스는 이 승리 후에 매우 화려한 개선식을 거행하여 로마 속주에서 빼앗아온 전리품과 포로들을 구경거리로 만들었다.

로마 시의 사정도 아프리카보다 나을 것이 없었다. 로마의 부는 막센티우스의 허세와 낭비를 위한 자금조달을 위해서 고갈되었고, 세리들은 노략질에 익숙해 있었다. 원로원 의원들로부터 임의의 기부금을 징수하는 제도가 도입된 것도 그의 치세 중의 일이었다. 황제의 승전, 결혼, 출산, 집정관 임명 등의 온갖 구실을 붙여 징수한 이 기부금 액수는 점차 몇배로 늘어나게 되었다. 막센티우스는 로마의 대부분의 폭군들이 그랬던 것처럼 원로원에 대해서 마음 깊이 혐오감을 품고 있었다. 배은망덕한 막센티우스는 자기를 황제로 추대하고 적과의 모든 싸움에서 자기를 지지해준 충성스러운 자들까지도 용서하지 않았다. 원로원 의원들의 목숨은 막센티우스의 시기와 의심 앞에서 위태롭게 되었고, 그들의 아내와 딸들은 불륜행위를 통해서 그의 관능적 욕구를 만족시켜주었다. 황제의 애인이 되면 헛되이 한숨짓는 처지가 되는 경우가 거의 없으리라고 생각되었다. 그러나 그는 말로 설득되지 않으면 폭력을 휘둘렀으니, 실제로 어떤 귀부인이 정조를 지키기 위해서 스스로 목숨을 끊은 유명한 사례[6]가 전해져 내려오고 있다.

그가 존경의 염을 나타내고 기쁘게 해주려고 노력했던 사람들은 군인들뿐이었다. 그는 로마와 이탈리아를 무장한 군인들로 가득 채웠고, 군인들의 난동을 묵인했으며, 그들의 약탈은 처벌하지 않았다. 심지어 무방비 상태인 사람들을 학살해도 눈감아주었다. 막센티우스는 군인들도 자기처럼 방종한 생활을 즐기도록 하기 위해서 그가 총애하는 군인들에게는 호사스러운 별장이나 원로원 의원의 아름다운 부인을 하사하는 경우가 많았다. 이러한 성격을 가진 군주는 평시에나 전시에나 통치능력이 없기 때문에 돈을 주고 지지세력을 모을 수는 있었겠지만, 군대의 존경은 결코 얻을 수 없었다. 그런데도 그는 갖가지 악덕에 못지않게 자만심도 강했다. 그는 궁전이나 가까운

---

6) 막센티우스의 폭력을 피해 스스로 칼로 찔러 자살한 덕망 높은 부인은 기독교인으로서 로마 시장의 부인이었으며, 이름은 소프로니아였다. 도학자들은 이러한 경우에 자살이 정당화되는가에 관해서 아직도 의문을 표시하고 있다.

살루스티우스 정원(살루스트는 율리우스 카이사르와 동시대의 정치가, 역사가. 그는 만년에 은퇴하여 키리나리스 언덕에 광대한 정원을 지었음/역주) 안에 틀어박혀 나태한 생활로 시간을 보내면서도 자기만이 유일한 황제이고 다른 군주들은 자기의 부관으로서 단지 자기가 수도에서 마음껏 호사스러운 생활을 즐길 수 있도록 하기 위해서 변경의 방어를 위임받았을 뿐이라고 호언하곤 했다고 한다. 오랫동안 군주가 자리를 비워 섭섭해했던 로마인들도 그의 재위 7년 동안은 군주의 로마 거주를 개탄했다.

 콘스탄티누스도 막센티우스의 행동을 증오하고 로마 시민들이 처한 상황을 동정했던 것 같았지만, 그래도 그가 막센티우스를 징벌하거나 로마 시민을 구출하기 위해서 무력 사용을 생각했다고 추측할 만한 근거는 없다. 그러나 이 이탈리아 폭군은 경솔하게도 지금까지 정의의 원칙 때문이 아니라 여러 가지 이해타산 때문에 야심을 억제하고 있던 막강한 적의 군대를 감히 도발하고 나섰다. 옛 관습에 따라서 막시미아누스가 사망한 후 그가 가지고 있던 여러 가지 칭호는 자연 소멸되었고, 그의 석상들은 무참하게 파괴되었다. 그의 생전에 그를 박해하고 돌보지 않았던 그의 아들은 짐짓 그의 작고한 아버지에 대해서 공경을 표시하면서 이탈리아와 아프리카에 세워진 콘스탄티누스의 석상들에게도 즉각 동일한 조치를 취하도록 명령했다. 전쟁만은 피하고 싶었던 이 현명한 군주는 전쟁의 어려움과 중요성을 충분히 알고 있었기 때문에, 처음에는 이 소식을 못 들은 척하고 보다 온건한 협상수단을 통해서 사태를 수습하려고 했다. 그러나 결국 그 역시 이 이탈리아 황제의 야심만만한 적대적 계획에 대해서 스스로를 방어하려면 군대를 일으킬 수밖에 없다고 확신하게 되었다. 스스로 서부 로마 전체의 황제임을 공언하던 막센티우스는 이미 라에티아 지방을 통해서 갈리아를 침공할 수 있는 대군을 준비해놓고 있었다. 그리고 비록 리키니우스의 지원을 기대할 수 없는 상황이었지만, 그는 일리리쿰의 군단들을 뇌물과 감언이설로 매수하면 콘스탄티누스의 군기를 버리고 탈주하여 만장일치로 그들이 자기 휘하의 병사와 신하임을 선언할 것이라고 우쭐해하고 있었다. 콘스탄티누스도 이제는 주저하지 않았다. 그는 생각할 때에는 신중했지만, 행동할 때에는 거침이 없었다. 그는 로마를 가증스러운 폭군으로부터 구해달라고 간청하러 온 원로원과 로마 시민의 사절들을 은밀하게 만난 후, 겁먹은 신하들의 만류를 뿌리치고 선수를 쳐서 이탈리아 심장부에서 일전을 벌이기로 결정했다.

이 작전은 영광스러운 만큼 위험도 컸으며, 그전에 있었던 두 차례의 침공이 모두 실패했다는 사실만으로도 심각한 우려를 불러일으키기에 충분했다. 막시미아누스를 따르던 역전의 병사들은 이미 두 차례의 전쟁에서 그의 아들 편으로 돌아섰는데, 지금은 그들의 명예와 이해관계를 고려하여 또다시 그를 지지한다는 생각은 하지 않았다. 막센티우스는 근위대를 옥좌를 지키는 가장 공고한 방어력으로 생각하고 그 규모를 옛날 수준으로 키워놓았기 때문에 근위대는 이제 새로 모집한 이탈리아 병사들을 포함하여 8만 명이라는 막강한 규모였다. 아프리카 정복 이후에 4만 명의 무어인과 카르타고인 병사를 징집해두었으며, 심지어 시칠리아에서도 군대를 뽑았다. 이렇게 해서 막센티우스의 총병력은 보병 17만 명과 기병 1만8,000명을 헤아리게 되었다. 이탈리아는 전쟁비용을 공급했고, 부근의 속주들은 곡물 등 온갖 전쟁물자를 비축하느라고 크게 피폐해졌다.

콘스탄티누스의 병력은 보병 9만 명과 기병 8,000명으로 이루어져 있었다. 그러나 황제의 부재 중에는 라인 강 방어에 더한층 신경을 써야 했기 때문에 사사로운 싸움을 위해서 국가의 안위를 해칠 엄두를 내지 않는다면, 그는 이탈리아 원정에 병력의 반 이상을 동원할 수 없는 처지였다. 그는 약 4만 명의 병사를 거느리고 수적으로 4배나 많은 적군과 싸우기 위해서 진군했다. 그러나 로마 군대는 멀찌감치 떨어진 안전한 곳에서 방종과 사치로 군기가 해이해져 있었다. 로마 시내에서 목욕과 연극 구경에 익숙해진 병사들은 마지못해 전선으로 나왔다. 고참들은 무기사용법이나 전투방법을 거의 잊은 상태였으며, 신병들은 그런 것을 전혀 배우지 못한 상태였다. 반면 용감한 갈리아 군단은 오랫동안 북방의 야만족과 싸워 로마 제국의 변경을 지킨 군대였다. 이 힘든 복무기간 중에 그들의 용맹은 단련되고 규율은 엄격했다. 양측은 군인들뿐 아니라 지도자들간에도 차이가 있었다. 줏대 없고 아첨을 좋아하는 막센티우스는 승리의 희망에 사로잡혀 있었으나, 이와 같은 희망은 쾌락을 즐기는 습관이 되살아나고 자신의 무경험을 의식하게 되면서부터 곧 시들해지고 말았다. 반면에 용감무쌍한 콘스탄티누스는 청소년 시절부터 전쟁과 작전수행 그리고 군대지휘에 익숙해 있었다.

한니발(제2차 포에니 전쟁을 일으킴. 기원전 247-183년/역주)은 갈리아에서 이탈리아로 진군할 때, 우선 산맥을 넘고 야만족들이 통과하는 길을 찾아서 이를 개척해야만 했는데, 그것은 정규군이 역사상 한번도 통과해본 적이 없는 진군로였다. 알프스 산맥은 당시 천혜의 요새였지만, 이제는 인공적인 요새가 되어 있었다. 노력과 돈은 물론이고, 뛰어난 기술을 들여 건설해놓은 성채들이 평야로 나가는 모든 통로를 굽어보고 있어 사르디니아 왕의 적이 이 방면을 통해서 이탈리아에 진입한다는 것은 거의 불가능했다(기번이 살았던 시기에 북이탈리아는 사보이 가문이 지배했으므로, 사르데냐 왕국으로 칭했음/역주). 그러나 한니발 이후의 장군들은 이 통로를 넘는 데에 별 어려움이나 저항을 겪지 않았다. 콘스탄티누스 시대에는 이 산악지방의 농민들은 개화되어 온순한 백성이 되어 있었고, 지방에는 풍부한 군수물자가 비축되어 있었으며, 로마인들이 만든 넓은 알프스 도로는 갈리아와 이탈리아를 잇는 여러 갈래의 교통망을 열어놓고 있었다. 콘스탄티누스는 그중에서 지금은 몽 스니라고 불리는 코티아누스 알프스의 도로를 택했다. 그는 군대를 이끌고 부지런히 행군하여 피에몬트 평원으로 내려갔는데, 막센티우스의 궁정은 그때까지도 아직 콘스탄티누스가 라인 강 유역에서 출발했다는 정보조차도 제대로 입수하지 못하고 있었다. 그러나 몽 스니의 산마루에 위치한 수사라는 도시는 성벽으로 둘러싸여 있을 뿐 아니라, 침입군의 행군을 저지하기에 충분한 규모의 수비대를 두고 있었다. 기민한 콘스탄티누스의 군대는 지루한 공성작전(攻城作戰) 같은 것은 꺼려했다. 그의 군대는 수사에 도착한 그날로 성문에 불을 지르고 사다리를 타고 성벽을 기어올랐다. 그들은 비오듯 쏟아지는 돌과 화살을 헤치며 공격을 감행하여 칼을 들고 입성하여 수비대의 태반을 살육했다. 다만 콘스탄티누스의 배려로 화재는 진압되었기 때문에 수사는 전면적인 파괴만은 면할 수 있었다.

그곳에서 약 40마일 떨어진 곳에서 더한층 치열한 전투가 그를 기다리고 있었다. 토리노의 평원에는 막센티우스의 장군들이 대규모의 이탈리아 군을 집결시켜놓고 있었던 것이다. 이 부대의 주력은 일종의 중기병(重騎兵)으로 구성되어 있었는데, 이것은 로마 군인들의 군기가 문란해진 후 동방의 나라들에서 들여온 편제였다. 중기병 부대는 사람과 말이 모두 갑주를 입었는데, 갑주의 관절부분은 신체의 동작에 적합하도록 정교하게 만들어져 있었다. 중기병 부대는 위풍당당하고 위압감을 주었다. 그리고 장군들은 기병들을 쐐기 대형이나 밀집 종대형으로, 곧 전면이 뾰족하고 양쪽으로 날개를 편 대형으로 전개해놓고 콘스탄티누스의 군대쯤은 손쉽게 부숴버릴 수 있다고 장담하고 있었다. 노련한 그들의 적이 과거의 비슷한 상황에서 아우렐리아누스가 사용했던 것과 동일한 방어전술을 채택하지만 않았더라면, 그들의 계획이 성공했을지도 모른다. 콘스탄티누스는 교묘하게 병력을 전개하여 기병대의 이 거대한 대형을 분단시켜 교란시켰다. 막센티우스의 군대는 허둥지둥 토리노를 향해 도주했으나, 성문이 닫혀 있었기 때문에 기세가 등등한 추격군으로부터 죽음을 면한 자가 거의 없었다. 이 중요한 공헌으로 인해서 토리노 시는 정복자로부터 관대한 은혜를 입었다. 콘스탄티누스가 밀라노의 황궁으로 입성하자 알프스와 포 강 사이에 있는 이탈리아의 거의 모든 도시들은 단순히 그에게 승복하는 데 그치지 않고 더 나아가서 열렬히 그의 편에 가담했다.

밀라노에서 400마일쯤 되는 로마까지는 아이밀리아 도로와 플라미니아 도로를 통해서 쉽게 행군할 수 있었다. 그러나 콘스탄티누스는 폭군과의 결전을 초조하게 열망하면서도 신중하게 군대 규모와 지리적 측면에서 그의 전진을 가로막거나 일단 유사시에 퇴로를 차단할 가능성이 있는 다른 이탈리아 부대를 향해서 작전의 예봉을 돌렸다. 그 당시 용맹과 능력이 뛰어난 장군 루리키우스 폼페이아누스가 베로나 시에 본부를 두고 베네치아 주에 주둔하는 모든 군대를 지휘하고 있었다. 그는 콘스탄티누스가 진격해오고 있다는 보고를 받자 곧 대규모 기병대를 내보냈으나, 이 부대는 브레시아 부근에서 갈리아 군단에게 패배하여 베로나 성문 앞까지 추격당했다.

총명한 콘스탄티누스는 베로나 공성작전의 필요성과 중요성을 그러나 그

곤란성도 간파했다. 베로나 시는 서쪽의 좁은 지역을 통해서만 접근이 가능했고 나머지 삼면은 아디제 강으로 둘러싸여 있었는데, 수비군은 베네치아 주를 관통하는 이 급류를 통해서 무진장한 인력과 군수품을 조달할 수 있었다. 콘스탄티누스는 큰 곤란을 무릅쓰고 몇 차례 실패를 거듭한 끝에 마침내 도시 위쪽의 얼마쯤 떨어진 곳에서 강물의 흐름이 비교적 완만한 지점을 발견하고 도강(渡江)을 감행했다. 그는 이어 강력한 대형으로 베로나를 포위하고 과감하게 공격하여 폼페이아누스의 필사적인 방어를 분쇄했다. 이 용감무쌍한 장군은 지형과 요새가 가지는 이점을 모두 활용하여 방어수단을 강구한 후, 자기 자신을 위해서라기보다 국가의 안전을 위해서 몰래 베로나에서 도주했다. 그는 불굴의 투지를 발휘하여 군대를 모집하기 시작하여 곧 콘스탄티누스와 맞서 싸우거나 그가 포위망을 풀지 않을 경우 그를 공격할 수도 있는 대규모의 군대를 편성하게 되었다. 적의 움직임을 면밀히 살피고 있던 콘스탄티누스는 막강한 적군이 접근하고 있다는 보고를 접하자 휘하 군대의 일부를 남겨 공성작전을 계속토록 하고, 자신은 용맹과 충성심이 특히 뛰어난 정예부대를 이끌고 친히 이 막센티우스의 장군과 싸우러 나갔다.

갈리아 군은 통상적인 전투방식에 따라서 2중의 대형으로 전개했다. 그러나 갈리아 군의 노련한 지도자는 이탈리아 군이 수적으로 크게 우세한 것을 간파하자 갑자기 군대의 배치를 변경, 제2진의 규모를 줄이고 전방에 나가 있는 제1진의 규모를 적군의 제1진과 같은 규모로 확대했다. 노련한 고참병들만이 위기에 처해 혼란 없이 수행할 수 있는 이러한 대형전개는 결전을 앞두고 취하는 것이 보통이다. 그러나 이날의 전투는 해질 무렵에 시작하여 밤새도록 끈질기게 계속되었기 때문에, 장군들의 지휘보다는 병사들의 용기가 승패를 가름했다.

날이 밝자 콘스탄티누스의 승리가 명백해졌고, 싸움터는 수천 명의 이탈리아 군 시체로 덮여 있었다. 살육당한 시체 중에는 폼페이아누스 장군도 있었다. 베로나 시는 무조건 항복했고, 수비대는 포로로 잡혔다. 전승군의 장교들은 황제에게 이 커다란 승리를 축하하면서 아무리 허영심이 많은 군주라도 불쾌하게 듣지 않을 정도의 정중한 불평을 몇 마디 덧붙였다. 그들은 콘스탄티누스가 지휘관으로서의 임무수행에 만족하지 않고 경솔하다고 할 수 있을 정도의 지나친 용맹심으로 자신을 노출시켰다고 주장하면서 앞으로는 로마와 제국의 안전에 매우 중요한 그의 생명을 보존하는 데에 각별히 유념해달라고 간청했다.

콘스탄티누스가 전장에서 용맹을 날리고 있을 즈음, 이탈리아 황제는 자기 영토의 심장부에서 일어나고 있는 내전의 참화와 위험을 치지도외하는 것처럼 행동했다. 막센티우스의 관심사는 여전히 쾌락뿐이었다. 그는 자기 군대가 당한 패배를 대중이 알지 못하도록 은폐하고 또는 은폐하려고 노력하면서 이 국난 자체를 풀어갈 생각은 하지 않고 국난의 도래를 늦추는 일에만 급급했다. 콘스탄티누스가 신속하게 진군해왔지만, 그는 이와 같은 치명적인 방심에서 깨어나지 못했다. 그는 널리 알려진 자신의 후한 인심과 로마라는 장엄한 이름 덕분에 이미 두 차례의 침입으로부터 구출되었던 적이 있었으므로, 이번에도 갈리아의 반란군을 마찬가지 방법으로 격파할 수 있으리라고 장담했다. 막시미아누스 휘하에서 근무했던 경험 많고 유능한 장군들이 마침내 그의 이 나약한 아들에게 그가 처해 있는 위험한 상황을 알려주면서 그가 멸망을 방지하려면 나머지 힘을 모두 발휘해야 한다고 알아듣도록 타일렀다.

막센티우스의 세력은 인적 자원과 자금 양면에서 여전히 막강했다. 근위대는 자기들의 이해와 안전을 도모하려면 막센티우스와 긴밀히 제휴해야 한다는 것을 잘 알고 있었다. 그래서 토리노와 베로나에서 상실한 것보다 더 많은 병사들을 징집하여 제3의 군대를 편성했다. 그러나 황제는 이 군대를 친히 지휘할 의도가 전혀 없었다. 전쟁에는 문외한이었던 그는 위험하기 짝이 없는 전쟁은 생각만 해도 몸서리쳐졌다. 공포심은 미신으로 비약하는 것이 보통이기 때문에, 그는 자기 생명과 제국에 관해서 들려오는 온갖 불길한 예언이나 징조에 관한 소문을 울적한 마음으로 듣고만 있었다. 그러나 수치심이 극도에 달하자 그도 용기를 내어 싸움터로 나갈 수밖에 없었다. 로마 시민들의 모욕을 더 이상 참을 수 없었던 것이다. 원형경기장에는 시민들의 분노한 외침소리가 울려퍼졌다. 격앙된 시민들은 궁전문을 둘러싸고 나태한 황제의 비겁함을 성토하고 콘스탄티누스의 영웅적인 정신을 찬양했다. 막센티우스는 로마를 떠나기 전에 신탁서(Sibylline Books)에서 신탁을 구했다. 이들 옛 신탁의 신관들은 운명의 비밀에 관해서는 알지 못했지만, 세상 돌아가는 일에 관해서는 잘 알고 있었다. 예언자들은 매우 신중한 신탁을 그에게 내렸는데, 그 내용은 사태의 추이에 맞을 뿐 아니라 전쟁의 승패와 관련 없이 예언자들의 명망을 해치지 않을 만한 그런 내용이었다.

콘스탄티누스의 민첩한 행군은 율리우스 카이사르의 신속한 이탈리아 정복에 비교되고 있다. 실제로 베로나의 항복에서 전쟁의 종결에 이르기까지 58일밖에 걸리지 않았음을 생각할 때, 이와 같은 아첨은 역사의 진실과도 모순되지 않는다. 콘스탄티누스가 걱정한 것은 막센티우스가 공포심이나 이해타산에 따라서 행동할 것이며 따라서 일대 결전에 마지막 희망을 거는 모험을 감행하기보다는 로마의 성안에서 밖으로 나오지 않으려고 하리라는 점이었다. 그는 기아의 위험에 대비할 만한 충분한 군수품을 확보하고 있었으며, 반면에 콘스탄티누스는 로마 시의 구출을 명분으로 내세웠고 실제로 이를 전쟁의 구실로 삼았으면서도 더 이상의 지연이 허용되지 않는 상황에 있었기 때문에, 그에게 가장 고귀한 승리의 보상이 될 로마 시를 불과 칼로 파괴해야만 하는 안타까운 궁지에 몰리게 될 것을 우려했다. 콘스탄티누스는 로마에서 9마일쯤 떨어진 삭사 루브라라고 하는 장소에 도착했을 때 막센티우스의 군대가 전투태세를 갖추고 있는 것을 보고 한편 놀라면서도 만족해했다. 적군의 기다란 전선은 넓은 평야를 가득 채웠고, 그 후미는 티베리스 강둑에까지 이르러 이른바 배수진을 쳤다.

콘스탄티누스는 매우 능숙한 솜씨로 군대를 배치했고, 자신은 가장 영예롭고도 위험한 위치를 택했다고 전해지고 있거니와, 이 말은 신빙성이 있는 것 같다. 혁혁한 무공을 날렸던 콘스탄티누스는 친히 적군의 기병대를 향해 돌격했으며, 이 맹렬한 공격으로 그날의 운명이 결정되었다. 막센티우스의 기병대는 주로 몸이 무거운 중기병이나 무어인과 누미디아인의 경기병들로 구성되어 있었다. 중기병보다 더욱 민첩했고 경기병보다 더욱 강인했던 갈리아 기병대의 용맹은 그들을 압도했다. 적군의 두 날개가 무너져 보병이

고립무원의 상태에 빠지자, 군기가 문란한 이탈리아 병사들은 그들이 항상 증오해왔고, 또 이제는 두려울 것도 없는 폭군의 군기를 버리고 미련 없이 탈주했다. 근위대 병사들은 그들이 저지른 범죄가 용서받을 수 없음을 알았으므로 복수심과 절망감에서 분연히 싸웠다. 그러나 거듭된 노력에도 불구하고 이들 용맹스러운 고참병들은 승리를 되찾을 수 없었으며, 오직 명예로운 죽음을 맞이할 수밖에 없었다. 이렇게 해서 근위대가 위치하고 있던 지역은 그들의 시체로 뒤덮이게 되었다고 전해진다. 그후 혼란은 더욱 확대되어 가차없는 적군의 추격에 쫓긴 막센티우스의 군대는 수천 명씩 티베리스 강의 깊은 급류에 휩쓸려 가게 되었다. 막센티우스 자신은 밀비우스 다리 ('Pons Milvius의 싸움'은 후세 전술연구의 대상이 되었다/역주)를 건너 로마 시로 도주하려고 했으나, 이 좁은 통로에서 패잔병 무리에 밀려 강물에 빠진 끝에 갑옷의 무게 때문에 바로 익사하고 말았다. 그의 시신은 강물 속 진흙에 깊이 묻혀 있어 그 다음날에야 간신히 찾아낼 수 있었다. 그의 시신이 백성들에게 공개되었을 때, 사람들은 비로소 그들이 해방되었음을 실감하고 충성과 감사의 환호로써 콘스탄티누스를 맞이했다. 이렇게 해서 콘스탄티누스는 그 용맹과 능력에 의해서 생애 최대의 위업을 달성했던 것이다.[7]

 콘스탄티누스는 이탈리아로 진군하기 전에 일리리쿰의 황제인 리키니우스와 동맹하고, 적어도 중립을 다짐해두었다. 그는 누이동생 콘스탄티아를 리키니우스와 약혼시키고 결혼식은 전쟁이 끝난 후로 미루어놓았다. 두 황제는 이 목적을 위해서 밀라노에서 만나 양가의 결합과 이해관계를 공고히 하게 되었다. 그러나 잔치가 한창 벌어지고 있을 때, 두 황제가 갑자기 떠날 수밖에 없는 상황이 벌어졌다. 프랑크족의 침입으로 콘스탄티누스는 라인 강 지방으로 불려갔고, 아시아의 황제(막시미누스)가 쳐들어왔기 때문에 리키니우스도 즉시 전장으로 달려가야만 했다. 막센티우스와 비밀동맹을 맺었

---

7) 이 승리 이후에 취한 콘스탄티누스의 세 가지 주요 조치에 관한 설명은 생략한다. 그는 막센티우스와는 대조적으로 그의 지지자들에게 관용을 베풀었고, 근위대를 완전히 해산하여 로마 시를 무방비 상태의 무력한 수도로 만들었다. 그리고 막센티우스가 임의 기부금이라는 구실로 원로원 의원들에게서 징수했던 무거운 세금을 제도화했다/편집자 주.

던 막시미누스는 막센티우스의 사망에도 실망하지 않고 내전을 승리로 이끌기로 결심했던 것이다. 그는 시리아를 출발하여 한겨울에 비티니아의 변경으로 향했다. 일기가 몹시 사납고 불순하여 수많은 병사와 말들이 눈 속에 파묻혀 죽었으며, 비가 줄기차게 쏟아져 도로는 파손되었다. 그러므로 그는 신속한 강행군에 방해가 되는 무거운 짐들을 대부분 남겨둘 수밖에 없었다. 이와 같은 노력 끝에 그는 리키니우스의 막료들이 미처 그의 의도를 눈치채기도 전에, 비록 지치기는 했으나, 막강한 군대를 거느리고 트라키아 보스포루스 해협에 이르렀다. 11일 동안의 포위공격 끝에 비잔티움이 막시미누스의 힘에 굴복했다. 그는 헤라클레아〔에레클리〕 성벽 밑에서 며칠 동안 지체한 끝에 이 도시를 점령했다. 그러나 이 도시를 점령하자마자 리키니우스가 불과 18마일 떨어진 곳에 진영을 설치했다는 정보를 입수했다. 두 황제는 협상을 하면서 서로 상대방 병사들의 충성심을 파괴하려고 했는데, 협상이 깨져 마침내 무력에 호소하게 되었다.

동방의 황제는 7만 명이 넘는 군율이 선 고참군인들을 지휘하고 있었다. 일리리쿰에서 3만 명 가량을 모아온 리키니우스는 처음에는 이 수적인 우세 앞에 압도되었다. 그러나 그의 노련한 용병과 강건한 병사들 덕분에 전세를 뒤집어 결정적인 승리를 획득할 수 있었다. 막시미누스가 도주할 때 보여준 놀라운 속도는 그가 전투시에 보여준 용맹보다 훨씬 더 눈부신 것이었다. 그는 불과 24시간 후에 황제의 어의를 벗어버린 초라한 모습으로 패전 장소에서 160마일이나 떨어진 니코메디아에 나타났던 것이다. 아시아의 부는 여전히 무진장했다. 비록 이 전쟁에서 정예부대를 잃기는 했지만, 시간만 허락한다면 그는 아직도 시리아와 이집트에서 대규모의 신병을 모집할 힘이 있었다. 그러나 그는 3, 4개월밖에 더 살지 못했다. 그는 타르소스에서 사망했는데(313년), 사망원인으로는 절망 때문이라든가, 독살 때문이라든가 또는 천벌을 받았다든가 하는 여러 설이 전해진다. 막시미누스는 덕망과 능력을 갖추지 못한 인물이었기 때문에, 백성들도 병사들도 그의 죽음을 슬퍼하지 않았다. 내전의 공포에서 해방된 동방의 여러 속주들은 리키니우스의 권위를 기꺼이 받아들이게 되었다.[8)]

이제 로마 제국은 콘스탄티누스와 리키니우스가 양분하여 전자는 서로마를 그리고 후자는 동로마를 지배하게 되었다. 승리한 두 황제는 내전에 지쳐 있었고, 또 사적, 공적으로 동맹을 맺고 있었기 때문에 더 이상 야심을 품지 않거나 아니면 야심의 실현을 뒤로 미룸직도 했다. 그러나 막시미누스가 사망한 지 1년도 채 못 되어 이 두 황제는 서로 무기를 들고 대결했다. 콘스탄티누스가 그의 천재성, 승리 그리고 패기에 찬 성격 때문에 먼저 공격했다고 보기 쉽지만, 오히려 리키니우스가 그 음험한 성격 때문에 매우 불리한 의혹을 받고 있다. 그리고 이 사건에 관한 희미한 역사기록으로 미루어볼 때, 그가 동료 황제의 권위에 대항하여 음모를 꾸몄으리라고 생각된다. 콘스탄티누스는 그 얼마 전 그의 누이동생 아나스타샤를 부유한 명문가 출신인 바시아누스와 결혼하게 하고 이 새로운 친척을 카이사르로 지명한 바 있었다. 디오클레티아누스가 창안한 통치체제에 따르면, 이탈리아와 아프리카는 바시아누스의 관할구역으로 지정되는 셈이었다. 그러나 이 약속의 이행이 너무 오랫동안 지연되었고 또는 여러 가지 불평등한 조건이 뒤따랐기 때문에 충직한 바시아누스는 이 높은 자리를 얻음으로써 이득을 얻기보다는 오히려 소외당하는 꼴이 되었다. 그의 카이사르 지명은 리키니우스의 동의를 얻어 추인되었다. 그러나 이 교활한 황제는 얼마 후 밀사를 보내 이 새로운 카이사르와 은밀하고도 위험한 관계를 맺어 그의 불만을 부채질하고 나아가서는 콘스탄티누스에게, 정당한 것이지만, 간청해서도 얻지 못한 것을 무력으로 쟁취하기 위한 성급한 모험을 시도하도록 충동질했다. 그러나 빈틈없는 콘스탄티누스는 이 음모가 실행되기 전에 이를 간파했다. 그는 바시아누스와의 동맹관계를 단절할 것을 엄숙히 선언한 후, 그의 지위를 박탈하고 그의 반역과 배은망덕에 대해서 응분의 형벌을 내렸다. 리키니우스가 자기 관할구역으로 피신한 범인들의 인도를 거부했기 때문에, 그에게 대한 의혹은 더욱 확실해졌다. 그리고 이탈리아 변경의 아에모나에서 발생한 콘

---

8) 원문에는 리키니우스가 막시미누스의 가족은 물론이고, 그에게 위협이 될 만한 모든 사람들(디오클레티아누스의 처자를 포함하여)을 잔인하게 처형했다는 간단한 설명이 있으나, 이 부분은 생략한다/편집자 주.

스탄티누스의 상이 훼손된 사건은 두 황제 사이의 결별을 알리는 신호가 되었다.

최초의 전투(314년 10월 8일)는 판노니아의 사바 강변에 위치한 키발리스에서 벌어졌는데, 이곳은 시르미움의 약 50마일 위쪽에 있는 도시였다. 막강한 두 황제가 이 중요한 전투에 소규모 군대를 투입한 것으로 미루어볼 때, 어느 한 쪽이 갑자기 싸움을 걸어 다른 한 쪽이 기습을 당했던 것으로 추측된다. 서로마 황제의 병력은 2만 명에 불과했고, 동로마 황제의 병력도 3만5,000명에 불과했다. 그러나 콘스탄티누스는 수적인 열세를 지형상의 이점으로 극복했다. 그는 험한 산악과 깊은 늪지 사이의 폭 반 마일의 좁은 지역에 일렬종대로 포진하고 적의 첫번째 공격을 참을성 있게 기다리다가 이를 맞이하여 격퇴했다. 그는 도주하는 적을 추격하여 평야로 나갔다. 그러나 일리리쿰 출신의 고참병들도 프로부스와 디오클레티아누스의 휘하에서 병술을 연마한 노련한 장군 밑에 집결했다. 양측 군대는 화살이 떨어지자 용호상박의 기세로 칼과 창을 들고 육박전을 벌였다. 새벽부터 저녁 늦은 시간까지 혼전이 계속된 끝에 콘스탄티누스가 친히 이끄는 우익이 맹렬하고도 결정적으로 돌격했다. 리키니우스는 현명하게도 퇴각을 명해 휘하 부대의 전멸을 면했다. 그러나 그는 아군의 병력 손실이 2만 명 이상인 것을 확인하고는 의기충천한 적군 앞에서 밤을 지내는 것이 위험하다고 판단했다. 그는 진지와 군수물자를 버린 채 휘하 기병대의 대부분을 이끌고 은밀하게 도주하여 곧 추격의 위험에서 벗어날 수 있었다. 그리고 천신만고 끝에 시르미움에 두었던 처자와 보물을 구출했다. 리키니우스는 이 도시를 통과한 후 사바 강의 다리를 파괴했고, 다키아와 트라키아에서 서둘러 신병을 모집했다. 그는 패주하는 동안에 공중에 뜬 카이사르의 칭호를 일리리쿰 변경의 휘하 장군인 발렌스에게 주었다.

트라키아의 마르디아 평야에서 벌어진 두번째 전투도 그 격렬함을 따지면 첫번째 전투에 못지 않았다. 양측 군대가 모두 용맹과 규율을 과시했지만, 승리는 또한 이번에도 재능이 앞선 콘스탄티누스에게 돌아갔다. 그는 5,000명의 병력을 이끌고 유리한 고지를 점령했다가 전투가 한창 무르익었을 때, 적의 후미를 공격하여 큰 전과를 거두었다. 그러나 리키니우스의 군대는 이중의 전선을 펴고 지탱하다가 밤이 되어 전투가 끝나자 퇴로를 확보하여 마케도니아의 산악지대로 도주했다. 두 차례 전투에서 패배함으로써, 용감한 고참병들을 상실한 리키니우스는 기가 꺾여 화평을 간청하기에 이르렀다. 그의 특사 메스트리아누스가 콘스탄티누스의 알현을 허락받아 중용이라든가 인도주의라든가 등의 패배자의 변을 늘어놓았다. 그는 또한 매우 완곡한 표현으로 전쟁의 승패가 아직 불확실하다고 암시하면서, 자신이 그의 주군인 두 황제의 이름으로 지속적이고 명예로운 화평을 제의하는 권한을 부여받았다고 완곡하게 표현했다. 콘스탄티누스는 그의 이러한 발언을 분노와 경멸에 차서 들은 후 단호하게 대답했다. "짐이 서쪽 바다 해안에서 출발하여 연전연승을 거두며 온 것은 그러한 목적을 위해서가 아니었다. 배은망덕한 친척(바시아누스)을 쫓아낸 짐이 어찌 비천한 노예를 동료로 받아들일 수 있을 것인가. 발렌스의 퇴위가 강화의 첫째 조건이다."

불운한 발렌스는 이 굴욕적인 조건을 받아들이지 않을 수 없었으므로, 황제가 된 지 불과 며칠 만에 제위와 생명을 빼앗기고 말았다. 이 장애물이 제거되자 로마 제국의 평화는 손쉽게 회복되었다. 리키니우스의 군대는 잇달은 패전으로 궤멸되었으나, 그래도 그는 용기와 능력을 발휘했다. 그는 절망적인 처지에 있었다. 그러나 쥐도 궁지에 몰리면 고양이를 무는 경우도 있기 때문에 현명한 콘스탄티누스는 세번째 전쟁의 기회를 모색하기보다는 이 기회를 유리하게 활용하고자 했다. 그는 다시 리키니우스를 친구, 형제라고 부르면서, 그가 트라키아, 소아시아, 시리아 및 이집트를 영유하도록 허락했다. 다만 판노니아, 달마티아, 다키아, 마케도니아, 그리스 등의 여러 속주들은 서로마 제국에 복속시켰기 때문에, 콘스탄티누스의 영토는 이제 칼레도니아의 경계선에서부터 펠로폰네소스의 끝에까지 이르렀다. 이 강화조약은 또한 두 황제의 젊은 아들 3명이 황제 계승권자가 되도록 규정했다. 이렇게 해서 크리스푸스와 콘스탄티누스 2세는 곧 서로마 제국의 카이사르로 선포되었으며, 리키니우스의 아들은 동로마 제국의 카이사르가 되었다. 승리자가 두 배의 영예를 차지함으로써 무력과 권위의 우위를 입증한 것이다.

콘스탄티누스와 리키니우스의 화해는 비록 분노와 질투, 최근의 전쟁에 대한 기억, 장래의 위험에 대한 의구심 등을 밑바탕에 깔고 있기는 했지만, 그래도 8년이 넘도록 로마 제국에 평화를 가져다주었다.[9] 민정은 제국의 군사적 방위문제 때문에 중단될 때가 많았다. 카이사르의 칭호와 함께 라인 지방의 지휘권을 맡은 온후한 크리스푸스는 뛰어난 지휘와 용맹으로 여러 차례 프랑크족과 알레만니족에게 승리를 거두어 이 변경지방의 야만족들로 하여금 콘스탄티우스의 손자이며 콘스탄티누스의 맏아들인 자신을 두려워하게 만들었다. 황제 자신은 한층 험난하고 중요한 도나우 지방을 맡았다. 클라우디우스와 아우렐리아누스의 시절에 이미 로마 군의 위력을 실감한 바 있었던 고트족은 내전이 한창 진행되는 동안에도 로마 제국의 권위를 존중했다. 그러나 거의 50년에 걸쳐 평화가 계속되는 동안 이 호전적인 민족은 힘을 회복하고 있었다. 과거의 참화를 기억하지 못하는 새로운 세대가 자라났으며, 또한 마에오티스 호〔아조프 해〕 주변의 사르마타이족이 신민으로서 또는 동맹군으로서 고트족의 기치 밑에 모여들어 이들 두 민족의 연합군이 일리리쿰 지방에 밀려들어왔다. 〔유고와 루마니아 국경 부근의〕 캄포나, 마르구스, 보노니아 등이 이 당시에 있었던 몇 차례의 공성작전과 전투의 주요 무대였던 것으로 보인다. 콘스탄티누스는 매우 완강한 저항에 봉착했으나 마침내 싸움에 이겼고, 고트족은 전리품과 포로를 반환하고 수치스럽게도 후퇴를 허락받아야만 하는 상황에 처하게 되었다. 그러나 이것으로도 황제의 분노는 가라앉지 않았다. 그는 로마 영토를 침범한 이 오만한 야만족을 격퇴하는 데 그치지 않고 이를 응징하기로 결심했다. 그는 트라야누스 황제가 건설했던 다리를 수리하여 대군을 이끌고 도나우 강을 건넌 후 다키아로 깊숙이 쳐들어갔다. 그리고 야만족에게 가혹한 보복을 가한 후에야 비로소 고트족의 애원을 받아들여 4만 명의 병사를 제공받는다는 조건으로 강

---

9) 원문 중에서 이 기간 중에 콘스탄티누스가 공포한 두 가지 이례적인 법령에 관한 설명 부분은 생략한다. 첫번째 법률은 이 비참한 시기에 신생아를 일반 관습에 따라서 유기, 살해할 수밖에 없었던 가족에게 국가의 재정보조를 지급하도록 규정한 것이다. 또 한 가지는 부녀자의 강간, 유괴를 금지하는 법률로서 이런 범죄자는 산 채로 불에 태워 죽이거나, 원형투기장에서 맹수가 찢어 죽이거나, 목구멍에 납을 부어 죽이는 등의 잔혹한 처벌을 하도록 규정했다/편집자 주.

화조약의 체결을 허락했다. 이러한 전과는 콘스탄티누스에게도 명예롭고 국가에도 이로운 것이 분명했다. 그러나 에우세비우스의 과장된 주장처럼 과연 이때 멀리 북방의 끝, 곧 다양한 풍속의 수많은 야만족이 흩어져 살던 스키타이 전역이 로마 제국의 개선군에게 복속하게 되었는지에 관해서는 의문의 여지가 많다.

콘스탄티누스가 이와 같은 영광의 절정에서 로마 제국의 분할통치를 더 이상 용인하지 않으려고 한 것은 당연하다. 자신의 뛰어난 천재성과 군사력을 자신한 그는 이러한 우위를 고스란히 활용하여 리키니우스를 파멸시키기로 결심했는데, 리키니우스는 나이가 많은 데다가 악덕 때문에 인망을 잃어 손쉽게 정복할 수 있을 것처럼 보였다. 그러나 이 늙은 황제는 위험이 임박했음을 깨닫자 뜻밖의 능력을 발휘했다. 그는 종전에 갈레리우스의 깊은 신임을 얻어 황제에 오를 때에 보였던 기백과 능력을 총동원하여 임전태세를 갖추고 동방의 군대들을 규합함으로써, 얼마 후 하드리아노폴리스 평야와 헬레스폰투스 해협은 그의 군대와 함대로 가득 차게 되었다. 육군은 보병 15만 명과 기병 1만 5,000명으로 구성되었다. 기병대는 주로 프리기아와 카파도키아에서 선발했는데, 기병의 용기나 기마술보다는 말의 아름다움이 더 뛰어났던 것으로 보인다. 함대는 노를 3열로 젓도록 된 갤리 선 350척으로 구성되었다. 그중 130척은 이집트와 인근 아프리카 지역에서 공급한 것이었고, 110척은 페니키아의 여러 항구와 키프로스 섬에서 온 것이었으며, 나머지 110척은 비티니아, 이오니아, 카리아 등 해양국가에서 징발해온 것이었다.

콘스탄티누스의 군대는 데살로니카에 집결하도록 명령받았다. 군대의 규모는 보병과 기병을 합해 12만 명을 넘었다. 황제는 이 위풍당당한 군대가 동방의 경쟁자 군대보다 비록 총병력은 적더라도, 전사의 수는 많다는 데에 매우 흡족해했다. 콘스탄티누스의 군대는 유럽의 여러 호전적인 속주들에서 모집된 병사들이었다. 이들의 규율은 실전 속에서 다져졌고 승리를 통해서 사기가 높아져 있었다. 또한 그들 중에는 수많은 고참병들이 포함되어 있었는데, 같은 황제 밑에서 17차례나 영예로운 전투를 경험한 이 고참병들은 마지막으로 한번만 용맹을 발휘하면 명예제대 자격을 얻을 수 있었다. 그러나 콘스탄티누스의 해군만은 모든 점에서 리키니우스에 비해서 열세였다. 그리스의 해양도시들이 할당된 인원과 선박을 유명한 페이라이에브스 항에 보냈지만, 함대의 총규모는 소형 선박 200척에 불과했다. 이것은 펠로폰네소스 전쟁 당시 아테네 공화국의 만만찮은 함대에 비하면, 매우 초라한 규모였다. 이탈리아는 이미 정부의 소재지가 아니었기 때문에 미세눔과 라벤나의 해군시설들은 오래 전부터 방치되어 있었다. 또한 로마 제국의 해운과 선원들은 전쟁보다는 상업에 의존하고 있었으므로, 해운업의 본거지가 이집트와 아시아의 산업이 융성한 지방들로 옮겨갔다는 것은 당연한 일이었다. 한 가지 놀라운 일이 있었다면, 그것은 오히려 강력한 제해권을 장악한 동방의 황제가 적의 영토 한복판에 대해서 오랫동안 공세를 취할 기회를 포착하지 못했다는 점이라고 할 것이다.

지나치게 신중한 리키니우스는 전쟁의 전체 국면을 변화시킬 수도 있는 이런 적극적인 조치를 취하지 않고, 그 대신 그가 사태를 우려하여 세심하게 요새화해놓은 하드리아노폴리스 근처의 진영에서 적군이 오기를 기다리고만 있었다. 콘스탄티누스는 데살로니카를 출발하여 트라키아의 이 지점까지 행군해왔으나, 이곳은 물살이 빠르고 폭이 넓은 헤브루스 강이 가로막고 있었는데, 이 강에서 하드리아노폴리스에 이르는 급경사의 언덕은 리키니우스의 대병력이 뒤덮고 있었다. 소규모의 접전으로 여러 날을 허비한 끝에 콘스탄티누스는 마침내 과감한 작전을 벌여 행군과 공격을 가로막는 장애물들을 제거했다.

여기서 한 가지 지적해둘 점은 시나 소설에서도 그 유래를 찾아보기 힘든 콘스탄티누스의 이 놀라운 전공은 돈 받고 매수된 웅변가에 의해서가 아니라 그의 명성을 부분적으로 깎아내리는 한 역사가에 의해서 찬양되고 있다는 점이다. 확실한 것은 이 용감한 황제가 불과 12기의 기병을 거느리고 헤브루스 강의 급류에 직접 뛰어들어 천하무적의 검을 휘둘러 살육전을 벌임으로써 15만 명이라는 대군을 도망가게 만들었다는 것이다. 역사가 조시무스는 그의 정열에 너무 강력하게 압도된 나머지 이 역사적인 하드리아노폴리스 전쟁의 여러 가지 사건들 중에서 중요한 사건보다는 신기한 사건만을 선정하여 윤색하는 경솔함을 범했던 것으로 보인다. 콘스탄티누스가 자신의 위험을 무릅쓰고 용맹을 발휘한 것은 그의 넙적다리에 난 가벼운 상처에 의해서도 입증된다. 그러나 불완전하고 진부한 기록에서조차도 확인할 수 있는 사실은 이 승리가 한 영웅의 용기에 의해서라기보다는 장군으로서의 탁월한 지휘에 의해서 얻어진 것이었다는 점이다. 즉 5,000명의 궁사들이 울창한 숲을 우회하여 적이 아군의 교량건설에 주의를 쏟고 있는 동안 적군의 후방을 점령했으며, 리키니우스는 여러 가지 교묘한 병력전개에 당황한 나머지 마지못해 그의 유리한 고지를 버리고 평야로 나와 대등한 조건에서 싸움을 벌이게 되었다는 것이다. 그러나 이 전투는 대등할 수 없었다. 신병인 그의 오합지졸들은 경험 많은 서로마의 고참병들에게 손쉽게 압도되었다. 기록에 의하면 이때 3만4,000명이 전사했다. 견고한 리키니우스의 진영은 이 야음의 전투가 끝날 무렵 적의 공격으로 탈취당했다. 산속으로 도망갔던 대부분의 병사들은 다음날 항복하여 정복자의 선처를 구걸했다. 더 이상 버틸 수 없게 된 적장은 비잔티움의 성벽 안으로 도주하여 숨었다.

 콘스탄티누스는 즉시 비잔티움을 포위, 공격하기 시작했으나, 이 공성작전에는 큰 어려움과 불확실성이 뒤따랐다. 유럽과 아시아의 관문인 이 도시의 요새시설들은 그 동안에 있었던 여러 차례의 내전 중에 수리되고 보강되었다. 그리고 리키니우스가 제해권을 장악하고 있는 동안 수비군보다는 공성군 쪽이 보다 큰 기근의 위험에 노출되어 있었다. 리키니우스의 함대가 허약한 적의 해군을 수색, 파괴하는 일을 하지 않고, 단지 해군력의 수적인 우세가 별로 중요한 기능을 발휘할 수 없는 좁은 해협에서 하는 일 없이 시간만 보내고 있을 때, 콘스탄티누스는 해군 지휘관들을 진지로 불러들여 헬레스폰투스 해협의 통로를 열도록 적극적인 명령을 내렸다. 콘스탄티누스의 맏아들인 크리스푸스가 이 과감한 작전의 수행을 떠맡았다. 그는 매우 용감하게 이 작전을 수행하여 존경받을 만한 성과를 거두었기 때문에, 아버지의 질투를 샀을 것으로 생각된다. 교전은 이틀 동안 계속되었다. 첫날 저녁에는 양측 함대가 상당한 손실을 입고, 각기 유럽 지역과 아시아 지역에 있는 항구로 되돌아갔다. 둘째날에는 정오경에 남풍이 세게 불자 크리스푸스의 함정들은 이 바람을 타고 적을 향해서 돌진했다. 능숙하고 용맹무쌍한 크리스푸스는 이를 이용하여 전면적인 승리를 거두었다. 여기서 아시아 함대는 전함 130척이 파괴되고 5,000명이 살해되었으며, 제독 아반두스는 천신만고 끝에 칼케돈〔위스퀴다르〕해변으로 도주했다.

헬레스폰투스 해협이 열리자 이미 공성작전에 착수한 콘스탄티누스의 진영에 군수품을 실은 수많은 함선들이 몰려왔다. 그는 비잔티움의 성벽과 같은 높이로 토성을 쌓았다. 이 토성 위에 높은 탑을 세우고 노포(弩砲)로 큰 돌과 화살을 퍼부어 수비대를 괴롭히는 한편, 파성추(破城槌 : 공성용 큰 망치)를 이용하여 성벽 곳곳을 무너뜨렸다. 만일 리키니우스가 훨씬 더 오랫동안 버텼더라면, 성과 함께 파멸했을 것이다. 그는 현명하게도 포위되기 전에 보물과 함께 아시아 쪽의 칼케돈으로 피신했다. 늘 자기와 운명을 함께 할 동료를 바랐던 리키니우스는 여기서 가장 중요한 국무 중 한 가지를 맡고 있던 마르티니아누스에게 카이사르의 칭호를 수여했다.

이처럼 리키니우스는 여전히 기지와 능력을 갖추고 있었기 때문에, 그처럼 여러 번 패배하고 난 후에도 콘스탄티누스가 비잔티움 공성에 정신이 팔려 있는 동안 비티니아에서 5만~6만 명의 신병을 모았다. 그러나 빈틈없는 콘스탄티누스는 적군의 마지막 안간힘을 그대로 내버려두지 않았다. 그의 상당수의 병사들은 소형 선박으로 보스포루스 해협을 건넜으며, 육지에 상륙하자마자 지금은 스쿠타리라고 불리는 크리소폴리스 고원에서 결전을 벌였다. 새로 징병당해 무장이 허술하고 군기도 제대로 잡히지 않은 리키니우스의 군대는 이 상승군을 상대로 필사적으로 싸웠으나, 완패하여 2만5,000명이 살육당함으로써 리키니우스의 운명을 결정짓고 말았다. 그는 니코메디아로 물러갔으나, 그것은 어떤 효과적인 방어책을 강구하기 위해서라기보다는 협상의 시간을 벌기 위해서였다. 그의 아내이며 콘스탄티누스의 누이동생인 콘스탄티아가 남편을 위해서 중재에 나선 결과 오빠의 동정심에서라기보다는 그의 정책에 따라서 선서를 하고 엄숙한 약속을 얻어냈다. 즉 마르티니아누스를 희생시키고 리키니우스 자신이 퇴위하면, 그에게 여생을 편안히 살 수 있도록 허용한다는 약속이었다.

콘스탄티누스가 취한 행동과 두 교전 당사자에 대한 그녀의 관계에서 아우구스투스의 누이동생으로서 안토니우스와 결혼했던 정숙한 여인(옥타비아)의 일을 회상케 되는 것은 당연하다. 그러나 그동안 인간의 성품이 변해서 이제는 로마인들도 명예와 독립을 잃고 살아남는 것을 수치스럽게 생각하지 않았다. 리키니우스는 자기 죄를 용서해줄 것을 간청하여 사면받은 후, 그의 주인인 군주의 발 밑에 곤룡포를 벗고 엎드렸다. 그는 모욕적인 동정을 받고는 일으켜 세워진 후, 같은 날 황실의 연회에 참석하도록 허락받았으며, 곧이어 그의 유폐장소로 선정된 테살로니카로 호송되었다. 그의 유폐생활은 그가 죽음으로써 곧 종결되었는데, 그의 처형이 군인들의 반란 때문이었는지 아니면 원로원의 결정에 따른 결과였는지는 확실치 않다. 참주정치의 상례에 따라서 그는 반란음모를 꾸며 야만족과 내통했다는 혐의로 고소되었다. 그러나 그는 실제로 그런 행동을 한 적이 없고 법적인 증거도 없어 유죄가 입증된 적이 없기 때문에, 무력했던 그도 무죄판결을 받았으리라고 추측된다. 리키니우스가 죽은 후 그의 이름은 불명예로 낙인 찍히게 되었다. 그의 상들은 파괴되었으며, 그가 만든 모든 법령과 치세 중에 마련된 모든 사법절차들은 급조된 칙령(이런 칙령은 대개 얼마 후 다시 고쳐지는 악습이 있다)에 의해서 폐지되고 말았다. 콘스탄티누스의 이 승리에 의해서 로마 제국은 디오클레티아누스가 그의 동료 황제 막시미아누스와 함께 권력과 영토를 분할한 지 37년 만에 다시 한 황제의 권위 밑에 통일되었다(324년).

지금까지 콘스탄티누스가 요크에서 등극하여 니코메디아에서 리키니우스를 퇴위시키기까지의 과정을 꽤 상세하고 정확하게 살펴보았거니와, 그것은 이 일련의 사건들 자체가 중요하기 때문이라기보다는 그것들이 피와 재산상의 대가를 치르고 세금과 군비 부담을 영속적으로 증가시킴으로써, 로마 제국의 쇠퇴를 촉진시키는 데 기여했기 때문이다. 콘스탄티노플의 건설과 기독교의 승인이 이 쿠데타가 가져온 직접적인 역사적 귀결이다.

| 제8장 |

기독교의 발전과 초기 기독교인들의 사상, 풍습, 신도 수 및 상황 초기 기독교인들에 대한 박해[1]

기독교의 발전과 확립에 관한 솔직하고도 합리적인 탐구는 로마 제국사의 매우 중요한 부분으로 간주되어야 한다. 로마라는 거대한 체계가 공개적인 폭력에 의해서 손상을 입었거나 완만한 쇠퇴 속에 무너져가는 동안에 순수하고도 겸허한 종교가 사람들의 마음속에 부드럽게 스며들어 침묵 속에서 소리 없이 성장하고 박해받으며 새로운 활력을 얻음으로써, 마침내 카피톨리누스의 폐허 위에 승리의 십자가를 세웠다. 기독교의 영향은 시간적으로나 지역적으로나 로마 제국에 한정된 것이 아니었다. 13-14세기 동안의 대개혁을 거친 후, 이 종교는 예술, 학문, 군사력에서 인류의 가장 탁월한 위치를 차지하고 있는 유럽의 여러 나라들에서 아직까지도 신봉되고 있다. 그것은 그동안 근면하고 열성적인 유럽인들에 의해서 머나먼 아시아와 아프리카의 해안지방에까지 널리 보급되었으며, 유럽의 식민지라는 형태로 캐나다와 칠레 등 〔유럽〕 고대인들은 알지도 못했던 세계에서까지도 확고하게 자리잡게 되었다.

그러나 비록 유용하고 흥미 있는 문제이기는 하지만, 이 과정을 살펴보는 데에는 두 가지 특별한 어려움이 따른다. 우선 교회사의 자료가 부족하고 의문투성이여서 초기 교회를 감싸고 있는 구름을 좀처럼 벗겨내기가 힘들

---

[1] 원문의 제15장, 제16장에 해당한다/편집자 주.

다. 또한 불편부당한 대원칙을 지키게 되면, 영감 없는 복음 설교자나 신자들의 불완전성을 들춰내야만 하는 경우가 자주 생기는데, 자칫하면 그들의 결점을 얘기하는 것은 그들의 신앙을 비방하는 것으로 오해받을 수도 있다. 그러나 왜 신앙심 깊은 기독교인이 비방받고 신앙심 없는 자가 거짓된 승리를 거두는가 하는 따위의 의문은 신의 계시가 누구에 의해서 그리고 누구에게 주어졌는가를 그들 스스로 생각해보면 쉽게 없어지게 될 것이다. 신학자는 종교라는 것이 원래의 순수한 모습 그대로 하늘에서 내려온 것이라고 설명해버리면 그만이겠지만, 보다 따분한 의무는 역사학자에게 맡겨져 있다. 역사학자는 허약하고 타락한 인간 세상에서 그리고 지상의 장기간의 역사에서 종교가 불가피하게 보여주게 되는 오류와 타락을 밝혀야만 한다.

기독교가 도대체 어떤 방법으로 지구상의 여러 기존 종교에 대해서 그처럼 괄목할 만한 승리를 거두었는가 하는 문제가 우리의 호기심을 끌게 되는 것은 당연하다. 이 질문에 대해서 한 가지 분명하고도 만족스러운 해답이 있다. 즉 그것은 교리 자체가 가지는 설득력 있는 증거의 힘 때문이며 위대한 창조자의 섭리 때문이라는 것이다. 그러나 이 세상에서는 진실과 이성이 잘 받아들여지지 않는 법이고 또한 지혜로운 하느님은 그 목적수행을 위한 도구로서 인간의 감정이나 세상의 일상사를 이용하는 경우가 많기 때문에 우리는 기독교회가 급성장하게 된 최초의 원인까지는 밝히지 못하더라도, 적어도 그 부차적인 원인들은 [비록 겸손하게나마] 탐구해볼 수 있을 것이다. 다음과 같은 5가지 요인이 유리한 영향을 주었으리라고 생각할 수 있다. (1) 기독교도들의 불굴의 그리고 표현이 적당할지 모르겠지만, 편협한 열정 —— 이것은 실제로 유대교 전통에서 연유한 것이기도 하지만, 다른 한편으로 이방인들에게 모세 율법의 수용을 권유하기보다는 오히려 저지시킨 편협한 비사회적 정신 때문에 더욱 굳어진 면도 있다. (2) 내세에 대한 교의(이 중요한 진리에 무게와 효율성을 더해줄 상황이 전개될 때마다 개선되었다). (3) 초기 기독교회가 보여준 기적의 힘. (4) 기독교인들의 순수하고 엄격한 도덕관. (5) 로마 제국의 한복판에서 점차 위치를 확보해간 독자적 기독교 국가의 통일과 계율.

1 기독교인들의 열정/ 이미 살펴본 바와 같이 고대세계에서는 종교적 융화가 이루어져 있었으며, 극히 상이한, 심지어 적대적인 민족들조차도 서로 상대방의 토착신앙을 수용하거나 아니면 적어도 존중하고 있었다. 오직 하나의 민족만이 인류공동의 영적인 교통에 참여하기를 거부했으니, 그것은 유대인이었다. 아시리아와 페르시아 왕국 밑에서 오랜 세월 동안 비참한 노예생활을 경험한 유대인은 알렉산더 후계자들의 치하에서 비천한 신분으로부터 벗어났다. 처음에는 동방에서 그리고 나중에는 서방에서 그 수가 놀라울 정도로 불어나면서 다른 민족들의 호기심과 경탄을 불러일으켰다. 그들은 완고하게 그들 특유의 종교의식과 비사교적 풍속을 간직하여 별개의 특별한 인종처럼 행세했으며, 다른 인종에 대해서 비타협적인 증오심을 노골적으로 드러내거나 별로 감추려고 하지 않았다. 안티오코스 왕(옛 시리아 왕/역주)의 폭력도, 헤로데 왕의 책략도, 또는 주변 민족들의 본보기도 유대인에게 모세의 종교를 그리스의 우아한 신화와 융화시키도록 설득할 수 없었다.

로마인들은 그들의 보편적 관용주의에 따라서 그들이 경멸하는 미신까지도 보호했다. 정중한 아우구스투스는 자신의 흥륭을 기원하는 제사를 올리도록 직접 예루살렘의 신전에 명령한 바 있다. 반면에 아브라함의 후손들은 비록 가장 비천한 자라고 할지라도, 카피톨리누스의 유피테르 신전에 이와 동일한 경의를 표한다면, 자기 자신은 물론이고 자기 동포들에게도 증오의 대상이 되었을 것이다. 그러나 정복자의 관용이 피정복자인 유대인의 배타적인 편견을 달래기에는 불충분했으니, 그들은 자기들을 로마의 속주에 편입시킨 이교의 깃발에 공포와 분노를 나타냈던 것이다. 자신의 상을 예루살렘 신전에 세우려고 했던 미치광이 칼리굴라 황제의 시도는 우상숭배를 죽음보다도 두려워한 유대인들의 거족적 결의에 의해서 좌절되었다. 그들은 모세의 율법에 애착을 가지는 것 못지않게 이방인의 종교를 혐오했다. 그들의 광신적 신앙의 흐름은 좁은 골짜기로 쏠려내려가면서 세차고 사나운 격류를 이루게 되었다.

고대세계에서는 몹시 밉살스럽고 우스꽝스럽게 보였던 이와 같은 비타협적인 고집이 더욱 완강해진 것은 하느님이 이 선택 받은 백성의 신비로운 역사를 인간에게 밝혀주신 이후부터였다. 그러나 제2신전(솔로몬이 지었음/ 역주) 시대의 유대인들간에 특히 두드러지게 나타났던 모세 종교에 대한 열성적이고도 끈질긴 애착심은 그들의 선조들이 보였던 완고한 불신앙과 비교해볼 때, 더한층 놀라운 것이었다. 번개 치는 시나이 산에서 율법을 얻었을 때에도, 이스라엘인들을 위해서 바다의 간만과 천체의 운행이 정지되었을 때에도 그리고 그들의 신앙과 불복종에 따라서 그때그때 현세적인 보상이나 처벌이 내려졌던 때에도 언제나 눈에 보이는 하느님의 권위에 반항하여 그들은 야훼의 성전에 여러 민족의 우상들을 들여놓고 아랍인들의 천막 마을이나 페니키아의 도시들에서 행해지는 온갖 허황한 의식을 모방했던 것이다. 하느님이 이 배은망덕한 민족에게서 가호(加護)를 거두어가면서부터 이들의 신앙은 이에 반비례하여 그 강렬함과 순수성을 더해갔다. 모세와 여호수아 시대의 사람들은 매우 놀라운 기적이 일어나도 그저 덤덤하게 바라보기만 했다. 그러나 그 이후 유대인들은 재난이 닥칠 때마다 이와 같은 기적에 대한 신앙심을 가지고 보편화된 우상종교의 오염으로부터 스스로를 지킬 수 있었다. 이렇게 해서 이 독특한 민족은 인간 심성의 모든 법칙을 거슬러, 그들의 감각으로 증거할 수 있는 것보다 더욱 강렬하고 더욱 손쉽게 옛날 선조들의 전통을 받아들였던 것으로 보인다.

유대인의 종교는 방어에는 감복할 정도로 적합하지만, 결코 정복을 위한 종교는 아니다. 따라서 개종자의 수가 배교자의 수보다 많았던 적은 한번도 없었을 것이다. 신의 약속은 당초 한 가족에게 내려진 것이었으며, 할례라는 독특한 의식도 한 가족에게만 명해진 것이었다. 아브라함의 자손들이 바닷가의 모래처럼 불어나게 되자, 율법과 제사 의식을 내려준 하느님은 스스로 이스라엘에 고유한, 말하자면 민족적인 신이라고 선언하고서 자신이 사랑하는 이 민족을 다른 민족들로부터 매우 엄격하게 분리시켰다. 가나안 땅을 정복했을 때 많은 기적과 유혈사태가 일어났기 때문에, 유대인들은 다른 모든 이웃 민족들과 불구대천의 적대관계에 놓이고 말았다. 유대인들은 우상숭배가 심한 몇몇 부족을 전멸시키라는 하느님의 명령을 받았는데, 이와 같은 신의 명령은 가차없이 수행되곤 했다. 그들은 다른 민족과는 결혼하거나 동맹을 맺지도 못하도록 금지되었고 또한 이방인을 종교집회에 참석시키는 일도 금지되었는데, 이와 같은 금지명령 중에는 영속적인 것도 있었으니, 대개의 경우 3대, 7대, 심지어 10대까지도 연장되었다. 모세의 신앙을 이교도들에게 가르쳐야 한다고 율법에 정한 적은 한번도 없었으며, 유대인들이 자발적으로 이러한 일을 의무로 삼아본 적 또한 한번도 없었다.[2]

이와 같은 상황에서 기독교는 모세의 율법으로 무장하고 세상에 새롭게 나타나서 그 질곡으로부터 해방되었다. 옛 종교체계에서와 마찬가지로 새로운 체계에서도 종교적 진리와 신의 통일을 향한 배타적 정열이 강조되었다. 그리고 이제 하느님의 본질과 그 목적에 관해서 인간에게 계시된 것은 모두가 이 신비적 교리에 대한 존경심을 증대시키기에 적합한 것이었다. 모세와 예언자들의 종교적 권위가 기독교의 튼튼한 기초로 인정되고 심지어 입증되기까지 했다. 태초로부터 선포된 일련의 예언들은 대망의 구세주〔메시아〕의 도래를 예비하고 있었는데, 이 구세주는 유대인의 조잡한 인식능력에 따라서 예언자, 순교자, 하느님의 아들로서라기보다는 왕이나 정복자의 모습으로서 제시되는 경우가 많았다. 신전에서 올린 불완전한 희생은 구세주의 속죄(贖罪)에 의해서 완성되고 따라서 폐지되었다. 제사의 종류와 숫자만을 정한 의례법(儀禮法)은 인류의 모든 상황과 모든 풍토에 적합한 순수하고도 영적인 예배에 의해서 계승되었으며, 피의 세례는 보다 무해한 물의 세례로 대체되었다. 아브라함의 후손에게만 편파적으로 한정되었던 신의 은총의 약속은 널리 자유민과 노예, 그리스인과 야만인, 유대인과 이방인에게도 제시되었다. 개종자가 땅에서 하늘나라로 올라갈 수 있는 특권 그리고 신앙심을 높여 행복을 간직하거나 심지어 신앙심이 있는 척하면서 마음속에 느끼게 되는 은밀한 자부심을 누릴 특권은 여전히 기독교 신도에게만 한정되었다. 그러나 동시에 모든 인류는 은총으로서 주어질 뿐 아니라 의무로서 부과된 것이기도 한 이 영광스러운 특권을 받아들이도록 허용되었고 심지어 간청받

---

[2] 원문 중에서 개종을 권유하기를 완강히 거부하는 유대인들의 태도를 설명한 몇 구절을 생략한다/편집자 주.

기까지도 했다. 또한 자기가 누리게 된 측량할 수 없는 은총을 친지와 이웃에게 널리 전파하고, 나아가서는 이를 거절하면 자비롭고 전능한 하느님의 뜻을 거스르는 범죄적 불복종으로서 가혹한 벌을 받게 된다고 경고하는 것이 개종자의 가장 신성한 의무가 되었다.

그러나 기독교 교회가 유대교 교회(synagogue)의 속박에서 벗어나는 데에는 상당한 시간이 걸렸다. 예수를 옛 선지자들이 예언한 메시아로서 받아들인 유대인 개종자들은 예수를 덕망과 신앙을 가르친 예언자로 존경하기는 했지만, 선조들의 의식을 완강하게 고집했다. 그리고 날로 수가 늘어나고 있던 이방인 신자들에게 이를 강요하고자 했다. 이 유대식 기독교인들은 모세 율법의 신성한 기원과 창조주의 절대 완전성을 내세워 꽤 그럴 듯한 주장을 폈던 것 같다. 그들이 주장한 바는 만일 영원히 변치 않는 신이 그의 선민을 구별짓는 신성한 의식을 폐지할 의도를 가지고 있다면, 그와 같은 폐지는 최초의 선포와 마찬가지로 명백하고도 엄숙하게 이루어져야 하리라는 것이었다. 그들은 또한 그러한 의도가 있었다면, 그것은 빈번한 선포를 통해서 모세 종교의 항구성을 거듭 상정하거나 단언하는 대신 메시아가 도래할 때까지만 적용되는 암시적 계획으로서 제시되었을 것이라고 주장했으며, 메시아 자신과 또 이 땅에서 메시아와 교류한 그의 제자들은 모세 율법의 엄격한 준수를 몸소 행동으로서 인정하는 대신 이 세상에 대해서 그 불필요하고 뒤떨어진 의식의 폐지를 선포함으로써, 기독교가 그 오랜 기간 동안 유대교의 여러 종파들 틈에 끼어 애매하게 혼동되도록 방치하지 않았으리라고 주장했다. 이와 같은 주장은 쇠퇴해가는 모세 율법을 옹호하기 위해서 전개되었던 것으로 보이지만, 그러나 요즈음의 근면하고 학식 있는 신학자들은 이미 『구약성서』의 모호한 표현이나 예수 제자들의 모호한 행동을 충분히 해명하고 있다. 복음서의 체계를 점진적으로 밝혀 유대인 신자들의 성향과 선입견에 반대되는 죄의 선고를 극히 신중하고 부드럽게 내리는 것이 타당했다는 설명이다.[3]

---

[3] 이어서 원문 중 나사렛파로 알려진 초기 기독교의 소집단이 처했던 딜레마에 관한 설명이 있으나, 생략한다. 이들은 한동안 모세 율법의 필연성과 타당성을 계속 주장했으나, 나중에는 그들

정통파(orthodox)는 모세 율법의 지나친 존중과 부당한 경멸의 중간에서 중용의 입장을 지켰으나, 이단파(heterodox)는 극단적인 오류나 과장에 빠졌다. 에비온파(Ebionites)는 유대교의 기존 진리관에 입각하여 모세 율법을 절대로 포기할 수 없다는 결론에 도달했다. 반면에 그노시스파(Gnostics)는 모세 율법이 불완전하다는 입장에서 출발하여 그것이 신의 지혜로 제정된 것이 아니라고 추단하는 경솔함을 보였다. 쉽사리 회의의 대상이 되곤 하는 모세 등 예언자들의 권위를 부인하는 반대파 사람들이 있지만, 이런 회의론은 인간이 머나먼 옛일을 알지 못하고 신의 섭리를 올바로 헤아리지 못한 데에서 비롯된 것이다. 그노시스파의 사이비 신학은 이와 같은 반대론을 열렬히 받아들여 성급하게 역설했다. 이러한 이단자들은 대체로 육신의 쾌락에 반대하는 입장이었기 때문에, 옛 이스라엘 조상들의 일부 다처주의, 다윗의 여자 관계, 솔로몬의 후궁 등을 힐책했다. 가나안 땅을 정복하고 주변 원주민들의 씨를 말린 일을 인도주의와 정의에 관한 일반 개념과 어떻게 조화시킬 것인가 하는 문제가 그들을 괴롭혔다. 그러나 유대 역사의 거의 모든 페이지에 얼룩져 있는 피비린내 나는 살인, 처형, 학살의 기록을 회상한 그들은 그들이 친구나 동포에게 동정심을 표하는 것에 못지않게 팔레스타인의 야만족들도 우상을 숭배하는 적들에 대해서 동정심을 나타냈다는 사실을 인정하게 되었다.

율법파로부터 떨어져나와 율법 자체를 접하게 된 그들은 잔인한 희생과 하찮은 의식만으로 이루어진 종교 그리고 세속적, 현세적 성격의 상벌만을 규정하는 종교가 덕성에 대한 사랑을 고취하거나 격렬한 정열을 억제하도록 가르친다는 것은 불가능하다고 주장하게 되었다. 그노시스파는 천지창조와 인간의 타락에 관한 모세의 설명을 신성모독적 조롱으로 여기면서, 하느님이 6일 동안 일한 후 쉬었다는 이야기라든가, 아담의 갈비뼈, 에덴 동산, 생명과 지혜의 나무, 말하는 뱀, 금단의 열매 그리고 최초의 조상들의 경미한

의 입장을 포기하고 기독교 교회의 주류로 다시 합류했다. 나사렛파의 작은 분파인 에비온파는 이 조치에 따르기를 거부함으로써, 그후 그들이 존속한 2-3세기 동안 기독교인과 유대교인 양쪽으로부터 미움을 받았다/편집자 주.

과오로 인해서 인류에게 내려진 형벌 등과 같은 이야기에는 좀처럼 귀를 기울이려고 하지 않았다. 그노시스파는 불경하게도 이스라엘의 하느님을 격정에 흐르고 과오를 범하기 쉬운 존재로 그리고 기분 내키는 대로 변덕을 부리고, 화를 참지 못하고, 자신에 대한 미신적 예배를 비열하게 추구하고, 그의 섭리를 오직 하나의 민족에게만, 그것도 덧없는 현세에만 국한시키는 편파적인 존재로 표현했다. 이러한 성격에서는 현명하고 전지전능한 우주의 아버지라는 면모를 조금도 찾아볼 수 없었다. 그러나 그들은 유대교가 이방인들의 우상종교에 비하면 죄가 다소 적다고 인정했다. 그들의 기본적 교리는 신의 최초의 현신인 그리스도가 이 땅에 온 것은 인간을 여러 가지 오류로부터 구원하여 진리와 완전성의 새로운 체계를 드러내기 위해서라는 것이었다. 학문이 높은 신부들 중에는 이상한 겸손을 보여 그노시스파의 이와 같은 궤변을 경솔하게 받아들인 사람이 많았다. 그들은 이 궤변이 문자 그대로 이성과 신앙의 모든 원리에 반한다는 것을 인정하면서도, 자기들은 모세 율법의 모든 취약한 부분을 가리고 있는 베일에 싸여 있기 때문에 안전하고 불가침하다고 생각했던 것이다.[4]

그러나 정통파, 에비온파 및 그노시스파는 모세 율법의 신성과 구속력에 관해서 여러 가지로 견해를 달리하면서도 모두 배타적 신앙심을 가지고 있었는데, 유대인들도 고대의 다른 민족들과 달리 우상숭배를 증오하고 있었다는 점에서는 그들과 서로 같았다. 다신교를 인간의 사기와 오류의 구성물이라고 보는 철학자들은 경건이라는 가면을 쓰고 짐짓 조소를 머금을 수 있었지만, 그들은 이를 모방하거나 추종할 경우 눈에 보이지 않는 힘 또는 그들의 표현대로 상상적인 힘의 분노를 사게 된다는 것을 깨닫지 못했다. 그러나 초기 기독교인들은 기성의 이단종교들을 훨씬 더 강렬한 증오의 대상으로 보았다. 악마들을 창조신, 수호신 그리고 우상숭배의 대상으로 보는 것은 기독교회나 이단종교들 모두의 공통된 생각이었다.

---

4) 저자는 여기서 기독교회가 초기 100년 동안 분열을 면할 수 있었던 것은, 교회 안에 여러 종류의 그노시스파가 번성한 데에서 알 수 있는 것처럼, 초기 신자들이 폭넓은 신앙의 폭을 가질 수 있었기 때문일 것이라고 추측하고 있으나, 이 부분은 생략한다/편집자 주.

천사의 계급에서 탈락하여 지옥의 심연으로 떨어진 악마들은 여전히 이 세상을 방황하면서 죄 지은 자의 육신을 괴롭히고 영혼을 유혹하도록 허용되었다. 악마들은 이윽고 인간의 마음속에 타고난 신앙심이 있음을 발견하고 이를 악용하기 위해서 인간이 창조주를 예배하지 못하도록 책략을 써서 악마들 자신이 최고 신의 명예로운 자리를 빼앗게 되었다. 악마들은 이 흉악한 책략을 성공시킴으로써 당장에 그들의 허영심과 복수심을 만족시켰으며, 그들이 아직도 누릴 수 있는 유일한 위안으로 인간을 그들의 죄와 불행에 동참시킬 수 있다는 희망을 품게 되었다. 악마들은 스스로 다신교의 중요한 특성들을 나누어가지고 있다고 표방하거나 상상했는데, 어떤 악마는 유피테르의 이름과 속성을 가지고 있다고 자처했으며, 다른 어떤 악마는 아스클레피오스(고대 그리스의 의약과 의술의 신/역주), 또는 비너스나 아폴로의 속성을 가지고 있다고 자처했다. 그리고 악마들은 오랜 경험과 그 영묘한 속성을 이용하여 그들이 맡은 이러한 역할을 충분한 기교와 위엄을 갖추고 실행할 수 있을 것이라고 자처했다. 그들은 신전에 잠입하여 온갖 제사와 의식을 제정하고 전설을 꾸며내고 예언을 발표하고 이적(異蹟)을 행할 때도 많았다. 기독교인들은 악마를 개입시킴으로써 모든 초자연적 현상을 무리 없이 설명할 수 있었기 때문에 이단종교의 신화를 너무나 터무니없이 받아들이는 경향이 있었으며, 더구나 열망적으로 받아들이려고도 했다. 그러나 기독교 신앙에는 공포심이 함께 하고 있었다. 기독교도는 민족종교에 대한 사소한 존경심의 표시조차도 악마에 대한 직접적인 굴복일 뿐만 아니라 신의 존엄성에 대한 반역이라고 생각했다.

이러한 생각을 가지게 된 결과, 기독교도는 우상숭배의 관행으로부터 자신을 깨끗이 보존하는 일을 가장 열심히 지켜야 할 첫번째 의무라고 생각하게 되었다. 각 민족종교는 어떤 학파에서 표방하거나 신전에서 설교된 단순히 사변적인 교리만은 아니었다. 다신교의 무수한 신들과 종교의식은 공사의 일상생활에 걸쳐 모든 일이나 쾌락과 밀접하게 연관된 것이었다. 또한 이러한 종교의식을 지키지 않는다는 것은 인간적인 교제와 모든 사회적 직책과 즐거움을 포기한다는 것을 의미했다. 전쟁과 평화에 관한 중요한 협의는 엄숙한 제사에 의해서 시작되거나 종결되었는데, 이때에는 행정장관이나 원로원 의원, 군인 등이 주관하거나 참여해야만 했다. 이와 같은 공개적 행사는 이교도들의 즐거운 종교생활 중 가장 중요한 부분을 차지했는데, 이때 신들은 군주나 백성들이 특정한 축제일에 거행하는 경기를 가장 흡족스러운 제물로 받아들인다고 생각되었다. 기독교인들은 원형경기장이나 극장의 지긋지긋한 구경거리는 애써 외면했지만, 주변의 친구들이 벌이는 잔치에서 개방적인 신들을 모시고 서로의 행복을 위해서 술을 부을 때는 어쩔 수 없이 이런 지옥과 같은 잔치에 말려들지 않을 수 없었다. 그러나 새색시가 얌전을 빼며 혼인행렬을 따라 새 살림집의 문지방을 넘어설 때라든가 슬픈 장례행렬이 화장터로 천천히 움직여갈 때에도 기독교인들은 이 불경스러운 의식에 내재된 죄악에 물들기보다는 차라리 가장 소중한 주변 사람들을 멀리 할 수밖에 없기도 했다.

　우상을 만들거나 꾸미는 일에 조금이라도 관련된 기술이나 직업은 모두 우상숭배에 오염된 것이었다. 우상숭배는 자유업이나 기술과 관련된 직업에 종사하는 공동체 생활의 커다란 부분을 영원히 비참하게 만들기 때문에 이 점은 매우 엄격하게 판정되었다. 여러 가지 고대의 유적들을 살펴보면, 우리는 신들의 직접적인 표상물과 그 예배를 위한 기구들 외에도 이교도들의 집, 의복, 가구들은 그리스인들의 상상력이 만들어낸 우아한 형상과 보기 좋은 장식으로 화려하게 꾸며져 있었음을 알 수 있다. 음악과 미술, 웅변과 시가 등의 예술조차도 이와 같은 불순한 기원을 가지고 있었다. 교부들이 보기에는 아폴로나 뮤즈들은 지옥의 악마들이었고, 호메로스나 베르길리우스는 이 악마들의 대표적인 심부름꾼이었으며, 이들의 천재적 작품에 침투하여 활력을 불어넣고 있는 아름다운 신화는 악마들의 영광을 찬양하기 위한 것이었다. 그리스와 로마의 일상적인 언어에는 경박한 기독교인조차도 듣기에 거북한 불경스러운 표현이 가득 차 있다고 생각되었다.[5]

　우상숭배의 독기로부터 복음서의 순결성을 보호하기 위해서는 위와 같은

---

5) 여기서 저자는 이교도의 종교와 밀접하게 관련된 로마의 대중적 축제들에 관해서 간단히 설명하고 있으나, 이 부분은 생략하다/편집자 주.

세심한 노력이 필요했다. 기성 종교의 신자들은 교육이나 습관에 의해서 별 생각 없이 공적으로, 사적으로 미신적 의식을 따르고 있었다. 그러나 이러한 일이 빈번히 발생할 때마다 기독교인들은 이에 대해서 극성스럽게 반대입장을 표명하고 확인할 기회를 가지게 되었다. 이와 같은 빈번한 항의표시를 통해서 그들의 신앙심은 계속 공고해져갔으며, 이처럼 열성이 드높아가는 데 비례하여 그들은 악마들의 제국을 상대로 더욱 열심히 그리고 성공적으로 성전(聖戰)을 벌여갔던 것이다.

2 영혼불멸의 신앙/ 키케로의 저작(『스키피오의 꿈』, 『노년에 대해서』 등을 말함/역주)을 보면, 영혼불멸에 관한 고대 철학자들의 무지, 오류, 불명료성이 생생하게 드러난다. 고대 철학자들은 제자들에게 죽음의 공포에 대비하도록 하기 위해서 죽음이라고 하는 최후의 일격이 인간을 삶의 재앙으로부터 해방시켜주고 있으며, 〔현세에〕 존재하지 않으면 고통도 겪지 않게 된다는 분명하면서도 침울한 명제를 가르쳤다. 그러나 그리스와 로마의 몇몇 현인들은 인간의 본질에 관해서 보다 고상한 그리고 어떤 의미에서 보다 올바른 생각을 품고 있었는데, 다만 한 가지 밝혀둘 것은 이처럼 숭고한 탐구를 할 때 그들의 이성은 상상력에 인도되는 경우가 많았고 이러한 상상력은 허영심에서 나온 것이었다는 점이다. 그들 자신의 지적 능력을 스스로 만족스럽게 생각하고, 심오한 사유나 중요한 연구작업에서 기억력, 상상력, 판단력 등의 여러 가지 능력을 행사하며, 죽어서 무덤에 묻힌 후에도 훨씬 후세에까지 이름을 남기고자 욕망했던 고대 철학자들은 스스로를 들짐승과 혼동하고 싶지도 않았고, 그들이 진정으로 찬미하는 인간이 지상의 한 장소나 극히 짧은 기간에만 국한되는 존재라고 생각하고 싶지도 않았다.

그들은 이처럼 자기 구미에 맞는 선입견을 가지고 원군으로서 형이상학이라는 학문, 아니 차라리 언어의 도움을 빌렸다. 그들은 이윽고 물질의 특성은 그 어느 것도 정신의 작용에는 적용할 수 없으며, 따라서 인간의 영혼은 육신과는 다른 실체로서 순수하고 완전하고 영적이고 소멸되지 않으며, 그리고 육신의 감옥에서 풀려나면 더한층 높은 덕성과 행복을 누릴 수 있다고 생각하게 되었다. 이처럼 폭넓고 숭고한 원리에 입각하여 플라톤의 뒤를 이은 철학자들은 매우 불합리한 결론을 이끌어냈다. 즉 그들은 내세의 불멸성뿐 아니라 과거의 영원성까지도 주장하면서 인간의 영혼은 우주에 충만하여 이를 지탱하고 있는 무한한 자존적(自存的) 영혼의 한 부분이라고 생각하는 경향을 보였던 것이다. 이처럼 인간의 감각과 경험의 범주를 벗어난 교리는 한가한 철학자의 정신을 즐겁게 해줄 수 있었으며, 고독에 빠져 낙담해 있는 덕망가에게 한줄기 위로의 빛을 던질 수도 있었을 것이다. 그러나 학교에서 받은 이 희미한 인상은 실생활의 갖가지 일에 부딪히면 곧 망각되었다. 우리는 키케로와 초기 카이사르들의 시대에 이름을 떨쳤던 저명한 인물들 중에는 그들의 행동, 성격, 동기에 나타난 바와 같이 현세에서의 행동이 결코 내세의 상벌에 대한 확신에 의해서 지배받지 않은 사람들이 있었음을 잘 알고 있다. 로마의 법정이나 원로원에서는 유능한 웅변가들이 이러한 내세관을 헛되고 쓸데없는 생각이라고 매도하는 등 서슴지 않고 청중의 귀에 거슬리는 말을 해댔는데, 사실 교양 있고 교육받은 사람이면 누구나 이러한 생각을 경멸하고 배척했다.[6]

여기서 우리가 응당 생각할 수 있는 것은 이 불가결한 종교의 원리가 팔레스타인의 선택된 백성들에게 분명히 계시되었을 것이며, 그리고 아론(모세의 형. 유대인의 초대 제사장/역주)의 뒤를 이은 세습 신관들에게도 틀림없이 전수되었으리라는 것이다. 모세의 율법에 영혼불멸의 교리가 빠져 있음을 알게 되면, 누구나 하느님의 오묘한 섭리에 감탄할 수밖에 없다. 이 교리는 예언자들에 의해서 모호하게 암시되고 있을 뿐인데, 그것은 이집트 노예생활과 바빌로니아 노예생활 중간의 오랜 기간에 유대인들의 희망과 두려움은 현세라는 좁은 영역에 국한되어 있었기 때문이다. 키로스 왕이 유배된 민족에게 약속된 땅으로 돌아가도록 허락한 후에 그리고 에즈라가 옛 조상들의 종교기록을 복원한 후에 예루살렘에서는 점차 사두가이파(Sadducees)와 바리사이파(Pharisees)라는 2개 종파가 생겼다. 부유하고 신분 높은 사람

---

[6] 원문은 이어서 그리스와 로마의 이단종교들은 영혼불멸의 개념을 받아들이기에 부적합하다는 점을 설명하고 있으나, 생략한다/편집자 주.

들로 구성된 사두가이파는 모세 율법을 문자 그대로 엄격히 준수했다. 그리고 그들은 영혼불멸설에 관해서는 그들이 신앙의 유일한 지침으로 숭상하는 성서에 의해서 뒷받침되지 않는다는 이유로 배격했다.

바리사이파는 성서의 권위에 전통의 권위를 추가했다. 그들은 전통이라는 구실하에 동방 국가들의 철학과 종교에서 몇 가지 철학적인 교의를 받아들였다. 운명이나 예정 조화에 관한 교리, 천사와 영혼에 관한 교리 그리고 내세의 상벌에 관한 교리 등이 새로운 신앙의 교리로 추가되었다. 즉 바리사이파가 엄격한 생활방식에 의해서 유대 민중을 자기 편으로 끌어들임으로써, 신정일치의 하스몬 왕조 시대에는 영혼불멸이 유대 교회 안의 지배적인 생각이 되었다. 유대인들은 그 기질상 다신교도들과 같은 미지근한 귀의만으로는 만족할 수 없었다. 그들은 내세관을 인정하자마자 자기 민족 특유의 열성을 가지고 이를 포용하게 되었다. 그러나 열성만 있다고 해서 내세관이 증명되는 것은 아니었다. 자연에 의해서 명령되고 이성에 의해서 승인되고 그리고 미신에 의해서 수용된 삶과 영혼불멸의 교리는 한걸음 더 나아가서 그리스도의 권위와 모범에 의해서 진리임을 입증받아야 할 필요가 있었을 것이다.

신앙을 받아들이고 복음서의 가르침을 준수할 것을 조건으로 인류에게 영원한 행복을 주겠다는 약속이 이루어진다면, 로마 제국의 모든 종교, 계급, 속주의 수많은 사람들이 이 유리한 제의를 수락했어야 마땅할 것이다. 고대 기독교인들은 현세생활에 대한 철저한 경멸과 영혼불멸에 대한 확신에 따라서 행동했거니와, 그것은 현대의 의심 많고 불완전한 신앙으로는 상상도 할 수 없을 정도였다. 초기 기독교회에서는 경험에 합치되지 않는 (비록 그 유용성과 오랜 역사 때문에 존경받을 만했지만) 한 가지 견해에 의해서 진리의 영향력이 크게 강화되었다. 즉 이 세상의 종말과 천국의 도래가 가까왔다는 믿음이 보편화한 것이다. 이 놀랄 만한 사건이 임박했다고 예언한 것은 바로 예수의 사도들이었다. 이 전통은 그들의 초기 제자들에 의해서 확신되었다. 그리스도의 가르침을 문자 그대로 이해한 사람들은 이 땅에서 예수의 욕된 모습을 목격했던 세대가, 그리고 앞으로 유대인들이 베스파시아누스 황제나 하드리아누스 황제 치하에서 겪게 될 고난을 목격하는 세대가 사라지기 전에 '사람의 아들'이 구름을 타고 재림한다고 믿을 수밖에 없었다. 그후 17세기 동안에 일어난 변화는 우리에게 예언이나 계시의 신비로운 언어에 너무 구애되지 말도록 가르쳐주고 있다. 그러나 이와 같은 오류가 어떤 현명한 목적에서 교회 안에서 존속하도록 허용되는 한, 그것은 기독교인들의 신앙과 실천에 매우 바람직한 영향을 미쳤으니, 기독교인들은 이로써 이 지구 자체와 인류의 모든 종족이 심판자의 출현을 두려워해야만 하는 공포의 순간을 기대하면서 살게 되었다.[7]

그리스도의 제자들에게는 현세적 통치의 행복과 영광이 약속되었지만, 믿지 않는 사람들에게는 매우 끔찍한 재앙이 있을 것이라고 선포되었다. 새 예루살렘의 건설과 병행하여 상징적으로 바빌론을 파괴하기로 되었으나, 콘스탄티누스 이전의 황제들이 우상숭배를 고집했기 때문에 바빌론의 운명이 로마 시와 로마 제국에도 적용된다는 것이었다. 번영하는 인민을 괴롭힐 정신적, 물질적 해악이 예비되었으니, 내란과 미지의 사나운 야만족의 침입, 페스트와 기근, 혜성과 일-월식 현상, 지진과 홍수 등이 그것이었다. 이 모든 것은 로마의 대파멸을 예고하는 수많은 징조라고 볼 수밖에 없었는데, 이때가 되면 스키피오 부자와 카이사르들의 나라인 로마는 하늘에서 내려온 불길에 싸이게 되며, 일곱 언덕의 도시(로마 시)는 궁전, 신전, 개선문들과 함께 광대한 불과 유황의 호수에 파묻히게 된다는 것이다. 그나마 로마인들의 자만심에 다소간 위안이 된 것은 로마의 멸망은 곧 이 세계의 멸망이 되리라는 점이었다. 즉 전에 홍수로 망한 적이 있는 이 세계는 이번에는 불로 더욱 신속한 파멸을 경험하게 된다는 것이었다.[8]

---

7) 기번은 여기서는 생략한 짧은 기술에서 초기 기독교인들의 신앙에 관해서 쓰고 있다. 그들은 최후의 심판에 앞서 그리스도가 이 땅을 다스리게 되는데, 그때는 모든 성자와 참 신자들이 많이 있어야 한다고 믿었다. 그러나 "교회의 건축이 거의 완성되면, 현세의 뒷받침은 없어지고," 교회는 이 땅을 다스리는 예수의 교리를 배격하게 된다/편집자 주.
8) 원문에는 불에 관한 신앙은 기존 동방 종교들의 교의와 일치할 뿐 아니라 에트나 화산과 베수비오 화산 등에 익숙해진 로마인들의 경험과 감정에도 맞는다는 설명이 이어지는데, 이 부분은 생략한다/편집자 주.

이교도들은 현명하고 덕망 높은 자라고 할지라도, 하느님의 진리를 모르거나 믿지 않기 때문에 벌을 받게 된다는 주장은 현대의 이성과 인도주의에 반하는 것이다. 그러나 보다 확고한 신앙을 지니고 있었던 초기 기독교회는 서슴지 않고 인류의 대부분에게 영겁의 고통을 떠맡겼다. 소크라테스와 같은 고대의 몇몇 현인들은 복음서가 나타나기 전에도 합리적인 분별력에 의해서 행동했기 때문에 이러한 사람들에게는 자비를 베풀어줄 만도 했을 것이다. 그러나 예수의 출생과 사망 이후에도 악마의 예배를 고집한 사람들은 진노하는 하느님의 심판에서 용서받을 수 없다는 데에는 모두 의견이 일치되었다.

고대세계에서는 찾아볼 수 없었던 이 엄격한 감정이 사랑과 화합의 체제에 비통의 정신을 주입시켰을 것이다. 종교적 신앙의 차이로 혈연과 우정의 결속이 깨어지는 경우가 허다했으며, 현세에서 이교도들에게 억눌림을 당한 기독교도들 중에는 분노와 영적 자부심으로 내세에서 승리하리라는 기대에서 기쁨을 찾는 경우가 많았다. 준엄한 테르툴리아누스(카르타고 출신으로 2-3세기의 교회 옹호론자/역주)는 이렇게 말했다. "너희들은 구경거리를 좋아하되, 그중에서도 가장 위대한 구경거리, 즉 우주의 영원한 최후의 심판을 기대하는도다. 그 수많은 군주들과 엉터리 신들이 저 가장 아래에 있는 암흑의 심연에서 신음하는 모습을 볼 때, 내 어찌 감탄하고 웃고 기뻐하고 즐거워하지 않을 수 있으랴. 또한 주의 이름을 박해했던 집정관들이 그들이 기독교도들에게 저질렀던 것보다 더한층 사나운 불길 속에서 녹아버리는 모습을 볼 때, 그 수많은 현명한 철학자들이 그들에게 기만당한 학자들과 함께 붉은 불길 속에서 타오르는 모습을 볼 때, 그 수많은 저명한 시인들이 미노스(크레타의 전설적인 왕. 내세의 재판관이 되었다고 믿음/역주)의 심판대가 아니라 그리스도의 심판대에 서서 떨고 있는 모습을 볼 때, 그 수많은 비극작가들이 자신들의 고통을 더욱 구슬프게 읊어대는 모습을 볼 때, 그 수많은 무희들이……" 그러나 인도적인 독자들께서는 필자가 이 질투심 많은 아프리카인이 냉혹한 해학으로 장황하게 늘어놓은 이 지옥 묘사의 나머지 부분을 생략하도록 용서해줄 것으로 믿는다.

틀림없이 초기 기독교도들 중에는 그들의 신앙에 어울리는 온유하고 자비로운 기질을 가진 사람들도 많았을 것이다. 실제로 친구나 동포들이 처한 위험에 진심으로 동정심을 느끼고 그들을 임박한 파멸로부터 구출하려고 열성껏 노력한 자비로운 사람들도 많았다. 애꿎은 다신교 신자들 중에는 자기들의 성직자나 철학자들은 전혀 보호해줄 힘이 없는 뜻밖의 새로운 공포에 직면하여 이처럼 영겁의 고통을 당하게 된다는 협박에 겁을 집어먹고 굴복하는 경우가 매우 많았다. 공포심은 신앙심과 이성을 발전시키는 데에 도움이 되었다. 다신교도에게 일단 기독교가 진리일지도 모른다는 생각을 가지도록 설득하고 나면, 그 다음에 기독교도가 되는 것이 가장 안전하고 현명한 길이라고 확신시키기는 쉬운 일이었다.

3 초기 기독교회의 기적의 능력/ 현세에서조차도 기독교도들이 다른 사람들보다 많이 가지고 있었던 초자연적 능력은 기독교도 자신들에게 위안이 될 뿐 아니라 자신들의 확신을 비기독교도들에게 심어주는 데에도 흔히 도움이 되었다. 하느님이 종교를 일으키기 위해서 자연법칙을 일시 중단시키고 직접 간섭하여 가끔씩 일으키는 우발적인 기적 외에도 기독교회는 사도들과 그들의 초기 제자들의 시대로부터 방언의 능력, 환상의 능력, 예언의 능력, 마귀를 쫓는 능력, 병 고치는 능력, 죽은 자를 살리는 능력 등 여러 기적의 능력을 가지고 있다고 주장해오고 있다. [2세기경의 루그두눔(리옹)의 주교] 이레나이우스는 갈리아의 원주민들에게 복음을 전하면서 이 야만족의 방언을 알아듣는 데에 큰 어려움을 겪었지만, 기독교인들의 외국어 실력은 그의 동시대인들에게 널리 알려져 있었다. 신의 영감은 그것이 환상으로 전달되건 꿈으로 전달되건 주교들만이 아니라 남녀노소를 불문하고 모든 신자들에게 넉넉하게 베풀어지는 은혜라고 설명한다. 기도와 금식, 철야기도를 통해서 놀라운 능력을 받아들이기에 충분한 경건한 마음이 갖추어진 사람들은 감각의 세계를 벗어나서 황홀경에 들어서는데, 그것은 마치 성령이 피리를 불듯이 자기 기관 속에 숨을 불어넣는 것과 같은 상태였다. 한 가지 덧붙일 것은 이와 같은 환상들은 대부분 교회의 장래의 일을 드러내거나 현

재의 운영방향을 이끌어주기 위한 것이었다는 점이다. 고통받는 불행한 사람의 신체에서 마귀를 쫓아내는 것은 종교의 승리를 나타내는 것이라고 생각되었으며, 고대의 기독교 변증론자들은 이를 기독교의 진리를 입증하는 가장 확실한 증거라고 거듭 주장해왔다. 우선 여러 사람들이 지켜보는 가운데 장엄한 의식이 거행되는 것이 보통이었다. 마귀를 쫓는 기도사(exorcist)의 능력과 기술로 환자가 치유되며, 이어서 자기는 예로부터 내려오는 가짜 신으로서 외람되게도 인간의 숭배를 받아왔노라는 마귀의 고백이 들려왔다.

그러나 고질병이나 초자연적인 질병이라고 할지라도 병을 고치는 기적은 별로 놀라운 일이 아니었다. 2세기 말경인 이레나에우스의 시대에는 죽은 자의 부활도 흔한 일이었기 때문이다. 그 당시에는 그 지방 교회의 대규모 단식이나 합동 기도회 등에서도 필요에 따라서 자주 기적이 일어났으며, 그들의 기도로 회복된 사람들은 그후 오랫동안 그들과 함께 살 수 있었던 것이다. 이처럼 신앙이 죽음에 대해서 여러 가지 놀라운 승리를 거둘 수 있었던 시기에는 부활의 교리를 여전히 배격하고 조롱했던 철학자들의 회의론을 받아들이는 것은 어려웠을 것이다. 그리스의 어떤 귀족은 논쟁 전체를 이 중요한 논거에 걸고 (3세기 말경의) 안티오크의 주교 테오필루스에게 만일 자신이 죽음에서 살아나는 사람을 단 한 명이라도 목격하게 된다면, 당장 기독교를 받아들이겠다고 약속했다. 초기 동방 교회의 이 고위 성직자가 친구의 개종을 바라면서도 끝내 이 공정하고 합리적인 내기에 응하지 않았다는 것은 상당히 주목할 만한 일이다.

초기 기독교회에서 일어났던 여러 가지 기적들은 오랜 기간 동안에 인정되어왔으나, 최근에 와서는 자유롭고도 정밀한 연구를 통해서 공격을 받고 있다. 이러한 연구는 일반인들에게서 큰 호응을 얻지만, 우리 나라와 유럽의 다른 개신교회 성직자들간에서는 전반적으로 악평을 받는 것 같다. 이 문제에 관한 우리들의 견해는 어떤 특정한 논거에 의해서 좌우되기보다는 우리 자신의 연구와 반성의 풍토에 의해서 그리고 무엇보다도 우리가 기적과 같은 사건을 입증하는 데에 어느 정도의 증거를 요구하느냐에 따라서 좌우될 것이다. 이 미묘하고도 중요한 논쟁에 대해서 자신의 개인적인 판단을 내리는 것은 역사가가 할 일이 아니다. 그러나 역사가는 종교의 관심사와 이성의 관심사를 조화시킬 이론을 채택하고, 그 이론을 올바르게 적용하기가 매우 힘들다는 사실을 그리고 우리가 초자연적 능력을 발휘할 만한 그 행복했던 기간의 한계를 오류와 기만 없이 정확하게 규정하기가 힘들다는 사실을 외면해서는 안 된다.

초기의 교부에서 최근의 교황에 이르기까지 수많은 주교, 성자, 순교자의 기적들이 끊임없이 이어져왔거니와, 미신은 거의 감지할 수 없도록 매우 점진적으로 발전해왔기 때문에 이 전통의 사슬을 어디서부터 끊어야 할지 판단하기는 힘들다. 모든 시대는 각기 그 시대를 특징짓는 기적과 같은 사건들의 증거를 가지고 있으며, 이 증거는 그 전 세대의 증거에 비해 중요성이 떨어질 것이다. 따라서 만일 2세기의 유스티니아누스나 이레나이우스의 말은 믿으면서 8세기의 복자 비드(영국의 신학자/역주)나 12세기의 성자 베르나르(프랑스의 수도사. 그의 신앙과 설교는 전체 유럽 기독교회에 영향을 미쳤음/역주)의 말은 믿지 않는다면, 우리 스스로가 자신도 모르는 사이에 일관성을 상실하는 것이 될 것이다.[9] 만일 이러한 기적들이 현실적으로 정당하게 인정될 수 있었더라면, 모든 시대마다 불신자들을 믿게 하고 이단자들을 논박하고 우상숭배 민족들을 개종시킬 수 있었을 것이다. 그리고 언제나 하늘의 간섭을 정당화할 충분한 동기를 만들어낼 수 있었을 것이다. 그러나 계시의 지지자는 누구나 기적의 실재를 믿게 되고, 합리적인 사람이면 누구나 기적의 중단을 확신하기 마련이기 때문에, 어떤 기간 동안에는 그들이 갑자기 또는 점차로 교회를 떠날 수밖에 없었으리라는 것이 명백하다. 그 목적을 위해서 어떠한 시기를 선택했건간에 —— 사도의 사망, 로마 제국의 개종, 아리우스파의 소멸 등[10] —— 그 시기에 살았던 기독교인들의 무감각도 또한

---

9) 주목할 만한 것은 클레르보의 베르나르는 친구인 성(聖) 말라시의 기적에 관해서는 여러 가지 기록을 남겨놓고 있으면서도 자기 자신의 기적에 관해서는 전혀 언급하지 않았으나, 그 대신 그의 기적에 관해서는 그의 동료와 제자들이 조심스럽게 언급하고 있다는 점이다. 오랜 교회사를 통해서 자기가 기적의 능력을 가지고 있다고 주장한 성자가 단 한 명이라도 있었던가?
10) 개신교도들은 주로 콘스탄티누스 황제의 개종을 시점으로 잡는다. 보다 합리적인 성직자들은 4세기의 기적들을 인정하지 않으려고 하며, 보다 경박한 신자들은 5세기의 기적들을 배격하려고 하지 않는다.

놀라지 않을 수 없는 일이다. 그들은 힘을 잃고 난 후에도 여전히 자신들의 주장을 폈다. 경신(輕信)이 예배의식을 거행하고, 광신이 영감이라는 언어를 취했으며, 우연한 사건이나 계략을 초자연적인 인과관계 탓으로 돌렸다. 최근에 경험한 여러 가지 진짜 기적은 기독교 세계에 신의 섭리가 어떻게 이루어지는가를 가르쳐주었을 것이며, 또한 그들의 눈을 (표현이 결코 적절하지는 않겠지만) 종교적 예술가의 양식에 익숙해지도록 만들어주었을 것임이 틀림없다. 현대 이탈리아의 가장 기술이 뛰어난 어떤 화가가 뻔뻔스럽게도 자신의 보잘것없는 모방 작품에 라파엘로나 코레조의 이름을 도용한다고 하더라도, 이런 서투른 사기는 금방 들통나서 배척당하게 될 것이다.[11]

4 기독교인들의 순결, 엄격한 도덕/ 그러나 초기 기독교인은 덕행에 의해서 자신의 신앙을 나타냈다. 여기서 우리는 당연히 신앙심은 인간의 이해력을 계발 또는 억제하는 한편, 신자의 마음을 순화시키고 그 행동을 이끌어주기도 했으리라고 상상할 수 있다. 초기의 기독교 호교론자들은 동료 신자들의 무죄를 주장했고, 그 후대의 저술가들도 선조들의 고결함을 찬양했거니와, 이들은 모두 복음의 설교가 이 세상에 가져다준 인간 품성의 개혁을 생생하게 묘사했다. 필자는 다만 계시의 영향력을 뒷받침해줄 수 있는 인간의 노력에 대해서만 언급하고자 하므로, 여기서는 초기 기독교인들이 같은 시대의 이교도들이나 자신들의 타락한 후계자들에 비해서 훨씬 더 순수하고 엄격한 생활을 하도록 만든 두 가지 동기에 대해서만 간단히 언급하겠다 — 과거의 죄에 대한 회개 그리고 그들이 몸담고 있던 교단의 평판을 지키고자 하는 가상한 욕구가 그 동기였다.

사람들은 오래 전부터 무지에서였건 아니면 불성실한 악의에서였건, 기독교가 흉악한 범죄인들을 신도로 끌어들이고 있다고 비난해왔다. 이런 사람들은 일단 죄책감을 가지게 되면, 지난날의 잘못을 영세의 물로 씻어내도록 쉽게 설득당하게 되는데, 다른 종교들은 이러한 것을 약속해주지 않는다는

---

11) 여기서 기번은 결론적으로 고대인들의 경신(輕信)이 "진리와 종교에 어느 정도 우발적인 이익을 주었다"고 요약했으나, 이 부분은 생략한다/편집자 주.

것이었다. 그러나 이와 같은 비난은 그 표현상의 잘못만 제거하면, 교회의 이익과 명예를 높여주게 될 것이다. 기독교 동조자들은 기독교의 저명한 성자들 중 상당수가 영세받기 전에는 버림받은 죄인이었다는 사실을 부끄럽게 생각하지 않는다. 비록 불완전하게나마 이 세상에서 자비와 예의의 가르침을 따른 사람들은 그들이 올바른 길로 접어든 결과로 불의와 수치심, 슬픔, 공포심 등으로부터 벗어날 수 있었다는 데에서 조용한 만족감을 얻거니와, 바로 이러한 이유 때문에 수많은 훌륭한 개종자들이 생겨나는 것이다. 복음 선교사들은 주님의 모범을 따라서 죄악과 그 결과에 대한 의식 때문에 짓눌린 인간들, 특히 여자들과 사귀기를 마다하지 않았다. 이런 사람들은 죄악과 미신에서 벗어나서 영광스러운 영생의 희망을 가지게 되면, 덕망과 참회의 생활에 몸을 바치기로 결심하게 되었다. 완성을 추구하려는 욕구가 열정적으로 이들의 심령을 지배했다. 인간의 이성은 냉정한 중용을 포용하지만, 열정은 양극단 사이를 난폭한 속도로 오간다는 것은 잘 알려진 일이다.

개종한 사람이 일단 신앙심을 인정받아 교회의 성찬식에 참여할 수 있게 되면, 비록 비성령적이지만, 순수하고 존경할 만한 어떤 사유 때문에 다시는 과거와 같은 죄악에 빠지지 않게 되었다. 자기가 소속했던 국가나 종교에서 이탈한 특정한 집단은 즉시 일반인들의 반감의 대상이 되었다. 이러한 집단은 구성원의 수가 적기 때문에 그 성격이 구성원들의 미덕이나 악덕에 의해서 크게 영향받게 마련이다. 그리고 그 구성원 각자는 자기 자신과 동료들의 행동을 큰 관심을 가지고 주시하게 된다. 자신이 공동의 불명예를 가져올 수도 있고 공동의 명망을 누릴 수도 있기 때문이다.

비티니아의 기독교인들이 소(小)플리니우스(61/62-113년경?)(p.72 참조)의 법정에 서게 되었을 때, 그들은 총독에게 자기들이 어떤 불법적 음모에 가담하는 것은 고사하고 항상 절도, 강도, 간통, 위증, 사기 등 공사의 사회적 평화를 해칠 범죄를 짓지 말아야 한다는 엄숙한 의무에 의해서 구속받고 있다고 다짐했다. 그로부터 약 1세기 후에 테르툴리아누스는 기독교인 중에는 비종교적인 이유로 처형받은 사람이 극소수였다고 정직하게 자랑할 수 있었다. 그들은 그 시대의 화려한 사치를 멀리하는 진지한 은거생활을 통해서 순결, 극기, 절약 등의 모든 건전한 가정적 미덕에 익숙하도록 길들여졌다. 대다수의 구성원들은 어떤 형태로든 사업을 하거나 직업을 가지고 있었기 때문에 그들은 엄격한 정직성과 공정한 거래를 지킴으로써, 세속인들이 자칫 그들의 성스러운 외관에 대해서 가지기 쉬운 의혹을 씻어주어야 한다는 의무가 있었다. 그들은 이 세상을 경멸하는 동안에 겸양, 온순, 인내의 습관에 익숙해졌다. 그들은 박해를 받을수록 더욱더 서로간의 결속을 다져갔다. 그들 상호간의 사랑과 의심 없는 신뢰는 이교도들간에 이야깃거리가 되었으나, 또한 불성실한 동료들에 의해서 배신당하는 경우도 너무나 많았다.

초기 기독교인들의 행실은 매우 가상한 데가 있었으니, 심지어 그들의 과오나 오류조차도 과도한 덕성에서 비롯될 정도였다. 교회의 주교들이나 박사(doctor : 초기 기독교의 학덕이 높은 교부, 교사의 칭호/역주)들은 그 시대 사람들의 신앙고백, 주의 주장 그리고 심지어 실천에 대해서도 귀감이 되고 권위 있는 영향력을 미쳤거니와, 기능보다는 헌신을 다하여 성서를 연구했으며, 따라서 그들 이후의 현명한 해석자들이 보다 융통성 있게 비유적으로 해석하는 그리스도의 엄격한 가르침도 문자 그대로 받아들일 때가 많았다. 신앙심이 열렬한 교부들은 복음의 완전성을 철학의 지혜보다 높은 차원으로 고양시키려는 야망 때문에, 나약하고 타락한 우리 인간으로서는 달성하거나 유지하기 힘들 정도의 고행, 순결 및 인내의 의무를 실천했다. 이처럼 특별하고도 숭고한 교리는 응당 사람들의 존경심을 불러일으켰어야 하겠지만, 그럼에도 불구하고 이 덧없는 세상을 살아가면서 타고난 인간의 감정과 사회적 이해관계만을 중요시하는 세속적 철학자들의 찬성을 얻어내기는 힘들었던 것이다.[12]

지식의 획득, 인간 이성 또는 상상력의 행사 그리고 구애받지 않는 유쾌한 대화의 흐름은 자유인의 여가가 있어야만 가능할 것이다. 그러나 엄격한

---

12) 여기서 기번은 초기 교회가 "쾌락의 사랑과 행동의 사랑"이라는 인간의 타고난 성향을 배격했다는 점을 언급하고 있으나, 이 부분은 생략한다/편집자 주.

교부들은 이러한 즐거움을 극력 배척하거나 아니면 최대의 경계심을 앞세워 인정했다. 교부들은 구원에 도움이 되지 않는 모든 지식을 경멸했으며 그리고 모든 경솔한 언동은 말하는 재능을 남용하는 죄라고 생각했다. 인간 신체의 현재의 존재상태는 영혼과 불가분의 연관을 맺고 있기 때문에, 이 성실한 동반자가 느끼는 즐거움을 악의 없이 절도 있게 맛보는 것은 인간의 이익에 도움이 된다고 생각할 법도 했다. 그러나 신앙심 깊은 우리 선조들은 전혀 다른 생각을 지니고 있었으니, 그들은 천사들의 완전성을 모방한다는 허망한 욕구에서 모든 세속적, 육체적 즐거움을 경멸하거나 또는 경멸하는 척했던 것이다. 사실 우리는 우리 자신의 보존을 위해서, 생존을 위해서 그리고 지식습득을 위해서 얼마간의 오감을 필요로 하는 만큼 오감의 사용을 배제한다는 것은 불가능한 일이었을 것이다. 그들은 쾌락을 조금이라도 느끼면, 그것을 오감의 남용이라고 생각했다. 천국에 가려고 하는 무감각한 지망자는 단지 미각이나 후각 등의 값싼 유혹을 뿌리칠 뿐 아니라 세속적인 화음에 대해서도 귀를 막고 예술의 걸작품조차도 대수롭지 않게 바라보도록 가르침을 받았다. 화려한 의상, 웅장한 저택, 우아한 가구는 허영과 관능이라는 이중의 죄를 결합시키는 것이라고 생각되었다. 그러므로 자기 죄를 알고 자신의 구원 여부를 확신하지 못하는 기독교인에게는 검소하고 질박한 외관이 보다 적합하다는 것이었다.

교부들은 사치를 매도할 때에도 극단적으로 주도면밀했다. 그들의 경건한 분노를 불러일으킨 품목으로는 가발, 흰색이 아닌 의복, 악기, 금은제의 그릇, 부드러운 베개(야곱은 돌을 베고 잤다), 흰 빵, 외국산 포도주, 겉치레 인사, 온수 목욕 등을 들 수 있다. 그리고 테르툴리아누스의 표현에 따르면, 수염을 깎는 것도 자기 얼굴에 대한 거짓이며 창조주의 작품을 개선하려는 불경스러운 짓이었다. 기독교가 부유한 상류층에 스며들면서부터 이 색다른 율법은 현재와 마찬가지로 거룩해지려고 열망하는 소수인들에게만 남게 되었다. 그러나 열등한 처지에 있는 사람들에게는 그들이 운명적으로 도달할 수 없는 화려함이나 쾌락을 경멸한다는 것이 손쉬울 뿐 아니라 기분좋은 일이기도 했다. 초기 기독교인들의 미덕은 초기 로마인들의 경우와 마찬가지로 빈곤과 무지에 의해서 지켜지는 경우가 많았다.

남녀간 교섭에 관한 교부들의 엄격한 결벽성도 동일한 원리에서 비롯되었다. 즉 그것은 관능을 충족시키고 인간의 영적 타락을 가져올 가능성이 있는 모든 향락을 혐오하는 데에서 비롯되었다. 교부들이 내세우는 견해는, 만일 아담이 조물주에 대한 복종심을 유지했더라면, 동정(童貞)을 유지한 채 영생을 누릴 수 있었을 것이며 또한 낙원에는 어떤 무해한 증식방법을 통해서 순결하고 영원히 죽지 않는 인간들이 살게 되었으리라는 것이었다. 아담의 타락한 후손들에게만 허용된 결혼제도는 인종을 존속시키기 위한 임시 방편일 뿐이며, 비록 불완전하기는 하지만, 무절제한 욕망의 방종을 억제하기 위한 방편이라는 논리였다. 정통파 결의론자(casuist, 決疑論者, p.280 참조)가 이 흥미로운 문제에 대해서 모호한 입장을 취하고 있는 것은 억지로 강요된 제도를 승복하기 싫어하는 사람들이 느끼는 당혹감을 드러내는 것이다.[13] 그들이 결혼생활에 관해서 부과한 온갖 별난 율법들을 열거하면, 신랑은 고소를 금치 못하고 신부는 얼굴을 붉히게 될 것이다. 그들의 일치된 견해는 첫번째 결혼만으로도 자연과 사회의 모든 목적을 이루기에 충분하다는 것이었다. 육체적 결합은 그리스도와 교회 간의 신비한 결합과 유사한 것으로 이혼이나 죽음에 의해서도 해소할 수 없는 것이라고 선언되었다. 두번째 결혼에는 합법적 간통이라는 낙인이 찍혔으며, 기독교도의 순결성에 이처럼 수치스러운 죄를 범한 사람은 교회의 특전과 보호에서조차 내팽개쳐졌다.

욕망을 범죄시하고 결혼을 용인될 수 있는 결함 정도로 인식했기 때문에 당연히 독신생활을 신성의 완성에 이르는 가장 가까운 길이라고 생각하게 되었다. 고대 로마인들은 베스타 제단의 여섯 처녀들을 유지하는 데도 곤란을 겪었으되,[14] 초기 기독교회에는 영원한 순결을 서약한 수많은 남녀로 가

---

13) 이단적 그노시스파 사람들 중에는 보다 일관적인 입장을 고수하여 결혼제도를 배격하는 사람들이 있다.
14) 이 처녀들에게는 온갖 영예와 보상이 주어졌는데도 그 수를 채우기가 힘들었으며, 끔찍한 죽음을 당하리라는 공포심도 이들의 탈선을 막지 못했다.

득 차 있었다. 그중에는 학자 오리게네스처럼 유혹물[15]을 절제해버리는 것이 가장 현명한 일이라고 판단한 사람도 있었다. 그 결과 어떤 사람은 육욕의 공격 앞에 무감각해졌고 또 어떤 사람은 난공불락의 상태가 되었다. 아프리카 출신 처녀들은 수치스럽게 도망가기보다는 차라리 적과 접근전을 벌여 사제나 집사들에게 동침을 허용하여 겉으로는 순결을 자랑하면서도 정열을 불태웠다. 그러나 때로는 모욕당한 자연이 자기 권리를 주장했기 때문에, 이러한 종류의 새로운 고행은 교회에 새로운 스캔들을 일으키는 데 도움을 주었을 뿐이다. 그러나 기독교의 고행자들(그들은 그 고통스러운 실천 때문에 곧 이런 이름을 얻었다) 중에는 상당한 성공을 거둔 사람도 많았다. 육신의 쾌락을 상실한 대가로 그들은 영적인 자부심을 얻었다. 심지어 이교도들조차도 이 명백한 곤란을 수반하는 희생의 가치를 높이 평가하는 경향이 있었다. 그리고 그것은 교부들이 견강부회의 웅변으로 지껄여댄 이 그리스도의 배우자들을 찬양하는 평가였다.[16] 이러한 것들은 초기 수도원의 원리나 제도를 보여주는 것으로서 이 때문에 나중에는 기독교의 속세적 이익을 모두 상쇄시키는 결과를 가져오게 된다.

기독교인들은 속세의 쾌락뿐 아니라 속세의 사업에 대해서도 반감을 가졌다. 그들은 신도와 재산을 지키기 위해서 지난날의 가해는 무조건 용서하고 새로운 가해는 용납하는 인내의 원리를 조화시키지 못했다. 단순소박한 그들은 선서를 싫어했고, 관청의 허식이나 공공생활에서의 적극적인 경쟁을 싫어했다. 또한 인정 많고 무지한 그들은, 비록 전체 사회의 평화와 안전을 위협하는 범죄적인 또는 적대적인 행위를 한 사람이더라도, 법의 심판이나 전쟁에 의해서 동료 인간의 피를 흘리게 하는 것이 어떤 경우에는 합법적이라는 점을 납득할 수도 없었다. 보다 불완전한 법률에서는 유대 사회의 권한은 계시받은 예언자와 성별(聖別)을 받은 왕들이 하늘의 재가를 얻어 행사

---

15) 성서는 비유로 설명되는 것이 보통이었지만, 그는 이 경우에만은 불행하게도 문자 그대로의 뜻을 전달한 것 같다(tempter는 '유혹하는 자'라는 뜻이지만, '악마' 또는 '사탄'이라는 비유적인 뜻도 있다/역주).
16) 뒤팽은 티루스의 성직자 메토디오스가 쓴 열 명의 처녀의 대화를 상세하게 설명하고 있다. 그러나 처녀성에 대한 찬양은 지나친 데가 있다.

했다. 기독교인들은 이 속세의 체제에서도 이러한 제도가 필요하리라고 생각했고 따라서 이교도 총독들의 권위에 기꺼이 복종했다. 그러나 그들은 소극적 복종의 격언을 가르치면서도 다른 한편으로는 제국의 민정이나 국방에 적극 참여하기를 거부했다. 기독교로 개종하기 전에 이미 그와 같은 폭력적이고 살벌한 일에 종사한 적이 있는 사람들에게는 그나마 어느 정도의 관용이 베풀어질 수 있었을 것이다. 그러나 기독교인들로서는 보다 신성한 종교적 의무를 포기하지 않는 한, 군인, 행정관리 또는 군주가 된다는 것은 불가능한 일이었다.[17]

공공의 복지에 대한 이와 같은 태만과 심지어 범죄적인 무시 때문에 기독교인들은 이교도들에게서 멸시와 비난을 받았다. 이교도들은 이렇게 묻곤 했다. 모든 사람이 이 새 종교의 나약한 생각을 가지게 된다면, 사방에서 야만족의 침략을 받는 이 나라의 운명은 어떻게 되겠는가? 이 모욕적인 질문에 대해서 기독교 변론자들은 애매모호한 답변으로 일관했다. 그것은 기독교의 안전을 도모한다는 속마음을 드러내기 싫어했기 때문이었으며, 또한 전인류의 기독교 개종이 이루어지면 전쟁, 통치, 로마 제국 그리고 이 현세 자체까지도 존재하지 않게 되리라는 기대감 때문이었다. 그리고 이 경우에도 한 가지 밝혀둘 것은 초기 기독교인들의 상황은 그들의 종교적 양심과 매우 행복하게 합치되었으며 그리고 그들이 적극적 생활을 기피한 것은 그들을 국가나 군대의 명예로부터 제외시키기보다는 그러한 복무로부터 면제시키는 데 기여했다고 하는 점이다.

5 기독교인들의 단결과 계율/ 그러나 인간의 본성은 때로 어떤 일시적인 열정으로 희비애락을 겪더라도, 결국은 점차 원래의 수준으로 되돌아가서 다시 그 당시의 상태에 가장 적합하다고 생각되는 열정을 나타내게 된다. 초기 기독교인들은 현세의 일과 쾌락에 대해서는 무기력했으나, 결코 완전히 소멸될 수 없었던 그들의 행동욕구는 곧 되살아나서 교회의 정치에서 새

---

[17] 테르툴리아누스는 기독교인들에게 '버리는' 것이 상책이라고 권했는데, 이 권고가 널리 알려졌더라면, 역대 황제들의 기독교에 대한 태도를 누그러뜨리는 데 매우 큰 장애가 되었을 것이다.

로운 일거리를 찾았다. 로마 제국의 기성 종교를 공격한 이 독립된 집단은 어쩔 수 없이 어떤 형태의 내부정책을 채택하고 영적인 기능뿐만 아니라 기독교 사회의 세속적 지도까지도 담당할 여러 성직자들을 선임하지 않을 수 없었다. 이 집단의 안전, 명예, 확대를 도모하는 일은 가장 신앙심 깊은 사람들에게서조차도 초기 로마인들이 공화정에 대해서 애국심을 느꼈던 것과 같은 것을 불러일으켰으며, 때로는 목적을 달성하기 위해서 수단과 방법을 가리지 않도록 만들었다. 자기 자신과 동료들을 교회의 명예로운 직책에 오르게 하려는 야망은 이를 통해서 얻는 권력과 지위를 오직 공공의 이익을 위해서 바치겠다고 하는 가상한 의도로 분칠되었는데, 그렇다면 그것은 그들의 의무인 셈이었다. 그들은 이 기능을 수행하면서 빈번하게 이단자의 과오나 파벌의 책략을 적발했고, 배신한 동료들의 음모와 싸웠고, 그러한 음모자들에게 불명예의 낙인을 찍었고, 평화와 행복을 교란시키려는 사회로부터 그들을 추방하곤 했다.

  기독교 교회의 행정가들은 뱀의 지혜와 비둘기의 순결한 마음을 결합시키도록 가르침을 받았으나(『마태복음』 제10장 참조/역주), 정치가 관행화되면서 지혜는 교활해지고 순결한 마음은 자기도 모르는 사이에 점차 타락해 갔다. 속세에서와 마찬가지로 교회에서도 성직자들은 그들의 웅변과 확고함 때문에 그리고 세상에 대한 지식과 일 처리 솜씨 덕에 중요한 인물로 부각되었다. 그리고 이런 사람들이 은밀한 행동의 동기를 다른 사람이나 자기 자신에게 숨길 때에는 적극적 생활에 따르는 온갖 격렬한 욕망에 빠지는 경우가 너무나 많았으며, 더구나 이러한 욕망은 영적인 열정과 결합되어 더한층 거세고 강고해지는 경우가 많았다.

  교회의 행정권은 종교적 다툼의 대상이 되었으며, 그 노획물이 되었다. 로마, 파리, 옥스퍼드, 제네바 등의 적대적 논쟁자들은 한결같이 초기 기독교 사도들의 모델을 각자의 정책적 표준으로 만들려고 노력했다. 이 문제를 보다 불편부당한 입장에서 연구한 소수의 사람들에 따르면, 사도들은 율법 제정의 직무를 사양했으며 그리고 장차 기독교인들에게서 시대와 환경의 변화에 맞추어 교회의 행정형태를 변화시킬 수 있는 자유를 배제시키려고 하기보다는 어느 정도의 잡음과 분열을 용인하는 입장을 취하려고 했다는 의견을 제시했다. 1세기에 사도들의 승인을 얻어 채택된 정책적 체계는 예루살렘, 에페소스, 코린토스 등의 관행에서 그 모습을 찾아볼 수 있다. 로마 제국의 여러 도시들에 세워진 교회들은 오직 신앙과 사랑에 의해서 결합된 공동체였다. 그들의 내부 구성은 독립과 평등을 기초로 삼았다. 규율과 학식의 부족은 수시로 예언자들의 도움을 받았다. 이 예언자들은 연령, 성별, 천부의 능력에 관계없이 초빙되었으며, 영적인 충동을 느낄 때마다 신자들의 모임에 성령의 감화를 내려주었다. 그러나 그들은 이러한 천부의 특별한 능력을 남용하거나 오용하는 경우가 많았다. 그들은 부적당한 시기에 이런 능력을 드러냈고, 회중의 예배의식을 주제넘게 훼방놓았으며, 자만심이나 잘못된 열정 때문에, 특히 코린토스의 사도 교회에서는 오랫동안 분란을 일으켰다. 예언자들이 무익하고 해독을 끼치는 것으로 판명되자, 그들의 권한은 빼앗기고 그 직책은 폐지되었다.

이에 따라서 종교의 공공적 기능은 전적으로 교회가 인정하는 성직자들, 즉 '주교(episcopus)'와 '사제(presbyter)'에게 일임되었다. 이 두 명칭은 원래는 동일한 직무와 지위를 가리켰던 것으로 보인다. 사제라는 명칭은 연령을, 아니 차라리 위엄과 지혜를 나타내는 것이었다. 그리고 주교라는 명칭은 목회(牧會)에 속한 신도들의 신앙과 풍습을 감독하는 사람을 지칭하는 것이었다. 신자 수에 따라서 교회의 사제 수도 증감했으나, 이들은 각기 동일한 권위와 권능으로써 새로 들어온 신도들을 지도했다.

그러나 완전한 자유의 균등이 이루어지려면, 상급자의 지도가 필요했다. 따라서 얼마 후 회중의 협의제도에는 최소한 회중의 의견을 수집하고 그 결의를 집행할 권한을 가지는 당회장(president)의 직책이 도입되었다. 그리고 매년 또는 수시로 실시되는 선거로 인해서 빈번하게 일어나는 회중의 혼란을 피하기 위해서 초기 기독교회는 사제들 중에서 가장 현명하고 거룩한 사람을 명예직인 종신 사제로 뽑아 교회를 다스리도록 했다. 이러한 사정하에서 주교라는 칭호가 사제라는 평범한 칭호보다 높은 자리를 차지하기 시작했던 것이다. 이렇게 해서 사제는 그대로 기독교 원로회의 구성원의 자격에 머물렀으나, 주교는 새로 만들어진 당회장의 칭호가 되었다. 1세기 말 이전에 도입된 것으로 보이는 이와 같은 교회 통치형태에는 여러 가지 장점이 있었고, 이 제도는 기독교의 당시의 평화와 장래의 발전을 위해서도 매우 중요한 것이었기 때문에 지체 없이 로마 제국 곳곳에 산재한 모든 교회에서도 채택되기에 이르렀다. 이것은 일찍부터 전통적인 제도로 자리를 굳혀 지금까지도 동방과 서방의 유력한 교회에서 근원적이고 신성한 제도로서 존중받고 있다.

말할 필요도 없이, 교회의 직책을 얻은 최초의 신도들인 경건하고 겸손한 사제들은 오늘날 로마 교황의 삼중관(三重冠, tiara)이나 게르만 대주교의 주교관이 상징하고 있는 것과 같은 권력과 위엄을 소유할 수는 없었으며 또 이런 것들을 주더라도 거부했을 것이다. 그러나 사제들이 행사하던 원래의 관할권은 한정된 것이므로 몇 마디로 간단하게 정의할 수 있다. 그것은 세속적인 성격인 경우도 있었으나, 주로 영적인 것이었다. 이를테면 교회의 성사와 계율의 관리, [점차로 종류가 늘어난] 각종 종교의식의 감독, 교회 성직자들의 임명(그 기능은 주교가 부여했다), 교단기금의 관리 그리고 신자들이 이교도들의 재판소에서 드러내기 싫어하는 모든 종류의 분쟁해결 등이었다. 이러한 권한은 짧은 기간 동안 사제단의 자문을 얻어 신도집회의 승낙과 인가를 얻어 집행되었다. 초기 기독교의 주교는 오직 동등한 신도들 중의 수석으로 그리고 자유로운 주민의 영예로운 심부름꾼으로만 간주되었다. 당회장이 사망하여 공석이 되면 전체 회중의 투표에 의해서 사제들 중에서 새 당회장을 선출했으며, 이때 모든 구성원은 성직의 자격이 주어진 것으로 간주되었다.

기독교는 사도들이 사망한 후 100년이 넘도록 이상과 같은 부드럽고도 평등한 조직에 의해서 통치되었다. 각 교회는 각기 별도의 독립적인 공화국을 이루고 있었다. 그리고 이런 국가는 멀리 떨어진 교회들까지와도 서로 우호적인 서신과 대표단을 교환했지만, 아직 세계 전체를 묶는 최고 권위나 입법회의는 존재하지 않았다. 그러나 신자의 수가 점차 증가함으로써, 그들은 서로의 이해관계와 계획을 한층 긴밀하게 통합하는 것이 이익이 되리라고 판단했다. 2세기 말경에 그리스와 소아시아의 교회들은 지역별로 공의회(synodus, 종교회의)라는 유용한 제도를 도입했다. 공의회는 그리스의 인보동맹(隣保同盟), 아카이아 동맹, 이오니아 도시회의 등 각국의 유명한 대표자 회의를 모델로 삼은 것이었다고 볼 수 있다. 이윽고 독립 교회의 주교들이 매년 봄과 가을의 정해진 기간에 각 지방의 수도에서 회합을 가지는 것이 관습과 법으로 정해졌다. 공의회의 심의에는 고명한 사제들이 참석하여 자문했으며, 많은 청중이 참석하여 심의과정을 조절했다. 여기서 채택된 교회법(canon)은 신앙과 규율에 관한 모든 중요한 쟁점을 규정했다. 기독교인들의 대표자가 모이는 이 통합회의에는 당연히 풍요한 성령이 내려진다고 생각되었던 것이다. 이 공의회 제도는 개인적인 야심과 공공의 이익에 매우 적합했기 때문에, 불과 몇년 만에 로마 제국 전체에서 수용되었다. 각 지방의 회의들은 정기적으로 서신을 교환했고 각기의 의사록을 교환하고 승인했다. 이윽고 공교회(公敎會, ecclesia catholicus : p.357의 '가톨리쿠스' 참조)가 형성되어 거대한 연방공화국 형태의 힘을 획득하기에 이르렀다.

개별 교회들의 입법권한이 점차 공의회에 의해서 대체되어감에 따라서 주교들은 서로 동맹을 맺어 훨씬 더 강력한 집행권과 자유재량권을 가지게 되었다. 또한 주교들이 서로 공동의 이해관계로 결속하게 되자 그들은 단결된 힘으로 원래의 성직자 및 주민들의 권리를 침해할 수 있게 되었다. 3세기에 와서는 수장〔주교〕들의 억양이 어느새 권고조에서 명령조로 바뀌어 장래의 찬탈의 씨를 뿌렸으며, 그들의 부족한 설득력을 성서의 비유와 웅변조의 수사학으로 호도하게 되었다. 그들은 주교직권(主敎職權, episcopal office)으로 대표되는 교회의 통일과 권능을 찬양했는데, 주교직권에 대해서는 모든 주교가 동등한 불가분의 권한을 가지고 있었다. 이들이 거듭 강조한 것은 군주나 행정관들은 세속적 영역에 대해서 현세적 권리를 자랑할 수 있지만, 신에게서 유래하여 현세와 내세에 걸쳐 권한을 행사하는 것은 오직 주교뿐이라는 점이었다. 주교들은 그리스도의 대리인이고, 사도들의 후계자이며, 모세 율법에 따른 제사장들의 대리인이었다. 주교들이 사제 자격을 부여하는 특권을 독점한 결과, 성직자와 평신도들 모두의 선거권을 침해하게 되었다. 그리고 혹시 교회행정에서 사제들의 판단력과 평신도들의 기호를 참작하는 경우가 있다고 하더라도, 그것은 이와 같은 자발적 겸양이 가지는 장점을 조심스럽게 가르친 결과였다. 주교들도 최고의 권위는 신도들의 회의에 있음을 인정했다. 그러나 각자의 교구를 다스릴 때에는 마치 양치는 목자의 비유가 〔문자 그대로〕 옳기나 하다는 듯이 그리고 목자는 양떼보다 뛰어난 존재이기나 하다는 듯이 신도들에게 절대적인 복종을 요구했다.

그러나 복종이 이루어지려면 한편에는 다소간의 노력이 그리고 다른 한편에는 다소간의 저항이 따르게 마련이었다. 교회조직의 민주적 부분은 각지에서 열성적이거나 또는 이해관계에 얽힌 하급 성직자들의 반대세력에 의해서 매우 열렬히 지지되었다. 그러나 그들의 호교심은 분파주의라는 수치스러운 이름을 얻었다. 그리고 실제로 사제제도가 급속히 발전한 것은, 카르타고의 키프리아누스처럼, 야심만만한 정치가의 책략과 성자나 순교자에게 어울릴 수 있는 기독교적 미덕을 적절히 조화시킬 수 있었던 여러 주교들의 적극적인 노력에 크게 힘입은 것이었다.

처음에 사제들간의 평등을 깨뜨린 바로 그 동일한 원인에 의해서 주교들 간에도 서열의 우위와 관할권의 우열이 발생했다. 봄, 가을로 공의회가 열릴 때마다 회중들간에 각 주교의 개인적 장점과 명망의 차이가 분명히 드러났으며, 결국 대중은 지혜와 웅변이 뛰어난 소수에 의해서 지배되었다. 그러나 공식적인 절차는 보다 정상적인 외관을 갖출 필요가 있었다. 각 지방 주요 도시의 주교들에게는 종신 당회장의 직위가 부여되었으며, 이들 출세욕이 강한 주교들은 이윽고 '대주교(metropolita)'나 '수좌주교(primas)'와 같은 고위직함을 얻은 후, 최근에 사제단의 권한을 빼앗은 것처럼 이번에는 동료 주교들에게서 권한을 강탈하려고 은밀한 준비공작을 추진했다. 또한 오래지 않아 대주교들 사이에서도 서열과 권한의 다툼이 일어났다. 이에 따라서 각 대주교들은 온갖 말로 허풍을 떨면서 자기 관할 도시의 세속적 명예와 우월성을 과시하고, 자기 교구의 신도 수와 재력, 그들 중에서 나타난 성자와 순교자들을 자랑했으며, 그 지방 교회를 창설한 사도 또는 사도의 제자로부터 이어지는 역대의 정통적 주교들을 통해서 보전된 신앙 전통의 순수성을 자랑했다.

세속적인 면에서나 교회적인 면에서나 로마 제국이 각 속주의 존경을 누리고 그 복종을 요구하리라는 것은 쉽게 예견할 수 있는 일이었다. 기독교회는 로마 제국의 수도에서 가장 큰 규모로 성장했다. 로마 교회는 규모도 가장 크고 신도 수도 가장 많고 서방에서는 가장 오래된 기독교단이었다. 서방의 여러 교회는 로마의 경건한 선교사들에 의해서 종교를 전수받았다. 안티오크, 에페소스, 코린토스의 교회는 오직 한 사람의 사도가 창설했지만, 티베리스 강 지방(로마)은 가장 저명한 두 사람의 사도(베드로와 바울로/역주)가 전도하고 순교한 곳이었다. 따라서 로마의 주교들은 성 베드로의 인격이나 그 직위에 부여되었던 모든 특권을 상속받았다고 줄곧 주장했다.

이탈리아와 각 속주의 주교들은 기독교의 귀족정치에서의 수좌권(首座權, primatus: 이것이 그들이 사용한 정확한 표현이었다)을 로마의 주교에게 인정해줄 생각이었다. 그러나 군주의 권한은 단호하게 거부되었으며, 따라서 로마의 야심 많은 주교들은 아시아와 아프리카의 여러 나라에서 이전의 세속적 지배권에 대한 저항보다 영적 지배권에 대한 저항에 더욱 격렬하게 봉착했다. 절대권력을 가지고 카르타고 교회와 그 지방 공의회를 지배한 키프리아누스는 로마의 고위 성직자들의 야심에 단호하게 반대하고 나섰다. 그는 한니발이 그랬던 것처럼 동방의 주교들과 연합하여 아시아의 심장부에 새로운 동맹세력을 구축하고자 했다. 이 신판 포에니 전쟁은 유혈 없이 수행되었지만, 그것은 싸움을 벌인 주교들이 중용을 지켰기 때문이라기보다는 그들이 무력했기 때문이었다. 그들의 유일한 무기는 비난과 파문(破門)뿐이었으나, 그들은 이 무기를 사납게 휘둘러댔다. 오늘날의 가톨릭 교회는 그 당시 종교의 수호자들이 로마 원로원이나 전쟁터에서나 어울릴 격렬한 정열로 몰두했던 그 분쟁의 전말을 이야기할 때마다 불가피하게 교황측이나 성자, 순교자측의 어느 한 쪽을 비난해야 한다는 점 때문에 고민하고 있다.

교권이 발전함에 따라서 종전의 그리스인과 로마인들에게는 알려지지 않았던 평신도(laicus)와 성직자(clerus)의 확연한 구별이 나타나게 되었다. 그 중 평신도라는 명칭은 그리스도교 교인 전체를 포함하는 것이었다. 성직자라는 명칭은, 그 당시의 단어의 뜻에 따르면, 종교의식을 위해서 특별히 선

キリスト像。ポーズと表情にビザンツ絵画の影響が見られる。ローマのカタコンベに描かれていたもの。

예수 그리스도

바울로(?-67년?)

정된 사람을 지칭하는 것으로서 그들은 항상 가장 덕성이 높은 사람이었다고는 할 수 없지만, 그래도 역사에서 가장 중요한 신민들을 배출한 고명한 계층의 출신이었다. 그들 상호간의 적대관계가 때로 초기 교회의 평온을 해치기는 했지만, 그들은 공동의 목적을 위해서 열성과 활동력을 모았다. 또한 주교와 순교자들의 마음속에 교묘한 탈을 쓰고 스며든 권력욕이 작용한 결과로 그들의 신민의 수가 늘어나서 기독교 국가의 판도가 확대되기에 이르렀다. 그들은 세속적 힘은 가지지 못했는데, 오랫동안 세속 행정관의 도움을 받기보다는 오히려 제한과 핍박을 받았다. 그러나 그들은 포상과 처벌이라는 두 가지 가장 유효한 통치수단을 획득하여 각자의 교회사회에서 행사했다. 즉 포상은 신도들의 경건한 희사에, 처벌은 신도들의 신앙상의 위구심에 기반을 둔 것이었다.

(1) 포상 : 초기 기독교회는 앞에서 설명한 플라톤의 상상력과 유사했고, 엄격한 에세네파(Essenians : 기원전 2세기경의 특이한 유대인 집단. 원시공산제에 의해서 공동생활을 했음/역주) 사람들이 어느 정도 유지한 재산공유제를 한동안 채택하고 있었다. 열광적인 초기 개종자들은 그들이 경멸하는 세속재산을 팔아 그 대금을 사도들의 발 앞에 바치고 스스로는 일반배급을 똑같이 나누어 받는 데 만족했다. 기독교가 발전함으로써 이 자기 희생적인 제도는 해이해져 점차로 폐지되었다. 사도들보다 덜 순수한 사람들이 맡게 되면서 이 제도는 곧 타락하여 인간 본래의 이기심에 의해서 악용되었고, 새 종교를 받아들인 개종자들은 각기 세습재산을 소유하고 재산을 상속받고, 합법적인 상공업을 통해서 각자의 독립 재산을 증식시킬 수 있도록 허용되었다. 복음을 전하는 성직자들은 절대적 희생이 아닌 적당한 몫을 받았다. 그리고 각 신도는 매주 또는 매월 열리는 집회에서 그때그때의 필요에 따라서 그리고 각자의 재산과 신앙의 정도에 따라서 공동기금으로 사용할 자발적인 헌금을 바치게 되었다. 하찮은 푼돈이라도 기꺼이 받아들여졌다. 그러나 모세 율법에 따른 십일조가 신성한 의무라는 점은 계속 강조되었으며, 계율이 불철저한 유대인들조차도 소유의 10분의 1을 바치도록 계명을

받았던 만큼 예수의 제자들이라면 상당한 도량을 발휘하여 이 세상과 함께 없어지게 될 불필요한 보화를 양도함으로써 다소라도 공덕을 쌓아야 한다고 강조되었다.

말할 필요도 없이, 각 교회의 수입은 그 성격상 불확실하고 변동이 심했으며 신도들이 벽지에 흩어져 있느냐 대도시에 집중되어 있느냐에 따라서 빈부의 차이가 있었다. 데키우스 황제 당시의 행정관들의 견해로는 그 당시 상당한 재산을 소유했던 로마의 기독교인들은 종교의식에 금은 그릇을 사용했으며, 새로 개종한 사람들 중에는 교회의 공공재산을 늘리기 위해서 토지와 집을 파는 사람들이 많았다. 이러한 행위로 그들의 불행한 자녀가 희생당했는데, 실제로 부모들이 성자가 되는 대가로 자녀들이 거지가 되는 경우가 많았다.

국외자와 적들의 의혹의 소리는 불신감을 가지고 들어야 한다. 그러나 위의 경우는 다음의 두 가지 사실에 비추어 매우 그럴 듯하고 가능성 있는 이야기라고 생각된다. 거의 같은 시기에 로마교회보다 부유하지 못한 카르타고 교회의 주교는 사막의 야만족에게 포로로 잡혀간 누미디아 신도들의 몸값을 조달하기 위한 갑작스러운 자선 모임에서 10만 세스테르스(영국 돈으로 약 850파운드)를 모금했다. 또한 데키우스 황제 치세의 약 100년 전에 로마 교회는 로마 시에 정착하려는 어떤 폰투스인으로부터 한 번에 20만 세스테르스의 헌금을 받은 적이 있었다.

이러한 봉헌은 대부분 현금으로 이루어졌으니, 그것은 기독교회가 거추장스러운 토지재산을 많이 획득하기를 바라지도 않았고 또 획득할 수도 없었기 때문이다. 현재의 부동산 영구 소유법(mortmain : 부동산을 종교단체나 자선단체에 넘기면 이후 결코 다른 사람에게 넘길 수 없다는 영국법/역주)과 비슷한 목적으로 제정된 당시의 법률에 따르면, 황제나 원로원의 특별 인가 또는 면제가 없으면 단체에 부동산을 증여하거나 유증할 수 없도록 되어 있었는데, 황제나 원로원은 처음에는 경멸감 때문에, 나중에는 두려움과 질투심 때문에 종교단체에는 이와 같은 인가를 내려주지 않았다. 그러나 알렉산데르 세베루스 황제 치세 중에 있었던 한 거래행위를 보면, 이 규제가 때로는 제대로 지켜지지 않았으며, 기독교인들이 로마 시내에서도 토지를 소유할 수 있었음을 알 수 있다. 이 법의 엄격성은 기독교의 발전과 로마 제국의 혼란 때문에 완화되었으며, 그 결과 3세기 말이 되기 전에 로마, 밀라노, 카르타고, 안티오크, 알렉산드리아 등 이탈리아와 속주의 대도시에 있는 부유한 교회들은 상당 규모의 부동산을 소유하게 되었다.

주교는 교회의 재산관리인이었다. 공유재산은 아무런 조건이나 제한 없이 그에게 위탁되었다. 사제의 기능은 영적인 일에만 국한되었고, 보다 종속적인 부제(diaconus)에게만 교회수입의 관리와 분배를 맡겼다. 키프리아누스의 열변을 그대로 믿는다면, 그의 아프리카 신도들 중에는 맡은 직분을 수행할 때에 복음의 완성에 관한 가르침은 물론이고 윤리적 덕성에 관한 가르침까지도 깨뜨리는 자가 많았다. 이 불성실한 관리인들 때문에 교회재산은 관능적 쾌락을 위해서 탕진되었으며, 사리사욕이나 부정한 구매, 강탈적인 고리대금 등을 위해서 유용되는 경우도 많았다. 그러나 헌금이 자유롭고 구속적이지 않은 한에서는, 신도들은 무턱대고 자주 헌금을 하지 않았으며, 신도들의 관대함이 반영된 헌금의 용도는 대체로 교회의 명예를 반영했다.

헌금의 상당 부분은 주교와 성직자들의 생활비로 책정되었으며, 공공 예배의 비용으로도 할당되었는데, 그중에는 사랑의 잔치 —— 그들은 이를 아가페(agape)라고 불렀다(교회에서 신도들이 모여 공동으로 회식하는 것/역주) —— 가 매우 즐거운 부분을 차지하고 있었다. 나머지 전액은 빈민을 위한 신성한 기금이었다. 이 기금은 사교의 재량에 따라서 과부와 고아, 불구자, 병자, 노령자들을 부양하고 이방인들과 순례자들을 위로하고, 죄수와 포로들의 불행을 덜어주기 위해서 배정되었으며, 특히 이런 고통이 종교를 고수한 결과로 생긴 것일 때에는 더욱 많은 헌금을 배정했다. 너그러운 사랑의 교류를 통해서 먼 지방까지도 결합되었으며, 보다 부유한 신앙의 형제들은 의연금을 보내어 소규모 교회들을 기꺼이 도와주었다.

지원 대상자의 공적보다는 곤궁의 정도에 주안점을 둔 이 제도는 기독교의 발전에 크게 기여했다. 인도주의 정신에 따라서 행동한 이교도들은 기독교 교리를 조롱하면서도 그 자비로움은 인정하지 않을 수 없었다. 이 세상

베드로와 바울로

에서 버림받아 불행에 빠진 수많은 빈민, 병자, 노령자들이 당장의 구제와 장래의 보호를 바라고 교회의 너그러운 품속으로 찾아왔다. 그것은 그 당시의 비인도적인 관행에 따라서 부모에게서 버림받은 수많은 어린이들을 경건한 기독교인들이 공공의 재산을 들여 죽음에서 구출했으며, 영세를 주고 교육시키고 부양해준 경우도 많았다고 우리가 믿을 만한 충분한 이유가 된다.

(2) 초기 교회의 처벌 : 어떠한 사회에서도 일반적 합의로 제정된 규정을 거부하거나 위반하는 구성원에게서 친교관계나 혜택을 박탈하는 것은 그 사회의 당연한 권리이다. 이 권한을 행사할 때에 기독교회가 주로 문책한 것은 살인, 사기, 음란죄를 범한 파렴치범, 주교단이 이단이라고 판정한 교리의 주창자나 추종자 그리고 영세받은 후 임의로 또는 강제로 우상을 숭배하여 스스로를 더럽힌 불행한 사람들이었다.

파문은 영적인 영향은 물론이고 세속적인 영향도 미쳤다. 파문당한 기독교인은 신도들의 봉헌물에 대한 모든 권리를 박탈당했다. 종교적인 친교관계와 개인적인 친교관계가 모두 단절되어, 그가 가장 존경하던 사람들과 그를 가장 따뜻하게 사랑해주던 사람들에게 부정한 증오의 대상으로 전락했다. 그리고 어엿한 사회로부터의 축출은 그에게 불명예스러운 낙인을 찍는 것이기 때문에 대다수 사람들의 눈에는 기피 또는 의혹의 대상이 되었다. 이와 같은 추방인들의 처지는 그 자체가 매우 고통스럽고 암담했지만, 그보다 심리적인 고통이 더 심한 경우가 많았다. 기독교의 영적인 친교가 주는 혜택은 영생의 혜택이었다. 또한 그들은 자신을 파문한 성직자들이 하느님으로부터 지옥과 천당의 열쇠를 위탁받은 사람이라는 두려운 생각을 떨쳐버릴 수 없었다. 사실 이단자들은 나름대로의 양심과 자기들만이 진정한 구원의 길을 알고 있다는 자부심을 지니고 있어 큰 기독교회에서는 얻을 수 없는 영적, 세속적인 위안을 자기들끼리의 별도의 모임에서 찾으려고 노력하기도 했다. 그러나 본의 아니게 악습이나 우상숭배의 권력에 굴복했던 사람들은 거의 모두가 자기들의 타락상태를 깨닫고 다시 기독교 사회의 혜택을 받게 되기를 간절히 바랐다.

이와 같은 회개자들의 처리에 관해서는 각각 처벌과 자비를 주장하는 상반된 두 가지 의견이 나와 초기 기독교회를 분열시켰다. 엄격하고 융통성 없는 결의론자(決疑論者)들은 교회를 욕되게 하거나 버렸던 회개자들에게 교회 안의 말석도 주기를 거부했는데, 그것은 예외가 없었다(결의론, casuistry : 엄밀하게 정의된 규약체계에 의해서만 옳고 그름을 판단해야 한다는 주의/역주). 다만 그런 사람들에게는 죄를 참회하도록 허용하면서 혹시 생사를 걸고 회개하면 하느님이 이를 받아들일지도 모른다는 실낱 같은 희망만으로 위안을 삼도록 했다. 기독교회의 순수하고 존경받을 만한 사람들은 이론에서나 실천에서나 보다 온화한 감정을 가졌다. 돌아온 회개자에게는 화해의 문과 천국의 문이 닫히는 일은 좀처럼 없었으며, 다만 고행수련의 계율이 제정되어 속죄를 돕고 한편으로는 일반 신도들이 그의 죄를 모방하지 못하도록 강력하게 다스린다는 것이었다. 회개자는 공중 앞에서 금식으로 초췌해지고 남루한 옷을 걸친 모습으로 회당 문 앞에 엎드려 자기 죄를 용서해줄 것을 눈물로 탄원하고 신도들의 기도를 호소했다. 만일 그가 극악무도한 죄인이라면, 여러 해 동안 속죄의 고행을 하더라도 하느님의 정의를 충족시키는 데에 부족하다고 생각되었고, 따라서 죄인, 이단자, 배교자들은 장기간의 고행의 단계를 거쳐야만 다시 교회의 품안에 받아들여질 수 있다고 생각되었다. 그러나 영구 파문이라는 선고는 아주 심각한 대죄를 지은 사람들, 특히 한 번 회개하여 주교들의 자비를 입고서도 이를 남용한, 변명의 여지가 없는 재범자들에게만 한정되었다.

기독교 계율의 집행은 죄를 저지른 상황이나 죄의 횟수를 감안하여 주교들의 재량에 의해서 여러 가지로 달랐다. 안키라(앙카라)와 일리베리스(그라나다 지방)의 공의회는 각기 갈라티아와 에스파냐에서 비슷한 시기에 개최되었으나, 지금도 남아 있는 두 공의회의 교회법은 매우 상이한 정신을 나타내고 있다. 갈라티아인은 영세 후에 우상을 거듭 숭배하더라도 7년간의 고행으로 용서를 받을 수 있으며, 만일 다른 사람들을 유혹하여 자기를 모방하도록 한 경우라도 자신의 추방기간을 3년만 더 추가하면 되었다. 그러나 동일한 죄를 범한 에스파냐인은 죽음으로써도 화해의 희망을 가질 수 없었으며, 우상숭배죄는 가혹한 선고가 내려지는 17가지 계명 중에서도 으뜸가는 것이었다. 이 17가지의 계명 중에서 특이한 것으로는 주교, 사제 또는 심지어 부제에 대한 비방죄를 들 수 있다.

관용과 엄격함의 적절한 배합, 정의와 정책의 행동원리에 따른 상벌의 현명한 시행 등이 교회의 인간적인 힘을 이루고 있었다. 지상과 천상의 양쪽 세계에 걸쳐 가부장적 통치권을 행사한 주교들은 이러한 특권들이 가진 중요성을 잘 알고 있었다. 또한 그들은 질서존중이라는 미명 아래 야심을 감추고 있었으므로 계율의 집행에서 어떠한 경쟁자도 용납하지 않았다. 이러한 계율은 십자가의 깃발 아래 모여 그 수가 날로 늘어나고 있던 무리들의 이탈을 방지하는 데에 매우 필요한 것이었다. 키프리아누스의 고압적인 연설문에서 응당 얻을 수 있는 결론은 파문과 고행의 교리가 기독교의 가장 기본적인 부분을 형성하고 있었다는 것, 예수의 제자들에게는 도덕적 의무에 태만한 것보다 주교들의 견책과 권위를 무시하는 것이 훨씬 더 위험한 일이었다는 것이다. 우리는 때로 모세의 목소리, 즉 땅이 열려 제사장 아론에게 복종하기를 거부하는 반항적 민족을 불길 속에 삼켜버리라고 명하는 모세의 목소리를 듣는 착각에 빠지게 된다. 그리고 때로는 공화정의 위엄을 주장하면서 법을 엄격하게 집행하고자 하는 단호한 결의를 천명하는 로마 집정관의 목소리를 듣는 느낌이 들기도 한다.

이 카르타고의 주교는 자기 동료들의 관용을 꾸짖으면서 이렇게 말했다. "그와 같은 반역행위를 처벌하지 않고 그냥 둔다면, 그러한 반역행위가 용인된다면, 주교제도의 엄정성은 끝나고 만다. 그것은 교회통치의 숭고하고

기독교도의 가족. 로마 여성들은 가정에 기독교를 받아들이는 데에 큰 역할을 했다. 히에로니무스(p.360 그림 참조)는 이런 여성들 중에 한 여성이 제공한 저택에서 전도활동을 하기도 했다.

신성한 권한의 종언이며 기독교 자체의 종언이다." 키프리아누스는 자신이 획득할 가망이 전혀 없는 속세적 명예를 단념했다. 그러나 회중의 양심과 사리분별을 좌우하는 그 절대적 지배권을 장악하는 것은, 비록 그 자체는 애매하고 또는 이 세상에서 경멸받는 것이라고 하더라도, 마지못해 복종하는 백성들을 무력으로 다스리고 장악하는 전제적 권력보다는 인간의 자존심에 한층 더 부합되는 것이다.[18]

지금까지 로마의 정복이 기독교의 정복을 예비하고 촉진시켰다는 인식이 존재했는데, 이것은 타당하고도 옳은 관찰이다. 이 책의 제2장에서 나는 유럽, 아시아 및 아프리카의 문명지역들이 어떻게 해서 단일주권의 통치하에 통일되어 점차 법률, 풍습, 언어에서 가장 긴밀한 관계로 묶이게 되었는가를 설명하려고 시도한 바 있다. 팔레스타인의 유대인은 속세의 구세주를 맹신적으로 기대하면서도 거룩한 예언자의 기적을 받아들이는 데에는 냉담했기

---

18) 이후에 기번은 기독교의 전개과정에 대해서 약술하고 있으나, 생략한다. 여기서 기번은 특히 부유층과 식자층에 이단종교에 대한 광범위한 불신이 있었기 때문에, 기독교회의 전개과정이 원활하게 될 수 있었다고 쓰고 있다/편집자 주.

때문에, 히브리 성서를 출간하거나 보존할 필요를 느끼지 않았다. 따라서 예수의 행적에 관한 신빙성 있는 기록은 이방인 개종자들의 수가 크게 늘어난 후 예루살렘으로부터 멀리 떨어진 곳에서 그리스어로 작성되었다. 이 기록은 라틴어로 번역되자마자 로마의 모든 신민들에게 철저하게 숙지되었다. 다만 시리아와 이집트의 농민들은 예외였으나, 이들을 위해서는 나중에 특별한 번역판이 나오게 된다. 로마 군대가 사용하기 위해서 건설된 공로들을 이용하여 기독교 선교사들은 다마스쿠스에서 코린토스로, 이탈리아에서 에스파냐나 브리타니아의 벽지로 손쉽게 통행할 수 있었다. 또한 이 영적인 정복자들은 그밖에도 낯선 종교를 다른 나라에 소개할 때 이를 지연시키거나 가로막을 수 있는 어떠한 장애에도 봉착하지 않았다.

바로 이러한 이유 때문에 우리는 디오클레티아누스와 콘스탄티누스의 치세 이전에 기독교 신앙이 이미 로마 제국의 모든 속주와 모든 대도시에 전파되었다고 굳게 믿게 된다. 다만 그 당시의 몇몇 교회의 창건시기, 교회를 구성하는 신도의 수 그리고 비신자에 대한 신자의 비율 등이 어떠했는지는 지금은 모호한 상태이거나 또는 각색과 과장에 의해서 가려져 있다. 그러나 아시아와 그리스, 이집트, 이탈리아 및 서방에서의 기독교의 신장세에 관한 우리의 지식이 이처럼 불완전한 상황에 있는 만큼 여기서 이 문제를 논할 때에는 로마 제국 변경 밖에서 나타났던 실재적 또는 허구적 상황들도 잊지 말아야 할 것이다.

유프라테스 강에서 이오니아 해에 이르는 비옥한 지역은 이방인 사도(바울로)가 열성과 신념을 기울여 활동한 주요 무대였다. 그가 이 비옥한 땅에 뿌려놓은 복음의 씨앗들은 그 제자들에 의해서 성심껏 가꾸어졌기 때문에 최초의 2세기 동안에는 기독교도들의 가장 큰 집단이 이 지역에 있었다. 시리아에 세워진 교회들 중에 가장 오래되고 저명한 것은 다마스쿠스, 베로이아, 곧 알레포, 안티오크 등의 교회였다. 『요한 묵시록』은 예언적 서두에서 아시아의 불멸의 7개 교회로 에페소스, 스미르나, 페르가몬, 티아티라, 사르디스, 라오디케아 및 필라델피아를 열거하고 있는데, 이들 신도들은 곧 인구가 많은 다른 지역으로 퍼져나가게 되었다. 기독교 초기에 키프로스 섬과 크레타 섬 그리고 트라키아와 마케도니아 속주들이 이 새 종교를 기꺼이 받아들였으며, 곧 코린토스, 스파르타, 아테네 등의 도시들에도 기독교 공동체가 생겼다. 그리스와 아시아의 교회들은 역사가 오래되었기 때문에 충분한 시간을 가지고 신도를 늘려갈 수 있었으며, 심지어 그노시스파 등의 이단파들도 정통교회의 번영상을 드러내는 데에 도움을 주었으니, 이는 이단이라는 명칭은 항상 소수파에게만 적용되는 것이었기 때문이다.

이런 내부의 증언 외에도 이방인들 자신의 고백과 비판 그리고 의구심 등을 덧붙일 수 있을 것이다. 인류를 연구하며 그 습속을 매우 생생하게 묘사한 바 있는 철학자 루키아노스의 저술을 보면 콤모두스 황제 치세 당시 그의 고국 폰투스에는 에피쿠로스 학파 사람들과 기독교인들이 매우 많았다는 것을 알 수 있다. 예수가 죽은 지 80년도 못 되어 인정 많은 소(小)플리니우스(p.72 참조)는 자신의 노력에도 불구하고 악이 커져가고 있음을 탄식했다. 그는 트라야누스 황제에게 보낸 흥미로운 편지에서 신전들은 거의 황폐화되었으며, 성스러운 희생물은 돈 주고 사려는 사람이 좀처럼 없으며, 미신(기독교)이 폰투스와 비티니아의 도시들을 감염시키는 데 그치지 않고 시골에까지도 퍼져가고 있다고 확인한다.

동방에서의 기독교의 성장을 찬양하거나 탄식한 저술가들의 동기를 구체적으로 살피지 않더라도, 일반적으로 그 저서들은 그 지방들의 기독교 신자 수를 제대로 추산할 만한 근거를 보여주지 않는다. 그러나 다행하게도 이 모호하면서도 흥미있는 문제에 대해서 보다 분명한 시사를 던져주는 한 가지 사례가 전해져오고 있다. 기독교가 로마 황제의 은총을 입은 지 60년이 지난 테오도시우스 황제의 치세 중에 유명한 안티오크 교회는 구성원이 10만 명이었고, 그중 3,000명이 교회의 봉헌으로 생계를 유지했음이 알려져 있다. 그 당시 동방의 여왕이라고 불리던 안티오크 시의 호사와 위엄, 널리 알려진 바와 같이 카이사리아, 셀레우키아, 알렉산드리아 등 도시들의 번영 그리고 유스티누스 1세(동로마 황제. 재위 518-27년) 시대의 지진으로 안티오크에서 25만 명이 사망했다는 사실 등은 그곳 전체 시민의 수가 50만 명을 넘었으리라는 것을 확실하게 말하고 있으며, 이렇게 볼 때 기독교도들은 비록 열성과 힘으로 세력이 늘어나기는 했지만, 그 수는 이 대도시 인구의 5분의 1을 초과하지 않았음을 말해준다.

그러나 박해받은 교회와 승리한 교회를 비교할 때 그리고 서방과 동방, 벽촌과 대도시, 나중에 개종한 나라들과 최초로 기독교도라는 명칭이 생긴 안티오크 시를 비교할 때, 그 숫자는 얼마나 크게 달라지겠는가! 우리에게 이 유용한 정보를 제공한 크리소스토모스(4세기 말경의 콘스탄티노플 대주교/역주)가 문헌의 다른 구절에서 기독교 신도의 수가 유대인이나 이교도의 수보다도 더 많다고 계산하고 있음을 간과할 수 없다. 그러나 얼핏 복잡해 보이는 이 문제의 해답은 쉽고도 명백하다. 이 달변의 설교자는 안티오크의 시민 구성원과 교회 구성원, 즉 영세를 받아 천국에 들어갈 수 있는 기독교인 수와 공민의 자유권을 향유하는 시민 수를 대비시키고 있는데, 노예와 외국인, 유아들이 전자에는 포함되었지만, 후자에는 제외되었다.

알렉산드리아는 광범위한 통상을 행한 데다가 지리적으로 팔레스타인에 가깝기 때문에 새 종교가 손쉽게 진출할 수 있었다. 마레오티스 호수의 데라페우타에 교도들, 즉 에세네 교도들 중의 다수가 처음으로 이 종교를 받아들였는데, 이 교파는 모세의 종교의식을 별로 중요시하지 않는 유대교 교파였다. 이 에세네 교파의 금욕적인 생활, 그들의 금식과 파문, 재산의 공유, 독신생활의 선호, 순교에 대한 정열 그리고 순수하다고는 할 수 없지만, 열성적인 신앙들은 이미 초기 기독교의 계율과 매우 흡사한 것이었다. 기독교 신학이 정식으로 학문적 모습을 갖추게 된 것도 알렉산드리아 학파에서였다. 그렇기 때문에 하드리아누스 황제가 이집트를 방문했을 때, 유대인과 그리스인으로 구성된 이 교회는 호기심 많은 황제의 관심을 끌기에 충분했던 것이다. 그러나 기독교의 성장은 장기간 해외 식민지인 이 한 도시에만 국한되었고, 2세기 말까지도 데메트리우스(2세기 말-3세기 전반기의 알렉산드리아 주교/역주)의 전임자들만이 이집트 교회의 고위 성직자가 되었다. 데메트리우스의 손에 의해서 3명의 사교가 임명되었으며, 그 수는 그의 후계자 헤라클라스에 의해서 20명으로 늘어났다. 무뚝뚝하고 완고한 것으로 유명한 이곳 원주민들은 이 새로운 종교를 냉담하게 그리고 주저하며 받아들였으니, 오리게네스의 시대에 이르러서도 자기 나라의 신성한 동물을 숭배하는 편견을 극복한 이집트인은 만나보기가 힘들었다. 그러나 기독교가 국교로 전해지자마자 이 야만인들의 열성은 강력한 압력에 복종했으니, 이때부터 이집트의 여러 도시에는 주교들이 넘치고 테베의 사막에는 은자들이 모여들게 되었다.

외국인과 속주민들은 끊임없이 로마의 드넓은 품으로 흘러들어왔다. 아무리 낯설고 혐오스러운 자라도, 죄인이나 용의자라도, 이 거대한 수도의 그늘에 숨어들면 법망을 피할 수 있다는 기대를 품게 되었다. 이처럼 여러 민족이 모여 있는 곳에서는 진정한 선생이건 사이비 선생이건, 고결한 단체의 창설자이건 범죄집단의 창설자이건, 제자나 공범자들을 손쉽게 늘려갈 수 있었다. 타키투스는 네로의 돌발적인 박해가 행해질 당시 로마의 기독교 사회가 이미 매우 큰 규모에 이르렀다고 쓰고 있는데, 이 위대한 역사가의 말은 바쿠스 의식의 도입과 억압을 이야기한 역사가 리비우스의 문체를 방불케 한다. 그 당시 바쿠스 신도들의 광태는 원로원의 탄압을 야기시켰거니와 한걸음 더 나가서 수많은 사람들, 말하자면 **별개의 백성**이 이 가증스러운 종교에 빠졌다고 해서 우려했다.

좀더 자세히 살펴보면 범법자들의 수가 7,000명을 넘지 않았음을 곧 알 수 있지만, 실은 이 숫자만 해도 재판대상으로서는 놀라운 규모였다. 기존의 다신교를 버린 어리석은 광신도들의 수를 과장한 타키투스의 모호한 표현이나 이에 앞서 있었던 소(小)플리니우스의 표현을 해석할 때에도 우리는 이 점을 공정하게 감안하지 않으면 안 된다. 로마 교회는 의심할 바 없이 로마 제국에서 신도 수가 가장 많은 교회였다. 그리고 우리는 3세기 중엽 38년간(212-50년)의 평화가 끝난 후의 이 도시의 종교상태에 관해서 확실한 기록을 가지고 있다. 그 당시의 성직자들은 주교 1명과 사제 46명, 부제 7명, 부제보 7명, 복사(服事) 42명 그리고 50명의 낭독자, 기도사 및 잡급 직원들로 구성되어 있었다. 신자들의 봉헌물로 부양되는 과부, 불구자, 빈민의 수는 1,500명에 달했다. 사리를 따져보고 또 안티오크의 상황을 유추해볼 때, 로마의 기독교인 수를 약 5만 명으로 추산할 수 있을 것이다. 이 대도시의 인구를 정확하게 추산할 방도는 없지만, 줄잡아 보더라도 100만 명 이하로 내려가지는 않을 것이 확실하므로, 기독교인의 비율은 기껏해야 20분의 1 정도였을 것이다.

서로마의 속주민들은 그들에게 로마의 언어, 정서, 풍습을 전파해준 것과 동일한 원천으로부터 기독교에 관한 지식을 얻었을 것이다. 이와 같은 중요한 상황에서 아프리카와 갈리아는 점차 수도 로마를 모방하게 되었다. 그러나 로마의 선교사들이 라틴 속주들을 방문하도록 유인하는 여러 가지 호조건이 있었음에도 불구하고, 그들이 실제로 바다를 건너고 알프스 산맥을 넘은 것은 시대가 훨씬 지난 후의 일이었다. 또한 이 광대한 지방에서는 두 안토니누스 황제들의 치세를 능가하는 어떠한 신앙이나 박해의 확실한 흔적도 찾아볼 수 없다.

추운 갈리아 지방에서의 완만한 복음의 전개는 아프리카의 뜨거운 사막 지대에서 복음이 열광적으로 수용되었던 것과는 매우 대조적이다. 아프리카의 기독교인들은 곧 초기 기독교회의 중요한 일파를 구성하게 되었다. 이 지방에서는 사교들을 작은 마을에까지 그리고 때로는 머나먼 벽촌에까지 파견하는 관행이 도입되었는데, 이러한 관행은 이 교단들의 위용과 중요성을 증대시키는 데 기여했으며, 3세기 중에는 이 종교단체들이 테르툴리아누스의 열성으로 활기를 찾고 키프리아누스의 역량에 의해서 지도되고 락탄티우스의 웅변에 의해서 장식되었다(세 사람 모두 아프리카 출신임/역주). 그러나 이에 반해 갈리아 지방으로 눈을 돌리면, 기껏해야 마르쿠스 안토니누스 시대에 있었던 리옹과 빈의 빈약한 교회를 발견하는 것으로 만족할 수 밖에 없다. 그리고 데키우스 시대로 내려오더라도 일부 도시들 —— 아를, 나르본, 툴루즈, 리모주, 클레르몽, 투르, 파리 —— 에서만 몇몇 교회들이 산재하며 소수의 기독교인들의 신앙에 의해서 유지되었을 뿐이었다.

침묵은 신앙과 매우 잘 어울리는 것이기는 하지만, 열정과는 양립하기 힘들다. 따라서 우리는 켈트어를 라틴어와 바꾸고서도 처음 3세기 동안 단 한 명의 교회 저술가도 배출하지 못한 이 지방 기독교회의 맥없는 침체상을 보고 한탄한다. 알프스 북쪽의 모든 지방에서 스스로 학문과 권위에서 마땅히 가장 뛰어났다고 주장한 갈리아로부터 에스파냐와 브리타니아의 머나먼 지방들로 반사되어갔던 복음의 빛은 더욱 미약한 것이었다. 더구나 테르툴리아누스의 열렬한 주장을 믿는다면, 이 지방들은 그가 세베루스 황제의 행정관들에게 그의 『호교서』를 보냈을 당시(197년)에는 이미 초보적인 신앙의 빛을 받은 바 있었다. 그러나 유럽 서부 교회의 모호한 기원에 관한 기록이 매우 빈약하기 때문에 그 창설의 시기와 방법을 언급하려면, 후세에 〔수도사들의 물욕이나 미신 때문에 나태하고 음울한 수도원 안에서〕 수도사들이 구술하여 전해 내려온 것들로 고대의 침묵을 보완하는 수밖에 없다. 이런 종교적 전설들 중에서 성자 야고보〔제임스〕에 관한 전설만이 그 유례없는 과장으로 인해서 주목을 끈다. 그는 게네사레 호수의 평범한 어부에서 용감한 기사로 변신하여 무어인들과의 전투에서 에스파냐 기병대를 선두에서 이끌었다. 진지한 역사가들도 그의 전공을 찬양해오고 있으니, 놀라운 〔산티아고 드〕 콤포스텔라의 기적의 성당은 그의 힘을 나타냈으며, 군령의 칼은 공포의 종교재판소와 함께 모든 불경한 비판과 반대를 제거하기에 충분했다.

기독교의 발전은 로마 제국에 국한되지 않았다. 일체의 사실을 예언적으로 해석한 초기 교회의 교부들에 따르면, 이 새로운 종교는 신성한 창시자의 사망 후 1세기 만에 이미 이 세상 곳곳에 전해졌다. 순교자 유스티누스는 이렇게 말한다. "그리스인이건 야만인이건 또는 그밖의 어느 종족이건 간에, 그들이 어떠한 명칭이나 풍속에 의해서 특징되건 간에, 예술이나 농업에 무지한 사람들이건, 천막을 치고 사는 사람들이건 아니면 포장마차를 타고 떠돌아다니는 사람들이건 간에 십자가에 못 박힌 예수의 이름으로 만물의 아버지이며 창조주이신 그분에게 기도 드리지 않는 민족은 단 하나도 없었다." 그러나 지금에도 인류의 실정과 일치시키기가 매우 힘든 이 화려한 과장은 독실하지만 조심성 없는 한 저술가의 경솔한 말솜씨에 불과할 것이다. 이러한 사람에게는 희망이 신앙심의 척도인 것이다.

그러나 교부들의 신앙심이나 희망으로도 역사의 진실을 바꿀 수는 없다. 나중에 로마 제국을 정복하게 되는 스키타이와 게르마니아의 야만인들이 그 당시 이교의 암흑 속에서 살았다는 것 그리고 이베리아나 아르메니아 또는 에티오피아조차도 정통파의 황제가 즉위한 후에야 어느 정도 성공적인 개종이 시도되었다는 것은 지금도 의심할 바 없는 사실로 남아 있다. 그 이전 시기에도 전쟁과 통상의 여러 가지 사건들을 통해서 칼레도니아(스코틀랜드)의 여러 부족들과 라인 강, 도나우 강, 유프라테스 강 등 변경지방 사람들에게 복음에 관한 불완전한 지식이 전파되었을 가능성이 크다. 특히 유프라테스 강 건너편의 에데사는 초기에 확고한 신앙을 지킨 것으로 잘 알려져 있었다. 이곳 에데사에서부터 기독교 원리가 아르타크세르크세스(페르시아의 아케메네스 왕조의 왕(재위 : 기원전 465-24)/역주)의 후계자들에게 복종한 그리스와 시리아의 여러 도시들에 순조롭게 소개되었다. 그러나 그 당시 기독교 원리가 페르시아인들에게 큰 감명을 주지는 못한 것 같다. 왜냐하면 페르시아인들의 종교체계는 잘 훈련받은 사제단의 노력 덕분에 불확실한 그리스와 로마의 신화보다 훨씬 더 교묘하고 공정하게 짜여져 있었기 때문이다(에우세비우스의 『복음에의 준비』에 의하면 2세기 말경에는 다소의 개종 신도가 있었다/역주).

기독교의 발전상황에 관한 이상과 같은 불완전하나마 공평한 관찰에 비추어볼 때, 새로운 개종자의 수는 한편으로는 공포심 때문에 그리고 다른 한편으로는 독실한 신앙심 때문에 실제보다 크게 과장되었으리라고 생각된다. 오리게네스의 흠잡을 데 없는 증언에 따르면, 신자의 수는 방대한 비신자에 비하면 보잘것없었다. 그러나 지금은 정확한 자료가 없기 때문에 초기 기독교인의 수를 계산하거나 어림잡기가 불가능하다. 다만 안티오크와 로마의 예로 미루어볼 때, 콘스탄티누스의 역사적인 개종이 있기 전에 십자가의 깃발 아래 모였던 사람들의 수가 제국 신민의 20분의 1을 넘었으리라고 보기는 어렵다. 그러나 그들의 신앙, 열성, 단결의 습관 때문에 그 숫자가 과장되었을 것이다. 또한 후일에 기독교인의 증가에 기여했던 원인들이 그들의 실제 세력을 보다 뚜렷하고 막강하게 만드는 데에도 도움을 주었으리라고 생각된다.

그 당시 사회의 구성을 보면 소수의 사람들만이 부와 명예, 지식으로 두각을 나타낸 반면, 대다수의 주민은 비천함과 무지, 빈곤의 운명에 묶여 있었다. 그러므로 전체 인류를 상대로 한 기독교는 상류계급 사람들보다 하층민들로부터 훨씬 더 많은 개종자를 규합할 수 있었으리라고 보아야 할 것이다. 이 무해하고도 자연스러운 사정 때문에 교회는 매우 심한 오명을 쓰게 되었다. 이에 대해서 신앙의 적들은 기독교라고 하는 새로운 종교는 거의 전적으로 농민, 공장 노동자, 소년, 여인, 거지, 노예 등의 찌꺼기 같은 사람들로 구성되었다고 비난했으며, 호교론자(護敎論者)들도 이를 애써 부인하지 않았다. 그중 노예들은 그들의 주인, 즉 부자나 귀족의 집안에 선교사들을 끌어들이는 경우가 많았다. 그리고 이 비천한 교사들(악의를 품은 비신자들은 이렇게 비난했다)은 공개석상에서는 말이 없었지만, 사사로운 자리에서는 말이 많고 독단적이었다. 그들은 철학자들과의 위험한 만남은 조심스럽게 피하는 한편 소박하고 무지한 군중과 어울리게 되면서 연령, 성별, 교육 정도로 보아 미신적인 공포에 가장 잘 넘어갈 만한 사람들의 환심을 샀다는 것이다.

  이와 같은 비우호적인 묘사는 실제의 상황과 약간 닮은 점이 없는 것도 아니지만, 그 어두은 색채와 왜곡된 형태는 그것이 적의 필치임을 드러내주고 있다. 겸허한 기독교 신앙은 이 세상에 전파되는 과정에서 성품이나 행운 덕분에 다소 중요한 일을 한 몇몇 사람들에게도 수용되었다. 하드리아누스 황제에게 설득력 있는 호교론을 제출한 아리스티데스는 아테네의 철학자였다. 순교자 유스티누스는 제논, 아리스토텔레스, 피타고라스, 플라톤 등의 학파에서 신에 관한 지식을 추구하던 끝에 다행히도 한 노인, 아니 천사의 음성을 듣게 되어 결국 유대 예언자들에 대한 연구에 관심을 돌리게 되었다. 알렉산드리아의 클레멘스는 여러 가지 그리스어 문헌을, 그리고 테르툴리아누스는 라틴어 문헌을 연구했다. 율리우스 아프리카누스(2세기 초기의 교회 저술가/역주)와 오리게네스는 그 당시의 학문에서 대단한 위치를 점하고 있었다. 그리고 키프리아누스와 락탄티우스는 문체가 크게 다르지만, 우리는 이 두 학자가 모두 대중적인 수사학 교사였음을 어렵지 않게 발견하게 된다.

마침내 기독교인들 사이에도 철학연구가 도입되었지만, 그 결과가 항상 생산적인 것은 아니었다. 지식은 신앙의 아버지일 뿐 아니라 이단의 아버지인 경우가 많았으며, 아르테몬파(3세기경의 이단파/역주)의 추종자들에 어울리는 묘사법은 사도의 후계자들을 배척하는 여러 종파에게도 똑같이 적용될 수 있었다. "그들은 논리학의 교묘한 격언에 따라 감히 성서를 고치고, 예로부터 내려오는 신앙의 원칙을 버리고, 자기들의 의견을 내세우려고 한다. 기하학 연구로 교회의 학문이 등한시되며, 그리고 그들은 지구를 측량하는 동안은 천국을 볼 수 없다. 유클리드는 항상 그들 가까이 있으며, 아리스토텔레스와 테오프라스토스(기원전 그리스의 철학자/역주)는 그들에게 존경의 대상이 되고 있다. 그들은 또한 갈레노스〔갈렌〕(2세기경의 그리스 의학자/역주)의 저서에 비상한 존경을 표시하고 있다. 그들의 오류는 불신자들의 기예와 과학을 과신하는 데에서 비롯되는 것이다. 그들은 또한 인간 이성의 기교를 부려 복음서의 단순성을 타락시켰다."[19](에우세비우스의 『교회사』에서 인용/역주)

출생신분이나 재산의 혜택이 항상 기독교 입문을 가로막았다고 단언할 수도 없다. 몇몇 로마 시민들이 소(小)플리니우스의 재판소에 끌려갔는데, 여기서 플리니우스는 비티니아 지방에서는 각계각층의 수많은 사람들이 조상 전래의 종교를 버렸음을 이내 발견하게 되었다. 이에 관해서는 그의 뜻밖의 증언이 테르툴리아누스의 과감한 도전보다 큰 평가를 받을 만하다. 그는 아프리카 총독의 자애심과 공포심에 호소하면서 그가 잔인한 의도를 굽히지 않으면, 카르타고 주민들을 살육해야 할 것이며 그 죄인 중에는 그와 같은 계급에 속한 귀족출신의 원로원 의원과 귀부인들 그리고 친한 친구와 친척들이 포함될 것이라고 단언했다. 그로부터 약 40년 후 발레리아누스 황제도 이 주장이 사실임을 납득한 것으로 보이는데, 그것은 그가 어떤 칙령에서 원로원 의원들과 로마인 기사들, 귀부인들도 기독교 신도였다고 분명히 상정하고 있기 때문이다. 그 당시 교회는 내적인 순수성을 상실했으면서

---

19) 기독교인들이 그들의 복음서를 끊임없이 고치고 변경시킨다고 불평한 켈수스의 말에 동조할 사람은 이교도들밖에 없었으리라고 생각해도 좋을 것이다.

원형투기장에서의 기독교인의 박해

도 외적인 세력이 계속 성장하고 있었기 때문에, 디오클레티아누스의 치세에는 궁전과 재판소에도 그리고 심지어 군대에도 수많은 기독교인들이 숨어 있어 현세의 이익과 내세의 이익을 조화시키려고 노력했다.

그러나 이러한 예외적 신도는 초기 기독교 개종자들에게 붙여진 무지와 비천이라는 오명을 완전히 제거하기에는 그 수가 너무 적었고 시기적으로도 너무 늦었다. 따라서 우리는 그들을 위해서 변론의 붓을 들더라도, 어설프게 후대의 이야기인 허구의 전승을 옹호하기보다는 오히려 그 당시 악평의 사례를 종교적 교화의 제목으로 삼는 것이 보다 현명할 것이다. 진지하게 생각해보면, 사도들 자신이 갈릴리의 어부들 중에서 하느님에게서 선택된 사람들이었고, 따라서 초기 기독교인들의 세속적 수준을 낮게 잡을수록 그들의 공덕을 찬양할 더 많은 이유를 발견하게 된다. 천국은 마음이 가난한 자

에게 약속되어 있다는 것 그리고 재앙을 입고 사람들에게서 멸시받는 사람들은 기쁜 마음으로 내세의 행복에 관한 하느님의 약속에 귀를 기울인다는 점을 항상 기억하는 것이다. 반면에 행복을 누리는 사람들은 현세의 부귀에 만족하고, 현자들은 자기들이 이성과 지식으로 누리고 있는 헛된 우월성에 대해서 망설임과 의심을 품는 법이다.

우리가 가장 값진 하늘의 선물이라고 여길 만한 몇몇 훌륭한 인물들의 상실을 이러한 반성을 통해서 위로받을 필요가 있다. 세네카, 플리니우스 부자, 타키투스, 플루타르코스, 갈레노스(갈렌), 노예인 에픽테토스 그리고 황제인 마르쿠스 안토니누스 등은 인간 본성의 위엄을 고양시켰던 한 시대를 장식하는 이름들이다. 그들은 실제 생활이나 사색적인 생활을 통해서 각자의 지위를 영광으로 가득 채웠다. 그들의 뛰어난 이해력은 연구를 통해서 향상되었다. 철학은 그들의 정신을 순화시켜 대중적 미신의 편견에서 벗어나게 했다. 그리고 그들은 진리의 추구와 미덕의 실천으로 생애를 보냈다. 그러나 이 모든 현인들은 (관심사일 뿐만 아니라 놀라운 일이지만) 기독교 체계의 완전성을 간과하거나 배격했다. 그들의 발언이나 침묵은 모두 그 당시 로마 제국 전역에 전파되었던, 성장하는 이 종교에 대한 멸시를 드러내고 있다. 짐짓 기독교인들에 대해서 언급한 사람이 그들 중에 있다고 하더라도, 단지 그들은 완고하고 편협한 광신도들로서 상식과 학식을 갖춘 일반인의 관심을 끌 만한 단 한가지의 논거도 제시할 능력이 없이 그저 자신들의 불가해한 교리에 맹목적으로 복종하는 사람들이라고 간주되었다.

이 철학자들 중 어느 누구도 초기 기독교인들이 자신들과 자신들의 종교를 변호하기 위해서 거듭 발표한 호교론을 정독하지 않았다는 것은 의심할 여지가 없다. 그러나 다른 한편으로는 이와 같은 호교운동이 보다 유능한 변론자에 의해서 변호되지 못했던 것도 크게 개탄할 일이다. 이 변론자들은 부적절한 기지와 웅변을 활용하여 다신교의 터무니없는 논리를 보여주고 있다. 그들은 박해받은 형제들의 무고함과 고통을 설명함으로써 오늘날 우리의 동정심을 불러일으킨다. 그러나 그들은 기독교의 영적인 기원을 설명할 때에는 메시아의 출현에 수반되는 여러 가지 기적보다는 메시아 출현을 선언한 예언을 훨씬 더 크게 강조했다. 그들이 즐겨 사용한 논거는 기독교도를 교화시키거나 유대교도를 개종시키는 데에는 도움이 될지도 모른다. 그것은 두 종교가 모두 예언의 권위를 인정하며, 모두 경건한 존경심을 가지고 자기들의 도리와 성취를 모색하려고 했기 때문이다.

그러나 이러한 설득방식은 모세의 율법과 예언자의 행동양식을 이해하지도 존중하지도 않는 사람들을 상대로 할 때에는 그 중요성과 영향력이 크게 상실된다. 유스티누스와 그 후계 호교론자들의 서투른 솜씨로는 히브리 신탁의 숭고한 의미가 희미해지고, 부자연한 착상과 죽은 비유로 증발해버리고 만다. 또한 무지한 이방인에게는 이 종교를 빙자한 허구 때문에 계시의 신빙성 자체가 의심스러울 수밖에 없었으니, 이와 같은 허구는 오르페우스, 헤르메스, 시빌라[20] 등의 이름하에 마치 진정한 하늘의 영감과 동등한 가치가 있는 것처럼 계시되었다. 이처럼 거짓말과 궤변을 사용하여 계시를 변론하는 것은 무적의 영웅에게 거추장스럽고 깨지기 쉬운 갑옷을 입히는 시인들의 지각 없는 행동을 연상시킨다.

그러나 전능자의 손에 의해서 인간의 이성이 아닌 감성을 상대로 계시된 기적의 증거들에 대해서 이교도와 철학자들이 그처럼 무관심을 보인 것은 어떻게 설명해야 할 것인가? 예수의 시대, 사도의 시대 그리고 초기 제자들의 시대에는 그들이 설교한 여러 가지 교리가 수많은 기적들에 의해서 확인되었다. 앉은뱅이가 걷고, 장님이 눈을 뜨고, 병자가 치유되고, 죽은 자가 일어나고, 마귀가 축출되고, 교회를 위해서 자연의 법칙이 중지되었다. 그러나 그리스와 로마의 현인들은 이 외경스러운 장관을 외면하고 일상적인 생활과 학문을 추구하면서 세상의 도덕적, 물리적 통치에서 일어나는 변화는 의식하지 않았던 것 같았다. 티베리우스 황제의 치세 중에는 온 지구가, 아니 적어도 로마 제국의 축복받은 한 속주가 3시간 동안 초자연적인 암흑에 휩싸였다(예수가 십자가에 못 박힌 날의 오후 기상/역주). 만인의 경이감과 호기심을 불러일으켰음직한 이 기적적인 사건조차도 과학과 역사의 시대에는 주목을 끌지 못한 채 지나갔다. 이 사건은 세네카와 대(大)플리니우스의 생애 중에 일어났으므로, 두 사람은 이 기적의 직접적인 영향을 경험했거나 아니면 그 최초의 정보를 입수했음이 틀림없다. 두 철학자는 각기 공들인 저서(세네카의 『자연탐구』, 대(大)플리니우스의 『박물지』/역주)에서 끈질긴 호기심을 가지고 지진, 운석, 혜성, 일식 등 수집할 수 있는 모든 대자연현상을 기록했다. 그러나 두 사람은 모두 지구의 창조 이래로 인간이 목격할 수 있었던 이 최대의 현상만은 언급하지 않았다. 대(大)플리니우스는 『박물지』의 한 장(章)에서 그 성격이 특이하고 지속기간이 이례적인 일식, 월식 현상에 관해서 기술했으나, 그 역시 카이사르가 피살된 후의 기이한 햇빛

---

20) 보다 오래 전 시빌라(여예언자)의 예언을 비웃었던 철학자들은 순교자 유스티누스에서부터 락탄티우스에 이르는 여러 교부들이 자신만만하게 인용했던 유대교와 기독교의 여러 기적들이 조작된 허구임을 손쉽게 간파할 수 있었을 것이다. 시빌라의 주문이 정해진 과업을 달성했을 때에도 그것은 지복천년(至福千年) 체계처럼 무언 중에 배격되었다. 기독교의 시빌라는 공교롭게도 195년을 로마 멸망의 해로 잡고 있었다.

네로(재위 54-68년)

부족에 대해서 언급하면서 그 해의 대부분은 일륜(日輪)도 창백하고 빛을 잃었다고 기술하는 정도에 그치고 있다. 이 어둠의 시간을 예수 수난 당시의 초자연적 암흑과 비교할 수는 없겠지만, 그것은 이미 이 주목할 만한 시대의 여러 시인과 역사가들에 의해서 널리 알려진 바 있었다.

기번은 다음 장(제16장)에서 "자신의 관대한 통치하에 수많은 종교가 존속하도록 아무 염려할 것 없이 돌보아준" 로마 황제들이 기독교에 대해서만은 엄격한 태도를 보였다고 기술하면서, 이러한 엄격한 태도는 "자기 종교 이외의 모든 형태의 종교를 불경스러운 우상종교"로서 경멸하는 기독교에 대한 불관용에 기초한 것이라고 말하고 있다. 새로 기독교로 개종한 사람은 모두 "각자의 가족, 도시, 지방의 미신을 경멸하고 배척했으며 도처에서 다른 인간들과 상이한 성격을 띤 특이한 단체"와 관련을 맺었다는 것이다.

기번은 이교도들의 이와 같은 분개에도 불구하고 역사를 잘 읽고 해석해 보면 다음과 같은 결론이 나온다고 적고 있다. 즉 (1) 초기 교회는 상당한 기간 당국의 주목을 받기에는 너무 규모가 작고 미약했다. (2) 당국은 기독교인인 신민을 다루는 데 매우 신중했고, (3) 이들에 대한 처벌도 한동안은 관대했으며, (4) 초기 교회는 오랜 기간 평화와 안정을 누렸다는 것이다.

기독교도에 대한 최초의 박해는 네로 황제 치세 중의 로마의 대화재 후에 일어났다. 네로는 자기가 방화했다는 사람들의 의혹을 피하기 위해서 "자기를 대신할 가짜 범인들을 만들기로" 결심했다. 그러나 이 소동은 격렬하기

초기 카타콤베의 내부

는 했지만, 기간이 짧았고 그 범위도 로마의 성벽 안에 국한되었다. 기번은 또한 이 박해의 진짜 대상은 기독교도가 아니라 가울로니파(Gaulonite)라고 불리던 분리주의적 유대 종파였으리라고 추측하고 있다(갈리아 동쪽, 가울로니티스의 가마라 마을에서 태어난, 예수와 거의 동시대인인 유다는 유대인을 선동하여 로마에 대항하여 반란을 일으켰음/역주).

트라야누스 황제의 치세 중에 비티니아와 폰투스의 총독이었던 소(小)플리니우스는 황제에게 편지를 보내 그 수가 날로 늘어나는 기독교도들을 다룰 지침을 내려달라고 요청했는데, 이 질문이나 그 답변의 성격은 그 당시 기독교도들을 처벌할 일반 법령이 존재하지 않았음을 말해주고 있다. 트라야누스의 답변은 "죄인의 도주를 예방하기보다는 무고한 자의 안전을 보호해야 할 것이라는 염려"를 보여주었다. 기독교도라고 판정된 자는 처벌해야 한다고 하면서도 트라야누스는 혐의자를 색출하기 위한 어떠한 심문도 금지했으며, 기독교 성향을 가진 자에 대한 기소는 공개적, 직접적이어야 하며 무고죄를 엄하게 처벌하도록 요구하고 있다.

혐의자가 모두 기소되거나 피의자 모두 유죄를 선고받은 것은 아니었으며, 유죄판결을 받은 자가 모두 처벌된 것도 아니었다. 또한 처벌내용도 처형이나 투옥, 추방 등이 아닌 경우가 많았고, 더구나 경사스러운 국가행사에 수반되는 대사면령으로 감형되는 경우도 많았다. 후일의 교회 저술가들도 "초기 교회 순교자들이 당한 여러 가지 형태의 죽음과 고통을 즐겨 다루었다." 예를 들면 기독교도인 처녀들을 청년들의 품안에 내던지면서 그 청년들에게 "비너스 여신의 제단에 분향하기를 거절하는 불경한 처녀들에 대해서 비너스의 영예를 지켜주도록" 지시했다고 한다. 기번은 이와 같은 이야기들을 경멸하여 일축하면서 이런 이야기를 꾸며낸 자들은 "그들 자신의 가슴속에 가득 차 있는 이단자와 우상숭배자에 대한 완고하고 냉혹한 적대감정의 원인을 행정관들에게 돌렸다"고 쓰고 있다.

초기 교회가 누린 평화의 시대에는 황제의 총애를 받는 고위층 인사들 중에 스스로가 기독교인이거나 주운 아기와 같은 이 신흥종교에 호의적인 사람이 많았다. 콤모두스 황제의 애첩으로서 그의 암살을 공작한 마르키아도 비록 스스로 영세를 받았을 가능성은 없지만, 교회의 후원자였다. 셉티무스 세베루스는 적어도 그의 치세 초기에는 기독교에 호의적이었는데, 그것은 그가 병에 걸려 위독했을 때 기독교인인 그의 노예들이 기름을 발라 낫게 해준 일이 있었기 때문이라고 한다. 카라칼라 황제의 유모도 기독교도였고, 필리푸스는 기독교도들을 너무 편애한 나머지 그 자신이 기독교도라는 근거 없는 소문이 나돌 정도였다. 그리고 갈리에누스가 즉위한 후에는 기독교회가 약 40년 동안 중단 없는 평화와 성장을 누렸다.

초기 교회에 대해서 가혹한 탄압이 시작된 것은 데키우스 황제의 통치기간 중이었다. 데키우스는 기독교의 주교들을 추방하거나 처형했고, 로마의 새 주교 선출을 16개월 동안 저지했다. 그러나 최대의 박해는 디오클레티아누스 황제의 말년에 자행되었다. 그의 치세 중 약 18년 동안은 온화한 관용정책이 실시되었으나, 황제의 아내와 딸이 기독교 교리에 큰 매력을 느끼고 황실의 주요 환관 4명이 실제로 기독교를 받아들이는 사태가 벌어지자 황제는 마침내 그의 두 공동 통치자 막시미아누스와 갈레리우스의 반기독교적 편견에 굴복하게 되었다. 더욱더 가혹한 일련의 칙령들이 나와 교회를 불태우고, 기독교도에 대한 모든 법적인 보호를 철회하고, 기독교의 집회가 금지되고, 교회재산이 몰수되었으며, 수많은 신도들이 체포되어 고문받고 추방되고 처형되었다. 이 박해는 (제국의 여러 지역에 따라서 가혹함의 정도는 달랐지만) 약 10년 동안 계속되었다. 그러던 중 지병을 얻어 태도가 부드러워진 갈레리우스 황제가 칙령을 발표하여 기독교인들에게 "기존의 법령과 체제를 존중하는 한, 자유롭게 사적인 의견을 밝히고 두려움 없이 예배장소에서 집회를 가질 수 있도록" 허용했다.

그러나 이상과 같은 탄압상황하에서조차도 많은 기독교인이 처형되지는 않았다는 것이 기번의 결론이다. 초기 기독교인들은 순교의 정열이 강했기 때문에, 때로는 "자발적으로 출두하여 고소인의 요구에 응했고, 이교도들의 공공행사를 난폭하게 방해했으며," 행정관에게 "법대로 선고하여 집행하라"고 요구하는가 하면, 그들을 불태우기 위해서 쌓아놓은 불더미 속에 기꺼이 뛰어들었다. 이 때문에 주교들이 마침내 그러한 행동을 금지시켜야만 했다(아시아의 어떤 총독은 이렇게 외쳤다고 한다. "불쌍한 자들이군! 너희들이 그처럼 살기가 싫다면 밧줄과 낭떠러지를 찾는 것이 그렇게 어려운 일인가?"). 그러나 교회를 매우 편애하는 어떤 역사가에 따르더라도, 디오클레티아누스에 의해서 시작된 10년간의 박해기간 중에 목숨을 잃은 주교는 모두 9명뿐이었다. 그리고 기번은 이 기간 중에 처형된 기독교인의 총수를 약 2,000명으로 추산하고 있다.

제9장

(300-500년)

콘스탄티노플의 창건
콘스탄티누스 및 그 후계자들의 정치체제
군율
궁정
재정
콘스탄티누스의 아들과 조카들의 운명에 관한 개관과
기독교회의 합법적 성립의 결과[1]

불운한 리키니우스는 위대한 콘스탄티누스에게 대적한 최후의 경쟁자였으며 그의 승리를 장식해준 최후의 포로였다. 이 정복자는 평화와 번영의 통치기간을 끝낸 후, 황실에 로마 제국과 새로운 수도, 새로운 정책, 새로운 종교를 유산으로 물려주었다. 그리고 그가 이룩한 개혁들은 그후 여러 세대에 걸쳐 수용되고 존중되었다. 콘스탄티누스 대제와 그 아들들의 시대는 중요한 사건들로 가득 차 있다. 그러나 역사가[필자]는 시대순으로만 연결되어 있는 여러 가지 사건들을 엄밀하게 서로 구분짓지 않으면 사건의 복잡다단함에 압도될 것이다. 역사가는 제국에 힘과 안정을 가져다준 정치제도를 쓴 후, 이어 제국의 쇠퇴를 재촉한 전쟁과 변혁들에 관해서 언급할 것이다. 또한 옛 사람들은 알지 못했던 정치문제와 교회문제의 구분방법을 채용했으며, 기독교인들의 승리와 그 내부 불화에 관하여 좋은 의미에서건, 나쁜 의

---

[1] 원문의 제17장에서 제20까지의 부분에 해당한다/편집자 주.

미에서건, 귀중한 교훈적 자료를 풍부하게 제공하려고 한다.

리키니우스가 패하여 퇴위한 후(323-24년), 승리한 그의 경쟁자는 장차 동방의 여왕으로 군림하여 콘스탄티누스의 제국이나 종교보다도 오래 존속하게 될 하나의 도시를 창건하게 된다. 디오클레티아누스가 처음에 자부심에서이건 정책적 이유에서이건 유서 깊은 통치의 본거지인 로마 시에서 철수했던 동기는 그 후계자들이 보여준 40년간의 관례에 의해서 더한층 깊은 의미를 가지게 되었다. 로마 시는 어느덧 한때 로마의 최고 지위를 인정했던 종속적인 왕국들 중 하나로 서서히 혼동되기에 이르렀으며, 역대 카이사르들을 배출한 이 도시는 이제 도나우 강 부근에서 태어나서 아시아의 궁정과 군대에서 교육받고 브리타니아의 군단들에 의해서 황제로 옹립된 군인출신 군주에게는 냉담한 무관심의 대상이 되고 말았다. 콘스탄티누스를 해방자로 받아들였던 이탈리아인들은 그가 때때로 로마의 원로원과 민회에 몸소 나타나서 발표하는 칙령에 순순히 복종하기는 했지만, 이 새로운 주권자의 거동을 영광스럽게 생각하는 일은 별로 없었다. 콘스탄티누스는 활동력이 왕성한 나이에 전시와 평화시의 형편에 따라 그의 방대한 영토의 변경지방을 위엄을 갖추고 유유자적하게 또는 적극적으로 진력하며 순행했고, 항상 국내외의 적을 맞아 행동할 수 있는 준비를 갖추고 있었다. 그러나 점차 번영의 절정에 이르러 몸이 노쇠해지면서, 그는 황제의 권세와 위엄을 더한층 영구적인 장소에서 안정시키는 계획을 깊이 생각하게 되었다.

지리적 이점을 가진 장소를 선정하려고 했던 그는 유럽과 아시아의 경계지방을 선호했는데, 그것은 도나우 강과 타나이스 강[돈 강] 사이에 거주하는 야만족을 강력한 무력으로 억제하고, 수치스러운 조약의 멍에를 짊어진 채 분노하고 있는 페르시아 국왕의 행동을 빈틈없이 감시하기 위해서였다. 디오클레티아누스도 이러한 생각을 가지고 니코메디아 시를 상주 수도로 선정한 바 있었다. 그러나 교회의 보호자(콘스탄티누스)는 당연히 디오클레티아누스의 추억을 혐오했으며, 자기 자신의 명성을 영구히 할 수 있는 도시를 창건하려는 야심이 있었다. 그는 리키니우스를 상대로 한 전쟁의 마지막 군사행동 중에 군인으로서 그리고 정치가로서 비잔티움이 갖춘 비할 데 없는 입지조건을 충분히 관찰할 기회를 가졌고, 그리고 이 도시가 교역에 편리하고 중개지로서 사통팔달의 위치에 있으면서도 적의 공격에 대해서는 천혜의 요새로 강력히 방어되고 있음을 관찰할 기회를 가졌다. 콘스탄티누스보다 여러 세대 앞선 옛날의 어떤 현명한 역사가(기원전 2세기경의 그리스 역사가 폴리비오스/역주)도 이미 이곳이 취약한 그리스 식민도시이면서도 제해권을 장악하고 독립국가로서 번영하는 영예를 누릴 수 있는 지리적 이점을 가졌다고 기술한 바 있다.[2]

우리는 지금 수도 콘스탄티노플[콘스탄티노폴리스]의 지리적 이점을 관찰할 능력을 갖추고 있다. 대제국의 중심지이자 수도로서 천혜의 조건을 갖추고 있는 북위 41도에 위치한 이 황도(皇都)는 그 일곱 언덕으로부터 유럽과 아시아의 두 해안을 굽어보았고(로마 시를 모방하여 일곱 언덕을 택했음/역주), 기후는 온난하고 토지는 비옥하며, 넓고 안전한 항구를 가지고 있을 뿐 아니라 대륙에서 접근하는 통로는 협소하여 방어하기가 쉬웠다. 보스포루스 해협과 헬레스폰투스 해협은 콘스탄티노플의 두 관문에 해당하는데, 이 중요한 통로를 관장하는 군주는 항상 적의 해군에 대해서는 이를 봉쇄하고 상선들에 대해서는 개방할 수 있었다. 동방의 속주들을 확보할 수 있었던 것은 어느 정도까지는 콘스탄티누스의 정책 덕분이라고 할 수 있었으니, 이전에 지중해의 심장부로 군대를 몰고왔던 흑해의 야만인들도 곧 해적행위를 중단하고 이 난공불락의 방벽을 돌파할 생각을 포기했던 것이다. 이 도시는 헬레스폰투스와 보스포루스 해협을 폐쇄하고서도 그 넓은 프로폰티스[마르마라] 해역에서 수많은 주민들에게 필수품과 사치품을 공급할 수 있었다. 현재 투르크의 억압하에 놓여 있는 트라키아와 비티니아의 해안지방은 아직까지도 넓은 포도밭과 채소밭에서 풍부한 수확을 자랑하고 있다. 그리고 프로폰티스 해는 값비싼 물고기를 무진장 품에 안고 있는 것으로 유명하여 어획철이 되면 기술과 노력을 별로 들이지 않고서도 쉽게 물고기를 잡을 수 있다. 그러나 이 두 해협이 통상을 위해서 문호를 활짝 여는 경우에는 북

---

2) 원문은 이어서 콘스탄티노플의 입지와 주변 해역을 상세히 설명했으나, 생략한다/편집자 주.

쪽은 흑해에서, 남쪽은 지중해에서 온갖 천연산물과 가공품들이 번갈아 가며 밀려들어왔다. 게르마니아의 숲속이나 멀리 타나이스 강에서 보리스테네스 강에 이르는 스키타이에서 수집된 특산품, 유럽이나 아시아에서 솜씨 있게 만든 공산품, 이집트의 곡물 그리고 멀리 인도에서 생산된 보석과 향신료 등의 온갖 물건들이 계절풍을 타고 콘스탄티노플 항구로 모여들었기 때문에 이곳은 여러 세기 동안 고대 상업의 큰 중심지였다.

풍광이 아름답고 안보가 확보되고 부가 이처럼 한 곳에 집중되어 있으니, 콘스탄티누스의 선택은 실로 당연한 것이었다. 그러나 어떠한 시대에도 대도시의 기원에 관해서는 그에 어울리는 위엄을 부여하기 위해서 어떤 기적과 전설이 적당히 결합되어왔거니와, 콘스탄티누스도 그의 결심을 불확실한 속세의 정책 탓으로 돌리기보다는 절대 무오류의 영원한 신의 지혜에서 나온 것이라고 주장하고자 했다. 그는 한 법령을 통해서 자기가 하느님의 명령에 따라서 콘스탄티노플의 영원한 기초를 닦았음을 후손들에게 간곡히 훈시했다. 그는 하늘의 영감이 그의 마음속에 어떻게 전달되었는지에 관해서 직접 언급하지 않았음에도, 그의 이와 같은 겸손한 침묵 때문에 그후의 재능 있는 저자들은 창의력을 발휘하여 그가 비잔티움 성에 있을 때 환영이 나타났다고 설명하고 있다. 나이 들고 병들어 쓰러져가던 이 도시의 수호신인 노파가 갑자기 꽃다운 처녀로 변신했고, 콘스탄티누스는 자신의 손으로 그녀를 갖가지 황실의 상징물로 장식해주었다. 황제는 꿈에서 깨어나서 이 상서로운 징조를 해석한 뒤 주저없이 하늘의 뜻에 따르기로 했다는 것이다.

로마인들은 도시 또는 식민지가 탄생한 날을 그들의 신앙이 명한 의식에 따라서 축하했다. 콘스탄티누스는 이단종교의 냄새가 너무 강하게 풍기는 의식을 기피하고 싶어하면서도 구경꾼들의 마음속에 희망과 존경의 깊은 인상을 남겨주고자 열망했다. 황제는 한 손에 창을 들고 스스로 장엄한 행렬을 이끌고 걸어다니면서 수도가 될 예정지의 경계선을 가리켜주었다. 그 둘레가 점점 커지는 것을 본 신하들이 놀라며 경계선이 이미 대도시의 크기를 초과했다고 했다. 황제는 이렇게 대답했다. "짐은 짐의 앞에서 길을 인도하는 보이지 않는 그분이 스스로 멈추는 것이 적당하다고 생각할 때까지 계속 나아갈 것이다." 여기서는 이 놀라운 안내자의 본성이나 그 동기를 주제넘게 논하기보다는 콘스탄티노플의 크기와 경계에 관해서 몇 가지만 설명하겠다.

이 도시의 실제 상황을 보면, 황실의 궁전과 정원은 일곱 언덕의 첫번째인 동쪽 고지대를 차지하고 있는데, 그 면적은 오늘날의 치수로 약 150에이커(19만 평)에 달한다. 현재 투르크의 국방과 전제정치의 본거지는 그리스인이 건설한 소국(小國)을 기초로 하여 세워져 있으나, 그 당시 비잔티움 사람들은 항구가 가지는 편리함에 이끌려 현재의 술탄 궁전의 경계선 바깥쪽으로 거주지를 확대했던 것 같다. 콘스탄티누스가 세운 새로운 성벽은 옛 요새로부터 15스타디움(1스타디움은 154m/역주) 거리에 있는 삼각형의 긴 밑변을 가로질러 항구에서 프로폰티스 해까지 뻗어 있다. 그리고 시가지는 7개의 언덕 중 5개를 아우르고 있어 콘스탄티노플로 다가가면서 바라보면 아름다운 언덕들이 중첩되어 솟아 있는 것처럼 보인다. 이 도시의 창건자가 사망한 후 약 1세기가 지난 뒤에는 새로운 건물들이 한 쪽으로는 항구에까지 뻗어갔고, 다른 한쪽으로는 프로폰티스 해에까지 이르러 이미 여섯번째 언덕의 좁은 능선과 일곱번째 언덕의 널찍한 정상을 뒤덮게 되었다. 이 교외 주택지역을 야만족들의 끊임없는 침략으로부터 보호할 필요 때문에, 테오도시우스 2세(재위 408-50년)는 그의 수도를 적절하고 영구적인 성벽으로 둘러싸는 일에 착수했다. 콘스탄티노플 성의 최대의 길이는 동쪽 언덕으로부터 금문(金門) 해협에 이르기까지 약 3로마 마일(약 3.3마일)이었고, 둘레는 10-11로마 마일(11-12마일), 전체 면적은 2,000에이커(250만 평) 정도였으리라고 생각된다. 당시의 콘스탄티노플의 경계선이 인접한 유럽의 촌락들은 물론 심지어 아시아쪽 해안의 촌락으로까지 확장되었다고 생각하는 현대 여행가들의 믿을 수 없는 과장은 입증할 방도가 없다. 그러나 페라와 갈라타의 교외 주택지구는 비록 항구 바깥에 위치해 있기는 하지만, 도시의 일부였다고 생각해도 무방할 것이다. 그렇다면 이 도시의 둘레를 16그리스 마일(약 15마일)이라고 본 어떤 비잔티움 역사가의 계산도 타당하다고 볼 수 있다. 이만한 크기라면 제국의 수도로서 손색이 없었겠지만, 콘스탄티노플은 바빌론과 테베, 옛 로마, 런던 그리고 심지어 파리보다도 작았다.

자기 치세의 영광을 기릴 영원한 기념비를 세우고자 열망했던 로마 제국의 주인은 이 거대한 공사를 집행할 때 순종적인 수백만 인구의 부와 노동력 그리고 그때까지 남아 있던 모든 능력을 동원했다. 성벽과 주랑, 수도(水道)의 건설비용이 약 250만 파운드였다는 사실로 미루어볼 때, 콘스탄티노플의 건설에 황실이 얼마나 아낌없이 돈을 썼는가를 추측할 수 있다. 흑해 연안에 우거진 삼림과 조그만 프로콘네소스 섬의 유명한 백색 대리석 채석장은 무진장한 건설 자재를 공급했으며, 더구나 단거리 해상 운송에 의해서 손쉽게 비잔티움 항구로 운반할 수 있었다. 수많은 노동자와 기술자들이 부단한 노력으로 완공을 서둘렀다. 그러나 초조한 콘스탄티누스는 얼마 가지 않아 전반적인 건축술이 퇴조한 것은 물론 건축가의 기술과 인원도 미숙하고 부족하여 도저히 그의 거대한 계획을 감당할 수 없음을 깨달았다. 그는 먼 변경지방 속주의 행정관들에게까지도 학교를 세우고 교사를 임명하고 또한 후한 보상과 특전을 주어, 교양교육을 받은 많은 재능 있는 젊은이들이 건축학 연구와 실제 건축에 종사하게 하라고 촉구했다.

새 도시의 건축물들은 콘스탄티누스 시대에 동원할 수 있었던 기술자들에 의해서 완성되었지만, 건물의 장식은 페리클레스와 알렉산더 시대의 유명한 거장들의 손으로 꾸며졌다. 물론 로마 황제의 힘으로도 피디아스나 리시포스(고대 그리스의 대표적 조각가들/역주)와 같은 천재를 부활시킬 수는 없는 일이었다. 그러나 이들이 후손에게 남긴 불멸의 작품들은 탐욕스러운 전제군주의 허영심 앞에 무방비 상태로 방치되었다. 그의 명령에 따라서 그리스와 아시아의 도시들은 가장 값진 장식물들을 빼앗기게 되었다. 유명한 전쟁의 전승기념물들, 종교의식의 대상물들, 고대의 신, 영웅, 현인, 시인들의 세련된 조각품들이 콘스탄티노플의 화려한 위용을 장식하는 데 보태졌으며, 이 때문에 11세기의 케드레누스와 같은 역사가는 남아 있는 것은 오직 이러한 기념물들이 보여주려고 했던 위대한 인물들의 영혼뿐이라고 격정적으로 말했다. 그러나 인간정신이 정치적, 종교적 노예상태에서 억압받던 시기에 우리가 호메로스나 데모스테네스의 영혼을 발견한다는 것은 콘스탄티누스의 신도시에서도, 쇠망기에 접어든 로마 제국에서도 모두 불가능했다.

정복자(콘스탄티누스)는 비잔 티움 공략 중에 주변을 굽어볼 수 있는 두번째 언덕 위에 군막을 친 바 있었다. 그는 자신의 전승을 영원히 기념하기 위해서 제1포럼 의 건설장소로 동일한 장소를 선 정했는데, 이 포럼은 원형, 아니 오히려 타원형이었던 것으로 보 인다. 마주 보는 두 출입구는 개 선문 아치를 이루었고 사방을 둘 러싼 주랑은 조각품들로 가득 차 있었으며, 포럼의 중앙에는 높은

콘스탄티누스 원형경기장(Hippodrome)의 유적지

원형 기둥이 있었는데, 지금은 그 파편만 남아 **불탄 기둥**이라는 이름으로 불리는 꼴이 되고 말았다. 20피트 높이의 흰 대리석 받침대 위에 세워진 이 원형 기둥은 각각 높이 10피트, 둘레 33피트 가량의 10개의 반암(斑岩)들을 쌓아올려 만들었다. 지상에서 120피트 높이인 기둥 꼭대기에는 거대한 아폴로 동상이 서 있었다. 아테네나 프리기아의 어떤 도시에서 운반해왔다는 이 동상은 피디아스의 작품으로 생각된다. 이 예술가는 태양신을 나타냈다고 하지만, 후일에는 콘스탄티누스 자신을 나타낸 것이라고 해석되었는데, 이 동상은 오른손에 홀(笏)을, 왼손에 지구를 들고, 머리에는 번쩍거리는 왕관을 쓰고 있는 모습이었다. 원형경기장(Hippodrome : 로마의 키르쿠스에 해당/역주)은 가로 400보, 세로 100보 가량의 웅대한 건물이었다. 두 개의 '메타'(결승점 또는 반환점을 표시하는 기둥/역주) 사이에는 온갖 조각품과 오벨리스크(방첨탑)가 설치되었는데, 청동으로 만든 세 마리의 뱀을 꼬아 하나의 기둥을 만든, 지금도 매우 기이한 조각품이라고 할 수 있는 옛 작품의 단편들이 남아 있다. 세 개의 뱀 머리는 전에는 크세르크세스를 패배시킨 후 그리스인들이 델피 신전에 봉헌했던 황금의 세발 솥을 받치고 있었다. 이 경기장의 아름다움은 투르크 정복자들의 거친 손에 오래 전부터 훼손되었지만,

그래도 아직까지 아트메이단이라고 불리며 승마연습장으로 사용되고 있다. 황제가 경기장의 경기를 관람하던 옥좌로부터 궁전에까지는 구불구불한 층계가 이어져 있었는데, 로마의 황궁에 손색없는 이 건물은 이에 부속된 작은 궁전들과 정원, 주랑들과 함께 원형경기장과 성 소피아 성당 사이의 프로폰티스 해안의 광활한 지역을 차지했다. 우리는 아직도 제우크십푸스(제우스 신의 목욕탕/역주)라는 이름의 목욕탕들을 칭송하고 있다. 이 목욕탕들은 콘스탄티누스가 하사금을 내려 높은 원형 기둥과 갖가지 대리석 장식 그리고 60여 개의 청동상으로 치장했다. 그러나 이 도시의 건물들이나 장소를 너무 상세하게 기술하려고 한다면, 역사의 큰 뜻에서 벗어나게 될 위험이 있다. 그러므로 여기서는 콘스탄티노플의 성벽 안에서 대수도의 위엄을 장식하고 수많은 시민들의 복리나 쾌락에 도움이 될 만한 것이면 무엇이든 다 갖추어져 있었다는 점만 지적하면 족할 것이다. 이 도시가 창건되고 약 1세기가 지난 후의 어떤 특별한 기록은 주요 시설로서 신전 또는 학교 1개, 원형경기장 1개, 극장 2개, 공중목욕탕 8개와 사설 목욕탕 153개, 주랑 52개, 곡물창고 5동, 수도 또는 저수지 8개, 원로원이나 재판소의 집회를 위한 넓은 공회당 4동, 교회당 14동, 궁전 14동 그리고 그 규모나 미관으로 보아 서민용 주택이라고 식별되는 4,388채의 주택 등을 열거하고 있다.

  콘스탄티누스가 아낀 이 도시의 인구문제는 그가 두번째로 많은 관심을 기울인 문제였다. 제국 멸망 후에 이어진 암흑시대에는 이 주목할 만한 사건의 직접, 간접적인 결과들이 이상하게도 그리스인들의 허영심이나 라틴인들의 경신성(輕信性)과 혼동되었다. 로마의 모든 귀족과 원로원, 기사단이 수많은 수행원들을 거느리고 황제를 따라 프로폰티스 해 연안으로 이주했다고 하는가 하면, 텅 빈 옛 수도 로마는 잡다한 이방인과 평민들에게 방치되어 오래 전부터 농사를 짓던 이탈리아 땅이 갑자기 농사도 짓지 않고 사람도 살지 않는 땅으로 변했다고 하기도 했다. 이런 과장은 역사 진행 과정에서 올바로 시정되겠지만, 다만 콘스탄티노플의 성장을 인구증가와 산업발달 탓으로 볼 수는 없으므로, 이 인위적인 식민지의 흥륭이 로마 제국의 옛 도시들의 희생 위에 세워졌으리라는 점은 인정할 수밖에 없다. 로마와 동방 속주들의 부유한 원로원 의원들이 콘스탄티누스의 권유로 그가 황도로 선택한 이 행운의 장소를 고향으로 정했을 것이다. 군주의 이 권고는 명령이나 다름없었고, 황제의 후한 하사금 때문에 신하들은 기꺼이 복종했다. 그는 충신들에게 시내 곳곳에 지은 궁전들을 하사했고, 그들이 위엄을 지킬 수 있도록 토지와 은급을 주었으며, 수도에서 주택을 유지할 수 있는 세습 부동산을 유리한 조건으로 가질 수 있도록 폰투스와 아시아 지방의 영지를 주었다. 그러나 이러한 장려책이나 은전도 얼마 후에는 불필요해져 점차 폐지되었다. 수도가 정해지면 군주 자신과 대신, 재판관, 조신들이 국가 세입의 상당 부분을 소비하게 마련이다. 각 속주의 부자들은 이해관계와 일 때문에, 쾌락과 호기심 때문에 큰 매력을 느껴 몰려오게 된다. 점차로 주민들 중에 가장 수가 많은 제3계급은 하인, 기술자, 상인 등으로 구성되는데, 이들은 스스로의 노동으로 또는 상류층의 수요나 사치를 충족시킴으로써 생계를 유지한다. 1세기도 지나지 않아 콘스탄티노플은 부와 인구에서 로마와 우열을 다투었다. 위생이나 편익 시설이 고려되지 않은 수많은 집들이 들어섰고, 좁은 길거리에는 늘 사람과 말과 마차가 붐벼서 발디딜 틈도 없었다. 정해진 지역만으로는 늘어나는 인구를 수용하기에 부족했고 양쪽의 바다 쪽으로 뻗어나간 건물들만으로도 상당 규모의 도시를 형성하기에 족했다.[3]

콘스탄티누스가 마치 연인을 기다리는 것과 같은 초조한 마음으로 공사의 진행을 독려했기 때문에, 성벽, 주랑, 궁전의 주요 건물들은 불과 몇년만에 완공되었다(어떤 기록에 의하면 채 1년도 걸리지 않았다). 그러나 이와 같은 비범한 근면성은 별로 큰 감탄을 불러일으키지 못했으니, 그것은 수많은 건물들이 졸속으로 지어져 후대에 와서 붕괴되지 않도록 보수하는 데에 어려움을 겪었기 때문이다. 그러나 이 건물들이 젊은 활기와 신선함을 과시하고 있는 동안 콘스탄티누스는 도시의 축성식을 거행하도록 준비했다. 이 기억할 만한 축제에서는 여러 가지 경기와 선물이 화려함을 장식했으리라고 쉽게 상상할 수 있다. 그러나 간과해서는 안 될 특이하고 영구적인 성격을

---

[3] 기번은 이어서 콘스탄티누스의 몇 가지 규제사항, 특히 콘스탄티노플 주민들에게 식량을 공급하기 위한 이집트의 연례적 조공에 관해서 기술하고 있으나, 생략한다/편집자 주.

새 수도의 모형을 성모 마리아에게 바치는 콘스탄티누스

띤 한 가지 사실이 있다. 도시의 창건 기념일이 돌아올 때마다(5월 11일) 그의 명령에 따라서 오른손에 도시의 소형 수호신 상을 쥐고 있는, 나무로 만들어 금을 입힌 콘스탄티누스 상이 개선행진 전차 위에 서 있었다는 것이다. 가장 좋은 옷을 차려입고 손에 흰색의 양초를 든 근위병들을 거느린 장엄한 행렬이 원형경기장으로 들어섰다. 황제는 행렬이 옥좌 맞은편에 이르면 자리에서 일어나서 감사의 마음으로 선황들의 유덕에 깊은 감사를 표했다. 이 축전에서 원형의 대리석 기둥에 새겨진 칙령에 의해서 콘스탄티노플 시에 '제2의 로마' 또는 '새 로마(Nova Roma)'라는 칭호가 부여되었다. 그러나 이 영예로운 명칭보다는 콘스탄티노플로 널리 통용되었으며, 1,400년이 지난 오늘날까지도 창건자의 이름으로 불리고 있다.

새 수도의 창건은 당연히 새로운 형태의 정치, 군사 행정을 확립하게 되었다. 디오클레티아누스가 도입하고 콘스탄티누스가 수정하여 그 직후의 후계자들이 완성한 복잡한 정치체제를 잘 살펴보면, 대제국의 특이한 모습이 흥미있을 뿐 아니라 로마가 급속도로 멸망하게 된 은밀한 내적 원인들을 이해할 수 있을 것이다. 어떤 주목할 만한 체제의 성쇠를 연구하려고 하면 당연히 로마의 초기 고대사로 또는 보다 최근의 시대로 들어서는 경우가 많겠지만, 이 책의 범위에 합당한 시기는 콘스탄티누스의 등극에서 테오도시우스 법전의 반포(438년)까지에 이르는 약 130년간으로 잡아야 할 것이다. 이 법전은 동-서 로마 제국의 『노티티아(Notitia)』(고위관직표)와 함께 로마 제국의 상태에 관한 가장 풍부하고 확실한 자료의 원천이다. 이 여러 가지 문제에 대한 고찰은 당분간 뒤로 미루기로 하겠지만, 이와 같은 중단을 비난하는 독자가 있다면, 그것은 궁정 안의 잡다한 음모나 전쟁의 우발적인 사건을 큰 호기심을 가지고 읽으면서도 법과 관습의 중요성은 깨닫지 못하는 독자들뿐일 것이다.

실질적인 권력을 지닌 로마인들의 남성적 자부심은 동방의 허례허식에 물들어 허영심으로 바뀌게 되었다. 로마인들이 자유정신으로부터 유래한 미덕을 남김없이 상실하게 되자, 검소질박한 로마의 풍습도 점차 아시아 궁정의 호화로운 겉치레에 의해서 타락하게 되었다. 공화정에서 현저하게 나타났던 개인의 능력이나 영향력은 역대 황제들의 전제정치에 의해서 완전히 소진되었다. 황제들은 그 대신 황실의 노예는 물론 권력의 말단 관리인들에 이르기까지 직책과 계급에 따른 엄격한 복종체제를 도입했다. 이 수많은 비천한 하인들은 변혁이 일어나면, 자기들의 희망이 사라지고 봉사에 대한 보수가 중단될 것을 염려하여 현정권을 지지했다.

이 신성한 위계체제(이렇게 불릴 때가 많다)에서는 모든 직급이 빈틈없이 정확하게 매겨지고 그 위엄이 사소하면서도 장엄한 의식으로 표시되었기 때문에, 이를 배워야만 했고 소홀히 하면 신성모독이 되었다. 자만심과 아첨이 뒤섞인 결과로 툴리우스〔키케로〕도 알아듣지 못하고 아우구스투스라면 분개하여 배격했음직한 여러 경칭이 채택되어 라틴어의 순수성이 훼손되었다. 제국의 고위 공직자들은 심지어 황제 자신에 의해서 여러 가지 경칭으로 불렸는데, 예를 들면 귀하, 존하, 각하, 예하(猊下), 합하, 전하 등이 그것이다. 공문서나 사령장 등 직급의 표시는 그 성격과 높은 위엄을 적합하게 나타내는 문장(紋章)으로 진기하게 꾸며졌으니, 현재의 황제의 초상화, 개선행진 마차, 화려한 융단을 덮고 4개의 촛불을 밝힌 탁자 위에 올려놓은 칙령집, 황제가 통치한 속주들을 나타낸 상징적 표장, 황제가 지휘하는 군대의 명칭이나 군기 등이 그것이다. 이러한 문장들 중 어떤 것은 실제로 공직자들의 접견실에 전시되었으며, 또 어떤 것은 외출할 때 화려한 행렬의 선두에 게양되기도 했다. 그리고 그들의 거동, 복장, 장식, 행렬 등은 모두 황제권 대행자에 대한 깊은 존경심을 가지도록 면밀히 꾸며졌다. 철학자가 관찰하기에는 로마 정부의 체제는 온갖 성격과 등급의 배우들이 총출연하여 각본대로 똑같은 말을 반복하고 감정을 흉내내는 화려한 연극으로 착각될 정도였다.

제국 안에서 중요한 직책을 맡은 행정관들은 모두 3종류의 계급, 즉 '일루스트레스(Illustres/illustrious)', '스펙타빌레스(Spectabiles/respectable)', '클라리시미(Clarissimi/honounable)'로 정확하게 구분되었다. 로마가 검소질박하던 시대에는 클라리시미라는 호칭은 막연한 경칭으로서만 사용되었으나, 나중에는 원로원 의원들과 원로원에서 속주의 통치자로 선출된 총독들을 가리키는 경칭이 되었다. 직급상 자신이 다른 원로원 의원들보다 높다고 주장하는 사람들은 나중에 스펙타빌레스라는 새로운 경칭을 좋아했다. 그러나 일루스트레스라는 경칭은 다른 두 하위직급 사람들로부터 복종과 존경을 받는 몇몇 고위층에 대해서만 사용되었다. 일루스트레스라는 경칭으로 불리는 사람은 (1) 집정관과 귀족, (2) 로마 및 콘스탄티노플의 근위대를 거느린 근위대 장관들, (3) 기병대 및 보병부대의 총사령관, (4) 황제의 신변에서 신에 관한 직무를 수행하는 궁내의 일곱 장관에 국한되었다. 서로 동격이라고 인정되는 일루스트레스인 행정관들 사이에서는 겸임자가 우위를 차지했다. 은총 베풀기를 좋아하는 황제들은 조바심하는 신하들의 야심은 충족시켜주지 못하더라도, 명예를 수여하는 방법으로 그들의 허영심은 충족시켜줄 수 있었다.

1 집정관과 귀족/ 로마의 집정관들은 자유국가의 제1행정관으로서 그들의 권력적 원천은 인민의 선거에서 연유하는 것이었다. 황제들이 실질적으로 공복을 임명하게 된 후에도 인민의 뜻을 가장하기 위해서 집정관은 여전히 표면적으로는 원로원의 투표로 선출되고 있었다. 그러나 디오클레티아누스의 치세부터는 이와 같은 명목상의 자유마저도 폐지되었고, 이런 상황에서 후보로 나서서 1년 동안 집정관이라는 명예를 누리게 된 사람들은 짐짓 선임자들이 겪었던 굴욕적인 상황을 개탄하는 척했다. 옛날의 스키피오 집안처럼 또 2대에 걸친 카토 집안처럼 집정관을 낸 집안의 집정관들도 평민들의 표를 간청하고 평민의 선거라는 지루하고 값비싼 형식을 거쳐야만 했고, 자신의 위엄이 평민들에게 거부당하는 수치를 각오해야만 했다. 그러나 이제 집정관들은 운이 좋으면 지혜롭고 인자한 군주에 의해서 장기간 정권에 참여하여 공적을 인정받을 수도 있었다. 황제(그라티아누스[재위 375-83

집정관의 개선 행렬(4세기 무렵의 모자이크)

년))는 2명의 집정관 피선자에게 보낸 서신에서 그들은 황제 자신의 권위에 의해서 임명된 것이라고 선언했다. 그리고 그들의 이름과 초상을 새긴 금박한 상아 조각품을 제국의 각 속주, 도시, 행정관, 원로원, 민회에 선물로 배포했다.

집정관의 장엄한 취임식은 황제들이 거주하는 새 황궁에서 거행되었으며, 집정관이 주재했던 로마는 120년 동안 줄곧 이러한 특권을 빼앗겼다. 집정관들은 1월 1일 그 직권을 나타내는 문장을 수여받았다. 그들의 의상은 자주색 비단 예복으로서 금실로 수놓았고 값비싼 보석으로 장식하는 경우도 있었다. 이 장엄한 의식에서는 원로원 의원 복장을 한 문무 고관들이 그들을 수행했다. 그리고 그 앞에 관리(lictor)들이 전에는 막강한 권위였으나, 이제는 무용지물이 된 도끼를 몇 개의 막대기들로 싸서 동여맨 권표(權標, fasces : fascism의 어원/역주)를 들고 시립했다. 행렬이 궁전을 떠나 대광장, 곧 포럼에 이르면 집정관들이 집정관석에 올라 옛 풍습대로 만든 고관용 의자에 앉았다. 그들은 곧 판결의 집행에 착수하고, 이 목적을 위해서 끌려온 노예를 석방시켜주었다. 이 의식의 목적은 자유권과 집정관직의 창안자인 대(大)브루투스(기원전 6세기 로마의 전설적 영웅/역주)가 옛날에 타르퀴니우스 왕가의 음모를 폭로한 충실한 증인 빈디키우스를 노예신분으로부터 해방시켜 로마 시민으로 받아들였던 유명한 재판을 상징하는 데 있었다(고대 로마 왕정은 Tarquinius Superbus〔재위 기원전 534-10년, 오만한 왕이라는 뜻〕이 실정을 거듭하자 귀족들에 의해서 폐지됨. 그러나 수페르부스는 복위를 꿈꾸었으나 빈디키우스의 고발로 좌절됨/역주).

이 국가적 축제는 모든 중요 도시에서 여러 날 동안 계속되었는데, 로마에서는 관습에 따라서 그리고 콘스탄티노플에서는 그 모방으로 축제를 거행했고, 카르타고, 안티오크, 알렉산드리아 등지에서는 일종의 향락적 행사로 그리고 부를 과시하기 위해서 거행했다. 동서 두 수도의 극장, 원형경기장, 원형투기장에서 거행되는 연례 축제에는 황금 4,000파운드, 즉 16만 영국 파운드의 비용이 들었는데, 이 과중한 비용이 담당 행정관의 능력이나 의지를 넘어서는 경우에는 황실 재정에서 충당되었다.

집정관들은 일단 이와 같은 관행상의 의무를 다한 다음에는 자신의 뜻에 따라서 칩거하며 사생활을 누리면서 그해의 나머지 기간 동안은 조용히 자신의 직위를 음미하며 지낼 수 있었다. 그들은 더 이상은 국가적 회의를 주재하지도 않았고, 전쟁과 평화에 관한 결정을 집행하지도 않았다. 그들의 능력은 〔보다 중요한 직책을 위해서 사용되지 않는 한〕 별로 중요한 것이 아니었으며, 그들의 이름은 단지 그들이 법적으로 어느 해에 마리우스와 키케로의 의자를 차지했느냐를 알려주는 의미밖에 없었다. 그러나 로마 제국 말기, 예속상태로 전락한 이 시기에도 이 한직은 다른 실질적인 권력을 장악하는 것에 필적되었고, 심지어 그런 권력보다 더 선호하는 경향이 있었다. 아직도 집정관이란 칭호는 가장 화려한 야망의 대상이었고, 덕망과 애국심에 대한 가장 고귀한 보상이었다. 황제들 자신은 공화제를 하찮은 것으로 여겨 경멸하면서도, 매년 집정관직의 서임을 주재함으로써 영예와 위엄을 더할 수 있다고 생각하고 있었다.

어느 시대 어느 국가를 막론하고 역사상 귀족과 평민 간의 구별이 가장 분명하고 완벽했던 것은 아마도 로마의 공화정 초기에 확립된 귀족(patricius)과 평민(plebis)의 구별이었을 것이다. 부와 명예, 관직, 종교의식 등을 거의 독점하다시피 한 귀족들은 매우 오만한 집착으로 혈통의 순수성을 보존했고,[4] 자기들의 보호하에 있는 평민을 허울좋은 가신의 신분으로 묶어두었다. 그러나 자유민의 정신과 양립할 수 없는 이와 같은 차별제도는 호민관들의 끈질긴 노력에 의한 오랜 투쟁 끝에 폐지되었다. 성공한 일부 평민들은 재산을 축적하고 명예를 구하고 무훈을 세우고 유력층과 인척관계를 맺었으며, 몇 세대가 지난 후에는 옛 귀족들과 같은 권세를 누렸다.

반면에 귀족가문은 공화정 말기까지 원래의 수에서 더 늘지 않았으며 자연의 법칙에 따라서 몰락하거나 여러 차례의 국내외 전쟁 중에 소멸되었다. 또 공적을 세우지 못하거나 재산이 없으면, 점차 평민과 뒤섞이게 되었다. 로마 시의 초창기부터 순수한 혈통을 이어온 귀족가문은 극소수였으며, 카이사르, 아우구스투스, 클라우디우스, 베스파시아누스 등은 당시 아직껏 영예롭고 신성하다고 인정되었던 계급질서를 영속화시키기 위해서 원로원 의원들 중에서 상당수의 새 귀족가문을 일으켰다. 그러나 이와 같은 인위적인 공급(그중에는 당연히 집권한 가문이 포함되어 있었다)은 폭군들의 횡포, 빈번한 변혁, 풍습의 변화 그리고 민족 혼합 등에 의해서 급속도로 사라져갔다. 콘스탄티누스가 등극할 당시에는 남은 것이라고는 귀족들이 한때 로마의 제1계급이었다는 막연하고 불완전한 전통뿐이었다.

귀족의 영향력을 잔존시키면서도 다른 한편으로 군주의 권위를 지키는 것은 콘스탄티누스의 성격과 정책에는 어울리지 않는 것이었다. 그러나 비록 그가 진심으로 이러한 생각을 품고 있었다고 하더라도, 자의적인 칙령에 의해서 시대와 여론의 지지를 요구하는 어떤 제도를 만드는 것은 그의 권한의 한계를 벗어나는 일이었을 것이다. 그는 실제로 파트리키우스(patricius, 귀족)라는 칭호를 부활시켰으나, 그것을 세습적이 아닌 개인 한 세대의 칭호로 부활시켰다. 귀족들은 임기 1년인 집정관의 일시적 권력에만 복종했으며, 그 대신 황제의 신변에 가장 가까이 접근할 수 있었기 때문에 국가의 모든 고위관리들에 대해서 우위를 누렸다. 이 영예로운 지위는 종신으로 부여되었으며, 그들은 대체로 궁정 안에서 성장한 총신들이었기 때문에 이 칭호

---

4) 귀족과 평민 간의 결혼은 제7법전의 법령들에 의해서 금지되었으며, 인간 본성의 변함없는 작용은 관습이 법령보다 오래 존속했음을 보여주고 있다.

로마의 근위병들(아우구스투스가 창설)

이탈리아 근위대 장관 관할하의 속주들인 이탈리아, 아프리카, 일리리쿰을 세 부인으로 각각 표시했다.

의 참다운 어원은 무지와 아첨으로 왜곡되어 콘스탄티누스 시대의 귀족들은 황제와 국가의 '의부(義父, pateri)'로서 세간의 존경을 받았다.

2 근위대 장관/ 근위대 장관(praefectus praetorio)의 신분은 집정관이나 귀족과는 근본적으로 달랐다. 집정관이나 귀족의 경우는 예로부터 내려온 자신들의 권위가 공허한 칭호 속에 증발되어버렸다는 생각을 하고 있었다. 그러나 근위대 장관의 경우는 비천한 신분에서 점차 승진하여 로마 제국의 치안과 군권을 장악한 사람들이었다. 세베루스 황제에서 디오클레티아누스 황제에 이르는 기간에는 근위대와 궁정, 법률과 재정, 군대와 속주들이 근위대 장관들의 감독하에 있었다. 그들은 동방의 재상들처럼 한 손에는 제국의 국

새를 쥐고 다른 한 손에는 군기를 잡고 있었다. 이들의 야심은 때로는 그들이 섬기는 주인을 위협하여 죽음에 이르는 파멸을 초래했거니와, 이와 같은 야심은 근위대의 실력에 의해서 뒷받침되었다. 그러나 이 오만한 군대는 디오클레티아누스에 의해서 약화되고 마침내 콘스탄티누스에 의해서 억압당하게 되었다. 그후에도 명맥은 유지할 수 있었으나, 근위대 장관들은 변변한 저항도 하지 못한 채 유용하면서도 온순한 막료의 신분으로 전락했다. 그들은 황제의 신변안전에 대한 책임에서 벗어나게 되자, 종전에 궁정 안의 모든 부서에 대해서 요구하고 행사했던 관할권도 포기했다. 그들은 로마 군대의 정예부대를 지휘하여 전장에 나가는 것이 중지되었고, 곧이어 콘스탄티누스에 의해서 모든 군사 지휘권을 박탈당했다. 그리고 마침내 근위대 장관들은 속주의 민정행정관으로 탈바꿈했다.

디오클레티아누스가 제정한 통치계획에 따르면, 4인의 황제가 각기 1명씩의 민정총독(근위대 장관)을 두었는데, 콘스탄티누스는 제국을 다시 통일한 후에도 계속해서 같은 수의 총독을 임명하여 종전에 그들이 다스리던 동일한 속주를 맡겼다. (1) 동방의 민정총독은 그의 방대한 관할권을 나일 강 중류의 급류에서 파시스 강(흑해 동남쪽으로 흐르는 강의 옛 이름/역주) 유역까지 그리고 트라키아 산맥에서 페르시아의 변경에 이르는, 로마 제국의 4분의 3에 해당하는 지역을 관할했다. (2) 판노니아, 다키아, 마케도니아, 그리스 등의 중요한 속주들은 한때 일리리쿰 총독의 지휘하에 있었다. (3) 이탈리아 총독의 권한은 그 칭호가 유래한 지역에 국한되지 않고 멀리 도나우 강 유역에 이르는 라에티아에까지, 지중해의 속령인 섬들에까지, 아프리카 대륙의 키레네 변두리에서 팅기타니아의 변두리 지역까지를 추가로 관장했다. (4) 갈리아 총독은 브리타니아와 에스파냐까지 관장했으며, 그의 권한은 안토니누스 방벽에서 아틀라스 산기슭에까지 미쳤다.

민정총독들이 모든 군사 지휘권을 박탈당한 후에도 그들이 수많은 나라들에 대해서 행사하도록 되어 있던 여러 가지 행정권만으로도 그들 최고 고관들의 야심과 능력은 충분히 만족될 수 있었다. 사법과 재정의 최고행정이 그들의 능력에 맡겨지게 되었다. 이 두 가지 업무는 평화시에는 군주와 시민 모두에 대한 의무를 포함했는데, 전자의 경우는 법률에 순종하는 시민들을 보호할 의무, 후자의 경우는 국가예산에 소요되는 부담의 몫을 분담하는 의무였다. 통화, 도로, 우편, 곡물창고, 제조공장 등 국가의 번영에 도움되는 것은 모두 그들의 권한에 의해서 조정되었다. 그들은 황제의 직접 대리인으로서 각자의 임의적 선포에 의해서 일반적 칙령을 공포, 시행하고 때로는 수정할 권한을 가지고 있었다. 그들은 또한 속주 지사들의 행동을 감시하여 태만한 자를 면직시키고 죄 지은 자에게는 처벌을 내렸다. 하급 관할구역으로부터는 민사, 형사의 모든 중요 사건이 총독의 재판을 받기 위해서 상소되었다. 그의 판결은 최종적이고 절대적이었으며, 황제들도 일단 그들에게 무제한의 신임을 준 이상 그의 판단력 또는 성실성에 대한 어떠한 이의 제기도 하지 않았다. 그의 생활상태는 위엄을 갖추기에 충분했으며, 만약 그가 탐욕에 휩쓸리는 사람이라면 각종 벌금, 선물, 뇌물 등을 얼마든지 거두어들일 수 있었다. 황제들은 이제 민정총독의 야심을 겁낼 필요가 없게 되었지만, 그러면서도 그 임기를 단축시키거나 불확실하게 만드는 방법으로 이 중요한 직책이 가지는 권력을 견제하기 위해서 세심하게 배려했다.

민정총독의 관할권이 미치지 않는 지역은 보다 중요하고 위엄 있는 로마와 콘스탄티노플뿐이었다. 도시의 방대한 규모와 불편하고 비효율적인 법률운용 경험은 일찍이 아우구스투스가 새로운 행정장관을 도입하는 정책을 취하도록 구실을 만들어주었는데, 행정장관은 강력한 전권을 휘둘러 노예근성이 있으면서도 불온한 시민들을 단속할 수 있었다. 발레리우스 메살라가 로마의 초대 시장에 임명되었으니, 그의 명망으로 보아 어떠한 혐오스러운 조치를 취했더라도 용인될 수 있었을 것이다. 그러나 이 훌륭한 시민은 며칠 후 브루투스의 친구다운 정신을 발휘하여 자기는 시민의 자유와 양립할 수 없는 권력의 집행은 할 수 없다고 선언하고서 사퇴하고 말았다. 자유에 대한 의식이 희박해짐으로써 질서의 필요성이 보다 분명히 인식되었다. 이에 따라서 당초 노예와 부랑자에 대한 위협수단으로 의도되었던 시장직은 로마의 기사계급과 귀족들에 대해서도 민사, 형사 재판권을 행사하도록 허용되었다. 이렇게 되자 1년 임기로 법과 공정성을 보장하기 위해서 임명되던 법무관(praetor)은 이제는 통상 군주의 신임을 받는 민활한 상설 행정장관과 포룸의 관할권을 다툴 수 없게 되었다. 법무관들의 법정은 한산해졌고, 한때 12-18명 선을 오르내리던 법무관의 수는 점차 2-3명으로 줄어들었으며, 그들의 주요 기능은 시민의 여흥을 위해서 비용이 높은 축제를 준비하는 임무에 국한되기에 이르렀다.

집정관이라는 직책이 한낱 빈껍데기 장식품으로 전락하여 수도에서 별로 볼일이 없게 되자, 로마 시장이 원로원에서 그 자리를 물려받아 이 중요한 회의의 상임의장으로 인정받게 되었다. 시장은 100마일이나 되는 먼 지역에서도 상소를 접수했으며, 자유도시의 모든 자치권한은 오직 시장에게서만 유래한다는 것이 법률의 원리로서 인정되었다. 로마 시장은 그 힘든 업무를 수행하기 위하여 15명의 보좌관을 두었는데, 그들 중에는 출신상 시장과 동급이거나 심지어 상급인 사람도 있었다. 주요 부서들은 감시업무의 지휘와 관련된 것으로서 예컨대 화재, 도난, 야간질서에 대비한 치안부서, 곡물과 일용품의 관리 및 배급 부서, 항만, 수도, 하수도, 티베리스 강의 운항과 준설, 시장, 극장, 개인 및 국가의 토목사업의 감독부서 등이었다. 이들의 감시업무는 일상적 경찰업무의 3대 목적 —— 치안, 재산, 청결을 대상으로 삼았다. 그리고 로마 시의 미관과 장식물의 보존을 위한 정부의 관심을 보여주는 직책으로서 조각상을 보호하는 감독관 1명을 임명했다. 이 감독관은 말하자면 로마의 생명이 없는 주민들의 보호자인 셈이었는데, 이런 주민의 수는 로마의 생명이 있는 주민의 수보다 결코 적지 않았다. 콘스탄티노플에서도 이 신도시의 창건 약 30년 후에 이와 비슷한 행정장관 1명이 동일한 목적으로 임명되어 동일한 권한을 행사했다. 이 두 시장의 권한 그리고 4명의 민정총독의 권한은 완전한 대등관계였다.

제국의 위계체계에서 '스펙타빌레스'라고 불리는 사람들은 '일루스트레스'인 민정총독과 '클라리시미'인 속주의 행정장관들 사이의 중간계급을 형성했다. 이 계급에 속하는 사람들 중에서 아시아, 아카이아 및 아프리카 속주 총독(proconsul)들은 옛날의 위엄을 유지하며 상석을 유지했다. 그들의 종속적 지위를 나타내는 유일한 표시는 그들의 재판소에서 민정총독의 재판소로 상소를 올린다는 점뿐이었다. 제국의 대민행정은 각기 강력한 왕국에 해당하는 규모인 13개의 대(大)관구(dioecesis)로 나누어져 있었다. 이 관구들 중 첫째 관구는 동방의 코메스(comes)의 관할에 속했다. 그의 기능이 얼마나 중요하고 다양한 것이었는가는 그의 직속으로 오늘날의 비서, 서기, 의전관, 전령 등에 해당하는 속관(apparitor)이 600명이나 배속되어 있었다는 점만 보아도 짐작할 수 있을 것이다. 이집트 아우구스투스 관구(직할관구)에는 이미 로마의 기사를 임명하지 않았으며, 다만 그 이름만 남아 있게 되었다. 그리고 그 지방의 상황과 주민들의 기질로 인해서 불가결해진 특수한 권력은 여전히 지사가 장악하고 있었다. 나머지 11개 관구들 —— 아시아, 폰티카, 트라키아, 마케도니아, 다키아, 판노니아 또는 서부 일리리쿰, 이탈리아, 아프리카, 갈리아, 에스파냐, 브리타니아 —— 은 12명의 비카리우스(vicarius), 즉 총독 대리에 의해서 통치되었는데, 총독 대리라는 직명으로 보아 그 직책의 성격과 종속성을 잘 알 수 있다. 한 가지 덧붙일 것은 후술하게 될 로마 군의 고급장교들, 즉 군대의 코메스(comes)와 두크스(dux)에게는 '스펙타빌레스'라는 호칭이 주어졌다는 점이다.

황제들의 내각에 질투와 허식이 만연하게 되자, 황제들은 권력의 내용을 세분화하고 그 칭호를 늘리려고 애썼다. 역대 로마 황제들이 하나의 동일한 통치방식하에 통일했던 광대한 지방들은 부지불식간에 수많은 지역으로 분리된 끝에 마침내 제국 전체는 116개 속주로 분할되어, 각 주마다 거액의 비용을 들여 거대한 체제를 유지했다. 그중 3개 속주는 속주 총독(proconsul)에 의해서, 37개 속주는 집정관급 지사(consularis), 5개 속주는 코렉토르(corrector), 71개 속주는 프라이시덴스(praesidens)에 의해서 통치되었다. 이 행정관들의 칭호는 여러 가지로 달랐고, 직급도 순위가 매겨졌고 그 권위를 나타내는 문장도 상이했으며, 그 지위도 상황에 따라서 마음에 드는 경우도 있고 그렇지 않은 경우도 있었다. 그러나 그들은 모두(총독을 제외하고) 한결같이 '클라리시미' 계급에 속했고, 모두가 황제의 신임을 받는 동안은 총독 또는 그 대리의 권위하에 각 관구별로 사법과 재정의 권한을 부여받았다.

방대한 로마 법전(Codex)과 유스티니아누스 법전(Pandectae)은 그 당시 지방의 행정체제를 상세히 알 수 있는 풍부한 자료들을 제공하고 있는데, 이 체제는 6세기 동안에 걸쳐 로마 정치인과 법률가들의 지혜에 의해서 개선되었다. 역사학자들은 권한남용을 억제할 목적으로 마련된 두 가지의 독특하고도 유익한 규정을 살펴보는 것으로서 충분하다.

(1) 속주의 지사들은 평화와 질서를 유지하기 위해서 사법권이라는 무기를 가지고 있었다. 그들은 체형을 부과했으며 중죄인에게는 생살여탈권을 행사했다. 그러나 유죄판결을 받은 자에게 자신의 처형방법을 선택하도록 허가하거나 또는 명예로운 유배지로 추방할 권한은 가지지 못했다. 이러한 권한은 오직 총독만이 가지고 있었으며, 총독만이 황금 50파운드의 무거운 벌금형을 내릴 수 있었고, 그 대리인은 불과 몇 온스의 소액 벌금형만 언도할 수 있었다. 작은 권한은 주지 않고 큰 권한만 부여하는 듯한 이 규정은 매우 합리적인 동기에 근거한 것이었다. 그것은 작은 권한일수록 남용되기 쉽다는 이유에서였다. 지방 행정장관들은 감정에 휩쓸려 위압적 행위를 저지를 가능성이 높은데, 비록 그들이 신중함과 인도주의적 사상을 바탕으로 무고한 사람의 피를 흘리기를 꺼리는 경우도 있겠지만, 이와 같은 행위는 인민의 자유와 재산을 침해할 뿐이었다. 마찬가지로 추방, 거액의 벌금, 안락사 방법의 선택 등은 주로 부자나 귀족에게 관계된 것이었으리라고 볼 수 있다. 그러므로 지방 행정장관들의 탐욕이나 원한의 대상이 된 사람들은 그들의 자의적인 박해를 피해서 보다 공명정대한 민정총독의 재판에 회부되기를 원했던 것이다.

(2) 재판관의 정직성은 그의 이해관계나 정실이 개입되면 당연히 편견에 휩쓸릴 위험이 있다는 점이 인식되었기 때문에, 엄격한 규제〔면피(免避)〕가 뒤따랐다. 이 규제는 황제의 특별한 허가가 없는 한, 누구든지 자기가 출생한 속주의 행정장관이 되지 못하도록 하고, 지사나 그 아들이 원주민 또는 거주민과 결혼하지 못하도록 하며, 자기 관할구역 안에서는 노예, 토지 또는 주택을 구입하지 못하도록 하는 내용이었다. 이와 같은 엄격한 예방조치가 있었음에도 불구하고, 콘스탄티누스 황제는 그의 치세 25년이 지난 후에도

여전히 재판을 둘러싸고 재판관 자신과 재판소 하급관리들이 재판업무의 졸속 처리, 심리의 적당한 지연, 최종 언도 등을 둘러싸고 뇌물을 받고 있다고 격분했다. 그후에도 무기력한 법령과 효력이 전혀 없는 금령이 쓸데없이 반복된 것을 보면, 이와 같은 범죄가 처벌되지 않은 채 계속되었음을 알 수 있다.

민간 행정장관들은 모두 법률가들 중에서 선임되었다. 유명한 "유스티니아누스 법전"은 로마 법 연구에 종사하는 전국의 젊은이들을 위한 것이었다. 그리고 황제 자신이 몸소 젊은이들의 숙련과 재능이 국가 행정상 적재적소의 기관에 배치될 것이라고 다짐함으로써, 그들의 면학을 고무하고 있었다. 동서 로마의 대도시들에서는 모두 이 수지 맞는 학문의 기초과정을 가르쳤다. 그러나 그중 가장 유명한 것은 페니키아 해안에 있는 베리투스 시의 법률학교였는데, 이 학교는 창설자인 알렉산데르 세베루스의 시대로부터 3세기가 넘도록 번영을 구가했다. 학생들은 5년간의 정규 교육과정을 마치면, 돈과 명예를 찾아 각 지방으로 흩어져갔다. 광대한 제국은 수많은 법률, 책략, 악덕으로 이미 부패가 만연되어 있었기 때문에, 일거리가 얼마든지 있었다. 동방 총독의 법정만 해도 150명의 변호사에게 일거리를 공급할 수 있었는데, 그중 64명은 별도의 특권을 누리고 있었고, 2명은 국고를 보호하기 위해서 1년 임기로 선임되어 연급으로 황금 60파운드를 받았다. 그들의 법률적 재능은 행정장관의 보좌관으로 임명되면서 최초의 시험을 받았다. 여기서 출세하면 그들이 변론을 맡았던 재판소의 재판장이 되는 경우도 많았다. 그들은 한 지방의 행정을 맡게 되면, 공적, 명망 또는 황제의 은총에 힘입어 점차 국가의 일루스트레스로 승진했다.

그들은 변호업무를 집행하는 데에 논리를 변론의 수단으로 삼았고, 개인적 이해관계에 따라서 법률을 해석했는데, 국사를 담당할 때도 이와 같은 나쁜 습관을 버리지 못했을 것이다. 예나 지금이나 순수한 정직성과 뛰어난 지혜를 가지고 중요한 직책을 맡는 변호사들은 이와 같은 자유업의 명예를 지켜오고 있지만, 로마 법의 쇠퇴기 당시에는 법률가들의 승진에는 으레 불신과 치욕이 가득 차 있었다. 종전에 귀족계급의 신성한 유업(遺業)으로 지켜겼던 이 고귀한 직업이 이제는 해방노예와 평민의 수중에 떨어져 재능보다는 간계로써 일하는 추악한 직업이 되고 말았다. 변호사들 중에는 불화를 조성하고 소송을 일으켜 자기 자식과 동료들의 돈벌이를 꾀하기 위해서 타인의 가정을 들락거리는 사람도 있었다. 또한 자기 사무실에 틀어박혀 부유한 고객을 교묘한 말로 혼란시키고 부당한 구실을 합리화시킬 논거를 제공하는 것으로 법률학자의 위엄을 유지하는 사람도 있었다. 포룸에서는 이 화려하고 인기 있는 계급을 구성한 변호사들의 과장되고 요란한 연설이 울려 퍼졌다. 그들은 명망이나 정의 같은 것은 아랑곳없이 대체로 고객에게 엄청난 비용을 청구하고 소송을 지연시키고 최후에는 실망의 미궁 속으로 끌고 들어가서 몇년 동안 지루한 시간이 지나 의뢰인들의 인내심과 재산이 탕진되면, 마침내 손을 빼어버리는 무지하고 탐욕스러운 안내자라고 묘사되고 있다.

3 기병대 및 보병부대의 총사령관/ 아우구스투스가 도입한 정치체계에 따르면 행정장관들, 적어도 황제 직할 속주의 지사들은 황제의 전권을 위임받고 있었다. 전쟁과 평화, 상벌의 집행자인 행정장관들은 독립적으로 행동했는데, 문관의 옷을 입고 재판소에 나타나기도 하고 완전무장하고 로마 군단을 지휘하기도 했다. 국고수입에 대한 영향력, 법률집행의 권한 그리고 군사지휘권이 함께 하여 그들은 최고, 절대의 권력을 장악했기 때문에, 그들이 혹시 황제에 대한 충성을 배반하고자 기도하더라도, 그들의 반란에 말려든 충성스러운 속주 주민들은 그 정치적 상황의 변화를 거의 느낄 수 없을 정도였다. 콤모두스의 시대로부터 콘스탄티누스의 치세에 이르는 기간 중(약 150년)에 반란의 깃발을 들어 어느 정도라도 성공했던 속주 행정장관의 수는 100명에 가까웠을 것이다. 무고한 속주 행정장관이 황제의 의심을 받아 잔인하게 희생당하는 경우도 많았지만, 그렇게 함으로써 반란기도가 미연에 방지되는 경우도 있었을 것이다.

콘스탄티누스는 이와 같은 강력한 신하들로부터 황제의 자리와 국가의 안녕을 지키기 위해서 군대를 민정으로부터 분리시키고 종래 일시적 편법으로 채택된 적이 있는 이 관행을 항구적, 전문적으로 구분시키기로 했다. 근위대 장관이 제국 군대에 대해서 행사하던 최고관할권은 콘스탄티누스가 창설한 2명의 **사령관**, 즉 기병 총사령관과 보병 총사령관에게 이양되었다. 이들 일루스트레스급 장군들은 각기 자신의 직접 관장하에 있는 군대의 규율에 대해서 보다 특별한 책임을 졌지만, 전쟁에 임할 때는 두 사람 모두 동일한 군대 안에 통합된 보병이나 기병 몇개 부대를 차별 없이 지휘했다. 이 사령관의 수는 동서 로마의 분할로 배로 늘어났다. 그리고 동일한 직급과 칭호를 가진 별도의 사령관이 라인 강, 상(上)도나우 강, 하(下)도나우 강, 유프라테스 강의 4개 주요 변경지방에 임명되어 마침내 로마 제국의 방어는 기병, 보병 사령관 8명에게 맡겨지게 되었다.

이들의 지휘하에 모두 35명의 군사령관이 속주에 주둔했는데, 3명은 브리타니아에, 6명은 갈리아에, 1명은 에스파냐에, 1명은 이탈리아에, 5명은 상도나우 강에, 4명은 하도나우 강에, 8명은 아시아에, 3명은 이집트에 그리고 4명은 아프리카에 배치되었다. 그들의 신분은 코메스 또는 두크스라는 칭호로 적절히 구분되었다. 이 칭호들은 근대어에서는 매우 다른 의미를 가지고 있어 지금은 이러한 용어들을 사용하면 다소간 놀라움을 불러일으킬지도 모른다(comes→count, dux→duke로 전와됨/역주). 그러나 기억할 것은 이 두 가지 칭호 중에서 두크스는 원래 군대의 장에게 무차별적으로 적용되던 라틴어 단어(dux)에서 비롯된 것이라는 점이다. 따라서 속주의 모든 장군들은 두크스였다. 그러나 콘스탄티누스의 궁정에서 나중에 창안된 것으로서 명예의 칭호이며 동시에 은총의 칭호인 코메스라는 직급에 해당하는 사람은 10명에 불과했다. 두 직급을 표시하는 상징물은 황금 벨트였다. 그들은 봉급을 받는 것 외에도 하인 190명과 말 158필을 유지하기에 충분한 수당을 받았다. 그들은 사법과 재정에 관한 문제에는 간섭하지 못하도록 엄격히 금지되었으나, 군대와 관할부서에 관한 지휘권은 행정장관들의 권위로부터 독립하여 행사했다.

콘스탄티누스는 교회체제에 대해서 법적인 재가를 내린 것과 같은 시기에 로마 제국 안에 민정과 군정 권력 간에 미묘한 균형을 도입했다. 상반되는 이해관계와 양립되기 어려운 풍습을 지닌 이 두 직종간에 일어나는 경쟁의식과 불화는 공(功)과 과(過) 양면의 결과를 모두 가져왔다. 어느 한 속주의 군사령관과 민정장관이 공모하여 소요를 일으키거나 힘을 합쳐 그 지방을 위해서 일할 가능성은 매우 희박했다. 한쪽이 원조 간청을 수치스럽게 생각하고 다른 한쪽이 이를 제공하기를 꺼려하는 상황에서 군대는 질서를 잃거나 보급품을 제대로 받지 못해 치안은 엉망이 되고 백성들은 무방비 상태에서 사나운 야만족들에게 노출되는 경우가 매우 많았다. 콘스탄티누스가 구사한 이와 같은 분할통치는 황제의 권력은 보장했으나, 반면에 국가의 활력을 이완시키는 결과를 가져왔다.

  콘스탄티누스의 이름을 떠올릴 때, 그가 또 한 가지 개혁을 시도하여 군대의 기강을 문란케 하고 제국의 멸망을 촉진했다는 점을 상기하게 된다. 그가 리키니우스에 대해서 최후의 승리를 거두기까지의 19년간의 로마는 방종과 내전의 기간이었다. 로마 제국의 소유권을 둘러싸고 다툰 이 두 경쟁자는 국경지대의 수비대로부터 대부분의 병력을 빼돌렸으며, 그들 각자의 관할구역의 경계를 이루는 주요 도시들에는 자기 동포를 불구대천의 원수로 간주하는 군인들로 가득 차게 되었다. 내전과 함께 이 국경 수비대들의 동원이 중지된 후, 정복자(콘스탄티누스)는 디오클레티아누스의 엄격한 규율을 부활시키고 군대 안에 습성화하여 고질화된 위험스러운 정실주의를 타파할 지혜와 결단력을 가지고 있지 못했다. 콘스탄티누스 시대로부터 '궁정군(palatini)'과 '변경군(limitanei)' 간에 —— 즉 궁정군이라고 부적당하게 불린 군대와 변경지방의 군대 간에 —— 통상적인 그리고 심지어 법률적인 구별이 도입되었다. 높은 봉급과 특전으로 사기가 높은 궁정군은 전쟁 등 비상시를 제외하면 각 속주의 중심부에 주둔할 수 있도록 허용되었다. 따라서 번영하는 도시는 군대 막사의 무거운 짐에 짓눌리게 되었다.

  군인들은 점차 직업군인으로서의 미덕과 용기를 망각하고 시민생활의 악덕에만 물들게 되었다. 그들은 제조업 직공으로 타락하거나 목욕탕과 극장의 사치로 나약해졌다. 그리고 얼마 후에는 군사훈련에 무관심해지고, 음식과 의복에 까다로워지고, 백성들에게는 공포를 불러일으키면서도 야만족의 침입 앞에서는 몸을 떨게 되었다.[5] 디오클레티아누스와 그의 동료 황제들이 큰 강들을 따라 확장해놓았던 일련의 요새들이 이제는 전처럼 잘 관리되지도, 제대로 방어되지도 못했다. 변경군이라는 이름하에 남은 병력수는 여전히 일상적인 방어에는 충분한 규모였을지 모르지만, 그들의 사기는 떨어졌으니, 그것은 그들이 항상 전쟁의 고난과 위험에 처해 있으면서도 사치스러운 궁정군의 약 3분의 2밖에 안 되는 봉급과 수당을 받고 있다는 데에서 굴욕을 느끼고 있었기 때문이다. 실력도 없이 은총받는 자들(궁정군)과 비슷한 수준으로 봉급이 높은 부대나 군단들조차도 궁정군에 허용된 명예로운 칭호 때문에 어느 정도 수치심을 느끼고 있었다. 콘스탄티누스는 감히 탈영을 시도하고 야만족의 침입을 묵인하고 약탈에 가담하는 변경군 부대원들에게 불과 칼로 거듭 엄하게 경고했지만, 허사였다. 편파적인 엄벌로써는 분별심이 없는 의도에 기인한 불신을 제거할 수 없었다. 그리고 그후의 황제들이 국경 수비대의 전력과 인원을 회복하려고 노력하기는 했으나, 로마 제국은 마지막 와해의 순간까지도 콘스탄티누스의 경솔함과 나약함 때문에 입은 치명적인 상처로 계속 고통을 겪어야만 했다.

통일된 것은 무엇이든지 분할하고 두드러진 것은 모두 낮추고 모든 능동적 세력을 겁내고 그리고 나약한 사람이 가장 잘 복종하리라고 기대하는 그와 같은 소극적 정책은 여러 황제들, 특히 콘스탄티누스 황제의 제도 곳곳에 침투되어 있었다고 할 수 있다. 과거에 전쟁에 이긴 후 종종 반란을 일으킨 적이 있는 로마 군의 자존심은 과거의 무공에 대한 기억과 현실적인 무력에 대한 자신감 때문에 더욱 커져갔다. 디오클레티아누스 치세 중에는 1개 군단을 6,000명으로 편성하는 옛 편제가 유지되었기 때문에 각 군단의 하나하나가 로마 제국의 군대역사에서 눈에 띄게 중요한 존재였다. 그 몇년 후에는 이 거대한 편제가 일거에 매우 작은 규모로 축소되었기 때문에 7개 군단과 약간의 지원부대가 페르시아에 대항하여 아미다 시(티그리스 강 상류지역에 있음/역주)를 방어하게 되었을 때, 수비대의 총병력은 남녀 주민과

---

5) 역사가 암미아누스는 군인들이 솜털 침대와 대리석 집을 좋아했으며, 그들의 술잔이 칼보다 더 무거웠다고 썼다.

침식 도구와 군장을
갖추고 행군하는 로
마 병사들

부근 시골에서 도망쳐온 농민들까지 모두 합해도 2만 명을 넘지 못했다. 이 사실과 이와 유사한 몇 가지 사례에 비추어볼 때, 로마 군의 용맹성과 규율을 뒷받침했던 군단 편제가 콘스탄티누스에 의해서 붕괴되었으며, 로마의 보병부대는 종전과 동일한 명칭과 명예를 가졌으면서도 실제로는 불과 1,000명 또는 1,500명으로 편성되었으리라고 추측할 충분한 이유가 있다. 이렇게 함으로써 수많은 개별 부대들이 자체의 힘이 약화되었다는 두려움 때문에 음모를 꾸미지 못하도록 견제하기는 쉬워졌을 것이다. 그리고 콘스탄티누스의 후계자들은 군적에 있는 132개 군단에 직접 출동 명령을 내림으로써, 군대에 대한 자신들의 사랑을 과시할 수 있었을 것이다.

나머지 부대들은 수백 개의 보병대대와 기병대대로 분류되었다. 이 부대들의 무기, 호칭, 표지 등은 공포심을 불러일으키고 그리고 황제의 깃발 아래 행군하는 여러 민족을 나타낼 수 있도록 고안되었다. 그리고 로마 군의 전투대형을 아시아 국왕(페르시아의 샤푸르 2세/역주)의 오합지졸 군대와 구별지었던 자유와 승리의 시대의 그 엄격하고 단순한 특징은 흔적도 남지 않게 되었다. 『노티티아(고위관직표)』에 근거하여 보다 상세히 설명하면, 고사 애호가의 구미에는 맞겠지만, 역사가들은 제국의 변경지방에 주둔한 상설 부대 또는 수비대의 수가 무려 583개에 달했다는 것 그리고 콘스탄티누스의 후계자들 시대에는 군대의 총병력이 64만5,000명으로 계산되었다는 사실만 밝혀두면 족할 것이다. 그러한 거대한 군비는 보다 초기에는 필요를 상회했고, 보다 후기에는 국력을 상회하는 것이었다.

군대를 모집하는 동기는 사회마다 크게 다르다. 야만족들은 전쟁을 즐기기 때문에 응모할 것이고, 자유국가의 시민들은 의무감이 그 동기가 될 것이며, 군주국의 백성들은, 아니 적어도 귀족들은 명예심의 고취 때문에 자극을 받을 것이다. 그러나 쇠망해가는 제국의 소극적이고 사치스러운 주민들은 돈벌이를 기대하거나, 아니면 처벌이 두려워 군대에 들어갔다고 보아야 한다. 로마의 국고는 봉급인상, 빈번한 하사품 그리고 각종 새로운 수당과 도락의 제공 등에 의해서 탕진되었다. 당시 속주 청년들의 의견으로는 이와 같은 것들이 군대생활의 고생과 위험을 보상해주기에 충분한 것이었다. 그러나 입대기준을 낮추고, 적어도 묵시적으로 노예들도 차별 없이 군대에 받아들였음에도 불구하고, 정규적인 지원병을 충분히 확보하는 어려움을 극복할 수 없었기 때문에 황제들은 보다 효과적이고 강제적인 방법을 채택할 수밖에 없었다. 용맹에 대한 보상으로 무과세 특전으로 은퇴한 노병에게 하사된 토지가 이제는 봉건적 토지소유제의 기초가 되는 한 가지 조건하에서 하사되었다. 토지를 상속받는 아들들은 성년에 이른 즉시 군에 입대해야 한다는 것, 비겁하게 이를 거부하는 경우에는 명예와 재산, 심지어는 목숨까지도 잃게 된다는 것이 그 조건이었다.

그러나 노병들의 아들만 가지고는 매년 병력수요의 극소수밖에 충원할 수 없었기 때문에 각 지방에서 병력을 징집하는 경우가 빈번해졌고, 모든 토지보유자는 직접 무기를 들거나, 다른 사람을 대신 군대로 보내거나, 아니면 거액의 벌금을 물고 병력면제를 받아야만 했다. 비록 나중에 인하되기는 했지만, 금화 42개라는 벌금액은 지원병의 값이 매우 비쌌으며, 정부도 이와 같은 대납을 꺼려했음을 알 수 있다. 군복무에 대한 공포심이 쇠퇴기 로마인들의 정신상태에 이처럼 큰 영향을 주었기 때문에, 이탈리아와 각 속주의 청년들 중에는 군복무를 기피하기 위해서 오른손 손가락을 자르는 경우가 많았다. 그리고 이 괴상한 편법이 매우 흔하게 사용되었기 때문에 이를 엄하게 다스리는 법률조항이 나오고 이를 가리키는 라틴어의 특수한 명사가 나올 정도였다.[6]

로마 군대의 야만족 수용은 갈수록 보편화했고, 갈수록 필요해졌으며, 갈수록 중요해졌다. 스키타이족, 고트족, 게르만족 중에서 용감한 자들은 전쟁을 즐긴 데다가 로마의 속주를 약탈하는 것보다 이를 방어하는 일이 더 이익이 된다는 것을 알게 되자 각 민족으로 구성된 보충부대에만 입대하는 것이 아니라 정규 군단 자체에 들어가고 나아가서 최정예 궁정군 부대에도 입대하게 되었다. 그들은 제국의 신민들과 자유롭게 뒤섞이면서 점차 자신의 풍습을 경멸하고 로마의 기예를 모방했다. 그들은 그들의 무지 때문에 오만한 로마에 대해서 가지고 있던 맹목적 존경심을 버리는 한편, 쇠퇴기의 로마가 위대함을 지탱하는 유일한 무기가 무엇인지를 알고 또 그러한 무기를 소유하게 되었다. 군사적 재능을 나타낸 야만족 군인은 예외 없이 중요한 지휘관으로 승진되었으며, 이제는 트리부누스, 코메스, 두크스, 사령관 등의 이름에도 외국인 이름이 나타났고, 그들 스스로도 이를 숨기려고 하지 않았다. 야만족 군인들은 동족에 대항하여 싸우는 임무를 맡는 경우도 많았다. 대부분의 경우는 동족과의 유대보다 황제에 대한 충성을 택했지만, 적(야만족)과 반역의 통신을 주고받거나 적의 침입을 안내하거나 퇴각을 눈감아주

---

[6] 이를 무르쿠스(murcus)라고 불렀다. 로마의 기사가 두 아들을 불구로 만들면, 아우구스투스의 명에 의해서 그의 몸은 물론 재산을 경매에 부쳤다.

는 죄를, 아니 그 혐의를 항상 피할 수 없었다. 콘스탄티누스의 아들(콘스탄티누스 2세〔재위 337-40년〕)의 병영과 궁전은 강력한 프랑크족 일파에 의해서 관리되었는데, 이들은 서로간에는 물론이고 본국과도 긴밀한 관계를 유지하면서 모든 개인적 모욕을 민족적 모욕으로 받아들여 분노했다.

폭군 칼리굴라가 매우 특이한 후보자(그의 말〔馬〕/역주)를 집정관에 임명하려고 했을 때만 해도, 비록 이와 같은 신성모독 행위가 그의 말 대신에 게르마니아나 브리타니아의 가장 고귀한 추장을 선택 대상으로 삼았다고 해도, 경악을 불러일으키기는 마찬가지였을 것이다. 그러나 3세기라는 세월이 지나는 동안에 사람들의 심정에 큰 변화가 일어나서 콘스탄티누스는 사회적인 승인하에서 로마의 제1급 시민이 되기에 부족함이 없는 공적을 세운 야만족에게 집정관의 명예를 수여하는 모범을 그 후계자들에게 보여주었다. 그러나 법을 모르거나 무시하도록 교육받은 이 사나운 고참병들은 민정직을 맡을 능력이 없었기 때문에, 그들의 능력은 재능과 기질의 대립적인 분리에 의해서 위축당하게 되었다. 그 대신 변호사, 원로원, 군대 또는 학교에 적응할 수 있는 자질을 가진 그리스 및 로마의 교양 시민들은 동일한 정신과 동등한 능력으로 쓰고 말하고 행동하도록 배울 수 있었다.

4 조신들/ 궁정에서 멀리 떨어져 각 속주와 군대를 상대로 위임받은 권한을 행사하는 행정장관과 사령관들 외에도, 황제는 7명의 측근 신하들에게 일루스트레스라는 칭호를 부여하여 황실의 안전, 자문 또는 재정의 책임을 맡겼다.

(1) 궁전의 내전은 그 당시 말로 프라이포시투스(praepositus), 즉 궁내부장관이라고 불리던 한 명의 환관이 관리했다. 그의 임무는 황제의 국사와 여흥에 시중을 들고, 황제 주변의 모든 사소한 일들을 충성을 다해서 돌보는 데 있었다. 통치능력을 갖춘 황제 밑에서 이 시종장(요즘 말로 이렇게 부를 수 있을 것이다)은 유익하고 겸손한 하인 노릇을 했다. 그러나 교활한 시종장은 자기가 누리는 무한정한 신임을 이용하여 점차 허약한 황제라면 지혜와 덕망을 쌓지 못하도록 만들었다. 테오도시우스의 타락한 손자들은 백

성들에게는 모습을 나타내지 않고 적에게는 경멸의 대상이 되었는데, 시종장을 황실 내 모든 장관들의 우두머리로 올려놓았다. 그리고 그의 대리인으로서 황제를 측근에서 섬기는 노예들의 우두머리조차도 스펙타빌레스인 그리스나 아시아의 총독보다 더 높은 지위가 인정되었다. 시종장의 관할권은 황실의 의상과 식탁의 두 중요한 분야를 담당하는 코메스 신분의 감독관들에게도 미쳤다.

(2) 주요국사의 관리는 근면하고 능력 있는 총무장관에게 위임되었다. 그는 궁중의 행정장관으로서 민간 및 군대의 규율을 감독하고 제국의 곳곳에서 올라오는 청원을 수리했는데, 그가 처리하는 사건은 궁정관리들과 마찬가지로 일반 재판관의 권위를 거부할 권리가 있는 수많은 특권층과 그 가족들이 관련된 사건들이었다. 황제와 신하들 간의 서신은 총무장관 직속인 4개 부서의 문서부(scrinia)에 의해서 관리되었다. 그중 첫번째는 문서의 관리를, 두번째는 황제의 교서를, 세번째는 청원서를, 네번째는 온갖 종류의 문서와 명령서를 담당했다. 이들 각 직책은 차하급인 스펙타빌레스가 지휘했으며, 그 전체 사무는 148명의 서기에 의해서 집행되었다. 서기들은 주로 법률가 중에서 선발되었는데, 그 이유는 그들이 수행하는 업무에는 여러 가지 종류의 보고서와 문헌을 발췌하는 업무가 많았기 때문이었다. 종전에는 이와 같은 겸양이 로마의 권위에 어울리지 않는다고 여겨졌겠지만, 그리스어를 전담하는 서기도 한 명 임명되었고, 야만족 사신들을 접견하기 위한 통역관들도 임명되었다. 그러나 현대정치에서 매우 중요시되는 외무부서는 총무장관의 관심 대상이 되지 못했다. 총무장관의 주요 관심은 제국 안의 파발과 병기고들을 전체적으로 관리하는 데 쏠려 있었다. 동로마의 15개 도시와 서로마의 19개 도시 등 모두 34개 도시에 노동자들을 상시 고용하는 상설 공장들이 있어 온갖 종류의 방어용 갑옷과 공격용 무기, 군사 장비들을 제조했는데, 이 무기들은 병기고에 보관했다가 수시로 각 부대에 인도되었다.

(3) 재무관(quaestor)이라는 직책은 9세기 동안에 걸쳐 매우 기이한 변화과정을 겪었다. 제국 초기에는 매년 민회에서 2명의 하급 행정장관을 선출하여 집정관을 대신하여 국고를 관리하는 번잡스러운 업무를 맡도록 했다. 이

와 유사한 보좌관은 군사 지휘권 또는 속주의 지휘권을 행사하는 모든 속주 총독과 법무관에게도 허용되었다. 정복한 영토가 확대됨에 따라서 당초 2명이었던 재무관의 수가 4명, 8명, 20명으로 늘어났고 얼마 후에는 40명 정도로까지 늘어났다. 그러자 귀족들도 다투어 이 자리를 탐내게 되었는데, 그것은 이 자리를 차지하면 원로원 의석도 얻을 수 있었고 공화국의 영예를 누릴 기회도 많았기 때문이었다. 아우구스투스는 짐짓 자유선거제도를 유지하는 척하면서도 매년 일정한 비율의 후보자를 추천하는, 아니 사실은 지명하는 특권을 수락했다. 그리고 그는 관행적으로 이 유능한 청년들 중 한 명을 선정하여 원로원에서 자신의 연설문이나 교서를 대독하도록 했다. 아우구스투스의 이 관행은 후대의 황제들도 모방했기 때문에, 이 임시직책은 종신직책으로 확립되었으며, 총애받는 재무관은 보다 중요한 성격을 띠게 되어 종전의 동료 재무관들이 모두 무용지물이 되어 구박받는 동안에도 유독 그만이 남아 있게 되었다. 그가 황제의 이름으로 작성하는 연설문은 칙령과 같은 효력을 가졌고, 나중에는 절대적인 칙령이 되었기 때문에 그는 결국 입법권의 대행자, 자문회의의 신탁자, 민법의 원천으로 간주되기에 이르렀다. 그는 민정총독 및 총무장관과 함께 어전회의의 최고 재판관 판석에 앉도록 요청받는 경우가 많았으며, 하급 재판관들의 의혹을 풀어주도록 요청받기도 했다. 그러나 여러 가지 잡다한 실무에서 면제되었기 때문에 한가한 시간과 재능을 활용하여 품위와 언어가 타락한 가운데서도 아직은 로마 법의 권위를 지탱하고 있던 위엄 있는 명문장을 가다듬었다. 이 황실 재무관은 몇 가지 점에서 현대의 국새상서(國璽尙書, chancellor)에 비유할 수도 있다. 그러나 국새는 무식한 야만족들이 사용했던 것으로 로마 황제가 공식행위를 인증하기 위해서 이를 사용한 적은 결코 없었다.

(4) 재무장관에게는 '어사관(御賜官, comes sacrarum largitionum)'이라는 특이한 칭호가 부여되었다. 그것은 아마도 국고의 모든 지출이 황제의 임의적인 하사금에서 나오는 것임을 강조하기 위해서였을 것이다. 대제국의 각 분야에 걸쳐 연간 및 일일 경비지출 내용을 세목별로 짐작해본다는 것은 아무리 왕성한 상상력을 가지고서도 불가능한 일일 것이다. 실제의 회계업무

에는 11개 부서에 수백 명의 인원이 배치되어 각 부서별 운영상황을 정교하게 검사, 통제했다. 이와 같은 근무요원의 수는 당연히 늘어나게 마련이었다. 따라서 각자의 착실한 직업을 버리고 돈벌이가 잘 되는 이 직책에 지나치게 달려든 불필요한 보조요원들을 고향으로 돌려보내야겠다고 생각한 적이 한두 번이 아니었다. 재무장관 밑에는 29개 속주의 세리가 있었는데, 그 중 18명은 코메스라는 칭호를 가지고 있었다. 그리고 재무장관은 귀금속을 생산하는 광산들, 이를 통화로 만드는 조폐공장들, 국사를 위해서 이 통화들을 보관해두는 주요 도시의 금고들을 관장했다. 재무장관은 로마 제국의 대외무역을 관장했으며, 주로 여자노예들을 동원하여 실을 뽑고 천을 만들고 염색하여 황실과 군대에서 사용할 아마 직물과 모직물을 생산하는 모든 공장들도 관리했다. 직조기술이 보다 늦게 도입된 이러한 공장이 26개소가 있었는데, 동로마의 선진 산업지역에는 그 수가 이보다 더 많았을 것으로 생각된다.

(5) 황제들은 절대군주로서 자의로 징수, 지출할 수 있는 국고세입 외에도 부유한 시민의 자격으로 매우 방대한 재산을 소유하고 이를 황실재산관리인으로 하여금 관리토록 했다. 그 재산 중에는 예로부터 내려오는 사유지 및 공화국 시대의 사유지도 있었고 역대 황실 가문에서 유래한 고대 왕정 재산도 있었겠지만, 그 대부분은 재산 몰수와 압류 등의 불순한 방법으로 획득한 것이었다. 황실재산은 모리타니아에서 브리타니아에 이르는 각 속주들에 흩어져 있었다. 그러나 황제에게 소유욕을 가장 크게 자극한 곳은 카파도키아(아나톨리아 중동부 지방)의 풍요하고 비옥한 토지였기 때문에, 콘스탄티누스는 물론이고 그의 후계자들도 신앙이라는 미명하에 이곳에서 탐욕을 정당화할 기회를 포착했다. 황제들은 전쟁의 여신을 섬기는, 군주와 같은 대사제가 있는 코마나(지중해 연안의 신전〔神殿〕도시/역주)의 부유한 신전을 억압하고, 그 여신과 사제들에게 속한 6,000명의 백성과 노예들이 살고 있는 신전의 토지를 황실재산으로 만들었다. 그러나 황제들이 귀중하게 생각한 것은 주민들이 아니었다. 아르가이우스 산 밑에서 사루스 강 유역에 이르는 평야지대의 명마는 그 당당한 자태와 비할 데 없는 준족으로 고대세계

에서 가장 유명한 말이었다. 황실의 기마용과 경기용으로 점지된 이 명마들은 일반 대중이 사용하지 못하도록 법으로 보호되었다. 카파도키아의 황실 재산은 매우 중요했기 때문에 코메스 신분의 감독관을 두었으나, 제국의 다른 지방에는 보다 지위가 낮은 공무원들을 상주시켰다. 그리고 황실 재산관리인과 국고관리인의 대리인들은 각기 독자적으로 업무를 수행하고, 각 속주 행정관들의 권한을 견제하는 임무도 맡았다.

(6), (7) 황제의 신변을 경호하도록 선발된 기병과 보병 부대들은 황실 시종무관(2명)의 직접 지휘하에 있었다. 3,500명의 총병력은 각 500명씩 7개 부대로 나뉘었는데, 동로마에서는 이 명예로운 임무를 아르메니아인들이 전담했다. 공식행사가 열릴 때마다 궁정 안과 주랑에 늘어선 그들의 당당한 체격, 침묵의 대열, 금빛 은빛의 찬란한 무장은 로마의 위용에 손색이 없는 장관을 이루곤 했다. 이 7개 부대 중에서 경호대로 선발된 보병과 기병 2개 중대는 특권적 지위를 누려 정예군인들의 희망이며 보람이었다. 이들은 황궁 내전의 경비를 맡았으나, 유사시에는 황제의 명령을 신속하고 정확하게 집행하기 위해서 지방으로 파견되기도 했다. 시종무관들은 종전의 근위대장의 직무를 계승했는데, 그들과 마찬가지로 처음에는 궁중에서 근무하다가 군사령관으로 승진되었다.

황실과 속주들 간의 끊임없는 교류는 도로건설과 역참제도가 확립됨으로써 더욱 촉진되었다. 그러나 이 유익한 시설들도 가끔씩 악의적으로 남용되곤 했다. 총무장관의 관할하에 200-300명의 파발꾼이 채용되어 매년 선출되는 집정관의 이름과 황제의 칙령이나 승전보고 등을 널리 알렸다. 파발꾼들은 점차 각 속주의 행정관들이나 일반 시민의 행동을 파악하여 보고하는 일을 하게 되었으며, 이윽고 황제에게는 눈으로, 백성들에게는 회초리로 간주되기에 이르렀다. 나약한 통치하에서 기강이 해이해진 틈을 타서 파발꾼은 무려 1만 명으로 늘어났다. 이들은 빈번하지만 미지근한 법률적 제재를 비웃으며, 역참제도를 이용하여 돈벌이를 하면서 탐욕스럽고 오만한 압제수단이 되었다. 황실과 정규적인 통신을 유지한 이들 국가의 밀정들은 특혜와 보상에 고무되어 사소한 불만의 징후에서 실제의 공공연한 반란에 이르기까지 온갖 역모의 진전상황을 열심히 감시했다. 그들은 충성이라는 가면을 쓰고 진실과 정의를 경망스럽게 혹은 범죄적으로 침해했다. 그들은 평소에 미워한 자나 밀고하지 않은 데 대한 대가를 지불하지 않은 자가 있으면, 죄가 있건 없건 가리지 않고 은밀하게 독화살을 겨누었다. 시리아나 브리타니아의 양민들은 언제든지 쇠사슬에 묶여 밀라노(서로마 황제의 거주지/역주)나 콘스탄티노플의 법정에 끌려가서 특권층 밀정들의 악의적인 고발로부터 자신의 목숨이나 재산을 방어해야만 하는 위험에 시달렸다. 통상적인 행정방식에 의해서 웬만한 필요성이 인정되지 않는 한, 형벌이 완화되는 일이 없었고 증거가 없더라도 고문에 의해서 얼마든지 만들어낼 수 있었다.

로마 법에서는 기만적이고 위협적인 이른바 심문(이렇게 강변했다)이 인정되지는 않더라도 용인되었다. 그들은 이 피비린내 나는 심문방법을 천민에게만 적용했다. 오만한 공화국 시민들은 정의와 인도주의를 저울질할 때 천민들의 고통은 염두에 두지 않았지만, 시민의 신성한 신체를 모독하는 데 대해서는 죄를 입증할 명백한 증거가 없는 한, 이를 승인하지 않으려고 했던 것이다. 그러나 티베리우스에서 도미티아누스에 이르는 폭군들의 연대기를 보면, 수많은 무고한 희생자들의 처형내용이 상세히 적혀 있다. 그러나 시민의 자유와 명예가 조금이라도 존중되는 시기의 로마인은 죽음에 임해서도 치욕스러운 고문의 위험에서는 벗어나 있었다.

그러나 속주 행정장관들의 행위는 도시의 관행이나 민간인의 엄격한 행동원리에 의해서 규제되지 않았다. 그들은 고문을 동방 전제국의 노예들에게만 적용하는 것이 아니라, 제한 군주에게 복종한 마케도니아인들, 상업으로 번영한 로도스(터키 남부의 섬/역주) 사람들, 심지어 인간의 존엄성을 주장하고 찬미한 현명한 아테네인들에게도 관행적으로 적용했다. 속주민들의 묵종은 그곳 총독들이 고문도구를 사용하여 부랑자나 평민인 범인들로부터 자백을 얻어내거나 강요할 수 있는 자유재량권을 가지도록 만들었고, 마침내 계급을 혼동하고 로마 시민의 특권까지 무시하도록 만들었다.

불안해진 신민들은 여러 가지 특별 면제를 요구했고 황제의 이해관계에 따라서 이를 허용하게 되었는데, 그것은 사실상 일반적인 고문을 묵인하고 심지어 공인한 것이었다. 이에 따라서 일루스트레스 또는 클라리시미 계급, 주교와 사제, 학자, 군인 및 그 가족, 지방관리 그리고 이들의 3대 후손에 해당하는 모든 사람들과 미성년자들이 보호를 받았다. 그러나 제국의 새로운 법체계에 한 가지 중요한 원리가 도입되었는데, 치밀한 법률가들이 군주나 공화국에 대한 적대적 의도를 추정할 수 있는 모든 범죄를 포함하는 반역죄의 경우에는 그들도 일체의 특권이 정지되어 파렴치범으로 격하되었다는 것이다. 황제의 안전이 정의나 인도주의보다 우선했기 때문에 점잖은 노인이나 철없는 청소년도 모두 똑같이 고문의 대상이 되었다. 따라서 로마 제국의 일반 신민들은 항상 악의적인 무고로 조작된 범죄의 공범자나 증인으로 지목될지도 모른다는 두려움 속에서 살았다.

이러한 해악은 끔찍하기는 했겠지만, 사실은 소수의 로마 신민들에게 국한되었으며 이들의 위험한 상황은 황제의 질투대상이 된 신분상, 재산상의 특권 향유에 의해서 어느 정도 보상을 받았다. 로마 제국의 대다수 신민들은 이와 같은 잔혹행위보다 군주의 탐욕을 훨씬 더 두려워했던 것이다. 그리고 그들의 평범한 행복에 큰 영향을 미친 것은 과중한 세금으로 인한 고통이었다. 이러한 고통은 부유층에게는 별것이 아니었으나, 가난하고 궁핍한 사람들에게는 엄청난 중압으로 느껴졌다. 최근 어떤 박식한 철학자는 국세의 부담률을 자유와 예속의 정도에 의해서 평가하면서 한걸음 더 나아가서 그것은 불변의 자연법칙에 따라서 항상 자유에 비례하여 증가하고 예속에 비례하여 감소해야 한다고 주장한 바 있다(몽테스키외의『법의 정신』/역주). 그러나 전제정치의 해악을 가볍게 보는 경향이 있는 이와 같은 생각은 적어도 로마 제국의 역사와는 일치하지 않는다. 로마의 역사는 원로원의 권한을 빼앗아간 바로 그 군주들이 각 속주의 부를 빼앗아갔음을 보여주고 있다. 콘스탄티누스와 그의 후계자들은 외형상 구매자들이 자기도 모르는 사이에 지불하는 여러 가지 세금을 폐지하지 않은 채 전제정치의 정신에 더욱 적합한, 간단한 직접세를 선호하는 정책을 취했다.

중세의 연대를 확인하는 데에 자료로 사용되는 '15년기 포고집(indictioines)'이란 이름과 관행은 바로 로마의 정기적인 납세제도에서 유래한 것이다(로마에서는 15년마다 재산을 평가하여 세금을 부과했음/역주). 황제는 9월 1일 이전의 2개월 동안 친히 붉은 잉크로 'indictio(15년기 포고)'라는 칙령에 서명하여 각 관구의 수도에 공시했다. 그 결과 '인딕티오'라는 단어는 자연스럽게 그 칙령에 의해서 정해진 세금액과 그 납부기간(15년)을 의미하는 용어로 바뀌어갔다. 이 일반적 세출예산은 국가의 실제 세입 또는 예상 세입에 비례했지만, 때로는 지출이 세입을 초과하거나 세입이 예산에 미달했기 때문에 백성들에게 '수페르인딕티오'라는 이름의 추가세를 부과했다. 그리고 국가의 가장 중요한 이 업무는 민정총독들에게 위임되었는데, 그들은 경우에 따라서 국사를 위해서 예상하지 못했던 특별임시비용을 징수할 수 있도록 허용되었다.

이 법령들의 집행(구체적인 설명은 생략한다)은 두 가지 다른 업무로 구성되었으니, 그것은 총부과액을 지역별로 나누어 로마의 각 주, 도시 및 개인에게 할당하는 업무와 각 개인, 도시 및 주별로 개개의 납세액을 징수하여 그 총액을 제국의 국고에 받아들이는 업무였다. 그러나 군주와 신민들 간의 금전계산은 항상 미결상태에 있었기 때문에 그리고 새로운 요구액에서는 미납된 세금의 완납이 전제되었기 때문에 이 무거운 재정의 수레바퀴는 매년 동일한 사람들에 의해서 그해그해 돌아갈 수밖에 없었다. 세입관리 업무는 모두 속주 총독과 속주 총독 대리인의 재량에 맡겨졌다. 그 결과 수지 맞는 업무는 수많은 하급관리들이 관장하게 되었는데, 재무관과 속주의 총독에게 배속된 이 하급관리들은 불가피하게 관할권 분쟁에 말려들어 백성들에게서 노략질한 재산을 둘러싸고 다투는 경우가 많았다. 오직 질투와 비난만을 불러일으키고 비용이 들고 위험하기만 한 고된 업무는 지엄한 제국의 법령에 의해서 시민사회의 부담을 담당하는 도시자치위원(decuriones)에게 맡겨졌다.

제국의 모든 토지재산(황실의 세습재산도 예외가 아니었다)은 통상적인 과세대상이 되었으며, 새로운 토지 구매자는 전 소유주의 의무를 승계했다. 정확한 호구조사(census)는 각 시민이 국가에 납부해야 할 의무액을 정하는 공정한 방법이었다. 그리고 '15년기 포고'라는 말에서 알 수 있는 바와 같이

세리에게 세금을 바치는 속주민

이 어렵고 비용이 많이 드는 조사는 15년마다 반복되었을 것이다. 토지는 각 속주에 조사관을 파견하여 측량했는데, 이들은 토지가 경작지인가 목초지인가, 포도원인가 삼림인가를 구별하여 보고했으며, 5년간의 평균생산액을 기준으로 그 공정가격이 산정되었다. 보고서에는 노예와 가축의 수가 그 기본 항목으로 포함되었고, 소유주들이 실태를 사실대로 밝히겠다는 선서를 하도록 했으며, 거짓말을 하거나 입법자의 의도를 회피하고자 하는 행위는 반역죄와 신성모독죄를 범하는 이중 범죄로서 중벌에 처했다.

공납의 대부분은 현금으로 납부되었는데, 제국의 통화 중에서 오직 금화만이 법적으로 인정되었다. 나머지 세금은 '15년기 포고'로 정해진 비율에 따라서 보다 직접적이고 강제적인 방법으로 징수되었다. 토지의 생산물에 따라서 포도주, 기름, 밀, 보리, 목재, 철 등 각종 품목의 실제 생산물이 속주민들의 노동 또는 비용 부담으로 일단 황실 창고에 운반되었다가 황실과 군대 그리고 로마와 콘스탄티노플 2개 수도에 수시로 배분되었다. 세입징수관은, 대량으로 물품을 구입해야 하는 경우가 자주 발생했기 때문에, 현물로 징수되는 공납물을 현금이나 대납의 형태로 받는 것이 엄격하게 금지되었다.

소박한 규모의 원시사회에서는 이러한 현물납부 방법이 공납물 징수에 매우 적합했을 것이다. 그러나 부패한 절대왕정하에서는 이 방법이 극도의 융통성과 극도의 엄격성을 동시에 가지고 있기 때문에 억압적 권력과 기만술이 끊임없이 강조되지 않을 수 없게 된다. 로마 속주의 농업은 점차 황폐해졌으며 따라서 황제들은 전제정치가 진행되는 과정에서 징수에 차질을 빚자 백성들이 도저히 납부할 가망이 없는 미납물을 탕감해주거나 경감해주는 약간의 미덕을 발휘하지 않을 수 없었다. 이탈리아의 새로운 행정 구분에 따라서 옛 승전의 무대였고 로마 시민의 쾌적한 별장지대인 비옥한 캄파니아 주는 북쪽은 티베리스 강에서 남쪽은 실라루스 강에 이르는 해안지대와 아펜니노 산맥의 사이에 위치해 있었다. 그런데 콘스탄티누스 사망 60년 후에 이 주에서는 실제 조사에 근거하여 전체 면적의 8분의 1에 해당하는 33만 에이커의 토지가 불모지 및 미경작지로서 면세 대상이었다. 그 당시 이탈리아는 아직 야만족의 발길이 미치지 않았으므로, 이와 같은 놀라운 황폐화 현상이 나타난 것은 로마 황제들의 행정 탓이었다고 볼 수밖에 없다.

의도적이건 우연이건간에 세액평가 방법은 토지세를 토대로 하여 인두세의 형식을 적용했던 것으로 보인다. 각 속주 또는 지역에서 보낸 보고서에는 공과금 부과액과 납세자의 수가 기재되었다. 총과세액을 납세자 수로 나누면, 그 지방의 인구(납세자)가 몇명이나 되는지 그리고 두당 할당액이 얼마나 되는지를 알 수 있었는데, 이와 같은 추산방법은 일반인들 사이에서 널리 사용되었을 뿐 아니라 법적인 계산방법으로도 인정되었다. 1인당 납세액은 여러 가지 우발적인 사정에 따라서 변화했겠지만, 한 가지 특이한 사실이 지금까지 전해지고 있는데, 그것은 로마 제국에서 가장 부유했던 주로서 지금도 유럽의 여러 왕국들 중 가장 큰 번영을 누리고 있는 지방과 관련된 사실이기 때문에 더욱 관심을 끈다. 콘스탄티우스 2세(재위 337-61년)의 탐욕스러운 장관들은 1인당 연간 세액으로 금화 25개를 착취함으로써, 갈리아 지방을 피폐시켰다. 그의 후계자(율리아누스)는 인정을 베풀어 이 인두세를 금화 7개로 인하했다. 그러므로 극도의 억압과 일시적 관용이라는 두 극단의 중간 값을 계산해보면, 금화 16개, 즉 영국 화폐로 약 9파운드가 그 당시 갈리아 지방에 부과된 통상적인 과세 표준액이라고 할 수 있다.[7]

그러나 토지 소유자에 대한 이와 같은 세금 또는 인두세는 수많은 자유시민들에게 탈세를 허용했다. 황제들은 기술이나 노동을 통해서 얻는 부, 즉 화폐나 상품으로서 존재하는 각종 부의 한몫을 차지하기 위해서 상업에 종사하는 신민들에게 별도의 개인세를 부과했다. 그리고 토지의 생산물을 처분하는 소유주에게는 시간과 장소를 엄격히 제한하는 조건으로 예외를 인정했다. 학예에 종사하는 사람들에게는 약간의 관용이 베풀어졌으나, 그밖의 모든 영리적 산업부문에 대해서는 법률을 엄격히 적용했다. 서방세계에서 인도산 보석과 향신료를 수입한 알렉산드리아의 지체 높은 상인은 물론이고 돈놀이를 해서 은밀하게 수치스러운 이윤을 남기는 대금업자, 창의적인 제조업자, 근면한 직공 그리고 심지어 외딴 마을의 비천한 소매상조차도 징세관에게 소득의 일부를 바쳐야만 했다. 게다가 로마 제국의 군주는 공창제도를 용인해주고 그 수치스러운 수입에서 일부를 받았다.

산업에 부과되는 일반 조세는 4년마다 징수되었기 때문에 '4년기 축의금(collatio lustralis)'이라고 불렀다. 따라서 역사가 조시무스가 개탄한 것처럼, 이 징벌의 시기가 다가오면 자기 재산에 할당된 세금을 마련하기 위해서 극히 혐오스럽고 부자연스러운 방법을 동원해야만 했던 시민들은 눈물과 공포심으로 이 치명적인 기간을 맞이했다. 사실 조시무스의 이 증언은 격정과 편견에 사로잡힌 면이 있다. 그렇더라도 이 세금의 성격을 미루어볼 때, 세금의 배정방법이 매우 자의적이고 그 징수방법이 매우 엄격했다고 결론지어도 무리가 없을 것이다. 상인의 은밀한 소득이나 기술자와 노동자의 부정기적인 수입은 일률적인 평가대상일 수 없었거니와, 이와 같은 평가가 국고의 이익에 불리하게 이루어지는 경우는 좀처럼 없었다. 그리고 상인의 신체는 가시적이고 영구적인 보증을 제공할 수 없기 때문에, 그 세금의 납부는 부

---

7) 원문에서 기번은 계속해서 인두세의 부담을 완화하기 위해서 가난한 농민들은 여러 명을 하나의 "인두(人頭)"로 묶어서 세금을 바쳤다는 사실을 적고 있으나, 생략한다/편집자 주.

동산의 압류로 보장되는 토지세의 경우와 달리 체형(體刑)을 가하는 것말고는 다른 방법이 없었다. 콘스탄티누스가 매우 인간적인 칙령을 내려 세금 미납자에 대해서 고문도구와 태형의 사용을 금하고 구금의 장소로 널찍한 감옥을 마련해준 것을 보면, 체납자에 대한 처벌이 얼마나 잔인했는가를 알 수 있다.

이상과 같은 일반 조세는 군주의 절대권한에 의해서 부과되고 징수되었다. 그러나 가끔씩 바치는 '왕관의 황금(aurum coronarium)'은 여전히 명목상 백성들의 동의를 받도록 되어 있었다. 예로부터의 관습에 따르면 자국의 안전이나 구출을 로마 군대의 승리 덕분이라고 생각하고 로마 공화국의 동맹국들은 물론이고 이탈리아의 도시들까지도 개선장군의 무공을 찬양하여 황금의 왕관을 자발적으로 헌납했는데, 이 왕관은 의식을 거친 후 그 영광을 후세에 영원히 기리기 위해서 유피테르 신전에 봉헌되었다. 열성과 아첨이 계속됨으로써 얼마 후 백성들의 이 기증품은 그 수와 크기가 늘어나게 되어, 예를 들면 율리우스 카이사르의 개선 당시에는 2,822개의 거대한 금관이 바쳐졌는데, 그 무게는 무려 2만414파운드에 이르렀다(기원전 46년의 일로 3일 동안 초호화판 행사가 벌어졌다. 그러나 이 계산대로라면 금관 한 개의 무게가 무려 5kg 가량 나가는 것으로 보아 착오가 있는 듯하다/역주). 그 뒤 현명한 독재자(아우구스투스)는 그 황금이 신에게보다는 자기 휘하의 군인들에게 더 한층 도움이 되기를 바랐기 때문에, 이 황금을 녹여서 사용했다. 그의 이와 같은 선례는 후계자들에 의해서 모방되었으며, 이 화려한 장식물 대신에 제국에서 통용되는 금화를 선물로 받는 관행이 도입되었다

이 자발적인 헌납은 마침내 의무적 세금으로 징수되었으며, 그 기증의 시기도 개선식 때에만 국한되지 않고 황제의 즉위나 집정관 취임, 황태자의 탄생, 부황제의 즉위, 야만국에 대한 승전 그리고 그밖에도 황제의 치세 기록을 장식하는 온갖 실제 사건이나 조작된 사건이 있을 때마다 바쳐지게 되었다. 로마 원로원이 바치는 특별 선물은 관례적으로 황금 1,600파운드, 즉 영국 화폐로 약 64,000파운드로 정해졌다. 억압받는 백성들이 자신의 행복을 경축한다고 하는 이상 그들의 군주도 인자하게 이 보잘것없지만 자발적

인 충성과 감사의 표시를 받아들였다.

자만심으로 날뛰거나 불만을 품은 사람들은 자기들의 실제 형편을 올바르게 평가받는 경우가 드물었다. 콘스탄티누스의 신민들은 정신력과 남성적 미덕을 실추시켰음을 인식하지 못하고, 자신들이 과거의 고결했던 선조들보다 열등한 존재로 타락했음을 판별하지 못하고, 오직 폭군의 횡포와 기강의 해이 그리고 세금의 증가만을 실감하고 탄식했다. 이와 같은 불만의 타당성을 인정하는 공정한 역사가라면 그들의 참상이 사실보다 과장되었음을 보여주는 몇 가지 유리한 상황도 찾아낼 수 있을 것이다. 얼마 후 위대한 로마의 기초를 무너뜨리게 되는 야만족들의 위협적인 내습도 아직은 국경지방에서 격퇴되거나 저지되고 있었다. 지구의 상당한 부분을 차지하는 로마 주민들은 사치스러운 학예의 기교를 발전시키고 우아하게 사회적 쾌락을 즐기고 있었다. 문민주의의 형태, 위용, 비용은 그래도 군인들의 변칙적인 횡포를 억제하는 데 기여했다. 그리고 비록 법률이 권력에 의해서 침해되고 교묘하게 악용되기는 했지만, 그래도 로마 법의 현명한 원리들은 동양의 전제정치에서는 찾아볼 수 없는 질서와 형평을 유지하고 있었다. 인간의 권리는 종교와 철학을 통해서도 어느 정도 보호받을 수 있었을 것이다. 그리고 이미 당연한 것으로 인정된 자유의 이름으로 아우구스투스의 후계자들에게 그들이 다스리는 나라가 노예나 야만족의 나라가 아니라고 가르치는 경우도 있었을 것이다.

이어서 계속되는 3개 장에서 기번은 콘스탄티누스가 오랫동안 도전을 받지 않은 그의 치세의 말년에 "잔인하고 방종한 군주"로 타락했으며, 그의 "상반되면서도 결합 가능한 탐욕과 방종이라는 두 가지 악덕"이 제국 전체에 걸쳐 나타난 "은밀하면서도 보편적인 타락"을 유발시키는 데 기여했다고 지적하고 있다. 그의 이와 같은 비판은 콘스탄티누스가 그의 첫번째 부인에게서 태어난 장자로서 리키니우스와의 전투를 승리로 이끄는 데 결정적인 역할을 한 크리스푸스를 처형하고 자신의 조카인 리키니우스의 아들을 처형했으며, 자신의 두번째 부인인 파우스타를 살해했을지도 모른다는 사실에 의해서 뒷받침된다. 그러나 그는 오랜 치세를 끝내고 사망하기 직전의 2년 동안에는 역량을 발휘하여 먼저 고트족을 정벌하고 이어 로마의 변경지방을 약탈하던 야만족 사르마타이족(흑해 연안에 살던 민족/역주)을 정벌하기도 했다. 64세에 사망한 그는 혈족으로 7명의 왕자를 남겼는데, 즉 두 번째 부인 파우스타의 소생인 3명의 아들 콘스탄티우스[2세], 콘스탄스와 콘스탄티누스[2세] 그리고 그의 동생의 자식들인 4명의 조카, 달마티우스, 한니발리아누스, 갈루스, 율리아누스였다. 로마 제국은 그의 3명의 아들과 2명의 큰 조카(달마티우스와 한니발리아누스)에게 분할되었는데, 이들에게는 모두 카이사르의 칭호가 주어졌다.

그러나 콘스탄티누스의 시신이 채 식기도 전에 이 여러 명의 후계자들이 서로 다투기 시작했다. 아버지의 장례식을 맡은 콘스탄티우스[2세]는 가짜 유언장을 만들어 이를 근거로 "무차별 학살"을 자행했다. 이 학살에서 그의 삼촌 2명과 달마티우스와 한니발리아누스를 비롯한 사촌 7명 그리고 그들의 친구와 지지자 다수가 살해되었다. 그리고는 콘스탄티우스의 3형제가 제국을 재분할하여 장자인 콘스탄티누스[2세](재위 337-40년)는 새 수도 콘스탄티노플을, 콘스탄스(재위 337-50년)는 서부지방을, 콘스탄티우스[2세](재위 337-61년)는 동부지방을 각각 차지했다. 콘스탄티우스는 당장 페르시아 왕 샤푸르[2세]의 침입으로부터 자신의 세습재산을 지키기 위해서 전쟁에 나섰다. 콘스탄티우스는 그의 긴 생애의 태반에 걸쳐 승패를 거듭하며 계속된 이 전쟁에서 아홉 차례의 대전투를 벌였다. 대개의 경우 로마 군대가 패했지만, 두 가지 상황이 얽혀 부유한 동부의 속주들이 위기에서 구출되었다. 샤푸르는 메소포타미아의 요새 도시 니시비스를 공략했으나, 힘만 소모했을 뿐 번번이 실패했다. 마지막 공성 때에 그는 야만족의 침입에 그의 왕국부터 지킬 수밖에 없는 처지가 되었다.

그러나 콘스탄티누스의 혈통은 가차없이 자기 파멸의 길을 걸었다. 3형제가 로마 제국을 분할한 지 3년 만에 장자(콘스탄티누스 2세)는 동생 콘스탄스를 상대로 "전쟁보다는 약탈에나 적합한 오합지졸"을 이끌고 쳐들어갔으나, 패배와 죽음을 자초하고 말았다. 그 10년 후에는 콘스탄스 자신도 야심적인 장군 마그넨티우스가 갈리아에서 일으킨 반란으로 몰락했다. 마그넨티우스는 그후 제국 전체를 분할하여 소유하기 위해서 콘스탄티우스와 화전(和戰) 양면의 교섭을 벌였다. 마그넨티우스는 먼저 동부지방을 콘스탄티우스에게 양보하고 자신은 서부지방을 차지하겠다고 제의했으나, 거절당했다. 이어 계속된 내전의 와중에서 콘스탄티우스가 동일한 제안을 내놓았지만, 이번에는 마그넨티우스가 거절했다. 이 문제는 5만4,000명이 살육된 것으로 추정되는 헝가리의 무르사 전투에서 효과적으로 타결되었다. 그리고 비록 이 전쟁의 결과로 로마 제국이 콘스탄티우스의 단일 체제하에 재통일되기는 했지만, 내전 중에 수많은 역전의 용사들을 상실하여 그 영향은 수십 년 동안 지속되었다.

콘스탄티누스 대제의 두 어린 조카 갈루스와 율리아누스는 나이가 어린 탓으로(12세와 6세) 달마티우스와 한니발리아누스의 생명을 앗아간 대학살에서 살아남았다. 콘스탄티우스는 통치의 부담을 덜기 위해서 마침내 그들의 반연금 상태를 해제하고, 갈루스를 카이사르로 올려 동로마의 3개의 큰 주와 관구를 관할하도록 했다. 그러나 갈루스는 "고독과 역경으로 찌든" 성격의 소유자인 데 반해, 그의 처 콘스탄티나는 "여자라기보다는 사람의 피에 굶주린 지옥의 여자"라고 묘사되는 사람이었다(그녀는 진주 목걸이 하나 때문에 알렉산드리아의 귀족 한 명을 살해했다고 전해지는데, 그 귀족의 유일한 죄는 "자기 장모의 소원을 들어주지 않은 죄"였다). 이렇게 해서 동부의 속주들은 마그넨티우스와의 내전이 종식되기까지 갈루스의 지배하에 신음했으나, 내전이 끝나자 콘스탄티우스는 갈루스를 꾀어 자멸토록 했다.

또 한 명의 조카인 율리아누스(재위 36-63년)는 [모든 점에서] 기번이 후기 로마 황제들 중 가장 호감을 가진 인물이었다. 그는 형 갈루스가 사망한 후 아테네로 추방되어 그곳에서 그리스인 교사들과 철학자들에게서 훌륭한 교육을 받았다. 황후 에우세비아의 지극한 사랑 덕분에 망명처에서 소환된 그는 카이사르에 취임하여 야만족 때문에 소란한 갈리아 지방에 주둔하게 되었다. 그는 군사적 지식과 경험이 전혀 없음에도 불구하고 (그는 약간의 정규적인 군사훈련을 엉성하게 마친 후 이렇게 탄식했다고 한다.

"오, 플라톤, 플라톤이여, 철학자가 이게 무슨 짓입니까!") 엄청난 난관을 극복한 끝에 먼저 알레만니족을 이어서 프랑크족을 패배시켰다. 율리우스 카이사르는 라인 강을 두 번 건넜다고 자랑하겠지만, 율리아누스는 그러한 원정을 세 차례나 단행한 끝에 제위에 올랐다.

한편 기독교는 콘스탄티누스 대제 때부터 국교로 확립되어 제국의 사회 체제를 급속도로 변화시켰다. 콘스탄티누스가 마지막 병에 걸릴 때까지 영세를 받지 않은 것으로 보아 그의 개종은 점진적인 과정으로 이루어졌던 것 같다(기번은 콘스탄티누스가 하늘에서 커다란 십자가를 보았다는 전설을 일축하고 있다). 그러나 콘스탄티누스가 갈리아를 통치하면서부터는 그의 신앙이 분명해졌다.

이와 같은 황실의 편애 덕분에 기독교의 주교와 선교사들은 항상 황제에게 쉽게 접근할 수 있었고, 교회는 디오클레티아누스의 박해로 상실했던 모든 토지와 재산을 되찾아 완전한 소유권을 누렸다. 모든 신민들은 자기 재산을 교회에 기증할 권리를 가졌고, 국고가 급속도로 성장하는 교회를 뒷받침해주기 시작했다. 예로부터 이교도의 신전에만 인정되었던 성역 원리가 기독교 교회로 옮겨졌으며, 주교들은 마음에 들지 않는 고급관리를 견책하고 파문할 수 있을 정도로 강력해졌다. 콘스탄티누스 이후로는 로마 제국은 국사와 종교 문제가 밀접하게 얽히게 되었기 때문에 한쪽을 이해하지 못하면 다른 한쪽을 이해하기가 매우 힘들었다.

제10장
(311-62년)

이단파의 박해
도나투스파의 분리
아리우스파의 논쟁
아타나시우스
콘스탄티누스와 그 아들들 시대의 교회와 제국의 혼란상
이교에 대한 관용[1]

기독교 성직자들은 그들의 정열을 충족시켜주고 그들의 이익을 신장시켜준 한 군주의 성스러운 이름을 감사하는 마음으로 기리고 있다. 콘스탄티누스는 그들에게 안전과 부와 영예를 부여하고 보복의 기회를 주었다. 그리고 정통신앙에 대한 지원이 로마 행정관의 가장 신성하고 중요한 임무로 간주되었다. 종교적 관용에 대한 대헌장인 밀라노 칙령(313년)은 로마의 모든 시민에게 스스로 종교를 선택하고 신봉할 수 있는 특권을 확인하게 되었다. 그러나 얼마 후 이 귀중한 특권이 침해당하게 되었다. 황제는 진리의 인식과 함께 박해정책을 받아들였고, 가톨릭 교회로부터 분리된 이단교파들은 가톨릭이 승리함으로써 탄압의 대상이 되었다. 콘스탄티누스는 자신의 의견에 반대하거나 자신의 명령에 항거한다고 생각되는 이단교인들을 가소롭고 완고한 죄인들이라고 쉽게 믿었고, 제때에 적당한 엄벌로 다스려야만 이 불행한 사람들을 영원한 죄악으로부터 구원할 수 있다고 믿었다.

황제가 정통파 성직자들에게 후하게 베풀어준 보상과 면책은 이단교파의 성직자나 교직자들에게는 한번도 주어진 적이 없었다. 그러나 황제의 미움을 산 이단신도들이 여전히 없어지지 않자, 동로마 정복 직후에 이단교파의

---
[1] 원문의 제21장에 해당한다/편집자 주.

전면적 말살을 명하는 칙령이 발표되었다. 콘스탄티누스는 격렬한 질책으로 가득 찬 〔이 칙령의〕 서문에 이어 이단교파의 집회를 완전 금지하고, 그들의 재산을 몰수하여 국가 또는 가톨릭 교회가 사용토록 한다고 발표했다. 황제가 엄벌하도록 지시한 교파는 사모사타의 바울로를 신봉하는 사람들, 예언의 계속성을 열심히 믿는 프리기아의 몬타누스 교파, 회개의 현세적 효험을 엄격히 배격한 노바티아누스 교파, 아시아와 이집트의 각종 그노시스파를 점차 휘하에 규합한 마르키온 교파와 발렌티니아누스 교파, 페르시아에서 동양 신학과 기독교 신학을 교묘하게 배합한 교리를 새로 가져온 마니 교파였던 것으로 생각된다.

이들 가증스러운 이단파의 이름을 말살시키고 또는 최소한 그 전파를 억제하려는 계획이 적극적으로 수행되었다. 처벌규정의 일부는 디오클레티아누스의 칙령들 중에서 베낀 것이었다. 그리고 이와 같은 강제 개종방법은 앞서 억압을 당하면서 인권을 호소했던 바로 그 주교들에 의해서 갈채를 받았다. 그러나 콘스탄티누스의 마음이 전적으로 종교적 열정과 편협으로 타락한 것만은 아니었음을 보여주는 두 가지 사례가 있다. 그는 마니 교파와 그 유사 교파를 정죄하기에 앞서 그들의 교리를 정확하게 조사할 마음을 먹었다. 그는 교회문제 자문관들의 공정성을 불신했던지 이 미묘한 임무를 한 민정장관〔무소니아누스〕에게 맡겼는데, 이 행정장관은 그가 학식과 중용을 갖추었다고 인정하고 또한 돈에 매수될 사람이 아니라고 생각한 인물이었다 (실제로는 오염되었다고 한다/역주). 황제는 얼마 후 자신이 노바티아누스 교파의 정통신앙과 모범적 도덕률을 너무 성급하게 배척했다고 후회했는데, 이 교파는 영혼의 구원 문제에는 별로 중요하지 않은 몇 가지 계율 문제에 대해서 가톨릭 교회와 견해를 달리하고 있었을 뿐이다. 황제는 특별 칙령을 내려 그들을 법률상의 일반적인 처벌로부터 면제해주고 콘스탄티노플에 새 교회를 짓도록 허용하고 이 교파에 속하는 성자들의 기적을 존중하고 그들의 주교 아케시우스를 니케아 공의회(325년)에 초청하는 한편, 그 교파의 편협한 신조를 완곡한 표현으로 야유했다. 황제의 입에서 나온 이 정도의 야유는 틀림없이 찬양과 감사의 뜻으로 받아들여졌을 것이다.[2]

원문은 이어 도나투스파의 이단에 관해서 간략히 설명하고 있으나, 생략한다. 이 분파의 발단은 카에킬리아누스와 도나투스라고 하는 2명의 주교가 아프리카 교회의 통치문제를 둘러싸고 격론을 벌인 데에서 비롯되었는데, 이 분쟁은 황제의 선호에 따라서 카에킬리아누스의 승리로 끝났다. 도나투스의 추종자들은 자기들만이 참다운 기독교인이라고 자처하고 배타적인 종교적 열정에 불타서 정통파 교리를 증오했으며 분열의 경향을 보였다. 이 교파는 300년이 넘도록 존속하다가 이슬람 교도들이 아프리카를 석권함으로써 비로소 소멸되었다.

도나투스파의 분리는 아프리카에 국한된 현상이었다. 그러나 한층 더 확산력이 강한 삼위일체 논쟁의 해악은 기독교 세계의 곳곳에 확산되어갔다. 전자는 자유의 남용이 가져온 우연한 논쟁이었지만, 후자는 철학의 남용에서 비롯된 차원 높고 불가해한 논쟁이었다. 콘스탄티누스 시대로부터 클로비스(프랑크 왕국의 시조, 재위 481-511년/역주) 및 테오도리크(고트족의 왕, 재위 474-526년/역주) 시대에 이르기까지 로마인과 야만인 모두의 속세적 이해관계는 아리우스파의 신학논쟁에 깊이 얽혀 있었다. 그러므로 역사가(필자)는 잠시 플라톤 학파에서 로마 제국의 몰락에 이르기까지 정중하게 성역의 베일을 벗기고 이성과 신앙, 오류와 수난의 진행과정을 살피겠다.

천재 플라톤은 자신의 사색에 의해서 아니면 이집트의 사제들에게서 배운 전통적 지식에 의해서 얻은 해박한 지식에 기대어 신성(神性)의 신비를 탐구하려고 시도했다. 이 아테네의 현인은 정신을 고양시켜 우주의 필연적 원인인 최초의 자존자(自存者)를 사색했지만, 자기 본질의 단순한 통일이 어떻게해서 지적 세계의 모델을 구성하는 무한히 다양한 개개의 연속적 이데아들(ideas)을 허용하는지 그리고 순수하게 영적인 절대존재가 어떻게 해서 그 완전한 모델을 만들어내고 그의 신축자재한 손으로 잡다한 독립적인 혼돈상태(chaos)를 조성하는지를 상상할 수 없었다. 보통의 지적 능력을 갖춘 사람이

---

2) "아케시우스여, 사다리를 타고 혼자 힘으로 천당에 올라갈지어다"라고 말했다. 대부분의 기독교 종파들은 앞을 다투어 아케시우스에게서 사다리를 빌렸다.

면 엄두도 못 낼 이 난제를 풀어보겠다는 헛된 희망에서 플라톤은 [형상 즉 이데아는] 제1원인, 이성 즉 로고스는 제2원인, 영혼 즉 우주정신은 제3원인, 이렇게 신성을 세 가지 변형으로 나누어 생각해보고 싶었을 것이다. 때로는 그의 시적인 상상력이 이와 같은 형이상학적인 추상을 포착하고 자극했다. 이 세 가지 본원적인 또는 근원적인 원리는 플라톤 체계에서 세 신으로 제시되었는데, 그 각각은 서로 신비롭고 형언할 수 없는 생성에 의해서 통일되었다. 그리고 특히 '로고스'는 보다 접근하기 쉬운 성질로서, 즉 '영원한 아버지의 아들' 그리고 세계의 '창조자이며 통치자'라고 생각되었다. 아카데미아의 뜰에서는 이와 같은 은밀한 교리가 조심스럽게 논의되었던 것으로 보이는데, 최근의 플라톤 제자들에 의하면 이러한 교리는 30년 동안의 꾸준한 연구 끝에 비로소 완전히 이해할 수 있게 되었다고 한다.

마케도니아의 무력에 의해서 그리스의 언어와 학문이 아시아와 이집트에 전파되자 플라톤의 신학체계는 보다 거리낌없이 그리고 약간 수정된 형태로 알렉산드리아의 유명한 학교에서 가르쳐지게 되었다(기원전 300년경). 프톨레마이오스 왕조의 지원하에 수많은 유대인들이 이 새로운 수도에 초빙되어 정착했다. 신민의 대다수는 합법적 종교의식을 행했고 돈벌이가 잘되는 상업에 종사했지만, 인습에 얽매이지 않은 소수의 히브리인들은 생애를 바쳐 종교적, 철학적 사색에 전념했다. 그들은 이 아테네 철학자의 신학체계를 열심히 연구하고 받아들였다. 그러나 그들은 자기들이 원래 정신적으로 빈곤했음을 고백하는 데에 민족적인 굴욕감을 느꼈을 것이며, 따라서 자신들이 뒤늦게 이집트의 스승들에게서 훔친 황금과 보석이 원래는 자신들의 조상에게서 물려받은 신성한 유산이라고 뻔뻔스럽게 주장했다. 예수가 탄생하기 100년 전에 알렉산드리아의 유대인들에게서 플라톤 학파의 문체와 사고방식을 분명히 모방한 철학적 논문이 나왔는데, 이 논문을 '솔로몬의 지혜'로 계시받은 값진 논문이라고 이구동성으로 주장했다. 모세의 믿음과 그리스 철학이 교묘히 통합된 유사한 사례는 주로 아우구스투스 황제의 치세 중에 작성된 필론(키케로의 스승이며 유대인 철학자/역주)의 저술에서도 찾아볼 수 있다. 우주의 영(靈)으로서 유형적 실체를 인정한 것은 히브리인들의 신앙에 위배되었겠지만, 그들은 로고스의 특성을 모세와 히브리 열조(列祖)의 신 야훼에게 적용했다. 이렇게 해서 '하느님의 아들'이 눈에 보이는 모습으로, 심지어는 인간의 모습으로 세상에 나타나서 '우주적 원인'의 성격이나 속성과는 양립하지 않는, 우리에게 낯익은 그 역할들을 수행하게 되었다.

플라톤의 유창한 변론, 솔로몬의 명성, 알렉산드리아 학파의 권위 그리고 유대인과 그리스인들의 합의만 가지고는 인간의 이성을 충족시켜줄 신비로운 교리를 진리로서 확립시키기에는 불충분했다. 신의 계시를 받은 예언자나 사도만이 인간의 신앙에 대해서 정당한 지배권을 행사할 수 있었던 것이다. 그리고 만일 복음서의 저자(사도 요한을 가리킴/역주)가 최후, 최고의 거룩한 필치로 '로고스(말씀)'의 이름과 그 '신성(神性)'을 확인해주지 않았더라면, 플라톤의 신학은 영영 아카데미아 학파나 스토아 학파, 아리스토텔레스 학파의 철학적 환상과 혼동되고 말았을 것이다. 네르바 황제의 치세 중에 완성된 예수의 계시(『요한 묵시록』)는 이 세상에 로고스의 놀라운 비밀을 현시했던 것이다. 로고스는 태초로부터 하느님과 함께 있었고 또 그 자신이 하느님이었으며, 만물을 창조했고 또 만물이 그를 위해서 창조되었으며, 동정녀에게서 태어나서 십자가에 못 박혀 죽은 나사렛 예수의 육신에 구현되어 있었다. 존경받을 만한 옛날의 교회 저술가들은 예수의 신성한 명예를 영원한 기초 위에 확립한다는 일반적인 계획 외에도 그 복음서 필자인 사도 요한이 당시 초기 기독교의 평화를 교란시킨 두 개의 상반되는 이단교파를 논박한다는 특별한 의도를 가지고 있었다고 생각했다.

에비온파와 나사렛파의 신앙은 조잡하고 불완전했다. 그들은 예수를 초자연적인 미덕과 능력을 갖춘 가장 위대한 예언자로서 존경했다. 동시에 언약된 메시아의 영적이고 영원불멸한 왕국이 도래한다는 히브리 계시의 모든 예언을 그의 인격과 내세의 통치에 귀속시켰다. 예수가 동정녀에게서 태어났다고 고백하는 사람도 일부 있었겠지만, 그들은 『요한복음』에 분명히 쓰여 있는 로고스, 즉 '하느님의 아들'이 선행적으로 존재했다는 사실과 완벽한 신성을 지니고 있었다는 사실을 완강히 부인했다. 순교자 유스티누스는 에비온파의 오류를 비교적 온건하게 지적했지만, 어쨌든 에비온파는 그로부터 50년 후에는 기독교 교파 중 매우 보잘것없는 위치로 전락했다.

한편 그때까지 '가현파(假現派, Doketai)'라는 다른 이름으로 알려졌던 그노시스파는 이와 정반대의 극단으로 나아가서 예수의 인간성을 부인하고 신성을 주장했다. 플라톤 학파에서 교육받아 로고스라는 숭고한 개념에 친숙해 있던 그들은 신성의 밝은 '발산(aion)'이 가시적인 인간의 외형을 취했으리라는 생각을 쉽게 받아들였다. 그러나 그들도 물질의 불완전성은 순수한 천상의 실체와 양립할 수 없다고 헛되이 주장했다. 예수의 피가 아직 갈보리 산 위에 남아 있는데도 그노시스파는 불경스럽고 엉뚱한 가설을 꾸며냈으니, 그것은 예수가 동정녀의 자궁에서 태어난 것이 아니라 완전한 어른의 모습으로 요단 강 강안에 강림했고, 그의 적과 제자들의 눈을 속였으며, 따라서 빌라도의 신하들은 예수가 십자가에 못 박혀 죽었다가 사흘 후에 무덤에서 일어나는 것처럼 보인 허깨비에 공연히 놀아났다는 가설이었다.

예수의 제자(사도 요한)가 플라톤의 기본적 신학원리에 성스러운 재가를 부여함으로써, 2세기와 3세기의 유식한 개종자들은 예수 계시의 놀라운 발견이 이루어지리라고 예상했던 플라톤의 저술을 앞다투어 연구하게 되었다. 플라톤이라는 존경할 만한 이름은 진리와 오류를 가리는 공통의 지주로서 정통파에 의해서 사용되었으며 이단교파에 의해서도 남용되었다. 유능한 플라톤 주석가들은 권위와 변증법을 동원하여 그의 견해와 동떨어진 결과들을 정당화했고 계시받은 [복음서의] 저자들의 조심스러운 침묵을 뒷받침했다.

신비로운 '삼위일체(trinitas)'의 세 신격의 본질, 생성, 차별, 동격에 관한 미묘하고도 심원한 문제들도 알렉산드리아의 철학파와 기독교 학파에서 논쟁을 불러일으켰다. 그들은 왕성한 호기심을 가지고 심연의 비밀을 탐구했으며, 스승과 제자들의 자존심은 말솜씨에 의해서 충족되었다. 그러나 기독교 신학자 중 현명하고 위대한 아타나시우스는 그 자신이 로고스의 신성에 관해서 아무리 억지로 사색해봐도 그 노력은 헛될 뿐이었다고 솔직히 고백했으며 그리고 자기는 생각하면 할수록 모르겠고 글을 쓰면 쓸수록 생각을 드러내기가 힘들었다고 토로했다. 우리 인간은 이 문제를 탐구하면 할수록 연구대상의 크기와 인간 정신의 능력 간에 존재하는 엄청난 괴리를 실감하고 인정할 수밖에 없게 된다. 우리는 경험적 지식의 모든 지각작용에 밀접하게 일치하는 시간, 공간, 물질의 개념들을 추상해보려고 노력하기도 한다. 그러나 무한한 실체라든가 영적인 생성에 관해서 추론할 때는 물론이고 소극적 관념에서 적극적 결론을 끌어내려고 시도할 때, 우리는 암흑과 혼란 그리고 필연적인 모순에 빠져들게 된다.[3]

관용의 칙령(밀라노 칙령, 313년)에 의해서 기독교회에 평화와 안정이 회복된 후, 옛 플라톤 철학의 본거지이며 학문의

아타나시우스(293?–373년)

도시, 부유하고 소란스러운 도시인 알렉산드리아에서 삼위일체 논쟁이 재연되었다. 이 종교적 논쟁의 불길은 학계에서 종교계로 그리고 일반 백성들을 거쳐서 각 속주와 동방으로 급속히 전파되어갔다. 로고스의 영원성이라는 난해한 문제가 성직자 회의와 대중설교에서 논란을 불러일으켰으며, 얼마 후에는 아리우스의 이단적 견해가 그 자신의 노력과 반대파의 극성 때문에 널리 알려지게 되었다. 아리우스의 논적들도 이 탁월한 사제가 이미 고위 성직에 대한 자신의 권리를 완곡하게 사양했을 정도로 학식이 많고 결백한 인물이라는 점은 인정했다. 그 결과 그의 경쟁자 알렉산드로스가 그의 재판을 맡았다. 그는 이 중요한 사건을 맡고서 처음에는 주저했지만, 마침내 절대적 신앙의 계율로서 최종 선고를 내렸다. 아리우스는 이에 굴하지 않고 분노한 주교의 권위에 항거했으나, 결국 교회에서 축출되고 말았다.

그러나 아리우스의 자존심은 수많은 교우들의 갈채 속에서 유지되었다. 그의 가까운 추종자들 중에는 이집트의 주교 2명과 함께 사제 7명, 부제 12

---

3) 원문에서 기번은 철학적 논쟁과 신학적 논쟁 간의 두 가지 차이에 관해서 언급하고 있으나, 생략한다. 플라톤과 철학자들이 현명한 중용의 입장에서 생각했던 문제를 초기 기독교인들은 열성과 정열을 가지고 대했다. 그리고 철학자는 학문적 자유를 주장했으나, 거대한 교회조직은 신도들에게 고도의 영적인 순종을 요구했다/편집자 주.

니케아 공의회(325년 5월 2일)

명과 [믿기 어려운 숫자지만] 700명의 처녀 신도들이 있었다. 아시아의 대다수 주교들도 그를 지지한 것으로 보이는데, 그 대표적인 인물로는 주교들 중에서 가장 학식이 높았던 카이사리아의 에우세비우스와 성자의 명망을 유지한 채 정치가의 명망도 얻었던 니코메디아의 에우세비우스를 꼽을 수 있다. 팔레스타인과 비티니아의 교구회의는 이집트 교구회의에 반대하는 입장을 취했다. 이 신학논쟁은 황제와 백성들의 관심도 끌었다. 그 결과 6년이 지난 후에 니케아 공의회에서 최종적인 결정이 내려지게 되었다(325년).[4]

니케아 공의회에 참석한 주교들이 정직하게 양심의 명령을 따르도록 허용되었더라도, 아리우스와 그의 동료들은 가톨릭 세계의 두 가지 유력한 견해에 정면으로 반대되는 가설이 다수의 찬성표를 얻으리라는 허황된 희망은 품을 수 없었을 것이다. 아리우스파는 곧 자기들이 위기에 처했음을 깨달았고 따라서 격렬한 정치적, 종교적 논쟁시에 소수파가 아니면 채택하거나 찬양하는 법이 별로 없는 겸손의 미덕을 조심스럽게 보였다. 그들은 기독교적인 사랑과 겸손을 내세우고, 논쟁의 불가해한 성격을 강조하고, 성서에 없는 용어나 정의(正義)의 사용을 배격하면서, 그들의 핵심 이론을 포기하지 않으면서도 반대파를 만족시킬 수 있는 매우 너그러운 양보를 제시했다.

---

4) 원문에서 기번은 삼위일체의 본질에 관해서 3가지 이론을 설명하고 있으나, 생략한다/편집자 주.

승자 쪽은 오만한 자세로 이 모든 제안을 받아들이면서 이를 어기면 아리우스파를 이단으로 몰 수 있는 몇 가지 식별의 기준을 관철시키려고 했다. 편지 한 통이 공개 낭독된 후 파기되었는데, 이 편지에서 그들의 후원자인 니코메디아의 에우세비우스는 교묘한 말로 플라톤 학파에게 친숙한 용어인 '호모우시온(Homoousion)', 즉 삼위동질성(consubstantialitas)이라는 용어가 자기들의 신학원리와는 양립할 수 없음을 인정한다고 고백했다. 주교들은 이 절호의 기회를 놓치지 않고 그들의 결의를 관철시켰다. 주교 암브로시우스의 생생한 표현대로 그들은 이단 쪽이 칼집에서 뽑은 칼을 빼앗아 가증스러운 괴물의 머리를 쳤던 것이다. 니케아 공의회에서 확정된 '아버지'와 '아들'의 동질성은 그후 그리스 교회, 라틴 교회, 동방 교회와 개신 교회가 동의함으로써 기독교 신앙의 기본 조항으로 이의없이 받아들여졌다.

그러나 이 용어는 이단자들을 낙인 찍고 가톨릭 교회를 통일하는 데에 이용되지 않았더라면, 이를 정통신앙에 도입한 다수파의 목적에 도움이 되지 못했을 것이다. 이 다수파는 삼위이체설(三位異體說, Trithism)을 따르느냐 사벨리우스파를 따르느냐에 따라서 두 개의 교파로 나누어졌다. 그러나 양극단을 취해서는 자연종교이건 계시종교이건 종교의 기반을 상실한다고 생각되었기 때문에, 그들은 상호 합의하에 양쪽 원리의 엄격성을 완화시킴으로써 반대파가 몰고올지도 모르는 정당하지만 불쾌한 사태를 모면하기로 했다. 이와 같은 공동의 이해관계 때문에 그들은 힘을 합치고 의견차이를 덮어두었다. 그들 사이의 적개심은 관용의 치유력으로 완화되었고 그들 사이의 분쟁은 신비로운 호모우시온이라는 용어를 사용함으로써 유예되었거니와 양측은 각기 자기들의 신조에 따라서 이 용어를 자유롭게 해석했다.

50년쯤 전에 안티오크 공의회에서 이 유명한 용어의 사용을 금지시키도록 했던 사벨리우스파의 해석은 은밀하게 그러나 어중간한 태도로 명목상의 삼위일체설을 취하고 있던 신학자들로 하여금 이 용어를 애호하도록 만들었다. 그러나 아리우스 시대의 보다 유력한 성자들, 즉 용맹한 아타나시우스와 학식 높은 나지안주스의 그레고리우스 등 니케아 교리를 성공적으로 뒷받침한 여러 교회 지도자는 '본질(substantia)'이라는 표현을 '본성(natura)'과 같

암브로시우스(339-97년)

은 의미로 생각한 것 같았다. 그들은 한걸음 더 나아가서 이 용어를 설명하면서 3자는 모두 동일한 종(種)에 속하기 때문에 서로 동질적 또는 동체적이라고 주장했다. 이처럼 순수하고 명백한 평등성은 한편으로 신격을 불가분적으로 통일하는 내적인 연관과 영적인 침투에 의해서 그리고 다른 한편으로는 아들의 독립성과 양립 가능하다고 인정되는 아버지의 우월성에 의해서 완화되었다.

이러한 제약의 범위 안에서 거의 눈에 보이지 않을 정도로 흔들리던 정통신앙이 뚜렷한 동요를 보이게 되었다. 이 성스러운 영역을 벗어나면 이단파와 악마가 잠복해 있다가 운 나쁜 방랑자를 덮쳐 잡아먹었다. 그러나 신학적 증오심이 커지면 논쟁 자체의 중요성보다 그 격렬함에 의해서 좌우되는 법이기 때문에, 아들의 인격을 모욕한 이단적

교인들은 그를 죽인 사람들보다 더욱 가혹한 취급을 받게 되었다. 아타나시우스는 아리우스파의 불경스러운 광기와 비타협적으로 싸우는 일로 일생을 보냈지만, 그러면서도 20년이 넘도록 안키라(앙카라)의 마르켈루스가 이끈 사벨리우스파를 옹호했다. 그리고 그는 끝내 자기 교파에서 물러나앉게 된 후에도 존경할 만한 자기 친구의 사소한 오류를 계속 모호한 미소로 대했다.

아리우스파가 굴복할 수밖에 없었던 전체 교회 공의회의 권위는 정통파의 깃발에 호모우시온이라는 신비로운 인호(印號)를 부여했는데, 그것은 다소간의 모호한 논쟁에도 불구하고 기본적으로 신앙의 일관성을 적어도 언어상으로는 유지하고 영속화시키는 데에 기여했다. 싸움에 이겨 '가톨리쿠스(公敎徒, catholicus : 그리스어 'kathól'은 '보편적'이라는 뜻이다/역주)'라는 호칭을 획득한 삼위동질론자(consubstantialist)는 자기들의 교리가 간결, 견실하다고 뽐내면서 명확한 신앙기준이 결여된 반대파의 거듭되는 변모를 매도했다. 아리우스파 수장(首長)들의 성실성이나 노회함, 법령 또는 시민에 대한 두려움, 예수에 대한 존경심, 아타나시우스에 대한 증오심 등 한 교파의 입장에 영향을 미치는 인간과 신에 관한 모든 원인들이 각 교파들간에 불화와 변질을 일으킨 결과 몇년 후에는 18가지의 서로 다른 종파가 일어남으로써 교회는 위엄을 상실한 대가를 치르게 되었다. 신앙심이 독실한 힐라리우스(4세기경의 대표적인 신부/역주)는 자신이 처했던 특별한 곤경 때문에 동방 성직자들의 오류를 트집잡기보다 오히려 무마해주려는 생각을 가지고 있었음에도 불구하고, 자신이 추방되었던 아시아의 10개 속주를 통틀어 참 하느님을 알고 있는 주교는 극소수에 불과하다고 선언했다. 그가 억압을 당했고 또한 희생자로서 그 혼란상을 목격하는 과정에서 차츰 그의 분노는 가라앉았기 때문에, 아래에 인용하는 몇 구절에서 보는 바와 같이 이 (갈리아 지방의) 푸아티에의 주교는 부지불식간에 기독교 철학자의 문체에 빠져들고 있다. 그는 이렇게 말한다. "한 가지 개탄스럽고 위험한 점은 우리 인간에게는 의견이 많은 만큼 종파도 많고, 취향이 다양한 만큼 교리도 다양하고, 결함이 많은 만큼 신성모독의 원인도 많다는 것이다. 일련의 공의회들은 호모우시온을 배격하기도 하고 수용하기도 하고 마음대로 해석하기도 했다. 이 불행한 시기의 논쟁제목은 아버지와 아들이 부분적으로 닮았느냐 아니면 완전히 닮았느냐 하는 것이다. 우리는 눈에 보이지 않는 신비를 설명하기 위해서 매년, 아니 매달 새로운 종파를 만들어내고 있다. 우리는 우리가 한 일을 후회하고, 후회하는 자들을 변호해주고, 다시 변호해주었던 자들을 파문하고 있다. 우리는 우리 가운데 있는 다른 사람들의 교리나 다른 사람들 가운데에 있는 우리의 교리를 모두 저주하며, 이처럼 서로를 헐뜯는 동안에 우리는 서로 상대방을 파멸시키는 원인이 되고 있다."5)

그리스의 언어와 풍습을 이어받은 이집트와 아시아의 여러 속주들은 아리우스파 논쟁의 해독을 깊이 받았다. 플라톤 체계의 연구에서 흔히 볼 수 있는 무익한 논쟁, 풍부하고 융통성 많은 관용어는 동방의 성직자나 시민들에게 무진장한 말과 이론의 홍수를 제공하고 있었다. 그리고 그들은 한창 논쟁을 전개하는 와중에서 철학이 요구하는 의심도, 종교가 명하는 복종도 모두 쉽사리 망각하곤 했다. 서방의 주민들은 탐구정신에서 멀어졌다. 그들은 눈에 보이지 않는 대상에 크게 감동받지 않았으며, 그들의 정신은 논쟁하는 습관에 익숙하지 않았다. 갈리아 교회도 이처럼 행복한 무지에 빠져 있었기 때문에, 힐라리우스조차도 제1차 니케아 공의회가 있은 지 30년이 지나도록 니케아 교리에 관해서 모르고 있었다.

라틴 세계가 기독교의 빛을 받아들인 것은 모호하고 신빙성이 의심스러운 번역문을 통해서였다. 원주민의 언어는 빈약하고 어려웠기 때문에 복음서에 의해서 신성화되고 또 기독교회가 기독교 신앙의 신비를 표현하기 위해서 사용한 여러 가지 그리스어 용어나 플라톤 철학의 전문용어에 해당하는 동의어를 공급할 수 없었다. 따라서 이와 같은 언어상의 결함은 라틴 신학에 여러 가지 오류와 혼란을 초래할 수 있었을 것이다. 그러나 서방의 속주민들은 다행스럽게도 정통파로부터 종교를 전수받았기 때문에 그들이 온순하게 받아들인 교리를 견실하게 유지했으며, 아리우스파의 질병이 침투해

---
5) 여기서 기번은 정통교파와 아리우스파에 속하는 여러 교파들 간의 미묘한 차이가 '호모우시안 (Homoousian, 同質論者)'과 '호모이우시안(Homoiousian, 類質論者)' 차이로(곧 비신도들의 눈에는 'i'라는 모음 한 개의 차이로/역주) 상징된다고 논하고 있으나, 생략한다/편집자 주.

왔을 때도 로마 대주교의 자애로운 배려로 호모우시온이라는 적절한 예방약을 공급받을 수 있었다.

그들의 감정과 기질은 획기적인 아리미눔(리미니, 곧 이탈리아 중북부의 항구/역주)의 공의회에서 잘 발휘되었다. 이탈리아, 아프리카, 에스파냐, 갈리아, 브리타니아와 일리리쿰의 주교 400여 명으로 구성된 이 공의회는 규모에서 니케아 공의회를 능가하는 것이었다. 토론의 초장부터 아리우스파를 지지하는 주교는 80명뿐인 것으로 드러났는데, 그들은 겉으로 아리우스파의 이름과 그 과거를 비난하는 척했다. 그러나 이와 같은 열세는 노회함과 경험 그리고 규율에 의해서 상쇄되었다. 그리고 이 소수파를 이끈 사람은 일리리쿰의 두 주교 발렌스와 우르사키우스였는데, 이들은 궁정과 공의회에서는 음모로 평생을 보내고 동방의 종교전쟁에서는 에우세비우스의 휘하에서 훈련받은 자들이었다. 그들은 논증과 협상을 통해서 정직, 단순한 라틴 주교들을 혼란, 혼동시키고 마침내 기만했다. 라틴 주교들은 공공연한 폭력에 의해서가 아니라 기만과 집요한 설득에 의해서 자기들 신앙의 바탕을 빼앗기게 되었던 것이다. 리미니 공의회는 참석자들이 호모우시온 대신에 이단 냄새가 나는 꼴사나운 교리를 경망스럽게 채택하고 난 후에야 산회되었다. 유명한 신학자 제롬[히에로니무스]에 따르면, 이를 계기로 세계는 놀랍게도 아리우스파의 세상이 되었다. 라틴 지방의 주교들은 각기 자기 교구로 돌아오고 나서야 잘못을 깨닫고 자신들의 허약함을 후회했다. 이 수치스러운 협약은 분연히 배격되었고, 동요를 겪기는 했으나 폐기되지는 않았던 호모우시온은 서방의 모든 교회들에서 더한층 공고하게 재확립되었다. 콘스탄티누스와 그의 아들들의 치세 중에 기독교의 평화를 교란시켰던 신학논쟁의 흥망성쇠의 과정은 이상과 같았다. 그러나 황제들이 백성의 생명과 재산뿐 아니라 종교에 대해서도 전제체제를 확대해감으로써 황제의 지지 여부가 교회 문제의 균형을 깨뜨리는 경우가 자주 생겼다. 결국 하느님의 대권에 관한 문제들이 세속군주의 내각에서 타결, 변경 또는 수정되기에 이르렀다.

동방의 속주들에 만연했던 불화의 풍토가 콘스탄티누스의 승리를 가로막았지만, 황제는 한동안은 계속 이 논쟁의 귀추를 냉정하고 무관심하게 지켜

히에로니무스(347?~420년?)

보기만 했다. 그는 아직 신학논쟁을 진정시키는 것과 같은 힘든 일을 겪었던 적이 없었기 때문에 논쟁 당사자인 알렉산드로스와 아리우스에게 중재 서한을 보냈는데, 이 서한은 그의 종교문제 자문관들의 진언에 따른 것이 아니라 군인이자 정치가인 그 자신의 소박한 감정에서 나온 것이었다고 보아야 할 것이다. 그는 이 논쟁이 법률상 애매한 한 가지 논점에 관한 사소하고 미묘한 문제 때문에 비롯되었다고 하면서, 주교(알렉산드로스)가 멍청하게 던진 질문에 대해서 사제(아리우스)가 경솔한 해답을 내놓았다고 지적했다. 그는 같은 신, 같은 종교를 믿는 기독교인들이 그처럼 사소한 문제 때문에 분열되어야 한다는 것을 한탄하면서, 알렉산드리아의 성직자들에게 논쟁하면서도 화를 내지 않았고 자유를 주장하면서도 우정은 해치지 않았던 그리스 철학자들의 모범을 배우라고 진지하게 권했다.

당시의 민심의 흐름이 그처럼 급박하고 과격한 양상을 띠지만 않았더라도 그리고 콘스탄티누스 자신이 이 광적인 파벌 싸움에서 침착한 마음을 유지하기만 했더라도, 황제의 무관심과 경멸은 논쟁을 진정시키는 가장 효과적인 방법이 될 수 있었을 것이다. 그러나 얼마 후 성직자들은 어떻게 해서라도 그의 지지를 끌어내고 그의 종교적 열정을 깨우치고자 노력했다. 그 무렵 콘스탄티누스는 자신의 상에 가해진 모욕 때문에 분노했고 더구나 이와 같은 장난이 크게 확산되고 있다는 보고를 받자 경악하기에 이르렀다. 이때부터 그는 평화와 관용의 기대를 저버리기 시작했다. 그는 300명의 주교들을 궁정에 집합시켰다. 황제의 임석으로 토론의 중대성은 더욱 커졌고 논쟁은 더욱 가열되었다. 그리고 그가 열심히 경청했기 때문에 토론자들은 더욱 용기를 얻었다.

콘스탄티누스는 그의 웅변과 민첩성을 크게 찬양받고 있지만, 그렇더라도 종교문제에 대해서 잘 모르고 학문과 영감도 모자라는 이 로마 장군이 형이상학적인 신앙의 교리문제를 그리스어로 토론한다는 것은 무리였다. 그러나 니케아 공의회를 주재했던 것으로 보이는 그의 총신 오시우스의 영향으로 황제는 정통파의 편에 서게 되었다. 더구나 그는 때마침 이단파를 옹호하고 있던 니코메디아의 주교 에우세비우스가 황제 참칭자(막센티우스)를 지원했다는 간언을 듣고 반대파에 대해서 격노하게 되었을 것이다. 결국 콘스탄티누스는 니케아 교리를 재가했으며 또한 니케아 공의회의 이 신성한 결정에 항거하는 자는 즉각 추방될 것을 각오해야 한다고 단호하게 선포함으로써 미약한 반대세력을 근절시켰다. 그 결과 반대파 주교의 수는 17명에서 일거에 2명으로 줄어들었다. 그나마 카이사리아의 에우세비우스는 마지못해 호모우시온을 건성으로 받아들였으며, 니코메디아의 에우세비우스는 망설이는 태도를 취한 대가로 그의 수치스러운 추방을 3개월 동안 연기시킬 수 있었을 뿐이었다. 불경스러운 아리우스는 일리리쿰의 외딴 지방으로 추방되었다. 그와 그의 제자들에게는 법률에 의해서 '포르피리우스파'(포르피리우스는 3세기 후반의 대표적인 신플라톤주의 철학자임/역주)라는 혐오스러운 낙인이 찍혔으며, 그의 저서는 불에 태워지고 이를 소지하는 자는 극형에 처한다고 선포되었다. 황제는 이제 논쟁정신에 물들었고, 그의 신민들에게 그리스도의 적에 대한 증오심을 고취시키기 위해서 격렬한 비방체의 칙령들을 발표하게 되었다.

그러나 황제의 이와 같은 행동은 원칙보다는 감정에 지배된 것이었든지 니케아 공의회가 끝난 지 3년이 채 못 되어 황제는 자신의 사랑하는 누이동생이 은밀히 보호했던 이 이단파(아리우스파)에 대해서 다소간의 자비심, 심지어 관용까지 베풀기 시작했다. 추방자들은 소환되었고, 에우세비우스는 점차 콘스탄티누스 황제의 신임을 회복한 끝에 불명예스럽게 밀려났던 성직에 복귀하게 되었다. 무고하게 박해받았던 아리우스도 온 궁정 사람들의 존경을 받게 되었다. 그의 신앙은 예루살렘 공의회에서 인정받았으며, 황제는 자신의 잘못을 바로잡기에 초조한 듯 아리우스를 콘스탄티노플 대성당의 성찬에 참여시키도록 엄명을 내렸다. 아리우스는 개선의 날로 정해진 바로 그 날 운명했다. 그는 매우 이상하고 끔찍한 모습으로 사망했기 때문에, 그의 죽음은 정통파 성직자들이 자신들의 최강적으로부터 교회를 구출하기 위해서 기도 이상의 효험이 있는 방법으로 그의 죽음에 기여했다는 의혹을 불러일으켰다(사인은 장파열이었으나, 그의 동료들은 독살로 보았다. 가톨릭파에서는 기적의 벌이라고 주장했다/역주). 가톨릭 교회의 3대 지도자인 알렉산드리아의 아타나시우스, 안티오크의 에우스타티우스, 콘스탄티노플의 파울루스는 수많은 공의회의 결과로 비난을 받고 자리에서 물러났으며, 그후에는 최초의 기독교도 황제에 의해서 외딴 지방으로 추방되었다. 황제는 생애의 마지막 순간에 니코메디아의 아리우스파 주교에게서 영세를 받았다.

콘스탄티누스의 교회정책은 변덕이 심하고 허점이 많았다는 비난을 면하기 어렵다. 그러나 남을 쉽사리 믿는 이 군주는 신학논쟁의 전략에 서툴렀던 탓으로 자신이 잘 이해하지도 못하는 이단파의 겸손하고도 그럴 듯한 신앙고백에 속아넘어갔을 가능성도 있다. 따라서 그는 아리우스를 보호하고 아타나시우스를 박해하면서도, 여전히 니케아 공의회가 기독교 신앙의 보루이며 자기 치세 중의 특별한 업적이라고 생각했다.

콘스탄티누스의 아들들은 어린 시절 영세 지원자로 입교했겠지만, 그들도 역시 아버지의 선례에 따라서 영세를 미루었다. 또한 아버지처럼 잘 알지도 못하면서 종교문제에 대해서 판단을 내렸다. 이렇게 해서 삼위일체 논쟁의 운명은 동방 속주의 통치권을 물려받고 제국 전체의 소유권을 장악한 콘스탄티우스 2세의 감정상태에 의해서 크게 좌우되었다. 선제의 유언서를 간직해두었던 아리우스파의 어떤 주교(또는 사제)는 이 절호의 기회를 이용하여 총신들의 농간대로 국사를 운영하는 황제와 친교를 맺을 수 있었다. 그 결과 환관과 노예들이 궁정 안에 영적인 독을 퍼뜨렸고, 이 위험스러운 독소는 시녀들에 의해서 근위병들에게로 그리고 황후에 의해서 그 내막을 모르는 황제에게까지 전파되어갔다.

콘스탄티우스가 늘 에우세비우스에 대해서 지니고 있던 편파적 애정은 이 교파 지도자들의 노련한 조작에 의해서 점차적으로 강화되었다. 그리고 그가 참주 마그넨티우스와의 싸움에서 승리한 후로는 아리우스파를 위해서 무력이라도 사용하겠다는 생각이 더욱 커졌고 또 그럴 능력도 보유하게 되었다. 양측 군대가 무르사의 평야에서 전쟁을 벌이고 있을 때 그리고 두 경쟁자의 운명이 이 한판의 승부에 달려 있을 때, 콘스탄티누스의 아들은 성벽 아래 순교자들을 모신 교회 안에서 초조한 시간을 보내고 있었다. 그의 영적인 위안자였던 이 교구의 아리우스파 주교 발렌스는 교묘한 수법을 동원하여 자신의 안전을 위해서 필요한 정보를 조기에 입수할 수 있었다. 신속하고 신빙성 있는 비밀 정보망이 그에게 시시각각 전황을 알려주었다. 따라서 신하들이 공포에 질려 있는 황제를 둘러싸고 초조해하고 있을 때, 발렌스가 나타나서 갈리아 군단이 패배했으니 안심하라고 다짐하면서 이 영광스러운 사건을 천사가 자신에게 알려왔다고 넌지시 일러줄 수 있었다. 그러자 황제는 이번 승전은 무르사 주교의 공적과 기도 덕분이며 하늘이 그의 신앙에 응답했다면서 감사를 표했다. 콘스탄티우스 2세의 승리를 자기들의 승리라고 간주한 아리우스파는 아들의 영광이 선제의 영광을 능가한다고 칭송했다. 예루살렘의 주교 키릴루스는 즉시 화려한 무지개가 쳐진 성스러운 십자가 이야기를 했다. 이 무지개는 경건한 순례자들과 예루살렘 시민들을 교화시켰는데, 오순절의 3시경에 감람산 위에 그 모습을 나타냈던 것이었다. 이 유성의 크기는 점점 더 과장되었다. 그리고 아리우스파의 역사가는 한술 더 떠서 판노니아의 평원에서도 양측 군대가 이 유성을 볼 수 있었기 때문에, 우상숭배자인 참주(마그넨티우스)가 정통파 기독교의 상서로운 징조 앞에서 도주하게 된 것이라고 주장했다.

우리는 항상 정치적, 종교적 분쟁의 진전과정을 공평하게 관찰하는 현명한 제3자의 소감에 주목할 필요가 있다. 그러므로 군대에 복무하면서 콘스탄티우스의 성격을 연구한 암미아누스의 다음과 같은 짧은 문장은 아마도 신학적 독설로 가득 찬 수많은 책을 읽는 것보다 더욱 값지다고 해야 할 것이다. 이 중용의 역사가는 이렇게 쓰고 있다. "기독교 그 자체는 간단명료한 것인데, 황제는 맹목적 미신에 빠져 이를 뒤죽박죽으로 만들었다. 그는 권위를 이용하여 양측을 화해시키기는커녕 말싸움을 통해서 자신의 공연한 호기심이 불러일으킨 논쟁을 즐기고 또 이를 퍼뜨렸다. 도로들은 그들이 공의회(synodus)라고 부르는 회의에 참석하기 위해서 각처에서 달려가는 주교들로 뒤덮였다. 이처럼 그들이 전체 교파를 자기들의 특정한 견해로 끌어들이려고 애쓰는 동안 국가의 역참시설은 그들의 조급하고 빈번한 여행 때문에 거의 마비되었다." 콘스탄티우스 치세 중의 교회활동을 잘 살펴보면, 주목할 만한 이 문장에 풍부한 주석을 달 수 있을 것이다. 이 글은 참 신앙을 찾는다고 제국의 곳곳을 방황하는 성직자들의 초조한 행동이야말로 비신도들의 경멸과 조소를 불러일으킬 뿐이라는 아타나시우스의 우려를 뒷받침한다.

황제는 내전의 공포로부터 벗어나게 되자 아를, 밀라노, 시르미움, 콘스탄티노플의 겨울 별장에서 여가를 이용하여 오락 삼아 신학논쟁에 전념했다. 신학자의 이성을 강요하기 위해서는 서슴없이 칼을 뽑았다. 그리고 그는 니케아의 정통교리에 반대했기 때문에, 곧 그의 주제넘음과 함께 무능과 무지를 드러냈다. 황제의 나약한 정신을 지배하고 있던 환관과 시녀와 주교들은 그에게 호모우시온에 대한 억누를 수 없는 증오심을 고취했지만, 그의 나약한 양심은 아에티우스의 신성모독에 의해서 두려움에 떨었다. 이 무신론자의 죄는 비운의 부황제 갈루스를 지지했다는 혐의로 더욱 가중되었다. 그리고 심지어 안티오크에서 학살당한 황실 신하들의 죽음조차도 이 위험한 궤변가의 예언 탓으로 돌려졌다.

콘스탄티우스의 마음은 이성으로 바로잡거나 신앙심으로 고정시킬 수도 없었기 때문에, 두려움 속에서 암흑과 공허한 심연의 두 극단을 맹목적으로 오갔다. 그는 이런저런 의견을 포용하다가 배척하는 등 변덕을 부렸고, 아리우스파와 아리우스 추종파 지도자들을 추방하는가 하면 다시 불러들이곤 했다. 국사나 축제의 계절이면, 그는 자신의 변화무쌍한 신앙교리를 설명할 단어를 고르고 말을 다듬으며 며칠 밤낮을 보냈다. 그는 묵상의 제목 때문에 잠을 제대로 이룰 수 없었고, 그러다가 종잡을 수 없는 꿈을 꾸면 하늘의 계시라고 받아들였다. 그리고 자기들의 욕구를 만족시키기 위해서 교단의 이익을 망각한 성직자들이 그에게 주교 중의 주교라는 높은 칭호를 주자 이를 기쁘게 받아들였다. 그가 갈리아, 이탈리아, 일리리쿰, 아시아 등에서 여러 차례 공의회를 소집하면서 품었던 교리통일의 구상은 자기 자신의 변덕 때문에, 아리우스파의 분열 때문에 그리고 가톨릭 쪽의 저항 때문에 매번 좌절되었다. 이렇게 되자 그는 대(大)공의회를 열어 칙령을 내리기로 서둘러 결정했다. 니코메디아에 대지진이 일어난 데다가 마땅한 회의장소를 찾기 어려웠기 때문에 그리고 아마도 어떤 은밀한 정책상의 이유 때문에 돌연 회의 소집령이 변경되었다. 동방의 주교들은 이사우리아(아나톨리아 중남부 지방/역주)의 셀레우키아에 모이도록 지시받았고, 서방의 주교들은 아드리아 해안의 리미니에서 회의를 갖도록 명령받았다. 그리고 각 지방에서 두세 명의 대표만 오는 것이 아니라 성직자 전원이 참석해야만 했다.

 동부의 회의는 나흘 동안 헛되이 열띤 논쟁을 벌인 끝에 아무런 결론도 내리지 못한 채 산회했다. 서방의 회의는 7개월 동안 계속되었다. 민정총독 타우루스는 참석한 주교들이 모두 같은 의견에 도달할 때까지 회의를 해산시키지 말라는 명령을 받은 바 있었다. 그리고 그의 노력을 뒷받침하기 위해서 가장 완고한 주교 15명을 추방할 권한이 주어졌고 또한 이 어려운 일을 완수하면 집정관에 임명하겠다는 약속까지 되어 있었다. 마침내 그의 간청과 협박, 황제의 권위, 발렌스와 우르사키우스의 말재간, 추위와 굶주림의 고통 그리고 추방당할지도 모른다는 데서 오는 울적함 등이 복합적으로 작용하여 리미니 공의회의 주교들은 마지못해 동의하고 말았다(360년). 결국 동방과 서방의 대표자들이 콘스탄티노플의 궁전에 배석한 가운데 황제는 하느님의 아들의 **동질성**에 대해서 언급함이 없이 그 **유질성**(類質性)을 확정하는 신앙고백을 온 세상에 선포하는 만족을 누렸다. 그러나 아리우스파의 이와 같은 승리는 협박과 매수에 굴하지 않은 정통파 성직자들을 제거한 후에야 이루어졌다. 콘스탄티우스는 치세 중에 공연히 위대한 아타나시우스를 박해하는 수치스러운 일도 저질렀다.

    우리는 현실생활에서나 사색생활에서나 하나의 정신을 하나의 목적 추구를 위해서 외고집으로 적용할 때, 그것이 어떠한 결과를 가져오는지 또 어떠한 장애를 극복하게 되는지를 관찰할 수 있는 기회가 좀처럼 없다. 아타나시우스는 온 힘과 온 정성을 바쳐 삼위일체 교리를 지키기 위해서 헌신했던 사람으로서 그의 불멸의 이름은 영원히 가톨릭의 삼위일체 교리와 분리시킬 수 없을 것이다. 알렉산드로스의 문하에서 교육받은 그는 아리우스의 이단파를 초기부터 맹렬하게 반대했으며, 연로한 주교 밑에서 중요한 비서직을 수행하고 있었는데, 니케아 공의회에 참석한 성직자들도 이 전도유망한 젊은 부제(副祭)의 미덕을 감탄과 존경의 마음으로 주목했다. 사회가 위기에 처하게 되면 나이나 지위가 별 문제가 되지 않는 경우가 많거니와, 부제 아타나시우스도 니케아 공의회에서 돌아온 지 5개월 만에 이집트의 수좌대주교에 취임했다. 그는 이 중요한 자리를 46년이 넘도록 지켰는데, 이 오랜 기간을 줄곧 아리우스파와 싸우는 데 보냈다. 그 동안 아타나시우스는 다섯 번이나 대주교 자리에서 쫓겨났고, 20년 동안 망명자 또는 추방자 생활을 했다. 로마 제국의 거의 모든 속주가 호모우시온의 대의를 위해서 그가 세운 공적과 그 수난 과정을 지켜보았으니, 그는 이 일이야말로 그의 생활의 유일한 기쁨이자 보람 그리고 의무이자 영광이라고 생각했다.

    박해의 폭풍이 닥쳐왔을 때도 이 알렉산드리아의 대주교는 고생을 참고 명예를 소중히 생각하며 일신상의 안전을 돌보지 않았다. 그리고 비록 그 정신이 광신주의에 물들어 있기는 했지만, 그래도 아타나시우스는 매우 뛰어난 개성과 능력을 발휘했기 때문에 대제국의 통치자로서도 콘스탄티누스의 패역자 아들들보다 훨씬 더 훌륭한 자격을 갖추었다고 할 수 있을 것이다. 그의 학식은 카이사리아의 에우세비우스에 비해 그 깊이와 폭에서 훨씬 뒤떨어졌고, 그 촌스러운 웅변은 그레고리우스나 바실리우스(카파도키아의 신학자들/역주)의 세련된 연설에 비할 바가 못 되었다. 그러나 이 이집트 교회의 대주교가 그의 생각이나 행동을 해명해야 할 필요가 있을 때, 그의 즉흥적인 연설이나 문장은 명료하고 강력하고 또 설득력이 있었다. 그는 정통파 안에서도 항상 가장 올바른 기독교 신학자의 한 사람으로 존경받았으며 또한 성직생활과 별 상관이 없는 두 가지 속세적 학문 —— 법률학과 점술학 —— 에도 정통했던 것 같다. 그는 몇 차례 미래의 일을 점을 쳐서 알아맞춘 적이 있었는데, 공정한 비판자들은 이를 아타나시우스의 경험과 판단력에 의한 것이라고 보았겠지만, 그의 동료들은 이를 신의 영감에 의한 것이라고 주장했다. 그의 반대파는 악마의 마법 탓으로 돌렸다.

그러나 줄곧 수도사에서 황제에 이르는 온갖 사람들의 희로애락과 접하면서 살았던 그의 으뜸가는 학문은 인간성에 관한 지식이었다. 그는 끊임없이 변화하는 사건을 시종일관 명확하게 파악하는 안목을 지니고 있었으며, 보통 사람의 눈에는 보이지 않는 결정적인 순간을 빈틈없이 포착하여 활용할 수 있었다. 이 알렉산드리아의 대주교는 과감하게 명령해야 할 때와 교묘하게 타일러야 할 때를 구별할 줄 알았고, 권력과 싸워야 할 때와 박해를 피해 물러나야 할 때를 알았다. 또한 그는 이단과 반란에 대항하여 교회의 위협을 가하면서도 자신의 교파 안에서는 현명한 지도자로서 융통성 있고 관대한 성품을 보여주었다.

아타나시우스의 대주교 선출은 변칙적이고 성급했다는 비난을 면치 못했지만, 그의 올바른 태도는 성직자와 시민의 호감을 얻기에 충분했다. 알렉산드리아인들은 이 설득력 있고 공명정대한 목자를 옹호하기 위해서 앞을 다투어 무기를 들었다. 그는 역경에 처해 있을 때면 항상 자기 교구의 충성스러운 성직자들에게서 지원과 위로를 받았으며, 이집트의 100명 이상의 주교들은 언제나 동요됨이 없이 아타나시우스의 편을 들었다. 그는 한편 과시욕에서 또 한편 정치적 고려에서 소박한 차림을 하고 수시로 나일 강 하구에서 에티오피아 국경에 이르는 그의 관할구역을 순방하면서 하층민들과 친밀하게 대화를 나누고, 사막의 성자나 은둔자에게 겸손하게 경의를 표했다. 그는 교육수준과 풍속이 자기와 비슷한 사람들이 모인 교회의 각종 회의에서

주교 서품을 받고 있는 나지안주스의 그레고리우스(그림 중앙)

만 비범한 재능이 돋보인 것이 아니었다. 그는 군주들의 궁정에서도 의연하고 존경받을 만하게 처신했으며, 온갖 영욕과 성쇠를 겪으면서도 결코 동료들의 신임과 반대파의 존경을 잃는 법이 없었다.

이 이집트 대주교는 청년시절에 아리우스를 가톨릭 교회에 복귀시키라는 뜻을 누누히 밝힌 콘스탄티누스 대제에게 항거했다. 황제는 이 불굴의 결심을 존중했고 또 아마도 용서했을 것이다. 아타나시우스가 최대의 적으로 생각했던 아리우스파는 이에 증오심을 숨기고 은밀하게 간접적으로 우회적인 공격을 준비했다. 그들은 유언비어를 퍼뜨려 이 대주교를 오만하고 억압적인 폭군에 비유하면서, 니케아 공의회에서 추인된 멜레티우스(이집트의 이단자/역주)의 추종자들과 맺은 협약을 그가 위반했다고 비난하고 나섰다. 아타나시우스는 이 치욕스러운 휴전상태에 공공연히 불만을 표시했으며, 반면에 황제는 아타나시우스가 이 가증스러운 이단파들을 박해한 것은 교회법과 민법상의 권력남용이라고 생각하게 되었다. 황제는 또 아타나시우스가 마레오티스에 있는 어떤 이단파 교회의 성배(聖杯)를 깨뜨려 신성모독을 범했고, 이단파 주교 6명에게 태형을 가했거나 감금했으며, 그 교파의 다른 한 명의 주교인 아르세니우스가 이 대주교의 잔인한 손에 의해서 살해되거나 아니면 적어도 사지가 절단당했다고 믿었다. 그의 명예와 생명까지도 해칠 수 있는 이 혐의사실의 문죄를 콘스탄티누스는 안티오크에 있던 그의 동생인 감찰관 달마티우스에게 지시했다. 이렇게 되자 케사리아와 티루스에서 연이어 공의회가 열렸고, 동방의 주교들은 예루살렘에 새로 부활 교회를 봉헌하기 전에 아타나시우스 사건을 재판하도록 지시받았다(332년).

아타나시우스는 자신이 무죄라고 생각했겠지만, 이 사건을 기소한 그 무자비한 정신이 결국 재판절차도 지배하여 선고를 내리게 될 것임을 알고 있었다. 그는 현명하게도 반대파들의 재판을 거부하고 케사리아 공의회의 소환을 묵살했다. 그리고 오랫동안 교묘하게 시간을 끈 후에야 티루스 공의회에 출두하지 않으면 명령불복종죄로 다스리겠다고 협박하는 황제의 최종 명령에 복종했다. 아타나시우스는 이집트의 주교 50명을 이끌고 알렉산드리아를 출항하기에 앞서 멜레티우스파와의 동맹을 확보해두었다. 그리고 그가 살해했다고 거짓 소문이 나 있는 친구 아르세니우스를 그의 일행 속에 은밀히 숨겨두었다. 티루스 공의회는 케사리아의 에우세비우스에 의해서 주재되었는데, 그는 학식과 경험에 비해 정열만 앞섰을 뿐 책략이 모자랐다. 다수를 차지한 그의 일파는 살인자와 폭압자의 이름을 거듭 외쳐댔는데, 아타나시우스는 회의가 무르익었을 때 멀쩡하게 살아 있는 아르세니우스를 내놓으려고 결정적인 순간을 노리고 침묵을 지키고 있었으므로, 그들은 더한층 소란을 피웠다. 그밖의 기소내용은 성격상 이처럼 명백하고 만족스러운 해명이 불가능했다. 그렇지만 아타나시우스는 자기가 성배를 깨뜨렸다는 그 마을에는 교회도 제단도 성배도 존재하지 않음을 입증할 수 있었다. 그러나 아타나시우스의 유죄판결을 은밀히 결정해놓았던 아리우스파는 자기들의 부당한 짓을 은폐하기 위해서 공정한 재판형식을 흉내냈다. 공의회는 현장에서 증거를 수집할 6인 조사위원회를 구성했는데, 이집트 주교들이 맹렬히 반대한 이 조치로 인해서 폭력과 위증의 새로운 무대가 열리게 되었다. 알렉산드리아에서 조사위원들이 돌아온 후 회의는 다수결로 이집트 대주교의 파면과 추방을 선고했다. 악의와 복수의 언어로 가득 찬 이 선고문은 황제와 가톨릭 교회에 송부되었다. 주교들은 즉시 예수의 무덤을 찾아 성스러운 순례의 길을 떠나기 위해서 온화하고 경건한 몸가짐으로 되돌아갔다.

그러나 아타나시우스는 이 부당한 종교재판에 묵묵히 복종하지 않았고, 출두하지도 않았다. 그는 진리의 소리가 황제에게 상달되는지 알아보기 위해서 위험하고 대담한 시험을 해보기로 했다. 티루스 공의회에서 최종 선고가 내려지기 전에 이 대담무쌍한 대주교는 배를 타고 제국의 수도를 향해서 출범했던 것이다. 공식 알현을 요청했더라면, 거절되거나 묵살되었을 것이다. 그러나 아타나시우스는 그의 도착 사실을 숨기고 콘스탄티누스가 가까운 별장에서 돌아올 때를 기다렸다가 말을 타고 콘스탄티노플의 큰 거리를 지나가는 황제에게 용감하게 달려나갔다. 황제는 이 뜻밖의 출현에 놀라 몹시 화를 내며 근위병들을 시켜 이 성가신 탄원자를 쫓아내도록 했다. 그러나 황제의 분노는 어쩔 수 없는 존경심 때문에 가라앉았다. 그리고 황제의 오만한 마음은 올바른 재판을 탄원함으로써 자신의 양심을 깨우쳐준 한 주교의 용기와 웅변에 대해서 외경심을 가지게 되었다.

콘스탄티누스는 아타나시우스의 탄원을 공정하고 자비로운 마음으로 경청했다. 티루스 공의회의 참석자들은 재판절차를 해명하라는 명령을 받았다. 에우세비우스파는 술책이 탄로나지 않도록 하려고 용서할 수 없는 범죄사실을 조작하여 대주교의 죄과를 가중시켰다 —— 그것은 그가 새 수도에 식량을 공급하는 알렉산드리아의 곡물선박들을 가로채어 억류하려고 했다는 죄였다. 황제는 대중적 지도자가 없어지면 이집트의 평화가 보장되리라는 데 만족했지만, 공석이 된 대주교의 후임 임명은 거절했다. 그가 오랜 망설임 끝에 발표한 선고는 수치스러운 추방이라기보다는 예방적인 사회적 추방이었다. 아타나시우스는 외딴 갈리아 지방에서 28개월 가량을 보냈지만, 쾌적한 트레베스〔트리어〕의 궁전을 숙소로 삼았다. 황제가 사망한 후 정세는 다시 바뀌었다(337년). 젊은 콘스탄티누스 2세의 칙령에 따른 대사면에 의해서 아타나시우스는 자기 나라로 되돌아갔다. 새 황제는 그의 무고함과 공적에 대해서 깊은 신뢰를 표시했다.

콘스탄티누스 2세가 사망하자(340년), 아타나시우스는 두번째 박해를 받게 되었으며, 동로마의 주권자인 나약한 콘스탄티우스는 얼마 후 에우세비우스파의 은밀한 공모자가 되었다. 이 종파에 속하는 90명의 주교들이 대성당 봉헌식을 구실로 안티오크에 모였다. 그들은 여기서 준(準)아리우스파 색채가 가미된 모호한 신앙교리를 작성하고, 지금까지 그리스 정교회의 계율을 규제하고 있는 25개의 교회법도 작성했다. 그리고 공의회에서 주교직을 박탈당한 사람이 다시 주교직을 맡으려면, 동일한 공의회의 결정으로 면죄받아야 한다는 일견 공정한 듯한 결정도 내렸다. 이 법은 즉시 아타나시우스 사건에 적용되어 안티오크 공의회는 그의 면직을 선포, 아니 재확인했다. 그레고리우스라는 낯선 인물이 그의 후임으로 임명되었고, 이집트 총독 필라그리우스에게는 이집트의 행정, 군사력을 동원하여 신임 대주교를 지원하라는 지시가 내려졌다.

아타나시우스는 아시아 주교들의 음모로 알렉산드리아에서 쫓겨나 바티칸 궁전 앞에서 추방자로서 그리고 탄원자로서 3년 동안을 지냈다. 그는 라틴어를 열심히 공부하여 얼마 후 서방 성직자들과 직접 협상을 벌일 수 있게 되었다. 그는 우아한 그러나 아첨이랄 수도 있는 말솜씨로 오만한 로마 교황 율리우스의 마음을 사로잡았으며, 율리우스가 교황청의 특별 관심사로 그의 상소를 심의하도록 설득했다. 결국 이탈리아의 주교 50명이 모인 회의에서 그의 무죄가 만장일치로 선포되었다. 그로부터 3년 후 대주교는 콘스탄스 황제에 의해서 밀라노 궁전으로 소환되었는데, 금기를 벗어난 쾌락을 즐기던 황제는 여전히 정통파 신앙을 강력히 존경하고 있었다. 이번 재판은 돈의 힘으로 열리게 된 것이었다. 콘스탄스의 막료들은 가톨릭 교회의 대표자 회의라고 할 수 있는 공의회를 소집하도록 황제에게 요청했던 것이다. 서방의 주교 94명과 동방의 주교 76명이 사르디카(소피아)에서 상면했는데, 이곳은 동서 로마의 접경에 위치했지만, 아타나시우스의 보호자(콘스탄스)의 영토에 속했다. 이 회의의 토론은 곧 격렬한 논쟁으로 변했다. 아시아 대표들은 신변의 안전을 우려하여 트라키아의 필리포폴리스(불가리아 중남부 지방(州都)/역주)로 자리를 옮겼다. 이렇게 해서 2개의 적대적인 공의회가 서로 상대방을 참 하느님의 적이라고 매도하면서 파문의 위협을 주고받았다. 두 회의의 신앙교리는 각기 자기 지역에서 공표되고 비준받았으며, 서방에서 성자로 존경받는 아타나시우스는 동방에서는 가증스러운 범죄자로 낙인찍혔다. 사르디카 공의회에서 처음으로 그리스 교회와 라틴 교회의 반목과 분열의 조짐이 드러났는데, 두 교회가 갈라선 것은 사소한 신앙상의 의견 차이와 영구적인 언어상의 차이에 기인한 것이었다(346년).

아타나시우스는 서방에서의 두번째 망명생활 중에 여러 곳에서 —— 카푸아, 로디, 밀라노, 베로나, 파두아, 아퀼레이아, 트레베스 등에서 —— 황제를 알현할 수 있었다. 알현시에는 보통 관할교구의 주교가 배석했고 또 시종장도 어전에 시립해 있기 때문에 대주교는 한결같이 온당한 자신의 태도를 이들 고위층 증인들에게 보여줌으로써 유리한 증거로 삼을 수 있었을 것이다. 현명한 사람이라면 누구나 온순하고 공손한 태도야말로 신하와 주교의 도리임을 알고 있었다. 이 서방 황제와의 친근한 회담에서 아타나시우스는 (아리우스 파를 지지한) 콘스탄티우스 2세의 잘못도 탄식했겠지만, 그보다는 그의 환관과 아리우스파 주교들의 죄상을 과감하게 비난하고, 가톨릭 교회가 처한 역경과 위험을 개탄함으로써 콘스탄스로 하여금 선제의 신앙과 영광을 본받도록 부추겼을 것이다. 황제는 정통파 옹호를 위해서 유럽의 군대와 자원을 동원하겠다는 결의를 선포하는 한편, 자기 형인 콘스탄티우스에게 간결한 최후 통첩을 보내 아타나시우스를 즉각 복직시키지 않으면 자신이 친히 육해군을 이끌고 가서 그를 직접 알렉산드리아 대주교 자리에 앉히겠다고 통고했다. 그러나 콘스탄티우스가 제때에 양보했기 때문에, 이 끔찍한 종교전쟁은 방지되었다. 더구나 동방의 황제는 자신이 박해했던 일개 신민에게 몸소 화해를 간청하기까지 했다.

아타나시우스는 자신의 황제에게서 보호와 지원과 존경을 강력하게 다짐하는 세 차례의 친서를 받을 때까지 느긋하게 기다렸다. 황제는 그에게 수좌대주교직에 복귀하도록 권하는 한편, 한걸음 더 나아가서 체면 손상을 무릅쓰고 주요 대신들로 하여금 자신의 뜻이 진정임을 입증하게 하는 조치까지도 취했다. 이 뜻을 더한층 공식화하려고 그는 이집트에 엄격한 칙령서를 보내 아타나시우스 지지자들을 다시 불러들여 특권을 회복시켜주고, 그들의 무죄를 선포하고, 에우세비우스파의 주도하에 작성되었던 불법적 재판기록을 삭제하도록 했다. 이처럼 정의를 회복시키는 데에 필요한 만반의 대책이 마련된 후에야 아타나시우스는 느긋하게 트라키아, 아시아, 시리아 등 여러 지방을 거쳐 귀국길에 올랐다. 그의 여행 중에 동방 주교들이 비굴하게 경의를 표했지만, 그는 그들을 경멸했을 뿐 자기 속마음을 드러내지 않았다. 그는 안티오크에서 콘스탄티우스 황제를 만나 덤덤하게 그의 포옹과 다짐을 받아들였으며, 알렉산드리아에 아리우스파의 교회를 한 군데 허용하자는 제안에 대해서는 제국 내의 다른 지방들도 자기 교파에 대해서 유사한 관용을 베풀어야 한다는 주장을 폄으로써 교묘히 언질을 회피했다. 이와 같은 대답은 독립 군주의 입에서 나왔더라도 썩 어울렸음직한 것이었다. 아타나시우스의 알렉산드리아 입성은 일종의 개선행렬이었다. 그의 부재중에 알렉산드리아 주민들은 그를 더욱 사랑하게 되었던 것이다. 그가 엄격하게 행사한 권위는 더욱 확고해졌으며, 그의 명성은 에티오피아에서 브리타니아에 이르기까지 온 기독교 세계에 널리 전파되었다.

그러나 자기 군주를 멸시의 궁지로 몰아넣은 신민은 결코 영구적이고 진정한 용서를 받을 수 없는 법이다. 콘스탄스가 비극적으로 운명을 마감하자 (마그넨티우스에게 암살당함/역주), 아타나시우스는 강력하고 관대한 보호자를 상실하게 되었다(350년). 암살자와 콘스탄스의 형제 중 유일하게 남은 황제(콘스탄티우스 2세) 간에 내전이 벌어져 제국이 3년 동안 전쟁에 휘말리자, 가톨릭 교회는 오히려 평온한 휴식기를 맞이했다. 두 교전 당사자는 서로 주교(아타나시우스)를 자기 편으로 끌어들이려고 노력했다. 그것은 그의 개인적 비중이 한 지방의 유동적 상황을 결정짓는 데에 큰 영향력을 가졌기 때문이었다. 그는 참주(마그넨티우스)의 사절들도 만났는데, 이 때문에 나중에 비밀 문통 연락을 했다는 혐의를 받았다. 한편 콘스탄티우스 2세는 그가 "가장 친애하고 가장 존경하는" 교부 아타나시우스에게 공동의 적이 아무리 악의적인 유언비어를 퍼뜨리더라도, 자기는 작고한 아우에게서 황제의 자리뿐 아니라 그의 마음가짐도 물려받았다고 거듭 다짐했다.

이집트 대주교는 감사의 마음과 인지상정으로 콘스탄스의 요절을 탄식하고 마그넨티우스의 죄를 증오할 수밖에 없었을 것이다. 그러나 그는 콘스탄티우스가 곤경에 처해 있어야만 자기가 안전할 수 있음을 분명히 이해하고 있었기 때문에 정의의 승리를 기원하는 그의 기도는 형식적인 것에 그쳤을 것이다. 아타나시우스의 파멸은 어리석은 황제의 권위를 도용한 몇몇 편협한 주교들의 음모 때문에 초래된 것이 아니었다. 황제 자신이 오랫동안 참았던 사사로운 원한을 풀겠다고 다짐했던 것이다. 따라서 황제는 승전 후 첫번째 겨울을 아를에서 보내면서 이미 정복된 갈리아의 참주보다 더욱 가증스러운 적에 대한 대책을 강구했다.

만일 황제가 마음내키는 대로 공화국 최고의 덕망가에게 사형선고를 내렸더라면, 이 잔인한 명령은 주저없이 집행되었을 것이다. 황제가 인망 높은 한 주교를 처벌하는 데에 이처럼 조심스러워하고 어려워했다는 것은 교회가 이미 로마의 정치에 어느 정도나 질서와 자유를 부활시켜놓았음을 천하에 드러내는 것이었다. 티루스 공의회에서 선고되어 동부의 대다수 주교들의 지지를 얻었던 그 추방판결이 명시적으로 취소된 적은 없었다. 따라서 아타나시우스의 판결 이후의 모든 행위는 비합법적인 범죄행위라고 간주될 수 있었다. 그러나 이 이집트 대주교는 한때 서방 교회로부터 확고한 지지를 받았던 인물이기 때문에, 콘스탄티우스도 라틴 주교들의 동의를 얻을 때까지 선고의 집행을 연기할 수밖에 없었다.

교회들은 협상을 진행하는 데에 2년을 보냈다. 드디어 황제와 한 신민 간의 중요한 문제가 처음에는 아를 공의회에서 토론되었고, 그후에는 300명의 주교가 참석한 밀라노 대공의회에서 엄숙하게 심의되었다. 주교들의 자세는 아리우스파의 논거에 의해서 그리고 환관들의 술책에 의해서, 또한 자신의 권위를 희생시키면서까지 복수를 다짐하고 개인적 감정으로 사제들에게 영향을 미친 황제의 화급한 간청에 의해서 혼란에 빠졌다. 제도적 자유에 틀림없이 따르게 마련인 부정부패가 만연했던 것이다. 그들은 교회의 유권자를 매수하기 위해서 명예와 선물과 특전을 주고받았다.[6] 그리고 알렉산드리아 대주교의 탄핵이 가톨릭 교회의 평화와 통일을 회복할 수 있는 유일한 방법이라고 교묘한 말로 설득했다.

그러나 아타나시우스 일파는 지도자의 기대를 저버리지 않았다. 그들은 당당한 자세로 공개토론이나 황제와의 면담시에 신앙과 정의의 불멸의 임무를 주장했다. 그들은 자기들이 황제의 은총을 입으려고 또는 황제의 노여움이 두려워 무고하고 부재중인 존경할 만한 형제를 탄핵하는 데에 가담하지는 않을 것이라고 선언했다. 그들은 분명한 이유를 내세워 티루스 공의회의 불법적이고 쓸모가 없어진 결정은 그후 황제의 칙령에 의해서, 알렉산드리아 대주교의 명예로운 복직에 의해서 그리고 그의 반대파의 침묵이나 철회에 의해서 이미 오래 전부터 사실상 폐기되었다고 주장했다. 그들은 그의 무죄가 이집트 주교들에 의해서 만장일치로 입증되었으며, 라틴 교회의 공정한 판단에 의해서 로마와 사르디카 공의회에서도 인정되었다고 주장했다.

---

6) 매수되지 않은 순수하고 자존심 강한 사람들은 명예, 선물, 향연 등으로 수많은 주교들이 넘어갔다고 분개했다. 푸아티에의 힐라리우스는 이렇게 말했다. "예수의 적 콘스탄티우스는 등을 매질하는 대신 배를 쓰다듬어준다."

또한 오랜 기간 동안 대주교로서 명망을 누리고 황제의 신임을 얻었던 아타나시우스가 곤경에 처해 또다시 근거도 없는 엉뚱한 혐의 사실을 반박해야 하는 처지에 놓이게 되었다고 개탄했다. 그들의 논리는 그럴 듯했고, 행동은 정당했다. 그러나 이 장기간의 집요한 싸움에서 온 로마의 눈이 한 사람의 주교에게 쏠리자, 여러 교파들은 진실과 정의를 다루는 문제보다는 니케아 신앙 교리의 열렬한 수호자를 옹호할 것이냐 아니면 제거할 것이냐 하는 문제에 보다 큰 관심을 가지게 되었다 아리우스파는 아직 모호한 말로 자기들의 본심을 숨기는 것이 좋겠다고 생각했다. 그러나 시민의 지지와 대공의회의 결의를 업은 정통파 주교들은 기회 있을 때마다 —— 그리고 특히 밀라노 공의회에서 —— 자기들이 위대한 아타나시우스의 행동을 문책하지 않도록 하려면, 반대파가 스스로 자기들의 이단 혐의를 씻어야 한다고 주장했다.

그러나 이성의 소리(만일 이성이 실제로 아타나시우스파의 편이었다면)는 파당적, 타산적인 다수의 고함소리에 의해서 묵살되었다. 그 결과 아를과 밀라노 공의회는 동부와 서부의 교회가 알렉산드리아 대주교를 엄숙히 탄핵, 축출하고서야 해산되었다(제3차 추방. 355년/역주). 판결에 반대한 주교들은 선고문에 서명하도록 요구되었고, 영성체에서 반대파 지도자들과 함께 하도록 요구되었다. 결석한 주교들에게는 국가의 특사들에 의해서 협정 공문서가 송부되었으며, 아를과 밀라노 공의회에서 마련된 신의 계시에 의한 공적인 결정에 따르기를 거부하고 자신의 개인 의견을 고집하는 자는 가톨릭 교회의 결정사항의 집행자를 자처한 황제에 의해서 즉각 추방되었다.

순교하지 않고 신앙을 지킨 자들과 추방자들의 명예로운 무리를 이끈 주교들 중에서 특히 두드러진 인물로는 로마의 리베리우스, 코르도바의 오시우스, 트레베스의 파울리누스, 밀라노의 디오니시우스, 베르첼리의 에우세비우스, 칼리아리의 루키페르, 푸아티에의 힐라리우스 등을 들 수 있다. 로마 제국의 수도를 다스린 고명한 리베리우스 그리고 콘스탄티누스 대제의 측근이자 니케아 교리의 주도자로서 존경받았으며 뛰어난 능력과 오랜 경력의 소유자인 오시우스는 라틴 교회를 이끈 성직자로 손꼽히는 사람들이었다. 따라서 이들의 찬반의 거취는 다른 성직자들에게 큰 영향을 미칠 수밖에 없었다. 그러나 로마와 코르도바의 두 주교를 회유하거나 협박하려는 황제의 거듭된 노력은 오랫동안 실효를 거두지 못했다. 에스파냐인(오시우스)은 막시미아누스의 치하에서 30년 동안 핍박을 받았으나, 그 손자의 치세에서도 핍박받을 용의가 있다고 공언했다. 로마인(리베리우스)은 황제의 면전에서 아타나시우스의 무죄와 자신의 자유를 주장했다. 그는 트라키아의 베레아로 추방된 후에 여비로 받은 거액을 되돌려보내면서 황제와 환관들이 군대와 주교들에게 급료를 주려면 그 돈이 필요할 것이라는 오만한 말로 밀라노 궁전을 모욕했다. 그러나 추방과 감금생활의 고생 때문에 결국 리베리우스와 오시우스의 결심도 꺾이고 말았다. 로마 대주교는 어떤 범죄적인 협력을 했던 대가로 귀환을 허용받았으며, 그후에 때가 되었을 때 자신의 죄를 회개했다. 100세의 나이로 기력이 다하고 판단력이 흐려진 노쇠한 코르도바 주교에게서 억지로 서명을 얻어내기 위해서는 설득과 폭력이 사용되었다. 그리고 승리에 오만해진 아리우스파는 정통파 교도들을 선동하여 오랫동안 기독교를 위해서 크게 봉사한 이 불행한 노인의 인격과 명성을 비인간적으로 가혹하게 다루도록 했다.

리베리우스와 오시우스의 변절은 부동의 충성심으로 아타나시우스의 대의와 종교적 진리를 계속 고수한 주교들의 확고한 지조를 더욱 돋보이게 만들었다. 반대파는 교묘한 술책을 부려 그들이 서로 위로하고 의논하지 못하도록 외딴 지방으로 추방하여 격리시켰으며, 추방장소는 가장 살기 힘든 곳을 골랐다(아라비아 사막, 이집트의 테베 사막, 소아시아의 타울루스 산 주변 등/역주). 그래도 이들은 얼마 후 리비아의 사막이나 카파도키아의 야만인 거주지역이 그래도 아리우스파 주교가 신학적 증오심을 마음껏 충족시킬 수 있는 도시지역보다 더 살기 편하다는 것을 경험하게 되었다. 그들은 자기들이 옳고 독립된 사도임을 의식하는 데에서 위안을 얻었고, 지지자들이 보내는 박수갈채와 방문, 편지, 풍성한 의연금에서 위안을 얻었으며, 또한 니케아 신앙의 적들이 곧 내부분열하는 모습을 보면서 위안을 얻었다. 콘스탄티우스 2세는 취향이 매우 까다롭고 변덕스러워서 자신이 꾸며낸 거짓 기독교 진리에서 조금만 어긋나는 사람이 있어도 금방 화를 내면서, 하느님의 아들의 동질성(同質性)을 옹호하는 사람이건 유질성(類質性)을 주장하는 사람이건 아니면 상사성(相似性)을 부인하는 사람이건 가리지 않고 모두 박해했다. 이러한 반대의견을 가진 탓으로 해임되어 추방된 3명의 주교가 같은 유형지에서 만나게 되는 일이 있더라도, 이들은 각자의 기질 차이 때문에 서로 반대파의 맹목적 신앙을 가련하게 여기거나 모욕하느라고 미래의 행복이 현재의 고생을 보상해준다는 생각을 하지 못했다.

  서방의 정통파 주교들이 당한 불명예와 추방은 아타나시우스 자신을 파멸시키기 위한 예비조치로서 계획된 것이었다. 16개월이 지나는 동안에 궁정에서는 비밀리에 그를 알렉산드리아에서 제거하고 그의 대중적 사업을 뒷받침해준 수당지급을 철회하기 위한 교묘한 책략이 꾸며졌다. 그러나 아타나시우스가 라틴 교회에서 버림받고 파문당함으로써 외부지원을 일체 상실하게 되자, 콘스탄티우스는 비서관 두 명을 보내 그의 추방을 구두로 발표하고 집행하도록 했다. 그 판결문의 정당성은 전체 교회의 이름으로 인정된 것이었음에도 불구하고, 콘스탄티우스가 그의 사자에게 글로 된 명령문을 주어 보내지 못한 것은 사태의 귀추가 어떻게 될지 자신하지 못했기 때문일 것이다. 또한 그는 백성들이 자기들의 영적인 아버지의 무죄를 주장하기 위해서 무기를 들 경우, 로마 제국 제2의 도시와 가장 비옥한 속주가 위험에 빠지게 될 것을 우려했을 것이다.

  이와 같은 지나친 조심성 덕분에 아타나시우스는 이 명령이 형평에도 어긋나고 황제가 발표한 종전의 칙서들과도 모순된다는 그럴 듯한 이유를 붙여 정중히 논박할 여유를 가질 수 있었다. 이집트의 행정당국은 대주교가 자리에서 물러나도록 설득하거나 강요할 힘이 없었다. 따라서 그들은 민회 지도자들과 협약하여 황제의 뜻을 더한층 분명히 확인할 수 있을 때까지 모든 절차와 적대행위를 연기하기로 합의했다. 이처럼 그럴듯한 타협책이 마련됨으로써 가톨릭 교회는 알면서도 거짓되고 위험한 상태에 빠져들었으며, 그 동안에 상(上)이집트와 리비아 군단들은 비밀명령에 따라 신속하게 행군하여 민심이 흉흉하고 종교적 열기에 휩싸인 수도를 포위, 아니 기습하게 되었다. 알렉산드리아는 지중해와 마레오티스 호수의 중간에 위치하여 군대가 접근, 상륙하기에 쉬웠다. 군대는 성문을 닫거나 중요한 방어거점을 수비하는 등의 어떤 대책을 강구할 틈도 주지 않고 시내 중심가로 입성했다.

협약이 체결된 지 23일이 지난 어느날 한밤중에 이집트 속주의 두크스였던 시리아누스는 완전무장한 5,000명 병력을 이끌고 대주교가 휘하의 성직자, 백성들과 함께 야간예배를 드리고 있던 성(聖) 테오나스 교회를 덮쳤다. 맹렬한 공격으로 교회 문이 열리고, 이어 끔찍한 유혈사태가 벌어졌다. 그러나 피살자의 시체와 흩어진 무기들이 다음날까지 완벽한 증거물로 가톨릭 교회 측의 수중에 남아 있었으므로, 시리아누스의 이 작전은 완전한 정복이라기보다는 하나의 성공적인 난입이었다고 보아야 할 것이다. 시내의 다른 교회들도 비슷한 난동으로 더럽혀졌다. 이렇게 해서 알렉산드리아는 적어도 4개월 동안 반대파 성직자들에 의해서 선동된 방자한 군대에게 모욕을 당하게 되었다. 이때 살해된 수많은 신도들은 그들이 무저항 상태에서 죽었고 또 복수하지도 않았다면 순교자라는 이름으로 불려도 좋을 것이다. 주교와 사제들은 잔인한 모욕을 당했고, 성(聖)처녀들은 발가벗겨져 매맞고 능욕을 당했다. 부유한 시민들은 집을 약탈당했다. 그리고 종교적 열정이라는 미명 하에 아무런 제재도 받지 않고 심지어 박수갈채를 받으면서 온갖 탐욕과 욕정 그리고 사적인 원한이 마음껏 충족되었다.

알렉산드리아에서 여전히 다수의 불만세력을 형성했던 이교도들은 그들에게 외경의 대상이었던 주교를 버리도록 손쉽게 설득당했다. 그들은 어떤 특별한 혜택을 받으려는 희망에서 그리고 반란죄에 연루될지도 모른다는 두려움에서 아타나시우스의 후계자로 정해진 유명한 카파도키아의 게오르기오스를 지지했다. 이 찬탈자는 아리우스파 공의회의 인준을 받은 후 중요한 이 계획을 수행하기 위해서 이집트의 코메스로 임명된 세바스티아누스의 무력에 힘입어 대주교 자리에 올랐다. 게오르기오스는 이 권한을 획득, 행사하는 과정에서 교회법이나 국법, 인도주의를 일체 무시했다. 알렉산드리아에서 전개되었던 것과 유사한 폭력과 추문은 이집트의 90개 이상의 교구 도시들에서도 재현되었다. 콘스탄티우스는 이와 같은 성공에 고무되어 신하들의 행동을 승인했다. 황제는 격정적인 서한을 공개하여 변설의 마술을 부려 맹신자들을 기만한 폭압자로부터 알렉산드리아가 구출되었음을 축하하고, 주교로 선출된 게오르기오스의 덕망과 신앙심을 장황하게 찬양함으로써 이 도시의 보호자로서 알렉산더 대왕의 명성을 능가하려고 안간힘을 썼다. 그러면서도 그는, 법망을 피해 도망간 것은 자기의 죄를 자백한 것이나 다름없으므로, 자기가 마땅히 받아야 할 수치스러운 죽음을 면한 간악한 아타나시우스의 반역도당들을 가차없이 불과 칼로 응징하겠다는 결의를 선포했다.

아타나시우스는 실제로 절체절명의 위기로부터 탈출했다. 이 특출한 인물이 벌인 여러 가지 모험은 주목할 만하다. 성 테오나스 교회가 시리아누스의 군대에게 습격받던 바로 그날 아타나시우스는 대주교의 의자에 그대로 앉아서 침착, 담대한 모습으로 죽음을 기다리고 있었다. 고함과 비명 때문에 예배를 계속 진행할 수 없게 되자, 그는 벌벌 떨고 있는 회중에게 각자 이집트의 폭군에 대한 '이스라엘의 하느님'의 승리를 찬양하는 다윗의 시편(136편/역주)을 암송하여 종교적 믿음을 보여주도록 독려했다. 마침내 문이 깨졌고 화살이 비 오듯 쏟아졌다. 군인들이 칼을 뽑아 들고 성소로 몰려왔고 제단 주위의 촛불에 반사되어 군인들의 갑옷이 번쩍거렸다. 아타나시우스는 여전히 수도승과 사제들의 간청을 뿌리친 채 회중의 마지막 한 사람이 안전하게 나갈 때까지 자리를 떠나지 않겠다고 버텼다. 밤의 어둠과 소란이 그의 탈출을 도왔다. 그러나 그는 허둥대는 인파에 밀려 땅바닥에 넘어진 채 의식과 행동력을 잃기도 했다. 그렇지만 그는 불굴의 용기를 되찾아 자신의 머리를 값진 선물로 황제에게 바치려는 아리우스파 앞잡이들의 지시를 받은 군인들의 수색을 용케 벗어났다. 이때부터 아타나시우스는 모습을 감추고 6년이 넘도록 오지에 숨어살았다.

아타나시우스의 불구대천의 원수들은 로마 제국 전역에 걸쳐 전제적 권력을 휘둘렀다. 그리고 분노한 황제는 기독교도인 에티오피아 제후들에게 긴급 칙서를 보내〔지구에서 가장 외딴 이 지역에서〕아타나시우스를 쫓아내라고 독촉했다. 코메스, 총독, 군단사령관 이하 온 군대가 동원되어 여러 차례 그를 추적했으며, 황제의 칙령에 따라서 군과 민이 경계했다. 아타나시우스를 산 채로든 죽은 채로든 잡아오는 사람에게는 후한 보상금이 약속되

이집트의 수도사들

었으며, 이 국가의 적을 감히 보호하는 자는 엄벌에 처한다고 발표되었다. 그러나 테베 사막에 사는 거칠면서도 온순한 광신자들은 황제의 법보다는 이곳 수도원장의 명령을 따랐다. 안토니우스와 파코미우스(4세기경의 은둔 수도사들/역주)의 수많은 제자들은 도피해온 대주교를 자기들의 교부로서 받아들였고, 인내심과 겸손한 마음으로 자기들의 엄격한 제도를 준수하는 그를 존경했고, 그의 모든 말을 참다운 영감의 표현으로 받아들였으며, 기도, 금식, 철야예배보다는 진실을 밝히고 무고함을 입증하기 위해서 열성을 다하여 봉사하며 위험을 무릅쓰는 용기가 더욱 값지다는 생각을 가지고 있었다.

이집트의 수도원들은 산꼭대기나 나일 강의 섬들처럼 황량하고 외딴 장소에 위치해 있었다. 성스러운 뿔피리로 나팔을 불면 이를 신호로 수천 명의 건강하고 신념에 찬 수도사들이 모여들었는데, 이들은 대부분이 근처의 농민출신들이었다. 군대가 이 외딴 은거지에 침입하여 더 이상 버틸 수 없게 되자 그들은 사형집행인에게 조용히 목을 내밀면서 자기들의 민족적 인물을 지지했기 때문에, 그 어떤 이집트인에게서도 고문에 의해서 그들이 감추려고 하는 비밀을 자백받을 수 없었다. 그들이 목숨을 바쳐 생명을 구한 알렉산드리아 대주교는 똑같은 옷을 입은 잘 훈련된 사람들 틈에 몸을 숨겼으며, 위험이 닥쳐오면 그들의 신속한 도움으로 다른 장소에 옮겨졌다. 그는 마침내 험난한 사막에 도달하게 되었는데, 이곳은 사람들이 미신에 현혹되어 마귀와 사탄의 존재를 믿는 곳이었다.

아타나시우스는 콘스탄티우스가 죽을 때까지 계속해서 수도사들과 함께 은거생활을 했다. 이들은 경호원으로서, 심부름꾼으로서 그를 정성껏 섬겼다. 그러나 가톨릭파와 친밀한 관계를 유지, 개선하는 문제가 보다 중요했기 때문에, 그는 추적의 발길이 뜸해질 때마다 사막에서 알렉산드리아로 가서 자기 몸을 동료와 지지자들에게 맡기고 싶은 유혹을 느꼈다. 그의 여러 가지 모험담은 한 권의 재미있는 소설로 꾸밀 수 있을 정도였다. 그는 빈 물통 속에 숨어 있다가 여자노예의 배신으로 발각되기도 했으나, 간신히 도망간 적도 있었다. 그리고 기상천외의 은신처에 몸을 숨기기도 했는데, 그곳은 뛰어난 미모로 온 도시에서 소문난 20세 처녀의 집이었다. 몇년 후 그녀가 들려준 바에 의하면, 대주교는 한밤중에 옷도 제대로 걸치지 않고 황급히 나타나서 몸을 숨겨달라고 간청했는데, 그는 하늘의 계시를 받고 그녀의 집을 찾아왔노라고 했다. 신앙심이 깊은 이 처녀는 자기를 믿고 찾아온 이 성스러운 인질을 받아들여 보호했다. 그녀는 이 일을 아무에게도 알리지 않은 채 즉시 아타나시우스를 내실로 안내하여 다정한 친구처럼 그리고 부지런한 하녀처럼 그의 안전을 지켰다. 그녀는 위험이 계속되는 동안 그에게 책과 음식을 가져다주고, 발을 씻어주고, 서신 연락을 도와주었으며, 그리고 티 없는 순결을 요구하는 한 성자와 욕정을 도발하는 매혹적인 젊은 여인과의 친밀하고도 은밀한 이 만남을 아무도 눈치채지 못하도록 교묘하게 은폐했다.

아타나시우스는 6년간의 박해와 추방생활 중에 여러 차례 이 아름답고 성실한 동반자를 찾아갔다. 그리고 그가 리미니와 셀레우키아의 공의회를 보았다는 공식 기록으로 미루어볼 때, 그는 이들 회의에도 은밀히 참석했던 것으로 볼 수밖에 없다. 신중한 정치가라도 자기 동료들과 직접 교섭하고 적의 분열을 관찰하고 조장하기 위해서는 이처럼 대담하고 위험한 행동이 필요했을 것이다. 더구나 알렉산드리아는 지중해의 모든 항구와 바다로 연결되어 있었다. 이 대담무쌍한 대주교는 눈에 띄지 않는 은둔처에 깊숙이 칩거하면서도 아리우스파의 보호자(콘스탄티우스)를 상대로 끊임없이 공세를 폈다. 그리고 그의 시의적절한 글들은 널리 유포되고 열심히 읽혔기 때문에 정통파를 통합시키고 격려하는 데에 크게 기여했다. 그는 황제에게 보낸 공개 변론에서 짐짓 중용의 미덕을 찬양할 때가 많았다. 그러면서도 은밀하게 유포한 격렬한 글에서는 콘스탄티우스를 겁약하고 간악한 군주, 자기 가족의 처형자, 공화국의 폭군, 기독교회의 적이라고 매도했다. 황제는 승리의 절정기에 갈루스의 실정을 응징하고, 베트라니오의 왕관을 빼앗은 실바누스의 반란을 진압하고, 마그넨티우스의 군대를 토벌하는 등 승승장구했으나, 결국은 보이지 않는 손에 상처를 입어 복수도 못 하고 죽었다. 콘스탄티누스의 이 아들은 종교를 지키기 위해서는 가장 격렬한 정치권력의 행사에도 저항할 수 있는 기독교 교리의 힘을 경험한 최초의 기독교도 황제였다.

진리를 지키기 위해서 또는 적어도 양심을 지키기 위해서 아타나시우스와 여러 존경할 만한 주교들이 받은 박해는 당연히 아리우스파를 맹목적으로 신봉한 자들을 제외한 모든 기독교인들에게 분노와 불만을 일으켰다. 그들은 자기들의 성실한 목자가 추방되면 으레 낯선 자가 그 자리를 차지하게 되는 사태를 애석해했으며, 선거권이 침해되어 자기들이 인품도 알 수 없고 신앙도 의심스러운, 돈만 아는 엉터리 성직자에게 복종해야만 한다는 데 큰 불만을 표시했다. 가톨릭 신자들이 이런 교회 지도자의 죄와 이단과는 무관하다는 것을 세상에 입증할 수 있는 방법은 자기들의 이견을 표명하거나 스스로 별개의 성체를 모시는 것이었다. 그중 첫번째 방법이 안티오크에서 시도되어 성공을 거두었기 때문에, 이 방법이 곧 기독교 세계 전체에 보급되었다. 삼위일체의 **영광**을 찬양하는 '영창(doxologia)' 즉 성가는 한 마디 언어로 매우 미묘하면서도 구체적인 영향을 주기 때문에 이접(離接) 접속사나 연결사의 차이에 따라 정통파 교리와 이단파 교리의 차이를 표현할 수 있었다. 니케아 교리를 준수하던 두 사람의 용감하고 독실한 평신도 플라비아누스와 디오도루스는 교독문 응송(應誦)과 보다 정규적인 시편 낭송을 예배에 도입했다. 이들의 지도하에 인근 사막에서 나온 일단의 수도사들이 잘 훈련된 성가대를 이루어 안티오크 대성당에 상주하면서 본격적인 합창으로 '성부와 성자와 성령께 영광'을 노래했다. 이렇게 해서 가톨릭 교회는 그 교리의 순수성에 기대어 존경할 만한 에우스타티우스의 자리를 빼앗은 아리우스파 주교에게 모욕을 주었다.

　정통파의 보다 성실한 신도들은 이처럼 찬송을 부르는 심정으로 별도의 집회를 구성하게 되었는데, 이 집회는 추방당한 그들의 주교가 사망하여 새로운 목자가 선출, 추대될 때까지 사제들에 의해서 운영되었다. 궁정 안의 사태 발전으로 콘스탄티우스의 치하에서는 주교 참칭자의 수가 급증하여 한 도시에 2-3명, 심지어 4명의 주교가 난립하여 각자 신도들에 대한 영적인 관할권을 다투면서 교회의 세속적 소유권을 장악하고 상실하는 일을 반복하는 경우가 많았다. 기독교의 이와 같은 폐단은 로마의 정치에 새로운 폭정과 반란의 원인이 되었다. 시민사회의 유대는 종교적 파벌 싸움 때문에 와해되었다. 그리고 역대 황제들의 흥망을 조용히 지켜보기만 했던 평민들도 자신의 생명과 재산이 성직자 한 사람의 이해관계와 직결되었다고 생각했고 또 그런 경우를 직접 경험하게 되었다.

　기번의 원문은 이어 콘스탄티누스 대제의 아들들의 치세 중 로마와 콘스탄티노플의 종교적 분위기를 상세히 기술하고 있다. 로마에서는 정통파 주교 리베리우스의 추방이 큰 소요를 일으켰기 때문에 콘스탄티우스 황제는 원형경기장(키르쿠스)을 방문했을 때, 군중으로부터 "하느님도 한 분, 그리스도도 한 분, 주교도 한 분!"이라는 항의의 절규를 들었다. 그리고 콘스탄티노플의 분노한 주민들은 명망 높은 주교의 추방형을 집행하려던 기병대 사령관의 관저를 불태운 후 그 시체의 발목을 묶어 시내로 끌고 다녔다.

　그러나 이러한 폭동들도 키르쿰켈리오네스(Circumcelliones)라고 불리는 도나투스파의 야만족 광신자들의 광기에 비하면 아무것도 아니었다. 그들은 '이스라엘인'이라고 하는 커다란 곤봉으로 무장한 채, "영광은 하느님께 (Laudes Deo)"라는 전투구호를 외치면서 무방비 상태인 아프리카 주민들을 약탈하고 다녔다. 그들의 중요한 신앙내용의 하나는 삶에 대한 증오심이었던 것 같다. "그들은 종종 도로상에서 여행자를 멈춰 세우고 자기들을 죽여 순교자로 만들어달라고 부탁하면서, 부탁을 들어주면 사례금을 주고 거절하면 당장 죽여버리겠다고 협박하곤 했다." 그런가 하면 정해진 날에 절벽

위에서 몸을 던져 자살하는 사람들도 있었다. 키르쿰켈리오네스는 이 괴이한 자살벽 때문에 얼마 안 가서 몰락하고 말았다.

교회의 평화를 교란시키고 그 승리를 욕되게 만든 내부 분열상을 간단히 살펴보면, 한 이교도 역사가(암미아누스)의 기술이 사실이었음을 알 수 있고, 존경할 만한 주교(그레고리우스)가 왜 개탄했는지 이해할 수 있을 것이다. 암미아누스는 기독교도들의 상호 적대감이 인간에 대한 야수들의 광포성을 능가하는 것을 직접 목격했다. 그리고 나지안주스의 주교 그레고리우스는 불화가 생긴 '하느님의 왕국'은 혼란과 한밤의 폭풍우, 바로 지옥의 모습으로 일변했다고 탄식하고 있다. 당시의 감정에 치우친 편파적인 저술가들은 모든 미덕은 자기들 편이고 모든 죄악은 상대편에 있다고 하면서, 이 싸움을 천사와 악마의 싸움으로 묘사했다. 좀더 냉철한 이성으로 본다면, 우리는 어느 한편을 완전무결한 악마나 천사로 보는 그와 같은 견해를 배격하고, 서로 정통파 또는 이단파라는 호칭을 주고받은 적대적인 두 파에게 모두 똑같은 정도의 선과 악을 인정하게 될 것이다. 그들은 모두 똑같은 종교와 똑같은 시민사회에서 교육받은 사람들이었다. 그들은 현세와 내세에 대한 희망과 공포심도 비슷했다. 양측의 오류는 고의적인 것이 아니었고 신앙심도 진실했으나, 실천행동은 고귀하기도 했고 타락하기도 했다. 그들은 비슷한 대상을 놓고 흥분했으며, 황실이나 시민들의 지지를 악용한 것도 마찬가지였다. 아타나시우스파와 아리우스파의 형이상학적 관념들은 그들의 도덕적 품성에 영향을 미치지 못했기 때문에, 그들의 행동은 모두 복음서의 소박한 가르침에서 이끌어낸 편협한 정신에 의해서 좌우되었다.

현대의 어떤 역사가는 서언(序言)에 당당하게 확신을 가지고 정치적, 철학적이라는 형용사를 사용한 그의 저서에서 몽테스키외가 지적한 로마 제국 쇠망의 여러 가지 원인 중에 콘스탄티누스가 만든 법률을 포함시키지 않은 소심한 신중성을 비난하면서, 콘스탄티누스의 법률에 의해서 이교도들의 예배가 절대적으로 억압되었고 이 때문에 로마 신민들 상당수가 사제, 사원 그리고 일체의 공적인 종교를 빼앗겼다고 지적했다. 인권에 대한 정열 때문에 이 철학적 역사가는 이교도에 대한 총박해령을 자기들이 좋아하는 영웅(콘스탄티누스)의 공적으로 돌린 성직자들의 경솔한 증언을 그대로 받아들이고 있다. 우리는 로마 법전에 포함되기에는 매우 이채로운 이 상상적 법률을 주장하기보다는 콘스탄티누스가 자신의 개종을 숨기지 않게 되고 또 제위의 경쟁자를 겁내지 않게 된 시기에 고대종교의 신봉자들에게 내렸던 본래의 칙령에 눈을 돌리는 편이 안전할 것이다. 그는 매우 강력한 어조로 로마 제국 신민들에게 자신의 선례를 따르도록 권고했다. 그러나 다른 한편으로 하늘의 빛을 향해 눈뜨기를 거절하는 자는 마음대로 자기들의 사원과 마음에 드는 신을 섬겨도 좋다고 선언했다. 이교도들의 종교의식이 억압되고 있다는 소문은 황제 자신이 이를 공식적으로 부인했는데, 황제는 현명하게도 중용의 원리로서 관습, 편견, 미신의 막강한 힘을 인정했다.

이 노회한 황제는 그의 약속을 깨트리지 않고 또 이교도들의 공포심을 불러일으키지 않으면서 변칙적이고도 타락한 다신교의 토대를 붕괴시키기 위해서 서서히 조심스러운 조치를 취했다. 그가 자주 취했던 편파적이고 가혹한 조치는 기실 기독교적 열정에서 촉발되었지만, 겉으로는 매우 공정한 법과 공공의 선을 구실로 내세웠다. 그리고 속마음으로는 고대종교의 토대를 붕괴시키고자 하면서도 겉으로는 그 악폐를 시정하려는 것처럼 처신했다. 그는 선제들의 현명한 선례에 따라서 불합리하고 불경스러운 점복술을 엄한 벌로 다스렸다. 점복술은 현재의 상태에 불만을 품은 사람들에게 헛된 희망을 품게 하고 때로는 범죄의욕을 불러일으키기 때문이었다. 신탁(神託)은 공적으로 사기, 기만이라는 판정을 받았기 때문에 이에 관해서는 언급하지 않았다. 나일 강 지역의 나약한 사제들은 일소되었다. 그리고 콘스탄티누스는 대낮에 공공연히 비너스의 이름으로 온갖 매춘행위가 자행되는 몇몇 페니키아 신전들을 폐쇄하도록 명함으로써, 로마 감찰관으로서의 직무도 충실히 수행했다. 황도 콘스탄티노플의 건설은 부유한 그리스 및 아시아 신전들의 희생에 힘입은 바 컸고, 황도의 사원들도 약탈물로 장식되었다. 신전들의 신성한 재산은 몰수되었고, 신과 영웅의 상들은 이를 존경의 대상이 아닌 호기심의 대상으로 삼아 마구잡이로 옮겨졌고, 황금과 은은 돈으로 만들어져 유통되었으며, 관료들과 주교들과 환관들은 이 기회를 이용하여 당장 자기들의 욕망과 탐욕을 충족시키고 원한을 풀었다. 그러나 이와 같은 약탈은 로마 제국의 일부 지역에 국한되었으니, 다른 지방들은 오래 전부터, 기성 종교를 전복시킬 의도가 있었다고는 명백히 입증할 수 없는 포악한 황제와 총독들에 의한 신전 약탈에 이미 익숙해져 있었다.

콘스탄티누스의 아들들은 아버지보다 더욱 열정적으로 그러나 더욱 경솔하게 행동했다. 약탈과 억압의 구실은 점점 더 늘어났다. 기독교도의 불법적인 행동은 모두 묵인되었고, 이교도들에 대한 의혹은 모두 불리하게 해석되었으며, 신전의 파괴는 콘스탄스와 콘스탄티우스 치세 중에 있었던 상서로운 사건으로서 찬양받았다. 콘스탄티우스는 한 가지 간단한 법령을 작성했는데, 이 정도의 법이면 장차 또 다른 금지명령을 내릴 필요가 없었을 것이다. "짐은 모든 지방과 모든 도시에서 즉시 신전들을 폐쇄하고, 어느 누구도 이를 위반할 힘을 가지지 못하도록 힘써 방어하기를 바라노라. 그리고 짐은 모든 신민들이 제사를 지내지 않기를 바라노라. 이와 같은 행위를 범하는 자는 누구든지 복수의 칼을 맛볼 것이며, 처형 후에는 그의 재산을 몰수하여 국가가 사용하도록 하겠노라. 속주의 총독들이 죄인을 처벌하지 않으면, 그들에게도 동일한 처벌을 내리겠노라."

그러나 이 준엄한 칙령은 실제로는 공포되지 않았거나 또는 공포되었더라도 시행되지 않았으리라고 믿을 만한 충분한 이유가 있다. 여러 가지 입증자료 그리고 아직도 남아 있는 청동과 대리석의 기념물들은 콘스탄티누스의 아들들의 치세 중에도 계속 이교도들의 예배가 공개적으로 행해지고 있었음을 말해준다. 서방과 동방에서 그리고 지방과 도시에서 수많은 신전들이 보존되거나 아니면 적어도 그대로 남아 있었다. 그리고 독실한 이교도들은 여전히 정부의 허가하에 또는 묵인하에 성대한 제사, 축제, 제례 행렬을 계속하고 있었다. 이 피의 칙령이 내려졌다고 하는 날로부터 4년이 지난 후 콘스탄티우스는 로마의 신전들을 방문했는데, 어떤 이교도 웅변가는 그 당시 콘스탄티우스의 품위 있는 행동을 후세의 군주들이 본받아야 할 만한 모범이었다고 찬양하고 있다. 즉 심마쿠스는 이렇게 말했다. "황제는 베스타

처녀들(로마 시의 베스타 제단의 성화를 지키는 6명의 처녀들/역주)의 특권을 조금도 훼손시키지 않았고, 로마 귀족들에게 신관의 지위를 부여했고, 공공의식과 제사의 비용을 지급하는 관행을 허용했으며, 자신은 다른 종교를 믿으면서도 예로부터 내려온 신성한 종교의식을 없애려고 시도하지 않았다." 원로원은 여전히 장엄한 선언으로 신성한 황제의 유업을 기리는 전통을 지켰으며, 콘스탄티누스 자신도 사후에는 그가 생전에 배격하고 모욕했던 신들과 자리를 함께 하게 되었다. 누마 왕이 제정하여 아우구스투스 황제도 사용한 바 있는 대제사장이라는 칭호와 문장과 특권은 콘스탄티누스 이후 7명의 기독교도 황제들에 의해서 서슴없이 수용되었는데, 그들은 모두 기독교보다는 그들이 버린 종교에 대해서 더한층 절대적인 권위를 소유했다.

기독교의 분열은 이교사상의 파멸을 지연시켰다. 그리고 황제와 주교들은 국내의 반란위험을 더한층 경계했기 때문에, 이교도들과의 종교전쟁에는 열의가 적었다. 우상타파는 확립된 종교적 불관용 원칙에 의해서 정당화될 수 있었다. 그러나 황실을 번갈아가며 장악한 적대적인 교파들은 쇠퇴했다고는 하지만, 여전히 강력한 이교도들을 소외시키거나 자극하기를 서로 두려워했다. 이제는 권력과 시류, 관심과 이성의 모든 동기가 기독교측에 유리하게 작용했지만, 그래도 그들이 승리를 실감하기까지는 2, 3세대가 더 지나야만 했다. 로마 제국에서 장기간에 걸쳐, 그리고 최근까지도 국교로 확립되어 있던 그 종교는 사색보다는 고래의 관습에 더욱 집착하는 수많은 사람들에 의해서 여전히 존중되었다. 국가와 군대의 여러 가지 영예는 여전히 콘스탄티누스와 콘스탄티우스 시대의 모든 신민들에게 차별 없이 수여되었으며, 학문과 부와 무용(武勇)의 대부분은 여전히 다신교와 관련되어 있었다. 원로원과 농민들의 미신, 시인과 철학자의 미신은 각기 그 근원이 달랐지만, 그들은 모두 함께 신전에 모여 제사를 지냈다. 금지되었던 한 종파가 보란 듯이 승리하자, 그들의 신앙심은 더욱 자극받게 되었다. 그리고 갈리아 지방을 야만족에게서 구출한 젊고 용감한 영웅인 제국의 상속자(율리아누스)가 은밀하게 조상 전래의 다신교를 신봉하게 되자, 그들은 굳은 신념으로 다시 희망을 품게 되었다.

제11장

(360-63년)

갈리아 군단의 율리아누스 황제 선포
율리아누스의 진군과 승리
콘스탄티우스의 사망
율리아누스의 행정
율리아누스의 이교 부활 기도
페르시아 전쟁 중의 율리아누스의 사망
그의 후계자 요비아누스의 치욕적인
강화조약에 의한 로마 군 구출[1]

로마인들이 환관들과 주교들의 수치스러운 폭정에 시달리는 동안 콘스탄티우스(2세)의 궁정을 제외한 전국에는 율리아누스 부황제를 찬양하는 소리가 퍼져나갔다. 게르마니아의 야만족들은 이 청년 카이사르의 무력을 경험한 바 있어 아직도 그를 두려워하고 있었다. 군인들은 그의 승리의 동반자들이었고, 이곳 속주민들은 그의 통치하에 입은 은혜를 감사하고 있었다. 그러나 그의 등극에 반대한 콘스탄티우스의 총신들은 그의 미덕이 비위에 거슬렸으므로, 당연히 인민의 벗을 황실의 적으로 간주했다. 율리아누스의 명성이 불확실한 시기에는 풍자에 익숙한 궁정 안의 익살꾼들의 말재간이 그런 대로 효과가 있었다. 그들은 율리아누스가 소박함을 가장하고 있다는 것이었다. 이 철학적 무인의 복장과 인신에 대해서 털복숭이 야만인이라든

---
[1] 원문의 제22-24장에 해당한다/편집자 주.

콘스탄티우스 2세
(재위 353-61년)

가 자의(紫衣)를 걸친 원숭이라는 등의 우스꽝스러운 낙인을 찍었다. 그리고 그가 보내는 과장 없는 보고서는 아카데미아의 정원에서 군사학을 배운 철학자 군인 또는 수다쟁이 그리스인이 꾸며낸 거짓말이라고 매도되었던 것이다.

이와 같은 악의적인 비방의 소리는 승리의 함성에 의해서 가려졌다. 프랑크족과 알레만니족의 정복자를 더 이상 경멸의 대상으로 삼을 수만은 없었다. 그리고 결국은 황제(콘스탄티우스 2세) 자신만이 이 부황제에게서 그 공로의 일부를 비열하게도 훔치게 되었다. 예로부터의 관습에 따라 월계수로 장식하여 속주에 보낸 전승통지서에는 율리아누스의 이름이 빠져 있었던 것이다. 그 서신에는 "콘스탄티우스가 직접 작전을 계획했고, 그가 최전선에서 용맹을 발휘했고, 그의 군대가 승리를 획득했으며, 포로로 잡힌 야만족의 왕이 전장에서 그를 알현했다"고 적혀 있었으나, 실은 그 당시 황제는 전장에서 40일 이상 걸리는 거리에 떨어져 있었다(358년).

그러나 이처럼 터무니없는 거짓말로도 백성들을 속일 수는 없었고 더구나 황제 자신의 자존심을 만족시킬 수는 없었다. 로마인들이 율리아누스를 찬양하고 지지하자, 불만을 품은 콘스탄티우스는 차라리 자신들의 간악한 계획을 감언이설로 호도하는 아첨꾼들의 교묘한 독약을 받아들이기로 했다. 그들은 율리아누스의 공적을 깎아내리는 대신 그의 대중적 명망과 뛰어난 재능 그리고 그의 중요한 업적을 인정하고 한걸음 더 나아가 과장하기까지 했다. 그러면서도 그들은 만일 변덕스러운 군중들이 의무보다 각자의 취향을 택하거나 또는 상승군을 이끄는 율리아누스가 복수를 하거나 독자적인 존재가 되고자 하는 희망에서 충성심을 버리려고 할 때는 카이사르의 공적이 하루아침에 대역죄로 바뀌게 되리라고 은근히 암시했다. 콘스탄티우스의 개인적인 공포심은 중신회의에서 국가안전을 위한 찬양할 만한 걱정이라고 해석되었다. 황제는 겉으로는 걱정하는 듯이 가장했지만, 마음속으로는 율리아누스의 공적에 대해서 증오심과 질투심을 품고 있었다.

표면상으로 갈리아 지방은 평온하고 동부 속주들에는 위기가 임박해 있었으므로, 황제의 막료들은 교묘한 계획을 짜내어 이를 추진하기 위한 그럴 듯한 구실을 마련했다. 즉 율리아누스의 군대를 해산하고 그의 신변과 위엄을 지키는 충성스러운 군대를 소환하여, 라인 강 유역에서 사나운 게르만족을 정복한 역전의 용사들을 멀리 페르시아 왕(샤푸르 2세)과의 전쟁에 내보내기로 했던 것이다. 율리아누스가 파리의 겨울철 막사에서 행정업무에 여념이 없을 때, 느닷없이 2명의 궁정 관리가 들이닥쳐 황제의 고압적인 명령을 전달했는데, 이 명령은 그들이 집행하고 그는 이에 반대하지 못하도록 되어 있었다. 콘스탄티우스는 명성과 규율이 뛰어난 4개 군단 —— 켈트, 페툴란트, 헤룰리, 바타비 종족들의 군단 —— 전체를 율리아누스 휘하에서 분리시키고, 나머지 부대들에서는 각각 300명의 용사들을 선발하여, 갈리아 군대의 주력인 이 대규모 부대가 즉각 행군을 개시하여 페르시아 국경지방에서 전쟁이 시작되기 전에 현지에 도착하도록 최선을 다하라고 명령했다.

율리아누스는 이 치명적인 명령의 결과를 내다보고 탄식했다. 지원병으로 근무하는 대부분의 보충 부대원들은 알프스 산맥을 절대 넘지 않는 것을 지원의 전제조건으로 했다. 이 조건은 로마의 국가적 신용과 율리아누스의 개인적 명예를 걸고 약속된 것이었다. 만일 이를 어기고 억압하게 되면, 진실을 최고의 미덕으로 알고 자유를 최대의 재산으로 생각하는 독립심이 강한 게르만 전사들의 신뢰를 잃고 그들을 분노케 만들 것이 분명했다. 로마인이라는 신분과 특권을 누리는 정규군단 병사들은 국가의 방위를 위해서 입대한 사람들이었지만, 외국인 용병들은 국가라든가 로마 같은 것은 안중에도 없었다. 출생이나 오랜 습관 때문에 갈리아의 풍토와 풍습에 애착을 가졌던 그들은 오직 율리아누스만을 사랑하고 존경했다. 그들은 콘스탄티우스를 경멸하고 심지어 증오했으며, 고된 행군과 페르시아 군의 화살 그리고 타는 듯이 무더운 아시아의 사막을 두려워했다. 그들은 자기들이 구출한 지역을 자기 나라라고 주장했으며, 자기들의 가족과 친지를 보호하는 것이 보다 직접적이고 신성한 의무라는 말로 자기들의 미온적인 태도를 변명했다.

배교자 율리아누스(재위 361-63년)

갈리아인들의 우려는 필연적인 위험이 임박했음을 인식한 데에서 나온 것이었다. 이 지방에서 군사력을 빼돌리고 나면, 마지못해 체결했던 강화조약을 게르만족이 즉시 파기해버릴 것이 분명했다. 그렇게 되면 명목상의 군대를 지휘하는 율리아누스가 아무리 유능하고 용맹하더라도, 그는 국가적 재난의 책임을 뒤집어쓰고 야만족에게 포로로 잡히거나 콘스탄티우스의 궁정에 죄인으로 잡혀가게 될 것이 틀림없었다. 만일 율리아누스가 이번 명령에 복종한다면, 그는 스스로의 파멸과 자기가 사랑하는 백성들의 파멸을 자초하게 될 것이며, 만일 명령을 거부한다면, 반역행위와 선전포고를 하는 셈이 될 것이 분명했다. 황제의 완고한 질투심과 이번 명령의 절대적, 계략적인 성격에 비추어 솔직하게 변명하거나 해명할 수 있는 여지는 전혀 없었다. 그리고 율리아누스는 종속적 지위였기 때문에 시간을 두고 심사숙고해볼 수도 없는 처지였다.

고립무원의 율리아누스는 날로 더 당혹스러운 처지가 되어갔다. 성실한 친구 살루스티우스가 환관들의 농간으로 자리에서 물러났기 때문에, 그의 자문을 구할 수도 없는 처지였다. 더구나 대신들의 지원을 얻어 황제에게 항의해볼 수도 없는 입장이었으니, 즉 대신들은 갈리아 지방의 파멸을 시인하기를 부끄러워하거나 꺼리고 있었기 때문이었다. 때마침 기병대 사령관 루피키누스가 스콧족과 픽트족의 침노를 물리치기 위해서 브리타니아에 파견되었고, 플로렌티우스는 빈에서 공납물 평가작업에 매여 있었다. 교활하고 부패한 정치가 플로렌티우스는 이 위험한 시기에 책임질 일을 맡고 싶지 않았기 때문에, 율리아누스의 여러 차례에 걸친 초청에 응하지 않았는데, 율리아누스는 그 총독이 자신의 어전회의에 꼭 참석해야 한다고 주장했다. 한편 율리아누스는 황실 사자들의 무례하고도 끈질긴 독촉에 시달리고 있었다. 황실 사자들은 율리아누스에게 자기들이 무사히 귀환하기 바란다면 그가 스스로의 지체에 대한 죄를 떠맡아 그들이 처형당하지 않도록 해주어야 할 것이라고 말했다. 이럴 수도 저럴 수도 없게 된 율리아누스는 부황제의 자리를 명예롭게 지킬 수 없을 바에야 퇴위함으로써 신변을 지킬 수 있다면, 차라리 퇴위하겠다는 의사를 진심으로 밝히기에 이르렀다.

고통스러운 싸움 끝에 율리아누스는 복종이 신하의 미덕이며, 국가의 복지를 판단하는 것은 오직 주권자의 권한이라는 점을 시인하지 않을 수 없었다. 그는 콘스탄티우스의 명령을 수행하는 데에 필요한 일련의 지시를 내렸다. 그의 군대의 일부가 알프스 산맥을 향해 행군을 개시했고, 몇몇 수비대에서 차출한 군대가 각기 집결장소로 이동하기 시작했다. 군대가 힘들게 행군하는 동안 불안과 공포에 질린 속주민들은 묵묵히 실망을 표시하거나 큰 소리로 탄식하는 방법으로 연민의 정을 불러일으키려고 했으며, 군인의 아내들은 품속에 어린애들을 안고 슬픔과 불만과 분노가 뒤섞인 말로 가족을 버리고 떠나는 남편들을 원망했다.

이 비탄스러운 장면이 인정 많은 부황제의 마음을 움직였다. 그는 군인의 아내와 가족들을 수송할 수 있도록 수많은 마차들을 배정했고, 그가 어쩔 수 없이 불러들인 고난을 경감시키기 위해서 애썼고, 이렇게 함으로써 매우 찬양받을 만한 방법으로 자기 자신의 인기를 높이고 멀리 추방당하게 된 군인들의 불만을 부채질했다. 무장한 무리들의 불만은 곧 분노로 바뀌어갔다. 군인들의 불온한 이야기들은 병영에서 병영으로 전해지면서 더한층 대담해졌고, 군인들은 이제 폭동도 불사할 태세를 갖추게 되었다. 그리고 사령관들의 묵인하에 율리아누스가 당한 치욕과 갈리아 군대가 당한 억압 그리고 무능한 아시아 폭군의 악덕을 생생하게 묘사한 그럴 듯한 소문이 은밀히 유포되었다. 콘스탄티우스의 신하들은 민심이 이처럼 흉흉해진 데에 크게 놀랐다. 그들은 율리아누스에게 군대를 서둘러 출발시키도록 재촉했다. 이에 율리아누스는 군대가 파리를 경유하지 말도록 할 것을 제안하고 또 자기가 마지막으로 군대를 열병하면 위험하다는 점을 지적했으나, 콘스탄티우스의 사자들은 그의 이 정직하고도 사려 깊은 충고를 받아들이지 않았다.

군대의 도착이 발표되자, 율리아누스는 군인들을 맞이하기 위해서 성문 앞 벌판에 세워진 열병대에서 내려섰다. 그는 직위나 무공에 따라서 특별히 언급할 만한 장병들을 치하한 후, 자신을 둘러싼 무리에게 신중하게 짜두었던 명연설을 했다. 그는 군인들의 공적을 찬양하고, 강력하고 관대한 황제의 휘하에 복귀하게 된 영예를 기꺼이 받아들이라고 격려한 후, 아우구스투스〔황제〕의 명령은 곧장 기쁜 마음으로 복종해야 하는 법이라고 훈시했다. 군인들은 야유를 하여 율리아누스의 감정을 건드리기도 두려웠고, 마음에도 없는 환호를 하여 거짓 감정을 나타내기도 싫었기 때문에 묵묵히 침묵을 지켰고, 잠시 후 해산하여 각자 막사로 흩어졌다. 부황제는 고위장교들에게 향연을 베풀고 매우 따뜻하고 부드러운 말로 자기에게 승리를 가져다주었던 용감한 동지들을 공로에 따라서 포상하고 싶지만, 자기에게는 그러한 능력이 없어 유감이라고 말했다. 장교들은 비탄과 의혹에 찬 마음으로 연회장을 나서면서 존경하는 장군과 고향을 작별하게 된 자기들의 괴로운 운명을 한탄했다.

이와 같은 이별을 막을 수 있는 유일한 대책이 대담하게 선동되어 동조를 얻었다. 군인들의 분노는 점차 본격적인 음모의 형태를 취하게 되었다. 그들의 정당한 불만의 이유는 격정에 의해서 고조되었고, 출발하기 전날 밤 한바탕 술잔치를 벌이게 되자 이 격정은 술기운으로 불붙고 말았다. 자정이 되자 사나운 군중이 칼과 활과 횃불을 들고 밀어닥쳐 궁전을 포위한 후, 장래의 위험과 같은 것에는 개의치 않고 주워담을 수 없는 운명적인 구호 "율리아누스 황제!"를 외쳤다. 이 무질서한 함성에 긴장한 율리아누스는 문을 걸어 잠그고 할 수 있는 데까지 이 심야의 소란을 멀리함으로써, 자신의 신변과 위엄을 지켰다. 날이 밝자 초조해진 군인들은 힘으로 밀어붙여 궁전에 쇄도하여 정중하게 율리아누스를 사로잡았다. 그들은 칼을 빼들고 율리아누스를 호위하고 파리 거리를 행진한 뒤, 그를 열병대에 올려놓고 환호하며 황제로 추대했다.

신중함과 충성심은 율리아누스로 하여금 그들의 반란계획에 저항하게 하는 한편, 자신의 억압된 능력을 위해서 폭력의 구실을 마련해주었다. 그는 차례로 군중을 상대로 또는 개개인을 상대로 때로는 달래고 때로는 분노를 표시하면서 그들이 이룩한 불멸의 승리를 더럽히지 말라고 타일렀고, 더 나아가서 만일 그들이 즉시 충성된 군인으로 되돌아오면, 황제에게 진언하여 자유와 용서를 구할 뿐 아니라 그들을 분노하게 만든 그 명령을 취소하도록 하겠다고까지 약속했다. 그러나 자신들의 죄를 의식한 군인들은 황제의 자비심을 기대하기보다는 율리아누스의 보은(報恩)에 기대하기로 했다. 그들의 열정은 점차 초조감으로 그리고 초조감은 분노로 바뀌어갔다. 완고한 율리아누스는 그들의 간청, 비난, 협박에도 굴복하지 않고 새벽 3시까지 버텼다. 그는 살고 싶으면 등극해야 한다고 거듭 설득당한 끝에 마침내 동의했다. 율리아누스는 군대가 일제히 함성을 지르는 가운데 방패 위에 올려졌다. 누군가가 화려한 군복의 깃을 가져와서 제관을 대신했다. 이 의식이 수수한 기념품을 내리겠다는 약속으로 끝을 맺자, 새 황제는 진정인지 아닌지 알 수 없는 슬픔에 잠겨 자기 숙소로 돌아가서 두문불출했다.

율리아누스의 슬픔은 그의 결백함을 상징하는 것이었지만, 군주들의 진실한 동기나 발언을 의심하는 데에 익숙해진 사람들이 볼 때, 그의 결백은 극히 회의적일 수밖에 없었다. 그의 활달하고 적극적인 성격은 희망과 공포심, 감사와 원한, 의무와 야망, 공명심과 비난에 대한 두려움 등의 여러 가지 감정에 매우 민감했다. 그러나 우리가 지금 이런 감정상태를 하나하나 짐작해본다는 것은 불가능하며, 율리아누스를 이끌어간 구체적인 행동원리가 어떤 것이었는지 확언할 수도 없다. 군대의 불만은 그의 정적들의 악의에 의해서 조성된 것이었으니, 군대의 반란은 사리를 따져볼 때 당연한 결과였다. 따라서 율리아누스가 우연을 빙자하여 그의 깊은 속셈을 감추려고 했더라면, 그는 여유를 가지고 최상의 계략을 꾸밀 수 있었을 것이고, 그런 경우에는 아마도 성공하지 못했을 것이다. 그는 자기가 즉위하기 전날 밤까지는 군대의 계획을 전혀 몰랐다고 유피테르, 태양신, 마르스, 미네르바 등 모든 신들 앞에 엄숙히 선언하고 있다. 이렇게 볼 때 한 영웅의 명예와 철학자의 진실을 무조건 불신하는 것은 너무 가혹하다고 말할 수도 있겠다. 그러나 콘스탄티우스가 신들의 적이고, 자기 자신은 신들의 총애를 받고 있다는 미신에 가까운 확신이 그에게 인류의 옛 종교를 부활시키기 위해서 예정된 자신의 황제 즉위를 원하고 설득하고 촉진시키도록 부추겼을 가능성도 있다. 율리아누스는 반란 정보를 들은 후 잠시 졸았는데, 그가 나중에 친구들에게 밝힌 바에 의하면 그때 꿈속에서 제국의 수호신이 나타나서 방문을 열고 들어오려고 하면서 그에게 용기와 야망이 없는 것을 나무랐다. 그는 깜짝 놀라 위대한 유피테르 신에게 기도했더니, 즉시 하늘과 군대의 뜻을 따르라는 분명한 예언을 들을 수 있었다. 이처럼 정상적인 이성의 원칙을 벗어나는 행동은 우리에게 의혹을 불러일으키게 한다. 아무리 고결한 사람이더라도, 그처럼 터무니없는 광신적 상태에 빠지면 점차 미덕과 진실성의 중요한 원칙들을 망각하기 때문이다.

　새 황제가 즉위 첫날에 취한 행동은 자기 편의 격정을 가라앉히고, 적들을 보호하고, 자신의 생명과 위엄을 해치기 위해서 꾸며진 은밀한 계획들을 적들에게 버리도록 하는 일들이었다. 그는 한편으로 자기 자리를 지키기 위해서 확고하게 결의했지만, 다른 한편으로 나라를 내전의 참화로부터 구출하려고 했고, 우세한 콘스탄티우스 군대와의 싸움을 피하려고 했다. 그리고 자기가 배신자이며 배은망덕한 사람이라는 비난을 듣지 않기를 바랐다. 율리아누스가 화려한 황제의 옷차림을 하고 군인들 앞에 나타나자, 군인들은 자기들의 후견인이자 지도자이고 친구인 그에게 열렬히 환호했다. 그는 병사들의 승리를 재천명하고 그들의 고난을 개탄하고 그들의 결단을 찬양하고 그들의 희망을 부추긴 후, 그들의 성급함을 만류했다. 그리고 군인들에게서 동방의 황제가 공정한 조약에 서명하면 정벌의 의도를 버리고 갈리아 지방에서 조용히 지내는 데 만족하겠다는 엄숙한 약속을 받아내고서야, 그들을 해산시켰다.

그는 이를 토대로 하여 자기 자신과 군대의 이름으로 그럴 듯하고 온당한 편지를 썼다. 그는 자신의 총무장관 펜타디우스와 시종장 에우테리우스를 사신으로 임명하여 편지를 가지고 콘스탄티우스에게 가서 회답을 받고 그의 심중을 살피고 오도록 했다. 카이사르라는 겸손한 칭호로 서명했지만, 그는 이 편지에서 정중하면서도 단호한 어조로 자신의 아우구스투스 칭호를 확인해줄 것을 요청하고 있다. 그는 자신이 황제로 선출된 것이 변칙임을 인정하면서도, 다른 한편 자신에게서 억지로 승낙을 얻어낸 군인들의 분노와 폭력이 어느 정도 정당했다고 변호하고 있다. 그는 사촌형인 콘스탄티우스의 우월성을 인정하면서, 매년 에스파냐산 말들을 공물로 보내겠다는 것과 야만족 청년들 중에서 황제의 군대를 모집하겠다는 것 그리고 황제가 신임하는 충성스러운 민정총독을 임명하면 받아들이겠다는 것을 약속했다. 그러나 그는 알프스 산맥 북쪽 지방에서는 군권과 세정 그리고 주권과 함께 문무관의 임명권을 자신이 행사하겠다고 밝히고 있다. 또한 황제에게 정의의 길을 따르고 군주들간의 반목을 부채질하는 간신배들의 농간을 믿지 말라고 진언하면서, 국가와 콘스탄티누스 가문 모두에게 이로운, 공정하고 명예로운 조약의 체결을 받아들여줄 것을 간청했다.

이 협상에서 율리아누스는 이미 자신이 소유하고 있는 것말고는 주장하지 않았다. 그가 이미 오래 전부터 갈리아, 에스파냐, 브리타니아에서 행사했던 위임통치권은 여전히 보다 독자적이고 장엄한 자의 권위에 예속되어 있었다. 군인들과 시민들은 쿠데타가 유혈사태 없이 이루어진 것을 환호했다. [콘스탄티우스가 보낸] 플로렌티우스는 도망가고 루피키누스는 사로잡혔다. 새 정부에 반대하는 자들은 무장해제당하고 감금되었으며, 공석이 된 관직은 궁정 안의 음모와 군인들의 요구에 흔들리지 않는 군주에 의해서 능력 본위로 임명되었다.

이 강화교섭은 물샐 틈 없는 전쟁준비에 의해서 뒷받침되었다. 그 당시의 혼란 덕분에 율리아누스는 언제든지 전쟁에 투입할 수 있는 군대를 손쉽게 모집, 증강할 수 있었다. 마그넨티우스 일파에 대한 잔혹한 박해로 갈리아 지방은 수많은 범법자와 도둑의 무리로 가득 차 있었다. 그들은 자기들이 신뢰하는 군주가 내린 대사면령을 기꺼이 수락하고 군율의 시행에 복종했으며, 오직 콘스탄티우스 개인과 그 정부에 대해서만 원한을 품었다. 율리아누스는 군사행동을 취할 수 있는 계절이 되자, 즉시 군단들을 이끌고 클레베 부근의 라인 강에 다리를 놓는 등, 분열된 제국의 국경지방을 침입할 가능성이 있는 프랑크족의 일파 아투아리족을 응징할 준비를 갖추었다. 고난과 영광이 점철된 이 작전은 강행군의 연속이었으나, 율리아누스는 종전의 군주들이 난공불락이라고 생각했던 이 지방을 마침내 정복하게 되었다.

  율리아누스 황제는 야만족에게 강화를 허용한 후, 조심스럽게 클레베에서 바젤에 이르는 라인 강변의 요새들을 순시했다. 그는 알레만니족에게서 탈환한 영토들을 특히 주의 깊게 시찰했고, 난폭한 저항 때문에 큰 피해를 입은 브장송(쥐라 산맥의 북쪽/역주)을 거쳐 겨울을 나기 위해서 곧장 빈으로 향했다. 갈리아의 경계선은 요새를 증설하여 강화했다. 그리고 율리아누스는 자기에게 여러 차례 정복당한 게르만족이 이제는 그의 이름을 두려워하여 자신이 부재중이더라도 행동을 어느 정도 자제할 것이라는 기대를 가질 수 있게 되었다. 그가 두려워한 알레만니족 왕은 바도마리우스뿐이었다. 이 교활한 야만인은 강화조약을 준수하는 것처럼 행동하고 있었지만, 그의 군대가 강해지면 언제든지 위험한 전쟁을 일으켜 국가를 위협할 수 있는 상황이었다. 율리아누스는 책략을 써서 몸소 알레만니 왕을 기습했다. 그 당시 로마 지사들의 초청을 받아들여 마음 놓고 향응을 즐기고 있던 바도마리우스는 체포되어 에스파냐의 오지로 압송되었다. 야만인들이 미처 정신을 차리기도 전에 황제는 군대를 이끌고 라인 강변에 나타나서 다시 강을 건넜다. 그리고 앞서 있었던 네 차례의 원정에서와 마찬가지로 그들에게 강한 외경심을 다시 한번 심어주었다.

  〔편지를 휴대한〕 율리아누스의 사신들은 그들이 맡은 중요한 임무를 최대한 서둘러 수행하라는 지시를 받았다. 그러나 그들은 이탈리아와 일리

쿰을 통과하는 동안에 속주 지사들의 고의적인 지연책으로 발이 묶인 데다가 다시 콘스탄티노플에서 카파도키아(아나톨리아 중동부 지방)의 카이사리아에 이르는 장시간의 여행을 해야만 했다. 그들이 마침내 콘스탄티우스를 알현했을 때, 콘스탄티우스는 이미 자신의 직속 장령들이 보낸 보고서를 토대로 율리아누스와 갈리아 군대의 행동에 대해서 매우 불쾌하게 생각하고 있었다. 편지를 읽는 동안 초조한 시간이 흘렀다. 이윽고 격분한 콘스탄티우스가 부들부들 떨고 있는 사신들을 물리쳤다. 황제의 표정, 몸짓, 언동은 그의 마음이 혼란에 빠져 있음을 나타내고 있었다. 황녀 헬레나(율리아누스의 아내, 콘스탄티우스의 막내 여동생. 355년 율리아누스의 부황제 임명 직전에 정략 결혼했음/역주)의 오빠와 남편으로서 두 사람을 묶고 있던 인척관계는 헬레나가 여러 차례의 유산 끝에 얼마 전 사망함으로써 단절되어버린 상태였다. 황후 에우세비아도 평생 율리아누스에 대해서 따뜻하고 질투 섞인 애정을 간직하고 있었으므로 황제의 마음을 달래어 분노를 누그러뜨릴 수 있었겠지만, 그녀도 죽었기 때문에 황제는 자신의 감정과 환관들의 책략에 스스로를 내던지고 말았다. 그러나 그는 당면한 외침의 위협 때문에 율리아누스에 대한 처벌을 뒤로 미룰 수밖에 없었다. 콘스탄티우스는 페르시아 국경선을 향해서 계속 진군하면서, 율리아누스와 그의 추종자들에게 분노한 자신의 자비를 받을 수 있는 조건을 제시하는 정도면 충분하리라고 생각했다. 그가 요구한 사항은 그 주제넘은 부황제가 반란군에게서 받은 아우구스투스라는 칭호와 지위를 명시적으로 포기해야 한다는 것, 그가 종전처럼 권한이 제한되고 종속된 신하의 지위로 내려가야 한다는 것, 국가와 군대에 관한 권한은 황실에서 임명하는 장교들에게 넘겨주어야 한다는 것 그리고 그의 신변안전을 보장받으려면 콘스탄티우스가 총애하는 아리우스파 성직자로서 갈리아의 주교인 에픽테투스의 용서를 받아야 한다는 것 등이었다.

파리와 안티오크 간의 3,000마일 거리를 오가며 강화교섭을 하느라고 여러 달이 헛되이 지나갔다. 율리아누스는 이윽고 자신의 온당하고 정중한 태도가 완고한 적의 자존심만 부채질할 뿐임을 깨닫고, 대담하게 내전에 자신의 생명과 운명을 걸기로 결심했다. 그는 황제의 사신인 재무관 레오나스에게 공식적으로 열병식을 베풀었다. 이 자리에서 콘스탄티우스의 오만한 편지가 군중에게 낭독되었다. 율리아누스는 그 내용에 대해서 은근한 태도로 항의하면서 자기를 황제로 추대한 장본인들이 승락하면 아우구스투스 칭호를 버릴 용의가 있다고 말했다. 이 어정쩡한 제안은 즉시 함성에 파묻혔다. 연병장 곳곳에서 당장 "율리아누스 아우구스투스여! 당신이 구한 공화국과 시민과 군대의 권위로 계속 통치하시길!" 하는 우뢰와 같은 함성이 터지자, 콘스탄티우스의 사신은 파랗게 질리고 말았다. 계속해서 편지의 뒷부분이 낭독되었는데, 황제는 율리아누스의 배은망덕을 책망하면서 자기가 율리아누스에게 카이사르의 영예를 주었으며, 그를 세심한 배려로 교육시켰으며, 그가 의지할 곳 없는 고아가 되었을 때부터 그를 키웠던 사람이라고 밝히고 있었다.

"고아라고!" 율리아누스가 분노를 이기지 못해 가로막고 나섰다. "짐의 가족을 암살한 자가 짐을 고아라고 헐뜯는가? 짐이 그 상처를 잊으려고 오랫동안 애써왔건만, 그자가 짐에게 복수를 부추기는구나." 이렇게 해서 집회는 해산되었다. 그리고 레오나스는 간신히 군중의 분노를 피해 율리아누스의 편지를 가지고 주군에게 돌아갔다. 이 편지에서 율리아누스는 매우 격렬한 웅변조의 문체로 20년 동안 은인자중하며 억눌러왔던 경멸과 증오와 분노의 감정을 있는 그대로 표현했다. 몇주 전에 그리스도 공현축일(公現祝日: 1월 6일. 동방박사 세 사람이 아기 예수를 경배하러 왔던 일을 기념하는 날/역주)을 경축했던 율리아누스는 선전포고와 다름없는 이 편지를 보낸 후 자신의 안전을 불멸의 신들에게 위탁한다고 선언함으로써, 콘스탄티우스와의 친선관계뿐 아니라 기독교까지도 공개적으로 부인했다.

율리아누스는 단호하고 즉각적인 결단을 요구하는 상황에 있었다. 그는 도중에 가로챈 적측의 서신을 읽고 콘스탄티우스가 자신의 이익을 위해서 국가의 이익을 희생시켜 야만족들에게 다시 서방의 속주들을 침략하도록 부추기고 있다는 사실을 알아냈다. 콘스탄스 호(현재의 보덴 호. 스위스와 서독의 국경에 위치함/역주)의 호반과 코티안 알프스 산록에 있는 두 곳의 군수품 저장소는 양측 군대의 진군방향을 결정하게 되었다. 이 저장소들에는 각기 밀 또는 밀가루 60만 쿼터(1쿼터는 8부셸, 1부셸은 약 30리터/역주)가 저장되어 있어 율리아누스를 포위하려는 적의 강력함과 수적 우위를 보여주는 위협적인 증거였다. 그러나 황제의 군대는 아직은 멀리 아시아에 주둔하고 있었고, 도나우 강의 방위는 허술했다. 따라서 율리아누스는, 만일 기습을 가해 일리리쿰의 중요한 지방들을 점령할 수만 있다면, 이곳 군민이 자신의 군기 아래 모여들고 풍부한 금광과 은광으로 전비조달에도 큰 도움이 될 것이라고 생각했다.

그는 이 대담한 계획을 병사회의에 내놓았다. 그는 군인들에게 지휘관 장군들과 군인들 자신을 신뢰하도록 격려했고 그리고 적에게 강인하고 동포 시민에게 온화하고 장교들에게 순종하는 그들 평소의 명성을 유지하도록 가르쳤다. 군인들은 그의 감동적인 연설을 우렁찬 함성으로 받아들였다. 이렇게 해서 앞서 갈리아를 떠나라는 명령에 항거하여 콘스탄티우스에게 무기를 들었던 바로 그 군인들이 이제는 선뜻 유럽의 끝과 아시아까지라도 율리아누스를 따라가겠다고 선언하고 나섰던 것이다. 충성의 서약이 행해졌다. 군인들은 방패를 부딪치고 칼을 뽑아 자신들의 목에 댄 후 갈리아의 해방자이며 게르만족 정복자인 그들의 지도자를 위해서 헌신할 것을 서약했다.

이 엄숙한 선서는 의무에서라기보다 애정에 의해서 이루어진 것으로 보이지만, 오직 한 사람 민정총독 네브리디우스가 반대했다. 이 충성스러운 신하가 분노한 군중 앞에서 단신으로 콘스탄티우스의 권리를 주장하고 나서자, 격노한 군중에게 그는 하마터면 명예로우나 헛된 희생자가 될 뻔했다. 그는 칼에 맞아 한 팔을 잃은 후, 자기 때문에 화가 나 있는 율리아누스의 무릎을 껴안았다. 율리아누스는 그의 옷으로 네브리디우스를 감싸 분노한 자신의 추종자들로부터 보호했고 그의 집으로 물러가도록 했다. 네브리디우스의 높은 직책은 살루스티우스에게 주어졌다. 그리고 이제 세금의 중압에서 해방된 갈리아의 속주들은 율리아누스의 친구로서 선정의 미덕을 행사할 수 있게 된 인물의 온화하고도 공정한 행정의 덕을 누릴 수 있게 되었다.

율리아누스는 군대의 수보다는 그 행동의 민첩성에 기대를 걸고 있었다. 이 대담한 계획을 집행할 때에 그는 최대한 신중하게 온갖 대책을 강구해두었으며, 일일이 세심하게 살필 수 없는 일은 용기와 운명에 맡겼다. 그는 바젤 부근에 군대를 집결시켜 편성했다. 1만 명으로 구성된 1개 부대는 기병대장 네비타의 지휘하에 라이티아와 노리쿰의 중앙부를 뚫고 진군하도록 했다. 비슷한 규모의 다른 한 부대는 요비우스와 요비누스의 휘하에 두어 비스듬히 공도를 따라서 알프스 산맥과 이탈리아 북부 변경지방을 통과하도록 조치했다. 장군들은 한치의 어김도 없이 명령을 받들었으니, 그 명령의 내용은 밀집종대로 서둘러 행군하되 지형에 따라서 언제든지 전투대형으로 바꿀 수 있도록 할 것, 적의 강력한 전초부대나 수비대의 야간기습에 대비할 것, 군대를 불시에 투입하여 저항을 예방할 것, 군대를 갑자기 출발시켜 적이 정찰할 여유를 주지 않을 것, 군대의 위세와 율리아누스의 명망에 관한 소문을 널리 퍼뜨릴 것 그리고 시르미움의 성벽 아래에서 새 황제의 군대와 합류할 것 등이었다.

율리아누스 자신은 보다 힘들고 특별한 역할을 맡았다. 그는 자기처럼 결단코 후회하지 않을 각오가 되어 있는 용감하고 힘이 넘치는 지원병 3,000명을 선발했다. 그는 이 충성스러운 부대를 이끌고 도나우 강의 수원지를 덮고 있는 마르키아누스 삼림지대(슈바르츠 발트)의 오지로 과감하게 들어갔으며, 그후 며칠 동안은 그의 생사조차도 외부에 알려지지 않았다. 그는 이 비밀행군 도중에 온갖 난관을 극복해야 했다. 산을 넘고 늪지대를 지나 다리를 건너고 강물을 헤엄치면서 로마 땅이건 야만족 땅이건 가리지 않고 곧장 행군하여 마침내 라티스본과 빈 사이에 나타났다. 이곳은 그가 도나우 강에서 군대를 승선시킬 장소로 점찍어둔 곳이었다. 그는 잘 짜여진 작전계획에 따라서 그곳에 정박해 있는 소형 쌍돛대 범선들을 나포하여 갈리아 군대의 탐욕스러운 식욕을 충족시키기에 충분한 기본 식량을 확보한 후, 과감하게 도나우 강의 물결에 몸을 맡겼다. 뱃사공들이 부지런히 노를 젓고 순풍이 계속된 덕분에 이 선단은 11일 동안에 700마일 이상 항해했으며, 그 결과 적군이 그가 라인 강을 떠났다는 정보를 입수하기도 전에 이미 시르미움에서 불과 19마일 떨어진 보노니아에 군대를 상륙시킬 수 있었다.

이 장거리의 신속한 항해 도중에도 율리아누스는 줄곧 작전의 최종목표만을 생각했다. 도중에 일찍 항복하는 것이 상책이라고 판단한 몇몇 도시들이 보낸 대표단을 접견하기는 했지만, 그는 쓸데없이 시의에 맞지 않는 만용을 부리지 않고 강변에 산재해 있는 적의 주둔지들을 그대로 통과했다. 도나우 강의 양쪽 강변에는 수많은 구경꾼들이 몰려들어 이 화려한 군대의 위용을 지켜보면서 사태의 중요성을 짐작했으며, 이렇게 해서 서방의 대군을 이끌고 초인적인 속도로 진군해가는 이 젊은 영웅의 명성이 인근 지방에 널리 퍼지게 되었다.

기병대장으로서 일리리쿰 군단을 지휘하고 있던 루킬리아누스는 이 믿기 어려운 보고를 받고 놀라서 허둥지둥댔다. 그는 군대를 규합하기 위해서 어물어물 미온적인 조치를 취하고 있던 중, 다갈라이푸스에게 기습을 당했다. 율리아누스는 보노니아에 상륙하는 즉시 이 용감한 장교에게 약간의 경보병을 주어 그곳으로 파견했던 것이다. 포로로 잡힌 이 장군은 죽을지 살지 모르는 상황에서 급히 말에 태워져 율리아누스에게 끌려갔다. 율리아누스는 친절하게도 공포에 질려 정신이 나가 있는 그를 손수 부축하여 일으켜주었다. 그러나 루킬리아누스는 정신이 들자 곧 그의 현명치 못함을 드러내어 율리아누스에게 소수의 군대를 이끌고 적진 한가운데 나타나는 것은 성급한 모험이라고 충고했다. 율리아누스는 경멸하는 미소를 지으며 이렇게 대답했다. "그런 소심한 충고는 그대의 주인 콘스탄티우스에게나 하오. 짐이 그대에게 짐의 옷에 입맞추도록 허용한 것은 그대를 자문관으로서가 아니라 탄원자로서 받아들이기 위함이었소."

성공만이 자신의 계획을 정당화할 수 있고 또 용기만이 성공을 보장할 수 있다는 것을 잘 알고 있던 율리아누스는 즉시 3,000명의 병력을 이끌고 진군을 시작하여 일리리쿰 지방에서 가장 강력하고 인구가 많은 도시를 공격했다. 그가 멀고 먼 이 시르미움 시의 교외지대에 들어섰을 때, 머리에 꽃을 꽂고 손에 촛불을 켜든 수많은 군인과 민간인들이 그를 환호하면서 그들의 새 황제를 황제의 거처로 안내했다. 이틀간을 경축일로 정해 원형경기장에서 축하 행사를 벌였다. 그러나 3일째 되는 날 아침 율리아누스는 하이모스 산 골짜기에 있는 수키(불가리아 수도 소피아의 서쪽 지방/역주)의 좁은 통로를 점령하기 위해서 진군했다. 시르미움과 콘스탄티노플의 중간쯤에 위치한 이곳은 트라키아 주와 다키아 주의 경계선을 이루는 곳으로서 트라키아 쪽은 급경사로, 다키아 쪽은 완만한 경사로 되어 있었다. 이 중요한 거점의 방위는 용감한 네비타에게 맡겨졌는데, 그는 이탈리아 군대의 장군들처럼 그들의 황제가 마련한 행군과 연락 계획을 훌륭하게 수행했다.

공포심에서든 애정에서든 율리아누스에 대한 시민들의 존경심은 그의 군대가 직접 영향을 미친 지역보다 훨씬 더 광범위하게 확산되었다. 그 당시 이탈리아와 일리리쿰의 관구들은 타우르스와 플로렌티우스가 통치했는데, 그들은 총독이라는 중요한 직책과 이름뿐인 집정관 직책을 겸하고 있었다. 그리고 이 두 행정장관이 허둥지둥 아시아의 궁정으로 도망가버리자, 항상 비겁함을 용납치 않았던 율리아누스는 모든 연보의 두 사람 이름 옆에 '도망자'라는 별칭을 표시하도록 했다. 수석행정관들이 도망간 이 지방들은 새 황제의 권위를 받아들였다. 군인의 자질과 철학자의 자질을 겸비한 새 황제는 도나우 지역의 병영과 그리스의 도시들에서도 존경을 받았다. 율리아누스는 자기 궁전에서, 아니 보다 정확히 말하면, 시르미움과 나이수스의 숙소에서 자신의 행동에 관한 해명서를 작성하여 제국의 주요 도시들에 배포하는 한편, 콘스탄티우스의 비밀서한들을 공표함으로써 두 경쟁자 중에서 야만족을 쫓아낸 사람이 누구이며 야만족을 불러들인 사람이 누구인지를 판단해주도록 호소했다.

배은망덕한 자라는 비난으로 마음의 큰 상처를 입은 율리아누스는 무력을 통해서나 논쟁을 통해서나 자신의 정신적 우월성을 지켜나가기 위하여 전술에서도 문장력에서도 지지 않으려고 애썼다. 그가 아테네의 원로원과 민회에 보낸 편지는 우아한 열정에 고무되어 쓰였다. 그는 이 때문에 마치 자기가 아리스티데스(기원전 5세기경의 정치가/역주) 시대의 아레오파고스(아테네 시의 작은 언덕. 이곳에서 법정이 열리면 가장 중요한 재판이라고 생각했음/역주) 법정에 탄원하기라도 한 듯이 겸손과 존경심으로써 자기 시대의 타락한 아테네인들에게 자신의 행동과 동기를 밝혔던 것이다. 그가 아직 황제 칭호 부여권을 가지고 있던 로마 원로원에 보낸 청원서는 사라져가는 공화국에게는 그런 대로 위신을 세워준 흐뭇한 일이었다. 로마 시 시장인 테르툴루스가 집회를 소집하여 율리아누스의 서신을 낭독했다. 그리고 그는 이미 이탈리아의 주인으로 등장한 터였으므로, 그의 주장은 어떤 반대도 없이 수락되었다. 콘스탄티누스의 개혁에 대한 그의 우회적인 비난과 콘스탄티우스의 여러 가지 악덕에 대한 그의 열렬한 매도는 별로 탐탁치 않게 받아들여졌으나, 결국 원로원은 마치 율리아누스가 출석해 있기나 한 것처럼 만장일치로 "당신에게 행운을 가져다준 장본인을 존경하기를 간청합니다"라고 선언했다. 이 교묘한 말은 전쟁의 결과에 따라서 배은망덕한 찬탈자를 당당하게 꾸짖는 표현으로 해석될 수도 있었고 또는 국가에 이익을 가져다준 그 한 가지 행위로 콘스탄티우스의 모든 잘못을 보상하는 것이 마땅하다는 아첨으로 해석될 수도 있었다.

율리아누스의 신속한 행군과 확장에 관한 정보는 콘스탄티우스에게 속속 전해졌는데, 그때 마침 샤푸르가 퇴각한 덕분에 그는 페르시아 전쟁에서 한숨을 돌리고 있었다. 콘스탄티우스는 속으로 걱정했지만, 짐짓 경멸하는 태도를 취하면서 유럽으로 돌아가서 율리아누스를 응징하겠다는 뜻을 밝혔는데, 그는 이 군사작전에 관해서 사냥놀음 이상의 비중을 두어 이야기한 적이 없었다. 그는 시리아의 히에라폴리스 야영지에서 이 계획을 군대에 전하면서 부황제의 죄와 경솔함에 관해서 약간 언급한 후, 만일 갈리아의 폭도들이 전쟁에 응할 생각이라면, 공격군의 형형한 눈빛과 함성을 견뎌내지 못할 것이라고 장담했다. 군대는 황제의 연설을 환호로 받아들였고, 히에라폴리스 시의회 의장인 테오도투스는 아첨의 눈물을 흘려가며 반역자의 머리로 그의 도시를 장식하도록 해달라고 간청했다. 파견대가 선발되었고, 아직 가능하다면, 수키 통로를 장악하라는 임무를 띠고 파발 마차에 실려 떠났다. 페르시아와 싸우기 위해서 준비했던 징집병, 군마, 무기, 양식 등이 내전수행을 위해서 동원되었다. 그리고 콘스탄티우스가 내전에서 거둔 여러 차례의 승리에 비추어, 그의 지지자들은 그가 이번에도 이길 것으로 의심치 않았다. 비서실장 가우덴티우스가 황제의 이름으로 아프리카 속주들을 점령하자 로마의 식량공급이 차단되었다. 더구나 율리아누스는 자칫 치명적인 결과를 초래할 수도 있었던 한 가지 예기치 않은 사건 때문에 더한층 곤경에 처하게 되었다.

율리아누스는 앞서 시르미움에 주둔하던 2개 군단과 궁술부대의 귀순을 받아들였다. 그러나 당연히 그는 황제에게서 표창받았던 이 군대의 충성심을 의심할 수밖에 없었으므로, 갈리아 변경지방이 위험에 노출되어 있다는 구실로 그들을 중요한 작전현장에서 멀리 쫓아버리는 것이 상책이라고 생각했다. 그들은 마지못해 이탈리아 경계선까지 행군했지만, 갈 길은 멀고 또 사나운 게르만족이 겁나기도 했기 때문에 군단 사령관 중 한 명의 선동으로 마침내 아퀼레이아에서 행군을 멈추고 이 난공불락의 도시에 콘스탄티우스의 깃발을 세우기로 결정했다. 기민한 율리아누스는 당장 사태가 심상치 않음을 간파하고 즉시 필요한 조치를 취했다. 그의 명령에 따라서 요비누스가 일부 군대를 이끌고 이탈리아로 되돌아가서 물샐틈없이 아퀼레이아를 포위, 공격했다. 그러나 반기를 든 군인들은 군율의 속박에서 벗어난 탓인지 그 성벽을 교묘하고도 완강하게 방어했고, 이탈리아의 다른 지역에 대해서도 자기들의 용기와 충성심을 따르도록 권유했다. 사태가 이럴진대 율리아누스는 수적으로 크게 우세한 동방의 군대에 밀리는 경우, 퇴로마저도 위협받는 처지에 놓이게 되었다.

그러나 인정 많은 율리아누스는 적을 파멸시키느냐 자기가 파멸하느냐 하는 이 잔인한 선택으로부터 해방되었다. 그것은 때마침 콘스탄티우스가 사망함으로써, 로마 제국이 내전의 참화를 면하게 되었기 때문이었다. 겨울이 가까웠는데도 안티오크의 황제 콘스탄티우스는 복수심에 불타 출정을 감행했으며, 그의 총신들도 이를 말릴 수 없었다. 정신적인 흥분 때문인지 가벼운 열병에 걸려 여행이 더욱 힘들어졌던 콘스탄티우스는 타르소스에서 12마일 떨어진 모프수크레네라는 작은 마을에서 멈추지 않을 수 없었다. 그는 이곳에서 잠시 앓다가 숨을 거두었으니, 향년 45세, 재위 24년(부황제 재위기간 포함/역주)이었다. 자존과 나약함, 미신과 잔혹성이 뒤얽힌 그의 성격은 앞에서 설명한 정치적, 종교적 사건들에서 유감없이 드러난 바 있다. 그 당시 사람들에게는 장기간의 권력남용 때문에 그가 큰 인물인 것처럼 비쳤지만, 후세의 주목을 끌려면 개인적인 장점이 있어야 한다는 점을 생각할 때, 콘스탄티누스의 사후 가장 오래 살았던 이 아들은 사람들에게 아버지의 능력은 물려받지 못하고 결점만 물려받은 인물이었다고 기억될 수밖에 없다.

콘스탄티우스는 죽기 전에 율리아누스를 후계자로 지명했다고 전해지고 있다. 그는 젊고 아름다운 아내(에우세비아)와 자식에 대한 걱정 때문에 마지막 순간에 증오와 복수의 사나운 감정이 수그러졌으리라고 생각할 수도 있다. 에우세비우스(환관이며 시종장/역주) 등 그의 막료들은 다른 황제를 선출하여 환관정치를 연장해보려고 헛된 시도를 하기도 했지만, 그들의 음모는 군대에 의해서 배척되었다. 더 이상의 내전을 지긋지긋하게 생각한 군대는 즉시 고위장교 2명을 율리아누스에게 파견하여 제국의 모든 군대가 그에게 충성을 바칠 것이라고 다짐했다. 이렇게 해서 3개 방면의 트라키아 침공군을 조직해두었던 율리아누스의 군사계획은 이 사건으로 다행히 취소되었다. 그는 내전의 위험을 피함으로써, 동포의 피를 흘리지 않고서도 완전한 승리의 이점을 누릴 수 있게 되었다. 자신의 출생지인 콘스탄티노플의 궁전을 하루빨리 찾아가고 싶었던 그는 나이수스를 출발하여 하이모스의 산악지대와 트라키아의 여러 도시를 거쳐 헤라클레아로 향했다. 그가 콘스탄티노플에서 16마일 떨어진 이곳에 도착하자, 온 콘스탄티노플 주민들이 쏟아져 나와 그를 영접했다. 황제의 개선군은 군대와 시민 그리고 원로원의 정중한 환호를 받으며 입성했다(361년 12월 11일). 수많은 군중이 열렬한 존경심을 표시하려고 그에게 몰려들었지만, 아마도 이 영웅의 자그마한 체구와 허술한 복장을 보고는 실망을 금치 못했을 것이다. 그러나 그는 그야말로 미숙한 젊은이였지만, 게르마니아의 야만족들을 정복했고, 더구나 이제 대서양 연안에서 보스포루스 연안에 이르기까지 전유럽 대륙을 성공적으로 횡단해온 영웅이었다.

며칠 후 콘스탄티우스의 유해가 항구에 도착하자, 율리아누스의 신민들은 율리아누스가 표시한 애도에 갈채를 보냈다. 그는 제관을 쓰지 않고 상복을 입은 채 시신이 안치된 성(聖) 사도 교회까지 걸어서 장례행렬을 따라갔다. 이와 같은 존경의 표시는 황족의 혈통과 위엄에 경의를 표한 이기적 행동이라고 해석할 수도 있겠지만, 율리아누스가 흘린 눈물은 그가 콘스탄티우스에게서 입은 상처를 모두 잊고 오직 은혜만을 기억하고 있다는 것을 세상에 드러낸 것이었다. 아퀼레이아의 군대는 황제의 사망이 확인되자 곧 성문을 열었고 전범들을 처형함으로써, 율리아누스의 사면을 받았다. 이렇게 해서 그는 32세의 나이에 드디어 로마 제국 전체의 확고한 지도자가 되었다.

율리아누스는 철학을 통해서 속세의 삶과 은둔의 삶을 비교할 수도 있었겠지만, 그의 고귀한 출생신분과 생애 중의 여러 가지 사건들 때문에 선택의 자유가 허용되지 않았다. 그는 어쩌면 아카데미아의 숲이나 아테네 사회에 진심으로 마음이 끌렸을지도 모른다. 그러나 그는 처음에는 콘스탄티우스의 뜻에 의해서 그리고 나중에는 그의 박해에 의해서 자신의 인격과 명성을 황제 자리를 다투는 위험 속에 드러낼 수밖에 없었으며 수백만 인민의 행복을 위해서 세계와 후손을 책임져야만 했다. 율리아누스는 그의 스승 플라톤이 한 말, 즉 모든 무리의 통치는 항상 한 단계 높은 종족에게 맡겨져야 하는 것처럼 각 민족의 행동은 신들이나 수호신들의 초인간적 능력을 요구한다고 한 말을 두려운 마음으로 기억했다. 이 원리에서 출발하여 그는 나라를 다스릴 사람은 완전한 신성(神性)을 갈구해야 하며, 자신의 영혼을 인간적, 현세적 영향으로부터 순화시켜야 하며, 자신의 욕망을 자제하고 학문을 높이고 감정을 억제해야 하고 또 아리스토텔레스의 생생한 비유대로 반드시 폭군의 자리에 오르게 마련인 야수성을 억눌러야 한다는 당연한 결론에 도달하게 되었다.

콘스탄티우스의 사망으로 독자적인 기초 위에서 획득하게 된 율리아누스의 제위는 이성의 옥좌였고, 덕성의 옥좌였으며 그리고 어쩔 수 없이 허영심의 옥좌였다고도 할 수 있다. 그는 명예를 경멸하고 쾌락을 멀리하면서 부단한 노력으로 황제의 직무를 수행했다. 그러므로 그의 신하들 치고 그의 머리에서 무거운 제관의 짐을 벗기고 그들의 철학자 황제가 자신에게 부과한 엄격한 규범을 스스로 시간과 노력을 들여 지켜보겠다고 생각한 사람들은 별로 없었을 것이다. 그의 간소한 식탁에 자주 동석한 적이 있는 그의 가까운 친구 한 사람(수사학자인 리바니우스/역주)은 율리아누스가 소량의 식사(대개는 채식)를 했기 때문에 항상 자유롭고 활동적인 정신과 신체를 유지하면서 저술가, 제사장, 행정관, 장군 및 황제로서의 여러 가지 중요한 일에 전념할 수 있었다고 말한 바 있다. 그는 하루에 여러 명의 사절을 접견하고, 장군, 민정관, 개인적 친구와 제국의 여러 도시에 보내는 수많은 편지들을 직접 쓰거나 구술하곤 했다. 그는 각지에서 올라온 건의를 청취하고, 청원의 내용을 심사한 후, 부지런한 비서들이 미처 받아적을 수 없을 만큼 빠른 속도로 지시를 내렸다. 그의 사고는 유연하고 집중력이 높아 손으로 쓰고 귀로 듣고 입으로 구술하는 등 한 번에 세 가지 일을 거침없이, 그리고 오류 없이 할 수 있었다.

그는 신하들이 휴식을 취하고 있는 동안에도 민첩하게 이일 저일을 했으며, 급히 점심식사를 끝낸 후에는 국사가 예정된 저녁시간까지 서재에 틀어박혀 지냈다. 저녁식사는 점심식사보다도 더욱 간소했다. 그는 소화불량으로 잠을 설치는 법이 없었다. 또한 결벽증이 있던 율리아누스는 애정보다는 정책적으로 맺어졌던 짧은 결혼기간을 제외하고는 여성과 잠자리를 함께 한 적이 없었다. 그의 아침은 전날 밤잠을 충분히 잔 비서들이 맑은 정신으로 출근할 때부터 시작되었다. 그리고 시종들이 교대로 대기했지만, 그들의 지칠 줄 모르는 주인은 일거리를 바꾸는 것을 유일한 기분전환 수단으로 삼을 뿐이었다.

율리아누스의 삼촌(콘스탄티누스 황제), 형(갈루스 부황제), 사촌(콘스탄티우스 황제) 등 그의 선임자들은 백성들의 취향에 따른다는 그럴 듯한 구실로 원형경기장의 경기를 즐기는 유치한 취미에 빠져 있었다. 그리고 그들은 하루의 대부분을 나태한 구경꾼으로서 그리고 화려한 구경거리의 일부로서 보통 하루 24회 진행되는 경기가 전부 끝날 때까지 원형경기장에 남아 있는 경우가 많았다. 율리아누스도 장엄한 축제가 있을 때는 이 경박한 여흥에 불쾌감을 느끼면서도 몸소 경기장에 모습을 드러냈다. 그러나 대여섯 차례 경기를 건성으로 구경하고는 서둘러 자리를 떴으니, 그것은 국가를 위해서나 자신의 심성 향상을 위해서 사용하지 않는 모든 시간은 헛된 시간이라고 생각한 철학자다운 성급함 때문이었다. 그는 시간에 대한 이와 같은 집착을 통해서 그의 짧은 치세기간을 연장하려는 것처럼 보였다. 그리고 날짜가 다소 부정확하기는 하지만, 콘스탄티우스가 사망한 후 불과 16개월 만에 그의 후계자가 페르시아 전쟁을 위해서 출정했다는 것은 믿기 어려운 일이다. 율리아누스의 행적은 역사가의 관심에 의해서만 보존될 수 있겠지만, 그렇더라도 지금까지 남아 있는 그의 저서들은 황제의 천재성과 그 응용력을 유감없이 드러내고 있다. 『미소포곤(Misopogon)』, 『황제의 향연(Caesares)』(두 권의 책은 풍자적 산문으로 361-62년 집필/역주)과 그의 몇몇 연설문집 그리고 기독교를 공격하는 그의 뛰어난 저서들은 그가 콘스탄티노플과 안티오크에서 두 차례의 겨울을 지내면서 기나긴 밤 동안에 집필한 것들이다.[2]

대부분의 황제들은 어의를 벗겨 알몸으로 세상에 내놓으면 곧장 사회의 최하층으로 떨어져 다시는 비천한 신분에서 벗어날 가망이 없게 될 것이다. 그러나 개인적 장점이 많은 율리아누스는 어느 정도 그의 운명에서 독립된 사람이었다. 그는 어떠한 인생을 선택했더라도, 불굴의 용기와 번뜩이는 기지 그리고 신축자재한 능력이 있었으므로 자기 분야에서 최고의 명예를 얻거나 아니면 적어도 얻을 만한 능력을 갖춘 사람이었고, 따라서 비록 평범한 시민으로 태어났더라도, 충분히 대신이나 장군으로 출세했을 것이다. 비록 그가 변덕스러운 권력욕을 기대했던 만큼 충족시키지 못했더라도 그리고 비록 그가 현명하게도 대권의 길을 사양했더라도, 만일 그 정도의 재능을 가지고 조용히 학문연구에 몰두했더라면, 그는 왕들이 얻을 수 없는 현세적 행복과 불멸의 명성을 누렸을 사람이었다. 율리아누스의 초상화를 좀 심술궂게 꼼꼼히 들여다보면 전체적인 모습에 어딘가 우아함과 완벽함이 결여되어 있는 것처럼 느껴진다. 그의 천재성은 카이사르처럼 강력하지도 뛰어나지도 못했으며 그리고 그는 아우구스투스와 같은 완전무결한 신중함도 지니고 있지 못했다. 덕망이라면 트라야누스가 한층 더 건실하고 자연스러우며,

---

2) 원문에는 율리아누스가 시도한 황실 개혁을 상세히 설명하고 있으나, 생략한다. 율리아누스는 검소한 생활을 과시하기 위해서 심지어 "그의 긴 손톱과 손에 묻은 검은 잉크"를 자랑스러워했으며, "덥수룩한 턱수염"을 자랑했다. 그는 일단의 황실 시종과 노예를 내보냈고, 문관들의 독립성과 권한을 회복시키고자 노력했으며, 원로원에서 연설하거나 사건을 재판할 때는 자기가 연설가나 재판관이 되는 듯이 의원석에 앉을 때가 많았다/편집자 주.

철학이라면 마르쿠스가 더욱 소박하고 철저해 보인다. 그러나 율리아누스는 역경에 처할 때는 확고한 태도를, 순탄할 때는 중용을 유지했다. 로마인들은 알렉산데르 세베루스가 사망한 지 120년 만에 처음으로 자신의 임무와 자신의 쾌락을 구별하지 않는 황제, 인민의 고난을 덜어주고 사기를 북돋아주려고 노력하는 황제, 항상 권한과 공적 그리고 행복과 미덕을 결부시키려고 애쓰는 황제를 맞이하게 되었다. 각 정파와 종교적 분파들도 평화시에나 전쟁시에나 그의 뛰어난 천재성을 인정하지 않을 수 없었다. 율리아누스가 비록 기독교를 배척하기는 했지만, 참다운 애국자이며 세계 제국을 차지할 만한 인물이라고 고백하지 않을 수 없었다.

원문은 이어 "배교자(apostata)"라는 별명을 얻은 율리아누스가 기독교도들과 싸우는 과정을 설명하고 있다. 율리아누스의 "아테네와 로마의 신들에 대한 경건하고도 성실한 애착심"은 그에게 "영웅의 교육이 아닌 성자의 교육"을 베풀었던 그의 후견인이자 감독자인 콘스탄티우스의 엄격한 기독교적 교육에 대한 반발에서 나온 것으로 보인다. 그러나 여러 해 동안 경건하게 관찰해보았지만, 그의 적극적인 호기심은 "교회의 오만한 성직자들이······ 요구하는 소극적, 무저항적인 복종"에 따를 수 없었고, 질책은 "그의 성급한 천재성을 도발하여 교회 안내자들의 권위를 배척하도록" 만들었을 뿐이며, 그가 아리우스파의 논쟁에 접하면서부터는 논쟁 당사자들이 "그들이 맹렬하게 옹호하는 종교를 이해하지도 믿지도 않고 있음"을 더한층 확신하게 되었다. 그가 최종적으로 이교도가 된 것은 20세 때쯤부터였으나, 그는 10년이 넘도록 이 사실을 숨기고 있었다.

그러나 그의 개종은 철저한 것이었다. 율리아누스는 신과 여신들이 항상 그에게 이야기하고 있을 뿐 아니라 잠자는 동안에 그의 손이나 머리를 어루만져주고 위험을 경고해주며 그의 온 생활을 이끌어주고 있다고 진심으로 믿었기 때문에, 이와 같은 미신적 신앙은 (기번이 분노하며 지적한 바에 따르면) "자칫 황제의 품위를 일개 이집트 수도사의 수준으로 떨어뜨릴 정도"였다. 그는 제위에 오른 후에는 궁전과 정원 안을 이교도의 사당과 신전으로 가득 채웠고, 여러 신들에게 정기적으로 제사를 지냈으며, 가장 비천하고 혐오스러운 예배행위를 스스로 행했다. 제물로 바치기 위해서 수많은 수소를 도살했기 때문에, 그 당시 사람들은, 만일 율리아누스가 페르시아 전쟁에서 개선한다면, "뿔 달린 가축이 반드시 멸종될 것"이라는 농담을 하곤 했다.

율리아누스는 초기 기독교회와 싸울 때에도 상대편처럼 관용이 결여되어 있지는 않았다. "사람의 잘못된 생각은 불이나 칼로도 바로잡을 수 없다"는 것을 잘 알고 있었던 율리아누스는 즉위 초기만 해도 칙령을 내려 로마 세계의 모든 주민에게 종교의 자유를 약속했고, 콘스탄티우스의 손에 추방당했던 모든 교파의 기독교인들을 귀환시켰으며, 폐쇄되었던 모든 이교도 신전들의 문을 열도록 명령했다. 그러나 그는 자기가 재발견한 종교에 열성적이었기 때문에 항상 이교도들에게 호의를 베풀었는데, 여기에는 종전부터 이교 신앙을 견지해왔던 사람들은 물론이고 "현명하게도 군주가 믿는 종교를 받아들인 기독교도들도 포함"되었다. 그는 군대의 개종을 위해서 특별한 노력을 기울였는데, 그 방책으로 군인 각자는 제단 앞에 분향해야만 하사금의 자기 몫을 받을 수 있도록 했다. 다소 의심스럽기는 하지만, 심지어 그가 예루살렘의 유대 교회를 재건하려고 시도했다는 증거도 있는데, 그것은 "인접한 갈보리 산에 있는 부활 교회의 위용을 견제"하기 위해서였을 것이다.

율리아누스가 기독교회와 싸우는 데 사용한 무기 중의 하나는 비꼬는 재치였다. 그는 칙령이나 그의 저서에서도 이러한 기지를 발휘하여 기독교인들을 "갈릴리인"이라고 비꼬아 불렀다. 그러나 그밖에도 더 심한 차별대우가 있었다. 기독교 성직자들의 명예와 면책특권은 철회되었고, 교회에 대한 기부금은 금지되었고, 기독교인들은 문법과 수사학을 배우지 못하도록 했고, 군대 및 문민의 고위직에서 기독교도들을 점차 제거했으며 그리고 기독교도들에게 그들이 파괴했던 이교 신전들을 복원하도록 했는데, 이 때문에 같은 장소에 세워졌던 기독교회를 허물어야 하는 경우가 많았다. 이러한 시책에는 불가피하게 기독교 지도자들에 대한 폭력이 수반될 때가 많았다. 기번에 의하면 지방장관들이 이와 같은 폭력을 행사한 것은 "황제의 명령에 따른 것이라기보다는 그의 심중을 참작한 것"이었을 것이다.

　율리아누스의 치세 중에 이교도의 손에 죽어 유명해진 사람으로는 카파도키아의 게오르기오스를 들 수 있다. 그는 납품업자로서 군대에 돼지고기를 납품하여 큰 돈을 번 사람으로서 어느날 갑자기 아리우스파에 심취하게 되었다. 콘스탄티우스가 아타나시우스를 알렉산드리아 대주교직에서 몰아낸 후, 아리우스파인 카파도키아의 게오르기오스가 그 후임이 되었는데, 게오르기오스는 "그 성품과 교육에 의해서 박해의 기술에 능한" 인물이었다. 그는 알렉산드리아의 모든 종파를 "공평한 손으로 탄압"했고, 소금과 종이 및 장례용구 등의 사업을 독점했으며, 시내의 부유한 이교 신전들을 약탈했다. 율리아누스가 제위를 물려받자 카파도키아의 게오르기오스는 처음에는 투옥되었다가 나중에는 분노한 이교도 폭도들에 의해서 살해되었다. 그러나 그는 사후에 정통파와 아리우스파 기독교도들에 의해서 성자, 순교자, 영웅으로 선정되었다. 그의 명성은 십자군 시대에 온 유럽에 널리 전파되어 여러 세기가 지나는 동안에 그는 마침내 영국의 수호성자인 성(聖) 조지(George = Georgios)로 변신하게 되었다.

　카파도키아의 게오르기오스가 죽은 후에 아타나시우스가 복귀했지만, 그는 콘스탄티우스에 의해서 추방되었던 것처럼 얼마 후 다시 율리아누스에 의해서 추방당했다. 아타나시우스는 또다시 사막의 수도원으로 잠적했고, 율리아누스는 날로 성장하는 강력한 기독교회의 단호한 반대에 직면하여 제국의 온갖 방법을 모두 동원해도 그를 체포할 수 없었다.

만일 율리아누스가 이교를 로마의 지배적 종교로 재확립하려는 노력을 끝까지 밀고 나갔더라면, 로마 제국은 틀림없이 끔찍한 종교전쟁에 말려들었을 것이다. 이 끔찍한 사태를 모면할 수 있었던 것은 율리아누스가 일찍 전사했기 때문이었다. 율리아누스는 페르시아 전쟁에 큰 힘을 쏟아 처음에는 성공을 거두었으나, 나중에는 간신히 후퇴하다가 전사했던 것이다. 페르시아 군에 의해서 사방에서 포위당해 혼란에 빠진 로마 군 수뇌들은 요비아누스(재위 363-64년)를 후임 황제로 선출했고, 요비아누스는 즉시 강화조약

체결을 교섭했다. 그것은 불가피하기는 했겠지만, 치욕적인 내용이었음에 틀림없다. 이 조약에 따라서 페르시아는 난공불락의 도시 니시비스는 물론이고 티그리스 강 건너의 5개 로마 속주들을 반환받았다. 그러나 이 조약에 대한 대중의 격렬한 항의에도 불구하고, 요비아누스는 강력한 기독교의 지지를 보장받을 수 있었으니, 그것은 독실한 기독교인이었던 그가 즉시 기독교를 다시 국교로 채택했기 때문이었다. 요비아누스는 기독교의 국교화와 강화조약 체결이라는 두 가지 업적을 남긴 채, 즉위 몇달 만에 병사함으로써, 짧은 치세를 마감했다.

제12장
(363-84년)

발렌티니아누스의 즉위와 그의 공동통치자인
동생 발렌스와의 동-서 제국의 분할
프로코피우스의 반란
문민행정과 교회행정
게르마니아
브리타니아
아프리카
동방
도나우 지방
발렌티니아누스의 사망
그의 두 아들 그라티아누스와 발렌티니아누스 2세의
서로마 제국 계승[1]

요비아누스가 사망한 후, 로마 제국의 제위는 10일 동안 주인 없는 상태가 계속되었다. 대신과 장군들은 평상시처럼 계속 회의를 하고 각자의 직무를 수행하고 국가의 질서를 유지하면서, 황제 선출의 장소로 선정된 비티니아의 니케아로 무사히 군대를 끌어들였다. 제국의 문무관 실력자들이 모인 이 엄숙한 회의에서 민정총독 살루스티우스가 다시 한번 만장일치로 황제에 추대되었다. 그러나 그는 두번째로 이를 거절하는 영광을 누리게 되었다. 또다시

---
1) 원문의 제25장에 해당한다/편집자 주.

발렌티니아누스 1세(재위 364-75년)

아버지의 덕망을 그 아들도 물려받았으리라는 논의가 나오자, 그는 선거인들에게 사심 없이 애국자의 확고한 어조로 늙은 아버지나 미숙한 아들이나 모두 막중한 통치를 책임지기에 부족하다고 선언했다. 몇몇 후보자들이 거론되었으나, 모두 인격이나 지위를 이유로 부결되었다. 그러나 발렌티니아누스라는 이름이 거론되자, 이 유능한 장군은 전체 회의 참가자들의 탄성을 샀고, 살루스티우스 자신도 진심으로 찬성했다.

발렌티니아누스(재위 364-75년)는 판노니아의 키발리스 태생의 코메스인 그라티아누스의 아들이었다. 그라티아누스는 비천한 출신이었으나, 비범한 능력과 솜씨를 발휘하여 아프리카와 브리타니아의 군사령관으로까지 승진한 후, 〔정직성이 의심스러운〕 막대한 재산을 모아 은퇴한 사람이었다. 그러나 그라티아누스의 직위와 공적은 아들에게 승진의 길을 열어주는 데 도움을 주었으며, 그가 일찍부터 보통의 다른 동료 군인들보다 훨씬 돋보이는 건실하고 유용한 자질을 발휘할 수 있도록 기회를 제공하게 되었다. 발렌티니아누스는 키가 헌칠하고 우아하며 당당한 모습이었다. 총명하고 활달한 그의 남성적인 용모는 친구들간에는 외경심을, 적들에게는 공포심을 주었다. 그리고 그의 과감한 용기와 노력을 뒷받침할 강인하고 건강한 심신은 아버지에게서 물려받았다. 욕망을 억제하고 재능을 키우도록 순결과 절제가 체질화된 발렌티니아누스는 항상 자존하는 가운데 사람들의 존경을 받았다. 그는 젊은 시절부터 군대에 몸을 담았던 탓으로 우아한 교양을 쌓지는 못했으며 그리스어와 수사학에 관해서도 무지했다. 그러나 그는 당혹스러운 상황에서도 흔들리지 않는 웅변가의 정신이 있었기 때문에, 기회가 있을 때마다 담대한 즉석연설로 그의 확고한 감정을 전달할 수 있었다. 그가 배운 유일한 법률은 군대의 법률이었기 때문에, 그는 병영의 임무를 근면한 노력과 불굴의 엄격성에 의해서 수행, 집행함으로써 곧 두각을 나타내게 되었다.

율리아누스의 통치시대에 그는 당대를 지배한 종교에 대해서 공공연하게 경멸을 표시하여 황제의 노여움을 살 뻔했는데, 그후 그의 행동으로 미루어 볼 때 발렌티니아누스의 이처럼 조심성 없고 무분별한 행동은 기독교 신앙에서 나온 것이라기보다는 군인정신에서 비롯된 것이었을 것이다. 그러나 황제는 그의 장점을 존중했기 때문에, 그를 용서하고 계속 신임했으며, 그 결과 라인 강 지역에서 이미 전승을 기록한 그는 페르시아 전쟁에서 더한층 명성을 날리게 되었다. 그는 어떤 중요한 임무를 민첩하게 성공적으로 수행한 후, 요비아누스에게 천거되어 경호대 제2방패 보병대 지휘관이라는 명예로운 직책을 맡았다. 그는 안티오크로부터 행군하던 도중 안키라에 있는 자신의 진영에 도착했을 때, 어떤 죄도 음모도 없었음에도 갑자기 소환당해 43세의 나이에 로마 제국의 절대 통치자가 되었다.

니케아에 대신과 장군들이 모였다고는 하지만, 군대가 이를 확인하지 않았더라면 별 의미가 없었을 것이다. 오래 전부터 군중집회의 변덕을 관찰해 온 연로한 살루스티우스는 무리를 선동할 만한 직위와 직책에 있는 자는 누구든지 즉위식 당일 참석시켜서는 안된다는 것을 목숨을 걸고 제안했다. 그런데 사람들이 널리 믿는 옛 미신에 따르면 이러한 절체절명의 행사는 윤년에 보통 생기기 때문에 자연히 하루가 더 주어진다고 한다.[2] 드디어, 길일이라고 생각되는 날 높은 연단에서 발렌티니아누스가 모습을 드러냈다. 이 현명한 선택은 박수갈채로 환영받았고, 새로운 황제는 연단 주변에 절도 있게 도열한 군인들의 환호 속에서 장엄하게 즉위식을 가졌다. 그러나 그가 군인들에게 연설하기 위해서 손을 앞으로 내미는 순간, 대오 속에서 수근대는 소리가 퍼지더니 이윽고 공동 통치자를 지체 없이 지명해야 한다는 고함소리로 변했다.

대담하고 침착한 발렌티니아누스는 군중을 향해서 정숙을 청하면서 이렇게 연설했다. "전우들이여, 조금 전까지만 해도 그대들은 짐을 비천한 민간인의 지위에 그대로 둘 권한을 가지고 있었다. 짐의 지나간 생활에 비추어

---

[2] 로마의 달력에서 윤년에 두 번 찾아오는 것으로 되어 있는 3월 초하루 전의 제6일(2월 24일)이 반복됨을 뜻한다/편집자 주.

볼 때, 짐이 통치자가 될 만하다고 판단했기 때문에 그대들은 짐을 제위에 앉혔다. 이제 국가의 안전과 이익을 도모하는 것은 짐의 임무이다. 이 세상은 의심할 바 없이 한 미약한 인간의 손으로 떠받들기에는 너무나 무겁다. 짐은 짐의 능력의 한계와 짐의 생명의 불확실함을 잘 알고 있으므로, 유능한 공동 통치자의 도움을 거절하기는커녕 이를 간절히 바라는 바이다. 그러나 이 자리는 불화가 일어나면 치명적이기 때문에 심사숙고하여 성실한 동료를 선택할 것이 요구된다. 그러한 심사숙고는 짐이 할 일이다. 그대들은 충성스럽고 절도 있게 행동해야 한다. 숙소로 물러가서 심신을 쉬도록 하라."
간담이 서늘해진 군인들은 자부심과 만족감과 공포심이 뒤섞인 기분으로 새 황제의 말에 순종했다. 분노한 고함소리가 잠잠해져 침묵의 존경으로 뒤바뀐 가운데 발렌티니아누스는 군단의 독수리기와 기병대 및 보병대의 군기에 싸인 채 마치 전쟁터에 나가듯이 당당하게 니케아의 궁전으로 향했다.

그러나 그는 병사들의 다소 성급한 선언을 예방해야 한다는 것을 잘 알고 있었기 때문에 지휘관 회의에 자문을 구했는데, 다갈라이푸스라는 장교가 솔직담대하게 "지존이시여" 하고 지휘관들의 속마음을 간결하게 표현했다. "폐하께서 만일 폐하의 가족을 염두에 두신다면, 폐하의 동생이 있습니다. 그러나 폐하께서 공화국을 사랑하신다면 로마인들 중에 가장 유능한 인물을 찾아보십시오." 황제는 마음속으로는 자기 뜻을 굽히지 않은 채 불쾌한 감정을 억제하면서 니케아에서 니코메디아를 거쳐 콘스탄티노플로 갔다. 그는 이 수도의 교외에 머물면서 즉위한 지 30일 만에 자신의 동생인 발렌스에게 아우구스투스의 칭호를 주었다. 용감한 애국자들조차도 이에 반대해봐야 나라에 도움이 되지 못하고 자신의 목숨만 위태롭게 할 뿐이라고 생각했기 때문에, 황제의 절대의지의 선포는 침묵의 복종 속에서 받아들여졌다.

발렌스(재위 364-78년)는 나이가 36세에 이르도록 아직 군사나 행정 분야에서 능력을 발휘해본 적이 없었으므로, 그에게 대한 세상의 기대는 별로 크지 않았다. 그러나 그는 자신을 발렌티니아누스의 마음에 들도록 만들고 제국의 평화를 유지하도록 만든 한 가지 장점을 지니고 있었다. 그것은 자신에게 은혜를 베푼 형에 대한 헌신적인 애정이었다. 발렌스는 평생 동안

매사에 형이 재능이나 권위에서 자신보다 우월하다는 것을 겸허하게 그리고 기꺼이 인정했다.

발렌티니아누스는 제국을 분할하기에 앞서 행정을 개혁했다. 율리아누스의 치하에서 박해를 받거나 억압받은 모든 계급의 신민들이 소송을 제기하도록 권장했다. 사람들의 침묵은 살루스티우스 민정총독의 나무랄 데 없는 정

발렌스(재위 364-78년)

직성을 입증했다. 따라서 그가 국사에서 은퇴하도록 허락해달라고 간절하게 청했지만, 발렌티니아누스는 극히 정중한 우정과 존경을 표하면서 이를 거절했다. 그러나 고인이 된 율리아누스의 총신들 중에는 그의 어리석은 미신을 악용한 사람들이 많아서 이들에게는 더 이상 은총이나 법의 보호를 베풀 수 없었다. 따라서 황실 대신이나 속주 총독들의 대부분이 면직되었다. 물론 군계일학으로 뛰어난 재능을 지닌 관리도 몇명 있었다. 따라서 일부 격분한 사람들의 반대가 있기는 했지만, 이 까다로운 심사과정은 대체로 현명하고 온당하게 진행되었던 것으로 보인다. 새로운 치세를 축하하는 축제는 두 황제의 갑작스러운 와병으로 잠시 중단되기도 했으나, 그들은 건강이 회복되자 새 봄을 맞이하여 곧 콘스탄티노플을 떠났다.

두 황제는 나이수스에서 불과 3마일 떨어진 메디아나의 궁전 겸 성채에서 엄숙하게 로마 제국을 최종적으로 분할했다. 발렌티니아누스는 동생에게 하(下)도나우 지방에서 페르시아 국경선에 이르는 동방의 풍요로운 관구를 주고, 자신은 일리리쿰, 이탈리아 및 갈리아 지방, 즉 그리스의 끝에서 칼레도니아(스코틀랜드) 방벽까지 그리고 칼레도니아 방벽에서 아틀라스 산기슭까지의 지역을 직할 관구로 삼았다. 속주의 행정은 종전의 기반을 유지했지만, 장군과 행정관을 이중으로 파견하고 따라서 정무회의와 법정을 둘씩 두기로 했다. 이 업무분할은 각자의 특수한 재능과 상황을 감안하여 정했으며, 얼마 후에는 보병과 기병을 지휘하는 각각 7명의 사령관이 증원되었다. 이 중요

한 일을 평화롭게 타결지은 후, 발렌티니아누스와 발렌스는 마지막 포옹을 했다. 서로마 황제는 밀라노에 임시 거처를 정했고, 동로마 황제는 자신이 전혀 알아듣지 못하는 언어를 사용하는 50개 속주를 통치하기 위해서 콘스탄티노플로 돌아갔다.

원문에서는 이어서 율리아누스의 측근으로서 발렌스의 의혹을 사서 추방당했던 프로코피우스라는 장군이 일으킨 반란사건을 설명하고 있다. 프로코피우스는 발렌스 타도를 시도했고, 처음에는 어느 정도 성공하는 듯했다. 그러나 이 "나약한 황제는 과감한 대신들에 의해서 오욕과 파멸로부터 구출"되었고, 프로코피우스는 "실패한 찬탈자가 상투적으로 겪는 운명"을 벗어날 수 없었다.

이상과 같은 사태는 폭정과 반란에 뒤따르는 일반적이고 자연스러운 귀결이다. 그러나 두 황제의 치세 중에 로마와 안티오크에서 가혹하게 집행된 마법죄의 심문은 하늘의 분노와 인간의 타락을 초래한 불행한 징조라고 이해되었다.[3] 우리는 과거 지구상의 모든 나라를 지배했고 모든 종교적 견해에 수반되었던 잔인하고 끔찍한 편견이 오늘날 유럽의 문명세계에서는 근절된 데에 대해서 서슴없이 자부심을 가져도 좋다. 로마 제국의 여러 민족과 종파들은 모두가 어리석고 겁에 질려서 행성의 영원한 질서와 인간정신의 자발적인 작용을 좌우하는 악마의 기술이 실제로 있다고 믿었다. 그들은 마법과 주문(呪文), 영험 있는 약초의 신비로운 힘이나 저주의 의식을 두려워했는데, 그것들은 생명을 죽이거나 되살리고 영혼의 정열을 불러일으키고 자연의 피조물들을 저주하고 마귀로부터 미래의 비밀을 강제로 빼앗는 힘이 있다고 믿었기 때문이다. 그들은 얼토당토않게 하늘과 땅과 지옥의 이 초자연적인 지배력은 빈궁과 경멸 속에서 비천한 생활을 하는 떠돌이 요괴 할멈

---

[3] 기번의 편집자 중 한 사람인 딘 밀만은 이렇게 밝혔다. "이때(374년)부터 철학자와 그 저서에 대한 박해가 매우 사나워짐으로써 이교도 철학자들의 이름이 거의 없어졌을 정도였다. 동방에서는 산더미 같은 필사본들이 공개적으로 폐기된 것 외에도 학자들은 밀고당해 법에 의한 극형이 두려워 자기들의 도서를 모두 태워버렸다."/편집자 주.

과 주술사들의 심술과 탐욕의 천박한 동기에서 비롯되었다고 믿었다.

마법은 사회여론에 의해서 혹은 로마 법에 의해서 똑같이 배척되었지만, 사람들 마음속의 가장 근원적인 정염을 만족시키는 경향이 있었기 때문에 계속 금지되었으나, 계속 행해졌다. 머리속에서 만들어진 일도 중대하고 해로운 결과를 가져올 수 있는 법이다. 황제가 사망할 것이라든가 음모가 성공할 것이라는 음흉한 예언은 야심을 불러일으키고 충성의 유대를 와해시키기 위해서 의도적으로 꾸며졌으며, 이와 같은 의도적인 마법의 죄는 반역죄나 신성모독죄 등의 중대한 범죄행위를 구성했다. 이처럼 허황된 공포가 사회의 치안과 개인의 행복을 교란시켰으며, 밀랍인형을 서서히 녹이는 무해한 불꽃은 그 상이 어떤 사람을 겨냥하여 악의적으로 만들어진 것이라면, 강력하고도 저주스러운 힘을 가질 수 있을 것이라고 생각되었다. 초자연적인 힘을 가졌다고 알려진 약초를 달이는 것은 보다 강력한 독약을 얻는 손쉬운 방법이었으며, 이렇게 해서 어리석은 인간은 종종 잔인한 범죄의 도구나 가면이 되었다.

열성적인 밀고자들은 발렌스나 발렌티니아누스의 대신들에게서 부추김을 받고는 내란죄에 해당되는 또 하나의 혐의사실을 염탐하러 나서곤 했다. 지나치게 엄격했지만, 경건했던 콘스탄티누스가 성격상 비교적 경미한 이 혐의(마법죄)를 사형으로 다스리는 법령을 공포한 바 있었기 때문이었다. 반역죄와 마법죄, 독살과 간음이 복잡하게 뒤얽히면 무죄와 유죄, 면죄와 가중처벌 사이에 수많은 단계가 생기기 때문에, 재판과정에서 재판관의 분노와 부패의 정도에 따라서 혼란이 일어났을 것이다. 재판관들은 자기들의 근면성과 식별력이 각 법정에서 언도되는 처형자의 수에 따라서 황실에서 평가되고 있다는 것을 쉽게 알 수 있었다. 그들은 별로 주저함이 없이 무죄방면을 선고할 수도 있었지만, 위증의 흔적이 있거나 고문으로 얻은 증거도 인정하여 존경할 만한 사람들에게 터무니없는 죄를 뒤집어씌우는 일도 서슴지 않았다. 심문과정에서 형사기소할 새로운 내용이 계속 나왔다. 무고가 드러나도 뻔뻔스러운 밀고자가 무죄로 방면되었다. 그러나 진실이건 거짓이건 자신의 공범자를 밝히더라도, 불행한 피고인이 그 파렴치한 행위로 보상을 받는 일은 거의 없었다. 이탈리아와 아시아의 벽지에서도 노인과 젊은이들이 쇠사슬에 묶여 로마와 안티오크의 법정으로 끌려왔다. 원로원 의원, 귀부인, 철학자들이 치욕적이고 잔인한 고문으로 죽어갔다. 감옥을 지키는 군인들은 경비 인원이 부족하여 수감자들의 탈주나 저항을 막을 수 없다고 동정심이나 분노로 뒤에서 불평했다. 부유층들은 벌금과 재산몰수로 몰락했고, 무고한 시민들은 신변의 불안 때문에 전전긍긍했다. 심지어 어떤 지방에서는 죄수, 추방자, 도망자가 주민의 대다수를 차지하고 있었다는 고대의 역사가(암미아누스)의 과장된 주장에서 당시의 폐해가 얼마나 컸던가를 미루어 짐작할 수 있다.

잔인한 초기 황제들에게 희생당했던 죄없는 로마의 저명인사들에 관한 타키투스의 기록을 읽을 때, 이 역사가의 재능 때문에 또는 덕망 있는 피해자들의 고통 때문에 우리들의 마음에는 경악과 공포심, 탄식 그리고 동정심이 우러나오게 된다. 암미아누스도 조잡한 필치로나마 그 비참한 인물들을 지루하고 부정확하게 묘사한 바 있다. 그러나 현재 우리의 관심사는 자유인가 굴종인가, 과거가 위대한가 현재가 비참한가 하는 문제에 있지 않기 때문에, 로마와 안티오크에서 두 형제 황제의 치세를 욕되게 만든 그 빈번한 처형으로부터 눈을 돌리기로 하자. 발렌스는 소심하고, 발렌티니아누스는 성격이 격했다. 발렌스의 통치원칙은 우선 일신상의 안전을 도모하는 데 있었다. 그는 신하의 입장에 있을 때는 벌벌 떨면서 압제자의 손에 입을 맞추던 사람이었다. 자신이 황제가 된 후에는 당연히 지난날 자신을 굴종시켰던 그 공포심이 시민의 복종을 보장해줄 것이라고 기대했다. 발렌스의 총신들은 약탈과 몰수를 통해서 근검절약만으로는 얻을 수 없는 큰 재산을 모았다. 그들은 그럴 듯한 말로, 반역죄 심리에서는 언제나 혐의가 곧 증거라고 협박했다. 또 권력은 피의자에게 고의가 있다고 추정하기 마련이며, 고의만 있으면 실행하지 않더라도 범죄가 성립되며, 황제의 안전을 위협하거나 평화를 훼방하는 신민은 목숨을 부지할 자격이 없다고 역설했다.

발렌티니아누스는 신하들에 의해서 판단력을 기만당하고 신임을 악용당하는 일이 많았다. 그러면서도 그는 그의 신변이 위험하다고 경고하는 밀고자들을 경멸의 미소로 침묵시키곤 했다. 그들은 그의 비타협적인 정의감을 찬양했기 때문에, 황제는 정의를 추구할 때 관용은 나약한 것이고 열정이 미덕이라는 생각을 가지게 되었다. 일찍이 황제는 동료들과 대담하게 경쟁하면서 적극적이고 야심적인 생활을 할 때에도 자신이 상처를 입는 법이 거의 없었고, 더구나 가만히 앉아서 모욕을 당하는 일은 결코 없었다. 그는 진실성이 의문시되기는 하지만, 참으로 수다한 찬양을 받았다. 이 때문에 자존심이 강한 유력한 장군들도 이 겁 없는 군인의 노여움을 사기를 두려워했다.

그러나 불행하게도 그는 세계의 주인이 된 후에는 저항이 없을 때에는 용기도 소용이 없다는 사실을 망각하게 되었다. 따라서 그는 이성과 관대함에 귀를 기울이기보다는 격렬한 감정에 휩쓸려 수치를 자초하고 자기가 미워하는 무방비 상태의 신하들에게 치명적인 위협을 주었다. 황실과 제국의 일을 담당하는 과정에서 경미한 잘못 —— 실언이나 우연한 실수, 어쩔 수 없는 직무태만 등 —— 을 저질렀을 때라도, 즉결처분으로 응징했다. 이 서로마 황제의 입에서는 걸핏하면 "머리를 쳐라", "산 채로 태워죽여라", "숨을 거둘 때까지 몽둥이로 때리도록 하라"는 등의 말이 튀어나왔다. 비록 가까운 총신이더라도, 이 포악한 명령에 섣불리 반대하거나 그 집행을 꾸물거렸다가는 자기 자신이 명령 불복종죄로 처벌받을 것을 각오해야만 했다.

이처럼 야만적인 처벌에 재미가 거듭되는 동안 발렌티니아누스의 마음은 점차 굳어져 동정이나 후회를 모르게 되었고, 감정의 폭발은 그와 같은 잔인한 습관에 의해서 더욱 조장되었다. 그는 고문으로 죽어가는 자의 단말마적 고통을 만족스럽게 구경할 수 있게 되었고, 비위에 맞는 충실한 신하들만을 가까이 하게 되었다. 로마의 명문거족들을 학살한 막시미누스는 그 공로로 갈리아 민정총독이 되었다(그 자신도 그라티아누스가 즉위한 뒤 곧 처형된다/역주). 막시미누스와 동등하게 황제의 총애를 받은 것은 인노켄티아와 미카 아우레아라는 이름으로 불린 두 마리의 사나운 곰뿐이었다. 발렌티니아누스는 이 믿음직한 두 경호원 짐승의 우리를 항상 침실 가까이에 두고 그것들이 우리 속에 던져진 범죄자의 사지를 찢어 먹는 장면을 눈요기로 즐길 때가 많았다. 로마 제국 황제는 이 곰들의 식사와 운동을 세심하게 감독했다. 그리고 인노켄티아는 오랫동안 공을 세워 자기가 태어난 자유로운 숲속으로 돌아갈 수 있었다.
 그러나 보다 조용한 반성의 시간에는, 다시 말해서 발렌스가 두려움에 떨지 않고 발렌티니아누스가 격정에 휘말려 있지 않은 시간에는, 이 폭군들도 자신들이 국부(國父)라는 생각을 하게 되었고 적어도 국부처럼 행동했다. 냉정을 찾았을 때의 서로마 황제의 판단력은 자기 자신과 국가의 이익을 분명히 파악하여 정확하게 추구했으며, 자신의 형에게서 받은 여러 가지 시범을 공손하게 모방한 동로마 황제도 가끔씩 살루스티우스 민정총독의 지혜와 덕망을 따를 때가 있었다. 두 사람은 모두 황제가 된 후에도 변함없이 과거 자기들의 생활방식처럼 조심스럽고 절도 있는 간소함을 유지했다. 그리고 그들의 치세 중에는 궁정의 환락을 위해서 백성들이 얼굴을 붉히거나 한숨을 쉬도록 만든 적이 결코 없었다. 두 황제는 콘스탄티우스 당시의 여러 가지 폐단을 점차 개혁했고, 율리아누스와 그 후계자(요비아누스)의 사업을 슬기롭게 받아들여 개선했으며, 입법의 양식과 정신을 발휘함으로써 후세 사람들로 하여금 두 황제의 인격과 통치방법에 관해서 유리한 견해를 가지도록 만들었다. 발렌티니아누스는 인노켄티아의 주인답지 않게 백성들의 복지를 중히 여겨 신생아 유기의 악습을 엄하게 금하고, 14명의 유능한 의사에게 로마의 14개 구역을 담당하도록 하고 후한 봉급과 여러 가지 특전을 주었다.
 무학(無學)의 군인이었지만, 건전한 양식을 가졌던 발렌티니아누스는 청소년의 교육과 쇠퇴하는 학문의 뒷받침을 위해서 유용한 교육기관을 설치했다. 그의 계획은 각 속주마다 그 수도에서 그리스어와 라틴어로 수사학과 문법을 가르치도록 하는 것이었다. 이 학교의 규모와 위엄은 대체로 해당 도시의 중요성에 비추어 로마와 콘스탄티노플의 아카데미아가 당연히 가장 높은 지위를 누렸다. 발렌티니아누스의 교육칙령의 단편들만으로써는 콘스탄티노플의 학교를 완전하게 알 수는 없지만, 후속 법령들에 의해서 점차 개선되었다. 이 학교는 각 분야의 교수 31명으로 구성되었다. 철학자 1명, 법률가 2명, 그리스어의 수사학자 5명과 문법학자 10명, 라틴어의 웅변학자 3명과 문법학자 10명이 있었으며, 그밖에도 7명의 필경사(당시에는 고서 연구가로 불렸다)가 고전 저술가들의 저서를 부지런히 베껴서 공공도서관에 공급했다.

그 당시 학생들에게 명해졌던 행동규칙은 현대 대학의 형식과 학칙의 최초의 골격을 제시하고 있다는 점에서 한층 관심을 끈다. 학생들은 각자 출신지방의 행정관이 발급하는 일정한 증명서를 지참해야 했다. 국가의 명부에는 학생들의 성명, 직업, 거주지가 정기적으로 등록되었다. 젊은 학생들은 술집이나 극장에서 시간을 낭비하는 일이 엄격히 금지되었으며, 교육연령은 20세까지로 제한되었다. 수도의 시장은 태만하거나 규칙을 위반한 학생에게 태형 또는 퇴학의 징계를 할 수 있는 권한을 소유했다. 그는 또한 공직생활에 유용하게 적용할 수 있는 지식과 능력을 소유한 학생들을 매년 교육부 장관에게 보고해야 했다.

발렌티니아누스의 교육기관들은 평화와 풍요의 혜택을 가져오는 데 기여했다. 각 도시에는 '보민관(defensor)'을 두어 이를 지키도록 했다. 이들은 호민관 겸 인민의 대변인으로 자유선거로 선출되어 시민의 권리를 뒷받침하고 시민의 애로사항을 민정장관의 재판소에 제소하거나 직접 황제에게 상주했다. 국가재정은 오랫동안 개인재산을 엄격히 관리하는 데에 익숙해 있던 두 황제에 의해서 빈틈없이 관리되었다. 그러나 잘 살펴보면 세입의 징수와 그 사용에서는 동-서 로마 사이에 약간의 차이점이 있었음을 알 수 있다. 발렌스는 황실의 풍족함은 백성들의 억압에 의해서만 가능하다는 사실을 이해했으며, 백성들을 고생시켜가면서까지 국가의 장래의 힘과 번영을 꾀하려고 생각한 적은 없었다. 그는 과거 40년 동안에 배나 늘어난 세금을 증액하는 대신, 즉위 첫해에 동로마의 조세를 4분의 1로 인하했다. 그에 반해서 발렌티니아누스는 백성들의 부담을 경감시키는 데에 비교적 관심이 적었던 것 같다. 그는 재정의 폐해를 개혁했는지는 모르지만, 거액의 사유재산을 아무 거리낌없이 강탈했다. 그는 재산을 개인의 사치를 위해서 쓰는 것보다 국가의 방위와 개선을 위해서 사용하는 것이 훨씬 더 이롭다고 확신하고 있었기 때문이었다. 동방의 신민들은 현재의 복지를 누리면서 관대한 황제의 은덕에 갈채를 보냈다. 강직하고 사치를 모르는 발렌티니아누스는 후세 사람들에게 더욱 공적을 인정받았다.

그러나 발렌티니아누스의 성격에서 가장 존경할 만한 점은 그가 종교적 논쟁의 시대에서 시종일관 확고하고도 절도 있는 불편부당의 입장을 견지했다는 점이다. 기존 학문에 오염되지 않고 교화되지 않았던 그는 건전한 상식의 소유자였으므로 미묘한 신학적 논쟁에 말려 들지 않고 무관심을 보였다. 그는 지상세계를 다스리는 일만으로도 여념이 없었다. 그리고 자신이 교회의 신자임을 잊지 않았듯이, 성직자들의 주권자임을 잊은 적도 없었다. 배교자(율리아누스)의 치세 중에도 기독교의 영예를 위한 그의 열정은 돋보였다. 그는 이와 같은 영예를 그의 신민들에게도 허용했으니, 신민들은 열정적이면서도 두려움이나 위선을 모르는 이 황제가 허용한 일반적인 종교적 관용을 감사와 신뢰로 받아들였다. 이교도들과 유대교도들 그리고 예수의 신성을 인정하는 모든 교파의 신도들이 법에 의해서 전제적 권력이나 대중의 공격으로부터 보호받았다. 발렌티니아누스는 종교의 이름을 빙자하여 악덕과 혼란의 음험한 목적을 추구하는 비교적인 범죄적 종교관행을 제외하고는 어떠한 예배의식도 금지하지 않았다.

　마법은 잔인하게 처벌했고 더욱 엄격하게 금지했다. 그러나 황제는 예로부터 원로원의 승인하에 토스카나 지방의 창자 점쟁이(제물로 바쳐진 짐승의 창자를 보고 예언한 로마 시대의 점쟁이/역주)가 시행해온 전통적 점복술은 특별한 예외규정을 두어 보호했다. 그는 분별력이 있는 이교도들의 동의를 얻어 방자한 야간제사를 금지했지만, 아카이아 총독 프라에텍스타투스가 그리스인들에게서 엘레우시스 신의 신비로운 축복을 빼앗으면 그들의 생활이 무미건조해질 것이라고 탄원하자 즉각 이 탄원을 받아들였다. 부드러운 손으로 인간의 마음에서 고질적인 광신주의를 근절시킬 수 있다고 자랑할 수 있는 것은 철학밖에 없다(아마 그것도 철학의 자랑에 불과할 것이다). 그러나 발렌티니아누스의 현명하고 강력한 통치에 의해서 마련된 이 12년간의 종교적 휴전상태는 상호간의 침해를 중지시킴으로써 각 종파의 편견을 완화시키고 습속을 부드럽게 만드는 데에 기여했다.[4]

---

4) 기번은 이어 발렌스는 불행하게도 그와 같은 교화력을 보여주지 못했으며, 동로마에서의 그의 치세는 그가 지지한 아리우스파와 정통파 간의 끊임없는 살육전으로 점철되었다고 지적하고 있다/편집자 주.

성직자들의 축재와 탐욕을 억제하기 위해서 근대의 입법가들이 만들어내는 여러 가지 엄격한 규제는 그 기원을 발렌티니아누스의 실례에서 찾아볼 수 있을 것이다 그가 로마 시의 대주교 다마수스에게 보낸 칙령은 시의 각 교회에서 공포되었다(370년). 그는 성직자들과 수도사들에게 과부나 처녀의 집에 자주 출입하지 말도록 경고했고, 이에 복종하지 않으면 재판관의 견책을 받게 될 것이라고 위협했다. 교회 관리자는 여자 신도들로부터 독지금이나 증여 또는 유산을 받지 못하도록 금지되었고, 이 칙령에 위배되는 모든 유언은 무효라고 선언되었으며, 불법적인 증여는 국고에 환수되었다. 그후 후속 조치에 의해서 이 규정은 수녀들과 주교들에게까지 확대 적용되었기 때문에, 교단에 속한 사람들은 어느 누구도 유증을 받지 못하고 오직 자연적이며 정상적인 법적 상속권만 가지도록 엄격히 제한되었다.

가정의 행복과 미덕의 수호자로서 발렌티니아누스는 날로 증가하는 사회악에도 이 엄격한 치유책을 적용했다. 제국의 수도에서는 귀족과 부유층의 여성들이 매우 많은 독자적 재산을 소유하고 있었는데, 그녀들 중에는 독실한 여성신도로서 냉철한 이성의 명에 따라서 신자가 된 사람도 있었지만, 따뜻한 애정이나 유행에 끌려 신자가 된 사람들이 많았다. 그녀들은 호의호식의 즐거움을 버리고 순결을 찬양하기 위해서 결혼생활의 아늑한 가정을 버렸다. 그녀들은 진짜든 가짜든 수도사들을 택해 자기들의 나약한 양심을 바로잡고 마음속의 공허함을 채워주도록 부탁했다. 그리고 그녀들이 경솔하게 속마음을 털어놓음으로써, 수도사의 특권을 화려한 무대에서 마음껏 누리기 위해서 동쪽 끝에서부터 달려온 악한이나 광신자들이 이 비밀을 악용했다. 이 수도사들은 현세를 경멸함으로써 자기도 모르는 사이에 현세의 가장 좋은 특권을 누렸으니, 즉 젊고 아름다운 여인의 따뜻한 애정과 감미롭고 풍요한 가정 그리고 원로원 의원 집안의 노예, 해방노예 및 예속민(cliens)의 시중을 한꺼번에 받았던 것이다. 로마 귀부인들의 막대한 재산은 아낌없는 헌금과 비싼 순례여행 때문에 점차 탕진되었다. 그리고 교활한 수도사들은 여신도의 유언장에 자신을 제1순위 또는 단독 상속자로 기재하도록 하면서도 여전히 위선자의 뻔뻔한 얼굴로 자기만이 자비를 행하는 가난한 자의 청지기라고 강변하고 있었다.

정당한 상속인의 유산을 가로채는 이 성직자들의 수지맞는 파렴치한 장사는, 미신이 번창한 시대라고 하더라도, 당연히 시민들의 분노를 불러일으켰다. 따라서 존경받는 라틴 교회의 두 신부(히에로니무스와 암브로시우스)는 발렌티니아누스의 수치스러운 칙령이 정당하고 필요한 것이며, 기독교 성직자들은 배우, 전차(戰車)의 경주자, 우상숭배 종교의 신관(神官)이 아직도 누리는 특권조차도 없애야 마땅하다고 솔직히 고백하고 있다. 그러나 지혜롭고 권위 있는 입법가들도 개인적 이해관계에 빈틈없는 사람들과 싸워서 이기는 경우는 별로 없는 법이다. 제롬(학자인 에우세비우스 히에로니무스)이나 암브로시우스와 같은 성직자들만이 이 허울뿐인 법의 정의를 묵묵히 따랐을 것이다. 성직자들은 개인적 이득의 추구가 저지되더라도, 신앙심과 애국심이라는 그럴 듯한 미명하에 교회의 재산을 늘리고 그들의 탐욕을 미화하려고 노력하게 될 것이다.

로마 대주교 다마수스는 부득이 발렌티니아누스의 법령을 공포하여 휘하 성직자들의 탐욕을 견제하지 않을 수 없게 되었지만, 그는 지혜로워서인지 아니면 운이 좋아서인지 학자 제롬의 노력과 재능을 활용할 수 있었다. 그리고 이 성자는 성격이 매우 모호한 이 인물의 미덕과 순수성을 고마운 마음으로 높이 찬양했다.[5] 그러나 역사가 암미아누스는 발렌티니아누스와 다마수스 치하의 로마 교회의 여러 가지 악폐를 재미있게 묘사하면서 그의 객관적인 느낌을 이렇게 표현했다. "유벤티우스 시장 치하의 로마 관구에는 평화와 풍요가 깃들었으나, 억압받은 시민의 피비린내 나는 난동으로 평온하던 그의 통치가 곧 어지러워졌다. 대주교직을 차지하려는 다마수스와 우르시누스의 맹렬한 투쟁은 인간 야심의 상식을 능가하는 것이었다. 두 사람은 당파를 이루어 사납게 싸웠으며, 이 싸움에서 추종자들간에 사상자가 속출했다. 이렇게 되자 이 소란을 진압할 수도 화해시킬 수도 없었던 시장은 부득이 교외로 피신할 수밖에 없었다. 다마수스가 이겨 그의 일파가 확고한

---

5) 다마수스의 적들은 그를 '여자 귀를 후벼주는 사람(Auriscalpius Matronarum)'이라고 불렀다.

승리를 차지했다. 기독교인들이 종교집회를 가지던 시키니누스 대교회당에서는 137구의 시체가 발견되었다. 분노한 시민이 종전처럼 평온을 되찾은 것은 오랜 시일이 지나서였다. 화려한 이 수도를 생각할 때, 이 값진 노획물이 야심가들의 욕망을 불태워 격렬하고 완강한 싸움을 불러일으켰다는 것은 놀라운 일이 아니다. 승리한 자는 귀부인들의 봉헌물로 부유해질 뿐 아니라 부드러운 손길로 우아하게 다듬은 옷을 입고 마차를 타고 로마 시내를 행차하고, 황실의 호사스러운 식탁도 로마 대주교가 마련하는 풍성하고 감미로운 향응에는 못 미치는 것이 확실하기 때문이다."

이어 이 정직한 이교도는 이렇게 쓰고 있다. "이 최고위 성직자들이 도시(로마)의 위대함을 행동의 구실로 내세우지 않고, 오히려 절제와 합리성, 검소한 의복과 수수한 외관으로 자신들의 순수하고 소박한 덕성을 신과 그의 참된 숭배자들에게 맡기는 몇몇 속주 주교들의 모범적인 생활을 따르려고 했다면, 그것은 얼마나 합리적인 참다운 행복의 도모가 되었겠는가!" 다마수스와 우르시누스 간의 싸움은 후자가 추방됨으로써 종식되었으며, 현명한 새 로마 시장 프라에텍스타투스는 시내의 평온을 회복시켰다. 그는 학식과 취미와 겸양을 갖춘 철학자적인 이교도였다. 그는 농담 삼아 다마수스를 빗대어서 자기에게 로마 주교 자리를 주면 자기도 당장 기독교 신자가 되겠노라고 말했다고 한다.[6] 4세기경 대주교들의 부와 사치에 관한 이와 같은 생생한 묘사는 어부였던 사도들(베드로, 안드레아 등을 가리킴/역주)의 가난한 생활과 나폴리 끝에서 포 강 유역까지를 다스린 세속적 군주(교황)의 호화로운 생활의 중간 정도를 보여준다는 점에서 흥미롭다.

장군들과 군대가 로마 제국의 홀(笏)을 발렌티니아누스에게 맡기기로 의결했을 때, 그들이 이처럼 현명한 선택을 하게 된 중요한 동기는 그의 무명(武名)과 군사적 재능, 경험 그리고 예로부터 내려온 군율의 정신과 형식에 대한 그의 엄격한 애착심에 있었다. 군대가 그에게 공동 통치자를 지명하도록 촉구한 것도 그 당시 국사가 위험한 상태에 있었기 때문이었다. 그리고

---

6) 다마스쿠스도 그의 이야기를 농담 그대로 받아들이지는 않았을 것이다.

발렌티니아누스 자신도 제아무리 유능한 인물이라도 혼자서는 머나먼 국경지방을 외침으로부터 방위할 수 없다는 것을 잘 알고 있었다. 율리아누스의 사망으로 야만인들이 그에 대한 공포심에서 해방되자, 동방, 북방, 남방의 여러 민족들은 곧 약탈과 정복의 야욕을 품게 되었다. 그들의 침입은 골칫거리였으며, 위협적인 경우도 있었다. 그러나 발렌티니아누스는 그의 12년간의 치세 중에 자신의 영토를 확고하고 빈틈없이 지켰으며, 그의 강한 정신은 동생의 나약한 정책도 잘 이끌어주는 것처럼 보였다. 연대기적 서술방법을 사용하면 두 황제의 관심사를 더욱 설득력 있게 설명할 수 있겠지만, 반면에 지루한 설명 때문에 독자들의 주의를 산만하게 만들게 될 것이다. 발렌티니아누스와 발렌스 치하에서의 제국의 군사적 상황을 보다 분명히 하기 위해서는 5대 전쟁지역 —— (1) 게르마니아 (2) 브리타니아 (3) 아프리카 (4) 동방 (5) 도나우 지역 —— 으로 나누어 살펴보는 것이 좋을 것이다.

1 게르마니아/ 알레만니족 사절들은 총무장관 우르사키우스의 오만불손한 태도 때문에 분개했다. 우르사키우스는 새 황제의 즉위에 임하여 알레만니족이 조약 또는 관습에 따라서 보내온 조공물의 수량과 금액을 터무니없이 후려쳤다. 그들은 이 민족적 치욕을 강력한 어조로 표현하고 이를 동족들에게 알렸다. 알레만니족의 족장들은 멸시받았다는 느낌에서 몹시 화가 났으며, 호전적인 젊은이들이 그들의 군기 아래 모여들었다. 발렌티니아누스가 알프스를 넘기도 전에 갈리아 지방의 마을들은 불길에 휩싸였으며, 다갈라이푸스 장군이 싸워보기도 전에 그들은 게르마니아의 숲속에 포로와 노획품들을 숨겨버렸다. 그 다음해(366년) 초에는 알레만니족 전체가 북방의 엄동설한 속에서 견고한 종심대형을 이루어 라인 강 방벽을 돌파했다. 로마의 코메스 2명이 패배하여 중상을 입었고, 헤룰리족과 바타비족은 군기를 승리자들에게 탈취당했으며, 승리자들은 조롱섞인 함성을 지르면서 전리품을 자랑했다.

군기는 다행히 되찾았지만, 바타비족은 엄격한 재판관 앞에서 불명예스럽게 도주한 그들의 수치스러운 행동을 변명할 길이 없었다. 발렌티니아누스는 군인들이 적을 겁을 내지 않으려면 먼저 자기들의 지휘관을 두려워할 줄 알아야 한다고 생각했다. 군대를 엄숙하게 집합시킨 후, 황제의 군대가 벌벌 떠는 바타비족 군인들을 에워쌌다. 이윽고 발렌티니아누스가 재판관 자리에 올라 마치 겁쟁이에게는 사형언도를 내리기조차도 수치스럽다는 듯이, 첫번째 패전의 원인이 된 나약한 장교들의 소심한 비행을 꾸짖었다. 바타비족 군인들은 모두 파면되어 무기를 빼앗기고 무장을 해제당한 후 노예로 팔리도록 언도받았다. 이 끔찍한 언도를 받은 군인들은 땅에 엎드려 황제의 분노를 면하게 해달라고 탄원하면서 자비를 베풀어 한번 더 기회를 주면 그들이 로마인으로서 그리고 황제의 군인들로서 부끄럽지 않다는 것을 입증해 보이겠다고 약속했다. 발렌티니아누스는 못이기는 척하며 그들의 탄원을 들어주었다. 그들은 다시 무장을 하고 그들의 수치를 알레만니족의 피로 씻겠다는 결의를 다지게 되었다

다갈라이푸스는 총사령관 직책을 사양했다. 지나친 신중함에서 이번 작전이 극히 어렵다고 진언한 바 있는 경험 많은 이 장군은 전쟁이 끝나기도 전에 역경을 이겨내고 그의 경쟁자 요비누스가 사분오열의 야만족 군대에게 결정적 승리를 하는 것을 보고 굴욕감을 느꼈다. 요비누스는 잘 훈련된 기병, 보병 및 경무장 보병을 이끌고 신중하면서도 신속하게 메츠 지방의 스카르폰나(샤르비뉴 지방)로 진군했다. 여기서 그는 알레만니족의 대부대가 미처 대오를 정비하기도 전에 기습을 함으로써 휘하 군인들에게 손쉽게 무혈승리를 거둘 수 있다는 자신감을 심어주었다.

적군의 또 하나의 대부대는 인근 지방을 잔인무도하게 유린한 후, 숲이 우거진 모젤 강 언덕에서 휴식을 취하고 있었다. 요비누스는 장군의 안목으로 지형을 관찰한 후, 숲속을 잠행하여 방심한 게르만족 군인들이 똑똑히 보일 때까지 접근해갔다. 그들 중 일부는 강물에서 커다란 팔다리를 씻고 있었는데, 아마색의 긴 머리를 빗기도 하고, 감미로운 포도주를 들이키고 있는 자들도 있었다. 그때 느닷없이 로마군의 나팔소리가 들렸고 로마 군은 어느새 그들의 진영 안에 들어와 있었다. 놀라움은 혼란을 불러일으켰고, 혼란에는 도주와 낙담이 뒤따랐다. 그리고 용감무쌍한 무사들은 오합지졸로 변해 로마 군단과 보조부대 병사들의 칼과 단창에 찔려 궤멸되고 말았다.

농가를 습격하는 게르만족 전사들

로마 군인과 게르만족 전사의 전투(3세기)

도망병들은 샹파뉴 지방 샬롱 근처의 카탈라우니 평원(현재의 샬롱 쉬르 마른 시 부근/역주)에 있는 제3의 가장 규모가 큰 진영으로 도주했다. 패잔병들을 서둘러 수습한 족장들은 동료들의 운명에 경악하여 발렌티니아누스 휘하의 상승군과 결전을 벌일 태세를 갖추었다. 막상막하의 일진일퇴를 거듭하면서 치열한 혈전이 긴 여름 한나절 동안 계속되었다. 마침내 로마 군이 1,200명의 희생자를 내고 승리했다. 알레만니족은 전사 6,000명, 부상 4,000명의 피해를 입었다. 용맹스러운 요비누스는 도망가는 패잔병을 라인 강까지 추격하여 쫓아버린 후, 파리로 개선하여 황제에게서 표창장과 함께 다음 1년 동안의 집정관 기장을 수여받았다.

그러나 로마 군의 승리는 포로로 잡은 왕을 잘못 다룸으로써 큰 오점을 남겼다. 즉 군인들은 사령관에게 알리지도 않은 채 포로로 잡은 왕을 교수형에 처해버렸던 것이다. 이 수치스러운 잔혹행위는 군인들이 흥분한 탓이라고 하더라도, 그들은 그후에도 병약했지만 강건한 정신의 소유자였던 게르만족 국왕 바도마리우스의 아들 위티카비우스를 고의적으로 살해했던 것이다. 로마 군인들은 이 자객들을 교사하고 보호해주었다. 인도주의와 정의의 법칙을 위배한 이와 같은 행위는 은연중에 쇠망해가는 제국의 취약점을 드러낸 것이었다. 장검에 조금이라도 자신이 있는 경우에는 공공의 회의장소에서는 단검을 사용하지 않는 법이기 때문이다.[7]

② 브리타니아/ 콘스탄티누스 황제의 사후 6년에 스콧족과 픽트족이 대규모로 침입함으로써, 서로마 제국을 통치하고 있던 그의 막내아들(콘스탄스)의 친정이 요구되었다. 콘스탄스는 그의 브리타니아 영토에 실제로 가기는 했지만, 소부대들에 대한 그의 승리만을 찬양하고 있는 송사(頌詞 : 힐믹스마텔누스 지음/역주)로 미루어볼 때, 그의 업적은 그저 운좋게 불로뉴 항에

---

7) 원문에서 기번은 이 부분에 이어 발렌티니아누스가 알레만니족과 벌인 또 한 차례의 전쟁에 관해서 상술하고, 라인 강 전체에 걸쳐 건설한 요새망과 야만족 상호간의 반목을 부채질한 전략 등에 관해서 상세히 설명한다. 이때에 색슨족이 처음 등장했는데, 이들은 해적으로서 유럽의 해안은 물론이고 배가 다닐 수 있는 하천의 상류지역까지도 누비며 약탈했다/편집자 주.

서 샌드위치 항까지 안전하게 통과한 정도에 불과했던 것 같다. 이곳 속주 민들이 계속된 대외전쟁과 국내의 폭정으로 겪은 재난은 무능하고 부패한 콘스탄티우스의 환관정치 때문에 더욱 가중되었으며, 덕망 높은 율리아누스 시대에 숨을 돌리는 듯했지만 그의 돌연한 사망으로 그것도 잠시뿐이었다. 군대의 봉급을 위해서 강제 징수되어 마구 반출된 금과 은은 탐욕적인 지휘관들이 가로챘고, 제대나 병역면제를 둘러싸고 공공연히 돈거래가 이루어졌고, 몇푼의 법정 생계비마저 박탈당한 군인들 사이에서는 참다못해 탈주병이 속출했고, 군대의 기강은 해이해졌으며, 국토는 도둑떼로 들끓었다.

양민을 억압하고 죄인을 벌 주지 않은 것도 섬 전체에 불평불만과 역심을 만연케 한 원인이 되었다. 그리고 야심 있는 신하와 절망에 빠진 추방자들은 모두가 허약하고 어수선한 브리타니아 정부를 뒤집어엎겠다는 희망을 품게 되었다. 북방의 적대적인 부족들은 천하의 군주의 오만과 권력을 증오한 나머지 내부적인 반목을 뒤로 미루었으며, 스콧족, 픽트족, 색슨족 등 육상과 해상의 야만족들은 안토니누스 방벽에서 켄트 해변에 이르는 드넓은 지역을 파죽지세로 장악해갔다.

브리타니아의 풍요로운 이 지방에는 주민 자신의 노동으로 만들거나, 무역을 통해서 조달할 수 없는 인공 및 자연의 모든 생산물과 필수품 그리고 사치품이 집결되었다. 인류의 끊임없는 불화를 개탄해 마지않는 철학자도 약탈욕구가 정복욕구보다 한층 더 합리적인 자극제가 된다는 점을 인정할 것이다. 이와 같은 약탈정신은 콘스탄티누스 시대부터 플랜태저넷 왕조(헨리 2세부터 리처드 2세까지의 영국 왕조. 1154-1399년/역주) 시대에 이르기까지 줄곧 가난하고 거친 칼레도니아인(스코틀랜드인)을 부추겨왔다. 그러나 오시안의 노래(매우 서정성이 넘치는 노래로 3세기 켈트족 영웅 오시안의 작품이라고 전해짐/역주)를 만들어낼 정도로 인간성이 너그러운 이 민족은 수치스럽게도 평화의 가치와 전쟁의 법칙에 관해서는 무지몽매했다. 그들의 남쪽에 살던 이웃 민족들은 스콧족과 픽트족의 잔인한 약탈행위를 직접 경험했으므로, 아마도 이를 과장해서 전했을 것이다. 발렌티니아누스의 적이었다가 나중에 그의 휘하에 편입된 칼레도니아의 용맹한 아타코티 부족

브리타니아의 로마 군 성벽과 초소

은 심지어 그들이 사람고기를 즐기는 것을 보았다는 목격자가 나올 정도로 야만적이었다. 전해지는 말로는 그들은 숲속에서 약탈물을 사냥할 때 양떼보다는 양치기를 공격했으며, 이상하게도 사로잡힌 사람이 남자건 여자건 가장 질긴 부분을 좋아하여 그것을 요리했다고 한다. 만일 상업과 학문의 도시인 글래스고 부근에 식인종이 존재한 것이 사실이라면, 스코틀랜드에는 이 시기에 야만과 문명생활의 두 극단이 공존했던 셈이다. 이렇게 생각해보면 우리는 사고의 범위를 넓혀 앞으로 언젠가는 뉴질랜드에서 남반구의 〔데이비드〕 흄이 배출되리라고 기대해볼 수 있을 것이다.

영국 해협을 건너 도망온 사자들마다 발렌티니아누스에게 우울하고 놀라운 소식을 전했다. 황제는 이윽고 그 속주의 군사령관 2명이 야만인들에게 기습을 당해 살해되었다는 보고를 받게 되었다. 트레베스〔트리어〕의 궁정은 근위대의 코메스인 세베루스를 급파했다가 갑자기 다시 불러들였다. 요비누스의 설명은 사태의 심각성을 더욱 돋보이게 했을 뿐이었으므로, 장시간의 심각한 협의 끝에 브리타니아의 방위, 아니 차라리 수복은 유능하고 용감한 테오도시우스에게 위임하게 되었다.

나중에 한 황조의 시조가 된 이 장군의 공적은 그 당시 역사가들에 의해서 특별히 정중한 칭송을 받았다. 그의 공적은 과연 그들의 칭송을 받을 만했으며, 군대와 주민들은 그의 임명을 승리를 다짐하는 조치로 받아들였다. 그는 항해하기 좋은 때를 잡아 헤룰리족과 바타비족, 요비아누스 부대와 빅토르 부대의 수많은 역전의 용사들을 안전하게 상륙시켰다. 테오도시우스는 샌드위치에서 런던으로 행군하는 도중에 몇몇 야만족 무리들을 패퇴시키고 수많은 포로들을 구출했으며, 이곳에서 노획품의 일부를 군인들에게 분배한 후, 그 나머지를 정당한 소유주에게 반환함으로써 공명정대하다는 평판을 얻었다. 자신들의 안전을 크게 걱정했던 런던 시민들은 성문을 활짝 열었고, 테오도시우스는 트레베스 궁정에서 파견한 사령관 대리와 민정장관의 도움을 받아 즉시 브리타니아 구출이라는 힘든 작업을 슬기롭게 추진했다(366-70년). 그리고 도망병들을 다시 불러모았고, 사면 칙령으로 주민들의 불안을 씻어주었으며, 그의 활달한 모범에 의해서 엄격한 군율이 완화되었다.

육상과 해상에서 발휘된 야만인들의 게릴라 전술로 테오도시우스는 이렇다 할 전과를 올리지 못했다. 그러나 이 로마 장군은 이 지역 전체를 잔인하고 포악한 적군으로부터 구출하는 두 차례의 전투에서 뛰어난 지략을 과시했다. 테오도시우스의 자상한 배려로 각 도시의 위광과 요새의 안전이 회복되었다. 그는 무서워서 떠는 칼레도니아인들을 섬의 북쪽 모퉁이에 가두어놓고, 발렌티아라는 이름의 새로운 식민지를 만듦으로써 발렌티니아누스 치세의 영광을 영원히 빛나게 했다. 시나 송사에서는 툴(Thule : 고대 항해자들은 극복〔極北〕 지역을 이렇게 불렀다. 오늘날의 아이슬랜드/역주)이라는 미지의 지역이 픽트족의 피로 얼룩졌다든가, 테오도시우스 함대의 노가 히페르보리오스(북해)의 물결을 갈랐다든가, 머나먼 오크니 제도에서 그의 해군이 색슨족 해적들을 물리쳤다든가 하는 이야기가 있거니와, 이러한 이야기도 모두 어느 정도까지는 사실이라고 할 수 있다. 그는 이 지방에서 훌륭하고 빛나는 명성을 날리고 귀환하는 즉시, 신하의 공적을 질투 없이 칭찬할 수 있었던 황제에 의해서 기병대 총사령관으로 승진했다. 브리타니아를 정복한 이 장군은 상(上)도나우의 중요한 지역에서 알레만니족을 저지하고 패배시킨 후, 아프리카의 반란진압 임무를 맡게 되었다.

3 아프리카/ 측근 신하를 벌 주는 재판관 역할을 하지 않으려는 군주는 백성들에게 자신을 신하의 공범자로 간주하도록 가르치는 셈이다. 아프리카의 군지휘권은 오래 전부터 코메스인 로마누스가 장악하고 있었다. 그의 능력이 이 직책에 부적합한 것은 아니었지만, 그는 오직 천박한 욕심만 많았다. 대개의 경우 그는 오히려 마치 주민들의 적이고 사막에 사는 야만족들의 친구인 것처럼 처신했다. 오래 전부터 트리폴리라는 이름하에 일종의 연방체를 구성하고 있었던 번영하는 3개 도시 오에아, 렙티스, 사브라타는 처음으로 외침에 대항하여 성문을 닫아야만 했다. 귀족 몇명이 습격당해 학살되었고, 촌락은 물론이고 도시의 교외지대까지도 약탈당했으며, 이 풍요한 지방의 포도나무와 과일나무들이 심술궂은 가에툴리아(현재의 사하라 사막 일대/역주)의 야만족에 의해서 뿌리가 뽑혔다.

이곳의 주민들은 당연히 로마누스에게 보호를 청했다. 그러나 그들은 곧 이 군사령관이 야만족 못지않게 잔인하고 탐욕이 많다는 것을 알게 되었다. 그는 트리폴리에 원병을 보내는 조건으로 낙타 4,000마리를 비롯한 터무니없는 공물을 요구했는데, 이와 같은 요구는 그들이 도저히 감당할 수 없는 것이었으므로 사실상 거절이나 다름없었고, 따라서 그는 주민들에게 참화를 가져다준 장본인이라고 비난받아 마땅했다. 이들 3개 도시는 연례 시민회의를 열고 2명의 대표를 지명하여 발렌티니아누스에게 관례적인 조공을 감사의 뜻에서라기보다 의무적으로 바치는 한편, 이와 함께 그들이 적군에게 피해를 입었다기보다는 코메스에게 배반당했다고 호소하도록 했다.

발렌티니아누스는 로마누스를 엄격히 문죄했어야 옳았을 것이다. 그러나 부정한 술책에 능한 로마누스는 믿을 만한 밀사를 급히 보내 총무장관 레미기우스를 매수했다. 그 결과 어전회의의 현명한 시책은 교활한 농간으로 왜곡되고, 정당한 분노는 지연책에 의해서 냉각되었다. 주민들의 거듭된 재난으로 마침내 탄원의 타당성이 입증되자, 트레베스 궁정은 아프리카의 실태와 로마누스의 행실을 조사하기 위해서 비서관 팔라디우스를 파견했다. 팔라디우스의 엄격, 정대한 자세는 쉽게 무너졌다. 그는 군대에 지급하기 위해서 가지고 간 국고금의 일부를 횡령하려는 마음을 먹었다. 그리고 자기 죄를 의식하면서부터는 로마누스의 무죄와 그 공적을 입증하라는 요구를 거절할 수 없게 되었다. 결국 트리폴리인들의 고소는 사실무근의 허위라고 선언되었고, 마침내 황제의 대리인들에 대한 불충스러운 음모의 주동자들을 적발, 처벌하는 임무를 띠고 팔라디우스 자신이 트레베스 궁정에서 재파견되었다. 그는 매우 교묘한 방법으로 심문을 진행시켰기 때문에, 8일 동안 야만족의 공격을 견뎌야 했던 렙티스(리비아의 홈스 가까이에 있는 라브다에 해당/역주)의 시민들은 마침내 자신들의 결의의 진실성을 부정하고 자신들의 대표의 행동을 비난하기에 이르렀다. 성급한 발렌티니아누스는 가차없이 가혹한 선고를 내렸다. 주민들의 고난을 동정했던 트리폴리 행정관은 우티카(튀니스 부근)에서 공개처형되었고, 지도급 시민 4명이 조작된 죄의 공범으로 사형당했으며, 또다른 시민 2명은 황제의 특명에 의해서 혀를 잘렸다. 무죄가 인정되어 의기양양해진 로마누스는 군사령관직을 그대로 유지하게 되었으나, 그의 탐욕에 분개한 아프리카인들은 마침내 무어인 피르무스의 반란에 가담하게 되었다(363-67년).

피르무스의 아버지 나발은 로마의 지배권을 인정한 무어인 군주들 중에서 가장 부유하고 강력한 인물이었다. 그러나 그는 여러 처첩에게서 수많은 자손을 두었기 때문에, 막대한 유산을 둘러싸고 큰 분쟁이 일어났고, 아들 중 한 명인 잠마가 집안 싸움 중에 동생 피르무스에게 살해되었다. 로마누스가 이 살인사건에 대해서 매우 심한 법적인 보복을 소추한 것은 단지 탐욕이나 개인적인 원한 때문이었을 것이다. 그러나 이 경우에 그의 주장은 정당했고 영향력은 컸으며, 따라서 피르무스는 자신이 사형집행인에게 목을 내놓든가 아니면 황실 재판의 선고에 거역하여 민중과 함께 칼을 뽑아야 할 처지에 놓여 있음을 분명히 깨달았다. 그는 조국의 구원자로서 환영받았다. 그리고 로마누스가 억압받는 속주에게는 오직 공포의 인물임이 드러나게 되자, 아프리카의 이 폭군은 곧 경멸의 대상이 되었다. 난폭한 무어인들에 의

속주 아프리카의 렙티스의 원형극장과 포룸의 유적지

해서 약탈당하고 불태워진 카이사리아(알제리아의 지중해 항구 도시)의 폐허는 아프리카의 적대적인 도시들에게 저항의 위험성을 깨우쳐주었다. 적어도 마우리타니아와 누미디아에서는 피르무스의 세력이 확립되어 그에게는 마치 무어인의 왕이 될 것인가 로마 황제가 될 것인가 하는 문제만 남은 것 같았다.

그러나 신중하지 못하고 불운한 아프리카인들은 성급하게 반란을 일으키고 나서야 곧 그들 자체의 힘과 지도자의 능력을 충분히 감안하지 못했음을 깨닫게 되었다. 피르무스는 서로마 황제가 누구를 토벌군 사령관으로 선정했다든가 수송선들을 론 강 하구에 집결시켜놓았다든가 하는 확실한 정보를 미처 입수하기도 전에, 갑자기 위대한 테오도시우스가 소규모의 정예병 부대를 이끌고 아프리카 연안의 이길리, 즉 지젤리에 상륙했다는 보고를 받았으며, 이렇게 되자 이 겁많은 참칭자는 테오도시우스에게 기가 꺾이고 말았다. 피르무스는 군사력과 자금력이 있었으면서도 일단 싸워서 이길 생각을 포기하자 곧 술책을 부렸는데, 이 술책은 전에도 교활한 유구르타(누미디아

속주 이집트의 번영상

국왕의 양자였으나, 양부 사후 적자라고 주장하고 로마 제국에 반항함/역주)가 같은 지역, 같은 상황에서 사용한 것이었다. 그는 굴복하는 척함으로써 로마 장군의 경계심을 흐트러뜨리고 그 휘하 군대의 충성심을 해이하게 만들려고 했으며, 아프리카의 독립 부족들을 끌어들여 자신을 지지하거나 자신의 도주를 엄호해주도록 함으로써 전쟁을 지연시키려고 했다.

테오도시우스는 자신의 선임자 메텔루스 장군(유구르타를 토벌한 로마 제국의 장군/역주)의 선례에 따름으로써 성공을 거두었다. 피르무스가 탄원자로 가장하여 자신의 경솔함을 탓하며 황제의 자비를 공손하게 간청했을 때, 테오도시우스는 그를 친절하게 맞이하고 무사히 돌려보냈다. 그러면서도 그는 진정으로 참회했음을 보여주는 유용하고도 실질적인 보증을 요구하면서, 그렇지 않으면, 평화의 약속만 믿고서 전투를 잠시도 중지할 수 없다고 했다. 눈치 빠른 테오도시우스는 피르무스의 음흉한 음모를 간파하고는 그가 몰래 부추겨놓은 주민들의 분노를 서슴지않고 만족시켜주었다. 그의 공범자 몇명은 옛 관습에 따라서 군인들에게 넘겨져 처형되었고, 더 많은 사람들은 두 손을 잘려 본보기로 공개되었다. 반도들에 대한 증오심에는 공포심이 깔려 있었지만, 로마 군인들에 대한 공포심에는 공손한 존경심이 뒤섞여 있었다.

가에툴리아의 끝없는 평원과 아틀라스 산의 수많은 계곡들이 있는 한, 피르무스의 도주를 막는 것은 불가능했다. 그리고 상대편의 인내심을 지치게 만들 수 있었더라면, 일단 이 참칭자는 머나먼 벽지에 몸을 숨기고 장래를 기약하면서 기다렸을 것이다. 그러나 그는 끈질긴 테오도시우스에게 지고 말았다. 테오도시우스는 전쟁은 참칭자가 죽어야만 끝날 것이고, 그를 지지하는 아프리카의 모든 민족은 그와 함께 멸망해야 한다는 결의를 확고하게 하고 있었다. 이 로마 장군은 3,500명이 넘지 않는 소규모 부대를 이끌고 서두르지도 두려워하지도 않으면서, 그 나라의 심장부로 진군했고, 이곳에서 2만 명 규모의 무어인 군대의 공격을 몇 차례 받았다. 그가 과감하게 돌격하자 야만족의 오합지졸은 겁을 먹었으며, 그가 적절한 때에 질서정연하게 후퇴하자 혼란에 빠졌다. 그들은 줄곧 무궁무진한 전술에 당혹해했다. 결국 그들은 문명국 지휘관이 우월하다는 것을 실감하고 인정할 수밖에 없었다.

테오도시우스가 이사플렌스족의 왕 이그마젠의 광활한 영토에 들어서자, 이 오만한 야만족 왕은 항의조로 그가 누구이며 무슨 목적으로 원정 왔느냐고 물었다. 코메스는 의연한 태도로 이렇게 대답했다. "나는 세계의 주인인 발렌티니아누스 황제의 장군이다. 폐하께서 흉악한 도둑을 잡아 벌주도록 나를 보냈다. 그자를 나에게 즉각 인도하라. 만일 천하무적인 우리 황제의 명령에 복종하지 않으면, 그대와 그대의 백성들이 모두 멸종을 면치 못하리라." 이그마젠은 상대방이 치명적인 위협을 실천할 실력과 결의가 있음을 간파하자 곧 도망범을 희생시켜 평화를 구해야겠다고 생각했다. 피르무스를 지키던 경비병들이 그를 도망가지 못하도록 막았다. 그러나 이 무어인 참칭자는 술을 마시고 거나한 상태에서 한밤중에 스스로 목을 매어 죽음으로써 의기양양한 로마인들을 실망시켰다. 이그마젠은 할수없이 낙타 등에 아무렇게나 실은 그의 시체를 바쳤다. 테오도시우스는 군대를 이끌고 시티피(알제리의 지중해 연안/역주)로 개선하여 열렬한 환호를 받았다.

아프리카는 한때 사악한 로마누스 때문에 상실되었으나, 덕망 있는 테오도시우스에 의해서 수복되었다. 여기서 이 두 장군이 황실에서 각기 어떠한 대우를 받았는지를 살펴보는 것도 흥미있을 것이다. 로마누스는 기병대 총사령관에 의해서 그 직권이 정지되어 전쟁이 끝날 때까지 예우를 받기는 했으나, 감금상태에 있었다. 그의 죄과는 아주 명백하게 입증되었기 때문에, 사람들은 엄격한 심판이 내려지리라고 예상했다. 그러나 메로바우데스(Mellobaudes는 Merobaudes의 오자임. 집정관이자 군법회의 의장/역주)의 편파적인 강력한 지원에 힘입어 그는 항소하고, 자기에게 유리한 수많은 증인을

샤푸르 2세(재위 310-79년)

내세워 재판을 여러 차례 연기시켰으며, 마침내 사기죄와 문서위조죄 등의 가벼운 범죄만을 내세움으로써 자신의 죄과를 은폐했다. 비슷한 시기에 브리타니아와 아프리카의 수복자(테오도시우스)는 그의 명성과 공적이 신하의 신분을 능가했다는 막연한 혐의를 받고, 카르타고에서 치욕적인 참수형을 당했다(376년). 이때는 이미 발렌티니아누스의 시대가 아니었다. 테오도시우스의 사망이나 로마누스의 무죄는 신하들이 선제의 경험 없는 젊은 아들들의 신임을 악용하여 속임수를 쓴 결과라고 보아야 할 것이다.[8]

4 동방/ 로마인들은 요비아누스의 군대를 구출하기 위해서 체결한 치욕적인 조약을 성실히 지켰다(363년 샤푸르 2세와 체결한 조약/역주). 그리고 로마는 아르메니아와 이베리아에 대한 주권과 동맹을 정식으로 포기했기 때문에, 이 두 조공국은 페르시아 왕국의 무력에 대해서 무방비 상태에 놓이게 되었다. 페르시아의 샤푸르 2세(재위 310-79년)는 중기병, 궁수, 용병 및

---

8) 이어서 기번은 테오도시우스 원정 중에 있었던 아프리카의 상황에 관해서 간단히 설명하고 있으나, 생략한다/편집자 주.

보병부대 등으로 구성된 대부대를 이끌고 아르메니아를 침입했다. 그러나 샤푸르는 언제나 화전 양면의 전술을 구사하고 거짓과 속임수를 가장 중요한 정책수단으로 삼는 인물이었다. 그는 짐짓 아르메니아 왕 티라누스의 신중하고 절도 있는 행동을 칭찬하고 친선과 우의를 거듭 다짐함으로써, 어수룩한 티라누스가 신의 없고 잔인한 적군에게 자신의 신병을 의탁하도록 설득했다. 그는 성대한 향연이 한창 무르익었을 때 은사슬에 묶이게 되었는데, 이것은 그래도 그가 아르사케스 왕가의 후손이라는 체면과 예우에 힘입은 바였다. 그는 에크바타나에 있는 '망각의 탑'에 잠시 감금되어 있다가 자신의 단검(또는 자객의 단검)에 의해서 고난의 인생으로부터 해방되었다(367년). 아르메니아 왕국은 페르시아의 일개 속주로 전락하여, 한 유력한 태수와 샤푸르의 총애를 받는 환관에 의해서 공동으로 통치되었다. 이어 샤푸르는 지체 없이 이베리아의 투쟁의욕을 꺾기 위해서 진군했다. 역대 로마 황제의 승인하에서 이 나라를 다스리던 사우로마케스는 우세한 병력에 의해서 추방당했으며, 왕 중의 왕(샤푸르의 뜻)은 로마 황제를 모욕하기 위해서 그의 비천한 종복 아스파쿠라스의 머리에 왕관을 얹어주었다.

아르메니아에서는 오직 아르토게라사라는 도시만이 그의 무력에 대해서 저항을 시도했다. 이 견고한 요새도시에 간직된 보물이 샤푸르의 구미를 돋우었다. 그러나 아르메니아 왕의 미망인인 올림피아스가 위험에 빠지자 백성들이 동정하게 되고, 그녀의 신하와 군인들은 결사 항전의 용기를 불러일으키게 되었다. 페르시아 군은 아르토게라사의 성벽 밑에서 용감하고 잘 조직된 수비군의 기습적인 공격을 받고 격퇴되었다. 그러나 샤푸르의 군대는 계속 증강되었기 때문에, 수비군의 용기도 헛되이 견고한 성벽이 무너졌다. 오만한 정복자는 항거했던 이 도시를 불과 칼로 휩쓴 후, 전에 콘스탄티누스의 아들과 약혼한 적이 있었던 불운한 왕비를 포로로 잡아갔다.

샤푸르는 비록 2개의 예속국가를 손쉽게 정복하기는 했지만, 곧이어 백성들이 적대적이고 반항적인 정신을 가지는 한에서는 이를 정복했다고 마음 놓을 수 없음을 깨달았다. 그가 어쩔 수 없이 위임한 태수들은 자기 나라 백성들의 민심을 수습하자, 페르시아에 대한 뿌리깊은 증오심을 나타내기 시작했다. 아르메니아와 이베리아 주민들은 기독교로 개종한 후(아르메니아는 3세기 말 기독교를 정교로 공인한 최초의 국가임/역주), 자신들은 하느님의 사랑받는 백성으로, 마니 교도는 하느님의 적으로 생각했다. 기독교 성직자들은 로마를 위해서 미신적인 이곳 백성들에게 일사불란한 영향력을 행사했다. 그리고 콘스탄티누스의 후계자들이 이 중간 지방을 놓고 아르타크세르크세스의 후계자들과 주권을 다투던 이 시기에 종교적 유대는 항상 제국의 세력균형을 결정적으로 도왔다. 규모가 크고 유력한 당파가 티라누스의 아들 파라를 아르메니아의 합법적 군주로 인정했는데, 그의 왕위 계승권은 500년 동안 세습되어온 뿌리깊은 권리였다. 이베리아는 주민들의 일치된 동의하에 2명의 경쟁적 군주에게 똑같이 나뉘어졌다. 그중 샤푸르의 선택에 의해서 왕위를 얻은 아스파쿠라스는 폭군에게 인질로 억류되어 있는 자녀들 때문에 페르시아와의 동맹을 공공연히 파기할 수 없노라고 했다.

동로마가 위험한 전쟁에 말려들 것을 우려하여 강화조약의 의무를 존중했던 발렌스 황제는 조심스럽고 조용한 방책을 써서 이베리아와 아르메니아의 로마파를 지원했다. 그는 키루스 강(현재의 아제르바이잔 공화국의 동쪽에 있는 강, 카스피 해로 유입됨/역주) 유역에는 12개 군단을 두어 사우로마케스 왕의 권위를 세워주었다. 유프라테스 강은 용감한 아린테우스에 의해서 보호되었다. 트라야누스 장군과 알레만니족의 왕 바도마리우스가 지휘하는 강력한 군대가 아르메니아 국경지방에 상주했다. 그러나 그들은 먼저 적대행위를 하여 조약을 위반했다는 말을 듣지 않게 하라는 엄명을 받았다. 로마 장군들은 이 명령에 절대 복종했기 때문에 그들은 비오듯이 쏟아지는 페르시아 군의 화살을 맞으면서도 꾹 참고 명예롭고 합법적인 승리를 정당하게 주장할 수 있을 때까지 후퇴했다.

그러나 이와 같은 전쟁의 양상은 점차 끝없이 지루한 강화교섭을 병행하게 되었다. 교전 당사국은 서로 상대방의 배신과 야심을 비난하면서 자기쪽의 주장을 내세웠다. 양쪽의 강화교섭에 입회했던 두 나라 장군들의 편파적인 증언에 호소해야만 하는 궁지에 몰리기도 했던 점에 비추어, 원래의 조약은 매우 모호한 문구로 이루어졌던 것 같다. 얼마 후 로마 제국의 기반을 뒤흔들게 되는 고트족과 훈족의 침입은 아시아의 여러 속주들을 샤푸르의 무력 앞에 전쟁터로 만들었던 결과이다. 그러나 페르시아 왕은 늙고 병들었기 때문에 새로운 평화와 중용의 정책이 필요했다. 그가 70년 동안의 치세를 마치고 사망하자(379년), 곧 페르시아의 궁정과 정책에는 변화가 일어났고, 그들의 관심은 국내문제와 멀리 떨어진 카르마니아(이란의 동남부 지방) 전쟁에 쏠리게 되었다. 평화를 누리는 가운데 옛날의 상처는 잊혀지게 되었다. 아르메니아와 이베리아의 두 왕국은 두 제국의 상호 묵계하에 다시 불안정한 중립을 취하는 것이 허용되었다. 테오도시우스 황제(재위 379-95년)의 즉위 초에 페르시아의 사신이 콘스탄티노플에 도착하여 선제 샤푸르 2세 당시의 부당한 정책을 사과하면서 친선을 구했고, 심지어 존경의 표시로 보석, 비단, 인도 코끼리 등의 값진 선물을 바쳤다.[9]

5 도나우 지역/ 30년간의 평화기간에 로마는 국경지방을 다졌고, 고트족도 영토를 확장했다. 아말리 왕조의 가장 고귀한 인물인 동고트족의 헤르만리크 대왕의 여러 차례의 승전은 자기 나라 사람들간에 알렉산더 대왕의 공적에 비유되어왔다. 다만 한 가지 특이하고 믿기 어려운 차이점이 있었으니, 그것은 이 고트족 영웅의 군인정신은 젊은 혈기로 뒷받침된 것이 아니라 80세에서 110세에 이르는 최고령기에 그 영광과 성공을 과시했다는 점이다. 여러 독립 부족들이 설득에 의해서 또는 강요에 의해서 동고트 왕을 고트족국가의 주권자로 승인했고, 서고트족, 즉 테르빙기족 추장들도 자기들의 왕권을 포기하고 겸손하게 '판관(Judex)'이라는 칭호를 받아들였다. 이중에서 가장 유명한 인물은 개인적 능력이 뛰어나고 로마 영토와 가까운 지역에 있던 아타나리크, 프리티게른, 알라비부스 등이었다. 이와 같은 내부적 정복을 통해서 군사력을 키운 헤르만리크는 더욱 큰 야심을 품었다. 그는 인접한 북방의 여러 나라들을 침략했으며, 그 결과 지금은 이름과 위치를 정확히

---

9) 원문은 이어 아르메니아의 왕위 계승권자인 파라의 모험을 생생하게 묘사하고 있다. 파라는 로마인들과 함께 살면서 로마인들을 친구로 삼았다가 로마인들에 의해서 사실상 구금되었고 도망쳤으나, 끝내 로마인들의 연회에 손님으로 참석했다가 로마인들에게 살해되었다/편집자 주.

알 수 없는 12개 대민족이 속속 고트족의 무력에 굴복했다.

마에오티스 호(아조프 해) 부근의 늪지대에 살고 있던 헤룰리족은 힘이 세고 민첩한 것으로 유명했다. 따라서 야만족들의 전쟁에서 헤룰리족 경보병대는 지원요청이 잇따랐고 또 높이 평가되었다. 그러나 헤룰리족의 활달한 정신도 고트족의 끈질긴 지구력 앞에 굴복하고 말았다. 그리고 처참한 전투 끝에 왕이 죽고나자, 이 호전적인 부족은 헤르만리크 진영의 유용한 부대가 되었다. 헤르만리크는 이어 무기를 다룰 줄 모르지만, 수가 많아서 지금의 넓은 폴란드 평원을 차지하고 있던 베네디족을 치러 갔다. 숫자에서도 뒤지지 않았던 상승의 고트족은 훈련과 규율면에서 결정적인 우위에 있었기 때문에, 이 싸움에서도 이겼다.

베네디족이 굴복한 후, 헤르만리크는 어떤 저항도 받지 않고 멀리 아에스티족의 영토에까지 진격했는데, 이 지역은 옛 민족의 이름을 따서 지금은 에스토니아 주라고 한다. 발트 해 연안에 살던 주민들은 농사를 짓고 살면서 호박(琥珀) 무역으로 돈을 벌었으며, '신들의 어머니'를 숭배하는 특이한 종교를 믿었다. 그러나 이곳에서는 철이 생산되지 않았기 때문에, 아에스티족 전사들은 나무 몽둥이로 만족할 수밖에 없었다. 이 부유한 나라가 정복당한 것은 헤르만리크의 무력보다는 그의 지략 덕분이라고 할 수 있다. 도나우 강에서 발트 해에 이르는 그의 판도에는 고트족의 발상지와 나중에 얻은 영토가 포함되어 있었다. 그는 게르마니아와 스키타이의 대부분 지역을 정복자의 권위로써 그리고 때로는 잔인한 폭군으로서 통치했다. 그러나 그의 통치 지역은 영웅들의 영광을 후세에 전할 수 있는 능력을 가지지 못한 곳이었다. 헤르만리크의 명성은 거의 망각 속에 파묻혔고, 그의 업적에 관해서도 잘 알 수 없다. 그리고 로마인들 자신도 북방의 자유와 로마 제국의 평화를 위협했던 이 패기만만한 세력의 발전과정을 잘 알지 못했던 것 같다.

고트족은 콘스탄티누스의 무력과 관대함을 잘 알고 있었기 때문에, 그의 황실 가문에 대해서도 대대로 애착심을 가지고 있었다. 그들은 평화를 사랑했다. 호전적인 집단이 때때로 로마의 경계선을 넘보기는 했지만, 그와 같은 불법적 행동은 야만족 젊은이들의 자유분방한 기질 때문이었던 것 같다. 고트족은 민회에서 선출된 2명의 평범한 황제(요비아누스와 발렌티니아누스 황제. 사실은 군대의 추대에 의함/역주)를 얕보게 되면서부터 보다 대담한 야망을 품게 되었다. 그리고 그들은 마침 통일 고트족의 깃발 아래 연합 병력을 진격시키려는 계획을 추진하고 있었기 때문에, 쉽사리 프로코피우스 일파와 제휴하여 위험을 무릅쓰고 그를 지원함으로써 로마에 내분을 일으키려는 유혹을 받았다(365년). 양국간의 조약은 보충군의 수가 1만 명을 넘지 않도록 규정하고 있었지만, 서고트족 추장들은 그들의 계획을 매우 열렬히 밀고 나갔기 때문에 도나우 강을 건넌 군인은 3만 명에 이르렀다.

그들은 무적의 용맹으로 로마 제국의 운명을 결정짓기 위해서 자신만만하게 행군해갔다. 결국 트라키아 지방이 야만족의 중압하에 신음하게 되었다. 야만족들은 주인의 오만함과 적의 방탕함을 함께 자행했다. 그러나 욕망이 충족되자 방종하고 무절제해져 진격이 늦어졌기 때문에, 고트족 군대는 프로코피우스의 패배와 사망에 관해서 어떤 확실한 정보도 듣지 못했다. 그러나 이 나라의 적대적 상황으로 보아 프로코피우스의 반대파가 행정권과 군사권을 다시 장악했음을 알게 되었다. 발렌스와 그의 휘하 장군들이 교묘하게 배치한 일련의 군주둔지와 요새들이 야만족의 진격을 가로막고 후퇴를 저지하고 보급로를 차단했다. 사나운 야만족들도 굶주리게 되자 양순해졌다. 그들은 식량과 쇠사슬을 제시한 정복자의 발 앞에 어쩔 수 없이 무기를 내던졌다. 수많은 포로들이 동방의 여러 도시들에 분배되었다. 그리고 이제 야만인의 모습에 익숙해진 그곳 속주민들은 오래 전부터 공포의 대상이었던 이 막강한 적들과 힘을 겨루어볼 생각을 하게 되었다.

스키타이 왕(이 높은 칭호를 받을 사람은 헤르만리크뿐이었다)은 이와 같은 민족적 참화에 비분강개했다. 그의 사신들이 발렌스의 궁정에 찾아가서 로마와 고트족 간에 존속해온 예로부터의 엄숙한 동맹관계가 훼손된 데에 대해서 격렬하게 항의했다. 사신들은 자기들이 율리아누스의 친족인 후계자(요비아누스)를 지원한 것은 동맹국의 의무를 다하기 위한 것이었다고 주장하면서 지체 있는 포로들의 즉각 송환을 요구했다. 그들은 무장하고 전투대오로 왔던 고트족 장군들에게 사신으로서의 신성한 성격과 특권을 인정해주어야 한다는 기발한 주장을 내놓기도 했다. 기병대 총사령관인 빅토르가 야만족들의 이 터무니없는 요구를 정중하면서도 단호하게 거절했고, 발렌스의 주장을 당당하게 제시했다. 교섭은 결렬되었고, 발렌티니아누스는 소심한 동생에게 단호한 권고를 보내 모욕당한 제국의 명예 회복을 격려했다.

  당시의 어떤 역사가는 이 고트 전쟁의 장려함을 찬양했지만, 사실 그 사건은 로마 제국의 쇠퇴와 멸망이 다가오고 있음을 보여준 서곡이었다는 것 말고는 후세의 주목을 끌 만한 가치가 거의 없었다. 고트족의 연로한 왕은 게르마니아와 스키타이의 병력을 이끌고 도나우 지역으로 그리고 더 나아가서 콘스탄티노플 성문으로 진격하지 못하고, 그 대신 연약한 손으로 강대국의 권력을 휘두르는 적을 상대로 한 방어전의 위험과 영광을 용감한 아타나리크에게 일임했다. 도나우 강에 로마 군의 선교(船橋)가 가설되었고, 발렌스의 친정으로 군대는 사기가 진작되었다. 그리고 전술에 대한 발렌스의 무지는 개인적인 용기로 기병대 및 보병대의 총사령관인 빅토르와 아린테우스의 자문을 슬기롭게 존중함으로써 보완되었다. 작전은 이들 두 사람의 기량과 경험에 의해서 수행되었으나, 그들은 산악지대의 험준한 진지에 있는 서고트족을 몰아낼 수 없었으며, 더구나 평야지대가 황폐화된 탓으로 로마 군 자신이 겨울을 앞두고 다시 도나우 강을 되건너올 수밖에 없었다. 다음해 여름에는 연일 비가 내려 강물이 불어나서 사실상의 휴전상태가 되었으며, 이 때문에 발렌스는 줄곧 마르키아노폴리스의 진영에 틀어박혀 있었다.

  전쟁 3년째는 로마군에게는 유리했고, 고트족에게는 불리했다. 교역이 중단된 탓으로 야만족들은 이미 생활필수품화한 사치품들을 구할 수 없으며, 광활한 농촌지역이 황폐해져 기아의 공포를 걱정해야 하는 상황이 되었다. 아타나리크는 할수없이 평야지대에서 싸움을 걸었지만, 패하고 말았다. 그리고 로마의 장군들은 고트족의 머리를 황군 진영에 가져오면 후한 상금을 내리겠다고 약속하는 잔인한 조치를 취했기 때문에, 야만족 추격전은 더한층 처참해졌다. 야만족의 항복으로 발렌스와 그 조신들의 분노는 누그러졌다. 황제는 콘스탄티노플 원로원의 아첨 섞인 간언을 흐뭇한 마음으로 경청했다. 그러나 그것은 원로원이 참으로 신중하게 국사에 참여한 최초의 몫이었던 셈이다. 전쟁을 성공적으로 지휘한 두 장군 빅토르와 아린테우스는 강화교섭을 떠맡게 되었다. 종전에 고트족이 누렸던 통상의 자유는 도나우 강변의 2개 도시로 제한되었고, 그 지도자들의 경거망동은 연금과 보조금이 삭감당하는 엄중한 처벌을 받았다. 그리고 아타나리크에게만 인정된 예외조치도 이 서고트의 판관(Judex)에게는 명예가 없는 물질적인 것에 불과했다.

그 당시 아타나리크는 왕의 명령을 기다리지 않고 그의 사리사욕만 생각한 것 같으나 발렌스의 대신들로부터 단독회담을 제의받고서는 자기 자신과 자기 부족의 위엄을 지켰다. 그는 자기가 파약(破約)의 죄를 범하지 않고서는 로마의 영토에 발을 디딜 수 없다고 강력히 주장했다. 그가 서약의 신성함을 존중했다는 것은 그후에 있었던 로마쪽의 배신행위에 의해서 확인되었을 가능성이 크다. 결국 두 독립국의 영토를 분할하는 도나우 강이 회담장소가 되었다. 동로마 황제와 서고트족 판관은 같은 수의 무장한 수행원들을 거느리고 각자 배를 타고 강의 중앙으로 갔다. 조약을 비준하고 인질들을 인도한 후, 발렌스는 콘스탄티노플로 개선했다. 그리고 고트족은 약 6년 동안 평온을 누리다가 마침내 북방의 동토지대에서 내려온 것으로 보이는 스키타이족의 대군에게 쫓겨 로마 제국으로 사납게 몰려왔다.

야만족들이 로마 제국에 본격적으로 몰려오기 전에 있었던 소규모 전투 막간에 발렌티니아누스가 죽었다(375년). 이에 앞서 로마는 쿠아디족 왕을 연회에 초청해놓고 살해했다. 쿠아디족은 이에 대한 보복으로 로마의 몇몇 지방들을 약탈했다. 그러자 발렌티니아누스는 서로마 군대의 대부분을 이끌고 로마의 도발행위를 망각한 채 복수전을 벌였다. 전쟁이 잠시 소강상태가 되자, 쿠아디족 사신들이 발렌티니아누스를 알현하고 자비를 구했다. 황제는 "그들의 비열함, 배은망덕함, 불손함을 꾸짖었다. 그의 눈, 목소리, 안색, 몸짓이 억제할 수 없는 사나운 분노를 드러냈다. 격렬한 감정으로 온몸을 떨 때, 몸 속의 큰 혈관이 터지면서 발렌티니아누스는 아무 말 없이 시종들의 품안에 쓰러졌다." 그는 몇분 후 사망했다. 이렇게 해서 서로마 제국의 통치권은 그의 아들 그라티아누스(재위 375-83년)에게 넘어갔다.

제13장
(365-98년)

유목민족의 풍습
중국에서 유럽으로의 훈족의 이동
고트족의 패주
고트족의 도나우 강 도강
고트 전쟁
발렌스의 패배와 사망
그라티아누스가 테오도시우스에게 동로마 제국 이양
테오도시우스의 성격과 성공
고트족의 평화와 정착
정통교회의 승리와 이교의 최종적 파멸
내전과 테오도시우스의 사망
로마 제국의 최종적 분할[1]

발렌티니아누스와 발렌스의 치세 둘째 해(365년)인 7월 21일 아침, 격렬하고 파괴적인 지진이 일어나서 로마 제국의 전국토를 뒤흔들었다. 그 진동은 바다에까지 미쳤다. 갑자기 물이 빠진 탓으로 지중해 해저가 드러나 손으로 물고기를 건져올렸고, 큰 배들이 진창에 뒹굴었다. 호기심 많은 관찰자들은 지구가 생긴 이래 아직 한번도 햇빛을 보지 못한 〔해저의〕 골짜기와 산이 여러 가지 모습으로 드러나는 것을 바라보면서 자신들의 상상력을 만

---

[1] 원문의 제26장에서 29장까지에 해당한다/편집자 주.

족시켰다. 그러나 얼마 후 밀물이 밀려들면서 엄청난 해일이 일어나서 시칠리아, 달마티아, 그리스 및 이집트의 해안에 큰 피해를 입혔다. 수많은 배들이 떠다니다가 가옥의 지붕 위에 얹히거나 해안에서 2마일이나 떨어진 곳까지 밀려갔고, 주민들은 집과 함께 떠내려갔다. 알렉산드리아 시는 해일로 5,000명이 목숨을 잃은 이 날을 매년 추도하게 되었다.

이 재난에 관한 소식이 이 지방에서 저 지방으로 전해지는 동안에 과장되어 로마 신민들은 공포에 질렸으며, 그들의 상상력에 의해서 이 일시적 참화는 실제보다 확대되었다. 그들은 전에 팔레스타인과 비티니아의 도시들을 파괴했던 대지진을 회상하면서, 이런 끔찍한 사건들은 보다 큰 재앙을 예고하는 전주곡에 불과하다고 생각했다. 그리고 그들의 이와 같은 공포심은 로마 제국의 쇠퇴와 세계의 멸망을 알려주는 징조에 더욱 확대되었다.

그 당시에는 모든 특수한 사건은 신의 뜻으로 돌리는 것이 보통이었다. 자연의 이변은 인간의 눈에 보이지 않는 도덕적, 형이상학적 관념의 사슬과 연결되었으며, 따라서 현명함을 과시하는 성직자들은 독단적으로 색깔을 가감하여 이단종교를 국교로 정했기 때문에 지진이 일어났다든가 또는 해일이 덮친 것은 죄와 오류가 누적된 필연적인 결과라는 것을 증거했다고 생각했다. 역사가는 이런 고매한 고찰이 옳으냐 그르냐를 주제넘게 논하지 않고, 다만 경험에 의해서 입증할 수 있는 관찰에 만족해야 할 것이다. 인간은 자연의 격변보다는 오히려 인간의 격정에 따른 재앙을 더욱 두려워해야 하기 때문이다. 지금은 전쟁의 참화가 유럽 군주들의 현명함과 인도주의 덕분에 많이 줄어들었고, 근래의 유럽 군주들은 한가하게 여가를 즐기면서 용감한 신민들에게 군사기술을 수련시키고 있지만, 그래도 지진이나 해일, 태풍이나 화산폭발로 인한 재난은 일반적인 전쟁의 피해에 비하면 아무것도 아니다.

그러나 현대 국가들의 법률과 습속은 전쟁포로의 안전과 자유를 보호하고 있으며, 평화로운 시민이 전쟁의 횡포 때문에 자신의 생명과 재산을 잃었다고 불평하는 경우는 거의 없다. 발렌스 황제의 치세로부터 시작되었다고 할 수 있는 로마 제국의 몰락 과정에는 개인의 행복과 안전이 직접적으로 침해받았으며, 당대의 기술도 노동의 성과들도 모두 스키타이와 게르마니아의 야만인들에 의해서 난폭하게 손상되었다. 훈족〔흉노〕의 침입으로 서로마의 여러 지방으로 쫓겨간 고트족은 40년도 못 되는 기간에 도나우 지역에서 대서양으로 이동하게 되었고, 그들의 군사적 승리로 자기들보다 훨씬 더 야만적인 수많은 호전적인 부족들의 이동과 침입의 길을 열게 되었다.

원문의 다음 부분은 동아시아의 여러 야만인들, 특히 훈족(기번은 이들의 전쟁능력은 음식물, 주거의 이동성, 사냥을 통한 군사훈련 덕분이라고 했다)의 배경을 상세히 설명하고 있다. 원래 중국의 만리장성 바로 북쪽에 살고 있던 훈족은 기원 훨씬 이전에 중국에 대해서 상당한 무력을 행사할 정도로 방대한 영토를 차지하고 있었으나, 한나라 무제(武帝)가 훈족에게 군사적 패배를 안겨주고 그 동맹세력을 와해시킴으로써 마침내 그들의 기를 꺾었다.

그후 훈족은 3개 집단으로 분열된 것으로 보인다. 첫번째 집단은 원래의 땅에 남아 있다가 얼마 후 선비(鮮卑)라고 불리는 또 다른 타타르 부족에게 흡수되었고, 두번째 집단은 중국의 황제가 정해준 대로 중국의 동남지방으로 가서 살았으며, 가장 사나운 세번째 집단은 서방을 침략했다. 이들 세번째 집단은 다시 카스피 해 주변에 광범한 문명을 이룩한 남방 분파와 아시아 및 동유럽 전체를 횡단하여 4세기 말경에 로마 제국 동부 국경지방의 야만인들 틈에 갑자기 모습을 드러낸 북방 분파의 두 집단으로 분열되었다.

훈족은 세력이 당당한 알라니족을 재빠르게 정복, 흡수한 후, 고트족을 압박했다. 혼비백산한 고트족은 "스키타이의 무당들이……귀신들과 사막에서 교접하여 그 혐오스러운 결합에서 태어난 자손들이 바로 훈족"이라고 굳게 믿었다. 이어 동고트족이 패배하여 수많은 주민들이 훈족의 신민이 되었다. 그러나 서고트족은 전체가 도나우 강 유역으로 도주하여 그곳에서 "동로마 황제에게 보호를 간청"했다.

발렌스는 고트 전쟁을 종식시켜 얼마간의 영광과 전과를 얻은 후, 아시아의 영토를 두루 순시하다가 마침내 시리아의 수도(안티오크)에 거처를 잡았다. 그는 안티오크에서 5년간 머물면서 먼발치에서 페르시아 왕의 전쟁준비 상황을 지켜보고, 사라센족과 이사우리아족(소아시아 남부, 타우루스 산맥의 북쪽에 기원전 4세기경에 살았던, 도적질을 일삼은 야만족/역주)의 약탈을 저지하고, 아리우스파 신앙을 이론과 웅변이 아닌 설득을 통해서 장려하고 그리고 의심이 가는 사람이면 죄가 있건 없건 가리지 않고 닥치는 대로 처형했다. 그러나 황제의 보다 큰 관심은 도나우 지역의 방위를 맡은 문무관리들이 보내오는 중요한 정보에 쏠려 있었다. 그 정보에 따르면, 북방지역은 심각한 난리 때문에 동요되고 있었고, 미지의 괴물과 같은 야만족인 훈족이 침입하여 고트족의 세력이 무너졌으며, 이제 자존심이 땅에 떨어진 이 애처로운 호전적 민족은 도나우 강 유역을 수십 마일에 걸쳐 떠돌아다니고 있다는 것이었다. 그들은 양손을 벌리고 애처롭게 탄식하면서 자신들의 지난날의 불행과 현재의 위험을 큰소리로 한탄했다. 그리고 자기들의 안전을 지킬 수 있는 유일한 희망은 로마 정부의 자비뿐이라고 했다. 황제가 관용을 베풀어 자기들이 트라키아의 황무지를 경작할 수 있도록 허락해준다면, 영원히 감사할 것이며, 공화국의 법률에 복종하고 그 국경선을 지키는 데에 최대의 헌신을 하겠다고 애원했다. 고트족의 사신들은 이러한 약속을 다짐하면서, 발렌스의 입에서 불행한 자기 동포들의 운명을 결정하게 될 최종적인 답변이 떨어지기만을 초조하게 기다렸다. 동로마 황제에게서는 이미 지난해 말에 사망한 자기 형과 같은 지혜와 권위 같은 것은 찾아볼 수 없었다. 그리고 고트족이 처한 처참한 상황은 즉각적이고 단호한 결정을 요구했기 때문에, 평소에 미온적이고 모호한 시책을 가장 현명한 정책이라고 생각했던 이 나약하고 소심한 황제도 평소의 지론에 따라서 행동할 수가 없었다.

인류의 감정이나 이해관계가 변함없이 계속되는 한, 고대의 어전회의에서 토의된 전쟁과 평화, 정의와 정책에 관한 문제들은 현대에도 여전히 토의제목으로 자주 등장하게 될 것이다. 그러나 지금까지 경험이 풍부한 유럽의 어느 정치가도 절망과 기아에 쫓겨 문명국 영토에 정착하겠다고 간청하는 수많은 야만인들을 받아들이는 것이 적합한가 아니면 위험한가를 검토해야 하는 상황에 처하지는 않았을 것이다. 국가의 안전에 큰 관련이 있는 이 중요한 문제를 심의하게 된 발렌스의 대신들은 당황한 가운데 의견이 분분했다. 그러나 그들은 황제의 자만심, 나태함, 탐욕에 가장 유리하리라고 생각되는 아첨의 감정에 따르지 않을 수 없었다. 민정총독이나 장군 등의 화려한 직책을 가진 이 노예들은 이민족 이동 —— 그것이 종전에 제국의 변경지방에 받아들여졌던 부분적이고 우발적인 이주와는 크게 다른 것임에도 불구하고 —— 을 별로 대수롭지 않게 생각했다. 그 대신 그들은 지구상의 머나먼 나라로부터 발렌스의 옥좌를 지켜줄 다수의 막강한 이방인 군대를 불러들인 것은 큰 행운이며, 황제는 이제 속주민들이 징집을 면제받으려고 매년 납부하는 거액의 황금으로 황실 재정을 튼튼히 할 수 있다고 찬양했다.

고트족의 간청은 수락되었고, 황실은 그들의 입대를 받아들였다. 이에 따라서 트라키아 관구의 문무관리들은 이 대민족이 장차 거주하게 될 적당하고 충분한 토지가 정해질 때까지 그들의 이주와 생계유지에 필요한 조치를 취하라는 명령을 즉각 집행했다. 그러나 황제의 이 관대한 조치에는 두 가지 엄격하고 가혹한 조건이 수반되었다. 그것은 로마인의 입장에서 보면 정당한 예방조치였겠지만, 고트족에게는 분노를 자아낼 수밖에 없는 고통스러운 조치였다. 고트족은 도나우 강을 건너기 전에 무장해제의 요구를 받았다. 그리고 어린이들은 따로 떼어 아시아의 여러 속주에 분산시킨 후 그곳에서 문명인으로서 교육을 받으면서, 그 부모들의 충성을 담보할 인질로 남아 있어야 한다고 요구되었다.

이 협상이 아직 타결되지 않은 상태에서 조급해진 고트족 일부가 보호를 간청한 상대방 정부의 허가도 받지 않은 채, 성급하게 도나우 강을 건너려고 시도했다. 강변에 주둔하던 수비대는 고트족의 이동상황을 빈틈없이 감시하고 있었기 때문에, 고트족의 선발대는 큰 피해를 입고 격퇴되었다. 그러나 발렌스 조정의 대신들은 매우 겁이 많았으므로, 나라를 위해서 임무를 수행한 이 용감한 장교들은 면직당하고 간신히 목숨만 건졌다.

마침내 고트족 전체의 도나우 강 도강을 허락하는 칙령이 떨어졌다. 그러나 이 명령을 수행하는 것은 매우 어렵고 힘든 일이었다. 이 지점의 도나우 강은 폭이 1마일이 넘는 데다가 계속된 비로 강물이 불어났기 때문에 무질서한 도강 중에 수많은 사람들이 급류에 떠내려가 익사했다. 크고 작은 배와 보트, 통나무 배 등으로 구성된 대규모 선단이 제공되어 여러 날 동안 밤낮으로 끈기 있는 노력을 들여 왕복했다. 발렌스의 관리들은 앞으로 로마 제국을 뒤엎게 될 야만족이 단 한사람도 강건너기에 낙오되지 않도록 하려고 부지런히 노력했다. 그들의 인원수를 정확히 파악해야 한다고 생각하긴 했지만, 이 일에 종사한 사람들은 얼마 안 가서 불만을 품고 이 실행 불가능한 작업을 중단했다. 당대의 대표적인 역사가(암미아누스)는 오래 전부터 황당무계한 옛이야기로만 여겼던 다리우스와 크세르크세스 군대의 엄청난 규모가 이제 사람들의 눈앞에 사실과 경험의 증거에 의해서 드러나게 되었다고 진지하게 단언하고 있다(다리우스 1세의 제1차 페르시아 전쟁과 크세르크세스의 제3차 페르시아 전쟁 때 그들의 거대한 육군이 헬레스폰투스[다르다넬스] 해협을 건넌 고사를 말함/역주). 어떤 믿을 만한 기록은 그 당시 고트족 전사의 수를 20만 명으로 잡고 있는데, 여기에다가 부녀자와 노예의 수를 더하면 이 엄청난 규모의 이주민 총인원 수는 남녀노소를 합쳐 100만 명에 가까웠으리라고 생각된다.

고트족의 자녀들, 적어도 높은 신분의 자녀들은 일반 군중들로부터 격리되었다. 그들은 지체 없이 그들의 거주와 교육의 장소로 지정된 먼 지역으로 보내졌다. 이 수많은 인질 겸 포로의 행렬이 여러 도시를 지나갈 때에는 그들의 화려한 복장과 건장하고 씩씩한 모습이 주민들 사이에서 놀랍고 부러운 마음을 불러일으켰다.

그러나 고트족에게는 가장 모욕적이고, 로마인에게는 가장 중요했던 조건이 수치스럽게도 지켜지지 않았다. 무기를 명예의 상징이며 안전의 담보물로 여긴 이 야만인들은 (무기 대신) 다른 것을 내놓으려고 했으며, 색과 재물을 탐하는 황실 관리들은 손쉽게 이 유혹에 넘어갔다. 오만한 전사들은 무기를 소지하기 위해서 다소간 마음의 가책을 느꼈겠지만 아내와 딸에게 몸을 팔게 했다. 조사관들은 아름다운 처녀와 잘생긴 소년들의 부정행위를 눈감아주었고, 때로는 이 새로운 동맹자들의 술장식이 달린 카펫이나 아마옷에 눈독을 들이기도 했고, 자기들의 임무를 저버리고 농장과 집안에 가축과 노예를 가득 들여놓기도 했다. 결국 고트족은 무기를 소지한 채 승선이 허용되었기 때문에, 이들이 강을 건너 모였을 때에 하(下)모이시아의 넓은 평원과 언덕에 펼쳐진 야만족의 거대한 진영은 위압적이고 심지어 적대적인 분위기마저 조성되었다. 그 직후에 동고트족의 지도자로서 어린 왕(비테리크)의 섭정인 알라테우스와 사프락스가 도나우 강 북안에 나타났다. 그들은 안티오크의 궁정에 즉시 사신을 보내 역시 충성과 감사의 뜻을 전하면서 서고트족에게 허용한 것과 마찬가지의 은혜를 베풀어달라고 간청했다. 발렌스는 이를 단호히 거절하여 동고트족의 진입을 저지시킴으로써, 황실이 후회, 의혹, 공포심을 지니고 있음을 드러내었다.

규율이 없고 문란한 야만족을 다스리는 데에는 단호한 의지와 교묘한 솜씨가 필요했다. 100만 명에 가까운 엄청난 사람들을 먹여 살리려면, 날마다 부지런히 물자를 공급해야만 했고, 실수나 우발적 사고로 공급이 중단되지 않도록 해야 했다. 만일 고트족이 공포나 경멸의 대상이 되고 있다고 느껴 거만해지거나 분개하게 되면, 어떤 자포자기의 극단적인 행동으로 나올지도 알 수 없는 일이었다. 따라서 국가의 운명은 발렌스 황제의 장군들의 성실성과 신중함에 크게 좌우될 상황이었다.

이 중요한 위기의 시기에 트라키아의 군대는 루피키누스와 막시무스가 지휘하고 있었다. 타락한 이 두 사람은 조금이라도 돈벌이가 될 만한 일이 있으면, 언제라도 국가의 이익을 내팽개쳤다. 그들의 죄에 다소라도 경감할 점이 있다면, 그것은 자신들의 경솔한 범죄적 행정이 가져올 악영향을 판별할 능력이 없었다는 점뿐이었다. 그들은 황제의 명령에 따라서 고트족의 요구를 관대하게 받아들이지 않고, 그 대신 그 굶주린 야만인들의 생활필수품에 무거운 세금을 매겼다. 보잘것없는 식품도 터무니없이 비싼 값에 팔았고, 시장에는 위생적이고 영양가 많은 식품 대신 개고기나 병들어 죽은 짐승의 비위생적인 고기만 있었다. 고트족은 빵 한 조각을 얻기 위해서 일 잘하는 값비싼 노예를 넘겨주어야만 했고, 고기 한 점을 사기 위해서 은화 10파운드를 지불해야만 했다. 그들은 재산을 다 탕진한 후에도 아들과 딸을 팔아야 이 필수적인 거래를 계속할 수 있었다. 그리고 고트족은 마음속 깊이 자유를 사랑하면서도 자녀들이 참담한 고립무원의 상태에서 죽는 것보다는 그래도 노예 신세로나마 사는 것이 낫다는 굴욕적인 처세훈에 순종했다.

가장 큰 분노를 불러일으킨 것은 은인임을 자처한 자들의 학정이었다. 그들은 은혜를 베풀었다가 나중에 도리에 어긋나게 취소하고서는 빚을 꼬박꼬박 받아갔기 때문에 야만인들의 진영에서도 점차 불만의 소리가 높아졌다. 야만인들은 은인자중을 미덕으로 생각하면서도 자기들이 새 동맹자들에게서 받은 학대에 관해서 소리 높여 불만을 토로했지만 소용이 없었다. 주위를 둘러보면 사방이 풍요롭고 비옥한 땅이었는데도, 그들은 인위적인 기근 속에서 참을 수 없는 고생을 겪었다. 그러나 그들은 이를 해결하고 한걸음 더 나아가서 복수까지도 할 수 있는 수단을 장악하고 있었다. 그것은 폭압자들이 물욕에 눈이 어두워져서 그들에게 남겨놓았던 바로 그 무기들이었다.

스스로의 감정을 감출 줄 모르는 군중들의 아우성 소리가 처음으로 항거의 기운을 드러내자, 겁 많고 떳떳치 못한 루피키누스와 막시무스는 경악했다. 국가의 현명하고 건실한 정책 대신에 간교한 임기응변책만 사용했던 이 교활한 관리들은 국경지방의 이 위험한 장소에서 고트족을 몰아내어 내륙지방의 고립된 막사들에 분산시키려고 시도했다. 자기들이 야만족에게서 존경과 신뢰를 받지 못할 행동을 했음을 잘 알고 있던 그들은 아직도 로마 신민이라는 이름과 의무를 포기하지 않은 채 움직이기를 주저하는 야만인들을 독촉하기 위해서 사방에서 군대를 끌어들였다. 그러나 발렌스의 장군들은 불만을 품은 서고트족을 다루는 데에만 정신이 팔린 나머지, 도나우 강 지역의 방어체제를 구성하고 있는 선박과 요새들의 무장을 해제하는 잘못을 저지르고 말았다. 훈족의 추적을 피해 도망갈 기회를 노리고 있던 알라테우스와 사프락스는 이 치명적인 실수를 놓치지 않고 기회로 삼았다. 이 동고트족 지도자들은 뗏목과 배를 닥치는 대로 끌어모아 아무런 저항도 받지 않은 채 자기들의 왕과 군대를 수송함으로써, 대담하게도 로마 제국 영토 안에 적대적이고 독립적인 진영을 설치하게 되었다.

서고트족은 평시와 전시를 막론하고 알라비부스와 프리티게른이 '판관' (p.446 참조)이라는 이름으로 통치하고 있었다. 출신성분에서 비롯된 그들의 권한은 민족 전체의 자유로운 동의에 의해서 승인받고 있었다. 평온한 기간에는 두 사람의 직위와 권능이 동등했겠지만, 동족이 굶주림과 억압에 분노하게 되면서부터는 능력이 뛰어난 프리티게른이 군사권을 장악하고 민족의 복리를 위해서 솜씨를 발휘하기 시작했다. 그는 서고트족의 성급한 성정을 진정시키면서 폭압자의 가해와 모욕에 대해서 조성된 여론이 그들의 저항을 정당화시켜줄 때까지 기다렸다. 그러나 그는 정의와 중용 등의 이름만의 찬탄을 듣기 위해서 실질적인 이익을 버릴 인물이 아니었다. 고트족 전체가 하나의 깃발 아래 뭉쳐서 얻을 수 있는 이익을 잘 알고 있던 그는 은밀하게 동고트족과의 친선을 도모했다. 그리고 한편으로는 로마 장군들의 명령에 절대 복종을 표명했고, 다른 한편으로는 도나우 강에서 약 70마일 떨어진 하(下)모이시아의 수도 마르키아노폴리스(흑해 서안에 가까운 마을/역주)를 향해서 천천히 행군했다.

이 운명적인 장소에서 불화와 상호 반목의 불꽃이 엄청난 불길로 확대되었다. 루피키누스는 고트족 추장들을 성대한 향연에 초대했는데, 그들의 수행원들은 무장한 채 궁전 입구에 남아 있었다. 그러나 성문에는 엄중한 경비가 세워져 있었다. 야만인들은 자기들도 동맹국의 백성으로서, 로마의 신민으로서 동등한 권리가 있다고 주장했지만, 물자가 풍부한 시장을 이용하지 못하도록 엄격히 배제되었다. 그들은 공손하게 간청했지만, 오만스러운 조롱과 함께 거절당했다. 더 이상 참을 수 없게 되자, 고트족은 시민은 물론 군인들과 곧 격렬한 논쟁과 분노에 찬 욕설을 주고받으며 싸움에 말려들었다. 누군가가 무심결에 주먹질을 했고, 성급한 사람이 칼을 뽑았다. 이 우연한 말다툼에서 시작된 최초의 유혈사태가 장기간의 파괴적 전쟁의 도화선이 되었다.

루피키누스는 한창 떠들썩하게 먹고 마시다가 밀정으로부터 로마 군 다수가 살해되고 무기를 빼앗겼다는 보고를 받았다. 이미 술기운이 오른 데다가 졸음이 와 있던 루피키누스는 군인들의 죽음을 보복하기 위해서 프리티게른과 알라비부스의 경호원들을 학살하라는 경솔한 명령을 내리고 말았다. 프리티게른은 고함소리와 죽어가는 자의 신음소리를 듣고서야 자신이 위험에 처해 있음을 깨달았다. 그는 영웅다운 침착, 담대한 성품을 지니고 있었기 때문에 자기에게 그처럼 심각한 위해를 가한 자에게 잠시라도 생각할 여유를 주면 안 되겠다고 판단했다. 이 고트족 지도자는 단호하면서도 부드러운 목소리로 이렇게 말했다. "두 민족간에 사소한 다툼이 일어난 것 같소이다. 그러나 우리측의 안전을 보장하고 우리의 참석을 인정하여 즉시 소란을 진정시키지 않으면, 매우 위험한 사태가 일어날지도 모릅니다." 이렇게 말하면서 프리티게른과 그의 일행은 칼을 뽑아들고 궁전과 길거리와 마르키아노폴리스 성문을 가득 메운 무저항의 군중들을 헤치고 나가서 말을 타고는 서둘러 멍청히 서 있는 로마인들의 시야에서 사라져버렸다.

고트족 장군들은 자기들 진영에서 열광적인 환영을 받았다. 즉시 전쟁이 결정되었고, 이 결정은 지체 없이 실천되었다. 옛 조상들의 관습에 따라서 고트족의 깃발들이 게양되었고, 야만인들의 거칠고 음울한 나팔 소리가 하늘을 진동시켰다. 나약하고 뒤가 켕기는 루피키누스는 전에는 막강한 적을 감히 화나게만 만들 뿐 토벌할 생각을 하지 않았으나, 이제는 짐짓 적을 경멸하면서 이 위급한 순간에 모을 수 있는 모든 군대를 수습하고는 고트족을 향해서 진군했다. 야만족은 마르키아노폴리스에서 9마일쯤 떨어진 곳에서 그를 기다리고 있었다. 이 경우에는 장군의 재능이 군대의 규율이나 무기보다 더욱 탁월한 효과를 나타냈다. 용감한 고트족은 유능한 프리티게른의 능숙한 지휘하에 맹렬한 근접공격을 감행하여 로마 군의 대열을 무너뜨렸다. 루피키누스는 무기와 군기, 군단 사령관과 용감한 군인들을 모두 전쟁터에 남겨두고 줄행랑을 쳤다. 그리고 이 군인들의 쓰잘데없는 용기는 지도자의 수치스러운 도주를 보호하는 데에만 도움을 주었을 뿐이다.

"그 승리의 날은 야만족의 고난과 로마인들의 안전에 종지부를 찍었다. 이날부터 고트족은 이방인, 유랑자라는 불안정한 신분에서 벗어나서, 시민, 주인의 자격으로 토지 소유자에 대한 절대적 지배권을 주장하면서 도나우 강을 경계로 한 제국의 북부지방을 정당한 권리로 장악했다." 이것은 동족의 영광을 서투른 표현으로 찬양한 어느 고트족 역사가의 말이다. 그러나 야만족은 이 통치권을 약탈과 파괴의 목적을 위해서만 행사했다. 황제의 고위 관료들에 의해서 인간 본래의 공공의 복지와 사회생활의 공정한 교류를 박탈당해왔던 이들은 로마 제국 신민들을 상대로 보복했다. 그리고 루피키누스의 죄악은 평화로운 트라키아(발칸 반도의 남동부 지방) 농부들에 대한 약탈과 그 촌락들의 화재 그리고 무고한 가족들의 살해와 납치를 대가로 치렀다. 고트족이 승리했다는 소문이 곧 이웃 지방에 퍼졌다. 이로 인해서 로마인들의 마음은 공포심과 걱정으로 가득 차게 되었지만, 프리티게른의 세력을 키우고 그 지방에 재앙을 불러들인 것은 로마인들 자신의 경솔함이었다.

  대이동이 시작되기 얼마 전에 수많은 고트족 무리들은 수에리드와 콜리아스의 지휘하에 로마 제국의 보호를 받았다. 이들은 하드리아노폴리스 성 밖에서 야영했으나, 발렌스의 각료들은 그들이 동족과 너무 가까운 위치에 있으면 위험한 유혹에 쉽게 빠질지도 모른다는 생각에서 그들을 헬레스폰투스 해협 밖으로 멀리 쫓아내고 싶어했다. 그들이 이 이동명령에 순순히 복종한 것은 충성심을 입증하는 것으로 보였지만, 그들은 아주 공손한 어조로 충분한 식량을 공급해줄 것과 출발을 이틀만 연기해줄 것을 점잖게 요청했다. 그러나 자기 별장에서 일어났던 약간의 소란에 분개했던 하드리아노폴리스 시장은 관용을 거절하고, 그들을 상대로 이 인구 많은 도시의 주민과 직공들(하드리아노폴리스[아드리아노플] : 터키의 에디르네. 큰 병기공장이 있었음/역주)을 무장시킨 후 그들에게 즉시 출발하도록 협박했다.

  야만인들은 처음에는 멍청히 서 있다가 마침내 군중의 모욕적인 고함 소리와 돌팔매질에 분통을 터뜨렸다. 더 이상 참을 수 없게 된 야만인들은 무질서한 군중에게 달려들어 도망가는 수많은 적들의 등에 치욕적인 상처를 입히고, 입을 자격도 없는 적들의 화려한 갑옷들을 빼앗았다. 싸움에 이긴 이 부대는 곧이어 동병상련으로 비슷한 처지에 있는 서고트족과 제휴했다. 콜리아스와 수에리드가 이끈 이 부대는 위대한 프리티게른이 도착하자 그 휘하가 되어 하드리아노폴리스 공략에서 용맹을 떨쳤다. 그러나 수비군의 저항에 직면한 야만인들은 강력한 요새를 공격하는 데에는 훈련이 뒷받침되지 않은 용기만으로는 효과를 얻을 수 없음을 알게 되었다. 야만족 장군은 자신의 과오를 시인하고 포위를 풀면서 "석벽을 가진 자와는 싸우지 않는다"고 선언한 후, 그 울분을 이웃 지방에서 풀었다. 그는 억센 노동자들로 구성된 증원군에 만족해했는데, 그들은 냉혹한 주인의 돈벌이를 위해서 트라키아의 금광에서 회초리를 맞으며 일하던 사람들이었다. 이 새로운 협력자들은 야만인들을 비밀통로로 안내하여 주민과 가축, 곡식 창고를 안전하게 지킬 수 있는 오지로 데리고 갔다.

그런 벽지는 이러한 안내자들의 도움을 받지 않는 한, 침입이 불가능한 곳이었다. 이 야만족의 정복자 앞에서는 저항은 죽음을 의미했고, 도주는 불가능했으며, 고립무원 속에 참고 기다려도 자비를 기대하기 어려웠다. 이러한 약탈이 계속되는 동안에 노예로서 끌려갔던 수많은 고트족 자녀들이 비탄에 잠긴 부모의 품속으로 되돌아왔다. 그러나 다소간의 인간애를 자아냈음직도 했던 가슴 뭉클한 이산가족의 재회도 오직 복수심에 불을 질러 그들의 타고난 사나운 성품을 더욱 부채질했을 뿐이다. 그들은 자녀들이 포로로 끌려가서 음탕하고 사나운 주인들에게서 온갖 잔인한 학대를 받았다는 이야기를 들은 후, 로마인의 자녀들에게 똑같이 잔인한 학대를 가해 보복했다.

현명치 못한 발렌스와 그의 대신들은 제국의 한가운데에 적을 끌어들인 셈이 되었다. 그러나 서고트족은 아직까지도, 만일 로마인들이 지난날의 잘못을 과감하게 시인하고 종전의 약속들을 성실하게 지켜주기만 한다면, 달랠 수 있는 가능성이 있었다. 유화적이고 온당한 이와 같은 대책은 소심한 동로마 황제의 기질에도 적합했으리라고 생각된다. 그러나 발렌스는 하필이면 이런 때에 용감성을 발휘했으니, 그의 때아닌 용감성은 그 자신과 신민들에게 치명적인 결과를 가져다주었다. 그는 이 위험한 반란을 진압하기 위해서 직접 안티오크에서 콘스탄티노플로 진군하겠다고 선언했던 것이다. 그 역시 이 원정과업이 힘들다는 것을 모르지 않았기 때문에, 서로마의 모든 군대를 지휘하고 있던 조카 그라티아누스 황제에게 지원을 청했다. 아르메니아를 방어하고 있던 정예부대들은 급히 소환되었으며, 이에 따라서 중요한 국경지방은 샤푸르의 독무대가 되었다. 그리고 발렌스의 부재중에는 고트족과의 전투 지휘를 막료 장군인 트라야누스와 프로푸투루스에게 맡겼는데, 이 두 장군은 자신의 능력을 허황할 정도로 과신하는 사람들이었다. 그들이 트라키아에 도착하자 경호대의 코메스인 리코메레스가 합세했다. 그리고 그의 휘하에 속한 서로마의 보충부대들은 갈리아 군단 병력으로 구성되었는데, 이들은 틈만 있으면 도망갈 생각만 하는 이름뿐인 군대였다.

이성보다는 자존심에 의해서 좌우된 작전회의는 도나우 강의 6개 어귀의 남쪽 끝에 인접한 광활하고 비옥한 초원지대에서 야영하고 있는 야만족들을 수색, 토벌하기로 결정했다. 야만족의 진영은 전래의 작전대로 짐마차들을 이용하여 요새를 만들었다. 야만족들은 이 널찍한 원형의 방책 안에서 그 지방에서 빼앗아온 약탈물들을 마음 놓고 즐기고 있었다. 그들이 떠들썩하게 술을 마시고 있는 동안에도 세심한 프리티게른은 로마 군의 이동상황을 점검하면서 그 의도를 꿰뚫어보고 있었다. 그는 적군의 수가 계속 증가하고 있음을 간파했다. 그리고 로마 군은 야만족이 가축사료가 모자라서 진영을 옮길 때를 틈타서 후방을 공격할 계획임을 알아차리고, 인근 지방에 흩어져 있던 약탈부대들을 본영으로 불러들였다.

약탈부대들은 봉화가 타오르자 곧장 지도자의 명령에 따라서 재빨리 달려왔다. 야만족 진영은 곧 투지만만한 대군으로 가득 차게 되었다. 병사들은 즉각 싸우자고 외쳤고, 대장들은 이들의 소란스러운 열정을 더욱 부채질했다. 밤이 이미 깊었는데도, 양쪽 군대는 한밤까지 전투준비를 갖추고 날이 밝기를 기다렸다. 개전의 나팔 소리가 울리자 고트족 군인들은 서로 엄숙한 선서를 하여 불굴의 용기를 다짐했다. 그리고 그들이 적을 향해서 진격할 때에는 선조들의 영광을 찬양하는 거친 노랫소리가 불협화음의 사나운 고함소리와 뒤섞여, 인위적인 화음을 이룬 로마 군의 함성과 대조를 이루었다. 프리티게른은 얼마간의 군사적 재능을 발휘하여 전술적으로 유리한 고지를 점령했다. 그러나 새벽부터 시작되어 해가 질 때 끝난 이 피비린내 나는 전투는 양쪽의 힘과 용기와 민첩함을 다한 끈질긴 노력으로 계속되었다. 아르메니아 군단은 소문대로 잘 싸웠으나, 적군의 완강한 저항으로 압박을 받았고 마침내 로마 군의 왼쪽 날개가 무너져 전장에는 로마군의 처참한 시체가 널리게 되었다. 그러나 이 부분적 패배는 다른 곳의 부분적 승리와 균형을 이루었기 때문에, 양쪽 군대가 밤늦은 시간에 각기 자기 진영으로 퇴각했을 때에는 그 어느 쪽도 결정적인 승리를 주장할 수 없었다.

전투의 손실은 병력 규모가 작은 로마 군이 상대적으로 더 크게 느끼게 되었다. 그러나 고트족도 이 뜻밖의 격렬한 저항에 크게 당황하여 기가 꺾였기 때문에, 7일 동안 방책 밖으로 나오지 않았다. 일부 고위장교에 대해서는 시간과 장소가 허락하는 한에서 경건한 장례의식을 치렀지만, 일반 병졸들의 시체는 들판에 방치되었다. 그 당시 자주 맛있는 잔치를 즐기던 맹금들이 이 시체들을 파먹었는데, 몇년 후에는 넓은 들판에 하얀 뼈들이 즐비하게 널려 있어 역사가 암미아누스의 눈에는 그것이 살리케스 전투의 끔찍한 기념비처럼 비쳤다.

고트족의 전진은 전과가 의심스러운 그날의 피비린내 나는 전투 때문에 저지되었다. 그리고 로마 제국의 장군들도 그러한 전투가 거듭되면 군대가 피폐하리라고 우려한 나머지, 식량공급을 차단하는 방법으로 야만족을 궤멸시킨다는 보다 합리적인 계획을 세우게 되었다. 그들은 서고트족을 도나우 강, 스키타이 사막, 하이모스 산을 잇는 협소한 삼각지대에 가두어놓고 굶주림 때문에 점차 그들의 힘과 사기가 떨어지기를 기다리기로 했다. 이 계획이 어느 정도 성공적으로 수행된 결과 야만족은 자체의 식량비축과 그 지방의 수확물까지도 거의 바닥날 지경에 이르렀으며, 이 틈에 로마의 기병대 사령관 사투르니누스는 부지런히 로마 군 요새를 정비, 강화했다. 그러나 새로운 야만족 무리가 프리티게른의 전투를 지원하기 위해서 또는 그의 모범을 흉내내기 위해서 쇄도하여 무방비 상태의 도나우 강을 건넜다는 놀라운 정보에 사투르니누스의 요새 강화 작업은 중단되었다. 사투르니누스는 당연히 미지의 적군에 의해서 포위, 압도당할 것을 우려했으므로, 어쩔 수 없이 고트족 진영의 포위공격을 포기할 수밖에 없었다. 이렇게 되자 서고트족은 분연히 포위망을 뚫고 나와 도나우 강에서 헬레스폰투스 해협에 이르기까지 약 300마일에 걸쳐 전개된 비옥한 지방을 마음껏 약탈하면서 굶주린 배를 채우고 원한을 풀었다.

약삭빠른 프리티게른은 이미 여러 야만족 동맹세력의 감정과 이해관계에 호소하여 성공을 거두고 있었다. 그들은 약탈욕구와 로마에 대한 증오심이 강했기 때문에 그들의 지지를 얻는 데에는 프리티게른의 사절들이 열변을 토할 필요조차 없었다. 결국 프리티게른은 동족의 큰 무리와 긴밀하고도 유용한 동맹을 체결했는데, 그들은 어린 왕의 후견인이었던 알라테우스와 사프락스에게 복종하고 있었다. 부족들간의 오랜 갈등은 공동의 이해관계에 의해서 중지되었다. 고트족의 독립적인 분파들이 하나의 기치 아래 연합했다. 그리고 동고트족 추장들은 재능이 뛰어난 서고트족 장군에게 복종한 것으로 보인다. 그는 타이팔리족(루마니아 동쪽 변경의 코트족 부족/역주)에게서 큰 도움을 받았는데, 이 부족은 군사적 명성은 높았으나, 수치스러운 내부의 습속 때문에 소문이 나빴다. 이 부족의 청소년들은 세상에 나갈 때, 부족 내의 다른 전사와 우정과 명예를 건 동물적 애정관계를 맺었으며, 이 부자연스러운 관계에서 풀려나려면 야생의 곰이나 멧돼지를 단번에 죽여 자기가 성인이 되었음을 입증해야만 했다.

그러나 고트족의 가장 강력한 보충부대들은 고트족을 고향 땅에서 쫓아냈던 적(훈족)의 진영에서 충원되었다. 훈족과 알라니족의 느슨한 복속관계와 그 광활한 판도 때문에 정복사업은 지연되고 정책 결정은 산만해졌다. 몇몇 무리들은 프리티게른의 후한 약속으로 꼬임을 당했고, 스키타이의 신속하고 기민한 기병대는 꾸준하고 부지런한 고트족 보병대의 전투력에 활력을 더해주었다. 발렌티니아누스의 후계자를 결코 용서할 수 없는 사르마타이족은 이 전반적인 혼란을 활용하고 부채질했으며, 때마침 알레만니족이 갈리아 지방에 침입하자 서로마 황제의 관심과 군사력도 분산되었다.[2]

발렌스 황제는 마침내 궁정과 군대를 안티오크에서 옮겼지만, 콘스탄티노플의 주민들은 그를 국가적 재난을 초래한 장본인으로 받아들였다. 그가 수도에서 휴식을 취하기 시작한 지 열흘도 못 되어 경기장에 모인 버릇없는 주민들은 발렌스에게 야만족을 영토 안으로 끌어들인 장본인이 그들과 싸우러 나가야 한다고 촉구했다. 그리고 위험에서 멀리 떨어져 있을 때에는 언

---

2) 여기서 기번은 그라티아누스가 알레만니족을 상대로 벌인 치열한 전쟁을 소개하고 있으나, 생략한다. 알레만니족은 고트족의 위협을 틈타 갈리아 지방을 침입하여 약탈을 시도했다/편집자 주.

제나 용감하게 마련인 시민들은 무기만 준다면, 자기들이 나가서 오만한 적군의 약탈로부터 나라를 구하겠노라고 큰소리쳤다.

무지몽매한 군중의 이와 같은 몰상식한 비난이 로마 제국의 몰락을 더욱 재촉했다. 그들은 절망에 빠진 발렌스의 경솔함을 부채질했다. 발렌스로서는 그의 명성을 위해서나 자존심 때문에 군중의 이와 같은 모욕을 도저히 참을 수 없었다. 휘하 장군들의 전과를 목격한 그는 곧 고트족의 힘을 얕보게 되었는데, 고트족은 이제 프리티게른의 끊임없는 노력으로 하드리아노폴리스 부근에 집결해 있었다. 타이팔리족의 진군은 용감한 프리게리투스에 의해서 저지되었다. 이 방종한 야만족의 왕은 전사했고, 포로들은 이탈리아 내륙지방을 경작하도록 멀리 유배되었는데, 그들의 정착지는 모데나와 파르마의 황무지였다. 얼마 전까지 발렌스의 휘하에서 종군하다가 보병사령관으로 승진한 세바스티아누스의 전공도 개인적으로 명예롭고 더욱이 국가에 도움이 되었다. 그는 각 군단에서 300명씩의 병사를 차출하도록 허락받았는데, 이 별동부대는 얼마 안 가서 발렌스의 치하에서는 거의 잊혀졌던 기율을 찾았고 군사적 단련을 하게 되었다. 세바스티아누스의 용맹스러운 지휘하에 이 부대는 고트족 대군의 진영을 기습했다. 그때 고트족에게서 탈취한 약탈물은 하드리아노폴리스와 그 주변의 들판을 가득 채울 정도였다.

이 장군이 화려한 문장으로 작성한 자신의 전과 보고서를 받은 궁정은 그 뛰어난 공적에 깜짝 놀랐다. 그리고 그가 고트 전쟁의 어려움을 역설했음에도 불구하고, 그의 용기만 칭찬했을 뿐, 그의 건의는 기각되었다. 환관들의 아첨 속에서 자만심에 빠진 발렌스는 한시라도 빨리 쉽고 확실한 승리의 영광을 누리고 싶었다. 그의 군대는 수많은 정예병들로 보강되었다. 그리고 콘스탄티노플에서 하드리아노폴리스까지의 그의 행군은 매우 능숙하게 전술적으로 지휘되었기 때문에, 가까운 골짜기를 점령하여 로마 군 또는 그 보급부대를 습격하려고 계획했던 야만족의 작전활동을 사전에 방지할 수 있었다. 하드리아노폴리스 성벽 아래에 만든 발렌스의 진영은 로마 군의 전술에 따라서 참호와 보루로 요새화했다. 그리고 여기서 황제와 제국의 운명을 결정할 매우 중요한 회의가 소집되었다.

합리적인 지연전술을 극력 주장한 사람은 경험의 교훈에 의해서 사르마타이족 고유의 저돌적인 자신의 성격을 고친 빅토르였다. 반면에 세바스티아누스는 야유적인 자유자재하는 달변으로 즉각적인 승리를 의심하는 모든 신중론은 천하무적인 황제의 용기와 위엄에는 어울리지 않는다고 주장했다. 발렌스의 몰락은 프리티게른의 기만적 술책과 서로마 황제의 근심 어린 충고 때문에 촉진되었다. 이 야만족 장군은 전쟁이 한창 진행되는 동안 강화교섭을 하는 것이 이롭다는 점을 충분히 이해하고 있었으므로, 평화의 사절로 기독교 성직자 한 명을 파견하여 적의 진영에 혼선을 일으키도록 했다. 이 사절은 고트족이 처해 있는 역경과 난관을 설득력 있게 설명하고 나서, 프리티게른을 대신하여, 만일 유랑하는 동족들이 트라키아의 황무지에 평온한 정착지를 얻고 충분한 곡물과 가축을 공급받기만 한다면, 무기를 내려놓을 것이고 제국의 방어를 위해서만 무기를 들 용의가 있다고 다짐했다. 그러면서 그는 은밀한 귓속말로, 분개한 야만족은 이 합리적인 강화조건에 반대하고 있으며, 따라서 프리티게른은 로마 군대가 입회하여 자기를 지켜주지 않는 한, 강화조약 체결을 성사시키기가 어려우리라고 생각하고 있다고 귀띔했다.

이 무렵에 코메스인 리코메레스 장군이 서로마로부터 돌아와서 알레만니족이 패해 굴복했다고 보고했다. 그리고 발렌스에게 그의 조카(그라티아누스)가 갈리아의 노련한 상승군단들을 이끌고 빠른 속도로 진격하고 있다고 보고한 뒤에 그라티아누스와 공화국의 이름으로 두 황제가 합류하여 고트 전쟁의 승리가 확실해질 때까지 위험성 있는 모든 결정적 조치를 뒤로 미룰 것을 요청했다. 그러나 동로마 황제는 자만심과 질투심 때문에 큰 환상에 빠져 있었다. 그는 이 간곡한 충고를 뿌리치고 굴욕적인 원조제의를 거절했으며, 마음속으로 수치스러운(적어도 명예롭지 못한) 자신의 치적과 풋나기 청년의 명성을 비교해보았다. 그리고 그의 부지런한 공동 황제가 승리의 몫을 가로채기 전에 자신의 전승 기념비를 세워야겠다는 헛된 생각에서 전쟁터로 달려갔다.

로마의 달력에서 최대의 액운의 날로 손꼽힐 만한 이 8월 9일에 발렌스 황제는 자신의 귀중품과 군용 재산을 강력하게 경비하도록 하고, 하드리아노폴리스를 출발하여 약 12마일 떨어진 곳에 진을 치고 있는 고트족을 공격했다. 명령체계상의 잘못 때문인지 아니면 지형을 잘 몰랐던 탓인지 기병대의 오른쪽 날개가 적의 시야에 노출될 때까지도 왼쪽 날개는 후방에 훨씬 뒤쳐져 있었다. 병사들은 찌는 듯이 더운 여름 날씨에 무리하게 걸음을 재촉했으며, 이렇게 해서 지독한 혼란과 비정상적인 지체 속에서 간신히 전선이 형성되었다. 고트족 기병대는 인접한 곳에서 말에게 풀을 먹이고 있었다. 프리티게른은 책략을 구사하여 강화사절을 파견하고, 여러 가지 제안을 내놓고, 인질을 요구하면서 뜨거운 태양에 노출된 로마 군이 갈증과 굶주림과 피로에 지칠 때까지 시간을 끌었다. 황제는 마침내 고트족 진영에 사신을 보내기로 했는데, 이 위험한 임무를 맡겠다고 나선 사람은 경호대의 코메스인 리코메레스뿐이었다. 그의 용기와 열성은 찬양의 대상이 되었다. 그러나 그가 위엄을 나타내는 화려한 문장으로 장식하고 양측 군대의 중간지점쯤에 이르렀을 때, 갑자기 전투경보가 울려 그를 불러들였다.

　이 성급하고 무분별한 공격을 가한 사람은 궁수부대와 방패부대를 지휘한 이베리아인 바쿠리우스였다. 이 부대는 무턱대고 진격했다가 큰 손실을 입고 수치스럽게 퇴각했다. 바로 그 순간에 고트족 장군이 애타게 기다리던 알라테우스와 사프락스의 날쌘 기병대가 언덕으로부터 쏜살같이 달려 내려와서 들판을 휩쓸면서, 무질서하지만 압도적인 야만족 군대의 돌격에 새로운 위력을 더해주었다. 발렌스와 로마 제국에 매우 치명적인 타격을 입힌 이 하드리아노폴리스 전투의 결과로 로마 기병대는 도주했고, 보병대는 버림받은 채 포위되어 섬멸당했다는 말로 간단히 요약될 수 있을 것이다. 아무리 확고한 용기로 능숙한 병력 전개를 시도하더라도, 넓은 들판에서 수적으로 우세한 기병대에게 포위된 보병들을 구출하기는 어려운 법이다. 발렌스의 군대는 적군의 압력에 밀리고 공포심에 쫓긴 나머지 좁은 공간 속으로 몰려들었기 때문에 대오를 전개하거나 단창과 칼을 제대로 휘둘러 볼 수도 없었다. 이와 같은 혼란과 살육과 당혹의 와중에서 황제는 경호대에게 버림받았으며, 추측컨대 화살을 맞아 부상을 입은 채 그나마 대오를 정비하여 버티고 있던 란케아리족과 마티아리족을 찾아가서 보호를 요청했다. 발렌스의 충실한 장군 트라야누스와 빅토르는 황제의 위험을 깨닫고 황제의 신병을 구하지 못하면, 모든 것이 끝장이라고 큰소리로 탄식했다. 이들의 독려에 따라서 일부 군인들이 황제를 구하려고 진격했으나, 피가 낭자한 현장에는 부러진 무기와 뒤섞인 시체만 쌓여 있을 뿐 생존자나 죽은 자들 중에서도 그들의 불운한 황제는 찾아볼 수 없었다. 사실 역사가들이 기술한 황제의 사망 당시 상황이 사실이라면, 그들의 수색이 성공하지 못했으리라는 것은 당연하다. 발렌스는 시종들의 도움을 받아 전쟁터에서 벗어나 부근에 있는 오두막집으로 갔다. 여기서 그들은 황제의 상처를 치료하고 장래의 안전을 도모할 생각이었다. 그러나 이 초라한 피난처는 즉시 적군에게 포위되었다. 적군은 문을 부수려고 시도하다가 지붕에서 화살이 날아오자 화가 나고 초조한 나머지, 마침내 마른 장작더미에 불을 질러 그 오두막집을 로마 황제와 그 수행원들과 함께 태워버리고 말았다. 발렌스는 불길에 타 죽었으며, 젊은 병사 한 명만이 간신히 창문으로 빠져나와 이 비극적인 결과를 전하면서 고트족 군인들에게 그들이 경솔하게 덤빈 탓으로 가장 값비싼 포로를 잃었음을 보고했다.

하드리아노폴리스의 전투에서 로마는 다수의 용감한 고급장교들을 잃었다. 이 전투는 실제 손실면에서 로마가 과거 칸나이(한니발이 8만 로마군에게 대승한 남이탈리아의 전쟁터/역주) 전투에서 입은 피해에 필적하는 것이었으며, 그것이 로마에 미친 결과는 칸나이 전투보다 훨씬 더 치명적인 것이었다. 전사자 중에는 기병대와 보병대 총사령관 2명, 궁정 고관 2명 그리고 35명의 사령관들이 포함되어 있었다. 그리고 세바스티아누스의 사망은 그가 국가적 재앙의 희생자였을 뿐 아니라, 그 장본인이었다는 점에서 세상 사람들을 만족시켰을 것이다. 로마 군의 3분의 2 이상이 궤멸되었다. 다만 그 날의 야음(夜陰)은 수많은 군인들이 도망가는 데 큰 도움을 주었으며, 모두가 당황해하는 가운데서도 유독 침착한 용기와 평상시의 냉정을 유지했던 빅토르와 리코메레스가 군대의 질서정연한 후퇴를 위해서 진력했다.[3]

그라티아누스 황제가 이 소식을 들은 것은 하드리아노폴리스 평야를 향해서 상당히 진군해왔을 때였다. 그는 처음에는 부정확한 소문에 의해서 그리고 나중에는 빅토르와 리코메레스의 정확한 보고에 의해서 성미 급한 그의 공동 통치자가 살해되었으며, 로마 군의 3분의 2가 고트족의 상승군에 의해서 궤멸되었음을 알게 되었다. 숙부의 경솔하고 질투심 많은 허영심은 그의 분노를 일으켜 마땅했겠지만, 마음이 너그러운 그는 슬픔과 동정심으로 분노를 쉽게 누그러뜨렸다. 그리고 공화국이 중대한 위기에 처해 있다는 생각에 이러한 동정심조차도 곧 잊었다. 그라티아누스는 그의 불운한 공동 통치자를 돕기에는 너무 늦게 왔으며, 그를 위해서 복수하기에는 너무 힘이 약했다. 그리고 씩씩하면서도 겸손한 이 젊은 황제는 자기로서는 멸망해가는 세계를 버티기가 역부족이라고 느꼈다. 막강한 게르마니아의 야만족들이 갈리아 지방을 폭풍처럼 덮쳐올 기세였기 때문에, 그라티아누스의 마음은 서로마 제국을 경영하는 문제에 쏠려 있었다. 이 중대한 위기에서 동로마를 다스리고 고트 전쟁을 수행한다는 것은 뛰어난 정치가의 전심전력을 필요로 하는 일이었다. 이 중요한 지휘권을 어떤 신하에게 부여하는 경우, 그가 멀리 떨어져 있는 군주에게 오랫동안 충성을 유지하리라고 기대하기는 어려웠다. 따라서 어전회의는 무례한 신하를 만들기보다는 차라리 은혜를 베푸는 편이 낫다는 현명하고도 당당한 결정을 받아들였다. 그라티아누스의 희망은 덕망 있는 사람을 황제의 자리에 앉힌다는 것이었다. 그러나 19세의 황제로서는 대신들과 장군들의 진정한 인품을 이해한다는 것이 쉬운 일이 아니었다. 그는 신하들의 장단점을 공평한 입장에서 비교해보려고 했다. 성급한 자신감을 가진 야심가도 경계했지만, 소심한 지혜만으로도 공화국을 감당할 수 없다고 생각했다. 그러나 시간이 지체될수록 미래의 동로마 황제의 세력과 역량이 감소될 것이기 때문에, 그 당시의 상황은 지루한 토론만 계속할

---

3) 원문은 이어서 고트족은 이 승리에도 불구하고 하드리아노폴리스나 그밖의 주요 도시를 장악하지 못했으며, 단지 콘스탄티노플의 성 밖에서부터 이탈리아 국경지방에 이르는 농촌지역을 약탈하는 데 만족할 수밖에 없었다고 기술하고 있다. 로마인들은 동부 속주들에 흩어져 있던 고트족 인질들을 모두 모아 일거에 학살함으로써, 유혈사태를 더욱 확대시켰다. 기번은 이렇게 말한다. "국가의 안전이라는 긴급사태가…… 인도주의와 정의라는 천부의 의무를 어느 정도까지 해소시킬 수 있는가 하는 문제에 관해서 나는 무지한 채로 남아 있고 싶다."/편집자 주.

수도 없는 형편이었다.

그라티아누스는 곧 한 사람의 유배자를 선택해서 발표했다. 그는 바로 그라티아누스 자신의 재가에 의해서 불과 3년 전에 부당하고 불명예스러운 죽음을 당한 사람의 아들이었다. 역사에 그 이름이 빛나고 가톨릭 교회에서 소중한 인물로 아끼는 위대한 테오도시우스가 궁정으로 소환되었는데, 트라키아 국경지대에 있던 궁정은 점점 더 후퇴하여 그 당시에는 보다 안전한 시르미움에 자리잡고 있었다. 발렌스가 사망한 지 5개월 후에 그라티아누스 황제는 군대를 집합시켜놓고 자신의 동료이며 그들의 주인인 테오도시우스를 소개했다. 테오도시우스는 아마도 진정으로 극구 사양하다가 어쩔 수 없이 군인들의 환호 속에 왕관과 자주색 곤룡포와 함께 아우구스투스라는 동등한 칭호를 받았을 것이다. 발렌스가 통치했던 트라키아, 아시아, 이집트는 새 황제가 다스리게 되었으나, 그는 특별히 고트 전쟁을 수행하는 임무를 위탁받았기 때문에 일리리쿰 관구를 분할한 다키아와 마케도니아의 두 지역이 동로마 제국의 판도에 추가되었다.[4)]

여기서 참으로 유감스럽기는 하지만, 나는 동시대 사람들에게 일반적으로 영향을 미치게 마련인 편견과 감정에 빠지지 않고 자기 시대의 역사를 기술한 정확하고도 성실한 안내자와 작별을 고할 수밖에 없다. 암미아누스 마르켈리누스는 발렌스의 패전과 사망을 끝으로 붓을 놓으면서 그 다음 시대의 보다 영광스러운 내용을 떠오르는 후세의 젊은 학자들에게 맡기고 있다. 후세의 학자들은 그의 충고를 받아들이거나 그의 선례를 모방할 생각이 없었다. 이 때문에 테오도시우스 시대를 연구할 때에, 우리는 어쩔 수 없이 조시무스의 편파적인 기술을 중심으로 하여 여러 가지 단편적인 사실과 연대기에 관한 모호한 암시, 시나 송덕문에 나오는 비유적 문장 그리고 교과적 열정 때문에 성실과 중용 등의 속세적 미덕을 경멸하기 쉬운 교회학자들의 불충분한 도움 따위에 의존하여 설명할 수밖에 없다. 나는 로마 제국 쇠망기의 상당 기간 동안 계속 이어지게 되는 이와 같은 불편함을 의식하면서 이

---

4) 이어서 기번은 청년시절의 테오도시우스의 교육과정과 함께 그의 황제 즉위를 가능하도록 만든 공적에 관해서 비교적 상세하게 설명하고 있으나, 생략한다/편집자 주.

테오도시우스(재위 379-95년)

제부터 조심스럽게 발걸음을 내딛고자 한다. 다만 한 가지 과감하게 밝혀둘 것은 테오도시우스는 단 한번도 야만족에 대한 결정적인 승전으로 하드리아노폴리스 전투의 패배를 복수하지 못했다는 점이다. 그리고 돈에 팔린 그의 웅변가들이 유독 이 문제에 관해서 침묵을 지켰다는 것은 그 당시의 상황과 사정에 관한 기록에서도 확인될 수 있다.

여러 시대에 걸쳐 애써 이룩한 강대한 국가체제는 혹시 불길한 상상력으로 실제의 참화를 과장하지만 않는다면, 단 하루의 불운 때문에 붕괴될 수는 없을 것이다. 로마가 하드리아노폴리스 평원에서 상실한 4만 명의 병력은 수백만 인구를 포용하는 동로마의 여러 지방들에서 곧 보충되었을 것으로 보인다. 군인의 용기라는 것은 인간의 성품 중에서 가장 값싸고 흔한 것이다. 따라서 기율이 없는 적군과 싸우는 기술쯤은 살아남은 백인대장이 신속하게 가르쳐줄 수 있었을 것이다. 야만족이 패망한 로마인에게서 빼앗은 말을 타고 갑옷을 입었더라도, 로마는 카파도키아와 에스파냐의 수많은 종마장에서 얼마든지 새로운 기병대의 군마를 공급받을 수 있었으며, 제국 내의 34개 병기고에는 공격용, 방어용 무기들이 얼마든지 있었으며 그리고 부유한 아시아는 전비를 충분히 제공할 수 있었다. 그러나 하드리아노폴리스 전투가 야만족과 로마인들에게 미친 심리적 영향은 전자의 승리와 후자의 패배를 하루라는 시간적 한계를 훨씬 초과하여 장기간 연장시켰다. 고트족의 한 장군은 오만한 태도로 자기는 이제 사람을 죽이는 일에 싫증이 났는데도, 자기 앞에서 양떼처럼 도망간 자들이 뻔뻔스럽게도 다시 자기들의 보물과 땅의 소유권을 주장하고 나선다니 놀라운 일이라고 큰소리쳤다고 한다. 훈족이라는 이름이 고트족에게 불러일으켰던 공포심이 이제는 로마 제국의 신민과 군인들에게 고트족에 대해서 똑같은 공포심을 불러일으켰다. 설사 테오도시우스가 흩어졌던 군대를 불러모아 승리한 적군과 다시 싸우러 갔더라도, 그의 군대는 자신의 공포심 때문에 패망하고 말았을 것이며, 그와 같은 경솔함으로는 결국 전쟁에 이기지 못했을 것이다. 그러나 테오도시우스는 이 중요한 시기에 공화국의 확고하고 충실한 수호자로서 위대하다는 말을 듣기에 손색이 없을 만큼 행동했다. 그는 마케도니아 관구의 수도 테살로니카에 총사령부를 두었는데, 이곳은 야만족의 불규칙한 이동상황을 관찰하고 콘스탄티노플 성 밖에서부터 아드리아 해안지방에 걸쳐 휘하 장군들의 작전을 지휘하기에 알맞은 장소였다. 여러 도시의 요새와 수비대들이 강화되었다. 그리고 군대는 질서의식과 규율을 회복하고 점차 스스로의 안전에 자신을 가지게 되면서 용기를 되찾았다. 이들 안전한 진지에서 군인들은 인근 지역에 출몰하는 야만족들을 자주 공격했다. 그리고 군인들은 지세(地勢)나 병력 수에서 결정적으로 우세한 경우가 아니면 교전이 허가되지 않았기 때문에, 작전은 대체로 성공적이었다. 이렇게 해서 군인들은 얼마 후 스스로의 경험을 통해서 무적의 적군을 격파할 수 있다는 자신감을 가지게 되었다.

이들 개별적인 수비대들이 점차 통합되어 소규모 부대들을 형성하게 되었다. 여기서도 구체적으로 잘 조정된 작전계획에 따라서 똑같이 조심스러운 조치가 취해졌으며, 로마 군의 세력과 사기는 하루가 다르게 강화되었다. 그리고 책략가이며 부지런한 황제는 전황에 관한 유리한 보고를 선전함으로써, 야만족의 기세를 꺾고 자기 신민들의 희망과 용기를 북돋우려고 했다. 만일 우리가 이처럼 어렴풋하고 불완전한 설명 대신에 4차례의 연속적인 전투에서 테오도시우스가 보여준 전략과 작전을 정확하게 제시할 수 있다면, 그의 뛰어난 재능이 전략연구가들에게 찬양받을 만했으리라. 로마 공화국은 옛날에 파비우스의 지연전술 덕분에 [한니발과의 제2차 포에니 전쟁에서] 구원받은 적이 있었다. 그 당시 자마 평야(튀니스 남쪽 평야/역주)에서 거둔 스키피오의 승리가 후세 사람들의 이목을 끌었지만, 캄파니아(이탈리아 남부지방. 여기서 로마군이 대패함/역주)의 언덕에 있었던 독재집정관(파비우스)의 진영과 행군도 역시 행운과 병사들의 도움을 받지 않은 파비우스 자신의 독자적인 확고한 명성을 주장하기에 손색이 없었다. 테오도시우스의 공적도 이와 같은 것이었다. 그는 공교롭게도 만성적인 중병에 걸려 몸이 불편했지만, 그래도 정신력으로 버텨 활기를 잃거나 국사를 외면하지 않았다.

로마가 구출되어 평화를 되찾은 것은 용기가 아니라 신중한 지혜로 이루어진 것이었다. 테오도시우스의 신중함은 행운에 의해서도 도움을 받았는데, 그는 유리한 기회가 있을 때마다 이를 놓치지 않고 이용했다. 뛰어난 재능의 프리티게른이 야만족의 통합을 유지하고 그 움직임을 지도하는 한, 그들의 힘은 대제국을 정복하기에 부족함이 없었다. 그러나 유명한 알라리크의 전임자였고 그 주군이었던 이 영웅이 사망함으로써, 성미 급한 고트족들은 참을 수 없는 규율과 절제의 멍에로부터 해방되었다. 그의 권위에 눌려 있던 야만족은 각기 마음내키는 대로 행동했는데, 그들의 마음은 일치되거나 일관된 경우가 별로 없었다. 정복자의 군대가 무질서하고 광포한 도둑떼로 분열되었으니, 그들의 맹목적이고 난잡한 격정은 적은 물론이고 그들 자신에게도 해로웠다. 그들의 광포성은 그들이 없애거나 즐길 수 없는 모든 대상을 파괴하는 행동으로 나타났으며, 햇곡식이나 창고의 곡식을 닥치는 대로 먹어치워 나중에는 연명하기조차 어려워진 경우도 많았다. 엉성한 자연적인 동맹관계에 있던 독립 부족들과 민족들 간에 불화가 일어났다. 훈족과 알라니족의 군대는 당연히 도망간 고트족이 자기들의 행운을 무절제하게 즐겼다고 비난했다. 서고트족과 동고트족 간의 예로부터의 반목은 오래 덮어둘 수 없는 것이었다. 오만한 족장들은 그들이 도나우 강 건너편에 자리잡고 있을 때, 서로 주고받은 모욕과 피해를 아직도 잊지 않고 있었다. 내부 분열이 진행되면서 산만했던 대외적인 민족감정이 식었고, 이렇게 되자 테오도시우스의 관리들은 푸짐한 뇌물이나 약속으로 불만을 품은 부족의 퇴각이나 지원을 매수하도록 지시를 받았다. 아말리족의 왕통을 이어받은 모다레스를 귀순시킴으로써, 로마는 담대하고 충실한 전사를 한 명 얻게 되었다. 신분 높은 이 귀순자는 곧 사령관이라는 중요한 직책을 맡았고, 술과 잠에 빠진 고트족의 대부대를 기습하여 혼란에 빠진 동족을 살육한 후에 엄청난 약탈물과 짐마차 4,000대를 가지고 황제의 진영으로 돌아왔다.

　자유자재한 책략가라면 정반대의 수단을 동일한 목적을 위해서 적용할 수 있는 법이다. 고트족의 분열로 진전되었던 로마의 평화도 고트족의 재통합에 의해서 완성되었다. 지금까지 사태를 지켜보기만 했던 아타나리크가 마침내 카우카란드의 깊은 숲속에서 무력으로 밀고 나왔다. 그가 서슴없이 도나우 강을 건너오자 벌써부터 무정부 상태에 불안을 느끼고 있던 프리티게른의 신민들 중 상당수가 손쉽게 감복하여, 그를 고트족의 왕, 즉 판관으로 받아들였다. 그것은 그들이 그의 문벌을 존경했을 뿐 아니라, 그의 능력을 이미 여러 번 경험한 바 있었기 때문이었다. 그러나 아타나리크(?-381년)는 이미 나이가 들어 용맹이 전과 같지 못했기 때문에 부족들을 전쟁터로 끌고 가서 싸울 생각은 하지 않고, 그 대신 현명하게도 [로마가 내놓은] 명예롭고도 유익한 강화조건에 귀를 기울였다. 이 새로운 동맹자의 능력과 힘을 잘 알고 있던 테오도시우스는 콘스탄티노플에서 수마일 떨어진 곳에까지 몸소 나가 그를 맞이했으며, 친구의 신뢰와 군주의 위엄을 갖추어 그를 제국의 수도에서 융숭하게 대접했다. "이 야만족 왕은 자기의 관심을 끈 여러 가지 물건들을 신기한 듯이 관찰하다가 마침내 이렇게 감탄했다. '나는 지금 이 놀라운 수도의 영광을 보면서도 도저히 믿을 수 없다!' 그리고 그는 두리번거리며 주위를 둘러보고 나서 요충지를 장악한 도시의 위치, 견고하고 아름다운 성벽과 공공 건축물, 수많은 배들이 꽉 들어찬 드넓은 항구, 이방 민족들의 끊임없는 내왕 그리고 군대의 무기와 규율에 대해서 감탄했다. 아타나리크는 이렇게 계속했다. '진정코 로마인들의 황제는 이 땅의 신이다. 그러므로 감히 손을 들어 그에게 대적하는 자는 벌을 받아 마땅하리라.'"

고트족 왕은 이 융숭한 접대를 오랫동안 즐길 수 없었는데, 원래 절제라는 미덕은 고트족과 거리가 멀다는 점을 생각할 때, 그는 황궁의 향연을 즐기다가 어떤 죽을 병에 걸렸던 것이 아닌가 생각된다. 그러나 현명한 테오도시우스는 이 동맹자의 충실한 지원에서 기대할 수 있었던 것보다 더한층 확고한 이익을 그의 죽음에서 얻었다. 아타나리크의 장례식(381년)은 동로마 수도에서 엄숙하게 거행되었고, 그를 추모하는 장엄한 기념비가 세워졌으며, 이처럼 후한 장례와 테오도시우스의 예의를 갖춘 애도에 감복한 아타나리크의 군대는 모두 로마 제국의 군대에 편입되었다. 서고트족의 대군이 귀순함으로써 매우 유리한 결과가 나타났다. 그리고 강압과 설득, 매수의 효과가 날이 갈수록 더욱 뚜렷해졌다. 각 부족의 추장들은 앞을 다투어 별도의 강화조약을 체결했다. 그것은 고집을 부려 강화를 늦추다가는 자기만 고립되어 정복자의 보복이나 제재를 받지 않을까 하는 두려움에서였다. 고트족의 전체적, 최종적 투항이 이루어지기까지는 [371년 하드리아노폴리스 전투에서] 발렌스 황제가 패전하여 사망한 뒤로부터 4년 1개월 25일이 걸렸다고 할 수 있을 것이다.[5]

고트족에게 정착지를 정해주고 그들의 특권을 확인하고 그들의 의무를 규정했던 원래의 강화조약은 테오도시우스와 그 후계자들의 역사를 잘 말해준다. 그러나 이 시기의 역사에는 이 색다른 조약의 정신이나 내용이 제대로 보존되어 있지 않다. 전쟁과 폭정의 참화는 야만족이 이용할 수 있는 비

---

[5] 원문에서 기번은 테오도시우스와의 강화를 경멸한 동고트족의 모험들을 장황하게 설명한다. 동고트족은 북방의 이름이 알려지지 않은 지방으로 퇴각하여 서로마 황제와 강화조약을 체결했으나, 이를 위반했다. 그들은 4년 후에 마침내 하(下)도나우 지역으로 돌아왔고, 이곳에서 테오도시우스의 한 장군에게 대패하여 한동안은 국가로서의 전력을 상실하게 되었다/편집자 주.

옥한 휴경지를 많이 남겼는데, 야만인들도 농경을 싫어하지는 않았다. 트라키아에는 서고트족의 식민지가 많았고, 동고트족의 잔류자들은 프리기아와 리디아에 정착했다. 그들이 당장 필요로 하는 곡물과 가축이 분배되었으며, 일정한 기간 동안 세금을 면제해줌으로써 열심히 일하도록 장려했다.

야만족들이 만일 여러 지방으로 분산되는 고통을 경험했더라면, 그들도 로마 궁정의 잔인하고 배신적인 정책을 실감할 수 있었을 것이다. 그러나 그들은 거주지로 지정된 부락과 구역의 독점적 소유를 요구하여 수락받았고 고유한 풍습과 언어를 간직하여 전파했고 전제정치 체제에서도 내정의 자유를 고수했으나, 로마 황제의 주권을 인정하면서도 하급의 법령과 행정관들의 재판권에는 복종하지 않았다. 각 부족과 씨족의 세습 족장들은 평화시에는 물론 전쟁시에도 여전히 자기 관내를 다스리도록 허용되었다. 다만 국왕의 위엄만은 폐지되었고, 고트족 장군들은 황제의 뜻대로 임면(任免)되었다. 동로마 제국의 상비군으로 고트족 4만 명이 유지되었는데, '포이데라티(foederati)' 즉 동맹군이라고 불린 이 오만한 군대에게는 황금색 옷깃, 후한 급료, 폭넓은 특권을 주어 우대했다. 그들의 타고난 용기는 무기 사용법과 엄격한 규율의 유용함을 알게 되어 더욱 강화되었다. 로마 공화국이 이처럼 충성심이 불확실한 야만족의 칼로 방어되고 또한 위협받는 동안에 로마인들의 마음속에 남아 있던 상무정신은 마침내 완전히 소멸되고 말았다.

테오도시우스는 자기가 궁지에 몰려 제시했던 강화조건들이 사실은 고트족에 대한 자신의 진정한 우정의 표시였다는 것을 이 동맹군들에게 설득해야만 했다.[6] 한편 이 굴욕적이고 위험한 양보를 소리 높여 비난한 로마인들의 불만을 달래기 위해서는 또다른 해명이나 변명이 필요했다. 전쟁의 참화는 극히 생생하게 묘사되었고, 반면에 질서, 풍요, 안전 회복의 최초의 징후들은 크게 과장되었다. 테오도시우스의 지지자들은 얼마간의 진실과 합리성을 원용하여 고향을 잃고 자포자기한 그 수많은 호전적 부족들을 격멸한다는 것은 불가능한 일이었고, 이제 피폐한 여러 지방은 노동자들과 농부들을

---

[6] 고트족의 한 역사가는 자기 민족이 순진하고 평화를 사랑하며 온후하고 끈기 있는 사람들이라고 했다. 리비우스에 따르면 로마는 자체 방어를 위해서 세계를 정복했다/편집자 주.

새로 공급받아 활기를 되찾게 될 것이라고 주장할 수 있었다. 야만족은 아직도 분개하여 적대적 태도를 보이고 있지만, 과거의 경험에 비추어 그들은 근면과 복종의 습관을 익힐 것이고, 시간이 지나면 교육과 기독교의 감화로 그들의 습속도 세련될 것이며, 따라서 그들의 후손은 점차 로마인의 큰 테두리 안에 흡수될 것이라는 것이었다.

이런 그럴 듯한 논거와 낙관적인 기대에도 불구하고, 분별력 있는 모든 사람들에게는 고트족이 오랫동안 적으로 남아 있을 것이며, 오래지 않아 로마 제국의 정복자가 되리라는 것이 명백했다. 그들의 난폭하고 거만한 태도는 그들이 로마 시민과 속주민들을 경멸하고 있음을 말해주는 것이었다. 테오도시우스는 야만족의 열성과 용맹 덕분에 전쟁에 이겼다. 그러나 야만족의 지원은 불안했으며, 그들은 그들의 도움이 가장 절실히 요구되는 순간에 군기를 이탈하는 반역적이고 불안정한 기질을 나타낼 때가 많았다. 막시무스를 상대로 한 내전 중에 수많은 고트족 도망자들이 마케도니아의 늪지대에 숨어들어 인근 지방을 황폐화시킴으로써, 부득이 황제는 친히 무력을 과시하여 반란의 불꽃을 진압하지 않을 수 없었다.

이런 반란이 우연히 일어난 것이 아니라 미리 심사숙고한 계획의 결과였다는 의혹이 짙어지면서, 백성들의 우려는 더한층 깊어졌다. 일반인들은 고트족이 적의를 품고 교활한 마음으로 강화조약을 체결했다고 믿었고 그리고 야만족 수령들이 엄숙한 비밀서약을 통해서 맹세했던 신의를 지키지 않고 겉으로는 충성과 우의를 유지하면서도 약탈과 정복과 복수의 기회를 노리기로 약속했다고 믿었다. 그러나 야만족들도 감사할 줄을 전혀 모르는 것은 아니었다. 몇몇 고트족 지도자들은 제국을 위해서, 아니면 적어도 황제를 위해서 진심으로 헌신했다. 이에 따라서 고트족 전체는 점차 2개의 분파로 나뉘었으며, 그들의 첫번째 조약과 두번째 조약에 따른 의무를 비교하는 대화와 논쟁에서 매우 복잡한 변론이 동원되기에 이르렀다. 스스로 평화와 정의와 로마의 친구라고 자처한 고트족 일파는 용맹스럽고 존경할 만한 젊은 지도자 프라비타의 지휘하에 있었다. 프라비타는 점잖은 거동과 너그러운 마음씨 그리고 온후한 사회생활의 미덕이 동족들 중에서 단연 돋보이는 인물이었다. 그러나 이보다 규모가 더 큰 다른 분파는 사납고 신의 없는 프리울프를 지지했는데, 프리울프는 호전적인 추종자들에게 격정의 불꽃을 불러일으키면서 민족의 독립을 주장했다.

어느 엄숙한 축제일에 양쪽 분파의 대장들이 모두 황제의 식탁에 초대되었다. 그들은 점차 술기운이 오르자 평소의 자제력을 잃고 테오도시우스의 면전에서 자신들의 내분의 비밀을 폭로하고 말았다. 이 색다른 논쟁을 본의 아니게 목격한 황제는 짐짓 두려움과 분노를 가장하면서 곧 난장판이 된 모임을 해산시켰다. 상대편의 오만 무례함에 놀라고 분개한 프라비타는 그가 궁전을 떠나면 내전이 일어날 것이라고 직감하고 과감하게 프리울프를 쫓아가서 단칼에 죽였다. 프리울프의 동료들이 무기를 들고 달려들자 로마의 충실한 전사(프라비타)는 수에 밀려 불리해졌으나, 때마침 황실 근위병들이 개입하여 보호를 받았다. 이렇게 해서 난폭한 야만족이 황궁과 로마 황제의 식탁을 더럽혔던 장면이 벌어졌지만, 성미 급한 고트족을 다스릴 사람은 확고하고도 온화한 테오도시우스밖에 없었기 때문에 국가의 안전은 더욱더 이 한 사람의 생명과 능력에 의존할 수밖에 없었다.

원문에서는 테오도시우스 시대에 있었던 여러 가지 중요한 사건들을 상세히 설명하고 있지만, 그중에서도 가장 중요한 사건은 기독교 정통파 집단의 최종적 승리와 이교의 멸망이었다. 아리우스파를 겨냥하여 15개의 엄격한 칙령을 내린 테오도시우스는 그 첫번째 칙령에서 이렇게 천명했다. "동등한 존엄성과 신성한 삼위일체하에서, 성부, 성자, 성령의 유일한 신성을 믿을지어다." 이를 믿는 사람들은 "가톨릭 그리스도교도라는 칭호로 불릴 것이며, 그밖의 모든 자는 이상한 광인이라고 판정하여 그들에게는 이단자라는 수치스러운 이름을 부여할 것이니라……" 이단종파들의 집회가 금지되었고, 그 지도자들은 무거운 벌금형에 처해졌으며, 그들을 신봉하는 자들은 점차 취업 자격을 상실했고, 유언장의 작성 등이 금지되었다. 테오도시우스는 그 본거이자 아성이 되어왔던 콘스탄티노플에서 아리우스파를 철저히 박멸함으로써 그의 열성을 증거했다.

산타 콘스탄차 교회(로마, 350년경)

그라티아누스와 테오도시우스의 치세에 이르기까지는 심지어 기독교도 황제들조차도 "1,100년 동안 여론과 관습의 지지를 받은 로마 미신의 옛 체제"가 비교적 손상을 받지 않은 채 존속할 수 있도록 허용했다. 그러나 그라티아누스는 이교 수도승들에게 아직껏 남아 있던 공식적 권리, 면책, 징세권 등을 철회했으며, 테오도시우스는 더 나아가서 "로마인들의 종교를 유피테르 신앙으로 할 것이냐 그리스도 신앙으로 할 것이냐"하는 문제를 정식으로 원로원에 제기했다. 황제의 압력 때문에 기독교를 찬성하는 표가 압도적이었다. 그 결과 여러 지방에서 모든 이교 신전들과 성지의 장악과 파괴 그리고 이교도들의 모든 집회와 의식, 제사 등의 금지가 뒤따랐다.

그러나 이교도들은 교묘한 방법으로 복수했다. 수많은 이교도 개종자들이 교회로 몰려들자, 교회는 이들을 받아들이면서 서서히 이교의 신화에 해당하는 성자와 성물 숭배의식을 채택하게 되었던 것이다. 기번은 이렇게 쓰고 있다. "가장 존경할 만한 주교들은, 무지한 촌사람들이 기독교의 품속에서 이교와의 약간의 유사성과 그 대상물을 발견한다면, 더욱 기꺼이 이교의 미신을 버릴 것이라는 확신을 가지게 되었다. 콘스탄티누스의 종교는 1세기도 못 되어 로마 제국을 최종적으로 정복했다. 그러나 정복자들은 자기도 모르는 사이에 정복당한 경쟁자들의 책략에 넘어갔다."

정치분야에서 그라티아누스는 서로마 황제로서 행한 종전의 약속을 오랫동안 지키지 않았다. 그는 테오도시우스를 동방의 공동 통치자로 선정한 후, 곧 브리타니아에서 반란을 일으킨 막시무스의 손에 죽었다. 테오도시우스는 점증하는 야만족의 위험 때문에 막시무스를 잠정적인 공동 통치자로 받아들이면서, 다만 그라티아누스의 동생인 발렌티니아누스 2세(재위 375-92년)가 이탈리아, 아프리카, 서부 일리리쿰을 통치해야 한다는 조건을 명시했다. 그러나 막시무스가 야심을 품고 이탈리아까지도 점유하자, 발렌티니아누스는 그의 누이 갈라와 어머니 유스티나와 함께 테오도시우스에게 도움을 청했다. 그들의 청원은 갈라의 미모 때문에 더욱 테오도시우스의 마음을 움직였다. 기번의 말대로 "이 황실간의 결혼의식은 바로 내전에 대한 확인이며 신호였다." 막시무스는 곧바로 패배하여 처형당했으며, 발렌티니아누스가 서로마 제국의 황제로 재확인되기까지의 짧은 기간 동안, 로마 제국은 다시 한번 한 사람의 군주에 의해서 다스려지게 되었다.

그러나 나이 어리고 미숙한 발렌티니아누스는 야심을 품은 찬탈자의 표적으로서는 안성맞춤이었다. 테오도시우스가 콘스탄티노플로 되돌아가자, 실질적인 권력은 곧 프랑크족 출신으로서 갈리아의 군사령관이었던 아르보가스테스의 손에 넘어가고 말았다. 발렌티니아누스는 아르보가스테스와 말다툼을 벌인 직후에 목이 졸려 죽은 시체로 발견되었으며, 아르보가스테스는 동료인 에우게니우스를 제위에 앉혔다. 테오도시우스는 다시 서로마의 찬탈자를 진압하고 제국 전체를 다스렸다. 그 몇달 후 테오도시우스가 사망하자, 로마 제국은 그의 두 나약한 어린 아들에게 맡겨졌으며, 로마인들은 "눈앞에 다가온 취약한 분립통치의 위험에 공포를 느끼게 되었다."

각각 동로마와 서로마를 물려받은 아르카디우스(재위 395-408년)와 호노리우스(재위 395-423년)는 이 모든 공포심에 부응하거나 하려는 듯이 대체로 타락하고 탐욕스럽고 무능한 신하들에게 놀아났다. 이들의 치세 중에 한 사람의 인상적인 인물이 나타났다. 그는 테오도시우스의 임종시에 두 아들과 공화국을 돌보도록 부탁받은 대장군 스틸리코였다. 스틸리코는 아르카디우스에게 질투와 두려움을 샀기 때문에 콘스탄티노플의 원로원에서 공화국의 적으로 선포되기도 했으며, 이 동로마 황제가 고용한 자객들로부터 여러 차례 자신의 목숨을 방어해야 하는 등 어려움을 극복해야만 했다. 그 가운데에서도 그는 길도라는 이름의 무어인 반란자로부터 아프리카 속주들을 되찾는 한편, 야만족의 침입에 대해서 단 한 차례 있었던 본격적인 저항을 시도하기도 했다. 한편 호노리우스는 "하는 일 없이 궁정 안에서는 죄수처럼, 자기 나라에서는 이방인처럼 서로마 제국의 멸망을 참을성 있게 그리고 거의 무관심하게 지켜본 구경꾼으로서 소일했다."

제14장
(398-408년)

고트족의 반란
고트족의 그리스 약탈
알라리크와 로도가스트에 의한 두 차례의 이탈리아 침략
스틸리코에 의한 그들의 격퇴
게르만족의 갈리아 유린
스틸리코의 오욕과 죽음[1]

로마 신민들은 설사 그들이 위대한 테오도시우스에게 어떠한 은혜를 입었는지는 몰랐더라도, 고인이 된 이 황제가 허약한 국가의 골격을 떠받치기 위해서 얼마나 고심참담했는가를 곧 깨달을 수 있었을 것이다. 그는 1월에 사망했는데(395년), 고트족은 그해 겨울이 가기 전에 반란을 일으켰다. 야만족으로 구성된 보충부대들이 각기 반기를 들고, 오랫동안 품어온 적대적 의도를 과감하게 드러냈던 것이다. 최근의 강화조약으로 어쩔 수 없이 평온하게 일어나 하면서 지냈던 그들의 동족은 진군의 나팔 소리가 울리자마자, 농토를 버리고 그동안 마지못해 넣어두었던 무기를 꺼내들었다. 도나우 지역의 방벽이 넓게 뚫렸고, 스키타이의 사나운 전사들이 숲속에서 쏟아져나왔다. 그리고 이상하게도 추웠던 그해 겨울에는 한 시인의 표현대로 "분노한 강의 넓게 얼어붙은 등 위로 그들의 육중한 마차들이 우르렁거리며 굴러갔다." 도나우 강 남쪽 지방의 불운한 원주민들이 참화를 입게 되었는데, 이 참화는 그후 20년이 지나는 동안에 점차 그들에게는 익숙한 것이 되어갔다.

---
[1] 원문의 제30장에 해당한다/편집자 주.

이렇게 하여 고트족의 이름을 빛낸 여러 야만족 부대들의 진이 숲이 우거진 달마티아의 해변에서 콘스탄티노플의 성벽에 이르는 지역에 불규칙하게 전개되었다.

고트족이 반란을 일으킨 표면상의 구실은 그들이 현명하고 관대한 테오도시우스에게서 받았던 보조금이 중단되거나 삭감되었다는 데에 있었다. 그들은 테오도시우스의 비호전적인 아들들을 경멸했으므로 더욱 모욕을 느꼈고, 아르카디우스의 나약한 신하 루피누스[2]의 반역행위가 그들의 분노에 불을 질렀다. 루피누스는 야만족의 무장과 복장을 한 채 자주 야만족의 진영에 들락거렸는데, 그것은 그가 떳떳치 못한 내통을 하고 있다는 증거로 간주되었다. 그리고 고트족은 은혜를 갚기 위해서인지 어떤 정략 때문에서인지 전국토가 황폐해지고 있었음에도, 이 인기 없는 총독의 사유재산을 돌보았다.

고트족도 이제는 수령들의 맹목적이고 저돌적인 격정에 좌우되지 않고 용감하고도 책략에 능한 알라리크의 지휘를 따랐다. 이 유명한 지도자는 오직 아말리 가문의 왕권에만 복종하는 귀족 가문의 발트 해 지방 출신이었다. 그는 로마 군단들의 지휘권을 달라고 청원했는데, 황실은 이를 거절함으로써 그의 분노를 사는 중대한 실수를 저질렀다. 그 역시 콘스탄티노플을 정복하고자 희망했겠지만, 이 현명한 장군은 실행 불가능한 이 계획을 깨끗이 포기했다. 궁정의 의견이 양분되고 민심이 불안한 가운데 아르카디우스 황제는 고트 군의 위세에 겁을 먹고 있었다. 그러나 지혜와 용맹의 결핍은 도시의 튼튼한 방벽에 의해서 보완되었다. 이곳의 육상과 해상의 요새들은 야만족의 마구잡이 공격에 맞서기에 충분했던 것이다. 알라리크는 피폐한 트라키아 지방과 다키아 지방을 더 이상 짓밟을 마음이 사라졌고, 이제까지 한번도 전쟁의 참화를 겪지 않은 지방에 가서 명성과 재산의 풍요한 수확을 거두기로 결심했다.

루피누스에게서 그리스의 통치를 위임받은 문무관들의 면면은 루피누스가 예로부터 자유와 학문의 고장이었던 이 지방을 고트족 침략군에게 팔아

---

[2] 테오도시우스가 임명한 교활한 대신. 아르카디우스 밑에서도 재직했다/편집자 주.

넘겼다는 일반의 의혹을 뒷받침했다. 이곳의 총독 안티오쿠스는 존경할 만한 아버지의 못난 아들이었다. 그리고 이 지방의 군사령관 게론티우스는 천혜의 요새로 둘러싸인 이 지방을 용기와 재능으로 방어하기보다는 폭군의 억압적 명령을 집행하는 일에 보다 적격인 인물이었다. 알라리크는 아무 저항도 받지 않고 마케도니아와 테살리아의 들판을 가로질러 기병대가 거의 접근할 수 없는 오에타〔오이티〕 산록의 가파르고 숲이 우거진 산악지대에까지 진출했다. 그 산들은 동서로 해변까지 뻗어 있었는데, 그 절벽과 말리아 만(灣) 사이에는 폭 300피트 정도의 공간만이 남아 있어 어떤 곳은 겨우 마차 한 대가 지나갈 정도의 도로 폭밖에 안 되었다. 일찍이 레오니다스(스파르타 국왕/역주)가 300명의 스파르타 병사와 함께 장엄하게 생명을 바쳤던 (기원전 480년) 이 폭 좁은 테르모필라이 통로에서 노련한 장군 같으면 고트족을 저지하거나 궤멸시켰을 것이며 그리고 이 신성한 역사적 장소는 타락한 그리스인들의 마음속에 다소라도 상무정신을 불러일으켰음직도 했다. 그러나 테르모필라이 지협을 방어하도록 배치되었던 군대는 알라리크의 신속한 통과를 교란시키려고 시도해보지도 않은 채, 명령에 따라서 퇴각하고 말았다. 이렇게 되자 비옥한 포키스와 보에오티아 평야에는 즉시 야만족이 가득 차게 되었다. 그들은 무기를 들 나이가 된 모든 남자를 학살하고 촌락을 불태운 후, 처녀와 전리품과 가축들을 빼앗아갔다. 몇년 후 그리스를 찾은 여행자들은 고트족의 행군이 남긴 처참한 흔적들을 쉽게 발견할 수 있었다. 그리고 테베가 그나마 보존된 것은 일곱 성문의 덕택이 아니라 알라리크가 아테네 시와 중요한 항구 피레우스를 점령하기 위해서 서둘러 진군했던 덕분이라고 보아야 할 것이다.

알라리크는 이와 동일한 조급함 때문에 투항조건을 제시함으로써, 포위공격에 따른 지연과 위험을 피하려고 했다. 그러나 아테네인들은 고트족 전령의 목소리가 들리자마자, 즉시 미네르바의 도시(아테네)와 주민들의 몸값으로 거의 남김없이 재산을 순순히 내놓았다. 강화조약이 엄숙히 체결되었으며 상호간에 성실히 준수되었다. 고트족의 지휘자는 소규모의 선발 수행원을 거느리고 성내에 초대되어 목욕을 즐기고 행정관이 베푸는 화려한 연회

서고트족 국왕 알라리크(370-410년)

에 참석하면서 문명국가의 풍습에 무지하지 않은 것처럼 처신했다. 그러나 수니움 곶에서 메가라 시에 이르는 아티카(그리스 반도의 중심지)의 전지역은 그가 나타나는 것을 지긋지긋해했으며, 당대의 어떤 철학자의 말을 빌리면, 아테네 자체도 도살되어 제수로 쓰이는 피가 흐르는 속이 빈 짐승의 가죽과 같은 모습이었다. 메가라에서 코린토스까지는 30마일을 크게 넘지 않는다. 그러나 오늘날에도 그리스인들이 험로(險路)라고 부르는 이곳의 도로는 적의 행군이 불가능했거나, 최소한 저지하기가 용이했다. 키타이론 산의 울창한 숲이 내륙부를 뒤덮었고, 스키로니아의 암벽은 바다에까지 뻗쳐 6마일이 넘는 해변에 구불구불 지나가는 좁은 통로 위에 걸쳐 있었다. 예로부터 험악하기로 소문난 이 울퉁불퉁한 통로는 코린토스 지협에서 끝났고, 따라서 강인하고 용감한 소규모의 병력만 있으면 이오니아 해에서 에게 해에 이르는 6마일의 임시 보루를 성공적으로 방어할 수 있었을 것이다.

펠로폰네소스의 도시들은 이 천혜의 요새만 믿고 옛 성벽들을 손질하기를 게을리했으며, 탐욕스러운 로마의 지사들은 이 불행한 지방을 피폐케 했을 뿐 아니라 배신했다. 코린토스, 아르고스, 스파르타는 저항 없이 고트족 군대에 투항했으며, 따라서 주민들 중에서 행복한 사람은 차라리 죽은 사람들이었으니, 이들은 자기 가족이 노예로 잡혀가고 도시가 불타는 모습을 보지 않아도 되기 때문이었다. 온갖 항아리와 조각상들은 그 우아한 솜씨보다는 재료인 금은보화에 관심이 있는 야만족들에게 넘어갔고, 포로들 중 여자들은 전쟁의 법도에 따라서 용맹의 보상이 되었다. 그리스인들은 학대에 대해서 제대로 불평할 수도 없었으며, 그것은 영웅시대의 선례에 의해서 정당화되었다(포로로 된 여자가 자신의 부모형제를 살해한 적에게 마음까지 바쳐 봉사하는 절대적인 인내심은 호메로스 등에 의해서 노래되었다/역주). 용기와 규율을 스파르타의 방벽이라고 믿었던 이 뛰어난 민족의 후손들은 이

제 자기 선조들이 알라리크보다 더욱 막강한 침략자에게 "만일 네가 신이라면, 너는 너를 해치지 않은 자를 결코 해칠 수 없다. 만일 네가 사람이라면, 오라 — 그러면 너는 호적수를 만나게 될 것이다" (플루타르코스의 『영웅전』에서/역주)라고 호쾌하게 응답했던 일은 기억하지도 못했다.

고트족의 지도자는 어떠한 인간의 저항도 받지 않은 채, 테르모필라이에서 스파르타까지 승리의 행군을 계속했다. 그러나 망해가는 이교를 숭배하는 어떤 사람은 아테네는 무적의 아에기스(고르곤의 머리가 그려져 있는 그리스 신화의 방패/역주)를 든 여신 미네르바와 분노한 아킬레스의 망령에 의해서 보호되었으며, 정복자들은 호전적인 그리스 신들이 나타나서 겁을 먹었다

스틸리코(365?-408년)

고 자신있게 주장했다. 기적의 시대에는 역사가 조시무스의 이와 같은 주장을 반박하는 것이 잘못일지도 모르겠지만, 그러나 알라리크가 꿈이나 생시의 환상으로라도 그리스인들의 미신을 받아들이지 않았다는 것을 감출 수는 없을 것이다. 호메로스의 노래나 아킬레스의 명성은 이 무지한 야만인의 귀에는 전혀 들리지 않았을 것이며, 그가 경건하게 받아들인 기독교는 로마와

고트족의 반란 ······ 487

아테네의 사이비 신들을 경멸하라고 가르치고 있었다. 고트족의 침입은 이 교의 명예를 지켜주기는커녕, 비록 우연한 계기이기는 했지만, 이교의 잔재를 근절시키는 데 기여했다. 그리고 1,800년 동안 데메테르 여신(곡물, 수확의 여신)이 돌보아주었더라도, 엘레우시스(데메테르를 제사 지내는 의식이 매년 행해진 아티카 시/역주)의 파멸과 그리스의 재앙은 면할 수 없었다.

자체의 무력과 신들 그리고 그들의 군주에게 더 이상 의지할 수 없게 된 그리스인들은 서로마 장군의 강력한 지원에 마지막 희망을 걸었다. 그리고 적을 격퇴하도록 허락받지도 못한 스틸리코가 그리스의 침략자들을 응징하기 위해서 진격했다. 대규모의 함대는 이탈리아의 여러 항구에서 의장을 갖추고 있었다. 그의 군대는 단기간 이오니아 해를 순항한 끝에 폐허화된 코린토스 부근의 지협에 무사히 상륙했다. 전설에 나오는 숲의 신 판과 드리아드(나무의 요정)가 사는 숲이 우거진 아르카디아의 산악지방은 이렇게 해서 서로 만만치 않은 두 장군들 사이의 장기간의 승패가 불분명한 전쟁의 무대가 되었다. 마침내 능란하고 끈기 있는 로마 장군이 우세를 보였다. 고트족은 질병과 도망병 때문에 큰 손실을 입은 후, 점차 페네우스 강의 발상지에 가까운 엘리스 —— 예로부터 전쟁의 피해를 입지 않았던 성역 —— 의 변경지방으로 퇴각했다.

야만족의 진영은 즉시 포위되었고, 강물은 다른 수로로 옮겨졌다. 야만족들이 참을 수 없는 갈증과 굶주림으로 악전고투하는 동안, 그들의 도주를 막기 위해서 그 둘레에 견고한 참호선이 구축되었다. 이러한 조치를 취한 스틸리코는 지나치게 승리를 자신한 나머지 후방으로 물러가서 극장의 경기를 관람하고 그리스인들의 음탕한 무용을 즐기면서 승리를 축하했다. 그의 병사들은 군기를 버리고 동맹국의 곳곳에 흩어져서 적군의 약탈의 와중에서도 아직 남아 있던 모든 재산을 깡그리 빼앗아갔다. 알라리크는 이 절호의 기회를 틈타 대담무쌍한 작전을 전개했던 것으로 보이는데, 장군의 능력은 하루 동안의 전투에서보다는 바로 이와 같은 작전을 통해서 진정으로 빛났다. 그가 고립무원의 펠로폰네소스에서 빠져나오려면 자신의 진영을 둘러싸고 있는 참호선을 돌파해야 했고, 코린토스 만까지의 30마일 거리를 난관을 무릅쓰고 행군해야만 했으며, 자신의 군대와 포로 그리고 노획물을 내포(內浦)로 운송해야만 했는데, 그것은 리움(코린토스 만 근처 지역/역주)에서 건너편 해안까지 폭이 반 마일쯤밖에 되지 않는 내포였다.

알라리크의 작전은 은밀하고 신중하고 신속했던 것이 분명하다. 이 때문에 로마의 장군은 고트족이 자신의 포위망을 돌파하여 중요한 에피로스 지방을 완전 장악했다는 정보에 접하자 매우 낭패해했다. 그가 머뭇거리는 동안 알라리크는 충분한 시간을 가지고 콘스탄티노플의 대신들과 비밀협상을 벌여 강화조약을 체결할 수 있었다. 스틸리코는 내전을 우려한 나머지 오만해진 적의 요구에 따라서 아르카디우스의 영토에서 물러갈 수밖에 없었다. 그리고 그는 로마의 적이 이제는 동로마 황제의 동맹자이자 신하라는 영예로운 자격을 얻었음을 인정하지 않을 수 없었다.[3]

야만족의 몰락이 시정의 화젯거리가 되고 있는 가운데 콘스탄티노플에서는 알라리크를 동부 일리리쿰의 총사령관으로 승진시키는 칙령이 발표되었다. 로마의 속주민들은 물론이고 그동안 강화조약을 준수해온 동맹국들도 그리스와 에페이로스(그리스 북서부 지방. 1881년에 그리스에 통합됨/역주)를 폐허화한 장본인이 이처럼 관대한 보상을 받는 데에 당연히 분노했다. 이 고트족 정복자는 얼마 전까지만 해도 자신이 포위, 공략했던 도시들의 합법적인 행정관으로 받아들여졌다. 그가 학살했던 아들들의 아버지들이, 그가 범했던 지어미들의 지아비들이 이제 그의 통치하에 놓이게 되었다. 이처럼 반역자가 성공하게 되자, 외국인 용병대 지도자들이 저마다 야심을 품게 되었다. 알라리크가 새로운 지휘권을 적용한 방법들은 그의 정책의 확고하면서도 현명한 성격을 잘 보여주었다. 그는 마르구스, 라티아리아, 나이수스, 테살로니카와 4개소의 방어용, 공격용 무기 제조창과 병기고에 명령을 내려 자기 군대에게 더 많은 방패, 투구, 칼, 창들을 공급하도록 했다. 불행한 속주민들은 자신들을 파멸시킬 수 있는 무기를 만들지 않을 수 없었고, 야만족들은 지금까지 종종 자기들의 용기를 좌절시켰던 유일한 결함을 제

---

[3] 기번은 여기서 잠시 주제에서 벗어나서 그리스 철학자 시네시오스가 황실과 시민에게 야만족의 위협에 대처할 최선의 방법을 충고한 웅변 내용을 소개하고 있다/편집자 주.

거할 수 있게 되었다.

알라리크의 출신, 그의 지난날의 무공 그리고 장래 계획에 대한 신뢰감이 점차로 고트족을 그의 상승 군단 휘하에 통합시켰다. 그리고 이 일리리쿰 군사령관은 야만족 수령들의 만장일치의 찬동을 얻어 예로부터의 관습대로 방패 위에 올려져 서고트족 국왕으로 엄숙히 선포되었다. 두 제국의 접경에서 이와 같이 이중의 권한을 장악하게 된 그는 아르카디우스와 호노리우스의 두 황실을 번갈아가며 거짓 약속으로 기만행위를 하다가 마침내 서로마 영토의 침략 결의를 선포하고, 이를 실행에 옮겼다. 동로마에 속한 서유럽 속주들은 이미 피폐해 있었고, 아시아의 속주들은 멀리 떨어져 있었으며, 콘스탄티노플의 군사력은 이미 그의 공격을 받아본 터였다. 그러나 그는 앞서 두 차례 방문해본 적이 있는 이탈리아의 명성과 아름다움과 부유함에 유혹받고 있었기 때문에, 로마 성벽 위에 고트족의 기를 꽂고 로마가 그동안 300차례의 승전에서 축적한 전리품으로 그의 군대를 살찌우겠다는 은밀한 야심을 품고 있었다.

자료가 부족하고 연대가 불확실한 탓으로 알라리크 군대의 첫번째 이탈리아 침공 당시의 상황을 설명하기는 어렵다. 그는 아마도 테살로니카에서 호전적, 적대적인 판노니아를 거쳐서 알페스 율리아누스(유고슬라비아 북서부에 있는 산맥/역주)의 기슭에까지 행군했을 것 같다. 그가 군대와 보루로 강력하게 방어된 이 산악지대를 통과하고, 아퀼레이아(아드리아 해 북단의 도시. 로마 제국의 중심 도시의 하나/역주)를 공략하고, 이스트라 반도와 베네치아 지방을 정복하는 데에는 꽤 시간이 걸렸을 것이다. 그의 작전이 극히 신중하고 느리지 않았더라면, 이때 소요된 시간으로 보아 고트족 왕은 일단 도나우 강 유역으로 물러가서 야만족 병력을 보충한 후에 다시 이탈리아 심장부의 침입을 시도했다고 의심해볼 수 있을 것이다.[4]

〔서로마 황제〕호노리우스는 신하들보다 직위만 높은 것이 아니라 공포심도 많았다. 교만과 사치를 교육받았던 그는 이 지구상에 감히 아우구스투

---

4) 여기서 기번은 고트족의 침입이 두 사람(아퀼레이아의 장로와 베로나의 농부/역주)의 운명에 미친 영향 그리고 주민들의 경악과 절망에 관해서 간단히 설명하고 있으나, 생략한다/편집자 주.

스의 후계자의 안식을 어지럽힐 세력이 존재하리라고는 믿을 수 없었다. 교묘한 아첨꾼들은 알라리크가 밀라노 궁전에 밀어닥칠 때까지도 임박한 위험을 덮어두었다. 그러나 이 젊은 황제는 전쟁의 나팔 소리에 잠이 깨고서도 젊은이답게 달려가서 싸울 생각은 않고 나약한 신하들의 충고에 귀를 기울였을 뿐이다. 그들은 황제가 시종들과 함께 먼 갈리아 지방의 안전한 장소로 피신하도록 진언했다. 스틸리코만이 용기와 권위를 가지고 로마와 이탈리아를 야만족에게 넘겨주게 될 이 수치스러운 대책에 반대했다. 그러나 황실 군대는 얼마 전에 라이티아 변경으로 파견되었고, 신병모집도 지지부진했기 때문에, 이 서로마 장군은 밀라노 궁정이 잠시 동안만 버텨주면 자기가 가서 고트족 왕과 맞설 수 있는 군대를 끌고 오겠다고 약속하는 수밖에 없었다.

　스틸리코는 지체없이(한순간이라도 국가의 안위에 중요했다) 라리오 호수[코모 호수]를 배를 타고 건넌 후, 엄동설한의 알프스에 올라간 뒤 라이티아의 평온을 어지럽히고 있던 적군 앞에 돌연히 나타났다. 아마도 알레만니족의 일부 부족이었으리라고 생각되는 야만족은 명령조의 언어를 구사하는 수령(스틸리코)의 확고한 태도를 존경했으며, 용감한 청년들을 엄선해 보내 달라는 그의 제안도 호의로 받아들였다. 이렇게 해서 인근의 적들에게 발이 묶여 있던 부대들이 서둘러 황제에게 달려갈 수 있었다. 스틸리코는 또한 서로마의 벽지에 주둔하는 군대에게도 명령을 보내 호노리우스 황제와 이탈리아를 지키기 위해서 급히 행군하도록 조치했다. 라인 강의 요새는 포기되었고, 갈리아의 안전은 오직 게르만족의 충성심과 예로부터 내려온 로마의 명성에 의해서만 보호받을 수 있었다. 심지어 북방의 칼레도니아인들로부터 브리타니아 방벽을 지키고 있던 군단들까지도 급히 소환되었고, 알레만니족의 대규모 기병대를 설득하여 장군의 귀환만을 손꼽아 기다리는 황제를 도우러 가도록 했다. 이 당시 스틸리코의 지략과 용기는 매우 뛰어난 것이었지만, 동시에 그것은 몰락해가는 제국의 약점을 드러내주기도 했다. 오래 전부터 군율과 용기를 상실하고 병들어 있던 로마 군단들은 고트족과의 전쟁과 내전에 의해서 붕괴되어갔다. 그리고 속주들을 피폐케 하여 위험에 노출시키지 않고서는 이탈리아 방어를 위한 군대를 집결시킬 수 없다는 것이 드러났다.

스틸리코가 황실을 무방비 상태의 밀라노 궁전에 내버려두고 떠날 때, 그는 아마도 자신의 부재기간, 적군과의 거리 그리고 적의 행군을 지연시킬 수 있는 장애요소 등을 계산에 넣고 있었을 것이다. 그가 크게 믿은 것은 이탈리아의 여러 강들이었다. 즉 아디게 강, 민키우스 강, 올리오 강, 아두아 강 등은 겨울과 봄철에는 비나 눈 녹은 물 때문에 강물이 크게 불어나는 것이 보통이었다. 그러나 그해 따라 비가 적게 왔기 때문에, 고트족은 가운데만 얕은 물이 약간 흐르는 드넓은 돌투성이 강바닥들을 힘들이지 않고 건너왔다. 아두아 강의 다리와 통로는 강력한 고트족 부대에 의해서 장악되었다. 그리고 알라리크는 밀라노 성벽 앞까지 진격하여 로마 황제가 자기 눈앞에서 도망가는 모습을 흐뭇한 마음으로 지켜보았다.

호노리우스는 나약한 관료들과 환관들을 거느리고 서둘러 알프스 산맥 쪽으로 도망갔는데, 그것은 역대 황제들이 종종 거처로 이용한 아를로 피신하기 위해서였다. 그러나 호노리우스는 간신히 포 강을 건널 수 있었으되, 속도가 빠른 고트족 기병대에게 추격당했기 때문에 다급한 나머지 타나루스 강변에 위치한 리구리아의 또는 피에몬테의 도시인 아스타[아스티]의 요새 안에 임시로 피난처를 구할 수밖에 없었다. 무명의 이 도시에 값비싼 표적이 숨어들고 또 이 도시는 오래 저항할 능력이 없는 것 같이 보였기 때문에 고트족 왕은 즉시 이곳을 포위하고 가차없는 압력을 가했다. 이때 황제는 자신이 결코 두렵지 않았다고 나중에 호언장담했지만, 그의 궁정 안에서도 이 말을 믿는 사람은 별로 없었다.

이 절망적인 최후의 순간에야 그리고 야만족이 이미 수치스러운 항복조건을 제시하고 난 후에야 마침내 그처럼 오랫동안 기다렸던 명성 높은 영웅이 달려와서 황제를 구출했다. 정선된 용감무쌍한 선발대를 이끌고 온 스틸리코는 아두아 강에 이르자 교량 공격에 시간을 빼앗기지 않으려고 강을 헤엄쳐 건넜다. 포 강을 건너는 작전은 비교적 손쉬운 일이었다. 그리고 그는 매우 성공적인 작전으로 아스타 성벽 아래에서 고트족 진영을 돌파함으로써, 로마의 희망을 다시 불러일으키고 그 명예를 지켰다. 야만족은 다 이긴 전쟁에서 승리의 결실을 얻지 못하고, 오히려 알프스의 모든 통로를 통해 밀려온 서로마 군대에게 사면으로 포위당하게 되었다. 야만족 본영은 타격을 받고 호위부대는 차단되었다. 그리고 로마 군은 물샐 틈 없는 요새망을 형성하여 포위군을 역포위할 태세였다. 고트족의 군사회의가 열려 장발의 수령들이 모였는데, 이들은 연로한 전사들로서 온몸을 털가죽으로 감쌌고 험악한 얼굴에는 명예로운 상처가 나 있는 모습들이었다. 그들은 전쟁을 계속하여 명예를 지킬 것인지, 아니면 약탈물을 확보하는 실리를 차지할 것인지를 논의한 끝에 제때에 후퇴하는 것이 상책이라고 진언했다. 이 중요한 회의에서 알라리크는 로마의 정복자다운 기백을 과시했다. 그는 동족들에게 그들이 이룩한 업적과 원래의 계획을 상기시킨 후, 자신은 이탈리아에 왕국을 세우든지 아니면 그곳을 무덤으로 삼을 결심이라고 엄숙하게 다짐함으로써 그의 힘찬 연설의 대미를 장식했다.

기강이 문란한 야만족은 항상 기습당할 위험에 노출되어 있었다. 그러나 스틸리코는 그들이 흥청망청 노는 무절제한 시간을 택하지 않고, 그 대신 기독교를 믿는 고트족이 경건한 마음으로 부활절 축제를 지내는 때를 택해서 그들을 공격하기로 결정했다. 이 전략(성직자들은 신성모독적 전략이라고 불렀지만)의 실천은 사울이라는 장군이 맡았다. 그는 야만인이고 이교도이면서도 테오도시우스의 노련한 장군들 중에서도 큰 명성을 얻은 인물이었다. 로마 기병대의 불의의 기습으로 폴렌티아 부근에 설치된 알라리크의 고트족 진영은 일대 혼란에 빠졌다. 그러나 곧 불굴의 천재인 야만족 지도자는 전투명령을 내렸고, 고트족은 최초의 혼란에서 벗어나자 곧 기독교의 신이 자기들 편이라는 경건한 신앙심에 의지하여 타고난 용맹성에 새로운 힘을 더하게 되었다. 일진일퇴의 승패가 엇갈리며 오랫동안 계속된 이 교전에서 왜소하고 사나운 모습 속에 고결한 정신을 간직하고 있던 알라니족 대장(사울)은 로마를 위해서 열심히 싸우다가 죽음으로써 그의 충성심을 입증했다. 그러나 시인 클라우디아누스는 그의 덕망을 칭송한 시에서 이 대장의 이름을 언급하지 않았기 때문에, 그의 명성은 지금까지 제대로 전해지지 않았다. 그가 죽은 후, 그가 지휘하던 부대는 의기소침하여 도주하고 말았다. 그리고 이 기병대가 패배한 후, 스틸리코가 즉각 로마 군과 야만족 보병을 이끌고 공격에 나서지 않았더라면, 알라리크의 승리는 결정적이었을지도 모른다.

이 유능한 장군과 용감한 병사들은 온갖 난관을 극복했다. 피비린내 나는 이날 밤에 고트족은 전장에서 퇴각했다. 그들의 진영은 강습되었으며, 이때의 약탈과 살육의 장면은 그들이 로마 신민에게 입혔던 참화를 어느 정도 보상해주는 것이었다. 코린토스와 아르고스의 화려한 약탈물로 서로마의 정예병들은 부자가 되었다. 로마의 보석과 로마 귀부인들을 시녀로 주겠다고 약속한 알라리크에게 이 약속을 이행하라고 독촉하던 그의 아내는 포로가 되어 적의 모욕을 받으며 자비를 애걸하는 처지로 전락하고 말았다. 그리고 고트족의 사슬에서 풀려난 수많은 포로들이 이탈리아 각지에 흩어져서 자신들을 구출해준 영웅을 칭송했다. 시인(클라우디아누스/역주)은 그리고 일반 시민들도 스틸리코의 개선을 같은 장소에서 북방의 다른 야만족들을 격퇴한 [킴브리족을 기원전 1세기경에 섬멸했던] 마리우스의 개선에 비유했다. 그러나 킴브리족과 고트족의 산더미 같은 유골과 투구들은 한데 뒤섞여 오랜 세월이 흐르는 동안에 서로 구별하기 어렵게 되었다. 그러므로 후세 사람들은 동일한 이 유적지에 로마의 2대 적을 섬멸한 두 명장을 기리는 공동의 전승기념비를 세워도 좋을 것이다.

클라우디아누스는 화려한 문체로 폴렌티아의 승전을 찬양하면서, 그때가 자기의 보호자(스틸리코)의 생애 중 가장 영광스러운 시기였다고 칭송했다. 그러나 어쩔 수 없이 고트족 왕의 인품에 더한층 순수한 찬양을 보내고 있다. 알라리크는 모든 시대의 정복자들이 응당 그렇듯이 해적이나 도둑이라는 오명으로 낙인 찍혔다. 그러나 스틸리코의 시인은 알라리크가 역경을 이겨내는 칠전팔기의 강인한 정신의 소유자임을 인정하지 않을 수 없었다. 그의 보병이 참패한 후, 알라리크는 전혀 타격을 입지 않은 기병대 전부를 이끌고 도주, 아니 퇴각했다. 그는 수많은 용사들을 잃었지만, 돌이킬 수 없는 손실을 한탄하는 데에 시간을 낭비하지 않고, 승리에 취한 적군이 고트족 왕의 허수아비를 사슬로 묶도록 내버려둔 채 과감하게 무방비 상태의 아펜니노 산맥을 돌파하여 비옥한 토스카나를 유린하고 죽기 살기로 로마 시를 정복하기로 결심했다(패배한 적장의 상을 만들어 개선식을 하는 것이 로마군의 관습이었다/역주).

로마 시는 스틸리코의 적극적이고 부단한 노력에 의해서 구출되었지만, 그는 적군이 실망할 것도 고려하여 공화국을 또 한 차례 전쟁에 휩쓸리게 만드는 대신 야만족의 철수를 돈을 주고 사겠다고 제의했다. 기백 있는 알라리크는 퇴각을 허용하고 연금을 주겠다는 그와 같은 강화조건을 거부하고 싶었겠지만, 그는 독립적인 수령들에 대해서 제한적이고 불안정한 권한을 행사하고 있을 뿐이었다. 수령들이 그를 동료들보다 높은 지위로 추대한 것은 그들의 이익을 도모하기 위해서였는데 그들은 아직은 전쟁에 이기지 못한 장군을 따를 마음이 별로 없었으며, 더구나 그들 중 일부는 호노리우스의 사신과 은밀한 교섭을 벌여 개인적 이익을 도모하고 싶은 유혹에 빠져 있었다. 결국 고트족 왕은 백성들의 소리에 굴복하고 서로마 제국과 강화조약을 비준한 후, 이탈리아로 왔던 군인들과 함께 다시 포 강을 건너 돌아갔다. 로마 군은 여전히 그의 동향을 주시했으며, 특히 몇몇 야만족 수령들과 비밀연락을 유지했던 스틸리코는 알라리크의 진영과 군사회의에서 이루어지는 계획들을 정확하게 평가하고 있었다. 화려한 공적을 이룩하여 자신의 퇴각을 돋보이게 만들려고 했던 고트족 왕은 알페스 라이티아의 요로를 제압하는 중요한 도시 베로나를 점령하기로 결심했다. 그리고 피폐한 자신의 병력을 보충해줄 게르만 부족들의 영토로 행군 방향을 돌려 라인 강 강기슭의, 그를 의심하지 않는 부유한 갈리아 속주를 침공하기로 했다.

자신의 대담, 현명한 작전을 누설한 반역자들이 있었다는 것을 전혀 알지 못한 그는 산악지대의 통로를 향해서 진군을 계속했는데, 이곳은 이미 로마 군대가 장악하고 있었기 때문에 그는 거의 동시에 전방, 측면, 후방에서 총공격을 받게 되었다. 베로나 성벽에서 약간 떨어진 곳에서 벌어진 이 혈전으로 고트족이 입은 손실은 폴렌티아의 패전에서 입은 손실보다 가볍지 않았다. 고트족의 용감한 왕은 준마를 타고 도망갔으나, 만일 경솔한 알라니족 때문에 로마 장군의 작전에 차질이 생기지만 않았더라도, 그는 전사하거나 포로로 잡혔을 것이다. 알라리크는 가까운 바위산으로 가서 패잔병을 수습한 후, 사방에서 포위해오는 우세한 적군과 대결할 태세를 갖추었다. 그러나 그도 피로와 굶주림과 질병에는 대항할 수 없었으며, 성급하고 변덕스러운 야만족 병사들의 탈주를 막을 수도 없었다. 그는 이와 같은 역경 속에서도 자신의 용기와 적의 관용 덕분에 대책을 강구하게 되었으니, 결국 야만족 왕의 퇴각은 이탈리아의 해방으로 간주되기에 이르렀다. 그러나 전쟁과 평화의 문제를 합리적으로 판단할 능력이 없는 백성들은 물론이고 성직자들조차도 공화국의 불구대천의 원수를 여러 차례 격파하고, 포위했다가도 번번이 살려 보내주는 스틸리코의 정책을 주제넘게 비난하고 나섰다. 사람들은 나라가 안전해지면, 처음에는 감사하며 기뻐하다가도 나중에는 끊임없이 질투하고 비방하게 마련인 것이다.

로마 시민들은 알라리크의 침입에 경악했으며, 그들이 수도의 성벽을 보수하느라고 진력하게 된 것은 그들의 공포심과 로마 제국의 쇠퇴를 인정했기 때문이었다. 야만족이 퇴각한 후, 호노리우스 황제는 원로원의 정중한 제안을 받아들여 제국의 수도에서 고트족에 대한 승전과 자신의 6번째 집정관 취임을 맞이하는 행운의 시대를 축하했다(404년). 지난 100년 동안에 황제를 모시는 영광을 세 번밖에 누려보지 못한 로마 시민들이 밀비아누스 다리(로마 시 북쪽 티베리스 강에 놓인 다리/역주)에서 팔라티누스 언덕(로마의 일곱 언덕 중 중앙에 있는 언덕/역주)에 이르기까지 온 거리와 교외지대를 가득 메웠다. 시민의 눈은 당연히 그의 제자라고 할 수 있는 황제의 옆자리에 앉은 스틸리코의 전차에 집중되었다. 시민들은 콘스탄티누스나 테오도시우스의 경우와는 달리 내전의 피로 얼룩지지 않은 이 개선행렬에 박수갈채를 보냈다. 행렬은 새로 건설된 드높은 개선문 아래를 통과했다. 그러나 이로부터 불과 7년 후에 로마를 점령한 고트족 정복자들은 (혹시 글을 읽을 줄 알았다면) 이 개선문의 비문에 자기 민족이 대패하여 멸망했다고 적혀 있음을 발견했을 것이다.[5]

이탈리아가 고트족으로부터의 해방을 기뻐하고 있는 동안에 게르마니아의 여러 민족들 사이에는 사나운 폭풍이 불어오고 있었다. 그들은 점차 아시아 대륙의 동쪽에서 오는 것으로 보이는 항거할 수 없는 충격에 휘말리게 되었다.[6] 이 역사적 사건의 연쇄가 차단 또는 은폐된 것은, 이 충격이 중국의 끝과 로마 영토의 끝의 사이에 있는 암흑의 중간지대를 거쳐 볼가 강에서 비스툴라 강을 통과했기 때문이었다. 그러나 야만족들의 기질이나 연쇄적인 이주의 경험으로 미루어볼 때 주젠족의 무력에 억눌렸던 훈족은 얼마 후에는 이 강적으로부터 벗어난 것이 틀림없다. 흑해 쪽의 나라들은 이미 그들의 동족들에게 점령되어 있었기 때문에, 훈족의 신속한 도주(곧 과감한 공격으로 전환되곤 했지만) 방향은 자연히 비스툴라 강이 유유히 흑해로 흘러들어가는 풍요로운 평야지대였다. 북방민족들도 훈족의 침입에 놀라서 동요를 일으켰을 것이며, 이들에게 밀려 퇴각한 민족들은 게르마니아 접경지대를 압박했을 것이다. 옛 사람들이 수에비족, 반달족, 부르군트족에게 할당했던 이 지역의 주민들은 사르마타이에서 도망온 민족들에게 자기들의 숲이나 늪지대를 내주거나 아니면 적어도 자기들의 잉여인구를 로마 제국의 속주들로 내보내고 싶어했을 가능성이 있다.

주젠족(타타르족)의 지도자 사륜(社崙, 기번은 Toulon으로 적었다/역주)이 칸(汗, Khan)이라는 칭호를 취한 지 약 4년 후에 로도가스트(Rhodogast, 또는 라다가이소스(Radagaisos))라고 불리는 사나운 야만인이 게르마니아의 북쪽 끝에서부터 로마의 성문 앞에까지 진격해왔다가 일부 부대는 서로마 제국을 파괴하도록 남겨놓았다. 반달족, 수에비족, 부르군트족이 이 막강한 군대의 주축을 이루었다. 그러나 새로운 정착지에서 따뜻한 환대를 받았던 알라니족은 게르만족의 중보병대에 자기들의 날쌘 기병대를 보태주었다. 그리고 고트족의 모험가들이 로도가스트의 휘하에 매우 열성적으로 모여들었

---

5) 원문에서는 호노리우스 황제의 로마 방문의 가장 주목할 만한 결과는 원형투기장의 검투사 시합을 최종적으로 금지시킨 것이라고 썼는데, 상당히 많은 지면을 할애하고 있다. 그는 로마를 떠나 라벤나의 황궁으로 옮겨갔는데, "들판에 야만족이 밀어닥치고 있는데도, 자신의 안전을 위해서…… 이 난공불락의 요새"를 선택한 것이었다/편집자 주.
6) 여기서 기번은 주젠(Geougen)이라고 불리는 호전적인 타타르족의 번성과정을 설명하고 있다. 이들은 서쪽으로 이동하는 훈족을 압박한 끝에 카스피 해 북쪽에서 훈족을 정복했다/편집자 주.

기 때문에, 일부 역사가들은 그가 고트족 왕이라고 적고 있다. 출신이 높고 행동이 용감한, 범인(凡人)과 구별되는 1만2,000명의 전사가 당당하게 선두에 섰으며, 전투 병력 20만 명 이상에 부녀자와 노예들을 합치면 전체 인력은 40만 명에 달했다. 이 엄청난 이동 대열은 발트 해 연안으로부터 시작되었는데, 이에 앞서 로마와 이탈리아를 공격한 킴브리족과 튜튼족도 이곳으로부터 내려왔다. 이 야만족들이 떠나고 난 후에 그들의 고향 땅은 기나긴 성벽이나 거대한 둑 등 여러 가지 위대한 흔적이 그대로 남아 있었으나, 나중에 인간이 생식의 힘에 의해서 다시 번식하고 빈 땅에 새로운 주민들이 들어올 때까지 한동안 광막한 들판으로 남게 되었다.

그 당시에는 민족들 사이의 통신이 매우 불완전하고 불안정했기 때문에 라벤나의 로마 황실은 발트 해 연안에서 생긴 먹구름이 상(上)도나우 강 지역에 뇌우를 퍼부을 때까지도 북방의 사태 진전을 파악하지 못했을 것이다. 서로마 황제는 신하들이 이 임박한 위험을 보고함으로써 여흥을 깨뜨렸지만, 전쟁을 구경할 수 있게 된 것이 기쁘기만 했다. 로마의 안전은 스틸리코의 작전과 칼에 달려 있었지만, 그 당시 로마 제국은 매우 나약하고 피폐했기 때문에 도나우 지역의 요새를 복구하거나 게르만족의 침입을 막는다는 것은 불가능했다. 호노리우스의 용의주도한 대신의 희망도 이탈리아의 방어에 한정되어 있었다. 그는 다시 한번 속주들을 포기하고 군대를 불러들였으며, 새로운 징병을 강행하고 탈주병을 체포하거나 회유하기 위한 강력한 시책을 폈으며 그리고 군대에 입대하는 모든 노예들에게 신분의 자유와 금화 2닢씩을 주겠다고 약속했다. 그는 천신만고 끝에 삼사만 명의 군대를 모집했는데, 스키피오나 카밀루스의 시절이었더라면, 이 정도의 군대는 로마 영토의 자유민만으로도 즉각 공급될 수 있는 규모였다. 스틸리코의 30개 군단은 대규모의 야만족 보충부대들에 의해서 보강되었다. 충성스러운 알라니족 부대는 그의 직할부대로 삼았으며, 각각 훌딘 왕과 사루스 왕의 기치하에 행군해온 훈족과 고트족의 부대들은 이해관계와 적개심으로 로도가스트의 야심에 대항하도록 고무되었다.

게르만족의 맹주는 아무 저항도 받지 않고 알프스와 포 강과 아펜니노 산맥을 통과했으며, 라벤나의 늪지대에 파묻혀 접근하기 힘든 호노리우스의 궁전은 그대로 내버려두었다. 그는 또 스틸리코의 진영도 그대로 지나쳤는데, 스틸리코는 티키눔, 즉 파비아(밀라노의 남쪽 지역/역주)에 본부를 둔 채 먼 지방에서 자신의 군대가 올 때까지는 결전을 피할 생각인 것 같았다. 이탈리아의 여러 도시가 약탈당하고 파괴되었다. 그리고 로도가스트의 피렌체 공략은 이 축복받은 공화국의 역사상 최초의 공격 사건이었는데, 그들은 야만족의 무작정한 공격을 강력하게 저지, 지연시켰다.

적군이 로마에서 180마일 떨어진 곳까지 접근해오자, 원로원과 주민들은 불안에 떨면서 앞으로 다가올 새로운 위험을 과거에 간신히 모면했던 위험과 비교하면서 전전긍긍했다. 알라리크는 기독교인이고 군인이었으며 그리고 훈련이 잘된 군대의 지도자로서 전법을 이해하고 강화조약의 신성함을 존경했으며, 로마 제국의 신민들을 한 부대, 한 교회에서 친숙하게 사귀어본 경험이 있는 사람이었다. 그러나 사나운 로도가스트는 남방 문명국의 풍습, 종교 그리고 그 언어에도 생소한 사람이었다. 사나운 그의 기질은 잔인한 미신 때문에 더욱 거칠어졌으며, 항간에는 그가 로마 시를 돌과 잿더미로 만들고 로마 원로원 지도자들을 잡아 사람 피를 좋아하는 신들의 제단에 바치겠다고 엄숙하게 선서했다는 소문이 나돌고 있었다. 이와 같은 국가적 위기에 처하면 국내의 모든 종파가 화합했어야 할텐데도, 종파들은 오히려 치유불능의 광기를 드러냈다. 그동안 억압받던 유피테르 신과 메르쿠리우스 신의 숭배자들은 로마의 불구대천의 적을 경건한 이교도로서 존경했으며, 자기들은 로도가스트의 군대가 아니라 그의 희생제물에 관해서 더 걱정해야 한다고 공공연히 떠들어댔다. 그들은 나라에 재앙이 닥쳐왔는데도, 그들의 적인 기독교의 신앙이 박멸될 것을 은밀히 기뻐했다.

피렌체는 최후의 궁지에 몰렸는데, 그나마 시민들의 가냘픈 용기를 뒷받침해준 것은 꿈속에서 조속한 구원의 약속을 전한 성 암브로시우스의 권위뿐이었다. 그러던 중 어느날 갑자기 성벽에서 그들은 스틸리코의 군기를 바라보게 되었다. 드디어 스틸리코가 이곳을 야만족 무리들의 무덤으로 점찍고 믿음의 도시를 구원하려고 연합군을 이끌고 진격해왔던 것이다.

성 아우구스티누스(354-430년)

역사가들은 로도가스트의 패배에 관해서 여러 가지로 언급하고 있어 일견 서로 모순되는 것 같지만, 그들 각자의 증언은 문구를 크게 고치지 않더라도, 서로 보완될 수 있을 것이다. 친분상으로 그리고 종교적으로 밀접한 관계에 있던 오로시우스와 아우구스티누스는 이 기적적인 승전이 인간의 용맹보다는 신의 섭리 덕분이었다고 쓰고 있다. 이들은 우연이라든가 유혈이라든가 하는 관념을 엄격히 배제한 채, 로마인들은 포식과 무위(無爲)의 진영에서 피렌체 시에 솟아 있는 파에술라에 산의 벌거벗고 날카로운 능선에서 서서히 멸망해가는 야만족의 참상을 즐겼다고 단언하고 있다. 기독교 쪽의 군인은 단 한사람도 사망하거나 부상당하지 않았다는 이들의 과장된 주장은 그저 웃어넘기면 될 것이다. 그러나 아우구스티누스와 오로시우스의 그밖의 서술 내용은 그 당시 전쟁의 상황이나 스틸리코의 성품과 완전히 일치한다. 자기가 지휘하는 군대가 공화국 최후의 군대임을 의식했던 스틸리코는 신중을 기해 이 군대를 전쟁터에서 사나운 게르만족에게 정면으로 노출시키지 않으려고 했다. 그가 고트족 왕을 상대로 두 번 사용한 바 있는 강고한 참호들을 겹겹이 설치하여 적을 포위하는 전술은 더욱 대규모로 반복되어 보다 큰 효과를 거두었다. 로마의 전사들은 무식한 자들까지도 카이사르의 선례를 잘 알고 있었음이 틀림없다. 따라서 15마일에 달하는 긴 도랑과 보루들로 24개의 성채를 연결한 디라키움의 요새는 수많은 야만족 무리를 가두어놓고 굶겨죽이는 참호전의 전형을 제공할 수 있었다. 로마 군대가 선조들에 비해 쇠약해진 것은 근면하지 않아서라기보다는 용기가 줄어들었기 때문이었다. 그리고 설사 비천하고 힘든 노동 때문에 병사들의 자존심을 상하게 했더라도, 토스카나 지방은 비록 전투원은 아니더라도 자기 나라를 위해서 노동력을 제공할 수 있는 수많은 농민들을 공급할 수 있었다.

포위망 속에 갇힌 수많은 말과 군인들은 칼에 의해서가 아니라 굶주림 때문에 점차 죽어갔다. 그러나 사실 로마 군인들은 이 거대한 작업을 하는 동안에 성급한 적군에 의해서 여러 차례 공격을 받았다. 굶주림으로 절망에 빠진 야만족은 여러 차례 스틸리코의 요새로 쇄도해왔다. 스틸리코도 때로는 게르만족 진영을 공격하고 싶어 안달하는 〔이민족의〕 용감한 보충부대원들의 열의를 저지하기 어려웠을 것이다. 그리고 이런 사건들 때문에 조시무스의 저술이나 프로스페르와 마르켈리누스의 연대기에 나오는 격렬하고 처참한 전투가 발생했을 것이다. 한편 피렌체 성에는 제때 인력과 군수품이 공급되었고, 이렇게 해서 굶주린 로도가스트의 무리들이 역포위당했다.

수많은 호전적 민족들의 맹주인 오만한 왕은 용맹스러운 전사들을 상실한 후, 어쩔 수 없이 투항의 뜻을 밝혔거나 아니면 스틸리코의 자비를 구할 수밖에 없었을 것이다. 그러나 투항한 왕을 참수함으로써 로마와 기독교의 승리에 오점이 찍혔다. 그의 처형이 잠시 지연되기는 했지만, 정복자가 냉혹하고 고의적인 학대죄를 범했다고 비난하기에는 충분했다. 사나운 보충부대원들에게서 살아남은 굶주린 게르만인들은 한 사람에 금화 한 닢이라는 싼값에 노예로 팔렸다. 이 불운한 이방인들은 낯선 음식과 풍토 때문에 수없이 죽어갔다. 기록에 따르면, 이 때문에 비인간적인 구매자들은 노예들의 노동에서 결실을 거두기는커녕 얼마 후 그들의 매장비용을 부담하지 않을 수 없었다. 스틸리코는 승리를 황제와 원로원에게 보고하고, 다시 한번 이탈리아의 구원자라는 영광스러운 칭호를 받았다.

이 승전에 관한 소문, 특히 그 기적에 관한 소문은 발트 해 연안에서 이주해온 게르만족 군대, 아니 게르만족 전체가 피렌체 성밖에서 비참하게 전멸했다는 헛된 믿음을 부채질했다. 사실 로도가스트 자신과 그의 용감하고 충성스러운 전우들의 운명이 그러했고, 그의 군기를 지켰던 수에비족과 반달족, 알라니족과 부르군트족의 수많은 무리들 중 3분의 1 이상의 운명도 마찬가지였다. 이러한 군대가 통합을 이루었다는 것 자체가 놀라운 일이기는 했지만, 분열의 요인들도 분명하고 강력했다. 굴복이나 복종에 익숙치 않은 여러 왕들과 전사들 간에는 가문에 대한 자부심, 용맹에 의한 오만함, 지휘권에 대한 시기심, 복종해야 하는 짜증 그리고 이견, 이해관계, 감정상의 완강한 갈등 등이 작용했던 것이다. 로도가스트가 패배한 후에도 10만 명이 넘는 게르만족의 2개 집단은 여전히 아펜니노 산맥과 알프스 사이 그리고 알프스와 도나우 강 사이의 지역에 무장한 채 남아 있었다. 그들이 그들의 장군의 죽음에 대해서 복수를 시도했는지는 분명치 않다. 그러나 그들이 불규칙하게 난동을 부릴 때마다, 스틸리코는 신중하고도 확고하게 이를 무마시켰다. 스틸리코는 그들의 행군을 저지하여 퇴각을 촉진시켰고, 로마와 이탈리아의 안전을 자신의 지상의 목표로 삼았으며 따라서 먼 속주들의 재산이나 평온에는 지나칠 정도로 무관심했다. 야만족들은 몇몇 판노니아인 탈주병들을 통해서 이들 지방과 도로 사정에 관한 정보를 얻었고, 이에 따라서 로도가스트의 대군 중 나머지 부대는 알라리크가 구상했던 갈리아 침공을 감행하게 되었다.

그러나 그들이 만일 라인 강 지방에 거주하는 게르만 부족들에게서 지원을 받을 수 있다고 기대했더라면, 실망을 금치 못했을 것이다. 알레만니족은 소극적 중립을 지켰고, 프랑크족은 유별나게 제국의 방어에 열의와 용기를 보였다. 스틸리코는 이 지방의 행정을 위한 첫번째 조치로 급거 라인 지방으로 가서 호전적인 프랑크족과의 동맹을 확보하고, 평화와 공화국의 화해 불능의 적을 제거하는 데 전념했다. 야만족 왕들 중에서 마르코미르 왕은 로마 시장의 재판에서 공개적으로 조약위반죄를 선고받았다. 그는 가벼운 벌로 토스카나 지방의 벽지로 유배되었다. 그리고 그의 신하들은 왕의 이런 체면손상에 대해서 분개해하기는커녕, 자기 형을 위해서 복수를 시도한 풍운아 순노를 사형에 처한 후 스틸리코가 선정한 왕들에게 충성을 지켰다.

북방의 민족이동으로 갈리아와 게르마니아의 접경지대가 혼란에 빠지자, 프랑크족은 반달족의 단독 세력과 용감하게 싸움을 벌였다. 반달족은 과거의 쓰라린 경험을 망각한 채 또한번 야만족의 동맹군에서 이탈했던 것이다. 반달족의 이 경솔한 행동은 즉시 대가를 치루었으니, 그들의 왕 고디기스클루스는 2만 명의 반달족 병사들과 함께 전사하고 말았다. 만일 알라니족이 원병을 보내 프랑크족 보병들을 토벌하지 않았더라면, 이때 반달족은 모두 전멸했을 것이다. 동맹군은 승승장구하여(406년), 라인 강이 대부분 동결한 그해 연말에는 아무 저항도 받지 않고 무방비 상태의 갈리아 지방으로 진입했다. 수에비족, 반달족, 알라니족, 부르군트족은 이 명예로운 통과 이후 다시는 후퇴하지 않았는데, 알프스 산맥 이북의 로마 제국의 영토는 이로써 소멸된 것으로 간주할 수 있을 것이다. 그리고 이 순간부터 오랫동안 지구상의 야만족과 문명국을 갈라놓았던 장벽들이 무너지게 되었다.

프랑크족의 복속과 알레만니족의 중립 덕분에 게르마니아에 평화가 유지되고 있을 동안, 로마의 신민들은 다가올 참화를 깨닫지 못한 채 갈리아 지방에 모처럼 찾아온 평화와 번영을 즐기고 있었다. 로마인들은 야만족의 목초지에서 가축들을 방목했고, 사냥꾼들은 아무 걱정이나 두려움 없이 헤르키니아 숲속을 출입했다. 라인 강변에는 티베리스 강변처럼 우아한 주택들과 잘 가꾼 농장들이 들어서 있어 시인이 강을 따라 내려가면 어느 쪽이 로마인들의 땅인지 분간하기 어려울 정도였다. 이와 같은 평화와 번영의 무대가 갑자기 황무지로 뒤바뀌어 연기가 솟아오르는 폐허만이 쓸쓸한 자연과 황량한 인간 세계를 구별짓게 했다. 번영하던 도시 마인츠는 기습을 받아 파괴되었고, 교회 안에서 수많은 기독교인들이 비인간적으로 학살당했다. 보름스(라인 강변의 독일 도시/역주)는 장기간의 끈질긴 포위공격 끝에 멸망했고, 스트라스부르, 슈피에르, 랑스, 투르네, 아라스, 아미앵 등은 게르만족의 잔인한 억압을 받았으며, 전쟁의 불길은 라인 강 지역에서 17개 갈리아의 대부분 속주들로 번져갔다. 대서양에서 알프스 산맥 그리고 피레네 산맥에 이르는 광막한 지방은 야만족에게 넘어갔으며, 야만족들은 주교, 원로원의원, 처녀들을 닥치는 대로 사로잡아 그들의 집과 제단에서 빼앗은 약탈물들과 함께 끌고 갔다.[7]

---

[7] 여기에서 원문은 브리타니아의 반란에 관해서 설명하고 있다. 이때 2명의 참칭자가 즉위했다가 암살당했으며, 이어 우연히 콘스탄티누스라는 이름의 병사가 나타나서 야만족에게 굴복하지 않은 브리타니아, 에스파냐, 갈리아의 여러 도시들을 통치할 정도로 세력을 잡았다/편집자 주.

폴렌티아와 베로나의 승리를 로마의 독수리(기장)에 힘입은 것이라고 아첨했던 시인(클라우디아누스)은 알라리크가 망상의 망령에 사로잡혀 서둘러 이탈리아를 떠났다고 서술했는데, 전쟁, 기아, 질병으로 거의 전멸하게 된 야만족 군대에게는 항상 이와 같은 망령이 따라다녔을 것이다. 고트족 왕은 불운했던 원정 도중에 참으로 큰 손실을 입었을 것이며, 따라서 피폐한 그의 군대는 병력을 보충하고 자신감을 회복하기 위해서 한동안 휴식이 필요했다. 알라리크의 천재성은 역경에서 유감없이 발휘되었기 때문에, 약탈과 정복을 열망하는 용감한 야만족 전사들은 그의 명성에 이끌려 흑해로부터 라인 강 지역에 이르는 모든 지역에서 고트족의 군기 아래 모여들었다. 스틸리코 자신이 존경할 만한 인물이었던 그는 얼마 후 스틸리코의 우정을 받아들였다. 이로써 알라리크는 동로마 황제를 섬기기를 거부하고 라벤나 궁정(서로마)과 강화 및 동맹조약을 체결하고 호노리우스의 각료가 고래의 정확한 경계선에 따라서 주장한 일리리쿰 전지역의 총사령관으로 선포되었다.

이 조약에 명시 또는 함축되어 있는 야심적인 계획의 실행은 강력한 로도가스트의 개입 때문에 미루어졌던 것으로 보인다. 그리고 이때 고트족 왕이 취한 중립적 태도는 카틸리나(키케로의 정적/역주)의 음모 당시에 로마의 적을 지지하거나 반대하기를 거부했던 카이사르의 중립에 비유할 수 있을 것이다. 반달족이 패배한 후, 스틸리코는 동로마 속주들에 대한 그의 권리를 다시 요구하면서 사법과 재정 분야의 민정관을 임명하고 로마와 고트족의 통합군을 이끌고 콘스탄티노플의 성문으로 진격하겠다는 뜻을 밝혔다. 그러나 신중한 스틸리코는 내전을 피하려고 했다. 그는 국가의 약점을 잘 알고 있었기 때문에, 정책목표를 해외정복이 아니라 국내평화에 두고 있었다. 그의 주된 관심사는 알라리크의 군대를 이탈리아에서 멀리 내보내는 데 있었다고 할 수 있을 것이다.

이 계획은 고트족 왕의 통찰력을 오랫동안 속일 수 없었다. 알라리크는 동서 양쪽 황실과 미심쩍은 접촉을 계속하고 있었으며, 마치 불만을 품은 용병대장처럼 테살리아와 에피로스(둘 모두 그리스의 일부/역주)에서 미온적인 작전을 펴고 있었다. 그는 이윽고 자신의 신통치 않은 봉사에 대해서 터무니없는 대가를 요구하기 시작했다. 그는 이탈리아의 변경에 가까운 아에모나에 가까운 그의 진영에서 서로마 황제에게 장문의 편지를 보내 조약상의 약속과 비용, 요구사항을 나열하고 즉각적인 보상을 요청하면서 이를 거절할 경우에 일어날 수 있는 중대한 결과를 분명히 암시했다. 그러나 비록 그의 행동은 적대적이었지만, 문장은 우아하고 정중했다. 그는 스스로를 스틸리코의 친구이고 호노리우스의 휘하 군인이라고 칭하면서, 자기는 자기 군대와 함께 지체없이 갈리아의 찬탈자를 토벌하러 행군하겠다고 제의했으며, 나아가서는 고트족의 영구적인 거주지로 서로마 제국 내의 사람이 살지 않는 지방을 달라고 간청했다.

  서로 상대방과 세상을 속이려고 애쓴 이 두 정치가들간의 정략적인 비밀 접촉 내용은, 만일 민회의 토론과정에서 알라리크와 스틸리코의 교신내용이 어느 정도라도 밝혀지지 않았더라면, 영원히 캄캄한 상자 속에 파묻히고 말았을 것이다. 정부는 절제의 원리에서가 아니라 취약성으로 인해서 작위적인 지원을 교섭할 필요가 있었기 때문에 점차 로마 원로원의 권한이 되살아났으며, 호노리우스의 대신은 이 입법회의에 정중하게 자문을 구하게 되었다. 스틸리코는 카이사르의 궁전에서 원로원을 소집하여 국사의 현황을 상세히 보고하고, 고트족 왕의 요구사항을 제시하면서 화전의 선택을 심의에 부쳤다. 원로원 의원들은 이 중요한 회의에서 마치 400년 동안의 꿈에서 갑자기 깨어난 사람들처럼 조상들의 지혜보다는 오히려 용기에 의해서 영감을 받는 것처럼 보였다. 이들은 정연한 연설이나 소란스러운 고함소리를 통해서 야만족 왕에게 수치스러운 평화를 구걸한다는 것은 로마의 위엄을 해치는 행위라고 선언했으며 또한 위대한 시민의 선택에서는 항상 파멸 가능성이 확실한 불명예에 우선하는 법이라고 큰소리쳤다. 스틸리코는 소수의 돈에 매수된 비굴한 추종자들만이 자신의 평화구상을 지지하는 상황에서 의원들의 격론을 진정시키기 위해서 자신의 행동과 고트족 왕의 요구사항을 변호하면서 이렇게 말했다. "로마인들의 격분을 샀던 보조금 지급(스틸리코는 이렇게 변호했다)은 야만족 군대의 협박 때문이 아니며 조공이나 몸값과 같은 가증스러운 의미로 해석되어서는 안 된다. 알라리크는 콘스탄티노플의 그리스인들이 찬탈했던 속주들에 대한 공화국의 정당한 권리를 충실하게 주장한 바 있기 때문에, 이 일에 대한 소정의 정당한 보상을 겸손하게 요구했던 것이다. 그리고 그가 이 계획의 수행을 중단했다고 하지만, 그의 후퇴는 지엄한 황제의 친서에 복종한 결과였다. 이 상반된 명령은 (그는 자신의 가족의 과오를 숨기려고 하지 않았다) 세레나(아내)의 주선으로 내려진 것이었다. 마음씨가 여리고 충직한 아내는 양부(테오도시우스)의 아들들인 황실의 두 형제 사이(호노리우스와 아르카디우스)의 불화에 가슴이 아픈 나머지 국익이라는 엄격한 명령을 따르기에 앞서 육친의 감정에 휩쓸렸던 것이다."

라벤나 궁정의 수상쩍은 음모를 어렴풋이 드러내는 이 그럴 듯한 이유는 스틸리코의 권위로 뒷받침되었기 때문에, 원로원은 격론 끝에 마지못해 이를 승인하게 되었다. 미덕과 자유를 외치던 소리는 잠잠해지고, 마침내 이탈리아의 평화를 보장받고 고트족 왕과 친선관계를 유지하기 위해서 보조금이라는 명목으로 황금 4,000파운드가 승인되었다. 원로원의 가장 걸출한 인물로 손꼽히던 람파디우스만이 계속 반대의견을 굽히지 않고 "이것은 강화조약이 아니라 예속조약이다"라고 큰소리로 외친 후, 대담한 반대에 따른 위험을 피하기 위해서 즉시 기독교 교회의 성역으로 몸을 숨겼다.

그러나 스틸리코의 시대도 종말에 가까워지고 있었다. 이 오만한 대신도 자신의 실각이 임박했다는 몇 가지 징후를 눈치채고 있었을 것이다. 람파디우스의 호쾌한 대담성은 갈채를 받았다. 그리고 오랫동안 꾹 참고 복종해온 원로원은 허울좋은 자유의 제공을 과감히 뿌리쳤다. 아직 로마 군단이라는 명칭과 특권을 누리고 있던 군대도 야만족에 대한 스틸리코의 편애에 분노했으며, 백성들도 자기들의 타락이 가져온 당연한 귀결인 국가적 재앙을 모두 스틸리코의 실정 탓으로 돌리게 되었다.

그래도 스틸리코는, 만일 자기 제자(호노리우스)의 연약한 마음을 계속 장악할 수만 있었더라면, 주민들과 병사들의 비난에 맞설 수 있었을 것이다. 그러나 호노리우스의 존경심은 공포심으로, 의심으로 그리고 증오심으로 바뀌어갔다. 경건한 기독교인의 가면을 쓴 교활한 올림피우스가 자신을 황궁 내의 명예로운 직책에 승진하도록 도와준 은인을 은밀하게 헐뜯고 있었던 것이다. 올림피우스는 이제 25세가 된 순진한 황제에게 황제 자신은 정치에서 아무런 비중이나 권한이 없다고 깨우쳐주었고, 스틸리코는 그의 아들 에우케리우스의 머리에 제관을 씌워주겠다는 야욕을 품고서 이미 황제의 죽음을 계획해두었다고 그럴 듯하게 스틸리코의 음모를 묘사함으로써 소심하고 나태한 황제를 놀라게 만드는 농간을 부렸다. 황제는 이 새로운 총신의 부추김을 받고 독립적인 위엄을 갖추게 되었으며, 스틸리코는 궁정과 조정에서 자신의 이익과 의도에 반하는 은밀한 논의가 이루어지고 있음을 발견하고 경악을 금치 못했다. 호노리우스는 로마의 궁전에 거처하지 않고 라벤나의 요새로 돌아가겠다고 선언했다. 그는 형 아르카디우스의 부음에 접한 즉시(408년), 콘스탄티노플을 방문하고 후견인의 권한으로 어린 테오도시우스(아르카디우스의 아들. 재위 408-50년/역주)의 속주들을 다스릴 준비를 갖추었다. 이 갑작스러운 계획은 장거리 여행에 따르는 어려움과 비용문제 때문에 저지되었다. 그러나 황제가 스틸리코의 적인 로마 군대와 그의 편인 야만족 보충부대들로 구성된 파비아(밀라노의 남쪽 지역/역주) 병영에 모습을 나타내는 위험한 계획에는 변함이 없었다. 스틸리코는 활달하고 명민한 로마인 심복 유스티니아누스의 충고에 따라서 그의 명망과 안전에 위험을 가져올 이 여행에 반대했다. 그의 끈질긴 노력에도 불구하고 올림피우스의 뜻이 관철되었고, 현명한 법률가(유스티니아누스)는 자기 보호자의 멸망이 임박하자 이 싸움에서 손을 떼고 말았다.

황제가 볼로냐를 통과할 때, 스틸리코의 비밀공작에 의해서 근위대가 반란을 일으켰다가 진정되었는데, 스틸리코는 죄인들의 10분의 1 처형(상관에게 저항한 경우 반란 부대원 10명 중 1명을 선택하여 사형에 처하는 것이 로마의 관습임/역주)을 명령했다가 자신의 주선으로 그들을 사면하게 되었다고 생색을 냈다. 이 소요가 지난 후, 호노리우스는 이제 찬탈자로 부각된 스틸리코를 생애에서 마지막으로 포옹하고 파비아 진영으로 행차하여 그곳에서 갈리아 전쟁을 위해서 집결해 있던 군대의 환영을 받았다. 나흘째가 되는 날 아침, 황제는 가르침을 받은 대로 군인들을 모아놓고 격려 연설을 했는데, 올림피우스는 군인들을 찾아다니면서 위로하고 설득하여 음흉하고 피비린내 나는 음모를 결행할 준비를 갖추도록 했다. 군인들은 신호가 떨어지자 로마 제국에서 가장 훌륭한 스틸리코 일파의 고관들을 학살했다. 이때 갈리아와 이탈리아의 민정총독 2명, 기병대와 보병대의 총사령관 2명, 총무장관, 재무관, 경리관 그리고 국내군 코메스가 살해되었다. 수많은 사람들이 목숨을 잃었고 수많은 가옥들이 약탈당하게 되었다. 격렬한 반란은 그날 밤까지 계속되었다. 황제는 제관과 어의도 벗은 채 파비아의 길거리에서 벌벌 떨다가 총신의 설득을 받아들여 피살자들의 관직을 박탈하고 암살자들의 무죄와 충성심을 엄숙히 승인했다.

스틸리코는 파비아의 학살에 관한 보고에 접하고 당연히 큰 걱정에 사로잡혀 즉시 볼로냐 진영에서 그의 휘하에 복무했기 때문에 그와 운명을 함께할 수밖에 없는 자파 지도자들의 회의를 소집했다. 회의에서는 군대를 일으켜 복수하자는 성급한 소리가 오고갔다. 그들은 일각의 지체도 없이 지금껏 그들을 승리로 이끌어온 영웅의 기치하에 행군하여 범죄자인 올림피우스와 그 도당들을 기습하고 제압하여 전멸시키자고 외쳤으며, 혹은 상심한 자기들의 장군의 머리 위에 제관을 씌우자고 외치기도 했다. 스틸리코는 성공하면 정당화될 수도 있었던 이와 같은 결의를 실천하지 못하고 주저하다가 끝내 돌이킬 수 없는 패배자가 되고 말았다. 그는 아직 황제의 생사를 모르고 있었고, 자기 일파의 충성심을 믿지 않았으며, 방자한 야만족이 이탈리아의 군민을 상대로 무기를 드는 끔찍한 사태를 우려하고 있었다.

스틸리코의 연합군들은 그의 우유부단한 태도에 초조해진 나머지 공포와 분노를 씹으며 서둘러 헤어졌다. 야만족들 사이에서도 힘과 용기로 유명했던 고트족 전사 사루스가 한밤중에 스틸리코의 진영을 급습하여 물건들을 약탈하고 총독의 신변을 지키고 있던 충직한 훈족 경호원들을 도륙한 후 자신이 처한 위험한 상황 때문에 수심에 잠겨 잠을 이루지 못하고 있던 스틸리코의 막사에 침입했다. 간신히 고트족의 칼을 피해 도망간 스틸리코는 이탈리아의 도시들에게 야만족의 침입에 대비하여 성문을 닫으라고 이르는 그의 마지막 간곡한 지시를 보낸 후, 자신감에서였는지 아니면 절망감에서였는지 스스로 적이 완전히 장악하고 있는 라벤나로 달려갔다. 이미 호노리우스를 지배했던 올림피우스는 그의 정적이 기독교 교회의 제단에 엎드려 있다는 정보를 신속하게 입수했다. 이 비열하고 잔인한 위선자는 동정이나 후회를 몰랐지만, 짐짓 성역의 특권을 침해하지 않겠다는 경건한 태도를 보였다. 아침 나절에 헤라클리아누스 장군이 군대를 이끌고 라벤나 교회당의 문 앞에 나타났다. 주교는 스틸리코의 신병을 보호하라는 것이 황제의 유일한 명령이라는 그들의 서약을 듣고 만족했다. 그러나 불운한 스틸리코가 교회 문 밖으로 나서자마자, 헤라클리아누스는 즉결처분 명령서를 제시했다. 스틸리코는 매국노라든가 존속살해자라는 등의 욕설을 체념 속에 꾹 참고 들으면서 뒤늦게 그를 구원하려고 달려온 추종자들을 제지한 후, 로마의 마지막 장군으로서 부끄럽지 않은 의연한 자세로 그의 목에 헤라클리아누스의 칼을 받았다.

오랫동안 스틸리코의 행운을 찬양해왔던 궁정의 비굴한 잡배들은 그가 몰락하자 모욕을 가했으며, 서로마의 총사령관과 실낱 같은 연줄만 있어도 부귀와 명예로 자랑삼았던 사람들은 모두 엄한 처벌을 받았다. 테오도시우스의 가문과 삼중의 인척관계(1. 스틸리코의 아내 세레나는 테오도시우스의 양녀. 2. 그의 딸 마리아는 호노리우스 황제의 비. 3. 작은 딸 테르만티아도 황제의 후비/역주)를 맺은 그의 가족은 차라리 비천한 농민을 부러워하는 신세가 되었다. 그의 아들 에우케리우스는 도망가다가 잡혔으며, 이 죄없는 젊은이가 처형된 후에 곧이어 테르만티아가 이혼당했는데, 그녀는 자기 언니 마리아처럼 황후가 되고서도 계속 처녀로 지내야 했었다. 파비아의 대학살을 모면한 스틸리코 일파는 복수심에 불타는 올림피우스에게 박해받았는데, 특히 반역음모를 자백하기 위해서 매우 잔인한 고문을 받았다. 그들은 침묵 속에 죽어갔다. 그들은 확고한 태도로 그들의 후견자의 선택이 옳았음을 입증했으며, 그의 무죄를 입증하려고 했다. 그리고 재판도 없이 그의 목숨을 빼앗고 아무 증거도 없이 그의 이름을 더럽힐 수 있었던 전제적 권력도 후세 사람들의 공정한 평가를 좌우할 수는 없었다.

스틸리코의 공적은 위대했고 뚜렷했다. 따라서 그들이 아첨과 증오의 언설로 막연히 나열한 그의 죄상은 모호했고 적어도 믿기가 어려웠다. 그가 죽은 지 약 4개월 후에 호노리우스의 이름으로 칙령이 발표되어 그 동안 장기간에 걸쳐 국적에 의해서 차단되었던 두 황제 사이의 자유로운 교신이 부활되었다. 국가의 번영을 위해서 명망과 운명을 걸었던 대신(스틸리코)은 자기가 폴렌티아에서, 베로나에서 그리고 피렌체의 성밖에서 여러 차례 그 자신이 징벌했던 야만족들에게 이탈리아를 팔아먹었다는 죄를 뒤집어쓰게 되었다. 그가 아들 에우케리우스의 머리에 제관을 씌우려고 했다는 이른바 그 역모라는 것을 실행에 옮기려고 했다면 사전준비나 공모자가 있었어야 할 것이며, 그가 야심을 지닌 아버지였다면 미래의 황제를 20세가 될 때까지 재판소의 서기라는 보잘것없는 직책에 그대로 방치하지도 않았을 것이다. 그뿐만 아니라 정적들은 심지어 그의 종교까지도 헐뜯었다. 성직자들은 에우케리우스가 등극했더라면 첫번째 조치로 우상을 부활시키고 기독교를 박해했을 것이라고 주장하면서 시의적절한 그리고 기적적인 구원이 이루어졌다고 찬양했다. 그러나 스틸리코의 아들은 기독교의 품속에서 교육받았으며, 그의 아버지도 시종일관 기독교를 열렬히 지지했다. 세레나는 베스타 여신상의 화려한 목걸이를 빌린 일도 있었으나, 이교도들은 로마의 신탁집인 『시빌린 성전』(그리스어로 된 고대 로마의 예언집/역주)을 불태우도록 명령했던 스틸리코의 신성모독 행위를 저주했다. 스틸리코의 진정한 죄는 그의 자부심과 권력에 있었다. 동족의 피를 흘리기를 주저한 명예로운 태도가 결과적으로 비열한 정적들의 승리를 도와주었던 것이다. 그리고 후세 사람들은 젊었을 때 자기를 보호해주고 그의 제국을 지켜준 스틸리코에 대해서 호노리우스가 비열하게 배은망덕했다고 구태여 비난하지도 않았으니, 그것은 호노리우스에 대한 더없는 인격적 모욕이라고 해야 할 것이다.[8]

---

8) 여기서 기번은 시인 클라우디아누스에 대해서 짧게 논평하고 있다. 스틸리코를 찬양하는 노래를 불렀던 그는 스틸리코의 몰락과 함께 박해받아 죽었다/편집자 주.

제15장

(408-10년)

알라리크의 이탈리아 침입
로마 원로원과 시민의 실태
고트족에게 세 번 포위당한 끝에 마침내 약탈당한 로마
서로마 제국 몰락의 개관[1]

취약하고 방만하고 무능한 정부는 국가의 적과 매국적인 거래를 함으로써 대가를 치르는 경우가 많다. 알라리크가 라벤나 회의에 참석했더라도, 그는 호노리우스의 대신들이 추진한 것과 동일한 대책을 진언했을 것이다. 즉 고트족 왕(알라리크)도 이탈리아와 그리스에서 자신을 두 번이나 무너뜨렸던 적의 막강한 무력을 파멸시키려고 음모를 꾸몄으리라는 것이다. 물론 약간은 주저했을 것이다. 이해관계가 얽힌 그들의 증오심 덕분에 위대한 스틸리코의 불명예와 파멸이 이루어졌다. 사루스의 용맹, 그의 무공의 명성, 개인적 또는 세습적으로 행사하는 그의 강한 지배력은 우군이었던 야만족들의 호감을 살 수 있었겠지만, 이 우군들은 투르필리오, 바라네스, 비길란티우스와 같은 하찮은 인물들은 경멸하거나 증오하고 있었다. 그들은 군인으로서는 보잘것없는 인물임이 입증되었는데도, 새로 집권한 총신의 협박적 요청에 기병대와 보병대 그리고 국내군 사령관으로 승진하게 되었다. 알라리크도 정신 나간 올림피우스가 단순하고 믿음이 깊은 황제에게 구술시켜 발표한 칙령을 흐뭇한 마음으로 지지했을 것이다. 호노리우스는 가톨릭 교회에 반대하는 모든 사람을 공직에서 제외시키고, 자기 종교를 따르지 않는 모든

---

[1] 원문의 제31-38장에 해당한다/편집자 주.

사람을 철저하게 공직에서 추방했으며, 용감하고 유능한 수많은 관리들을 이교를 신봉하거나 아리우스파의 견해에 동조한다는 이유로 경솔하게 면직시켰다.

적에게 매우 유리한 이와 같은 조치들은 알라리크도 찬성했을 것이며, 아마도 기회가 있으면 건의라도 했을 것이다. 그러나 알라리크가 과연 로마 대신들의 지시 또는 묵인하에 저질러진 잔인무도한 행위를 틈타 자기 이익을 더욱 크게 하려고 했는지는 의문이다. 스틸리코의 휘하에 배속되어 있던 외국인 보충부대원들은 그의 죽음을 애석해했지만, 그들의 복수심은 처자의 안전에 대한 우려 때문에 억제되었다. 그리고 그들의 값진 물건들도 보관되어 있었다. 마치 어떤 신호에 따르기라도 하듯이 이탈리아의 여러 도시들은 같은 시간에 일제히 대대적인 학살과 약탈의 무대로 변해 야만족의 가족과 재산들을 닥치는 대로 파괴시켰다. 아무리 겁 많고 비굴한 자라도 분개할 수밖에 없는 이와 같은 만행에 격분한 그들은 알라리크의 진영에 분노와 희망의 눈초리를 보내면서 손님 접대의 규칙을 비열하게 위반한 이 파렴치한 나라에 대해서 무자비한 정의의 전쟁을 벌일 것을 일제히 서약했다. 로마 제국은 대신들의 경망스러운 행동 때문에 용감한 병사 3만 명의 지원을 잃었을 뿐 아니라 그들을 적으로 삼게 되었다. 이렇게 해서 전쟁의 승패를 결정적으로 좌우할 군사력의 우위는 로마 쪽에서 고트족 쪽으로 옮겨갔다.

고트족 왕은 협상기술에서도 전쟁기술에서도 정책과 계획이 전혀 없이 우왕좌왕하는 적에 대해서 항상 압도적인 우위를 차지했다. 알라리크는 이탈리아 변경에 위치한 그의 진영에서 궁정의 사태 진전을 면밀히 주시했고, 파벌과 내분의 전개를 관찰했다. 그는 야만족 침입의 적대적 태도를 은폐하면서, 위대한 스틸리코의 친구이자 동맹자라는 보다 인기 있는 자세를 취했다. 사실 막강한 스틸리코의 미덕을 겁낼 필요가 없어진 이상, 그는 진심으로 그를 찬양하고 애도할 수 있었다. 반대세력은 고트족 왕에게 이탈리아를 침공하도록 강력하게 촉구했는데, 이러한 권유는 그가 받은 개인적인 피해의식 때문에 더욱 설득력이 있었다. 또 그로서도 로마 원로원이 그의 공로를 보상하거나 또는 그의 격분을 달래기 위해서 지급하도록 승인한 황금

4,000파운드를 황실 대신들이 아직껏 지급을 미루고 회피하고 있다고 항의할 그럴 듯한 구실을 가지고 있었다. 그가 점잖게 은인자중하는 태도를 견지한 것은 그 계획을 성공시키는 데 도움이 되었다. 그는 공정하고 합리적인 보상을 요구하면서도, 다른 한편으로 보상을 받는 즉시 철수하겠다고 엄숙히 다짐했다. 그는 로마의 두 고관의 아들들인 아이티우스와 야손을 자신에게 인질로 보내지 않는 한, 로마의 신의를 믿을 수 없다고 고집하면서도, 그 대신 자신도 고트족의 귀족 청년 몇명을 넘겨주겠다고 제의했다.

라벤나의 대신들은 알라리크의 이와 같은 겸손한 태도를 그의 취약성과 공포심을 보여주는 확실한 증거라고 해석했다. 그들은 강화를 교섭하거나 군대를 소집할 가치도 없다고 생각했으며, 큰 위험이 임박한 것을 모르는 데에서 나온 이와 같은 경솔한 확신 때문에 전쟁과 평화를 결정할 시기를 놓치고 말았다. 그들이 무기력한 침묵 속에서 야만족이 이탈리아 변경지방에서 물러가주기를 기다리는 동안 알라리크는 과감하게 행군을 시작했고, 알프스와 포 강을 통과하여 신속하게 아퀼레이아, 알티눔, 콘코르디아, 크레모나 등 여러 도시를 유린하여 굴복시키는 한편, 보충부대원 3만 명을 흡수하여 병력을 크게 증강시켰다. 그리고 단 한차례의 접전도 없이 서로마 황제의 난공불락의 거처를 둘러싸고 있는 늪지대의 가장자리까지 진격했다. 고트족의 이 현명한 지도자는 가능성이 희박한 공성포위 작전을 포기하고, 그 대신 약탈지역을 리미니(라벤나 동쪽 해안 60km 지점에 있는 항구도시/역주)로 확대하면서 '세계의 여왕'(the Mistress of the world)을 정복할 기회를 엿보았다

야만족들조차도 그의 열성과 고결함을 존경했던 이탈리아의 한 은둔자가 승승장구하는 이 야만족 왕을 만나 지상의 압제자들에 대한 하늘의 진노를 대담하게 얘기했다. 그러나 그 성자 자신도 알라리크의 엄숙한 말을 듣고 현혹되었는데, 알라리크는 어떤 신비스러운 초자연적인 충동이 자신을 로마 성문으로 진군하도록 이끌었고, 심지어 강요했다고 얘기했던 것이다. 그 성자는 알라리크의 재능과 행운이 이 험난한 일을 해내기에 손색이 없다고 느꼈으며, 결국 고트족에게 자신의 격려를 전달함으로써 종래 야만족들은 자

신들이 로마라는 장엄한 이름에 대해서 가지고 있던 일반적인 그리고 거의 미신에 가까운 존경심을 자신도 모르는 사이에 제거할 수 있었다. 그의 군대는 약탈의 희망에 부풀어 플라미니아 가도를 따라 진군하여 무방비 상태인 아펜니노 산맥의 통로를 점거하고 풍요로운 움브리아 평야로 내려왔다. 그리고 그들은 클리툼누스 강 하안에 진영을 설치하고, 로마인들이 오래 전부터 개선 축하용으로 사육해왔던 젖빛의 수소들을 잡아 포식했다. 소도시인 나르니는 고지에 위치한 데다가 때마침 천둥번개를 동반한 폭풍이 불어온 덕분에 보존되었다. 고트족 왕은 이 하찮은 먹이감은 내버려둔 채 계속 진군하여, 야만족에게 빼앗은 전리품으로 장식된 장엄한 개선문들을 통과한 뒤에 마침내 로마 성벽 아래에 진영을 폈다.

   로마의 수도는 619년 동안 한번도 외적의 침입을 받아본 적이 없었다. 한니발의 원정(기원전 2세기경의 제2차 포에니 전쟁/역주)은 실패로 끝나 원로원과 주민의 명망을 과시하는 계기를 만들어주었을 뿐이었다. 원로원은 왕들의 회의보다도 고상했고, 시민은 피로스(기원전 3세기의 에페이로스의 왕/역주)의 사신이 말한 대로 히드라(머리가 아홉 개인 불사의 뱀/역주)의 무궁무진한 힘의 원천이었다. 포에니 전쟁 당시 원로원 의원들은 모두 높고 낮은 직위에서 군복무를 마친 사람들이었으며, 집정관, 감찰관, 독재관 등을 역임한 사람들도 모두 일단 명령이 내려지자 임시 지휘권을 부여받았다. 용감하고 경험 많은 그 장군들이 공화국을 보호했던 것이다. 이 전쟁 초기에 무기를 잡을 수 있었던 로마의 장정은 25만 명이었다. 로마인 5만 명이 이미 조국을 지키다가 죽었고 또한 이탈리아, 그리스, 사르디니아, 시칠리아, 에스파냐 등의 여러 진영에 배치된 23개 군단이 약 10만 명의 병력을 필요로 했다. 로마와 그 주변지역에는 이를 충원할 수 있는 충분한 장정이 남아 있었으니, 불패의 용기로 충만한 그들은 어린 시절부터 군인으로서의 규율과 무술을 훈련받은 사람들이었다. 한니발은 원로원의 확고한 입장에 경악했다. 원로원은 카푸아(로마의 동남쪽, 나폴리 부근의 소읍/역주)의 포위공격을 해제시키지도 않고 분산된 병력을 집합시키지도 않은 채 그의 진격을 기다리고 있었던 것이다. 한니발은 이 도시에서 3마일 떨어진 곳에 위치한 아니오 강〔아니에레 강〕 강변에 진영을 설치했는데, 얼마 후 자기가 천막을 친 땅이 경매에 붙여져 적당한 값에 팔렸다는 사실 그리고 일단의 군대가 반대편 도로를 통해서 에스파냐 군단들을 증원하기 위해서 파견되었다는 사실을 알게 되었다. 그는 아프리카 군인들을 이끌고 로마 성문으로 향했는데, 그곳에는 3개 부대가 전투태세를 갖추고 그를 기다리고 있었다. 그러나 한니발은 여기서 적군을 최후의 한 사람까지 죽이지 못하면, 자신의 군대가 탈출이 불가능하리라고 우려하고 신속히 퇴각하고 말았다. 그의 이와 같은 퇴각은 로마인들의 불패의 용기를 증명하는 것이었다.[2]

테오도시우스 시대에 작성된 로마 시에 관한 정밀한 기록은 부와 명망을 갖춘 시민의 저택이 1,780채였다고 밝히고 있다. 이처럼 장엄한 저택들이 많았기 때문에, 시인(클라우디아누스)이 이를 과장하여 로마에는 장엄한 궁전이 수없이 많았다고 표현한 것도 무리는 아니었다. 왜냐하면 이들 궁전은 저마다 그 경내에 시장, 곡마장, 신전, 분수대, 목욕탕, 주랑, 우거진 숲, 인공 사조원(飼鳥園) 등의 온갖 실용적이고 사치스러운 시설들을 갖추고 있었기 때문이다. 역사가 올림피오도루스는 고트족에게 포위되었을 당시의 로마의 상황을 묘사하면서, 가장 부유한 원로원 의원들 중 몇몇은 각자의 소유지에서 해마다 황금 4,000파운드, 즉 영국 돈으로 환산하면 16만 파운드 이상의 소득을 올렸으며, 그밖에도 배정받은 일정한 양의 곡물과 포도주를 팔아 이 금액의 3분의 1에 해당하는 소득을 올렸다고 썼다. 이 엄청난 부에 비하여, 보통 원로원들이 한 해에 벌어들이는 황금 1,000~1,500파운드의 수입은 여러 가지 공적인 비용과 체면유지 비용이 필요한 원로원 의원의 위엄을 지키기에 적당할 정도라고 간주되었을 것이다. 호노리우스 시대의 허영심 많고 통속적인 귀족들의 몇 가지 사례가 기록되어 있는데, 이들은 자신의 법무관 취임을 자축하기 위해서 10만 파운드(영국 화폐) 이상의 돈을 들여 1일 동안 축제를 벌였다고 한다.

현대의 부를 훨씬 능가하는 로마 원로원 의원들의 재산은 이탈리아 국내

---

[2] 원문에서 기번은 로마 시의 여러 가지 역사적 사실을 설명하기에 앞서 로마 역사상 대표적인 명문 가문의 하나인 아니키우스 가계에 관해서 간단히 언급하고 있다/편집자 주.

에만 한정된 것이 아니었다. 그들의 재산은 이오니아 해와 에게 해를 훨씬 너머 머나먼 변경지방에까지 뻗어 있었다. 아우구스투스가 악티움 해전의 승전기념으로 세운 도시 니코폴리스 악티아('승리의 도시'라는 뜻/역주)는 경건한 파울라의 재산이었으며, 세네카는 과거에 적대 민족들을 나누던 강들이 이제는 개인의 사유지 안을 흐르고 있다고 썼다. 로마인의 토지는 각자의 취향이나 여건에 따라서 노예를 부려 경작하기도 했고, 일정한 지대를 받고 근면한 농민들에게 임대하기도 했다. 고대의 경제학자들은 가능한 한, 전자의 방법을 택하라고 극력 권고하면서도, 대상 토지가 너무 멀거나 넓어서 주인이 직접 감독하기 어려운 경우에는 게으르고 불성실한 관리인에게 맡기기보다는 토지에 애착을 가지고 생산에 관심을 가진 조상 전래의 세습 소작인에게 맡기는 것이 상책이라고 권고하고 있다.

대도시의 부유한 귀족들 중에서 군사적 영예에 마음이 들뜨지 않고 관직에도 취임해본 적이 별로 없는 사람들은 당연히 사업이나 사생활의 향락에 시간을 쏟았다. 로마에서는 상업이 항상 천시당했지만, 원로원 의원들은 공화정의 초창기부터 돈벌이가 좋은 고리대금업으로 세습재산을 불리고 예속민의 수를 늘렸으며, 그들 서로간의 이해관계와 취향에 따라서 낡은 법령들을 무시하거나 탈법행위를 자행했다. 로마에는 항상 제국의 통화나 금괴와 은괴의 형태로 방대한 재산이 축적되어 있었으며, 특히 대(大)플리니우스 시대의 찬장에는 스키피오가 정복지 카르타고에서 약탈했던 것보다 훨씬 더 많은 순은제 식기들이 쌓여 있었다. 대부분의 귀족들은 사치와 낭비로 재산을 탕진했기 때문에, 풍요 속에서도 빈궁했고 부화방탕한 가운데 무위도식했다. 이들의 욕망을 충족시켜주기 위해서 수많은 일꾼과 가내노예들이 처벌이 두려워 일했으며, 수많은 기술자와 상인들이 돈벌이라는 강력한 충동에 따라서 일했다.

고대인들은 산업의 발달에 의해서 발명, 개량되어온 여러 가지 생활상의 편의를 누리지 못했다. 풍부한 유리와 아마 직물 덕분에 근대 유럽 국가들에서는 로마 원로원 의원들이 온갖 호사와 육감적인 생활을 누릴 수 있었던 것보다도 실질적으로 더욱 쾌적한 생활을 널리 누리고 있다. 지금까지 그들의 사치와 습속에 관해서 상세한 연구가 이루어져왔지만, 그것은 이 책의 주제에서 이탈하는 것이기 때문에, 여기서는 특히 고트족 침입 당시를 중심으로 로마와 그 주민들의 실제 상태만을 소개하려고 한다. 당대의 역사가에게 가장 알맞은 거주지로서 로마를 선택했던 암미아누스 마르켈리누스는 국가적 사건을 설명하는 가운데 틈틈이 자신이 직접 겪은 상황들을 생생하게 소개하고 있다. 현명한 독자들은 그의 가혹한 비판, 상황의 선택, 표현방법 등에 항상 동의하지는 않을 것이며, 아마도 암미아누스 자신의 기분을 뒤틀리게 만든 잠재적인 편견과 개인적인 원한 같은 것을 감지할 수 있을 것이다. 그러면서도 독자들은 철학적인 호기심과 함께 로마의 생활습속에 관한 흥미진진하고도 참신한 설명을 대하게 될 것이다. 암미아누스는 그의 저서 『역사』에서 이렇게 쓰고 있다.

"로마의 위대함은 덕망과 행운의 희귀하고도 거의 믿기 어려운 결합에 기초한 것이었다. 초기에는 오랜 기간 동안 이탈리아의 여러 부족들, 즉 이웃 부족들 또는 적대적인 부족들과 힘든 싸움을 전개했다. 로마는 청년다운 힘과 열의로 전쟁의 폭풍을 견뎌냈고, 상승의 군대는 산과 바다를 건너 이 세상 곳곳에서 승리의 월계관을 가지고 귀국했다. 마침내 노령기에 접어들어 오직 그 이름으로 다른 나라를 위협하는 것만으로도 정복이 가능해지면서, 로마는 안일과 평온의 축복을 추구하게 되었다. 한때 '장엄한 도시'는 사나운 민족들의 목을 짓밟고 자유와 정의를 영구히 보호할 법률체계를 확립했으나, 이제는 신중하고 돈 많은 어버이처럼 자신의 풍족한 세습재산의 관리를 사랑하는 아들인 카이사르들에게 일임하게 되었다. 한때 누마의 치세에서처럼 확실한 평화를 누린 적도 있었으나, 이어 공화정은 혼란에 빠졌다. 그래도 로마는 여전히 세계의 여왕으로 숭앙받았으며, 예속민족들은 여전히 로마 시민의 이름과 원로원의 권위를 존경했다."

"그러나 이와 같은 본래의 영광은 자기 자신과 국가의 위엄을 망각하고 악덕과 어리석음으로 한없이 방종했던 일부 귀족들의 행동 때문에 더럽혀졌다. 그들은 서로 헛된 칭호나 이름으로 만족하면서 평민들에게 외경심을 불러 일으키기 위해서 온갖 과장된 이름 —— 레부르루스, 파부니우스, 파고니우스, 타라시우스 등 —— 을 즐겨 선택하거나 만들어냈다(로마인의 성명은 보통 4개의 이름으로 구성되었으며, 7개의 이름을 나열하는 경우도 있었다/역주). 그들은 이름을 영원히 남기고 싶은 헛된 야망에서 자기들의 모습을 청동이나 대리석 조각상으로 만들었으며, 한술 더 떠서 조각상에 금박을 입혀야만 만족했는데, 이와 같은 영예는 무력과 정략으로 안티오코스 왕을 꺾은 집정관 아킬리우스에게 처음으로 허용되었던 특전이었다. 귀족들이 해뜨는 곳에서 해지는 곳에 이르기까지 각지에 소유한 토지의 소작인 장부를 과시하거나 과장한 그 허장성세를 볼 때, 그것은 가난했으나 용감했던 조상들이 호의호식하지 못한 것은 물론 소박한 군인의 신분을 벗어나지 못했음을 상기하는 모든 사람들의 분노를 일으키게 한다. 그러나 현재의 귀족들은 마차의 높이와 의상의 화려한 정도로 자신의 직위와 관록을 나타낸다. 그들의 긴 비단옷과 자주빛 예복이 바람에 휘날린다. 그들이 일부러 또는 우연히 몸을 흔들 때에는 겉옷 밑에 각종 동물의 모양을 수놓은 튜닉을 입은 것을 볼 수 있다. 50명의 종들을 거느리고 보도 위를 질주하는 그들의 행차는 마치 역마를 타고 달리는 것 같다. 그리고 귀부인이나 숙녀들도 원로원 의원들을 대담하게 모방하여 유개마차를 타고 넓은 시내와 교외지대를 돌아다니고 있다. 이런 지체 높은 사람들이 공중목욕탕에 들릴 때는 문간에서 큰 소리로 거만하게 호령하며 로마 시민들을 위해서 건설된 이런 공익시설을 독차지하여 사용한다. 온갖 사람들이 다 모이는 이런 장소에서 마음에 드는 파렴치한 대신이라도 만나면, 그들은 부드럽게 포옹하며 애정을 표시하지만, 기껏해야 그들의 손이나 무릎에 입맞추는 영광이 허용될 뿐인데도 일반 시민들의 인사는 오만하게 못 본 체한다. 목욕을 하여 기분이 상쾌해지면, 그들은 각자의 위엄을 나타내는 반지와 그밖의 장신구들을 다시 몸에 지니고, 12명 분의 옷을 충분히 만들 수 있는 고급 아마포로 만든 커다란 전용 옷장에서 가장 마음에 드는 의상을 골라 입은 다음, 시라쿠사(시칠리아 섬 동남부의 도시, 고대 그리스의 식민지였음/역주)를 정복한 위대한 마르켈루스에게나 어울릴 만한 거만한 몸짓으로 떠난다."

"사실 당대의 이 영웅들은 보다 힘든 일을 할 때도 있다. 이탈리아 내의 자기 영지를 찾아가서 노예의 손을 빌려 수렵의 즐거움을 직접 추구하기도 하는 것이다. 어느 때건, 특히 날씨가 무더울 때 용기를 내어 극채색 갤리선을 타고 루크리누스 호수에서 푸테올리와 카이에타(모두 나폴리 부근에 있음/역주)의 해변에 있는 아름다운 별장으로 찾아갈 때면, 그들은 자신의 이런 원정을 카이사르나 알렉산더의 행군에 비유하곤 한다. 그러나 어쩌다가 파리 한 마리가 금빛 양산의 비단천에 앉기라도 하면, 또는 눈에 잘 보이지도 않는 틈으로 햇빛이 들어오기라도 하면, 그들은 이 견디기 어려운 고생을 한탄하면서 짐짓 영원한 어둠의 나라인 킴메리오이 사람들의 나라에 태어나지 못한 것을 탄식하는 것이다(호메로스의 『오디세이아』에 나오는 나라/역주). 그들이 이처럼 시골 여행을 떠날 때에는 집안의 모든 식솔들이 주인을 따라나선다. 이때는 마치 기병대와 보병대가 행군할 때처럼 중무장, 경무장한 선봉대와 후위대가 군대 지휘관의 솜씨로 배치되며 그리고 권위의 상징인 홀(笏)을 든 집사들이 수많은 노예와 머슴들을 배치하고 정렬시킨다. 맨 앞에는 옷장과 휴대품이 나가고 그 뒤에는 부엌과 식당에서 일하는 수많은 요리사와 잡역부들이 따른다. 행차의 중심부는 온갖 종류의 노예들로 구성되는데, 여기에 무위도식하는 평민들이 합세하면 그 수가 더욱 불어나게 된다. 후미에는 총애받는 환자(宦者)들이 '장유유서(長幼有序)'에 따라서 배치되었다. 구경꾼들은 그 많은 환자들이 모두 불구자라는 것 때문에 분노하면서 자연의 섭리를 배반하여 어린 시절에 미래의 생식의 희망을 잘라버리는 잔인한 기술을 발명한 세미라미스(그리스 전설에 나오는 여왕/역주)를 저주하게 된다."

"로마의 귀족들은 집안의 사법권을 행사할 경우, 자신의 개인적인 손상에 대해서는 극도로 민감하지만, 다른 사람들의 손상에 대해서는 경멸과 무관심을 보인다. 만일 더운 물을 가져오라고 했는데, 노예가 더디게 행하면, 즉시 300대의 태형에 처한다. 그러나 같은 노예가 고의적인 살인을 하면, 주인은 그저 변변치 못한 놈이라고 꾸짖고 다시 그런 짓을 하면 벌을 주겠다고 말할 뿐이다. 전에는 손님 접대가 로마인들의 미덕이어서 낯선 사람이 도움

로마의 광연(orgie)

을 청하면 관대하게 돌봐주었다. 지금도 신분이 비천하지 않은 외국인이 지체 높은 원로원 의원에게 소개되면, 처음 만났을 때에는 참으로 따뜻하게 환영하고 여러 가지로 친절하게 안부를 묻기 때문에, 돌아갈 때에는 이 저명인사의 상냥한 태도에 매료되어 제국과 풍습의 본고장인 로마에 왜 진작 찾아오지 않았던가 하고 후회하게 된다. 그러나 계속 따뜻한 환대를 해주리라고 믿고 다음날 또 찾아가면, 그가 자기 얼굴과 이름과 출신국을 벌써 잊어버렸음을 발견하고 굴욕감을 느끼게 된다. 그래도 인내심을 가진 사람이면, 점차 식객들의 대열에 끼어 감사나 우정과 같은 것을 전혀 모르는 오만한 주인에게 부지런히 아첨할 수 있도록 허락받지만, 그 주인은 그가 남아 있건 떠나건 돌아오건 거의 관심조차 보이지 않는다."

"부자들은 성대한 대중적 여흥을 준비하거나 호화로운 연회를 베풀어 경축할 일이 있을 때에는 초청할 손님을 매우 꼼꼼하게 심사하여 선정한다. 겸손한 자나 근엄한 자, 학식 있는 자는 별로 좋아하지 않으며, 항상 자신의 이해관계에 따라서 움직이는 접객원들은 초청자 명단에 가장 잡스러운 인간들의 비천한 이름들을 끼워넣는다. 그러나 유력인사들의 주변에는 항상 모

로마인들의 타락(토마스 쿠튀르(1815-79년)의 유화)

든 기술 중에서 가장 유용한 기술, 즉 아첨술에 능한 기생충들이 들끓게 마련이다. 그들은 자기들의 영원한 보호자의 일거수 일투족에 온갖 찬사를 보내고, 주인집의 대리석 열주와 채색을 한 보도(步道)를 넋을 잃고 쳐다보며, 주인이 스스로 자신의 장점이라고 생각하는 겉치레의 우아한 거동을 열심히 찬양한다. 로마인의 식탁에는 보통 크기가 넘는 새고기, 다람쥐고기, 생선이 매우 세심한 배려 속에서 차려진다. 그리고 그 정확한 무게를 달기 위해서 천칭이 준비되어 있는데, 따지기 좋아하는 손님은 아무리 여러 번 달아도 만족하지 않고 공증인을 불러 이 진기한 구경거리의 진실을 믿을 수 있는 기록으로 입증하도록 한다. 유력인사들의 집이나 모임에 소개되는 또 한 가지 방법은 노름(보다 정중한 말로는 유희)을 하는 것이다. 노름꾼들은 엄격한 우애 또는 음모의 유대로 결속되어 있다. 테세라리아(주사위 노름/역주) 게임을 잘하는 사람에게는 부귀영화의 길이 보장된다. 이 게임에 숙달된 사람은 만찬이나 모임이 있을 때, 주인의 바로 아래 좌석에서 마치 대(大)카토(234-149년 B.C.)가 변덕스러운 민회의 집정관 선거에서 낙선했을 때 느꼈을 것 같은 경악과 분노의 표정을 얼굴에 드러낸 채 앉아 있다."

"학식 있는 사람은 좀처럼 귀족들의 호기심을 끌지 못하는데, 그들은 힘든 일을 싫어하고 공부하기를 경멸하기 때문이다. 그리고 그들이 읽는 책은 오직 유베날리스의 『풍자집』과 마리우스 막시무스의 장황하고 허황한 역사책들뿐이다. 그들이 아버지에게서 물려받은 서재는 마치 음침한 묘지처럼 햇빛이 들지 않는다. 그러나 그들은 값비싼 연극 소도구와 피리, 큰 수금, 수압식 오르간을 만들어 사용하기 때문에 로마의 궁전들에서는 악기를 연주하는 소리가 끊임없이 반복된다. 이 궁전들에서는 소리가 지각보다 중시되며, 정신보다 육체를 열심히 돌본다. 유익한 관습이지만, 조금이라도 전염병의 낌새가 있으면 아무리 친한 사람이라도 방문을 사절하는 구실이 된다. 그리고 안부를 전하려고 온 하인도 목욕을 하지 않았으면, 집 안에 들이지 않는다. 그러나 이처럼 이기적이고 비겁한 몸조심도 때로는 보다 절박한 욕심 앞에 굴복하기도 한다. 돈을 벌 기회만 된다면, 돈 많고 팔다리가 쑤시는 원로원 의원도 멀리 스폴레토(로마 시 북방 60마일에 있는 도시/역주)까지 간다. 유산이나 유증을 받을 가능성만 있으면, 누구나 체면이나 위엄을 내팽개치기 때문에 로마에서는 자식 없는 부자가 가장 유력한 시민이다. 자기에게 유리한 유언장에 서명을 받아내거나 유언의 집행을 촉진시키는 기술을 완전하게 터득하고 있기 때문에, 심지어 서로 별채에 살지만 같은 울타리 안에 기거하는 남편과 아내가 상대방을 속이려는 기이한 목적으로 각자 변호사를 불러 같은 시간에 서로 모순되는 내용을 발표하는 경우도 생긴다."

"호화방탕한 생활 끝에 궁핍해진 유력인사가 비굴한 수단에 호소하는 경우도 많다. 그들은 돈을 빌려야 할 때에는 희극에 나오는 노예처럼 야비한 애원조의 말을 사용하지만, 돈을 갚을 때가 되면 헤르쿨레스의 손자들처럼 엄숙하고 비장한 웅변을 토한다. 빚독촉이 계속되면, 믿을 만한 아첨꾼을 고용하여 음식에 독약을 넣었거나 마술을 부렸다는 혐의로 무례한 채권자를 고소하도록 하는데, 이 채권자는 빚을 전액 탕감해준다는 문서에 서명하지 않으면 좀처럼 풀려나지 못한다. 로마인들의 도의심을 타락시키는 이런 악덕은 사람의 판별력을 어지럽히는 유치한 미신과 뒤섞여 있다. 그들은 제물로 바친 짐승의 창자를 보고 미래의 영달과 번영을 예언하는 [장복술(臟卜

術)) 점쟁이들의 말을 확신을 가지고 경청했으며, 많은 사람들은 점성술의 법칙에 의해서 수성의 위치나 달의 모양을 알아보기 전에는 목욕을 하지도, 외출을 하지도 않으려고 했다. 불경스럽게도 하느님의 존재를 의심하거나 부인하는 회의론자들 중에 이처럼 허망한 미신을 믿는 사람들이 많은 것은 기이하다."

상공업의 중심지인 대도시들에서는 숙련이나 노동력으로 생계를 이어가는 중간계층의 주민들이 가장 생산적이고 유용한 사람들이었는데, 이러한 의미에서 사회에서 가장 존경받을 만한 사람들이었다. 그러나 한곳에 머물러 비천한 일을 하기 싫어했던 로마의 평민들은 오래 전부터 고리채에 시달려 왔으며, 농부가 군대에 복무하게 되면 농지의 경작을 포기할 수밖에 없었다. 원래 가난한 자유민들에게 분배되었던 이탈리아의 토지는 점차 탐욕스러운 귀족들에게 매수되거나 빼앗겼기 때문에, 공화국이 멸망하기 직전에는 독자적인 생계수단을 가진 시민의 수가 2,000여 명에 불과한 것으로 집계되었다. 그래도 시민들이 투표권을 행사하여 국가의 고위직과 군단 사령관, 부유한 속주의 통치자들을 선출하는 동안에는 그들도 정신적인 자부심을 가지고 빈곤의 고통을 어느 정도 달랠 수 있었을 것이다. 또한 로마 시의 35개의 부족(tribus : 지역적인 시민 구분 단위, 뒤에는 거주지에 관계없이 새로운 시민은 어떤 부족에도 배당되지 않았다/역주)과 193개의 백인대(centuria : '백인'은 실제 수가 아니었으며, 수천 명으로 구성되기도 했다/역주)를 매수하여 과반수를 차지해야 하는 후보자들은 선심을 써서 시민들에게 필요한 물건들을 때맞추어 공급했다.

그러나 방탕한 평민들이 권력의 사용은 물론이고 그 계승까지도 어리석게 외면하게 되면서부터, 그들은 역대 카이사르들의 통치하에서 비참한 대중으로 전락했기 때문에, 만일 노예의 해방이나 외국인의 유입으로 보충되지 않았더라면, 몇 세대 지나지 않아 완전히 사라지고 말았을 것이다. 이미 하드리아누스 시대에 로마의 토착민들은 이 도시가 온 세상의 악덕과 전혀 생소한 다른 민족의 풍습들을 끌어들이고 있다고 불평했다. 갈리아인들의 방종, 그리스인들의 교활함과 경박성, 이집트인과 유대인들의 사나운 고집, 아시아인들의 노예근성 그리고 시리아인들의 무절제하고 나약한 타락성 등이 뒤섞인 온갖 무리들이 로마인이라는 허울좋은 이름 밑에서 '영원한 도시'의 바깥에 사는 동포들은 물론이고 심지어 자신들의 군주들까지도 경멸하며 살고 있었다.

그러나 로마라는 이름은 아직은 존경의 대상이었다. 이 도시 주민들의 빈번한 소요사태는 너그럽게 면책되었으며, 콘스탄티누스의 후계자들은 강력한 군사력으로 민주주의의 마지막 잔재를 분쇄해버리지 않고, 그 대신 아우구스투스의 관용정책을 채택하여 무수한 시민들의 빈곤을 퇴치하고 여가를 즐겁게 해주려고 노력했다. 게으른 평민들의 편의를 위해서 매달 실시하던 곡물 배급을 매일매일의 빵 배급으로 전환하여 빵 굽는 화덕을 국비로 많이 건설하여 유지했다. 배급권을 소지한 시민은 정해진 시간에 지정된 배급소의 계단을 올라가서 각자 가족용으로 3파운드의 빵을 무상으로 또는 매우 저렴한 가격으로 배급받았다. 도토리가 많아 산돼지가 잘 자라는 루카니아(이탈리아 남부지방/역주)의 삼림지대는 일종의 세금 형태로 값싸고 위생적인 육류를 풍부하게 공급했다. 이로써 1년 중 5개월 동안은 가난한 시민들에게 일정량의 베이컨이 배급되었다. 로마 시의 연간 소비량은 로마의 권력이 극히 위축된 시기에도 발렌티니아누스 3세(재위 425-55년)의 칙령에 의해서 362만8,000파운드로 확인되었다.

고대인들의 생활에서는 기름이 등화용과 목욕용으로 필수품이었기 때문에, 로마인들을 위해서 아프리카에 매년 300만 파운드, 용량으로는 약 30만 갤런의 기름이 세금으로 부과되었다. 아우구스투스는 수도지역에 충분한 곡물을 공급하려고 노력했지만, 그의 배려는 인간의 생존에 필요한 곡물에 국한되었다. 그후 주민들이 포도주의 값과 품귀사태를 불평하자, 이 근엄한 개혁자는 포고문을 발표하여 아그리파의 수도(水道)를 통해서 시내에 깨끗한 물이 얼마든지 공급되고 있으므로 목이 마르다고 불평하는 것은 온당치 않다고 주장했다. 이와 같은 엄격한 절주(節酒) 정책은 점차 완화되어, 비록 아우렐리아누스(재위 270-75년/역주)의 관대한 계획이 제대로 실시되지는 않았더라도, 나중에는 포도주를 손쉽게 구할 수 있었다. 국영 포도주 저장고들의 관리는 고위 행정관이 맡았으며, 캄파니아산 포도주의 대부분은 로마 시민을 위해서 별도로 저장되었다.

아우구스투스 황제 자신이 찬양했던 수많은 수도는 시내 곳곳에 세워진 테르마이(Thermae, 목욕탕)에 풍부한 물을 공급했다. 지정된 시간에 원로원 의원이나 일반 백성에게 차별 없이 개방되는 안토니누스 카라칼라 욕탕에는 대리석 좌석이 약 1,600석이었으며, 디오클레티아누스 욕탕의 좌석은 3,000석이 넘었다. 높은 건물들의 벽면에는 온갖 우아한 디자인과 다양한 색채를 화필로 그린 진기한 모자이크가 박혀 있었다. 이집트산 화강암에는 값진 누미디아산 녹색 대리석을 박아 넣었으며, 밝고 묵직한 은으로 만든 수많은 수도꼭지를 통해서 뜨거운 물이 끊임없이 커다란 욕조로 쏟아져나왔다. 비록 가장 비천한 로마인일지라도, 조그만 동전 한 닢만 있으면 하루 동안 아시아의 왕들도 부러워할 화려한 사치를 즐길 수 있었다. 이 화려한 건물들로부터 신발도 외투도 없이 누더기를 걸친 채 쏟아져나온 평민들은 하루 종일 길거리나 광장에서 빈둥거리면서 소문을 귀동냥하고, 말다툼을 벌이고, 처자를 먹여살여야 할 쥐꼬리만한 생활비를 엉뚱하게도 도박으로 낭비하다가 밤이 되면 어두컴컴한 선술집이나 매춘굴에서 상스럽고 천박한 육욕을 불태웠다.

그러나 게으른 대중에게 가장 생동감 있고 화려한 오락은 빈번하게 열리는 경기와 구경거리였다. 경건한 기독교도 황제들은 비인간적인 검투사 경기를 억제했지만, 로마인들은 여전히 원형경기장을 자기들의 집으로, 신전으로, 공화국의 본거지로 생각했다. 성급한 군중은 새벽부터 달려와서 자리를 잡았고, 가까운 건물의 회랑 현관에서 뜬눈으로 밤을 새운 사람들도 많았다. 아침부터 저녁까지 비가 오든 말든 때로는 40만 명에 달하는 관중들이 말이나 전차를 모는 선수들을 열심히 지켜보면서 자기가 택한 선수의 승패에 희비가 엇갈리며 흥분했다(40만 명은 과장임. 경기장 수용인원은 약 5만 명임/역주). 마치 로마 전체의 행복과 불행이 한낱 경주의 결과에 달려 있는 듯했다.

그들은 맹수와의 격투나 각종 극장공연을 구경할 때에도 이와 같은 무절제한 열성으로 박수갈채를 보낼 때가 많았다. 현대의 도시들에서 상연되는 연극들은 순수하고 우아한 취미 또는 덕성의 양식이라고 간주해도 좋을 것이다. 그러나 아티카〔그리스〕의 천재들을 모방하는 데에 불과했던 로마인들의 '희극과 비극의 뮤즈'는 공화정 몰락 이후, 거의 완전히 침묵을 지키고 있었으며, 그 대신에 음탕한 익살극이나 나약한 음악, 화려한 야외극 같은 것들이 자리를 차지하고 있었다. 아우구스투스 시대로부터 6세기에 이르기까지 명성을 유지했던 판토마임 배우들은 신들과 고대의 영웅들을 주제로 한 각종 전설을 무언극으로 연기했다. 때로는 철학자의 근엄한 자세를 흐트려놓기도 하는 그들의 완벽한 기술은 항상 사람들의 경탄을 자아냈다. 널찍하고 웅장한 로마의 극장들에서는 3,000명의 무희와 3,000명의 가수들이 각각 별도의 합창단 지휘자들과 함께 무대를 가득 메웠다. 연극공연에 대한 대중적 인기가 이처럼 높았기 때문에, 기근이 들어 외국인들이 모두 시내에서 추방될 때에도 대중공연에 기여한 외국인 유공자들은 그 법률의 적용에서 면제되었는데, 이런 법률은 학문을 가르치는 학자들에게도 엄격히 적용되었다.

어리석은 엘라가발루스〔본명 : 헬리오가발루스〕는 거미집의 수를 세어 로마의 주민수를 계산해보려고 했다고 한다. 현명한 군주들은 보다 합리적인 방법을 써서 로마의 행정에 매우 중요하고 후대에도 큰 관심거리인 인구문제를 쉽게 해결할 수 있었을 것이다. 시민의 출생과 사망은 정식으로 등록되었다. 따라서 옛 역사가들이 연간 인구통계 또는 평균수치라도 기술해두었더라면, 우리는 지금 어느 정도 만족스러운 수치를 계산하여 비평가들의 터무니없는 주장을 뒤엎고 더 나아가서 철학자들의 적당한 어림짐작을 확증할 수도 있었을 것이다. 근면한 학자들은 지금까지 다음과 같은 주변 상황만을 수집했을 뿐이다. 이러한 상황들은 비록 불완전하고 사소한 것들이기는 하지만, 고대 로마의 인구문제를 밝히는 데에 어느 정도 도움을 줄 수 있을 것이다.

(1) 고트족이 로마 시를 포위했을 당시 수학자 암모니우스는 성벽의 둘레를 정확히 측정하여 그것이 21마일에 이른다고 밝혔다. 한 가지 잊지 말아

야 할 것은 이 도시의 형태가 원형에 가까웠다는 점인데, 원형은 주어진 둘레 안에 가장 큰 면적을 담을 수 있는 기하학적 도형이다.

(2) 아우구스투스 시대에 활약한 건축가였던 비트루비우스는 이 문제에 관해서 특히 비중 있고 권위 있는 증거를 제시했다. 그는 로마 시민의 무수한 거주지역들은 좁은 시내를 벗어나서 훨씬 넓게 전개되어 있었을 것이며, 아마도 곳곳에 정원과 별장이 산재하여 대지가 부족했던 탓으로, 불편하기는 했지만, 주택을 공중으로 꽤 높이 짓는 관행이 일반화되었을 것이라고 썼다. 그러나 이처럼 높은 건물들은 날림 공사를 한 데다가 자재가 부실했기 때문에 큰 사고가 일어나는 경우가 많았으며, 따라서 네로는 물론 아우구스투스는 여러 차례 칙령을 내려 민간가옥의 높이가 지상 70피트를 넘지 못하도록 규제했다.

(3) 풍자 시인인 유베날리스는 자신이 직접 경험한 고달픈 빈민생활을 한탄하면서 빈민들에게 지체 없이 공기가 탁한 로마에서 이주할 것을 권하고, 이탈리아의 작은 도시에서는 로마에서 어둡고 비참한 거처를 위해서 매년 지불하는 돈이면 밝고 안락한 주택을 살 수 있다고 지적했다. 여기서 우리는 집세가 터무니없이 비쌌다는 것을 알 수 있다. 부자들은 엄청난 돈을 들여 땅을 매입하여 저택과 정원을 지었지만, 로마 시민들은 좁은 지역에 몰려 살았으며 오늘날 파리 등 여러 도시들에서 볼 수 있는 것처럼 집 한 채를 여러 층과 구획으로 나누어 여러 세대가 함께 살았다.

(4) 테오도시우스 시대에 작성된 로마에 관한 보고문서에는 14개 구역의 가옥 총수가 정확히 기재되어 있는데, 그 수는 4만8,382동이다. 로마의 모든 계급과 신분의 사람들이 거주한 이 가옥들은 크게 '대저택(domes)'과 '여염집(insulae)'(각각 1,780호, 4만6,602호였다고 기번 자신이 주를 달았다/역주)으로 구분되었다. 그중에는 수많은 해방노예들과 일반 노예들을 거느린 아니키우스 가문의 대리석 저택도 있었고, 시인 코드루스가 아내와 함께 지붕 밑의 지저분한 다락방에 세들어 살던 높고 비좁은 셋집도 있었다. 오늘날 비슷한 상황에 있는 파리의 평균 비율을 적용하여 이들 각 가옥에 무차별적으로 25명씩을 할당하면, 그 당시 로마의 주민 수를 120만 명으로 추정할

호노리우스(재위 395-423년)

수 있을 것이다 — 이 숫자는 현대 유럽 대도시의 인구보다는 많지만, 대제국 수도의 인구로서는 지나치다고 할 수 없다.

이상이 고트족이 로마 시를 포위, 봉쇄했던 호노리우스 치세하의 로마의 상황이었다(408년). 대군을 교묘하게 배치해놓고 호시탐탐 공격의 순간을 기다리던 알라리크는 성벽을 둘러쌌으며 중요한 12대문을 장악한 후, 인근 지방과의 모든 교통을 차단하는 한편, 로마의 가장 확실하고 풍부한 생활필수품 공급로인 티베리스 강의 항행을 엄중히 봉쇄했다. 귀족과 시민들이 보인 첫번째 반응은 비열한 야만족이 감히 세계의 수도를 모욕했다는 데에서 오는 경악과 분노였다. 그러나 그들의 오만한 자세는 재난 앞에서 곧 수그러들었으며, 나약한 그들은 무장한 적군에게 격분하기보다는 오히려 무방비 상태의 애꿎은 희생자를 상대로 비열한 분노를 터뜨렸다. 로마인들은 세레나를 테오도시우스의 조카딸로서는 그리고 현 황제의 숙모 또는 양모로서는 존경했지만, 스틸리코의 미망인으로서는 증오했다. 따라서 그들은 그녀가 고트족 침략자와 범죄적 밀통을 했다고 비난하는 중상모략에 쉽게 넘어갔다. 원로원도 역시 이와 같은 세간의 광기에 압도되어 심문도 해보지 않은 채, 그녀에게 사형을 선고했다. 세레나는 수치스러운 교수형에 처해졌다. 그러나 이처럼 부당하고 잔인한 행위가 취해졌는데도, 야만족의 퇴각과 로마 시의 구원이 즉시 이루어지지 않자 군중들은 놀라고 어리둥절해했다.

불운한 로마 시는 점차 물자 부족으로 고생하다가 마침내 끔찍한 기아를 겪게 되었다. 하루 3파운드씩의 빵 배급이 절반으로, 3분의 1로 줄어들다가 결국 배급 자체가 없어졌으며, 곡물가격은 계속 천정부지로 치솟았다. 생필품을 살 수 없는 빈민들은 부자들에게 자선을 간청했다. 결국 대중의 참상은 그라티아누스 황제의 미망인 라에타의 자비 덕분에 잠시 경감되었다. 그녀는 로마에 거처를 정하고 나서 남편의 은혜에 감사하는 후계자들에게서 받는, 왕자의 그것에 상당하는 연금을 가난한 사람들을 위해서 기부했던 것이다. 그러나 이와 같은 개인적이고 일시적인 희사만으로는 수많은 사람들의 굶주림을 달랠 수 없었으며, 기근은 마침내 원로원 의원들 자신의 대리석 저택들에까지 미치게 되었다. 남녀를 불문하고 안일과 사치를 즐기도록 교육받았던 사람들은 이제 인간의 자연적인 욕구를 충족시키는 데에 필요한 것이 얼마나 중요한 것인가를 깨닫고, 전 같으면 거들떠보지도 않았을 약간의 조잡한 음식물을 얻기 위해서 지금은 아무 쓸모없는 금은보화를 아낌없이 내다 팔았다. 굶주린 사람들은 미각이나 기호에 전혀 맞지 않는 식품과 신체에 가장 비위생적이고 유해한 음식물도 게걸스럽게 먹었고 또 이를 놓고 사납게 다투었다. 절망에 빠진 사람들이 동료 인간을 몰래 죽여 그 시체를 먹었다든가, 심지어 어머니들이 자기 아기를 죽여 그 고기를 먹었다든가 (이것이야말로 인간의 마음속에 심어진 2대 본성간의 끔찍한 갈등이 아닐 수 없다) 하는 기막힌 소문이 나돌기도 했다! 수많은 로마 시민들이 집 안에서 또는 길거리에서 굶어죽었다. 그리고 성 밖에 위치한 공동묘지가 적의 수중에 있었기 때문에, 매장하지 못한 채 썩어가는 수많은 시체들에서 발생하는 악취가 공기를 오염시켰고, 그 결과 기아의 참상은 뒤이은 전염병의 발생으로 더한층 악화되었다.

라벤나 궁정에서 신속하고 효과적인 구원을 거듭 다짐해왔기 때문에, 로마인들도 한동안은 실낱 같은 희망을 유지했으나, 마침내 어떤 인간의 도움도 체념할 수밖에 없게 되자 그들은 초자연적인 구원의 제의를 받아들이게 되었다. 로마 시장 품페이아누스는 토스카나 지방의 점쟁이들의 술책에 현혹되어 신비로운 주술과 제사의 힘으로 구름에서 천둥번개를 끌어내어 이 하늘의 불길을 야만족 진영에 쏟아부을 수 있을 것이라고 믿었다. 이 중대한 비법이 로마 주교 인노켄티우스에게 전수되었다. 이렇게 해서 성(聖) 베드로의 후계자는 확신도 없으면서, 엄격한 기독교 교리를 어기고 공화국의 안전을 도모하려고 했다는 비난을 받게 되었다. 그러나 이 문제가 원로원의 토의에 회부되어 그와 같은 제사는 카피톨리누스 신전에서 국가 행정관들의 권위와 참여하에 집행되어야만 한다는 중대한 조건이 제안되기에 이르자, 대다수의 원로원 의원들은 하느님과 황제의 미움을 살 것이 두려운 나머지 이교의 공식적인 부활이나 다름없는 이 행위에 가담하기를 거절했다.

로마인들에게 남은 최후의 길은 고트족 왕의 자비를, 아니 적어도 그의 관용을 구하는 것이었다. 이 비상시기에 최고통치권을 장악한 원로원은 두 사람의 사신을 지명하여 적과 강화를 교섭하도록 했다. 이 중요한 임무를 맡은 사람은 에스파냐 출신 원로원 의원으로서 이미 지방행정에서 두각을 나타냈던 바실리우스와 제1서기관으로서 업무처리에 능숙할 뿐 아니라 고트족 왕과 친교를 맺은 바 있는 요안네스였다. 두 사람은 고트족 왕을 알현한 자리에서 자기들의 비참한 처지에 어울리지 않는 고압적인 어조로 로마는 강화를 맺건 전쟁을 하건 그 위엄을 유지할 것이라고 선언했다. 그리고 만일 알라리크가 공정하고 영예로운 강화조건을 거절하겠다면, 진군 나팔을 불어 훌륭한 군사훈련을 받은 그러나 절망 끝에 흥분해 있는 수많은 시민들을 상대로 싸워야 할 것이라고 말했다. "풀이 많을수록 건초 베기는 더 쉬운 법이지" 하고 야만족 왕은 간결하게 대답했다. 이 투박한 비유법에 이어 그는 폭소를 터뜨렸다. 나약한 사치에 물들어 있다가 굶주림으로 쇠약해진 비겁한 사람들의 협박을 비웃는 모욕적인 웃음이었다.

그는 이어 자신이 로마 시에서 철수하는 대가로 배상액을 제시했다. 국유, 사유를 불문하고 시내에 있는 모든 황금과 은, 모든 귀중품 그리고 야만족 출신임이 입증되는 모든 노예를 내놓으라는 조건이었다. 원로원 사절들은 짐짓 애원조로 물었다. "그렇게 요구하신다면, 오, 왕이시여! 우리에게는 무

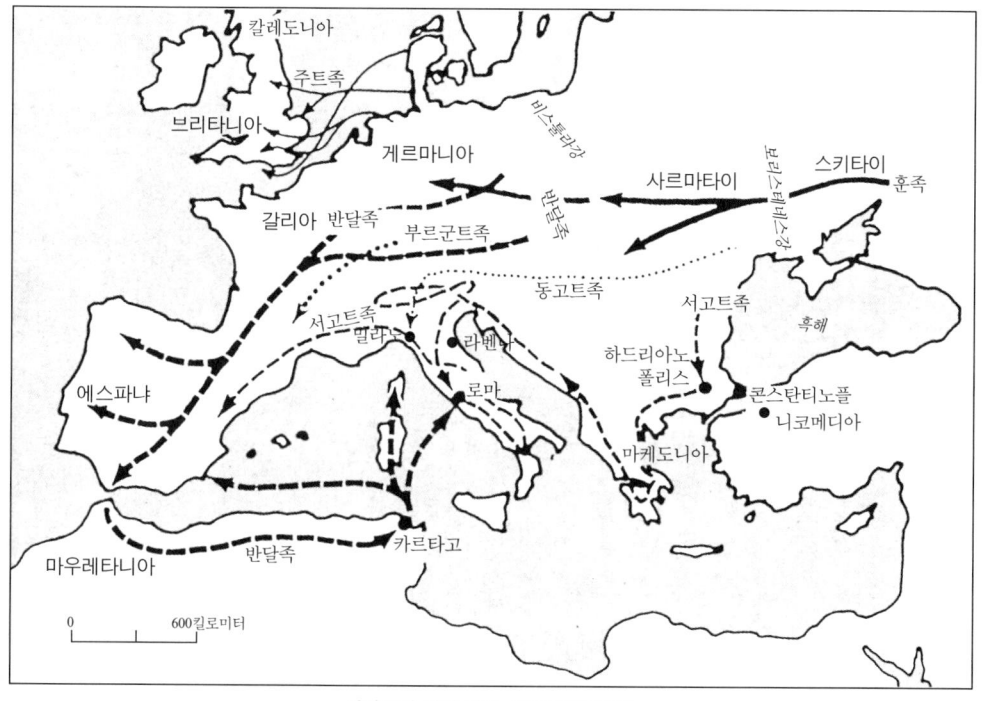

야만족의 침입 경로 상상도(5세기경)

엇을 남기시겠습니까?" "목숨을 남겨두지." 오만한 정복자의 대답이었다. 그들은 벌벌 떨면서 물러났다. 그러나 그들은 물러나기 전에 단기간의 휴전을 허용받았기 때문에, 얼마 동안 강화교섭을 계속할 수 있었다. 험악하던 알라리크의 모습도 점차 부드러워졌다. 그는 가혹한 강화조건을 많이 완화시켜주었고, 마침내 황금 5,000파운드, 은 3만 파운드, 비단옷 4,000벌, 고급 주홍색 천 3,000장, 후추 3,000파운드를 즉시 인도하는 조건으로 포위를 풀겠다고 승낙했다(후추는 대부분의 고급 로마 요리에 사용되었다/역주). 그러나 국고는 비어 있었다. 이탈리아와 속주들의 대농장에서 거두어들이는 세입은 전쟁으로 중단되었고, 금과 보석은 기근 중에 양식을 구하기 위해서 처분해버렸기 때문이었다. 그래도 집요한 탐욕 때문에 아직은 비밀재산이 은닉되어 있기도 했으나, 다소 남아 있는 교회 헌납 전리품이 도시의 참화를 면케 해줄 유일한 방책이었다. 로마인들은 알라리크의 욕구를 충족시켜

알라리크의 이탈리아 침입 …… 531

준 후, 어느 정도 평화와 여유를 누릴 수 있었다. 몇몇 성문이 조심스럽게 열렸으며, 고트족은 강을 통해서 그리고 인근 지역에서 들어오는 식량을 더 이상 막지 않았다. 시민들은 교외에서 3일 동안 열리는 자유시장에 몰려갔으며, 상인들이 이 수지맞는 장사에서 큰 이익을 취하는 동안 공용과 사용의 창고에는 도시의 생필품이 충분히 축적되기에 이르렀다.

한편 알라리크의 진영에서는 예상외로 엄격한 규율이 유지되고 있었다. 현명한 알라리크는 〔로마의 외항〕 오스티아로 가는 도로상에서 몇몇 로마 시민들을 능욕한 일단의 방종한 고트족을 엄벌함으로써, 자신이 조약을 준수하고 있음을 입증했다. 그의 군대는 로마의 공물로 배를 채운 후 천천히 경치가 좋고 물자가 풍성한 토스카나 지방으로 행군하여 그곳에 겨울 숙영지를 설치했다. 고트족의 본영에는 쇠사슬을 끊고 피난해온 4만 명의 야만족 노예들이 그들의 위대한 구원자의 휘하에서 잔혹한 노예생활에서 당한 상해와 모욕을 복수하려고 벼르고 있었다. 이 무렵에 알라리크는 고트족과 훈족으로 구성된 보다 강력한 증원군을 보충했는데, 이 증원군은 그의 절실한 요청에 따라서 그의 처남 아돌푸스가 다소간의 난관을 겪으며 손실을 보기도 했으나, 우세한 로마 군을 돌파하여 도나우 강 지역에서 티베리스 강으로 인도해온 부대였다. 야만족의 용맹성과 로마 장군의 전술과 규율을 겸비한 이 상승장군은 10만 명의 전투원을 거느리게 되었고, 온 이탈리아는 강력한 알라리크를 두려움과 존경심으로 우러러보게 되었다.

14세기가 지난 오늘날에 와서 로마 정복자들의 군사적 성과를 기술하면서, 그들의 정치적 행동의 동기까지 추측할 필요는 없을 것이다. 알라리크는 한창 융성하던 절정기에 어떤 은밀한 약점 또는 내부적인 허점을 의식하고 있었던 것 같다. 아니면 그가 관용정책을 취한 것은 어수룩한 호노리우스의 대신들을 속여 안심시키기 위한 의도에서였다고 볼 수도 있다. 고트족 왕은 자기가 평화의 벗, 로마 시민의 친구로 인정되고 싶다는 뜻을 거듭 밝혔다. 어쨌든 그의 열성적인 요구에 따라 원로원 의원 3명이 라벤나 궁정에 사신으로 파견되어 인질의 교환과 강화조약의 체결을 간청했다. 강화교섭 중에 밝힌 그의 제안들은 그가 누리고 있던 유리한 처지에는 어울리지 않는 것이었기 때문에, 협상에 임하는 그의 진지성을 의심케 만들 뿐이었다. 그는 여전히 서로마 제국의 총사령관 자리를 열망했고, 매년 곡물과 돈의 보조를 요구했으며, 이탈리아와 도나우 강 사이의 중요한 교통 요충지인 달마티아, 노리쿰, 베네치아 지방을 자신의 새 왕국의 본거지로 선택하겠다는 것이었다.

알라리크는 이 온건한 조건이 지나치다면 보조금 요구는 철회하겠고, 줄곧 게르만 계통 야만족들의 침략을 받아 피폐해 있는 노리쿰 지방만 소유해도 만족하겠다는 자세를 취했다. 그러나 올림피우스의 소극적인 완고함과 이해관계가 얽힌 생각 때문에 평화의 희망은 사라지고 말았다. 그는 원로원의 이로운 충고에 귀를 기울이지 않고 이 사신들을 수행원이라고 하기에는 수가 너무 많고〔로마의〕방어부대라고 하기에는 너무 규모가 작은 군대로 하여금 호위케 하여 쫓아버렸다. 로마 제국 군단의 정예부대인 6,000명의 달마티아 군인들이 방어 명령을 받고 라벤나를 출발하여 야만족의 대군이 점령하고 있는 개활지를 거쳐 로마로 행군했다. 이 용감한 군단 병사들은 포위당하고 함정에 빠지게 됨으로써 올림피우스의 어리석은 정책의 희생물이 되고 말았다. 지휘관 발렌스는 100명의 병사들과 함께 전쟁터를 탈출했고, 만민법〔국제법〕의 보호를 더 이상 요구할 수 없게 된 사신들 중 한 명은 금화 3만 닢의 몸값을 주고 풀려날 수밖에 없었다. 그래도 알라리크는 이 무기력한 적대행위에 화를 내지 않고 오히려 그의 강화제안을 거듭 다짐했다. 원로원 사신들 중 다른 한 명은 로마 주교 인노켄티우스의 임석하에 보증을 받고 고트족 경호대의 호위를 받으며 여행을 계속했다.[3]

황제와 그의 대신들이 라벤나의 요새와 늪지대 안에서 울적한 안전을 누리고 있는 동안, 로마 시는 거의 무방비 상태에서 알라리크의 분노에 내맡겨져 있었다. 그래도 알라리크는 여전히 관용정책을 유지하거나 가장하여 플라미니아 도로를 따라서 군대를 이동시키면서도 연달아 이탈리아 도시의 주교들을 파견하여 자신의 강화제안을 거듭하면서 황제에게 로마 시와 그 주민들을 전쟁의 불길과 야만족의 칼로부터 구원받게 해달라고 간청하게 했

---

3) 원문에서 기번은 야만족 군대를 지척에 둔 상태에서, 호노리우스의 궁정에서 계속된 몇 가지 어리석고 범죄적인 음모에 관해서 기술하고 있으나, 생략한다/편집자 주.

다. 이와 같은 재앙을 결국 모면케 해준 것은 사실은 호노리우스 황제의 지혜가 아니라 온건하면서도 효과적인 정복방법을 사용한 고트족 왕의 현명한 인도주의 덕분이었다. 그는 수도를 공격하지 않고 그 대신 로마의 가장 대담하고 웅장한 건설사업으로 손꼽히는 오스티아 항구를 공략하여 성공을 거두었다. 로마의 식량공급은 겨울철 항해나 무방비 상태의 도로망 때문에 항상 위험에 노출되어 있었으므로, 초대 황제(아우구스터)가 이 항만을 구상했고, 클라우디우스 치세 중에 준공되었다. 항구의 좁은 입구를 이루는 인공 방파제들이 멀리 바다에까지 뻗어 있어 사나운 파도를 막아주었기 때문에, 옛 오스티아 식민도시에서부터 2마일 가량 흐르는 티베리스 강의 북쪽 지류를 수용하는 3개의 깊고 넓은 수역에는 큰 배들이 안전하게 정박할 수 있었다. 이 항구는 점차 성직지가 상주하는 도시로 성장했고, 이곳의 넓은 창고에는 로마에 공급할 아프리카산 곡물이 비축되어 있었다. 알라리크는 이 중요한 장소를 장악하는 즉시 로마에 항복할 것을 요구하면서, 만일 이를 거절하거나 지연시킬 경우에는, 즉각 로마 주민의 생명이 달린 곡물창고들을 파괴하겠다고 분명히 선언했다. 시민들의 불평 소리와 기아에 대한 공포심이 원로원의 자존심을 눌렀다. 그들은 이제 쓸모없는 호노리우스 대신에 새 황제를 앉히자는 제안을 경청하게 되었고, 이렇게 해서 고트족 정복자는 로마 시 시장인 아탈루스에게 어의를 입히도록 요구했다. 은혜를 입은 새 황제는 즉시 그의 보호자를 서로마 제국 총사령관으로 인정했고, 아돌푸스는 궁정 내 근위대의 코메스가 되어 아탈루스의 신변 경호를 맡게 되었으며, 이렇게 해서 두 적대국은 가장 긴밀한 친선과 동맹의 유대로 통합된 것처럼 보였다.

　로마의 성문이 활짝 열리고, 로마의 새 황제는 고트족 군인들에게 둘러싸여 소란스러운 행렬을 따라서 아우구스투스와 트라야누스의 궁전으로 안내되었다. 아탈루스는 그의 측근과 추종자들에게 군과 민의 관직을 분배한 후, 원로원 회의를 소집하여 격식을 갖춘 화려한 연설을 통해서 공화국의 위엄을 회복시키고 전에 로마에 복속했던 이집트와 동방의 속주들을 제국에 재통합시키겠다는 자신의 결의를 천명했다. 그의 등극은 로마가 무례한 야만족에게 입은 역사상 최대의 치욕적 상처였으므로, 이성적인 로마인이라면 이 비겁한 찬탈자의 화려한 약속에 경멸을 보낼 수밖에 없었다. 그러나 늘 경박하기 마련인 민중은 황제가 바뀌었다는 사실에 박수를 보냈다. 사회적 불만은 호노리우스의 경쟁자에게 유리한 상황이었으며, 황제의 가혹한 칙명으로 억압받았던 각 종파는 고향인 이오니아에서 이교의 미신교육을 받은 후, 아리우스파 주교에게서 세례를 받은 새 황제가 어느 정도 묵인이나 관용을 베풀어주리라고 기대했다.

아탈루스의 통치도 초기에는 공정하고 순조로웠다. 그는 자기가 신임하는 장교에게 소규모의 군대를 주어 아프리카에 파견하여 이를 복속시켰고, 이탈리아의 대부분 지역을 고트족의 위세에 굴복시켰다. 비록 볼로냐 시가 완강하게 저항하기는 했지만, 밀라노 주민들은 아마도 호노리우스의 천도에 불만이 있었던 듯 로마 원로원의 새 황제 추대를 크게 환영했다. 알라리크는 대군을 이끌고 그의 포로인 황제를 라벤나 성문 바로 앞에까지 데리고 갔다. 그리고 주요 대신들 —— 즉 민정총독 요비우스, 기-보병대 총사령관 발렌스, 재무관 포타미우스, 제1서기관 율리아누스 —— 로 구성된 대단한 사절단이 화려한 행렬을 이루어 고트족 진영으로 안내되었다. 그들은 자신들의 황제(호노리우스)의 이름으로 경쟁자인 새 황제의 합법적 선출을 인정하고 이탈리아와 서로마 제국의 속주들을 두 황제가 분할하는 데 동의한다고 제안했다. 그들의 제안은 일거에 거부되었고, 더 나아가서 아탈루스는 모욕적인 관용을 제의했다. 호노리우스가 즉시 사퇴한다면, 그의 여생을 먼 섬에서 유배생활이지만 평화롭게 지낼 수 있도록 허락해주겠다는 제의였다.

테오도시우스의 아들(호노리우스)의 힘과 능력을 훤히 알고 있는 사람들에게는 그가 처한 상황이 매우 절망적으로 보였다. 그러므로 그의 대신이며 장군인 요비우스와 발렌스는 황제의 신임을 배반한 뒤에 몰락해가는 자기들의 은인을 버리고, 수치스럽게도 상승세에 있는 그의 경쟁자에게 충성을 바칠 것을 서약했다. 측근의 이와 같은 반역 사태에 경악한 호노리우스는 시종이 다가올 때마다, 사자가 올 때마다 전전긍긍하며 몸을 떨었다. 그는 적이 몰래 수도에, 궁전에, 침전에 잠입할지도 모른다고 두려워했으며, 라벤나 항구에는 항상 퇴위한 황제를 그의 어린 조카인 동로마 황제(테오도시우스 2세)에게 실어다줄 배가 대기하고 있었다.

그러나 신은 늘 결백한 자와 어리석은 자를 지켜보고 있었다(적어도 역사가 프로코피우스의 생각은 그랬다). 호노리우스가 신의 특별한 배려를 바라고 있었음은 부인할 수 없다. 호노리우스가 이러지도 저러지도 못하고 절망감에 빠져 수치스러운 도망을 계획하고 있는 순간에, 뜻밖에도 정예 4,000명의 구원병이 때맞춰 라벤나 항구에 상륙했다. 이 용감한 외인부대에게 성벽과 성문의 방어를 맡기고 난 후에, 호노리우스는 내부반란의 위험을 걱정하지 않고 편안히 잘 수 있게 되었다. 한편 아프리카에서 길보가 전해지면서 여론과 국정 전반에 갑자기 변화가 일어났다. 아탈루스가 아프리카에 파견한 군대와 장교들이 패배하여 살해되었고, 헤라클리아누스는 그곳 주민들과 함께 충성을 고스란히 지켰다는 소식이었다. 이 충성스러운 아프리카의 코메스는 거액의 돈을 송금하여 근위대의 충성을 확보했으며, 반면에 곡물과 기름의 수출을 금지시킴으로써 로마 성벽 안에 기근과 소요 그리고 불만을 조성했다.

아프리카 원정의 실패로 아탈루스 일파는 내부적인 불만과 상호비방에 휘말렸으며, 그의 보호자(알라리크)의 마음은 점차 통솔력도 없고 복종심도 없는 군주로부터 멀어지게 되었다. 알라리크에게 알리지도 않고 그의 충고에도 어긋나는 현명하지 못한 여러 가지 시책이 취해졌다. 심지어 원로원은 〔원정대〕 출항시에 고트족 500명을 포함시키기를 완강히 거부하여 자신들이 처한 상황을 무시함으로써, 쓸데없는 불신과 의혹을 불러일으켰다. 고트족 왕의 분노는 요비우스의 간악한 책략 때문에 더욱 심각해졌다. 귀족의 반열에까지 오른 요비우스는 나중에 자신의 이중배반을 변명하면서, 낯도 붉히지 않고 자신이 호노리우스에 대한 충성을 버린 척한 것은 찬탈자(아탈루스)의 세력을 효과적으로 파멸시키기 위한 것이었다고 선언했다. 처량한 아탈루스는 리미니 근처의 넓은 들판에서 수많은 로마인과 야만인들이 지켜보는 가운데 공개적으로 제위를 박탈당했으며, 알라리크는 제관과 어의를 평화와 친선의 표시로 테오도시우스의 아들에게 보냈다. 귀순한 관리들은 원래의 자리로 복직되었으며, 심지어 뒤늦게라도 참회한 경우에는 그 공로로 후한 대접까지 받았다. 그러나 축출당한 황제는 목숨이 아까운 나머지 부끄러운 줄도 모르고 오만하고 변덕스러운 야만족 왕에게 고트족 진영에서 종군할 수 있도록 허락해달라고 애원했다.

아탈루스의 축출로 강화조약 체결의 유일한 현실적 장애가 제거되자 알라리크는 라벤나에서 3마일 떨어진 곳까지 진군함으로써, 되찾은 행운으로 다시 오만해진 황제의 우유부단한 대신들에게 압력을 가했다. 알라리크는 그와 경쟁관계에 있는 수령으로서 아돌푸스의 개인적인 적이며 조상 대대로의 발티 가문의 숙적인 사루스가 황궁에 들어갔다는 소식을 듣고 분노했다. 이 대담한 야만인은 즉시 300명의 병력을 이끌고 라벤나 성문 밖으로 나와 고트족 대군을 돌격, 기습하여 분쇄한 후, 의기양양하게 성 안으로 다시 들어갔다. 그는 황제의 허락을 받아 그의 정적을 모욕하기 위해서 전령을 보내 죄인인 알라리크를 로마 황제와의 친선과 동맹으로부터 영원히 배제한다고 공개적으로 선언했다.

이 라벤나 궁정의 죄와 어리석음 때문에 로마 시는 세번째로 참화를 입었다. 고트족 왕은 이제는 약탈과 복수의 욕망을 숨기지 않은 채, 군대를 이끌고 로마 성벽 앞에 나타났다. 원로원은 구원의 가능성이 전혀 없는 상황에서 벌벌 떨면서 결사적인 저항으로 국가의 멸망을 연장시키려고 노력했다. 그러나 그들은 출생신분이나 이해관계 때문에 적측에 가담한 노예나 하인들의 비밀음모에 대해서는 속수무책이었다. 한밤중에 살라리아 문(로마의 관문/역주)이 조용히 열렸고, 시민들은 난데없는 고트족의 나팔 소리에 잠이 깨었다. 이렇게 해서 인류의 대부분을 정복하고 교화시켰던 제국의 수도는 로마 건국 1,163년 만에 게르마니아와 스키타이의 흉포한 부족들의 손에 들어가고 말았다(410년).

물론 고트족의 이 '영원한 도시'의 정복은 엄밀한 의미에서는 "로마의 멸망"을 의미하는 것이 아니다. 기번 자신도 고트족 침입의 흔적은 7년도 못 되어 "거의 사라졌다"고 기술하고 있다.

훈족의 국왕 아틸라(재위 434-53년)

그러나 그것이 남겼던 상처는 엄청났다. 야만족 정복자들 — 고트족, 부르군트족, 반달족, 훈족 등 — 은 로마의 "손님"이라는 허울좋은 이름하에 갈리아, 이탈리아, 에스파냐의 전지역을 휩쓸었다. 서로마 제국 중에서는 오직 아프리카만이 잠시나마 야만족의 손길을 면했지만, 겐세리크가 이끄는 반달족 원정대는 무어인과 도나투스파, 노예, 탈주병들의 지원하에서 얼마 후 유럽의 곡창인 아프리카마저도 점령하고 말았다. 온갖 야만족들이 마음대로 침입함으로써 서로마 제국은 마침내 브리타니아 섬과 프랑스의 센 강과 루아르 강 사이의 해안지방들을 제국에서 분리시켜 이곳에 독립국가들을 세우게 했다.

이처럼 궁지에 몰린 서로마 제국은 과연 누구에게 도움을 청할 수 있었을까? 야만족의 압력보다 더한층 치명적인 타격은 한때 통일국가였던 이 제국이 동서로 분열된 데 있었다. 동로마 제국은 어느 모로 보나 '로마'라고 부를 수 없는 상황에 있었다. 동로마 제국은 역대 군주들이 "자신의 위대함을 백성들의 굴종 정도에 따라서 측정"을 하는 — 그리고 백성들은 "야만족의 공격으로부터 자신의 생명과 재산을 지킬 능력도 없고 또는 미신의 폭압으로부터 자신의 이성을 지킬 능력도 없는" — 그런 절대군주국이었다. 이런 상황에서는 "하느님의 징벌"인 훈족의 아틸라가 이탈리아를 유린했다든가 하는 것은 별로 중요한 일이 아니었다. 다른 야만족들도 얼마든지 이와 같은 역을 해낼 수 있었을 것이며, 이 경우 "날이 갈수록 적에게는 약해지고 백성들에게는 혐오스러운 탄압자가 되어간" 로마 정부는 그들을 막을 수 없었을 것이다. 로마의 횃불은 깜박거리며 사위어갔는데, 마침내 서기 500년이 채 못 되어 이탈리아는 오도아케르의 손에 들어갔고, 그는 로마 최초의 야만족 출신의 왕이 되었다. 여기서 기번은 그의 이야기를 잠시 중단하고 서로마 제국의 종말을 애도하는 다음과 같은 비명(碑銘)을 쓰고 있다.

서로마 제국 붕괴의 개관

그리스인들은 로마가 승리하여 자기 나라가 일개 속주로 전락한 것은 로마의 실력 때문이 아니라 운명의 여신 때문이었다고 주장했다. 마음 내키는 대로 은총을 주었다가 빼앗았다가 하던 이 변덕장이 여신이 이제 날개를 버리고 천상에서 내려와서 자신의 확고부동한 옥좌를 티베리스 강가에 정착시키기로 했다는 주장이었다. 한 현명한 그리스인(폴리비우스)은 자기 시대의 기억할 만한 역사를 철학적 정신에 기초하여 편찬했다. 그는 동포들에게 로마의 위대함이 가지는 뿌리깊은 근거를 제시함으로써, 그들이 가지고 있던 이와 같은 근거 없는 기만적 위안을 일축한 바 있다. 그는 로마의 교육제도와 종교관을 들어 시민 상호간은 물론 그들의 국가에 대한 성실한 자세를 입증했다. 공화국의 원리는 명예와 미덕이었으며, 패기만만한 시민들은 장엄한 승리의 영광을 차지하기 위해서 노력했으며, 청년들은 선조들의 초상을 보면서 그들을 적극 본받기 위해서 정열을 불태웠다. 귀족들과 평민들의 절도 있는 투쟁은 확고하고 평등한 정치체제를 확립하게 되어 민회의 자유를 원로원의 권위, 지혜, 군주의 통치력과 결합시켰다. 집정관이 공화국의 군기를 높이 들면 시민들은 서약의 의무를 지키려고 10년간의 신성한 군복무 의무를 마칠 때까지 나라를 위해서 칼을 뽑았다. 이 현명한 제도는 뒷세대의 자유민과 군인들을 전쟁터로 이끌었다. 그리고 호전적이고 인구가 많은 이탈리아의 여러 지방들이 로마인들의 용맹성 앞에 굴복하여 동맹국이 됨으로써 그들의 힘은 더욱 증강되었다.

소(小)스키피오의 미덕에 감복하고 카르타고의 폐허를 목격했던 이 현명한 역사가는 군사조직, 징병, 무기, 훈련, 복종관계, 행군, 전투력에서 마케도니아의 필리포스와 알렉산더의 밀집대형보다 우세한 그들의 천하무적의 군단제도 등을 정확하게 기술하고 있다. 전쟁과 평화에 관한 제도들에서 폴리비우스는 대담무쌍하고 휴식을 모르는 이 민족의 정신과 성공을 이끌어내고 있다. 그들은 인류의 시의적절한 결탁에 의해서 좌절시킬 수도 있었던 야심적인 정복계획을 시도하여 성공시켰으며, 끊임없이 유린되었다고 하더라도 정의는 현명하고 용기 있는 정치적 미덕에 의해서 유지되었다. 공화국 군대는 때로 전투에서 패배하기도 했지만, 전쟁에서는 항상 승리하여 날렵하게 유프라테스 강, 도나우 강, 라인 강, 대서양으로 진격했다. 여러 민족들과 그 왕들을 상징하는 금상, 은상, 청동상들이 로마라는 철의 나라에 의해서 연달아 파괴되었던 것이다.

일개 도시가 하나의 제국으로 팽창하게 된 경이는 철학자의 관심을 끌 만하다. 그러나 다른 한편으로 로마가 쇠망한 것도 이 무절제한 팽창이 가져온 자연스럽고 필연적인 결과였다. 번영은 쇠망의 원리를 성숙시켰고, 정복의 확대에 의해서 파괴의 원인이 증가했으며 그리고 시간이 지나 또는 우연히 인위적 기둥들이 허물어지게 되자 그 방대한 구조물은 자체의 무게에 짓눌려 무너졌다. 그 붕괴의 이야기는 간단명료하다. 따라서 우리는 로마 제국이 왜 멸망했는가를 묻기보다는 오히려 그처럼 오랫동안 존속했다는 데 놀라게 되는 것이다. 먼 지방의 전장에서 이방인과 용병의 악덕을 습득한 상승 군단들은 우선 공화국의 자유를 억압했고, 그 다음에는 황제의 존엄성을 침해했다. 역대 황제들은 자신의 안전과 나라의 평화를 걱정한 나머지, 로마 군대를 황제 자신과 적국에 모두 가공할 존재로 만들었던 군율을 문란시키는 졸렬한 편법을 사용할 수밖에 없었다. 엄격한 군율과 군무의 기강은 해이해졌으며 마침내 콘스탄티누스의 편파적 제도에 의해서 최종적으로 와해되었다. 그 결과 로마 세계는 홍수처럼 밀려드는 야만족들에게 압도되었다.

로마가 쇠망한 것은 제국의 수도를 옮긴 탓이라고 말하는 사람이 많지만, 지금까지 살펴본 바와 마찬가지로 로마의 통치권력은 이전되었다기보다는 분할되었다. 콘스탄티노플의 옥좌는 동방에 세워졌고, 서방에서는 여전히 일련의 황제들이 이탈리아에 거처하면서 군단과 속주들에 대해서 동등한 세습적 권리를 주장했다. 이 위험한 새 제도는 힘을 약화시키고 2인 통치의 악폐를 조장했다. 억압적 전제체제의 기구들이 늘어났고, 테오도시우스의 타락한 후계자들간에는 선의의 경쟁이 아닌 헛된 허영의

서로마 최후의 황제 로물루스 아우구스툴루스(재위 475-76년)

경쟁이 전개되었다. 극단적인 역경은 자유민의 미덕을 결집시키는 법이지만, 쇠망해가는 나라에서는 당파 싸움을 부추길 뿐이다. 아르카디우스와 호노리우스의 상호 적대적인 총신들은 공동의 적에게 나라를 팔아넘겼다. 그리고 비잔티움 황실은 로마의 수치, 이탈리아의 불행 그리고 서로마 제국의 손실을 남의 일처럼 기꺼이 지켜보았다. 그후 두 제국 사이의 동맹관계는 회복되었지만, 동로마인들의 지원은 느리고 모호하고 비효과적이었다. 그리고 그리스인과 로마인들 간의 민족적 분열은 언어, 풍속, 이해관계, 종교 등의 차이로 더욱 확대되었다. 그런 가운데서도 괜찮은 사태가 전개된 것은 어느 정도 콘스탄티누스의 판단이 옳았음을 증명하고 있었다. 오랜 쇠퇴기간 동안에도 콘스탄티누스가 세운 난공불락의 도시는 상승의 야만족 군대들을 격퇴했고, 아시아의 부를 보호했으며, 전시와 평화시에 흑해와 지중해를 잇는 중요한 해협을 장악했다. 콘스탄티노플의 창건은 서로마의 멸망에 기여했다기보다는 기본적으로 동로마의 유지에 기여했던 것이다.

종교의 지상목적은 내세의 행복에 있기 때문에 기독교의 도입 또는 그 악용이 로마 제국의 쇠망에 영향을 주었으리라는 것은 충분히 상상할 수 있다. 성직자들은 인내와 소극적 태도를 효과적으로 설교했다. 사회의 적극적 덕성은 타기해야 할 대상으로 권장되었으며, 이렇게 되자 얼마 남지 않은 군인정신도 그나마 수도원에 파묻히게 되었다. 허울 좋은 자선과 헌금의 요구를 충족시키기 위해서 공, 사의 재산 중 상당 부분이 헌납되었으며, 군인들에게 줄 봉급은 금욕과 정절만을 내세우는 무가치한 남녀들을 위해서 탕

진되었다. 신앙심, 열정, 호기심 그리고 원한과 야심이라는 보다 세속적인 감정 때문에 신학논쟁이 불붙었다. 교회는 물론이고 국가까지도 비타협적이고 때로는 유혈사태로 발전한 종교적 파벌 싸움에 말려들었고, 황제의 관심은 전쟁터를 떠나서 공의회에 쏠렸다. 로마 세계는 새로운 종류의 폭군에 의해서 억압받게 되었고, 박해받은 교파들은 나라의 은밀한 적으로 변해갔다.

비록 해롭고 불합리한 것이기는 하지만, 당파심은 원래 분열의 원리이면서 동시에 통합의 원리이기도 하다. 1,800개의 교단에 서서 주교들은 합법적이고 정통적인 군주에 대한 복종의 의무를 설교했다. 그들은 빈번한 집회와 끊임없는 서신을 통해서 멀리 떨어진 교회들과 영적인 교류를 유지했으며, 이렇게 해서 비록 제한적이기는 했지만 복음의 힘이 가톨릭 교회의 영적인 동맹에 의해서 강화되기에 이르렀다. 이 비굴하고 나약한 시대는 주교들의 신성한 무위도식을 공손하게 받아들였다. 그러나 미신이 품위 있는 칩거를 받아들이지 않았다면, 이 동일한 악덕들은 변변치 못한 로마인들로 하여금 더한층 비천한 동기에서 공화국의 규범을 버리도록 유혹했을 것이다. 종교적 가르침은 신도들의 자연적 성향을 만족시키고 정당화시켜주는 한에서 쉽게 받아들여진다. 그러나 기독교의 순수하고 참된 감화력은, 비록 불완전하기는 하지만, 북방의 야만족 개종자들에게 미친 유익한 영향에서 찾아보아야 할 것이다. 로마 제국의 쇠퇴가 콘스탄티누스의 개종에 의해서 촉진되었다고 한다면, 이 승리의 종교는 제국의 급격한 멸망을 늦추었고 정복자들의 흉포한 기질을 누그러뜨렸다고 할 수 있다.

이 장엄한 변천은 현시대에도 유용한 교훈으로 삼을 수 있을 것이다. 조국의 배타적 이익과 영광을 위하고 이를 촉진시키는 것은 애국자의 의무이다. 그러나 철학자라면 시야를 넓혀 유럽 전체를 거의 비슷한 수준의 교양과 문명을 누리고 있는 하나의 거대한 공화국으로 볼 수도 있을 것이다. 세력균형은 계속 흔들릴 것이고, 우리 나라와 이웃 왕국들의 번영이 번갈아가며 부침을 거듭하겠지만, 이와 같은 부분적인 사건들은 우리들의 전반적인 행복, 즉 유럽과 그 식민지들을 다른 인류들보다 돋보이게 만드는 기술, 법률, 관습의 제도들을 본질적으로 해치지는 못한다. 지구상의 야만족들은 문명사회 공동의 적이기 때문에, 우리는 초조한 호기심을 가지고 과거 로마의 무력과 제도를 압박했던 참화가 반복되어 지금도 유럽을 위협하고 있는 것이나 아닌지 질문하게 된다. 아마도 이와 같은 고찰하에서 강대한 제국이 멸망한 원인을 설명하고 동시에 우리가 현재 안전을 누리고 있는 원인들도 규명할 수 있을 것이다.

로마인들은 그들이 얼마나 큰 위험에 처해 있는지 그리고 적의 수가 얼마나 되는지 알지 못했다. 그 당시 라인 강과 도나우 강 너머의 유럽과 아시아의 북방 나라들에는 사냥과 목축을 하는 수많은 부족들이 살고 있었는데, 가난하고 식욕이 왕성하고 난폭한 그들은 싸울 때에는 용감하지만 재물을 약탈하는 부족들이었다. 이 야만족 세계는 신속하게 전해진 전쟁의 충격으로 동요를 일으켰는데, 갈리아와 이탈리아의 평화를 뒤흔든 것은 멀리 중국에서 일어난 변화의 결과였다. 전쟁에 져서 쫓기게 된 훈족은 그들의 행군방향을 서방으로 돌리게 되었으며, 이 민족이동의 격류는 포로와 동맹세력의 가담으로 점차 거세졌다. 훈족에게 져서 도망가는 부족들도 마찬가지로 정복정신을 가지게 되었다. 이렇게 해서 끝없는 야만족들의 대열이 누적된 무게로 로마 제국을 압박하게 되었으며, 최선봉 부족이 무너져도 즉시 그 빈자리를 새로운 공격부대가 채웠다. 지금은 북방에서의 그와 같은 엄청난 민족이동은 중단되었다. 이런 장기간의 평온상태는 지금까지 인구감소 탓이라고 생각되어왔지만, 사실은 기술과 농업의 발전이 가져온 행복한 결과이다. 삼림과 늪지대 여기저기에 초라한 촌락들이 흩어져 있던 게르마니아가 지금은 성벽을 두른 2,300개의 도시를 헤아리게 되었고, 덴마크, 스웨덴, 폴란드 등의 기독교 왕국들이 속속 건설되었으며, 한자 동맹(Hansa Bund : 13-17세기에 걸쳐 해상교통의 안전보장, 상권확장 등을 목적으로 독일 연안의 도시와 발트 해 연안의 도시 간에 이루어진 도시동맹/역주)의 상인들이 튜턴족 기사들과 함께 발트 해 연안을 따라 멀리 핀란드 만에 이르기까지 식민지들을 확대했다. 지금은 핀란드 만에서 동방의 대양에 이르는 지역에 러시아가 강력한 문명 대국의 모습을 보여주고 있다. 볼가 강, 오비 강, 레나 강의 유역에 쟁기, 직기, 대장간 등이 도입되었고, 가장 사납던 타타르족 무리들도

고대 로마 시 중심부의 유적지(p.74 참조)

이제는 두려움과 복종을 터득하고 있다. 독립적인 야만국의 통치는 지금은 좁은 범위로 축소되었고, 세력이 거의 다한 칼무크족과 우즈베크족의 잔존 세력은 위대한 유럽 공화국들에 심각한 위협이 되지 못한다. 그러나 외견상 이처럼 안전하다고 해서 앞으로 세계지도 위에 잘 보이지도 않는 어떤 보잘것없는 민족으로부터 새로운 적과 미지의 위험이 일어날 가능성이 없지 않다는 것을 망각해서는 안 될 것이다. 인도에서부터 에스파냐에까지 정복지를 확대했던 아랍인, 즉 사라센인들도 무하마드가 그들의 몸에 정열을 불어넣기까지는 빈곤과 경멸 속에 파묻혀 살았다

로마 제국은 구성원들의 특이하고도 온전한 결합에 의해서 확고하게 확립되었다. 예속민족들은 독립을 바라거나 기대하지도 못한 채 로마 시민으로서의 신분을 받아들였으며, 서방의 여러 속주들은 야만족에 의해서 억지로 모국어의 품속에서 떨어져나올 때 별로 달가워하지 않았다. 그러나 이와 같은 통일은 민족적 자유와 상무정신의 상실을 희생시킨 결과로 이루어진 것이었고, 학대받는 속주들은 삶의 활력을 빼앗긴 채 멀리 떨어진 황실의

명령에 따라서 움직이는 총독들이나 용병대에게 자신들의 안전을 담보하고 있었다. 교육과 사치, 전제권력에 의해서 타락한 한두 사람의 어른(또는 아이)의 능력에 1억 인구의 행복이 달려 있었다. 로마 제국의 가장 큰 상처들은 테오도시우스의 아들과 손자들의 미성년기에 생긴 것이다. 이 무능한 황제들은 성년이 되어서도 교회는 주교들에게, 나라는 환관들에게, 속주의 통치는 야만족들에게 맡겼다. 오늘날 유럽은 세력이 다른 12개의 강력한 왕국과 3개의 존경할 만한 연합국 그리고 여러 작은 독립국가들로 분할되어 있다. 이 때문에 적어도 통치자의 수만큼 왕이나 대신이 능력을 발휘할 가능성이 더 커지는 것이다. 예컨대 아르카디우스와 호노리우스 같은 자가 다시 남방의 옥좌에서 낮잠이나 자는 일이 생기더라도, 북방은 율리아누스나 세미라미스 같은 사람이 통치할 수 있을 것이다. 지금은 폭정이 두려움과 수치심의 상호작용에 의해서 억제되고, 여러 공화국들은 질서와 안정을 유지하고, 군주국들은 자유의 원리를, 아니 적어도 중용의 원리를 드높이고 있으며, 이 시대의 일반적인 풍속에 따라서 가장 결점이 많은 정치체제에도 어느 정도 명예와 정의의 관념이 도입되고 있다. 평화시에는 수많은 경쟁국들이 활발하게 우열을 다툼으로써 지식과 산업의 발전이 촉진되고, 전시에는 유럽의 열국들이 절도있고 생사를 결단하지 않은 싸움에 의해서 단련된다. 비록 타타르족의 사막에서 사나운 정복자가 나타나더라도, 그는 차례로 러시아의 건장한 농민들, 게르만의 수많은 군대들, 프랑스의 씩씩한 귀족들, 영국의 강인한 자유민들을 정복해야 할 것이다. 더구나 그들은 공동방어를 위해서 연맹체를 구성하게 될 것이다. 비록 야만족이 승리하여 예속과 파멸을 멀리 대서양에까지 확대시키려고 하더라도, 수만 척의 배들이 문명사회의 나머지 사람들을 야만족의 추적이 미치지 않는 곳으로 실어나를 것이며, 이 경우 유럽은 이미 식민지와 각종 제도가 완비되어 있는 아메리카에서 부흥과 번영을 누리게 될 것이다.

추위와 가난 그리고 위험하고 힘든 생활이 야만족의 힘과 용기를 강화시켜주고 있다. 야만족은 모든 시대에 걸쳐 중국, 인도, 페르시아의 점잖고 평화로운 민족들을 압박해왔거니와, 이들은 군사력에 의해서 이런 자연적 힘에 대항하는 일을 과거부터 지금까지 소홀히 해왔던 민족들이다. 그리스, 마케도니아, 로마 등 고대의 상무국가들은 군대를 양성했다. 이 나라들은 군인들의 신체를 단련시키고, 그들의 행동에 규율을 세우고, 정기적인 기동연습으로 그들의 전력을 키우는 한편, 그들이 소유한 쇠로 강력하고 실용적인 무기를 만들었다. 그러나 이와 같은 우월성은 그들의 법률과 관습 때문에 점차 쇠퇴해갔으며, 따라서 콘스탄티누스와 그의 후계자들의 나약한 정책은 점차 용맹스럽고 사나운 야만족 용병들을 무장시키고 훈련시켜 제국의 파멸을 자초했던 것이다. 화약의 발명은 군사기술에 변화를 가져왔으며 이로써 인간은 두 가지의 가장 강력한 자연의 힘, 즉 공기와 불을 지배할 수 있게 되었다. 수학, 화학, 기계학, 건축학 등이 전쟁의 운용에 적용되어 교전 쌍방이 서로 가장 정교한 공격과 방어의 방법으로 대적하게 되었다. 역사가들은 공성(攻城) 준비과정을 통해서 식민도시가 건설되어 번영을 유지하게 되었다는 데에 분개하겠지만, 우리는 한 도시의 파괴가 돈이 많이 들고 힘든 작업이어야 한다든가 근면한 사람들은 군사적 미덕의 퇴폐를 보완할 수 있는 각종 기술에 의해서 보호받아야 한다는 데 반대할 이유가 없다. 지금은 대포와 요새가 타타르족 기병에 대해서 난공불락의 방벽을 이루고 있으며, 따라서 어떤 야만족이 정복자가 되려면 먼저 야만족의 굴레에서 벗어나야 하기 때문에 유럽은 장래의 어떠한 야만족 침입에 대해서도 안전한 상태에 있다. 러시아의 예에서 알 수 있는 바와 같이, 야만족의 점진적인 군사학 발전에는 항상 이에 상응하는 평화와 문민정치 기술의 개선이 수반된다. 따라서 야만족은 그들이 정복한 문명국들 틈에 합류할 자격을 얻게 된다.

비록 이상과 같은 추론이 의심스럽거나 오류인 것으로 드러나더라도, 위안과 희망을 얻을 만한 또 한 가지 이유가 남아 있다. 옛날과 지금의 항해가들의 발견 기록이라든가 문명국들의 국내 역사나 전설들은 야만인들의 정신과 육체의 적나라함과, 그들이 법률, 예술, 철학은 물론이고 언어조차도 제대로 갖추지 못했음을 보여주고 있다. 인간은 원시시대에서 일반적이었던 이와 같은 비참한 상태로부터 점차 일어나서 동물들을 다스리고, 땅을 비옥하게 만들고, 바다를 건너고, 하늘을 측정하게 되었다. 인간의 심신 향상과 단련에서 이룩된 진전은 불규칙하고 다양하여 처음에는 그 속도가 매우 느렸으나, 점차 가속화하게 되었다. 여러 시대에 걸쳐 힘들게 상승하다가도 갑자기 하락하곤 했으며, 이에 따라서 지구상의 몇몇 지역이 명암의 변천을 겪게 되었다. 그러나 지난 4,000년간의 경험은 우리의 희망을 키워주고 우려를 지워주고 있다. 우리는 인간이 완전을 향한 발전에서 어느 정도 높이에까지 도달할지는 알 수 없지만, 그래도 자연의 얼굴이 변하지 않는 한, 어떠한 민족도 원래의 야만상태로 되돌아가는 일은 없으리라고 말해도 무방할 것이다.

사회의 발전은 3가지 측면에서 고찰할 수 있다. (1) 시인이나 철학자는 자기 시대와 국가를 오직 정신적인 노력에 의해서만 설명한다. 그러나 이와 같은 뛰어난 이성이나 상상력은 희귀하고 자연발생적인 산물이기 때문에, 호메로스, 키케로, 뉴턴과 같은 천재들도, 만일 그들이 일개 군주의 뜻이나 교사의 가르침으로 만들어질 수 있다면, 그다지 존경심을 불러일으키지 못할 것이다. (2) 법률과 정책, 상업과 공업, 예술과 학문이 주는 혜택은 보다 구체적이고 지속적이다. 그리고 수많은 개인들이 교육과 규율의 힘으로 각자의 위치에서 사회의 이익을 증진할 능력을 갖출 수 있을 것이다. 그러나 이와 같은 일반적인 질서는 숙련과 노력의 결과이며, 그 복잡한 기구는 시간이 지남에 따라서 퇴보하거나 또는 폭력에 의해서 손상을 입을 수도 있다. (3) 인류에게 한 가지 다행스러운 것은 유용한 또는 필요한 기술은 뛰어난 재능이나 전민족적인 종속이 없이도, 다시 말하면 한 사람의 힘이나 여러 사람들의 힘이 결합하지 않더라도 발전될 수 있다는 점이다. 촌락, 가정, 개인은 항상 불과 금속의 사용법, 가축의 번식과 이용법, 사냥과 고기를 잡는 방법, 초보적인 항해법, 밀과 같은 온갖 곡물의 재배법, 간단한 연장 다루는 법 등을 지속적으로 이어나갈 능력과 의지를 갖추고 있어야 한다. 개인의 창의나 사회의 노력은 중단될 수 있겠지만, 이 강인한 나무들은 폭풍우에도 살아남아 척박한 땅에도 지속적으로 뿌리를 내리게 된다. 아우구스투스와 트라야누스의 영화롭던 시대는 무지의 구름에 의해서 가려졌고, 야만족들은 로마의 법률과 궁전들을 뒤집어엎었다. 그러나 농경의 신 사투르누스의 발명품이고 그의 상징물이기도 한 낫은 지금도 해마다 이탈리아의 수확물을 베고 있으며, 라에스트리곤족(시칠리아 등지에 살았다는 전설적인 거인 식인종/역주)의 인육축제는 그후 캄파니아 해변에서 한번도 재현된 적이 없었다.

여러 가지 기술이 처음으로 발견된 이래, 전쟁, 상업 및 종교의 열정이 신, 구세계의 야만족들 사이에 이 귀중한 선물들을 전파했다. 이 기술들은 연속적으로 보급되었으므로, 결코 사라질 수 없다. 따라서 우리는 이 세계가 모든 시대에 걸쳐 실질적인 부와 행복, 지식 그리고 아마도 인류의 미덕을 증진시켜왔으며 지금도 증진시키고 있다는 유쾌한 결론에 동의하지 않을 수 없다.

제16장

원서 후반부의 발췌

그러나 저자의 불멸의 작업이 여기서 모두 끝난 것은 아니다. 나는 지금까지 기번의 『로마 제국 쇠망사』의 전반부를 압축해서 소개했다. 기번의 원문은 계속해서 동로마 제국에 관한 이야기를 장황하게 설명하고 있으며, 이슬람교의 대두, 한때 야만족이었으나 서방의 폐허에 정착하여 나라를 세운 민족들의 이야기, 십자군 이야기, 칭기즈 칸과 티무르의 내습 이야기 등 —— 요컨대 원래 로마 제국에서 시작된 주요한 역사적 흐름을 모두 상세히 설명하고 있다 (원문은 16세기경까지의 중요한 역사적 사건들을 기술하고 있다/역주). 지면 사정 때문에 후반부는 대폭 삭제하여 중요한 내용만 소개하고자 한다. 그러나 다음과 같은 세 가지 이유에서 독자들이 이와 같은 요약 때문에 입는 손실은 생각보다 별로 크지 않을 것이다. (1) 이 오랜 시기에 관해서는 서문에서 지적한 대로 그후 여러 가지 새로운 원전이 발견되었기 때문에, 원문 후반부의 가치는 전반부만큼은 크지 않게 되었다. (2) 보통 수준의 독자들의 욕구는 서로마 제국의 소멸로 종결되는 내용만으로도 충족될 수 있을 것이다. (3) 기번 자신도 그의 저서를 여기서 끝내는 문제를 심각하게 고려했다. 그러므로 나는 이 책의 마지막 부분에서는 원문 후반부를 간략하게 발췌하여 소개하는 데에 그치고자 한다. 발췌한 부분을 선정하는 데에는 독자들의 일반적인 관심과 문학적인 가치를 고려하고, 저자의 품격과 다방면의 재능을 보여줄 수 있도록 고려했다.

1. 6세기의 동로마 제국 :
1) 황후 테오도라 ; 2) 경기장의 당파 싸움[1]

① 유스티니아누스 황제(재위 527-65년)가 지상의 권력을 행사하면서 첫 번째 취한 행동은 그의 권력을 애인인 유명한 테오도라(508?-48년)와 분할한 것이었는데, 이 여인이 뜻밖에 황제와 권력을 나누어가지게 된 것은 여성적 미덕의 승리라고 찬양할 수 없는 것이었다. 아나스타시우스의 치세 중에 콘스탄티노플의 녹색당이 사육하던 사나운 야수들을 아카키우스라는 사람이 관리했다. 키프로스 태생인 아카키우스는 이 직책 때문에 곰의 주인이라는 별명으로 불렸다. 그가 죽은 후 이 명예로운 직책은 이미 새 남편을 후계자로 점찍어두었던 미망인의 노력에도 불구하고, 다른 후보자에게 주어졌다. 아카키우스는 코미토,. 테오도라, 아나스타시아라고 하는 세 딸이 있었는데, 큰 딸의 나이도 7세에 불과했다. 실의에 빠져 분노한 어머니는 어느 엄숙한 축제일에 이 불쌍한 아이들에게 상복을 입혀 극장 한가운데로 내보냈다. 녹색당은 이들에게 경멸감을, 청색당은 동정심을 보냈다. 이 차이점이 어린 테오도라의 마음속 깊이 새겨져 훗날 제국의 통치에 영향을 미치게 된다.
 나이가 들면서 아름다운 세 자매는 차례로 비잔티움〔콘스탄티노플〕 시민의 공적, 사적 쾌락을 위해서 봉사하게 되었다. 이렇게 해서 테오도라는 언니 코미토의 뒤를 따라 노예의 복장을 하고 머리에는 발판을 올려놓고 무대에 나가서 마침내 처음으로 독자적인 재능을 연기할 기회를 얻었다. 테오도라는 춤을 추거나 노래하거나 피리를 분 것이 아니었다. 그 여자의 기능은 오직 무언극에 한정되었고, 특히 익살꾼 역이 뛰어났다. 이 희극배우가 매를 맞았다고 양볼을 부풀리고 괴상한 소리를 내며 투덜거리면 콘스탄티노플의 온 극장이 웃음과 박수갈채로 떠나갈 듯했다. 테오도라의 미모는 더한층 찬탄의 대상이 되었고, 더욱 큰 기쁨의 원천이었다. 이목구비가 수려하고 균형

---
[1] 원문의 제40장에 해당한다/편집자 주.

잡힌 테오도라는 안색이 다소 창백한 듯하면서도 자연스러운 홍조를 띠고 있었고, 발랄한 눈동자에는 항상 사랑의 감정이 넘쳐 흘렀으며, 나긋나긋 걸을 때마다 우아한 작은 몸집에 매력이 감돌았기 때문에, 그 뛰어난 용모는 그림이나 시로도 이루 다 표현할 수 없다고 했다. 그러나 이와 같은 외모는 대중의 눈에 쉽게 노출되었고 방종한 욕정에 값싸게 팔려 품위가 떨어졌다. 그녀의 타락한 애교는 내국인, 외국인을 가리지 않고 직업의 귀천도 따지지 않은 채 닥치는 대로 팔렸다. 하룻밤을 즐기기로 약속받은 행운의 연인이 그녀의 침대에서 난데없이 보다 힘세고 돈 많은 행운아에게 쫓겨나는 경우도 비일비재했다. 그래서 그녀가 길거리를 걸어갈 때에는 소문에 휘말리기나 유혹받기를 꺼려하는 사람들은 그녀를 피해다녔다. 풍자적인 역사가(프로코피우스)는 그녀가 극장 안에서 부끄러움 없이 나신을 내보였던 장면들을 생생하게 묘사하고 있다. 육욕의 쾌락[2]이 다하고 나면 그 여자는 자연[3]의 인색함을 불평하곤 했다. 그러나 그녀의 불평, 쾌락, 기교도 학자의 언어가 가지는 모호함 때문에 틀림없이 제대로 묘사되지 못했을 것이다.

  수도 콘스탄티노플에서 한동안 쾌락과 모멸의 나날을 보내던 테오도라는 티루스 출신으로서 아프리카의 펜타폴리스 지사 자리를 얻은 에케볼루스와 어울렸다. 그러나 이 결합은 일시적인 것이었다. 에케볼루스는 얼마 후 돈이 많이 들고 몸이 헤픈 이 첩을 쫓아버렸고, 이렇게 해서 테오도라는 알렉산드리아에서 극도의 곤경에 빠졌다. 그녀가 천신만고 끝에 콘스탄티노플로 돌아오는 도중에 동방의 모든 도시는 이 아름다운 키프로스 여인을 찬탄하고 즐겼으며, 그녀는 자신이 비너스의 섬 출신임을 유감없이 증명하게 되었다. 테오도라는 상대가 일정치 않는 난교를 한 데다가 가증스러운 예방조치를 취했기 때문에, 그녀가 우려했던 위험에 빠지지 않았다. 그러나 그녀도 한 번, 딱 한 번 어머니가 되었다. 그 아이는 자신의 아버지에게 구출되어 아라비아에서 교육받았는데, 그는 임종시에 그 아들에게 황후의 아들임을

---

[2] 어떤 기억할 만한 만찬에서는 노예 30명이 시중을 드는 가운데 젊은 남자 10명이 테오도라와 함께 마음껏 즐겼다. 그녀의 인간애에는 국적이 없었다.
[3] 테오도라는 사랑의 신에게 네 번 헌작하는 것이 소원이었다.

알려주었다. 이 말을 의심치 않은 청년은 큰 야망을 품고 즉시 콘스탄티노플 궁전으로 달려가서 어머니를 만나는 허락을 받았다. 그러나 그 청년은 그후 다시는 —— 심지어 테오도라가 사망한 후에도 —— 사람들의 눈에 띄지 않았기 때문에, 테오도라가 황후로서의 자신의 미덕에 큰 흠이 되는 이 비밀을 없애려고 자기 아들을 죽였다는 소문이 나돌아도 할 말이 없게 되었다.

테오도라가 비참한 밑바닥 생활을 하며 고생하고 있을 때 비몽사몽간에 환상이 나타나서 그녀가 강력한 군주의 배우자가 될 운명을 타고났다는 즐거운 다짐을 속삭여주었다. 그녀는 자기가 큰 인물이 되리라는 기대를 지니고 파플라고니아에서 콘스탄티노플로 돌아와서 뛰어난 배우처럼 보다 우아하게 처신했다. 그녀는 가상하게도 호구지책으로 뜨개질을 하면서 짐짓 조그만 집에서 정절을 지키며 외롭게 살았다. 그녀는 나중에 이 집을 웅장한 사원으로 개조했다. 그녀의 미모는 우연히 신분이 지고한 유스티니아누스의 눈길을 끌어 곧 그의 마음을 사로잡았는데, 그는 당시 이미 숙부의 이름으로 절대권력을 휘두르고 있었다. 아마도 그녀는 그동안 비천한 사람들에게 헤프게 나누어주었던 천부의 재능을 값지게 보이게 하려고 노력했을 것이다. 그리고 처음에는 뜸을 들였다가 나중에는 관능을 자극하는 방법으로 천성 때문이건 신앙심 때문이건 철야예배와 금식이 몸에 밴 연인의 욕정을 불타도록 만들었을 것이다. 그의 첫번째 황홀경이 사라진 후에도 그녀는 여전히 부드러운 이해심으로 그를 감싸줌으로써 남자의 마음을 사로잡았을 것이다.

유스티니아누스는 자기가 사랑하는 사람을 고귀하고 부유하게 만드는 일이 즐거웠다. 동방의 온갖 보화가 그녀의 발 앞에 쏟아졌다. 유스티누스(재위 518-27년)의 조카(유스티니아누스)는 아마도 종교적 양심 때문인 듯, 애첩에게 법적인 본처의 자격을 부여하기로 결심했다. 그러나 로마 법에는 원로원 의원은 하층민이거나 광대 출신의 불명예스러운 여성과의 결혼을 명문으로 금지하고 있었으며, 야만족 출신으로서 행동은 촌스럽지만 흠잡을 데 없는 미덕의 소유자인 황후 루피키나, 곧 에우페미아도 창녀를 조카며느리로 삼기를 거부했고, 심지어 미신을 믿는 유스티니아누스의 생모 비길란티아도 비록 테오도라의 재치와 미모는 인정하면서도 이 기교를 부리는 정부의 오만함과 경박함이 아들의 신앙심과 행복을 해칠 것이라고 심각하게 우려했다. 그러나 유스티니아누스의 고집으로 이와 같은 장애물들이 제거되었다. 그는 참을성 있게 황후(숙모)의 사망을 기다렸고, 어머니의 눈물어린 호소를 경멸함으로써 그녀는 고통 속에서 곧 사망했다. 그리고 유스티누스 황제의 이름으로 고대로부터 내려온 엄격한 금제를 폐지하는 법령을 선포했다. 무대에서 몸을 판 불행한 여성들에게 영광스러운 참회(칙령의 문구)의 길이 열려 이러한 여성들도 로마의 고관대작과 법적인 결혼을 허가받게 되었다. 이와 같은 결혼의 자유가 공포되는 즉시 유스티니아누스와 테오도라는 장엄한 결혼식을 올렸다. 테오도라의 위엄은 남편의 지위와 함께 점차 드높아졌고, 마침내 유스티누스가 조카에게 제위를 물려주게 되자 콘스탄티노플 대주교는 새로운 동로마의 황제와 황후의 머리 위에 관을 씌워주었다. 그러나 엄격한 로마의 관습이 군주의 아내에게 허용하는 정도의 통상적인 영예만으로는 테오도라의 야심과 유스티니아누스의 애정이 충족될 수 없었다. 유스티니아누스는 테오도라를 제국의 독립된 공동 통치자의 자격으로 옥좌에 앉히는 한편, 속주의 총독들에게 유스티니아누스와 테오도라 두 사람의 연명으로 충성서약을 하도록 지시했다. 동방세계는 아카키우스의 딸의 재능과 행운 앞에 엎드려 절했다. 수많은 관중들 앞에서 콘스탄티노플의 극장을 더럽히던 창녀가 이제는 같은 도시에서 당당한 행정관들과 정교의 주교들, 개선장군들 그리고 포로가 된 왕들 앞에서 영화를 누리게 되었다.

여성이 정절을 잃으면 정신도 완전히 썩고 만다고 믿는 사람들은 테오도라의 미덕은 덮어둔 채로 그녀의 악덕을 과장하고, 이 젊은 매춘부가 돈에 팔리거나 자발적으로 행한 죄들을 가혹하게 매도하는 사원(私怨) 또는 공분(公憤)에서 나온 온갖 중상모략에 기쁜 마음으로 귀를 기울이고 싶었을 것이다. 쑥스러워했기 때문이건 군중을 경멸했기 때문이건, 테오도라는 군중 앞에 나서기를 꺼려했고 수도의 지루한 공식행사를 기피하여 1년 중 대부분의 시간을 프로폰티스 해[마르마라 해]와 보스포루스 해 연안에 자리잡은 쾌적한 궁전과 장원에서 소일했다. 그녀는 대부분의 시간을 온갖 정성을 들여 자신의 미모를 가꾸고 사치스러운 목욕과 식사를 하는 데 바쳤으며, 저녁부

유스티니아누스(재위 527-65년)와 조신 및 성직자들

터 아침나절까지는 수면을 취했다. 내실에는 총애하는 시녀와 환관들을 두고 그들의 온갖 관심과 정열을 충족시켜주었다. 그녀를 만나려고 제국의 고관들이 어둠침침하고 후덥지근한 대기실에서 우글거렸다. 그들은 오랫동안 지루하게 대기하다가 마침내 황후의 발에 입맞추도록 허락받기라도 하면, 그들은 황후의 기분에 따라서 황후다운 오만한 침묵을 대하기도 했고, 희극배우 특유의 장난기 어린 변덕을 대하기도 했다. 그녀가 탐욕스럽게 엄청난 보물을 축적한 것은 남편이 죽은 후 파멸이냐 옥좌냐를 선택해야 하는 궁지에 몰릴 경우에 대비하기 위한 것이었을 수도 있다. 그리고 황제의 와병 중에 수도를 옮기는 것을 인정할 수 없다고 분별없이 선언한 두 장군에게 테오도라가 격노했던 것은 두려움 때문일 수도, 야심 때문일 수도 있었다.

그러나 비교적 사소한 뜬소문에까지도 보복을 가한 잔혹성이 그녀의 이름에 지울 수 없는 오점을 남겼다. 테오도라는 수많은 밀정을 풀어 황후에게 해를 끼칠 만한 모든 행동과 언사 그리고 몸짓까지도 관찰하여 빠짐없이 보고하도록 했다. 누구든지 이 밀정들에게 고발당한 자는 법의 손길이 미치지 않는 그녀의 특별 감옥에 투옥되었는데, 소문에 따르면 이 안에서는 애원하는 소리에 전혀 무감각한 이 포악한 여자가 지켜보는 가운데 매질과 태

성찬식에 참석한 테오도라 황후(508?-48년)

형의 온갖 고문이 행해졌다고 한다. 이 불운한 희생자들 중 일부는 어둡고 더러운 지하감옥에서 죽어갔으며, 또다른 일부는 손발과 이성과 재산을 빼앗긴 채 그녀의 복수심의 산 증거물로서 세상에 나와 돌아다니도록 허용되었는데, 이 복수의 범위는 피의자 자녀들에게까지 미치는 것이 보통이었다. 테오도라에 의해서 사형 또는 유배를 선고받은 원로원 의원이나 주교는 즉시 그녀가 신임하는 사자에게 인도되었으며, 그녀는 사자의 형 집행을 독촉하면서 "내 명령의 집행을 게을리 하면 내가 영원히 사시는 분의 이름을 걸고 맹세하노니, 너의 껍질을 벗길 것이다"하고 협박했다.

테오도라의 신앙이 이단으로 물들지 않았더라면, 그 당시 사람들은 그녀가 모범적인 신앙심으로 자만심, 탐욕, 잔혹성을 속죄할 수 있었을 수도 있다고 생각했을지 모른다. 그러나 만일 그녀가 황제의 종교적 이설을 탐지하지 못하고 편협한 격정을 누그러뜨리기 위해서 영향력을 행사했다면, 오늘날의 시대에도 그녀의 종교에 어느 정도의 공로를 인정하고 그녀의 위험천만한 과오를 용서해줄 수 있을 것이다. 유스티니아누스의 모든 교회(그는 성 소피아 교회를 건축했다/역주)와 자선기관에는 테오도라의 이름이 황제의 이름과 동등한 자격으로 기록되었다. 그리고 그의 치세 중에 세운 가장 대표적인 자선단체도 유혹 또는 강제에 의해서 매춘에 종사하는 불행한 자매들에 대한 황후의 동정심의 산물이었을 가능성이 있다. 즉 보스포루스 해협의 아시아 쪽에 웅장하고 드넓은 수녀원을 세우고 이곳에서 콘스탄티노플의 길거리와 사창굴에서 모아온 500명의 여인들을 넉넉하게 보살펴주었던 것이다. 이 여인들은 안전하고 성스러운 피난처에서 항구적인 은둔생활을 하게 되었으며, 절망에 빠져 바다에 몸을 던졌던 여인들도 관대한 은인에 의해서 죄와 참상으로부터 구원받은 참회자의 감사한 마음을 지니게 되었다.

테오도라의 현명한 분별력은 유스티니아누스 자신도 이를 찬양한 바 있었다. 그리고 그의 법률들도 그가 신의 선물로 받아들였던 존경하는 아내의 현명한 자문에 따른 것으로 인정되고 있다. 그녀의 용기는 시민이 소요를 일으켰을 때나 궁정이 공포에 빠졌을 때 돋보였다. 유스티니아누스와 결혼한 순간부터 테오도라의 정절은 그녀의 불구대천의 적들조차도 침묵을 지켜야 할 정도로 확고했다. 물론 그것은 아카키우스의 딸이 사랑에 싫증난 탓도 있겠으나, 그렇더라도 보다 강력한 의무감이나 이해관계를 위해서라면 쾌락과 습관을 희생시킬 줄 아는 테오도라의 확고한 정신력도 찬양할 점이 있을 것이다. 테오도라는 평생 간절히 바라고 기도했지만, 적자(嫡子)를 낳는 축복을 받지 못했고, 결혼해서 낳은 유일한 소생인 딸도 어렸을 때 잃었다. 이와 같은 실망스러운 사태에도 불구하고, 테오도라의 권력은 한결같이 절대적이었다. 그녀는 기교 또는 미덕에 의해서 계속 유스티니아누스의 애정을 차지했기 때문에 두 사람의 외견상의 불화를 진지하게 받아들인 신하들은 항상 치명적인 낭패를 당하게 마련이었다.

테오도라가 건강을 해친 것은 젊은 시절의 방종 때문이었을 것이다. 그녀는 언제나 관능적이었으나, 의사의 지시에 따라 피티아의 온천을 애용했다. 황후의 이 여행에는 민정총독, 재무대신, 코메스와 귀족들 등의 고관대작과 4,000명의 시종들이 화려한 행렬을 이루며 따라갔다. 그녀의 행차를 앞두면 도로가 개수되었고, 그녀를 영접할 궁전이 지어졌다. 그녀가 비티니아를 통과했던 때에는 자신의 건강회복을 하늘에 기원해주도록 교회와 수도원, 병원들에 거액의 자선금을 기부했다. 마침내 테오도라는 결혼한 지 24년 만에 그리고 그녀의 치세 24년 만에 암으로 사망했다. 그녀의 남편은 이 돌이킬 수 없는 손실을 애통해했다. 그는 극장의 창녀 방에서 동방의 가장 순수하고 고귀한 처녀를 골라낸 사람이었다고 할 수 있을 것이다.

2 고대 그리스와 로마의 경기에는 한 가지 근본적인 차이점이 있었다. 그리스에서는 귀족들이 연기자였으나, 로마에서는 관람객에 불과했다. 고대 올림픽 경기장은 돈과 능력과 야심을 가진 자들에게 공개되었으며, 자신의 개인적인 기술과 역량에 자신이 있는 후보자는 디오메데스나 메넬라오스(둘 모두 그리스 신화의 영웅/역주)의 발자취를 따라서 누구든지 자신의 말을 타고 질주할 수 있었다. 10대, 20대, 40대의 경주용 전차가 한꺼번에 출발했으며, 그 승자는 나뭇잎으로 만든 관을 상으로 받는 한편, 그와 그의 가족 그리고 출신국가의 명성은 청동이나 대리석 기념물에서보다도 더 오랫동안 서정시에서 찬양되었다. 그러나 로마의 원형경기장에서는 원로원 의원은 물론이고 일반 시민조차도 자기 자신이나 자기 말을 보여주는 일을 수치스럽게 생각했다. 경기는 공화국이나 행정관들 또는 황제의 비용으로 개최되었지만, 말고삐는 전적으로 노예의 손에 맡겨졌다. 그리고 전차경기에 이긴 선수의 수입이 변호사의 수입보다 많을 때도 있었지만, 그것은 시민들의 금전 낭비의 결과이며 또한 수치스러운 일을 보상하는 보수라고 생각되었다.

초창기의 경주는 전차 두 대만의 단순한 경쟁이었는데, 선수는 **흰색과 붉은색**의 옷차림으로 구별했다. 나중에는 밝은 **녹색**과 짙은 **청색**이 추가되었으며, 경주는 하루에 25회나 계속되었기 때문에 하루 동안에 모두 100대의 전차가 경기장의 장관을 이루었다. 이 4개 당파는 얼마 후 법적인 제도로 굳어져 각기 어떤 신비로운 유래를 가지게 되었는데, 네 가지 색은 각기 1년 4계절의 자연의 모습을, 즉 여름의 붉은 천랑성〔시리우스〕, 겨울의 흰 눈, 가을의 짙푸른 하늘, 그리고 봄의 신선한 초목을 나타낸 것이라고 했다. 또 다른 해석은 계절이 아닌 자연의 요소를 나타낸 것이라고 했는데, 즉 녹색과 청색의 투쟁은 땅과 바다 간의 싸움이라고 풀이했다. 또 이 두 가지 색은 각기 농사의 풍년과 뱃사람들의 순항을 상징했다. 농부와 뱃사람들 간의 증오는 자기가 편드는 색깔에 목숨과 재산까지도 거는 로마인들의 맹목적 열기에 비하면, 그래도 우스꽝스럽기가 덜하다고 하겠다.

현명한 황제들은 이와 같은 어리석은 소동을 경멸하면서도 눈감아주었다. 그러나 칼리굴라, 네로, 비텔리우스, 베루스, 콤모두스, 카라칼라, 엘라가발루스 등은 경기장의 청색당 또는 녹색당에 가담했다. 그들은 자기편 말들을 자주 찾아가서 선수들을 격려하고 상대편 선수들을 징벌했으며 그리고 자신의 천성대로 또는 일부러 일반 민중의 습속을 흉내냄으로써 대중의 인기를 얻었다. 이 피비린내 나고 소란스러운 경기가 계속 국가적 축제를 시끄럽게 만들던 끝에 마침내 로마의 이 구경거리는 종말을 맞게 되었다. 테오도리크는 정의를 위해서였는지 아니면 애정 때문이었는지는 알 수 없으나, 경기장에서 청색당을 열렬히 지지한 어떤 집정관과 귀족의 폭력으로부터 녹색당을 보호하기 위해서 자신의 권능을 행사했다.

콘스탄티노플은 옛 로마의 미덕은 팽개치고 그 어리석음을 받아들였다. 따라서 로마 경기장을 소란하게 했던 당파 싸움이 콘스탄티노플 경기장에서 곱절이나 더 격렬하게 재현되었다. 아나스타시우스 1세(재위 491-518년)의 치세 중에는 이 대중적 광란이 종교적 열정에 의해서 더욱 심각해져, 마침내 한 장엄한 축제에 과일 바구니에 몰래 돌과 단검들을 숨겨 가지고 들어간 녹색당원들이 반대파인 청색당원 3,000명을 학살했다. 이와 같은 갈등은 수도에서 동로마의 여러 속주와 도시들에까지 확대되었다. 이렇게 해서 당초 운동 경기의 양편을 구별하기 위한 것이었던 두 색깔이 마침내 화해할 수 없는 파벌로 발전하여 취약한 통치기반을 흔들어놓았다. 진지한 이해관계나 종교적 구실을 내세운 대중의 여러 가지 의견대립이 있었지만, 이 방종하고도 완고한 싸움에는 비할 바가 못 되었다. 이와 같은 불화는 가정의 평화를 깨뜨리고 친구와 형제들을 갈라놓았으며 심지어 경기장에 좀처럼 모습을 드러내지 않는 여성들도 여기에 끼어들어 애인의 취향을 따르거나 남편의 뜻에 거역하는 사태가 벌어졌다. 인간의 법이건 신의 법이건 모든 법이 유린되었고, 여기에 현혹당한 사람들은 자기 편이 이기기만 하면 개인적인 고통이나 국가의 재앙 같은 것은 문제삼지 않는 것 같았다. 자유가 수반되지 않은 민주주의의 방종이 안티오크와 콘스탄티노플에서 부활되었으며, 공직이나 성직에 출마한 후보자는 누구든지 당파의 지원이 필요했다.

녹색당은 아나스타시우스 문파 즉 교파와 은밀히 결탁했으며, 청색당은 정통파 교회와 유스티니아누스를 열렬히 지지했다. 유스티니아누스는 이를 고맙게 여겨 5년 동안 청색당의 소요행위를 보호함으로써, 그들의 소란이 궁전과 원로원 그리고 동로마의 여러 도시들을 떨게 했다. 황제의 은총에 오만해진 청색당은 일부러 야만적인 몸차림 —— 훈족의 장발과 소매가 좁은 헐렁한 웃옷 —— 을 하고 길거리를 활보하면서 괴성을 질러 공포심을 조성했다. 그들은 낮에는 양날의 단검을 숨겨 가지고 다녔으나, 밤이 되면 대담하게 무장한 채 무리를 지어 몰려다니면서 온갖 폭력과 약탈행위를 일삼았다. 그들의 적인 녹색당원은 물론이고 애꿎은 시민들조차도 이 야간강도들에게 강탈당하고 심지어 살해당하기 일쑤였다. 이 때문에 평화로운 수도에서 밤늦게 황금 단추나 금장식한 혁대를 하고 길거리에 나서는 것은 위험한 일이었다. 처벌받지 않음으로써, 더욱 기세가 오른 그들은 한걸음 더 나아가서 민가의 안전을 해칠 뿐 아니라 상대의 공격을 도발하거나 자기 편의 흔적을 없애기 위해서 불까지 질렀다. 그들의 약탈 앞에서는 안전이 있을 수 없었다. 그들은 탐욕과 복수심을 충족시키기 위해서 수많은 무고한 자의 피를 흘렸으며, 교회의 제단도 잔인한 살인으로 더럽혀졌다. 살인자들은 단검을 단 한번 휘둘러 치명상을 입히는 솜씨를 자랑했다. 콘스탄티노플의 불량청년들은 청색당의 난동에 가담했다. 법은 침묵을 지켰고, 사회의 기강은 해이해졌고, 채권자들은 빚을 탕감했고, 재판관들은 자신의 판결을 번복했고, 주인은 노예들을 석방할 수밖에 없었다. 아버지는 자녀들에게 유흥비를 대주었고, 귀부인들은 하인들의 욕정에 몸을 맡겼고, 미소년들은 부모의 품을 떠나야만 했고, 아내들은 목숨을 부지하기 위해서 남편이 보는 앞에서 강간당해야만 했다.

반대파에게 박해받고 관리들에게 버림받은 녹색당원들은 절망 끝에 방어책, 아니 보복책을 강구했으나, 살아남은 녹색당원들은 처형장으로 끌려갔으며 불운한 도망자들은 숲이나 동굴에 숨어서 자신들을 쫓아낸 사회를 괴롭혔다. 용기를 내서 범인들을 처벌하여 청색당의 분노를 산 재판관들은 자신의 섣부른 혈기 때문에 희생당했다. 콘스탄티노플 시장은 교회의 무덤으로 피신했고, 동방의 한 장군은 수치스럽게 태형을 당했으며, 킬리키아 총독은 자기 마부를 죽이고 자신의 생명까지도 노렸던 두 암살자를 사형에 처한 탓으로 테오도라의 명령으로 두 암살자의 무덤 위에서 교수형을 당했다.

야망가라면 이와 같은 사회적 혼란을 틈타 대권장악을 시도하고 싶었겠지만, 법의 권위를 유지하는 것은 군주의 의무이자 이익이기도 하다. 여러 차례 공포되어 때로는 제대로 시행되기도 한 유스티니아누스의 첫 칙령은 무고한 자를 보호하고 죄 지은 자는 직위와 당파 여하를 불문하고 응징하겠다는 확고한 결의를 표명한 것이었다. 그러나 정의의 저울대는 여전히 황제의 은밀한 애정, 습관, 공포심 때문에 청색당 쪽으로 기울어졌다. 그의 불편부당한 입장은 테오도라의 완고한 격정 앞에 좀 버티는 체하다가 순순히 굴복하곤 했으며, 그녀는 희극배우 시절에 입은 마음의 상처를 결코 잊지도 용서하지도 않았다. 유스티누스 2세의 즉위에 즈음하여 공정, 엄격한 재판을 선포한 것은 선제 시대의 편파성을 간접적으로 비난한 것이었다. "청색당이여, 유스티니아누스는 이제 가셨다! 녹색당이여, 그는 아직 살아 계시다!"

두 당파의 상호 증오와 일시적 화해 때문에 콘스탄티노플을 잿더미로 만들 뻔했던 폭동이 일어났다. 유스티니아누스 즉위 5년, 1월의 이두스(13일) 축제가 열렸다. 축제의 경기는 녹색당의 불평불만의 소리로 계속 시끄럽게 진행되었다. 황제는 22번째 경기까지는 근엄한 침묵을 유지했지만, 권위에 어울리지 않게 마침내 더 이상 참지 못하고 전령의 고함 소리로, 급전하는 말로 군주와 신민 간에 오가는 대화라고 보기에는 너무나 진기한 대화를 가졌다. 그들의 불평은 처음에는 공손하여 신하들의 억압행위를 비난하면서도 황제의 승리와 만수무강을 기원했다. "너희들 무례한 야유꾼들아, 짐의 말을 잘 들어보아라!" 유스티니아누스가 고함쳤다. "너희 유대인, 사마리아인, 마니 교도들이여, 조용하지 못할까!" 그래도 녹색당원들은 계속 황제의 동정을 구하고자 했다. "우리는 가난하고, 죄가 없으며, 피해자인 데도, 감히 길거리에 나타나지도 못합니다. 우리의 이름과 당기(黨旗)에 대대적인 박해가 가해지고 있습니다. 황제여, 우리를 죽여주소서! 다만 폐하의 명령으로 폐하를 위해서 죽게 하소서!" 그러나 황제의 편파적인 험구가 반복되자, 그들의 눈에 황제의 위엄도 별것 아닌 것처럼 보였다 그들은 시민에 대한 정의의 판결을 거절하는 군주에 대해서 충성을 거부하고, 유스티니아누스의 아버지가 이 세상에 태어난 것을 탄식하면서, 그 아들을 살인자, 바보, 거짓말쟁이, 폭군 등의 불명예스러운 이름으로 매도했다. "너희들은 살기가 싫으냐?" 분노한 황제가 소리쳤다. 청색당원들이 벌떼처럼 자리에서 일어나고 그들의 고함소리가 경기장을 울렸으며, 반대파는 중과부적의 싸움을 포기하고 도망가자 콘스탄티노플의 길거리에 공포와 절망감이 퍼져갔다.

이 위험한 순간에 시장에 의해서 사형언도를 받았던 양쪽 당파의 악명 높은 암살자 7명이 시내로 끌려다니다가 교외의 페라 형장으로 실려갔다. 그중 4명은 즉시 참수되고 1명은 교수형에 처해졌으나 나머지 2명은 교수형 도중에 밧줄이 끊어져 산 채로 땅바닥에 떨어졌다. 사람들은 그들의 도주에 박수갈채를 보냈으며, 근처의 수도원에서 성(聖) 코논의 수도승들이 나와 그들을 배에 태워 교회의 성역으로 데리고 갔다. 그중 한 명은 청색당원이고 다른 한 명은 녹색당원이었기 때문에 양파는 똑같이 압제자의 잔혹성과 후원자의 배은망덕에 분개했다. 이렇게 해서 잠시 두 파간에 휴전이 이루어져 그들은 죄수들을 석방하고 복수심을 만족시켰다. 그러나 이 반란진압 중에 시장의 저택은 불태워졌고, 그의 관리들과 경호원들은 학살당하고 감옥 문이 활짝 열렸으며, 사회를 파괴할 수 있는 사람들이 풀려나왔다.

시장을 지원하려고 파견된 군대는 무장 군중들의 맹렬한 저항에 부딪쳤는데, 군중은 계속 수가 늘어날수록 더욱 담대해졌다. 제국 군대에 복무하는 야만인 헤룰리족 군인들은 이 유혈충돌을 막으려고 성급하게 끼어든 신앙심 깊은 성직자들과 교회의 성물들을 해쳤다. 이 신성모독에 소요사태는 더욱 과격해져 시민들은 하느님을 위해서 열심히 싸웠다. 부녀자들은 지붕과 창문에서 군인들의 머리 위에 돌멩이를 퍼부었고, 군인들은 횃불을 던져 집들을 불태웠다. 시민과 이방인들도 불을 질러 시내 전체에 불길이 번져갔다. 이 화재는 성 소피아 교회, 제우크십푸스 욕탕, 궁전의 일부 — 미르스 제단의 제1출구, 궁전으로 통하는 긴 회랑, 콘스탄티노플의 포룸 —— 에까지 미쳤다. 큰 병원이 환자들과 함께 불탔고, 수많은 교회와 공공건물들이 파괴되었으며, 엄청난 금은보화가 용해되거나 없어졌다. 현명한 부자 시민들은 이 아수라장을 피해 보스포루스 해협을 건너 아시아 쪽으로 도주했다. 따라서 콘스탄티노플은 닷새 동안 "니카, 무찌르자!"라는 구호를 사용한 양측 폭도들의 손에 넘어갔다(nicator는 라틴어로 승리자라는 뜻/역주).

당파가 서로 싸우는 한동안에는 승리한 청색당이나 의기소침한 녹색당이나 모두 국가의 무질서를 방관하는 것처럼 보였다. 그들은 똑같이 사법과 재정의 부패를 비난했으며, 그 담당 대신들인 교활한 트리보니아누스와 욕심 많은 카파도키아의 요안네스를 국가적 재난의 원흉으로 비난했다. 시민들이 평화스러운 방법으로 불평했더라면 묵살되었겠지만, 도시가 불길에 휩싸이자 그들의 소리가 존중되었다. 재무관과 시장이 즉시 해임되고 흠이 없는 두 원로원 의원이 후임이 되었다. 황제는 이 양보에 이어 자신의 과오를 고백하고 시민들에게서 감사와 후회의 말을 들으려고 경기장으로 나갔다. 그러나 그가 성서를 앞에 놓고 엄숙히 다짐했는데도, 백성들은 믿지 않았다. 그들의 불신에 놀란 황제는 급히 궁전 안의 견고한 요새로 퇴각했다.

이제는 이 집요한 소요사태가 어떤 야심적인 비밀음모 탓으로 전가되었으며, 반도들, 특히 녹색당원들은 히파티우스와 폼페이우스에게서 무기와 돈을 제공받았다는 의심을 사게 되었는데, 두 사람은 자신들이 아나스타시우스의 조카라는 사실 때문에 난처한 입장에 있던 원로귀족들이었다. 시기심이 많은 황제의 기분에 따라서 신임을 받기도 하고 창피를 당하기도 하고 용서받기도 하면서 두 사람은 황제에게 충성하는 체했으나, 5일간의 소요기간 중에는 중요한 인질로 억류당해 있었다. 그러나 마침내 유스티니아누스는 공포심이 분별력을 압도하게 된 상황에서 두 형제를 밀정이나 자객으로 의심한 나머지 그들에게 궁전을 떠나도록 명령했다. 두 사람은 복종이 본의 아니게 모반으로 비쳤을지 모른다고 변명했으나, 성과가 없자 자기들 집으로 물러갔다. 6일째 아침에 히파티우스는 민중에게 포위당하여 억류당했다. 그의 간곡한 항변과 그의 아내의 눈물 어린 호소에도 불구하고, 민중은 그를 떠받들어 콘스탄티노플의 포룸으로 데리고 가서 그의 머리 위에 제관은 아니지만 화려한 머리 깃을 씌워주었다. 이 참칭자는 나중에 그가 거부했었다고 항변했지만, 만일 그가 자기 편인 원로원의 권고를 받아들여 폭도들을 격려했더라면 그들의 억제 불능의 제일격에 경쟁자(황제)도 굴복하거나 움츠러들지 않을 수 없었을 것이다. 비잔티움 궁정은 자유로운 해상교통로를 이용하여 궁정 정원 계단 밑에 배들을 대기시켜놓고, 이미 황제와 황실 가족을 보물과 함께 수도에서 얼마 떨어지지 않은 안전한 장소로 옮긴다는 비밀계획을 세워놓고 있었다.

이때 만일 황제가 극장에서 구원했던 창녀가 여성의 수줍음과 미덕을 내팽개치지 않았더라면, 그는 패배하고 말았을 것이다. 벨리사리우스 장군도 참석한 회의에서 영웅정신을 발휘한 사람은 테오도라뿐이었다. 나중에 시기의 대상이 될 걱정을 하지 않고도 황제를 위험에서 구출하고 그 옹졸한 공포심에서 해방시켜줄 수 있는 사람은 테오도라 한 사람뿐이었을 것이다. 황제의 배우자는 이렇게 말했다. "도망가는 것만이 유일한 안전책이라고 하더라도 소첩은 도망가지 않겠습니다. 죽음이란 우리들의 출생 조건이지만, 나라를 다스리는 사람은 위엄과 통치력을 상실하면 살아 남아서는 결코 안 됩니다. 소첩은 폐하가 제관과 어의를 벗은 상태로 단 하루라도 살아남지 않게 되기를, 소첩이 황후라는 이름으로 인사받지 않는 시간을 잠시라도 가지지 않게 되기를 하느님께 기도합니다. 오, 황제시여, 도망갈 생각이시라면, 보물은 얼마든지 있습니다. 바다를 보면 배들도 있습니다. 그러나 살고 싶은 욕망 때문에 비참한 망명생활과 수치스러운 죽음을 당할 것을 걱정하소서. 소첩은 옥좌가 영광스러운 무덤이라는 옛 격언을 간직하겠습니다."

한 여인의 확고한 태도가 유스티니아누스에게 심사숙고하고 행동할 용기를 되찾아주었다. 용기는 가장 절박한 상황에서 기지를 찾아내는 법이다. 손쉽고 결정적인 한 방안은 당파 싸움을 부활시키는 것이었다. 청색당은 그들이 사소한 감정 때문에 불구대천의 적과 공모하여 너그럽고 고마운 은인에게 대적까지 하게 된 그들의 죄와 어리석음에 당혹감을 느끼고 있었다. 청색당은 다시 유스티니아누스의 권위를 선언했다. 녹색당은 그들이 급조했던 황제와 함께 경기장 안에 고립된 채 남아 있었다. 근위대의 충성심이 의심스럽기는 했지만, 유스티니아누스의 군대는 페르시아 전쟁과 일리리쿰 전쟁에서 용맹과 규율을 자랑한 3,000명의 고참병들로 구성되어 있었다. 이 군대가 벨리사리우스와 문두스의 지휘하에 2개 부대로 나뉘어 몰래 궁정에서 나왔다. 그들은 좁은 통로와 꺼져가는 불길과 무너져내리는 건물들을 헤치고 나가 경기장 앞뒤의 양쪽 문을 동시에 활짝 열었다. 이 좁은 공간에 몰린 무질서하고 공포에 질린 군중은 양쪽에서 밀려드는 강력한 정규군의 공격에 저항할 능력이 없었다. 청색당은 후회의 뜻을 격렬한 행동으로 표시했으며, 이 하루 동안의 무차별 학살에서 3만 명 이상이 살해된 것으로 집계되었다. 히파티우스는 옥좌에서 끌어내려져 그의 동생 폼페이우스와 함께 황제의 발 아래로 끌려갔다. 그들은 자비를 애원했지만, 죄상이 명백하고 무죄는 불확실했으며, 황제 역시 공포에 질려 그들을 용서할 처지가 못 되었다. 아나스타시우스의 두 조카는 다음날 아침 원로귀족 및 집정관 서열에 있는 18명의 일루스트레스급의 공범들과 함께 군인들에게 비공개로 처형되었다. 그들의 시체는 바다에 버려졌으며, 저택들은 파괴되고 재산은 몰수되었다. 그후 경기장은 7년 동안 음울한 침묵 속에 잠겨 있었으나, 다시 경기가 시작되자 전과 같은 무질서가 부활되었다. 청색당과 녹색당의 당파 싸움은 여전히 유스티니아누스의 통치에 영향을 미쳐 동로마 제국의 평온을 어지럽혔다.

2. 무하마드와 이슬람교의 출현[4]

무하마드가 비천한 서민출신이라는 이야기는 적의 가치를 헐뜯어야만 속이 시원한 기독교인들이 꾸며낸 졸렬한 중상모략이다. 그가 이스마엘(유대인의 조상 아브라함이 여종에게서 낳았다는 서자/역주)의 후손이라는 것도 민족적 우월감이나 전설에서 나온 말이었다. 그러나 설사 혈통의 시초가 애

---

4) 원문의 제50장에 해당한다/편집자 주.

매모호하다고 하더라도, 무하마드는 수세대에 걸쳐 순수하고 진정한 귀족들을 배출할 수 있었을 것이다. 그는 쿠라이시 부족 출신이었으며, 아랍인 중에서 가장 대표적인 명문으로서 메카의 왕족이며 카바 신전의 세습 수호 가문인 하셈 가 출신이었다. 그의 조부는 하셈의 아들인 압둘 모탈레브였다. 하셈은 부유하고 관대한 시민으로서 장사를 해서 한 도시를 기근의 역경에서 구한 인물이었다. 메카는 아버지(하셈)의 관대함으로 식량을 공급받고 그 아들의 용기로 구출되었다. 예멘 왕국은 기독교를 믿는 아비시니아의 군주들에게 복속되어 있었다. 아비시니아의 봉신(封臣)인 아브라하는 어떤 일로 모욕을 받고 십자가의 명예를 위해서 복수하려고 한 무리의 코끼리와 아프리카 군대를 동원하여 성도를 포위했다. 강화조약이 제안되었고, 제1차 회견에서 무하마드의 조부는 가축의 변상을 요구했다. 아브라하가 물었다. "그런데 내가 당신네 신전을 파괴하려고 했을 때, 당신은 왜 신전을 위해서 나에게 자비를 구하지 않았소?" 대담한 아라비아 족장이 대답했다. "가축은 나의 소유이고, 카바 신전은 신들의 소유이기 때문이오. 신전은 그들이 구할 것이오." 식량이 떨어졌기 때문인지, 아니면 쿠라이시족의 용맹 때문인지 아비시니아인들은 불명예스럽게 퇴각할 수밖에 없었다. 그들의 패주에 때맞추어 기적의 새들이 날아다니며 이교도들의 머리 위에 돌멩이들을 퍼부었다. 이 구국의 이야기는 『코란』의 코끼리 편에서 전해져 내려오고 있다.

압둘 모탈레브의 영광에 가문의 행복이 더해졌다. 그는 110세까지 장수하면서 딸 6명과 아들 13명을 두었다. 그가 가장 총애한 압둘라는 아랍 청년들 중에서도 가장 아름답고 온후했기 때문에, 그가 자르족의 명문 규수 아미나와 결혼하여 첫날밤을 지낼 때에는 200명의 처녀가 질투와 절망으로 죽었다고 한다. 압둘라와 아미나 사이에 외아들로 태어난 무하마드는 유스티니아누스가 죽은 지 4년 후에, 카바 신전에 기독교를 끌어들일 뻔했던 아비시니아인들이 패주한 지 두 달 후에 메카에서 출생했다. 그는 어린 시절에 아버지와 어머니 그리고 조부를 잃었다. 강력한 삼촌들이 많았기 때문에 이 고아가 받은 유산이라고는 낙타 5마리와 에티오피아 출신의 하녀 한 명뿐이었다. 삼촌 중에서 가장 존경할 만한 인물인 아부 탈레브가 국내외에서, 전쟁시에도 평화시에도 젊은 시절의 무하마드를 이끌어주고 보호해주었다. 그는 25세 때 부유한 귀족 미망인인 카디자에게서 고용살이를 했으며, 얼마 후에는 그의 성실성에 대한 보답으로 그녀와의 결혼을 승락받았다. 결혼 계약서는 옛날의 간단한 양식에 따라 무하마드와 카디자가 서로 사랑함을 밝히고, 그가 쿠라이시족의 성인임을 기술하고, 그의 숙부가 너그럽게 대준 지참금으로 황금 12온스와 낙타 20마리를 열거한 내용이었다. 이 결혼에 의해서 압둘라의 외아들은 다시 선조들의 신분으로 복귀하게 되었다. 이 현숙한 부인은 그가 가정생활에서 보인 미덕에 만족했으며, 그는 40세에 이르러 마침내 예언자의 칭호를 사용하면서 코란의 종교를 선포했다.

 그의 동료들이 전하는 바에 따르면, 무하마드는 용모가 뛰어났다. 이런 용모를 갖춘 사람은 일반인들에게 멸시를 받는 일이 좀처럼 없는 법이다. 이 웅변가는 입을 열기 전에 우선 청중들의 애정을 자신에게 끌어들였다. 청중들은 그의 당당한 모습이 나타나기만 해도 박수를 쳤고, 그의 위엄있는 용모, 날카로운 눈동자, 우아한 미소, 굽이치는 턱수염, 영혼의 온갖 감정을 나타내는 안색 그리고 말 한마디한마디에 힘을 주는 몸짓에 갈채를 보냈다. 그는 일상생활을 통해서 자기 나라 특유의 장중하고 격식을 갖춘 예절을 엄격히 지켰고, 부자나 권력층에 대한 그의 정중한 태도는 빈민에 대한 연민과 애정으로 더욱 위엄을 갖추었고, 거동은 솔직하면서도 마음속의 책략을 드러내지 않았으며, 그의 예절 바른 행동은 개인적 우정이나 만인에 대한 박애의 정신에서 우러나온 것이었다. 그는 기억력이 좋고, 마음이 평온하고, 허물이 없고, 상상력이 뛰어나고, 판단력이 명쾌하고 신속, 정확했다. 그는 생각과 행동에 용기가 있었다. 그리고 그의 계획이 성공과 함께 점차 확대되기는 했겠지만, 그가 종교적 사명에 관해서 최초로 품었던 생각은 독창적이고 뛰어난 천재성을 지닌 것이었다.

 압둘라의 아들은 귀족들의 품속에서 순수한 아라비아 방언으로 교육받았는데, 그의 유창한 언변은 신중하고 적당한 침묵에 의해서 더욱 옳았고 돋보였다. 이와 같은 웅변능력이 있었으나, 무하마드는 글을 쓸 줄 몰랐다. 그는 젊은 시절에 쓰기와 읽기를 배운 적이 없었다. 인민 모두가 무식했기 때

무하마드(571?–632년)의 승천

문에 그는 수치심을 느끼지도 않았고 비난을 받지도 않았지만, 다만 생활권이 좁았던 탓으로 오늘날 우리에게 현인과 영웅들의 정신을 비추어주고 있는 충실한 거울의 혜택을 입지 못했던 것이다. 그래도 자연과 인간이라는 책을 접할 수 있었으며, 따라서 아라비아 여행자(무하마드)가 남긴 정치적, 철학적 견해에는 다소간의 상상력이 담겨 있기도 하다. 그는 지구상의 여러 민족과 종교들을 비교하면서 페르시아와 로마의 약점을 간파하고 그 시대의 타락상을 통탄해 마지않았으며 그리고 하나의 신, 하나의 군주하에 아랍인들의 불굴의 정신과 소박한 미덕들을 통합하겠다고 결심했다. 좀더 정확히 살펴보면, 우리는 무하마드가 시리아를 두 차례 방문했을 때, 동방의 궁전이나 군대, 신전 등을 찾아보지 않고 그 대신 보스트라와 다마스쿠스의 시장을 찾아보는 데 그쳤음을 알 수 있다. 그가 삼촌의 대상을 따라나섰을 때(첫번째 시리아 방문 때), 그의 나이가 불과 13세였으며 그리고 (두번째 방문 때에는) 그의 임무 때문에 카디자의 상품을 처분하는 즉시 귀국해야만 했다는 것을 알 수 있다. 이와 같은 주마간산식 여행 중에도 천재의 눈에는 촌스러운 자기 동료들이 보지 못한 몇 가지 사물이 눈에 띄었을 것이고, 몇 가지 지식의 씨앗이 비옥한 땅에 뿌려졌겠지만, 그가 시리아 어를 몰랐기 때문에 그의 호기심은 차단당했을 것이다. 따라서 필자는 무하마드의 생애나 저술 속에서 그의 시야가 아랍 세계의 한계를 크게 벗어난 적이 있다고는 말할 수 없다.

이 외딴 세계의 곳곳에서 매년 순례자들이 종교적 헌신과 상업의 필요로 메카에 모여들었다. 뭇사람들이 자유롭게 만나는 이러한 장소에서 모국어밖에 모르는 평범한 사람이더라도, 부족들의 정치상황과 성격, 그리고 유대교와 기독교의 교리와 관행을 배울 수 있었을 것이다. 몇몇 도움이 될 만한 외국인들이 자의 또는 타의로 신세를 지겠다고 나서는 경우도 있었을 것이다. 이 때문에 무하마드의 적들은 유대인, 페르시아인, 시리아 승려가 『코란』 편찬을 은밀히 도왔을 것이라고 한다. 대화는 이해를 넓혀주지만, 고독은 천재의 산실이다. 한 저술의 통일성은 그것이 단일작가의 작품임을 말해준다. 무하마드는 소년시절부터 종교적 명상에 몰두했다. 그는 해마다 라마단(이슬람력의 제9월)이면, 속세와 카디자의 품을 떠나 메카에서 3마일 떨어진 헤라의 동굴에 가서 하늘이 아니라 예언자의 마음속에서 거처하는 기만(또는 열광)의 신령과 문답을 나누었다. 그가 '이슬람'이라는 이름하에 가족과 인민에게 가르친 신앙은 영원한 진리와 필요에 의한 허구, 즉 "신은 오직 한 분뿐이며, 무하마드는 신의 사도"라는 두 내용이 결합된 것이었다.

무하마드의 교리에는 의심할 만한 내용이나 애매한 점이 없으며, 『코란』

은 신의 유일성에 관한 장엄한 증언이다. 메카의 예언자는 무엇이든 떠오르는 것은 지고, 태어난 것은 죽고, 썩을 수 있는 것은 쇠멸한다는 합리적 원리에서 우상과 인간, 별과 행성에 대한 숭배를 배격했다. 그의 합리주의적 열정은 우주의 창조주 속에서 영원무궁한 존재를 인정하고 찬양했는데, 이 존재는 형태나 장소가 없고, 행동이나 형상이 없고, 우리의 가장 깊은 사색 속에 나타나고, 스스로의 본질적 필연성에 의해서 실존하며, 자기 자신으로부터 모든 도덕적, 지적 완성을 끌어내는 존재이다. 예언자의 말을 통해서 선언된 이 지고의 진리는 그의 제자들에 의해서 확고하게 견지되었고, 『코란』 주해자들에 의해서 형이상학적 정밀성을 갖추도록 정의되었다.

　철학적 무신론자들은 우리 인간의 지적 능력이 감당하기에는 너무 숭고하다고도 할 수 있는 무하마드의 이 일반적 신조에 찬성할 수 있을 것이다. 시간과 공간, 운동과 물질, 감각과 사색에 관한 모든 관념을 미지의 실체로부터 추상한다면, 인간의 상상력이나 이해력의 대상으로 무엇이 남겠는가? 이성과 계시에 관한 제1원리는 무하마드 자신의 목소리로 확정되었다. 오늘날 인도에서 모로코에까지 산재해 있는 그의 신도들은 '유일신론자'라는 이름으로 불리고 있거니와, 우상숭배의 위험성을 예방하기 위해서 일체의 우상이 금지되고 있다. 무하마드 교도들은 영원한 천명(天命)과 절대적 예정에 관한 교리를 확고하게 믿고 있으며 그리고 신의 예지(豫知)와 인간의 자유와 책임을 어떻게 조화시키느냐, 무한한 권세와 무한한 선의 지배하에서 악의 허용을 어떻게 설명하느냐 하는 일반적인 난문제들과 싸우고 있다.

　하느님은 모든 피조물에 자신의 존재를, 인간의 마음속에 자신의 법칙을 새겨놓았다. 그 한 가지(신의 존재)에 관한 지식과 다른 한 가지(신의 법칙)의 실천을 되살려내는 것이 모든 시대의 예언자들이 표방해온 진실한 또는 거짓된 목표였다. 도량이 넓은 무하마드는 그가 자기 자신에게 부여한 영예를 그의 선임자들에게도 허용했으며, 따라서 아담의 타락으로부터 『코란』의 선포에 이르기까지 일련의 영감이 이어져 내려왔다. 그 기간 중에 예언자의 빛이 미덕과 우아함이 뛰어난 12만4,000명의 선택된 인간들에게 전수되었고, 313명의 제자가 각기 자기 나라를 우상숭배와 악덕으로부터 구출할 특별한 임무를 띠고 파견되었고, 성령에 의해서 104권의 책이 구술되었으며, 초월적인 지혜를 지닌 6명의 입법자가 불변의 종교의 의식절차에 관한 6가지 계시를 인류에게 선포했다. 아담, 노아, 아브라함, 모세, 그리스도, 무하마드의 권능과 지위는 순차적으로 높아지지만, 이 예언자들 중 어느 한 명이라도 증오하거나 배격하는 자는 이단자로 낙인 찍히게 된다.

열조(列祖)가 남긴 문헌은 그리스어와 시리아어로 된 외경(外經)으로만 남아 있었다. [이 외경들에서는] 아담의 행동은 자녀들의 존경과 감사의 대상이 되지 못했고, 노아의 7가지 가르침은 열등하고 불완전한 유대 교회 신도들에 의해서 준수되었으며, 아브라함의 이름은 그의 고향 칼데아의 사비교도들에 의해서 애매하게 숭상되었다. 수많은 예언자들 중에 실제로 생명력을 가지고 지배한 사람은 모세와 그리스도뿐이었고, 영감으로 쓰여진 그 밖의 글들은 『구약성서』와 『신약성서』로 편찬되었다. 『코란』에는 모세의 기적에 관한 이야기가 중요시되어 재미있게 꾸며져 있으며, 유배생활을 하던 유대인들이 다른 민족에게 자기들의 신앙을 강요하는, 은밀한 복수를 즐기는 이야기도 있다. 예언자는 이슬람 교도들에게 기독교의 창시자에 대해서는 고도로 심원한 존경심을 가지도록 가르치고 있다. "진실로 마리아의 아들 예수 그리스도는 하느님의 사도로다. 또한 그가 마리아에게 전한 말씀과 그에게서 나온 성령은 이 세상과 앞으로 오게 될 세상에서 영광스러우며, 그는 하느님의 앞에 가까이 가는 사람 중의 하나로다." 그의 머리에는 참 복음서와 가짜 복음서의 여러 가지 기적들이 꽉 차 있었다. 그리고 라틴 교회는 『코란』에서 처녀 마리아의 청정(淸淨) 수태설을 서슴지 않고 차용했다.

그래도 예수는 역시 인간에 불과했다. 따라서 최후의 심판 날이 오면, 예수의 증언은 그를 예언자로서 받아들이지 않은 유대인들과 그를 하느님의 아들로 숭배하는 기독교인들을 모두 정죄하는 데 이용될 것이다. 악의를 품은 예수의 적들은 그의 명성을 비방하고 그의 생명을 해치고자 모의했으나 뜻을 이루지 못했으니, 십자가에 못박힌 것은 한낱 환영(幻影)이거나 보통 범죄자였으며, 죄없는 이 성자는 7번째 천국으로 [죽음을 거치지 않고] 승천했던 것이다. 그후 600년 동안 복음서는 진리와 구원의 길이었지만, 기독교인들은 점차 그 창시자의 율법과 모범을 망각했기 때문에 무하마드는 그 노시스파 사람들의 가르침을 받아 기독교와 유대교가 모두 성서의 완전성을 오염시켰다고 비난하기에 이르렀다. 신앙심이 깊은 모세와 그리스도는 장차 자기들보다 뛰어난 예언자가 나타나리라는 확신에서 기뻐했다. 복음서에 나와 있는 '보혜사(保惠師, paraclete)'의 약속은 하느님의 가장 위대한 마지막 사도인 무하마드의 이름을 예상했고 또 그의 출현으로 약속이 이루어졌다는 것이다(그리스 어의 paracletos는 무하마드와 동일한 뜻이라고 한다/역주).

개념의 전달에는 사상과 언어의 합치가 요구된다. 농부의 귀에는 철학자의 강론이 마이동풍일 것이다. 그러나 무한자와 유한자 간의 교섭 또는 인간의 말이나 펜으로 표현된 하느님의 말씀과 비교한다면, 그들간의 이해력의 차이란 티끌 같은 것에 불과하다. 히브리 예언자들, 그리스도의 사도나 복음 기록자들의 영감은 그들의 실제 이성이나 기억력과는 양립할 수 없었을 것이다. 그러므로 신구약 성서의 문체와 구성에는 그들의 다양한 천재성이 강력한 영향을 미쳤다고 보아야 할 것이다. 그러나 무하마드는 보다 겸손하면서도 보다 숭고한 자격, 즉 단순한 편집자의 자격으로 만족했다. 그와 그의 제자들에 따르면, 『코란』의 내용은 창작이 아니고 신의 본질 속에 내재하는 영원한 것이며, 빛의 펜으로 하늘의 영원한 뜻을 서판(書板)에 기록한 것이라고 한다. 유대인의 섭리에서는 실제로 중요한 임무를 띠고 파견되었던 천사 가브리엘이 비단과 보석으로 장식된 책 한 권을 가지고 가장 낮은 천국으로 내려왔으며, 이 충실한 사자가 아라비아의 예언자에게 그 책의 장, 절을 목차에 따라서 계시해주었다는 주장이다.

『코란』의 단편적인 내용들은 신의 뜻을 완전히 기록한 것이 아니라 무하마드의 재량으로 편찬된 것이다. 하나하나의 계시는 그의 정책이나 감정상의 필요에 맞추어져 있으며, 성서 내용 중 후속 구절에 의해서 폐기, 수정된 내용을 삭제함으로써 앞뒤가 모순되는 부분을 모두 제거했다. 그의 제자들은 하느님과 그의 사도(무하마드)의 말씀을 야자잎과 양의 어깨뼈에 정성껏 기록했으며, 그 기록문은 순서나 연관성을 무시한 채 그의 여러 아내들 중 한 아내의 장롱 속에 되는 대로 넣어져 보관되었다. 무하마드가 죽은 지 2년 후에 그의 친구이자 후계자인 아브 바크르가 이 기록을 정리하여 출간했고, 이 책은 헤지라[이슬람교 기원] 13년에 칼리프 오트만에 의해서 수정되었다. 그밖에도 여러 판(版)의 『코란』들이 나와 일관된 체제를 갖춘 이 불후의 정본과 동일한 초자연적 특권을 모두 주장하고 있다. 그러나 예언자는 신앙심에서이건 자만심에서이건 자기 사명의 진실성의 근거로 이 책을 제시하면서 인간이나 천사는 이처럼 아름다운 책을 단 한 페이지도 모방하지 못할 것이라고 과감하게 단언하고, 이처럼 비할 데 없는 내용을 구술할 수 있는 분은 오직 하느님뿐이라고 주장했다.

이와 같은 주장은 신앙심이 깊은 아랍인들에게 매우 강력한 호소력을 지니게 되었다. 그들은 신앙과 환희를 잘 받아들이는 마음과 음악 소리를 즐거워하는 귀를 소유하고 있었으나, 무지하기 때문에 천재적인 인간의 여러 가지 작품을 비교할 능력은 갖추지 못한 사람들이었다. 신자가 아닌 유럽인들은 번역문을 읽어도 [코란의] 문체가 가지는 조화로운 묘미를 느끼지 못할 것이다. 유럽인은 앞뒤가 맞지 않는 전설, 격언, 과장된 내용 등으로 이루어진 끝없이 긴 정열적 문장을 읽기가 지루할 것이며, 이러한 문장은 좀처럼 감흥이나 사상을 불러일으키지 못하고, 실제로 때로는 흙먼지 속에 파묻히기도 하고 구름 속에 가려지기도 한다. 종교적 속성들이 이 아라비아 보헤사의 상상력을 드높여주는 것은 사실이지만, 그러나 그의 숭고한 문장도 먼 옛날 같은 나라 같은 언어로 쓰여진 『욥기』의 뛰어나게 간결한 문장에는 당할 수 없다. 『코란』 정도의 문장이 인간의 능력을 초월하는 것이라면, 호메로스의 『일리아스』나 데모스테네스의 『탄핵연설(Philippics)』은 어느 정도로 탁월한 지혜에서 나온 것일까?

모든 종교에서는 창시자의 생애가 글로 기록된 계시의 빠진 부분을 보충해주는 법이다. 무하마드의 언설은 수많은 참 교훈을 담고 있고, 그의 행동은 수많은 덕성의 모범을 제시했으며, 그의 여러 아내와 동료들에 의해서 공적, 사적 기록물들이 보존되었다. 200년 후에는 알 보카리가 진위가 확실치 않은 30만 건의 전승(무하마드의 언행) 중에서 7,275건을 엄선하여 전승계율인 『소나(Sonna)』(언행의 뜻. 수니라고도 한다/역주)를 확정했다. 이 제정자는 매일 메카의 신전에서 기도를 올리고 목욕재계한 후 신전 강단과 무하마드의 무덤에 계율문을 한 장씩 올려 쌓아놓았다 이 계율집은 정통파인 소나파에 속하는 4개 종파에 의해서 승인되었다.

무하마드의 재능은 우리의 찬양을 받을 만하지만, 더욱 감탄스러운 것은 그의 성공이다. 우리가 놀라는 것은 수많은 개종자들이 한 사람의 말 잘하는 광신자의 교리와 정열을 받아들였다는 사실 때문인가? 기독교회의 여러 이단파들에 의해서도 사도의 시대로부터 종교개혁 시대에 이르기까지 동일한 유혹이 거듭 시도되어왔다. 한 사람이 칼과 홀(笏)을 동시에 쥐고 조국을 제압하여 무력으로 승리하여 왕국을 세웠다는 것은 믿을 수 없는 사실인가? 동방 왕국들의 변천과정을 살펴보더라도, 수백 명의 행운의 찬탈자들이 비천한 신분에서 입신하여 여러 가지 험난한 장애를 극복하고 더욱 큰 제국을 건설하고 더욱 큰 영토를 획득했던 사실을 찾아볼 수 있다. 무하마드는 설교하면서 싸우도록 〔신에게서〕 계시를 받았는데, 이 두 가지 상반되는 요소의 결합이 그의 장점을 살려 그의 성공에 공헌했다. 무력과 설득, 신앙과 공포가 서로 상승작용한 결과, 이 억제할 수 없는 세력 앞에 모든 장애요소가 굴복했던 것이다. 그의 목소리는 아랍인들에게 자유와 승리, 무력과 약탈, 현세와 내세의 소중한 욕망의 총족을 외쳤다. 그가 부과한 여러 가지 제약은 예언자의 명망을 확립하고 민중의 복종을 실현시키기 위해서 필요한 것이었다. 그리고 그의 성공을 가로막는 유일한 장애물은 신의 유일성과 완전성에 관한 그의 합리주의적 신조뿐이었다.

우리가 경탄해 마지않는 것은 그 종교의 전파가 아니라 그 지속성이다. 그가 메카와 메디나에 심어놓았던 순수하고 완전한 인상은 12세기가 지난 지금까지도 인도, 아프리카, 터키의 이슬람 교도들 사이에 그대로 간직되어 있다. 만일 기독교 사도인 성 베드로와 바울로가 오늘날 바티칸을 방문한다면, 그들은 그 장엄한 사원에서 그처럼 신비로운 의식으로 숭배받는 신의 이름이 도대체 무엇이냐고 물을 것이다. 그들은 옥스퍼드나 제네바에 가보면 놀라기는 덜하겠지만, 그래도 교리문답서를 새로 외우고 또 그들의 주님의 말씀에 관한 정통파 주석가들의 해석을 새로 공부해야만 하는 처지가 될 것이다. 그러나 터키의 성 소피아 대성당은 그 규모와 화려함은 더해졌지만, 무하마드가 직접 메디나에 세웠던 그 소박한 장막을 그대로 상징하고 있다. 이슬람 교도들은 신앙과 헌신의 대상을 인간의 감각과 상상력의 차원으로 끌어내리려는 유혹에 힘을 합쳐 저항해왔다. 이슬람의 단순하고도 변함없는 신앙고백은 "나는 하나이신 신과 신의 사도인 무하마드를 믿는다"는 것이다. 눈에 보이는 우상에 의해서 신의 지성적 이미지를 격하시키는 일은 결코 없었다. 예언자의 영예가 인간적 덕성의 수준을 넘어서는 일도 없었다. 그리고 그의 살아 있는 계율은 제자들의 감사하는 마음을 이성과 종교의 테두리 안에서 억제해왔다. 물론 알리(제4대 칼리프로서 시아파의 시조/역주)의 신봉자들은 그들의 영웅인 알리와 그의 처자들까지도 신격화시키기도 했고, 일부 페르시아의 박사들은 이맘(알리와 그 후손/역주)의 인격에 신의 본질이 구현되어 있다고 주장하기도 했다. 그러나 소나파는 이와 같은 미신을 전적으로 배격하면서, 그들의 경전을 성자와 순교자를 숭배하면 안 된다는 것을 가르치는 적절한 경고로 활용했다. 신의 속성과 인간의 자유에 관한 형이상학적 문제들은 기독교뿐 아니라 이슬람의 여러 학파에서 논쟁의 대상이 되어왔다. 그러나 이슬람의 경우에는 이 문제가 민중의 감정을 사로잡아 국가의 평온을 교란시킨 적이 결코 없었다. 이 중요한 차이가 생긴 원인은 정치와 종교가 분리되느냐 일치되느냐의 차이에서 찾아볼 수 있을 것이다. 예언자의 후계자이며 신도들의 통치자인 칼리프들에게는 종교적 혁신을 일체 억제, 저지하는 것이 이익이었다. 이슬람 교도들은 성직자들의 교단이나 규율 그리고 세속적, 영적인 야심 같은 것들에 관해서는 무지했다. 따라서 그들에게는 법을 잘 아는 현자들이 양심의 안내자이며 신앙의 길잡이가 되었다. 대서양에서 갠지스 강에 이르기까지 『코란』은 신학의 기본 법전일 뿐 아니라, 민, 형사상의 기본 법전이기도 하다. 그리고 인간의 행동과 재산을 규제하는 법률들은 무류(無謬), 불변인 신의 재가에 의해서 수호되고 있다. 이와 같은 종교적 예속상태에는 몇 가지 실제적 불이익이 따른다. 문자를 모르는 입법자는 자신의 편견과 자기 나라의 사정에 따라서 자의적이 되는 경우가 많았다. 아라비아 사막에 맞는 제도는 부유하고 인구가 많은 이스파한이나 콘스탄티노플에서는 잘 맞지 않는 경우가 생긴다. 후자의 경우, 이슬람교의 재판관(Cadi)에게 성전을 정중하게 머리에 올려놓고 형평의 원칙이나 시대의 습속 및 정책에 보다 적합한 교묘한 해석을 내리게 한다.

무하마드를 논할 때 마지막으로 생각해야 할 점은 그가 사회적 행복에 미친 유익한 또는 유해한 영향이다. 그를 적대시하는 기독교도나 유대 교도들 중에서 가장 완고한 자들이라도, 무하마드가 거짓 사명을 띠기는 했지만, 그가 가르친 유익한 교리는 자기들 종교에 버금가는 완전한 교리라는 점을 인정할 것이 틀림없다. 그는 자기 종교의 기초로서 기독교와 유대교의 옛 계시와 그 조상들의 미덕과 기적들이 참되고 신성한 것이었다고 인정했다. 신의 보좌 앞에서 아라비아의 모든 우상들이 파괴되었고, 잔인한 인간 제물의 피는 바람직하고 무해한 헌신방법인 기도, 금식, 희사(喜捨) 등에 의해서 대속되었다. 그리고 그가 가르친 내세의 상벌은 무지하고 세속적인 세대가 잘 이해할 수 있는 형상으로 묘사되었다. 무하마드는 자기 나라 사람들에게 적용할 수 있는 도덕적, 정치적 제도를 만들어낼 능력은 없었던 것 같지만, 신도들간에 자선과 우애의 정신을 고취했고, 사회적 미덕의 실천을 권장했으며, 그의 법률과 가르침은 복수심을 억제했고, 과부와 고아들의 학대를 억제했다. 적대적인 부족들이 신앙과 복종 속에서 하나가 되었으며, 사람들이 쓸데없이 내부 싸움에서나 발휘하던 용맹성을 이제는 외적을 향해서 발휘하게 되었다.

이와 같은 큰 충격이 없었더라면, 아라비아는 국내적으로 자유롭고 대외적으로 막강했기 때문에 역대 왕조하에서 번영을 누릴 수 있었을 것이다. 그러나 아라비아가 급속하게 판도를 넓혀감으로써, 통치권은 쇠멸되어갔다. 동방과 서방에 그들 민족의 식민지들이 산재하게 되면서, 그들의 피는 개종자와 포로들의 피와 섞이게 되었다. 3대의 칼리프 통치가 지난 후 도읍지는 메디나에서 다마스쿠스 계곡으로, 티그리스 강 유역으로 옮겨졌고, 이 신성한 도시들은 불경스러운 전쟁으로 더럽혀졌다. 아라비아가 아마도 외국 출신이었으리라고 생각되는 한 신하의 압제하에 놓이게 되자, 사막의 베드윈족이 각성하여 옛날의 고립된 독립상태로 되돌아갔다.

3. 콘스탄티노플의 함락과 동로마 제국의 멸망[3] (1453년)

15세기 오스만 투르크의 강력한 통치자인 무하마드 2세는 동로마 제국의 소멸을 완결시킬 운명을 타고난 사람이었다. 동로마 제국은 이제 콘스탄티노플의 교외지대를 중심으로 보스포루스 해협의 유럽 쪽에 있는 좁고 긴 지역을 제외하면 영토가 별로 남은 것이 없었다. 그리고 콘스탄티노플 그 자체도 규모나 사기 면에서 크게 위축되어 있었기 때문에, 마지막 황제 콘스탄티누스 팔라에올로구스(콘스탄티누스 11세)의 시종장 프란자가 인구조사를 실시한 결과, 나라의 방위를 위해서 무기를 잡을 수 있는 능력과 의지를 가진 사람은 모두 4,970명에 불과했다. 이슬람 교도 약 25만명이 콘스탄티노플을 최종적으로 포위공격했을 때도 이 도시를 방어한 수비대는 외국인 보충군까지를 포함하여 약 7,000-8,000명 규모에 불과했다. 기번은 기념비적인 문장으로 이 포위공격을 다음과 같이 기술하고 있다.

콘스탄티노플을 형성하고 있는 삼각형 모양 중에서 바다를 낀 두 변은 —— 천혜의 프로폰티스 해(마르마라 해)와 인공의 항구로 인해서 —— 적군의 접근이 불가능했다. 양쪽에 바다를 낀 삼각형의 밑변은 육지로서 이중의 성벽과 깊이 100피트의 해자(垓字)로 방어되고 있었다. 당대의 목격자인 프란자가 약 6마일 길이라고 추측했던 이 방어선에 대해서 오스만 군이 주력부대로 공격했다. (동로마) 황제는 위험한 지점의 작전과 지휘를 분담한 후, 자신은 외벽의 방어를 맡았다. 공방전의 처음 며칠 동안 그리스(동로마) 군인들은 참호로 내려가서 기도하고 들판으로 출격하기도 했지만, 얼마 후에는 쌍방 병력의 비율로 따질 때 기독교 병사 한 명의 가치가 투르크 병사 20명과 맞먹는다는 것을 깨닫고, 따라서 최초의 이 용감한 첫 싸움이 있은 후에는 신중에 신중을 기하여 쏘고 던질 수 있는 무기로 보루를 지키는 것에

---

[3] 원문의 제68장에 해당한다/편집자 주.

만족했다. 이와 같은 신중성을 비겁하다고 비난해서는 안 된다. 그리스 민족은 실제로 비겁하고 비열했지만, 최후의 콘스탄티노플은 영웅적이었기 때문이다. 귀족들로 구성된 콘스탄티노플의 지원병들은 로마의 미덕을 갖추고 있었고, 외국인 보충군은 서구식 기사도의 명예를 지켰다. 화살과 창의 일제사격이 계속되는 가운데 소총과 대포의 연기와 음향과 불꽃이 뒤따랐다. 그들의 소총은 호두알만한 크기의 납덩어리를 한 번에 5알씩, 심지어 10알씩 발사했기 때문에, 적군 대형의 밀집상태와 화약의 위력에 따라서는 사격 한 번에 여러 병사들의 갑옷과 신체가 관통되었다.

그러나 접근하는 투르크 군은 곧 참호에 빠지거나 폐허에 파묻혔다. 기독교인들의 과학은 하루하루 진일보했지만, 연일 계속되는 작전 때문에 불충분한 화약 재고가 그나마 모자라게 되었다. 그들의 대포는 규모나 수에서 별로 볼 만하지 못했다. 그리고 몇 문의 중포(重砲)를 가지고 있기는 했지만, 화약 폭발로 낡은 구조물이 붕괴될 것을 두려워해서 성벽 위에 설치하기를 꺼렸다. 이 파괴〔무기〕의 비밀이 이슬람 교도 측에 누설되었고, 이슬람 교도들은 열성과 풍요로움 그리고 일사불란한 지휘체계를 바탕으로 한 우세한 힘으로 이 비밀을 활용했다. 지금까지도 특별한 주목을 받고 있는 무하마드 2세의 거포(巨砲)는 당시의 역사에서 매우 중요한 존재였다. 더구나 이 엄청나게 큰 대포는 양쪽에 거의 같은 크기의 비슷한 대포 2문을 거느리고 있었다. 투르크 군 포병의 긴 대형은 성벽을 겨냥하고 있었다. 가장 접근하기 쉬운 장소에서 한 번에 14개의 포열(砲列)이 불을 뿜었는데, 다소 모호한 표현이기는 하지만, 한 포열에는 130문의 대포가 있었거나 또는 한 포열에서 130발의 포탄이 발사되었던 것 같다. 그러나 술탄의 힘과 활동에서 우리는 새 과학이 유치한 단계에 있었음을 간파하게 된다. 군주가 분초를 다투어 독려했지만, 그 거포는 하루에 7번 이상의 장전, 발사가 불가능했다. 과열된 쇠가 파열되고 인부 몇명이 죽은 끝에, 발사 후 매번 포구에 기름을 부으면 사고위험을 방지할 수 있겠다고 생각해낸 어떤 기술자가 찬탄의 대상이 되었다.

최초의 마구잡이 사격은 효과는 별로 없고 소리만 요란했다. 그러던 중 어

정복자 메메트 2세(재위 1451-81년)

느 기독교인의 자문에 따라서 기술자들은 보루의 철각(凸角)의 양쪽 면을 조준하게 되었다. 비록 불완전하기는 했지만, 사격이 거듭되자 성벽에 어느 정도 영향을 미치게 되었다. 그리고 투르크 병사들은 해자의 가장자리로 몰려가서 해자를 메워 공격용 도로 건설을 시도했다. 수많은 섶단과 통, 통나무들을 쌓았다. 그 위로 수많은 군인들이 앞을 다투어 밀려갔기 때문에 최선두의 약한 자들은 무리에 떠밀려 참호에 떨어져 파묻히고 말았다. 공성군은 도랑을 메우려고 애쓰고, 방어군은 이를 치워 안전을 도모하려고 했다. 이렇게 해서 장기간에 걸친 혈투가 끝난 후에는 낮에 쳐진 거미줄이 밤중에도 걷히지 않을 정도로 잠잠해졌다. 술탄의 다음번 계책은 땅굴을 파는 것이었지만, 땅 속에는 바위가 많았기 때문에 너무 힘이 들었다. 땅굴을 팔 때마다 기독교 군 공병들이 이를 저지했다. 그리고 그 당시에는 지하갱도에서 화약을 폭발시켜 도시와 탑들을 한꺼번에 날려보내는 기술이 아직 발명되지 않았다.

콘스탄티노플 공방전을 빛나게 한 한 가지 상황은 고대 및 근대의 포격술이 결합되었다는 점이다. 대포는 돌이나 화살을 발사하는 기계장치와 함께 사용되었고, 성벽을 부술 때는 포탄과 공성무기를 함께 사용했다. 그리고 화약이 발명되었다고는 하지만, 꺼지지 않는 기름 화염도 여전히 사용되었다. 나무로 만든 커다란 공성용 운제(雲梯)는 굴림대를 이용하여 움직였다. 섶단을 실은 이 이동식 탄약고는 3중의 쇠가죽으로 보호하는 한편 총구멍을 통해서 계속 일제사격을 가할 수 있도록 했고, 앞쪽에는 병사와 인부들이 번갈아가며 출격하고 퇴각할 수 있도록 3개의 문을 설치했다. 군인들은 층계를 타고 운제의 위층으로 올라갈 수 있었고, 이것과 같은 높이에서 도르래를 이용하여 사다리를 세워 적의 누벽에 걸쳤다.

그중에는 그리스 군에게 타격을 입힌 몇 가지 새로운 기술도 있었기 때문에 이 공성기술에 의해서 마침내 성(聖) 로마누스 탑이 무너졌다. 그러나 투르크 군은 격렬

콘스탄티노플 공성전

한 전투 끝에 격퇴되었고, 날이 어두워져 공격을 중단할 수밖에 없었다. 그들은 날이 밝으면, 새로운 힘으로 공격을 재개하여 결정적 승리를 얻을 수 있다고 확신했다. 황제와 요안네스 유스티니아누스도 이와 같은 소강상태, 희망의 시간을 틈타 현장에서 밤을 새우면서 교회와 도시의 안전이 걸려 있는 노역을 독려했다. 날이 밝자 조바심하던 술탄은 나무로 만든 운제가 잿더미로 화하고, 참호는 깨끗이 원상복구되고, 로마누스 탑은 원래의 모습대로 온전하게 고쳐져 있는 것을 보고 놀라고 비통해 했다. 그는 계획이 실패했음을 한탄하면서, 3만7,000명의 예언자가 말했다고 하더라도, 이교도들이 단시간에 이와 같은 작업을 마무리할 수 있다고는 믿을 수 없노라고 신성모독적인 감탄을 발했다.

기독교국 군주들은 냉담하고 완고한 태도를 보였다. 그러나 콘스탄티누스 11세는 최초의 공성 징후를 감지했을 때, 이미 다도해의 섬들, 모레아 반도

〔펠로폰네소스 반도〕 그리고 시칠리아 등과 필수품 공급을 교섭해두었다. 사나운 북풍이 불지만 않았더라도, 4월 초에는 상선이나 전함으로 쓸 수 있는 대형 선박 5척이 키오스 섬의 항구에서 출항할 수 있었을 것이다. 이 선박들 중 한 척은 황제의 깃발을 달았고 나머지 4척은 제노바 공화국 소속이었는데, 밀과 보리, 술, 기름, 채소 그리고 무엇보다도 수도에서 근무할 병사와 수병들을 가득 태우고 있었다. 오랫동안 기다린 끝에 부드러운 남풍이 불고, 또 그 다음날에는 강풍이 불어온 덕분에 이 배들은 헬레스폰투스 해협〔다르다넬스 해협〕과 프로폰티스 해를 통과했으나, 콘스탄티노플은 이미 육상과 해상에서 포위된 상태였고 투르크 함대는 보스포루스 해협 입구의 양쪽 해안에 걸쳐 초생달 모양으로 진을 치고 이 용감한 증원군을 차단하거나 격퇴할 준비를 갖추고 있었다.

콘스탄티노플의 지도를 마음속에 그릴 수 있는 독자는 이 엄청난 장관을 상상하고 감탄하게 될 것이다. 기독교 국가들의 배 5척은 돛과 노를 완전히 가동시켜 환호성을 지르면서 적함 300척을 향해서 계속 전진했다. 그리고 유럽과 아시아 쪽의 보루, 진영, 바닷가에는 수많은 구경꾼들이 늘어서서 이 구원군의 거동을 초조하게 지켜보았다. 얼핏 보기에 결과는 뻔했다. 이슬람교도측은 어느모로 보나 훨씬 우세했다. 따라서 침착하기만 했더라면, 수적으로나 용맹으로나 우세했던 그들이 반드시 이겨야 했을 것이다. 그러나 그들의 해군은 신민의 재능으로 만든 것이 아니라 술탄의 의지로 급조된 것이었다. 투르크인들은 번영의 절정에서도 신이 자기들에게 땅은 주었지만, 바다는 이교도들에게 맡겼다는 것을 인정하고 있었다. 그리고〔해상에서의〕일련의 패전과 급속한 쇠퇴로 이와 같은 겸손한 고백은 사실로 굳어져 있는 상태였다. 그들의 함대는 어느 정도 위력을 갖춘 18척의 갤리선을 제외하면, 모두가 조잡하게 건조된 무개선(無蓋船)이어서 조정이 서툴렀고 군인만 가득 탔을 뿐 대포도 없었다. 원래 용기란 힘을 의식하는 데에서 나오는 것이므로, 용감한 야니자리(오스만 투르크가 유럽 소년들을 징발, 개종시켜 조직한 근위대. 예니체리라고도 함/역주) 병사들도 새로운 환경에서는 두려움에 떨지 않을 수 없었을 것이다.

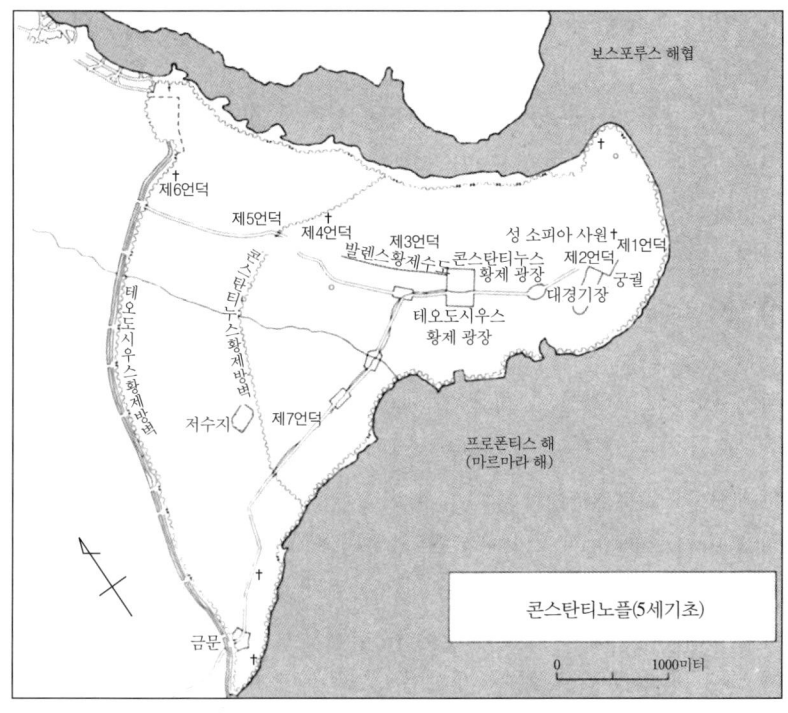

콘스탄티노플(5세기초)

　기독교측 함대의 견고하고 거대한 함정 5척에는 능숙한 수로 안내인과 함께 험한 바다에 오랫동안 익숙해왔던 이탈리아와 그리스의 고참 수병들이 타고 있었다. 그 함정들은 앞길을 가로막는 장애물을 무게로 밀어붙여 격침시키거나 쫓아버렸고, 포격으로 해상을 소탕했으며, 감히 접근하여 배에 오르려는 적군이 있으면 머리 위에 뜨거운 액체를 쏟아부었다. 더구나 바람과 파도는 항상 유능한 항해자들의 편이다. 이 전투에서 제국 선박은 위기일발의 순간에 제노바 함대에 의해서 구출되었고, 투르크는 원, 근접 공격 중에 두 차례 큰 손실을 입고 격퇴당했다. 메메트 자신은 해변에서 말잔등에 올라앉아 자신의 목소리로써, 위엄있는 자태로써 보상을 약속하고 또한 적에 대한 공포심보다 더욱 무서운 공포심을 조성함으로써 군인들의 용맹을 독려했다. 그의 격정은 물론이고 몸짓까지도 마치 자기가 직접 싸우는 것처럼 보였으며, 마치 자기가 자연의 지배자나 되는 것처럼 말을 탄 채 겁없이 바다에 뛰어들기도 했다. 그의 노호와 진영의 함성에 힘입어 오스만 군은 세

원서 후반부의 발췌 581

번째 공격을 감행했으나, 전보다 더욱 참담한 피해를 입었다. 여기서 비록 신빙성은 없지만, 오스만 군대 스스로가 이날 1만2,000명 이상의 손실을 입었다고 시인했다는 프란자의 증언을 반복해두고 싶다. 그들이 허둥지둥 유럽과 아시아 쪽 해변으로 도주하는 가운데 기독교측 함대는 의기양양하게 보스포루스 해협으로 진입하여 안전하게 닻을 내렸다.

그들은 승리를 자신하면서 투르크 군대 전체가 그들의 무력에 굴복했음이 틀림없다고 호언장담했다. 그러나 투르크 제독(발타 오글리)은 자기가 패전한 것은 눈에 상처를 입었기 때문이라고 변명하면서 다소간의 위안을 삼고 있었다. 발타 오글리는 불가리아 왕족 출신의 배교자로서 그의 군사적 재능은 밉살스러운 악덕과 탐욕으로 물들어 있었다. 어쨌든 군주제이건 공화제이건 전제체제하에서는 불운 그 자체가 유죄의 증거로서 충분했다. 그는 술탄의 노여움을 사서 직위와 직책을 박탈당했다. 술탄의 면전에서 발타 오글리는 4명의 노예에 의해서 땅바닥에 엎드려져 황금 막대기로 곤장 100대를 맞았다. 그는 사형선고를 받았지만, 술탄의 자비로 목숨을 구했다. 술탄은 재산몰수와 추방이라는 보다 가벼운 처벌로 만족했다.

보급품을 공급받자 그리스인들은 다시 희망을 품고 서방 동맹국들의 태만을 비난했다. 그동안 수백만의 십자군 병사들이 아나톨리아의 사막이나 팔레스타인의 돌더미 속에 묻혔지만, 제국의 수도는 적군에게는 천혜의 요새이면서 우방에게는 접근이 용이한 위치에 자리 잡음으로써, 해양국가들이 합리적이고 적절한 군비만 갖추었더라도 로마의 유적을 구하고 오스만 제국의 심장부에 기독교의 요새를 유지할 수 있었을 것이다. 그러나 이 소규모의 원군 파견이 콘스탄티노플을 구출하기 위한 유일한 기도였을 뿐, 보다 멀리 떨어져 있는 나라들은 콘스탄티노플의 위험에 냉담했으며, 더구나 헝가리의 사신, 곧 후니아데스의 사신은 적어도 술탄의 의구심을 불식시키고 작전을 지도하기 위해서 투르크 군대 진영에 상주하고 있을 정도였다.

그리스인들은 투르크의 디반(국정회의)의 비밀에 접근하기 어려웠다. 그렇지만 그들은 이와 같은 완강한 저항이 메메트의 도저한 인내력을 지치게 만들었다고 믿게 되었다. 메메트는 퇴각을 생각하기 시작했다. 만일 비잔티움 궁정과 내통하고 있던 칼릴파샤의 매국적 진언에 대해서 야심과 질투심을 품은 제2대신이 반대하지만 않았더라도, 콘스탄티노플 포위는 신속하게 풀릴 수 있었을 것이다. 콘스탄티노플의 함락은 육지와 바다에서 양면공격을 하지 않으면 가망이 없다는 것이 드러났지만, 해상접근은 불가능했다. 이제는 8척의 대형 선박과 이보다 작은 20척 이상의 갤리 선과 슬루프 선들이 깨어질 수 없는 단단한 방어망을 형성하고 있었다. 따라서 투르크 군대는 이 방어망을 격파하기는커녕 적의 해군이 공격해오게 되면 공해상에서 제2회전을 맞게 될 것을 우려하고 있었다.

이와 같은 곤경에 처해 메메트는 담대하면서도 기상천외한 계획을 구상하여 실행에 옮겼다. 보스포루스 해협에서 보다 작고 가벼운 선박들과 군수품을 육로를 이용하여 항구의 북쪽 지역으로 운반하는 것이었다. 거리는 10마일쯤 되었는데 땅은 고르지 못하고 여기저기 잡목이 있었다. 그리고 갈라타 교외의 북쪽으로 도로를 개설해야만 했기 때문에, 투르크 군대가 안전하게 통과하느냐 전멸하느냐 하는 것은 이제 제노바인들의 선택에 달리게 되었다. 그러나 이 이기적인 상인들은 제발 파멸당하지 않기만을 열망하고 있었다. 그리고 투르크군의 기술 부족은 절대복종하는 수많은 인력에 의해서 보완되었다. 평평한 길 위에는 튼튼한 나무판자로 만든 폭넓은 플랫폼을 덮었다. 그리고 양기름과 쇠기름을 칠해 바닥을 미끄럽게 만들었다. 노 30-50개를 사용하는 소형 갤리 선과 쌍돛대 범선 80척을 보스포루스 해협에서 인양하여 굴림대 위에 올려놓은 후, 인력과 도르래를 이용하여 밀고 나갔다. 선박마다 뱃머리와 고물에는 2명의 수로 안내인과 조타수가 배치되었고, 바람을 받기 위해서 돛을 활짝 폈으며, 노동자들을 독려하기 위해서 노래를 부르고 함성을 질렀다. 이 투르크 함대는 단 하룻밤 사이에 힘들게 언덕을 넘고 들판을 지나 깊은 물에 떠 있는 그리스 군 선박들로부터 멀리 떨어진 항구의 얕은 수면에 띄워졌다.

이 작전의 중요성은 그리스 군의 경악과 투르크 군의 자신감에 의해서 실제보다 과장되었다. 그러나 이 유명한 그리고 의심의 여지없는 일대 사건은 두 민족의 눈앞에서 전개되었고 또한 기록으로도 남아 있다. 이와 비슷한 전략은 고대에도 여러 차례 실행되었다. 그러나 여기서 거듭 강조할 것은 오스만의 갤리 선들은 대형 선박으로 보아야 하므로, 그 작전의 규모와 거리, 장애물과 수단을 비교한다면 이 자랑스러운 공적은 우리 시대의 작업에 마땅히 필적하는 것이었을 것이다. 메메트는 육, 해군으로 항구의 북쪽 지역을 점령하는 즉시 가장 바다 폭이 좁은 지점에 넓이 50큐빗(1큐빗은 47-56cm임/역주), 길이 100큐빗 규모의 다리(일종의 방파제)를 건설했다. 이 다리는 큰 통들을 뗏목에 묶고 쇠로 연결하여 그 위에 견고한 판자를 덮은 것이었다. 메메트는 이 다리를 이동식 포대로 삼아 그 위에 큰 대포를 설치했다. 그리고 80척의 갤리 선은 군인과 사다리를 싣고 앞서 라틴족 해군이 공격해왔던 해역으로 접근해갔다.

기독교 군대는 이런 공사들이 완공되기 전에 파괴를 시도하지 않았다는 비난을 받고 있다. 그들의 화력은 보다 우세한 화력에 의해서 무력화되었던 것이다. 그렇다고 하더라도 그들은 야습을 감행하여 술탄의 다리와 선박들을 불태워버릴 생각을 하지 않았다. 메메트는 엄중한 경계를 펴서 그들의 접근을 막았다. 최전방의 갤리 선들은 격침되거나 나포당했고, 그의 명령에 따라서 이탈리아와 그리스의 용감한 청년 40명이 무참하게 학살당했다. 이에 대한 보복으로 그리스측은 이슬람 교도 포로 260명의 머리를 성벽 위에 내걸었지만, 황제의 슬픔은 이것으로 달랠 수 없었다.

공성 40일이 지나면서 콘스탄티노플의 운명은 이제 더 이상 피할 수 없게 되었다. 소규모의 수비대는 양면공격을 받아 기진맥진했고, 여러 세기 동안 외적의 침입을 막아온 요새는 오스만의 포격으로 사방이 허물어졌고, 성벽 여러 군데가 구멍이 뚫렸으며, 로마누스 문 근처의 망루 4개는 무너져 내려앉았다. 콘스탄티누스 11세는 겁을 먹고 복종하지 않으려는 군인들에게 나중에 4배로 보상해주겠다는 약속을 하고 봉급을 주기 위해서 교회의 재산을 빼앗았는데, 이 신성모독적인 행위 때문에 연합군 내의 반대파에게 새로운 비난거리를 제공했다. 기독교의 잔존세력은 그나마 내부불화 때문에 더욱 약화되었다. 제노바, 베네치아의 증원부대는 서로 자기들의 공적이 더 크다고 주장했고, 유스티니아누스와 대공(大公)은 공동의 위험에 처해서도 야심을 버리지 못한 채 서로 반역자, 비겁자라고 비난하며 싸웠다.

　콘스탄티노플 공략 기간 중에 몇 차례 평화와 항복의 얘기가 오갔고 사신이 오가기도 했다. 콘스탄티누스는 역경 중에 기가 죽어 종교와 황제의 권리를 양립시킬 수만 있다면, 어떠한 조건에도 굴복하려고 했다. 한편 투르크의 술탄은 자기 군대의 피를 더 이상 흘리고 싶지 않았고, 더구나 자기가 사용하게 될 비잔티움의 보물을 다치고 싶지 않았기 때문에, 그는 기독교측에 할례냐, 조공이냐 또는 죽음이냐를 선택하도록 요구함으로써 그의 종교적 임무를 수행했다. 메메트의 탐욕은 연간 10만 듀캇의 금액이면 충족될 수도 있었겠지만, 그의 야심은 동로마 제국의 수도를 장악하는 데 있었다. 그는 황제에게는 그의 신분에 걸맞는 재산을 그리고 주민에게는 종교적 관용이나 안전한 출국을 약속하겠다고 제의했다. 그러나 교섭이 지지부진해지자, 그는 콘스탄티노플 성을 옥좌로 삼든가 아니면 무덤으로 삼겠다는 단호한 결심을 선포했다. 팔라에올로구스(콘스탄티누스 11세의 가계 이름/역주) 역시 명예심과 세계의 비난에 대한 두려움 때문에 도시를 오스만의 손에 넘겨줄 수 없었고, 따라서 그는 최후의 일각까지 싸우기로 결심했다.

　술탄이 공격을 준비하는 데에는 여러 날이 걸렸다. 그리고 그는 자신이 신봉하는 점성술 때문에 시간을 좀더 늦추어 5월 29일을 운명의 날로 확정했다. 5월 27일 저녁에 그는 최종 명령을 내려 군지휘관들을 자기 앞에 불러 모으고 전군에 전령을 보내 이 위험한 작전의 임무와 동기를 알렸다. 전제적 통치의 제1원리는 공포심이다. 그는 자신의 협박을 동양식으로 표현하여 도망자와 탈주병들은, 설혹 날개를 가졌더라도, 가차없는 심판을 면치 못하리라고 위협했다. 그의 파샤들의 대부분과 야니자리들은 기독교인들의 자손이면서도 대대로 계속된 입양에 의해서 영광스러운 투르크식 이름을 가지고 있었다. 그리고 이들 개개인은 점차 변모를 거듭하여 모방과 군율에 의해서 활기찬 군단, 연대, '오다(oda, 대대)' 정신을 지니고 있었다. 이슬람 교도들은 이 성전을 위해서 기도로써 마음을 청결하게 하고, 일곱 번의 목욕재계로 몸을 깨끗이 하고, 그 다음날이 끝나기까지 금식하도록 권고를 받았다. 데르비시(이슬람교의 탁발 수도사) 집단이 각 진영을 순회하면서 순교의욕을 고취하고, 천국에 가면 무릉도원의 낙원에서 검은 눈동자 처녀들의 품에 안겨 불로장생을 누릴 수 있다고 다짐했다. 그러나 메메트는 주로 가시적인 세속적 포상의 효력을 믿었다. 승리하는 부대에게는 두 배의 급료가 약속되었다. 메메트는 이렇게 말했다. "도시와 건물들은 짐의 것이다. 그러나 포로와 약탈물, 황금보화와 미인은 너희들의 용맹에 맡긴다. 부와 행복을 누리기를. 짐의 제국은 여러 속주를 가지고 있다. 콘스탄티노플의 성벽을 제일 먼저 올라가는 용감한 군인은 가장 아름답고 부유한 지방의 통치를 맡게 될 것이다. 그리고 짐의 보답으로 그는 기대했던 것 이상의 명예와 재산을 가지게 될 것이다." 이처럼 여러 가지 강력한 동기로 투르크 군 전체가 열광되어 목숨을 돌보지 않고 싸움터에 나가고 싶어했다. "신은 신이다. 신은 오직 한 분이며, 무하마드는 신의 사도이다"라는 이슬람 교도들의 외침이 진영에 울려퍼졌다. 갈라타에서 7개의 탑에 이르기까지 바다와 육지는 온통 그들의 횃불로 밝혀졌다.

　기독교측의 사정은 전혀 달랐다. 그들은 자기들이 죄의 대가로 벌을 받았다고 큰소리로, 그러나 무력하게 한탄했다. 성처녀의 성상을 앞세우고 장엄한 행렬을 가졌지만, 거룩한 여수호자가 그들의 간청을 듣지 않았다는 것이었다. 그들은 황제가 고집을 부려 제때에 항복하지 않았다고 비난했고, 자기들에게 닥쳐올 끔찍한 운명을 걱정하면서도 투르크에 대한 예속상태에서나마 휴식과 안전을 누리기를 바랐다. 그리스인 귀족들과 동맹국의 용사들이 총공세에 대비하여 28일 밤 궁중에 소집되었다. 이때 팔라에올로구스가 행한 마지막 연설이 로마 제국의 장송연설이 되었다. 그는 약속을 남발하고 주문을 외우면서 이미 자기 마음속에서도 사라진 희망을 불러일으키려고 부질없는 노력을 했다. 세상 천지는 불안하고 침울했으며, 복음서나 교회도 나라를 위해서 죽어간 영웅들에 대해서 어떤 보상도 제시하지 못했다. 그러나 포위망에 갇혀 있는 상태에서 황제가 모범을 보이자 전사들은 절망 속에서도 용기를 가지게 되었다. 이 침통한 모임에 직접 참석했던 역사가 프란자가 그 당시의 비참한 광경을 생생하게 묘사하고 있다. 그들은 서로 울고 포옹했으며, 가족과 재산을 버리고 목숨을 바치겠다고 맹세했다. 그리고 지휘관들은 각자의 위치로 가서 밤새도록 보루를 철저히 경계했다. 황제는 몇몇 심복들과 함께 몇 시간이 지나면 이슬람교 사원으로 변하게 될 성 소피아 성당으로 가서 눈물과 기도 속에 영성체 의식을 가졌다. 그는 비명과 탄식 소리가 요란한 궁전으로 돌아가서 잠시 휴식하고, 자기에게 피해를 입은 모든 사람들에게 용서를 구한 후, 말에 올라 수비대를 순시하면서 적의 동정을 살폈다. 이처럼 마지막 콘스탄티누스 황제의 고통과 몰락은 장기간에 걸친 역대 비잔티움 황제들의 번영보다 더한층 빛나는 것이었다.

야음의 혼란을 틈타서 공격하여 성공하는 경우도 있다. 그러나 이 위대한 총공격에 임하여 군사적 판단력과 점성술 지식을 갖춘 무하마드 2세는 공격 시간으로 아침을 택했다. 역사적인 1453년 5월 29일이었다. 그 전날 밤은 공격준비를 위해서 활용했다. 군대와 대포, 섶단들을 해자 앞에까지 전진배치했는데, 해자는 이미 여러 곳이 평평하게 메워져 성벽이 무너진 곳으로 갈 수 있었다 그리고 80척의 갤리 선들은 항구의 성벽 중 방어가 허술한 장소에 뱃머리와 사다리를 바짝 밀착시켜놓고 있었다. 침묵을 깨는 자는 사형에 처한다는 엄명이 내려졌다. 그러나 움직이면 소리가 난다는 물리적 법칙은 규율과 위협으로서도 어쩔 수 없었다. 저마다 목소리를 죽이고 발걸음을 흐트러뜨리지 않으려고 했겠지만, 수많은 사람들이 행군하고 작업하는 동안에 어쩔 수 없이 웅성거리는 수상한 소리가 나서 그것이 망루의 감시병들에게 들리지 않을 수 없었을 것이다.

날이 밝자 통상적인 아침 대포 소리도 없이 투르크 군이 수륙양면으로 도시를 공격하기 시작했다. 그들의 공격대열은 꼬인 실처럼 길게 이어져갔다. 공격의 최전방을 맡은 병력은 소모품 군대라고 할 수 있는 오합지졸들이었다. 질서도 명령체계도 없이 싸우는 이 자원병들은 노약자와 농민, 부랑자들로서 모두가 약탈과 순교라는 맹목적인 희망을 품고 입대한 사람들이었다. 이 공통적인 충동심에서 그들은 성벽으로 밀려갔으며, 무턱대고 성벽을 기어오른 자들은 곤두박질하여 떨어졌다. 기독교측은 밀려드는 무리들을 향해서 단 한 개의 단창도 단 한발의 탄환도 헛되이 낭비하지 않았다 그러나 이 힘든 방어전에서 그들의 힘과 탄약은 소진되고, 참호는 죽은 자의 시체로 가득 차게 되었다. 그들은 동료들의 시체를 밟고 싸웠는데, 이 헌신적인 군인들은 살았을 때보다 죽어서 더 큰 도움을 주었다. 아나톨리아와 루마니아의 군대가 각기 자기들의 파샤와 산자크(투르크의 촌장)의 인솔하에 속속 돌격해왔다. 그들의 전진상황은 각양각색이었고 불명확했다. 2시간 동안의 전투가 끝난 후에도 그리스 군은 여전히 유리한 위치를 유지, 활용하고 있었으며, 군인들에게 제국을 구하기 위해서 최후의 노력을 다하라고 격려하는 목소리도 들렸다.

이 결정적인 순간에 투르크측의 원기왕성한 무적의 야니자리 부대가 돌격해왔다. 술탄 자신은 쇠못이 박힌 철퇴를 쥔 채 말을 타고 관전자로서 병사들의 용맹을 판정했다. 그의 주변은 결정적인 순간을 위해서 남겨놓은 1만 명의 직속부대가 에워싸고 있었다. 전투의 흐름은 술탄의 목소리와 눈초리에 의해서 지휘, 독려되었다. 군대의 후방에는 수많은 사법관들이 배치되어 군인들을 독려, 억제하고 처벌했으며, 전선에 위험이 닥치는 경우 도망자에게는 수치와 죽음이 뒤따랐다. 공포와 고통의 비명 소리는 북과 나팔 그리고 아타발(아라비아의 반구형 북)의 우렁찬 소리에 파묻혔다. 지금까지의 경험에 따르면, 이와 같은 기계적 음향은 혈액과 정신의 순환을 촉진시켜 그 어떤 이성적이고 명예로운 웅변보다도 인체에 더 강력한 영향을 미친다는 것이 입증되었다. 오스만 포병은 전선에서, 갤리 선에서, 교량 위에서 사방으로 포격을 가했다. 진영과 도시, 그리스 군과 투르크 군을 온통 휩싼 구름 같은 연기는 이제 로마 제국이 최종적으로 구출되거나 멸망해야만 걷힐 수 있게 되었다. 역사 이야기나 전설에 나오는 영웅들의 일 대 일의 싸움은 우리들의 상상력을 즐겁게 해주고 또 호소력을 가지고 있다. 전쟁의 기술적인 진화와 발전은 인간의 심성에 가르침을 주고 비록 해악적이기는 하지만 필요한 지식을 향상시키기도 한다. 그러나 총공격이라는 획일적이고 끔찍한 상황에서는 온통 피와 공포와 혼란만이 지배한다. 따라서 3세기라는 시간적 거리와 3,000마일이라는 공간적 거리를 두고 있는 지금 여기에서 굳이 관객도 있을 수 없었고 또 당사자들 자신도 참모습을 올바르게 파악할 수 없었던 그 당시의 장면을 상세하게 묘사할 생각은 필자에게는 없다.

콘스탄티노플의 급속한 함락은 요안네스 유스티니아니누스의 갑옷을 꿰뚫은 총탄(또는 화살)에 의해서 촉진되었다고 할 수 있다. 그가 피를 흘리며 고통스러워하는 광경을 보고, 이 도시 최후의 보루로서 무용과 지략을 겸비한 수장〔황제〕도 용기가 꺾이고 말았다. 그가 의사를 찾아 현장을 떠나려고 할 때 불요불굴의 황제가 그의 퇴각을 목격하고 저지했다. 팔라에올로구스가 소리쳤다. "경의 상처는 경미하다. 위험이 급박하여 경이 필요한 마당에 어디로 물러간단 말인가?" 제노바인(유스티니아니)이 떨면서 말했다. "소신은 하느님께서 투르크인들에게 열어주신 바로 그 길로 물러가고자 합니다." 그는 이렇게 말하고 서둘러 허물어진 내벽을 통해서 도망갔다. 이 비겁한 행동으로 그는 군인생활에 오점을 찍었다. 그리고 갈라타(또는 키오스 섬)에서 살아 있는 며칠 동안 그는 자책감과 사회적인 비난으로 괴로워했다. 라틴족 증원군의 대부분이 그를 뒤따라서 도주했으며, 적이 더욱 세차게 공격해오자 방어선이 허물어지기 시작했다. 오스만 군은 기독교군보다 50배 또는 100배나 많았다. 이중의 성벽은 공격으로 잿더미가 되었다. 수마일에 걸친 성벽 둘레는 방비가 허술하여 접근이 용이한 지점이 여러 군데 있었을 것이며, 따라서 적군이 그중 한 지점만 통과하여 침투하더라도 전체 도시가 꼼짝없이 함락될 수밖에 없었다.

술탄의 포상을 받을 만한 최초의 적격자는 거구에 힘이 장사인 야니자리 대원 하산이었다. 그는 한 손에 언월도(偃月刀)를, 다른 한 손에는 둥근 방패를 쥐고 외벽을 기어올라갔다. 그와 용맹을 다툰 야니자리 30명 중 18명이 이 대담한 모험에서 목숨을 잃었다. 하산은 그의 동료 12명과 함께 성 꼭대기까지 올라갔다. 이 거인은 망루에서 밀려 떨어졌다. 한쪽 무릎으로 일어섰으나, 다시 소나기처럼 쏟아지는 돌과 화살에 옴짝달싹할 수 없었다. 그러나 그의 제한적인 성공은 이미 성벽 오르기가 가능함을 입증했다. 투르크 군이 곧 성벽과 망루를 뒤덮었다. 그리스 군은 이제 유리한 위치를 빼앗기고 계속 불어나는 적군에게 압도당하기 시작했다. 장군으로서 그리고 군인으로서 자기 임무를 다한 황제는 이 혼잡한 무리 속에 오랫동안 모습을 보였으나, 마침내 사라졌다. 그의 주변을 둘러싸고 싸우던 귀족들은 마지막 숨

성 소피아 성당

을 거둘 때까지 팔라에올로구스와 칸타쿠제노스(그리스 귀족가문. 동로마 황제 요안네스 6세를 배출했음/역주)의 명예를 지켰다. 황제의 신음 소리가 들렸다. "내 머리를 베어줄 기독교인이 한 사람도 없단 말이냐?" 그는 마지막 순간까지 자기가 산 채로 이교도들에게 잡힐까봐 두려워했던 것이다. 콘스탄티누스가 어의를 벗어던진 것은 현명한 판단이었다. 그는 이윽고 혼전 속에서 어느 이름 모를 병사에게 살해당했고, 그의 시신은 시체더미에 파묻히고 말았다.

그가 죽자 저항과 질서는 끝났다. 그리스 군은 시내 쪽으로 도망갔는데, 수많은 사람이 성 로마누스 문의 좁은 통로 속에서 짓밟혀 죽었다. 승리한 투르크 군이 내벽의 터진 곳으로 밀려들어갔다. 투르크 군이 시내로 진군하고 있을 때, 곧 그들의 동족이 항구 쪽의 페나르 문을 깨뜨리고 입성하여 합세했다. 최초의 추격전 중에 약 2,000명의 기독교도들이 죽었다. 그러나 잔인성은 곧 탐욕에 의해서 압도되었다. 따라서 승자는 황제와 그의 선발대가 용감하게 시내 곳곳에 유사한 저항선을 쳐놓지만 않았더라도, 자기들도 더이상 학살은 하지 않아도 되었다는 점을 인정했다. 이렇게 해서 그동안 호

성 소피아 성당의 내부

스로(1세, 2세 모두 동로마와 싸웠음/역주), 역대의 칸(汗)과 칼리프의 무력을 격퇴했던 콘스탄티노플은 공성 53일 만에 메메트 2세의 군대에 의해서 영원히 정복당하게 되었다.

불행한 소식은 재빨리 전파되는 법이다. 그러나 콘스탄티노플은 매우 넓었기 때문에, 외딴 구역에 사는 사람들은 한동안 그들이 망했다는 사실을 모르고 있었을 수도 있다. 그렇지만 사방의 공포 속에서, 개인적인 또는 사회적인 불안감 속에서, 요란한 총공격의 와중에서 그들도 밤새도록 잠을 이루지 못했을 것이 틀림없다. 따라서 그리스 여인들 중에 편안히 잠자다가 투르크의 야니자리 대원들 때문에 깨어난 사람이 많았다고는 생각할 수 없다. 국가의 재난이 확실해지자 사람들은 집과 수도원을 버리고 겁먹은 짐승 떼처럼 벌벌 떨면서 길거리로 몰려나왔다. 마치 약자라도 모이면 힘을 낼 수 있다고 생각하는 것도 같았고, 사람들이 모여 있으면 자신은 눈에 띄지 않을 것이라는 부질없는 생각을 하는 것도 같았다.

시내 곳곳에서 사람들이 쏟아져나와 성 소피아 성당으로 들어갔다. 한 시간도 못 되어 성소, 성가대석, 신랑(身廊) 아래 위층의 회중석이 남녀노소,

사제, 수도사, 수녀 등으로 꽉 들어찼다. 그들은 문을 안으로 걸어 잠그고 얼마 전까지만 해도 불경스럽고 오염된 건물이라고 증오했던 이 성당에 보호를 요청했다. 그들의 확신은 투르크 군대가 어느날 콘스탄티노플에 입성하여 로마인들을 성 소피아 성당 광장에 있는 콘스탄티누스 기념비 앞에까지 추격해올 것이라는 어떤 광신자(사칭자)의 예언에 근거를 두고 있었다. 〔이 예언에 의하면〕 그러나 그것은 재난의 끝을 의미하는 것이었다. 즉 한 천사가 하늘에서 칼을 들고 내려와서 이 하늘의 무기로 제국을 구출한다는 것이었다. 천사는 기념비 앞에 앉아 있는 한 궁휼한 사람에게 "이 칼을 받아라. 그리고 주님의 백성들을 위해서 복수하라"라고 말할 것이었다. 그러면 이 고무적인 말을 들은 투르크인들은 즉시 도망가고, 승리한 로마 군인들이 그들을 서방에서, 아나톨리아 전역에서 멀리 페르시아 변경지방으로까지 쫓아낸다는 것이었다. 여기서 역사학자 두카스는, 약간 환상도 있었겠지만, 그보다는 진심으로 그리스인들의 불화와 완고함을 비판하고 있다. "만일 정말로 천사가 나타났더라면, 그는 너희들이 교회통합에 동의하면 적을 멸해주겠다고 제의했을 것이다. 너희들은 그때도, 그 절체절명의 순간에도 너희들의 안전을 포기하거나 아니면 하느님을 속였을 것이다."

그들이 실현되지 않고 있는 천사의 강림을 기다리고 있을 동안, 성당 문이 도끼로 찍혀 깨어졌다. 그리고 투르크 군들은 아무런 저항도 받지 않고 피도 묻지 않은 손으로 수많은 포로를 선별하여 잡아갔다. 그들은 잘생긴 청년과 처녀, 부유해 보이는 사람들을 골라갔다. 그리고 선점자 우선 원칙, 개인적인 힘, 지휘권의 상하에 따라서 분배되었다. 불과 한 시간 동안에 남자포로들은 밧줄로 그리고 여자포로들은 각자의 베일이나 허리띠로 묶였다. 원로원 의원들은 노예와 함께 묶였고, 주교들은 성당의 문지기들과, 그리고 평민계급의 젊은이들은 가까운 친척에게도 얼굴을 드러낸 적이 없는 귀족 아가씨들과 함께 묶였다. 이 동일한 신세의 포로들간에는 사회적 지위가 뒤죽박죽이 되었고, 인간적 유대가 단절되었다. 냉혹한 군인들은 아버지의 신음 소리를 못 들은 척했으며 어머니의 눈물과 지식들의 울음소리를 외면했다. 가장 큰 소리로 울부짖는 사람들은 수녀들이었으니, 그들은 가슴을 드러낸 채 양팔을 벌리고 머리를 헝클어뜨린 모습으로 제단에서 끌어내려졌다. 여기서 우리는 그중 몇 명은 수도원에서 밤을 보내기보다 차라리 규방에서 밤을 지내고 싶은 유혹을 받았으리라고 생각할 수 있을 것이다. 이 불운한 그리스인들은 마치 가축떼처럼 닥치는 대로 길거리로 끌려나왔다. 그리고 좀더 많은 약탈물을 찾으려고 안달했던 정복자들은 위협과 주먹질로 벌벌 떠는 포로들의 발걸음을 재촉했다.

같은 시간에 시내의 모든 교회와 수도원, 궁전과 주택들에서도 이와 비슷한 약탈이 행해지고 있었다. 제아무리 신성하고 격리된 장소일지라도, 그리스인의 인명이나 재산을 보호해줄 수 없었다. 이 신앙심 깊은 사람들 중 6만 명 이상이 시내에서 군대의 야영지와 함대로 끌려가서 그곳에서 주인의 기분이나 이해관계에 따라서 교환되거나 판매된 끝에 오스만 제국의 곳곳으로 노예의 신세로 흩어져갔다. 이들 중에는 몇몇 주목할 만한 인물도 있었다. 시종장 겸 수석비서관이었던 역사가 프란자는 가족과 함께 이와 똑같은 운명에 처해졌다. 그는 4개월 동안 노예로 고생한 끝에 자유를 되찾았다. 그해 겨울에 그는 용감하게 하드리아노폴리스〔에디르네〕로 가서 미르 바시(mir bashi : 말 관리 책임자)에게 몸값을 주고 아내를 구출했다. 그러나 꽃다운 청년과 처녀인 그의 두 자녀는 이미 메메트 자신이 취한 후였다. 프란자의 딸은 술탄의 후궁에서 죽었는데, 아마 처녀 그대로였을 것이며, 그의 아들은 치욕을 당하기보다는 죽음을 택해 15세의 나이에 그를 사랑한 왕의 칼에 찔려 죽었다. 왕은 어떤 그리스 귀부인과 그녀의 두 딸을 데리고 있다가 같은 가문에서 아내를 취한 필렐푸스에게서 라틴어 송가를 받고 이들을 석방해주는 품위와 아량을 보이기도 했지만, 이것으로 그와 같은 잔인무도한 행위를 속죄받을 수는 없었을 것이다. 메메트의 자존심(또는 잔인성)은 로마 교황의 사신 이시도로스 추기경을 체포함으로써 크게 충족될 수도 있었겠지만, 추기경은 교묘한 방법으로 수색을 피해 평민의 옷을 입고 갈라타에서 탈출했다.

갈라타 항구 바깥쪽의 입구는 여전히 이탈리아의 상선과 전함들이 점령하고 있었다. 포위공격중에 용맹을 발휘했던 그들은 투르크 수병들이 시내를 약탈하기 위해서 흩어진 틈을 타서 퇴각했다. 그들이 돛을 올릴 때 해변에는 애원하고 탄식하는 군중들이 몰려 있었지만, 그들을 수송할 배가 모자랐다. 베네치아인과 제노바인들은 자기 나라 사람들을 모았다. 술탄의 호의적인 약속에도 불구하고, 갈라타 주민들은 집을 버리고 귀중품만 챙겨 배에 올랐다.

역사가는 대도시의 몰락과 약탈을 기술할 때에는 언제나 똑같은 재난에 관한 이야기를 반복해야 할 운명에 처해 있다. 똑같은 열정에서는 똑같은 결과가 나올 수밖에 없다. 이 열정이 지나치면, 오라! 문명인과 야만인 간에는 별 차이가 없어지게 되는 것이다. 투르크인들은 편견과 증오심에서 막연한 항의의 대상이 되고 있기는 하지만, 기독교도들을 닥치는 대로 무절제하게 죽였다는 비난은 받지 않았다. 그러나 그들은 〔고대의〕 행동원리에 따라서 피정복인의 목숨을 빼앗았고, 정복자의 합법적 보상으로 남녀 포로를 잡아 일을 시키거나 팔거나 몸값을 받았다. 술탄은 그의 개선군에게 콘스탄티노플의 재산을 가지도록 허용했는데, 한 시간 동안의 약탈이면 여러 해 동안 일한 것보다 더 많은 재산을 모을 수 있었을 것이다. 그러나 약탈물에 대한 정식 분배가 이루어지지 않았기 때문에 각자의 몫은 전공에 따라서 결정된 것이 아니었고, 따라서 애쓰지도 않고 위험한 전쟁에도 참여하지 않은 종군요원들이 용사들의 포상을 가로채기도 했다. 그들의 약탈에 관한 이야기는 재미도 없고 교훈적인 내용도 없다. 제국이 빈곤했다고는 하지만, 약탈 총액은 400만 듀캇에 달한 것으로 평가되는데, 그중 작은 일부는 베네치아인, 제노바인, 피렌체인, 안코나(이탈리아의 중부 지방) 상인들의 재산이었다. 이 외국인들간에는 자산이 신속하게 계속 유통되었으나, 그리스인들은 국방비로 징수당할 것이 두려워 재산을 저택이나 의상 등의 비생산적인 허례허식을 위해서 과시하거나 금괴나 골동품, 동전의 형태로 깊이 묻어두고 있었다.

수도원과 교회에 대한 신성모독이나 약탈이 가장 큰 비난의 대상이 되었다. 지상의 천국이요, 제2의 하늘이요, 케루빔 천사의 수레이며, 하느님의 영광스러운 옥좌인 성 소피아 대성당의 돔은 그 자체가 대대로 신도들의 현금으로 지은 것이었으며, 금은보화와 각종 기물, 장식물들은 심술궂게도 인간을 위한 용도로 사용되었다. 성상(聖像)들이 세속인의 눈에 가치가 있다고 생각될 만한 것을 모두 박탈당한 후에는, 천과 목재는 찢기고 부러지고 불에 타고 발에 짓밟히거나 아니면 마굿간이나 부엌의 비천한 용도로 사용되기에 이르렀다. 그러나 이와 같은 신성모독 행위는 앞서 콘스탄티노플을 정복했던 라틴인들에게서 배운 것이었다. 따라서 이전에 그리스도와 성모, 성자(聖者)들이 범죄적인 가톨릭 교도들에게서 받았던 대우를 열광적인 이슬람 교도들이 우상숭배적인 기념물들에 행했다고 할 수 있다.

철학자는 아마도 일반인들의 이와 같은 비난에 동감하지 않고, 그 대신 예술이 쇠퇴하는 시기에는 사람의 솜씨보다 작품이 훨씬 더 값진 것이며, 환상이나 기적과 같은 것은 교활한 성직자나 어수룩한 백성들에 의해서 얼마든지 새로 만들어질 수 있다고 생각할 것이다. 철학자가 보다 심각하게 개탄하는 것은 전반적인 혼란의 와중에 파손되거나 흩어져버린 비잔티움의 서적들일 것이다. 필사본 12만 권이 분실되었다고 전해지고 있다. 그 당시에는 1듀캇이면 10권을 살 수 있었다고 하는데, 신학서적의 가격으로는 비싼 편이지만, 이처럼 망신스러운 값으로 살 수 있는 서적에는 아리스토텔레스와 호메로스의 전집, 고대 그리스의 가장 귀중한 학문, 문학작품들이 포함되었다. 다만 한 가지 다행스러운 것은 우리의 고전적 보고 가운데 가장 중요한 서적들이 그 당시 이탈리아에 안전하게 보관되고 있었다는 점 그리고 그때 이미 어떤 독일 도시의 기계공[구텐베르크]이 시간과 야만주의로 인한 파괴를 비웃는 기술을 발명해놓고 있었다는 점이다.

이 기억할 만한 5월 29일의 1시에서부터 술탄이 성 로마누스 문을 통과한 8시에 이르기까지 콘스탄티노플에서는 무질서와 약탈이 지배했다. 술탄은 그의 대신과 장군들 그리고 근위대원들을 거느리고 입성했는데, [비잔티움의 어떤 역사가에 의하면] 그들 한 사람 한 사람은 모두가 헤르쿨레스처럼 건장하고 아폴로처럼 민첩하여 싸움터에서는 일당백의 용사들이었다. 정복자는 대견스러운 듯이 동방건축양식과는 크게 다른 궁전과 교회들을 눈여겨보았다. 아트메이단(atmeidan)이라고 불리는 경기장에 이르렀을 때, 뱀 세 마리가 꼬인 모양의 원형기둥이 그의 눈을 끌었다. 그는 자기 힘을 시험해볼 겸, 투르크인의 눈에는 도시의 우상이나 부적쯤으로 보이는 이 괴물들 중 한 마리의 턱을 쇠못을 박은 철퇴(또는 도끼)로 쳐서 부수어버렸다. 성 소피아 성당의 정문에 이르러 그는 말에서 내려 성당 안으로 들어갔다. 그는 자신의 영광을 빛낼 이 기념물을 몹시 소중하게 생각했기 때문에, 대리석 바닥을 부수고 있던 어떤 광신적인 이슬람 교도를 언월도를 휘둘러 저지하면서 약탈물과 포로는 군인들에게 주지만, 공적, 사적 건물들은 오직 군주의 것이라고 훈계했다.

그의 명령에 따라서 이 동방교회의 본산은 이슬람교 사원으로 개조된다. 운반이 가능한 수많은 미신적 예배도구들은 제거되었고, 성상과 모자이크 그림들로 가득 차 있던 벽은 물로 씻고 지워 장식 없는 흰 벽이 되었다. 같은 날 또는 같은 주일의 금요일에 무아진(muazzin : 이슬람교 사원 첨탑에 올라가서 큰 소리로 기도시간을 알리는 사람/역주)이 가장 높은 탑 위에 올라가서 신과 예언자의 이름으로 에잔(ezan : 기도시간/역주)을 선포했다. 이맘이 설교를 하고, 메메트 2세가 최근까지만 해도 기독교 의식이 행해졌던 대제단에 올라가서 기도와 감사의 의식(namaz)을 행했다. 그는 성 소피아 성당에서 나와서 콘스탄티누스 대제의 후계자 100명이 살았으나, 불과 몇 시간 전에 황실의 화려함을 박탈당한, 장엄하면서도 황량한 궁전으로 행차했다. 인간의 위대함은 덧없는 것이라는 우울한 생각이 그의 마음을 짓눌렀다. 그는 페르시아의 시에 나오는 연구(聯邱) 한 구절을 읊었다. "거미가 황궁에 집을 지었도다. 올빼미가 아프라시압의 탑들에서 야경의 노래를 불렀도다."

4. 15세기 로마의 폐허 그리고 전체적 결론[6]

교황 에우제니우스 4세(재위 1431-47년)의 말년에 그의 신하 2명, 즉 폭기우스라는 학자와 그의 친구 한 사람이 카피톨리누스 언덕에 올라 원주와

---

6) 원문의 제71장에 해당한다/편집자 주.

신전의 폐허 속에서 휴식을 취하면서 광활하고 다채로운 폐허의 현장을 내려다보았다. 그들이 내려다본 장소와 대상들은 인간이건 자랑스러운 예술품이건 가리지 않고 여러 제국들과 도시들을 모두 같은 무덤에 묻어버리는 운명의 영고성쇠를 생각게 했다. 두 사람은 로마의 그 위대했던 역사에 비추어 그중에서도 그 몰락이 한층 더 한탄스러운 일이라는 데 의견을 같이했다. "에우안드로스가 트로이의 망명객을 받아들였던 당시의 그 옛날 로마의 원시적 모습은 베르길리우스의 상상력으로 상세히 묘사된 바 있다. 이 타르페이아누스 바위(카피톨리누스 언덕의 정상/역주)도 그 당시에는 황량하고 쓸쓸한 덤불숲이었으나, 이 시인이 살던 시대에는 신전의 황금 지붕이 뒤덮고 있었다. 그 신전이 지금은 허물어지고 황금은 벗겨졌으니, 운명의 수레바퀴가 한 바퀴 돌아 이 성스러운 땅에 또다시 가시덤불이 뒤엉키게 되었다. 우리가 지금 앉아 있는 카피톨리누스 언덕은 전에는 로마 제국의 머리였고, 온 세계의 요새, 여러 왕들의 공포의 대상이었으며, 수많은 개선장군의 발자국이 찍혀 있었고, 무수한 나라들에서 가져온 전리품과 조공물로 풍요했다. 이 세계의 장관이 멸망하다니! 이처럼 변하다니! 더럽혀지다니! 개선의 길은 이제 덩굴에 가려지고, 원로원 의원들이 앉았던 긴의자는 쓰레기에 묻히고 말았다. 팔라티누스 언덕으로 눈길을 옮겨 형체를 알 수 없는 커다란 파편들 속에서 대리석 극장, 오벨리스크 첨탑, 거대한 석상들 그리고 네로의 궁전의 주랑들을 찾아보라. 시내의 다른 언덕들도 살펴보라. 빈 터에는 여기저기 폐허와 폐원뿐이로다. 로마인들이 모여 법을 만들고 행정관들을 선출하던 포룸은 이제 채소밭이 되어 돼지와 물소들이 돌아다니는구나. 영원히 존재하도록 지은 공적, 사적 건축물들이 이제는 힘센 거인의 팔다리처럼 벌거벗고 깨어진 모습으로 땅에 뒹굴고 있구나. 그리고 시간과 운명의 상처를 이겨내고 남아 있는 이 엄청난 유적에서 바라보니 폐허가 더욱 황량하구나……"

페트라르카는 흩어진 파편만으로도 필설로 이루 표현할 수 없을 정도로 화려했을 이 기념물들을 처음 보았을 때, 무엇보다도 로마인들 자신의 무관심과 냉담함에 놀랐다. 그는 론 지방에서 온 어떤 외국인이 자기 친구 리엔

치와 콜로나 가문의 한 사람을 제외한 로마의 어떤 귀족이나 원주민보다도 이 고적에 관해서 더 많이 알고 있다는 사실을 알고 굴욕감을 느꼈다. 로마인들의 무지와 경박함은 13세기 초에 작성된 옛 조사에도 잘 나타나 있는데, 이 카피톨리누스 전설은 수많은 인명과 지명의 오류를 지적하지 않더라도 경멸과 분노의 쓴웃음을 자아내기에 충분하다.

그 익명의 저자는 이렇게 쓰고 있다. "카피톨리누스는 세계의 머리로서 전에 집정관과 원로원 의원들이 거주하면서 이 도시와 세계를 다스리던 곳이다. 튼튼하고 높은 벽은 유리와 황금을 입히고 그 위에 화려하고 진기하게 조각된 지붕이 덮여 있었다. 성채 아래에는 궁전이 있었다. 주로 황금으로 짓고 보석으로 장식한 이 궁전의 값어치는 전세계의 부의 3분의 1은 되었을 것이다. 모든 속주를 나타내는 조각들이 질서정연하게 배치되어 있었는데, 그 하나하나는 목에 조그만 종을 매달고 있었다. 이 종은 마법장치가 되어 있어서 어떤 속주가 로마에 반역을 일으키면, 그 해당되는 조각상이 그 지방의 하늘을 향해서 몸을 돌리고 종을 울렸다. 카피톨리누스의 예언자가 이 전조를 보고하면 원로원은 위험이 임박했음을 알게 되었다."

중요성은 덜하지만, 이에 못지 않게 터무니없는 또 한 가지 사례를, 벌거벗은 두 젊은이가 두 마리의 대리석 말을 끄는 석상에서 찾아볼 수 있다. 이 석상들은 원래 콘스탄티누스 욕탕에 있던 것을 퀴리날리스 언덕으로 옮겨온 것이었다. 아무 근거도 없이 이 석상들이 피디아스와 프락스텔레스의 작품이라고 강변하는 것은 그렇다고 치더라도, 그래도 이 두 그리스 조각가들을 페리클레스 시대로부터 400년이나 지난 티베리우스 시대의 것으로 끌어내려서는 안 될 것이다. 그리고 이들을 두 사람의 철학자 또는 마법사로 바꾸어(그들의 나체는 진리와 지식을 상징한다), 이들이 황제에게 은밀한 행동을 계시한 후 온갖 금전적 보상을 거절하고 그 대신 자기들을 영원한 기념물로 만들어달라고 간청했다는 것도 터무니없는 이야기다.

이처럼 마법의 힘에 눈을 뜨게 된 로마인들은 예술의 아름다움에 무감각해졌다. 그 당시 폭기우스의 눈에 띈 석상은 5개가 넘지 않았다. 그리고 우연히 또는 고의적으로 폐허 속에 파묻혔던 수많은 석상들은 다행히도 보다 안전하고 계몽된 시대가 올 때까지 방치되어 있었다. 현재 바티칸을 장식하고 있는 닐루스〔나일 강〕 신상은 미네르바 신전 근처의 포도밭에서 발굴한 것이다. 그러나 성미가 급한 포도밭 주인은 구경꾼들이 찾아오는 것을 귀찮아한 나머지 쓸모 없는 이 대리석상을 원래의 자리에 다시 묻어버렸다. 길이 10피트의 폼페이우스 상의 발견은 소송사건으로 이어졌다. 이 석상은 두 집 사이의 담 밑에서 발견되었는데, 공정한 재판관은 옆집 소유주의 요구를 충족시키기 위해서 석상의 머리 부분을 떼어내도록 선고했다. 만일 이때 어떤 추기경이 개입하고 교황이 아량을 보여서 이 로마의 영웅을 야만스러운 시민들에게서 구출하지 않았더라면, 그 선고는 그대로 집행될 뻔했다.

그러나 야만주의의 구름은 점차 걷히고, 마르티누스 5세(재위 1417-31년)와 그 후계자들은 교회의 질서와 함께 도시의 장식물들도 복원했다. 17세기 이후 로마의 정비사업은 자발적인 노력과 근면의 결과로 이루어진 것은 아니었다. 이 대도시는 최대의 자연적 뿌리를 근면하고 인구가 조밀한 인접 지방에 두고 있었다. 이 지방은 갖가지 생활필수품과 공산품 그리고 교역품들을 공급하고 있었다. 그러나 로마의 캄파냐 지방의 대부분은 지금은 황량한 들판이 되었고, 왕족과 성직자의 넓은 영지들은 가난한 머슴들이 한가롭게 경작하고 있으며, 얼마 안 되는 수확물은 독점업체의 이익을 위해서 비축되거나 수출되고 있다. 로마의 성장을 가져온 두번째의 보다 인위적인 원인으로는 군주의 거주, 화려한 궁전의 유지비 그리고 속주들에서 보내온 공물 등을 들 수 있다. 속주에서 보내오던 공물은 로마 제국의 멸망과 함께 끊겼다. 그리고 지금 페루의 은이나 브라질의 황금이 약간씩 바티칸으로 흘러들어가기는 하지만, 추기경들의 세입, 교황청의 수수료, 순례자와 신도들의 헌금, 몇 가지 교회세 등만으로는 공급이 빈약하고 불안정하여 근근히 무위도식하는 궁정과 도시를 지탱할 수 있을 뿐이다. 현재 로마의 인구는 유럽의 대도시들보다 훨씬 적어서 17만 명을 넘지 않고, 성벽 안의 넓은 지역을 차지하는 7개의 언덕은 대부분이 포도밭과 폐허가 되었다.

현대의 도시(로마)가 갖추고 있는 아름다움과 화려함은 폭압적인 정치와 미신의 영향력 덕분이라고 할 수 있다. 지금까지 교황청의 모든 치세는 자식이 없는 교황(예외는 별로 없다)이 교회와 국가를 희생시켜가며 유복하게 만들어준 새로운 가문의 급속한 성장에 의해서 특징지어져왔다. 이 행운의 조카들(성직자의 사생아들/역주)이 사는 궁전들은 우아함과 굴종이 만들어 낸 가장 값비싼 기념물들이다. 완전무결한 건축, 미술, 조각 기술이 돈에 팔려 이용되었으며, 이들 궁전의 회랑과 정원은 고대의 값진 미술품들로 장식되고 있으니, 그들은 취미와 허영심으로 이런 미술품들을 수집해왔던 것이다. 교회의 세입은 교황 자신들에 의해서 가톨릭 교회의 미사를 화려하게 만들기 위해서 사용되기도 했다. 그러나 교황들이 경건한 제단, 예배소, 교회당을 얼마나 많이 지었는가를 따져본다는 것은 무의미한 노릇인데, 그것은 이 작은 별들은, 바티칸의 태양, 즉 역사상 종교적 용도에 사용된 가장 광휘로운 건축물인 성 베드로 성당에 의해서 빛이 가려지기 때문이다. 율리우스 2세, 레오 10세, 식스투스 5세의 명성은 브라만테와 폰타나, 라파엘로와 미켈란젤로의 뛰어난 재능과 연관된다. 그들은 과거에 궁전과 신전 건축에 투입되었던 것에 못지 않은 열성을 가지고 옛 건물들을 복원했다. 땅에 쓰러져 있던 오벨리스크를 널찍한 장소에 옮겨 세웠고, 역대 카이사르와 집정관들이 만든 11개의 수도(水道) 중 3개가 복원되었고, 신, 구의 아치들을 잇는 긴 수도로 인공 하천을 만들어 깨끗하고 시원한 물이 대리석 못에 쏟아지도록 했다. 요즈음 성 베드로 성당의 계단을 오르는 구경꾼은 두 개의 분수 사이에 120피트 높이로 솟아 있는 이집트 화강암으로 만든 높은 기둥 앞에서 발걸음을 멈추게 된다. 골동품 애호가와 학자들의 노력으로 지금은 옛 로마의 지도, 설명문, 기념물들이 많이 해명되었으며, 한때 야만족이었던 머나먼 북방 나라들에서 온 새로운 부류의 순례자들이 영웅들의 발자취, 미신의 유적이 아닌 제국의 유적들을 경건한 마음으로 찾아보고 있다.

   이러한 순례자들에게 그리고 모든 독자들에게 이 『로마 제국 쇠망사』는 인류 역사상 가장 위대한 그리고 아마도 가장 장엄한 현장에 대해서 관심을 불러일으킬 것이다. 여러 가지 원인과 그 점진적 결과는 인류 연대기에서 가장 흥미로운 수많은 사건들과 연관되어 있다. 오랫동안 자유 공화국의 이름과 이미지를 유지했던 역대 황제들의 노회한 정책, 군대의 폭정이 가져온 무질서, 기독교 여러 종파의 대두와 그 확립, 콘스탄티노플의 건설, 제국의 분할, 게르마니아와 스키타이 야만족들의 침입과 정착, 민법의 제정, 무하마드의 성격과 종교, 역대 교황들의 세속적 주권, 샤를마뉴 대제에 의한 서로마 제국의 부활(800년 로마 교황에게서 신성 로마 제국의 제관을 받았음/역주)과 그 쇠퇴, 동방에서의 라틴 국가들의 십자군 원정, 사라센족과 투르크족의 정복, 그리스 제국의 폐허화 그리고 중세의 로마의 상황과 그 변천과정 등이 그러한 사건들이다. 역사가는 이 주제의 중요성과 다양성을 높이 평가할 것이다. 그러나 한편으로는 자신의 능력 부족을 의식하면서 다른 한편으로는 자료 부족을 탓해야 할 경우가 많을 것이다. 필자는 이 책을 카피톨리누스 언덕의 폐허에서 처음 착상한 후, 거의 20년 동안 집필에 몰두한 끝에 마침내 미흡한 채로 세상에 내놓는 바이다. 강호제현(江湖諸賢)의 솔직한 비판을 바라 마지않는다.

로잔
1787년 6월 27일

개정 번역판 후기

「로마 제국 쇠망사」가 상재된 지도 벌써 13년이 되었다. 그 사이에 한번 재조판한 적이 있으나 내용은 거의 그대로였다. 이제 그림과 사진을 곁들여 다시 판을 짜면서 초판 당시에 미진했던 부분을 다시 검토하여 수정했다. 그러나 역시 아쉬운 마음은 여전하다. 마음이 좀더 가벼워질 수 있는 기회를 다시 기다리면서 제3판을 상재한다.

2004년 10월
역자 씀

제1판 역자 후기

　인도에서 네루가 감옥 속에서조차 "흐르는 듯한 선율의 문장을 어떤 소설보다도 더 몰두해서 읽었다"는 기번의 『로마 제국 쇠망사』는 18세기에 쓰인 대표적인 영문이다. 그것은 지금도 역사서와 문학작품으로서의 고전적인 성가를 동시에 누리고 있는, 집필에만도 12년간(1776-88년)이 소요된 전체 6권의 대저이다. 큰 역사가치고 큰 문장가가 아닌 경우가 참으로 드무니, 기번 또한 예외가 아니다. 『쇠망사』의 역사서로서의 명성은 200년이라는 일월에 빛이 퇴색한 바가 없지 않았으되, 그 박학과 탁견 그리고 그것을 뒷받침하는 발군의 역사적 상상력은 지금도 장중한 문장에 지탱되어 그 행간마다에 도도하게 흐르고 있다. 특히 1,400년간의 대제국의 역사(트라야누스 황제-동로마 제국 멸망)가 한 역사가에 의해서 일망무제로 전개되었다는 점에서 그것은 대로망이라고 할 수 있을 것이다. 그리고 예를 들면 당대 유럽인으로서는 편견이 없을 수 없었을 이슬람교에 대한 불편부당한 평가 등은 그의 깊은 연구와 역사관의 균형을 보여주고 있다.

　『쇠망사』 번역을 염두에 두었을 때, 막상 나를 압도한 부담의 짐은 원저의 그 방대한 분량, 저자의 홍학다문(鴻學多聞), 유려무비의 만년체 문장, 약여하는 인물들의 묘사, 나 자신의 역부족 —— 내가 로마사 문외한이라는 —— 그런 것이었다. 그렇지만 손더스의 『쇠망사』 발췌 요약판은 그런 부담을 꽤 경감시킬 수 있다는 점에서 그리고 본디의 문장을 다치지 않고 가능한 한 살리고 있는 그의 온당한 발췌와 요약은 기번의 문장의 맛과 멋을, 또한 그의 서술 의도와 장강대하의 로마 역사의 흐름을 왜곡시키지 않았다는 점에서 번역자의 망외의 기대를 실천에 옮길 수 있는 여지를 마련해주었다. 나는 특히 손더스가 『쇠망사』 중에서 로마의 최전성기였으나, 이미 그 쇠퇴의 기미가 서서히 나타나기 시작하는 트라야누스 황제 시대에서부터 서로마 제국의 멸망까지의 400년간을 다룬 그 전반부 3권만을 발췌 요약한 까닭이, 로마의 법통이 서로마 제국에 있었으며, 기번이 애초에는 사료의 불비 등으로 그 3권에서 『쇠망사』를 종결지으려고 했다는 점에 있었다는 것을 역시 감안했다. 아무튼 손더스가 지엽말단으로(?) 흐르기도 하고, 그 다루는 범위가 너무나 넓어 부수적인 것이 넘치기도 하는 원저의 세류(細流)들을 훌륭하게 마름질함으로써 독자들이 훨씬 접근하기 쉬운 "또 하나의" 『쇠망사』를 만든 것만은 틀림없다.

기번의 인생사적 궤적이나 『쇠망사』의 연대기적 궤적은 손더스의 "서론"에 상세하게 쓰여 있으므로 생략한다. 그러나 실제 번역에서 유의했던 점들을 든다면 다음과 같다. 첫째로 인명과 지명 등의 고유명사의 경우 당시의 이름을 쓰는 것을 원칙으로 했으나, 우리 귀에 익숙한 것은 현재의 관용을 따르기도 했다. 그러나 "알렉산드로스"는 "알렉산더"로 한 터에 그의 아버지를 "필립"이 아니라 "필리포스"로 한 것은 모순이라면 모순이다. 이와 같은 모순 또한 적지 않게 발견될 것이다. 둘째로 관직명과 같은 명칭이나 전문용어의 경우, 라틴어 복원을 원칙으로 하여 괄호 속에 넣었으며, 우리말로 번역하려고 노력했으나, 두크스, 코메스 등과 같이 마땅한 번역어를 찾을 수 없을 때에는 라틴어 그대로 둘 수밖에 없었다. 셋째로 역자의 주석이 필요하다고 판단되는 것에는 가능한 한 주석을 붙이려고 했다. 본문 번역은 물론 특히 주석 붙이는 데에 현실적인 도움을 준 일본어 번역판의 역자들(岩波書店 판의 村山勇三, 筑摩書房 판의 中野好夫 및 朱牟田夏雄)의 노고에 감사한다.

이제 로마의 적자인 서로마 제국이 해체된 지 1,500여 년, 유럽은 EC에 의한 서, 남, 북 유럽의 경제적 통합과 사회주의 붕괴에 의한 동유럽의 재편이라는 역사의 대드라마를 연출함으로써 정치적 통합까지 내다보는 시점에 와 있다. 과연 과거의 이름만의 신성 로마 제국이 아니라 명실상부한 신(新)유럽 공화국이 역사에 등장할 것인가?

그리고 내 개인적으로 더 희망한다면, 손더스의 발췌 요약판이 주유하지 못한 동쪽 나라의 이야기 ──『쇠망사』의 후반부를 이루는 그 부분의 학문적인 한계에도 불구하고 ── 에 관해서도 손더스와 같은 솜씨를 빌린 발췌본을 우리말로 읽어볼 수 있는 기회가 내게 빨리 주어졌으면 하는 것이다.

더 나은 번역을 위해서 그리고 손더스의 발췌판에도 (기번의 원저에도) 마련되어 있지 않았으나, 책의 내용을 이해하는 데 필요한 몫을 할 수 있는 도판들과 지도, 상세한 연표를 만들기 위해서 오랫동안 애쓴 "도서출판 까치"의 편집부 직원들에게 고마운 뜻을 전한다.

1991. 2. 역자 씀.

연표

* 황제(아우구스투스)의 재위 기간만이 표시되었고, 부황제(카이사르)의 재위 기간은 포함되지 않았다.

B.C. 753	로물루스, 로마 건국	268	최초의 로마 주화 주조
616-509	에트루리아인 왕, 로마 지배	264	기록상의 최초의 검투사 격투
509	최후의 에트루리아인 왕 추방, 공화정 확립	264-241	제1차 포에니 전쟁, 로마 승리
		240	리비우스 안드로니쿠스의 최초의 라틴 비극과 희극 완성
509	유피테르 신전 건설	221	플라미니우스 경기장 완성
494	호민관 제도 시행	220	플라미니우스 가도(街道) 완성
493	로마, 공동 방위를 위해서 인근 국가들의 라틴 동맹에 참가	218-201	제2차 포에니 전쟁, 한니발, 이탈리아 침입. 로마 승리
449	12동판법 공포	214	제1차 마케도니아 전쟁
445	귀족과 평민 간의 통혼을 허용하는 카눌레이우스 법 성립	200	제2차 마케도니아 전쟁
		190	로마 군, 시리아 왕 안티오쿠스의 군사를 마그네시아에서 분쇄
396	로마, 라틴 동맹 협정 위반, 영토 확장(베이이 점령)		
390	갈리아인, 로마 점령. 곧 철수	171	제3차 마케도니아 전쟁
367	평민의 통령 취임과 공유지 제한 등을 규정한 리키니우스 섹스티우스 법 시행	160년경	카토, 농업에 관한 대논문 작성
		149-146	제3차 포에니 전쟁. 로마 군, 카르타고 포위, 파괴
340-338	로마, 라틴 동맹 탈퇴. 동맹 해체	133	그라쿠스(형), 토지 개혁 진력(혁명의 1세기 시작)
312	로마 최초의 공도 아피아 건설 시작	132	그라쿠스(형) 암살
312	로마 최초의 수도(水道) 완성	131	루킬리우스의 풍자시 간행
290년경	로마, 삼니움인 격파, 중앙 이탈리아 장악	123	그라쿠스(아우) 토지 개혁 착수
287	호르텐시우스 법의 제정으로 입법권이 귀족으로부터 평민에게로 넘어감	121	로마 군, 남부 갈리아 정복
		111-105	로마, 북아프리카의 왕 유구르타와 싸움
275	로마, 남부 이탈리아 지배권 확립	107	마리우스, 집정관이 됨
		81	술라, 독재관이 되어 원로원

605

	의 권력 회복, 재판 제도 고침		혐의로 기독교도 박해
73-71	검투사 스파르타쿠스의 반란	65	세네카 죽음
63	키케로, 집정관 선출	68-69	갈바
60	폼페이우스, 카이사르, 크라수스의 제1차 삼두정치	69	오토
		69	비텔리우스
58-51	카이사르, 갈리아 원정	69-79	베스파시아누스(플라비우스 황조 시작)
51년경	카이사르, 『갈리아 전기(戰記)』 발표	77	대(大)플리니우스의 『박물지』(102권) 간행
49-48	내란 시작, 카이사르, 폼페이우스 격파.	79	베수비오 산 폭발, 폼페이와 헤르쿨라네움 매몰
48	알렉산드리아 대도서관 소실		
46	카이사르, 임기 10년의 독재관 선출	80	콜로세움 완성
		79-81	티투스
44	카이사르 암살. 마르쿠스 안토니우스, 로마 지배권 장악	81-96	도미티아누스 ※ 안토니우스의 반란 ※ 도미티아누스의 죽음으로 플라비우스 황조 끝남
43	옥타비아누스, 안토니우스, 레피두스, 제2차 삼두정치.		
39	최초의 공공 도서관 설치	96-98	네르바
37-30년경	베르길리우스, "농경가" 집필		※ 5현제 시대 개막
31	옥타비아누스, 악티움에서 안토니우스와 클레오파트라의 연합군 격파	98-117	트라야누스
		98	타키투스의 『연대기』 출간
		100년경	유베날리스의 풍자시 발표
27	옥티비아누스, 원로원에서 아우구스투스 칭호 획득	113-117	로마, 메소포타미아 합병 ※ 아시리아 영유 등으로 제국 최대의 판도 완성
B.C.27-A.D.14	아우구스투스(元首政 시작)		
A.D.8	오비디우스, 로마에서 추방	117-138	하드리아누스
9	토이토부르크 숲 전투(로마, 라인 강 이북 영유 포기)	121년경	수에토니우스『12인의 황제열전』발표.
14-37	티베리우스	135	티투스, 유대인 반란 진압, 유대인의 예루살렘 출입 금지
17	『로마의 역사』(142권) 저자 리비우스 죽음		
		138-61	티투스 안토니누스 피우스
37-41	칼리굴라	147	로마 건국 900주년 축전. 로마 제국 최전성기 구가
41-54	클라우디우스 ※ 스쿨리보니누스의 반란		
		161-180	마르쿠스 아우렐리우스 안토니누스
43	브리타니아 정복		
54-68	네로		
64	로마 대화재. 네로, 방화죄	161-169	루키우스 베루스

	※ 아비디우 클라시우스의 반란	253	아이밀리아누스
		253-260	발레리아누스
170	로마에 페스트 대유행	253-268	갈리에누스
178-192	콤모두스	260	발레리아누스, 페르시아 군대의 포로가 됨
	※ 이 무렵부터 게르만족의 로마 제국 이주 시작		※ 갈리에누스, 야만족 출신 나울로바투스 집정관 임명
	※ 콤모두스 피살로 군인 황제 시대 시작(192-284).	268-270	클라우디스 2세
193	페르티낙스	270-275	아우렐리아누스
193	디디우스 율리아누스	270-276	타키투스
193-211	셉티미우스 세베루스	276	플로리아누스
	※ 세베루스 황조 시작	276-282	프로부스
211-217	카라칼라	282-283	카루스
209-212	게타	283-284	누메리아누스
212-216	카라칼라 황제, 욕탕 건설	283-285	카리누스
212	안토니누스 칙령, 로마 속주의 전(全)자유민에게 로마 시민권 부여	284-305	디오클레티아누스(로마 동부)
		286-305	막시미아누스(로마 서부)
217-218	마크리누스		※ 디오클레티아누스, 전제군구정(도미나투스) 시작
218-222	엘라가발루스(헬리오가발루스)	292	디오클레티아누스, 막시미아누스, 콘스탄티우스, 갈레리우스에 의한 제국의 4분할 통치(테트라키)
	※ 고트족, 동-서로 분열		
222-235	알렉산데르 세베루스		
235-238	막시미누스 트락스		
	※ 세베루스 암살로 세베루스 황조 멸망	303	디오클레티아누스, 기독교도 박해
238	고르디아누스 1세	305-306	콘스탄티우스 1세
238	고르디아누스 2세		※ 6명의 황제와 부황제(막시미아누스, 갈레리우스, 리키니우스, 콘스탄티누스, 막시미누스, 막센티우스) 난립
238	발비누스		
238	막시무스		
238-244	고르디아누스 3세		
244-249	필리푸스 아랍스	305-311	갈레리우스
249-251	데키우스	306-307	(플라비우스 발레리우스) 세베루스
251	호스틸리아누스		
252	고트족 등의 로마의 유럽 속주 침입	306-312	막센티우스
		310-313	막시미누스
251-253	갈루스	308-324	리키니우스(로마 동부)

312-337	콘스탄티누스 1세		역 착수
313	콘스탄티누스 1세, 기독교 공인(밀라노 칙령)	395-408	아르카디우스(동로마 초대 황제)
324	콘스탄티누스 전(全)로마 황제 즉위	395-423	호노리우스(서로마 황제)
325	니케아 공의회, 아리우스를 이단으로 단죄	395	호노리우스와 아르카디우스에 의한 로마 제국 동서 분할
330	콘스탄티누스, 콘스탄티노플로 천도	408	스틸리코 처형
	※ 콘스탄티누스 사망. 이후 로마 제국 3분할	410	서고트 왕 알라리크, 로마 점령
337-340	콘스탄티누스 2세	413-426	성 아우구스티누스, 『신국(神國)』 발표
337-350	콘스탄스 1세	419	서고트족, 로마 영토 갈리아에 왕국 건설
350-351	마그넨티우스	421-423	콘스탄티우스 3세
353-361	콘스탄티우스 2세	423-455	발렌티아누스 3세
361-363	"배교자" 율리아누스	452	훈족의 왕 아틸라, 로마 약탈 협박
364-365	요비아누스		
364-375	발렌티니아누스 1세	455	반달족, 로마 점령
364-378	발렌스(로마 동부)	455	페트로니우스 막시무스
375	서고트족 로마 영내 침공. 민족 대이동 시작	455-456	아비투스
		457-461	마요리아누스
375-383	그라티아누스	461-467	리비우스 세베루스
375-392	발렌티아누스 2세	467-472	안테미우스
383-388	막시무스	472-473	올리브리우스
392-394	에우게니우스	473-474	글리케리우스
379-395	테오도시우스 1세(로마 동부)	474-475	율리우스 네포스
		475-476	로물루스 아우구스툴루스
	※ 로마 재통일	476	오도아케르, 서로마 최후의 황제 로물루스 아우구스툴루스 폐위
	※ 기독교의 로마 제국 국교화		
382	교부 히에로니무스, 성서 번